# ¡Ven conmigo!

## HOLT SPANISH

**LEVEL 3**

## HOLT, RINEHART AND WINSTON

A Harcourt Classroom Education Company

Austin • New York • Orlando • Atlanta • San Francisco • Boston • Dallas • Toronto • London

**ASSOCIATE DIRECTOR**
Barbara Kristof

**SENIOR EDITORS**
Lynda Cortez
Janet Welsh Crossley
Jean Miller
Beatriz Malo Pojman
Paul Provence
Douglas Ward

**MANAGING EDITOR**
Chris Hiltenbrand

**EDITORIAL STAFF**
Hubert Bays
Nancy Bundy
Jeff Cole
Milagros Escamilla
Catherine Gavin
Martha Lashbrook
Carmen de la Morena
Zahydée Minnick
Jorge Muñoz
Todd Phillips
Brent Turnipseed
Todd Wolf
J. Elisabeth Wright
Mark Eells, *Editorial
Coordinator*

**EDITORIAL PERMISSIONS**
Ann B. Farrar, *Senior
Permissions Editor*
Yuri Muñoz, *Interpreter-
Translator*

**ART, DESIGN, & PHOTO
BOOK DESIGN**
Richard Metzger,
*Design Director*
Marta L. Kimball,
*Design Manager*
Mary Wages, *Senior Designer*
Andrew Lankes
Alicia Sullivan
Ruth Limon

**IMAGE SERVICES**
Joe London, *Director*
Jeannie Taylor, *Photo Research
Supervisor*
Diana Suthard
Michelle Rumpf, *Art Buyer
Supervisor*
Coco Weir

**DESIGN NEW MEDIA**
Susan Michael,
*Design Director*
Amy Shank, *Design Manager*
Kimberly Cammerata,
*Design Manager*
Czeslaw Sornat,
*Senior Designer*
Grant Davidson

**MEDIA DESIGN**
Curtis Riker, *Design Director*
Richard Chavez

**GRAPHIC SERVICES**
Kristen Darby, *Manager*
Linda Wilbourn
Jane Dixon
Dean Hsieh

**COVER DESIGN**
Richard Metzger,
*Design Director*
Candace Moore,
*Senior Designer*

**PRODUCTION**
Amber McCormick, *Production
Supervisor*

**MANUFACTURING**
Shirley Cantrell, *Supervisor,
Inventory & Manufacturing*
Deborah Wisdom, *Senior
Inventory Analyst*

**NEW MEDIA**
Jessica Bega, *Senior Project
Manager*
Elizabeth Kline, *Senior Project
Manager*

**VIDEO PRODUCTION**
Video materials produced by
Edge Productions, Inc.,
Aiken, S.C.

**COVER PHOTOGRAPHY CREDITS**

**FRONT COVER:** bkgd, Mireille Vautier/Woodfin Camp & Associates; teens, Steve Ewert/HRW Photo.

**BACK COVER:** Rob Crandall/Stock Boston; frame, © 1998 Image Farm Inc.

Acknowledgments appear on page R106, which is an extension of the copyright page.

¡VEN CONMIGO! is a trademark licensed to Holt, Rinehart and Winston registered in the United States of America and/or other jurisdictions.

Printed in the United States of America

ISBN 0-03-056592-8

7 032 06

## AUTHORS

**Nancy A. Humbach**
Miami University
Oxford, Ohio
Ms. Humbach collaborated in the development of the scope and sequence and created activities.

**Dr. Oscar Ozete**
University of Southern Indiana
Evansville, Indiana
Dr. Ozete collaborated in the development of the scope and sequence and wrote grammar explanations.

## CONTRIBUTING WRITERS

**Kristin Boyer**
McPherson, KS
Ms. Boyer wrote activities for several chapters.

**Jean R. Miller**
The University of Texas at Austin
Ms. Miller wrote activities for several chapters.

**Abby Kanter**
Dwight Englewood High School
Englewood, NJ
Ms. Kanter wrote the material for **De antemano** and **¡Adelante!** for several chapters.

**Corliss Figueroa**
Orlando, FL
Ms. Figueroa wrote activities for several chapters.

**Susan Peterson**
The Ohio State University
Columbus, OH
Mrs. Peterson was responsible for developing reading activities.

**Barbara Sawhill**
Noble and Greenough School
Dedham, MA
Ms. Sawhill wrote activities for several chapters.

## CONSULTANTS

**John DeMado**
John DeMado Language Seminars, Inc.
Washington, CT

**Dr. Ingeborg R. McCoy**
Southwest Texas State University
San Marcos, TX

**Jo Anne S. Wilson**
J. Wilson Associates
Glen Arbor, MI

## REVIEWERS

These educators reviewed one or more chapters of the Pupil's Edition.

**Silvia Alemany**
Native speaker reviewer
Austin, TX

**O. Lynn Bolton**
Nathan Hale High School
West Allis, WI

**Juanita Carfora**
Central Regional High School
Bayville, NJ

**Renato Cervantes**
Pacific High School
San Bernadino, CA

**Dr. Lynn Cortina**
North Miami High School
North Miami, FL

**Dr. Rodolfo Cortina**
Florida International University
Miami, FL

**Lucila Dorsett**
Native speaker reviewer
Round Rock, TX

**Dr. Barbara González-Pino**
The University of Texas at San Antonio

**Dr. C. Gail Guntermann**
Arizona State University
Tempe, AZ

**Dr. Audrey Heining-Boynton**
The University of North Carolina
at Chapel Hill

**Dr. Dianne Hobbs**
Virginia Polytechnic Institute and State University
Blacksburg, VA

**Rose Kent**
Finneytown High School
Cincinnati, OH

**Stephen Levy**
Roslyn Public Schools
Roslyn, NY

**Miranda Manners**
Jordan High School
Los Angeles, CA

**Dr. Cristóbal Pera**
The University of Texas at Austin

**Dr. Francisco Perea**
Native speaker reviewer
Austin, TX

**John Piermani**
Carlisle High School
Carlisle, PA

**Edward Quijada**
Native speaker reviewer

**Carmen Reyes**
Jonesboro High School
Jonesboro, GA

**Dr. Yolanda Russinovich Solé**
The University of Texas at Austin

**Carol A. Villalobos**
Hazelwood Central High School
St. Louis, MO

**Dora Villani**
John F. Kennedy High School
New York City, NY

**Isabel de Weil**
Native speaker reviewer
Miami, FL

## FIELD TEST PARTICIPANTS

We express our appreciation to the teachers and students who participated in the field.

**Bill Braden**
South Junior High School
Boise, ID

**Paula Critchlow**
Indian Hills Middle School
Sandy, UT

**Frances Cutter**
Convent of the Visitation School
St. Paul, MN

**Carlos Fernández**
Sandy Creek High School
Tyrone, GA

**Jan Holland**
Lovejoy High School
Lovejoy, GA

**Gloria Holmstrom**
Emerson Junior High School
Yonkers, NY

**Nancy Holmes**
Marian Catholic High School
Chicago Heights, IL

**K. A. Lagana**
Ponus Ridge Middle School
Norwalk, CT

**Michelle Mistric**
Iowa High School
Iowa, LA

**Rubén Moreno**
Aycock Middle School
Greensboro, NC

**Maureen Nelligan**
Marian Catholic High School
Chicago Heights, IL

**Fred Pratt**
San Marcos High School
San Marcos, TX

**Regina Salvi**
Museum Junior High School
Yonkers, NY

**Lorraine Walsh**
Lincoln Southeast High School
Lincoln, NE

# TO THE STUDENT

*Some people have the opportunity to learn a new language by living in another country.*
*Most of us, however, begin learning another language and getting acquainted with a foreign*
*culture in a classroom with the help of a teacher, classmates, and a textbook.*
*To use your book effectively, you need to know how it works.*

**¡Ven conmigo!** *(Come along!)* is organized to help you learn Spanish and become familiar
with the cultures of people who speak Spanish. There are six Location Openers and
twelve chapters.

**Location Opener** Six four-page
photo essays called Location
Openers introduce different
Spanish-speaking places. You can
also see these locations on video
and on CD-ROM.

**Chapter Opener** The Chapter
Opener pages tell you the chapter
theme and goals.

**De antemano** *(Getting started)*
and **¡Adelante!** *(Moving ahead)*
show you Spanish-speaking
people in real life situations, as
well as stories and legends from
the Spanish-speaking world.
These features model the
language you'll learn in the
chapter.

**Primer** and **Segundo paso** *(First and Second part)*
The chapter is divided into two sections called **pasos**.
Within the **paso** are **Así se dice** *(Here's how you say it)*
boxes that contain the Spanish expressions you'll need
to communicate and **Vocabulario** and **Gramática/Nota**
**gramatical** boxes that give you the Spanish words and
grammatical structures you'll need to know. Activities in
each **paso** enable you to develop your skills in listening,
reading, speaking, and writing.

**Panorama cultural** *(Cultural panorama)* On this page are interviews with Spanish-speaking people from around the world. You can watch these interviews on video or listen to them on audio CD. You can also watch them using the *CD-ROM Tutor;* then check to see how well you understood by answering some questions about what the people say.

**Encuentro cultural** *(Cultural encounter)* This section, found in six of the chapters, gives you a firsthand encounter with some aspect of a Spanish-speaking culture.

**Nota cultural** *(Culture note)* In each chapter, there are notes with more information about the cultures of Spanish-speaking people.

**Vamos a leer** *(Let's read)* The reading section follows the two **pasos**. The selections are related to the chapter themes and will help you develop your reading skills in Spanish.

**Vamos a escribir** *(Let's write)* will develop your writing skills. Each chapter will guide you to write a composition related to the themes of the chapter.

**Más práctica gramatical** *(Additional grammar practice)* You will find four pages of activities that provide additional practice with the grammar concepts you learned in the chapter.

**Repaso** *(Review)* The activities on these pages practice what you've learned in the chapter and help you improve your listening, reading, and communication skills. You'll also review what you've learned about culture.

**A ver si puedo...** *(Let's see if I can . . .)* This page at the end of each chapter contains a series of questions and short activities to help you see if you've achieved the chapter goals.

**Vocabulario** *(Vocabulary)* In the Spanish-English vocabulary list on the last page of the chapter, the words are grouped by **paso.** These words and expressions will be on the quizzes and tests.

### SUGERENCIA

Sometimes people feel anxious when th[ey] read in a foreign language because co[m]prehending the entire text seems to b[e an] overwhelming task. One easy way to [...] reduce this anxiety is to divide the re[...] task into parts. You can divide the te[...]

### A lo nuestro

Spanish has many expressions using **se** plus an indirect object pronoun. Some of these can be used when the speaker wants to be more polite, or to soften what he or she is saying.

**Se me pasó por alto.**
*It slipped my mind.*

**Se me hace un poco absurdo.**
*It seems a little absurd to me.*

**Se le nota que está enojada.**
*You can tell that sh[e...]*

### ¿Te acuerdas?

Sometimes questions are formed b[y] reversing the word order of the sub[...]ject and verb in a sentence: **¿Escal[a] montañas Pedro?** You can also add a word like **¿no?** or **¿verdad?**, as in **Susana toca la flauta, ¿verdad?**

### Vocabulario extra

| | |
|---|---|
| **abrumado(a)** | *overwhelmed* |
| **desvelarse** | *to stay up late* |
| **estar hecho(a) polvo** | *to be worn out* |
| **madrugar** | *to get up early* |
| **enojarse** | *to become angry* |

¿Se te ha olvidado?
**sports and hobbies**
Ver la página R15

You'll also find special features in each chapter that provide extra tips and reminders.

**Sugerencia** *(Suggestion)* offers study hints to help you succeed in a foreign language class.

**¿Te acuerdas?** *(Do you remember?)* reminds you of expressions, grammar, and vocabulary you may have forgotten.

**A lo nuestro** *(Our way)* gives you additional expressions to add more color to your speech.

**Vocabulario extra** *(Extra vocabulary)* lists extra words you might find helpful. These words will not appear on the quizzes and tests unless your teacher chooses to include them.

**¿Se te ha olvidado?** *(Have you forgotten?)* tells you where you can look up grammar or vocabulary you may have forgotten.

You'll also find Spanish-English and English-Spanish vocabulary lists at the end of the book. The words you'll need to know for the quizzes and tests are in boldface type.

At the end of your book, you'll find more helpful material, such as:
- a summary of the expressions you'll learn in the **Así se dice** boxes
- a summary of the grammar you'll study
- additional vocabulary words you might want to use
- a grammar index to help you find where structures are presented.

**¡Ven conmigo!** Come along on an exciting trip to new cultures and a new language.

*¡Buen viaje!*

---

## Explanation of Icons in *¡Ven conmigo!*

*Throughout ¡Ven conmigo!, you'll see these symbols, or icons, next to activities and presentations. The following key will help you understand them.*

**Video** Whenever this icon appears, you'll know there is a related segment in the *¡Ven conmigo! Video Program.*

**Listening Activities** This icon indicates a listening activity.

**Pair Work/Group Work Activities** Activities with these icons are to be completed with a partner or with a small group of classmates.

**Writing Activities** You'll see this icon next to writing activities.

**CD-ROM Activities** Whenever this icon appears, you'll know there is a related activity on the *¡Ven conmigo! Interactive CD-ROM Tutor.*

Cuaderno de actividades, pp. 122–123, Acts. 3, 6

Cuaderno de gramática, p. 50, Act. 10

Cuaderno para hispanohablantes, pp. 51–54

**Practice Activities** These icons tell you which activities from the *Cuaderno de actividades, Cuaderno de gramática,* and *Cuaderno para hispanohablantes* practice the material presented.

Más práctica gramatical, pp. 334–335, Acts. 4–6

**Más práctica gramatical** This reference tells you where you can find related additional grammar practice in the review section of the chapter.

**go. hrw .com**

**Internet Activities** This icon provides the keyword you'll need to access related online activities at **go.hrw.com.**

# ¡Ven conmigo!

## Contents

### Come along—to a world of new experiences!

*¡Ven conmigo!* offers you the opportunity to learn the language spoken by millions of people in the many Spanish-speaking countries around the world. Let's find out about the countries, the people, and the Spanish language.

# Capítulo 2
## Por una vida sana.....32

¡VEN CONMIGO A
# Caracas!
**LOCATION FOR CAPÍTULOS 3, 4.....62**

## CAPÍTULO 3
# El ayer y el mañana.....66

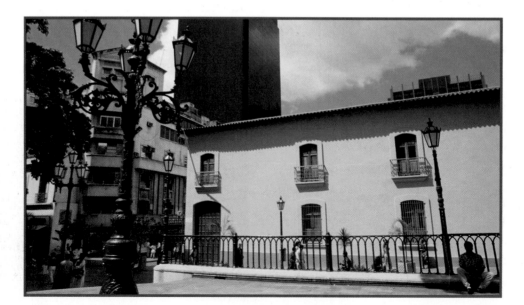

# CAPÍTULO 4
# Alrededor de la mesa .....96

# ¡VEN CONMIGO A
# Guadalajara!

## CAPÍTULO 5
## Nuestras leyendas .....128

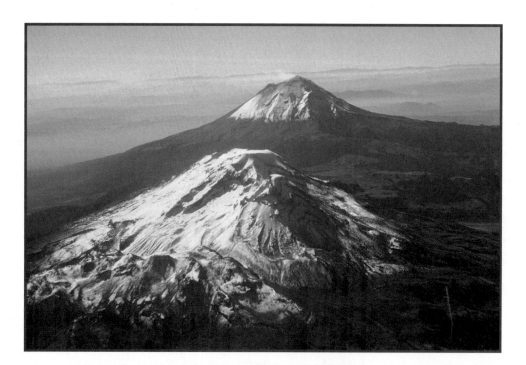

# CAPÍTULO 6
# El arte y la música .....156

¡VEN CONMIGO A
# Buenos Aires!
LOCATION FOR CAPÍTULOS 7, 8.....186

## CAPÍTULO 7
# Dime con quién andas.....190

# CAPÍTULO 8
# Los medios de comunicación.....220

¡VEN CONMIGO A

# Nueva York!

**LOCATION FOR CAPÍTULOS 9, 10.....248**

## CAPÍTULO 9
# Las apariencias engañan.....252

# CAPÍTULO 10
# La riqueza cultural .....280

# ¡VEN CONMIGO A
# Costa Rica!
### LOCATION FOR CAPÍTULOS **11, 12** .....**310**

# CAPÍTULO 11
# El mundo en que vivimos .....314

# CAPÍTULO 12
# Mis planes para el futuro.....342

# CULTURAL REFERENCES

## PLAYS, POEMS, ESSAYS AND SHORT STORIES

## POINTS OF INTEREST

## SCHOOL LIFE

## TECHNOLOGY

## VACATION/TRAVEL

# La Península Ibérica

FRANCIA

ANDORRA

MAR CANTÁBRICO

Los Pirineos

Cataluña

Gerona

Barcelona

Menorca

Mallorca

Palma

Ibiza

Islas Baleares

MAR MEDITERRÁNEO

San Sebastián

Bilbao

Santander

País Vasco

Cantabria

Asturias

Oviedo

Cordillera Cantábrica

León

Galicia

La Coruña

Navarra

Pamplona

La Rioja

Logroño

Río Ebro

Huesca

Zaragoza

Aragón

Comunidad Valenciana

Valencia

Alicante

Cartagena

Murcia

Murcia

E S P A Ñ A

Río Duero

Valladolid

Castilla y León

Salamanca

Madrid

Madrid

Sierra de Guadarrama

Río Tajo

Toledo

Castilla-La Mancha

Granada

Sierra Nevada

Andalucía

Córdoba

Río Guadalquivir

Málaga

Sevilla

Cáceres

Extremadura

Badajoz

Río Guadiana

P O R T U G A L

Lisboa

OCÉANO ATLÁNTICO

Estrecho de Gibraltar

Gibraltar (R.U.)

Ceuta (Esp.)

Melilla (Esp.)

M A R R U E C O S

Islas Canarias

MARRUECOS

Fuenteventura

Santa Cruz de Tenerife

Las Palmas

Gran Canaria

Tenerife

La Palma

OCÉANO ATLÁNTICO

N

100 Kilómetros

100 Millas

50

50

0

0

xxiii

# América Central y las Antillas

# México

ESTADOS UNIDOS DE AMÉRICA

Golfo de México

OCÉANO PACÍFICO

**CLAVE DE ESTADOS**
1. NAYARIT
2. COLIMA
3. AGUASCALIENTES
4. GUANAJUATO
5. QUERÉTARO
6. HIDALGO
7. MÉXICO
8. DISTRITO FEDERAL
9. MORELOS
10. PUEBLA
11. TLAXCALA
12. NUEVO LEÓN
13. SAN LUIS POTOSÍ
14. TABASCO

Nueva Orleáns
Baton Rouge
Galveston
Puerto Arturo
Houston
San Antonio
Brownsville
Matamoros
McAllen
Reynosa
Nuevo Laredo
Laredo
Del Río
Monterrey
Ciudad Victoria
San Diego
Tijuana
Mexicali
Tucson
Nogales
Nogales
Hermosillo
La Paz
Mazatlán
Culiacán
Puerto Vallarta
Tepic
Aguascalientes
Guadalajara
Colima
Morelia
Acapulco
Taxco
Toluca
México, D.F.
Pachuca
Tlaxcala
Puebla
Veracruz
Oaxaca
Villahermosa
San Cristóbal de Las Casas
Mérida
Campeche
Chetumal
Cozumel
El Paso
Ciudad Juárez
Chihuahua
Torreón
Durango
Zacatecas
San Luis Potosí
Guanajuato
Querétaro

BAJA CALIFORNIA
BAJA CALIFORNIA SUR
SONORA
CHIHUAHUA
SINALOA
DURANGO
COAHUILA
NUEVO LEÓN
TAMAULIPAS
ZACATECAS
JALISCO
MICHOACÁN
GUERRERO
VERACRUZ
OAXACA
CHIAPAS
CAMPECHE
YUCATÁN
QUINTANA ROO
MÉXICO

BELICE
GUATEMALA
HONDURAS

Sierra Madre Oriental
Sierra Madre Occidental
Río Bravo del Norte
Río Grande
Río Conchos
Río Lerma
Río Balsas
Río Usumacinta
Golfo de Tehuantepec
Trópico de Cáncer

0  125  250 Kilómetros
0  125  250 Millas

XXV

# América del Sur

MAR DE LAS ANTILLAS

OCÉANO

América Central

ATLÁNTICO

Cartagena
Maracaibo
Caracas
**VENEZUELA**
Río Orinoco
**GUYANA**
**SURINAM**
Medellín
Ciudad Bolívar
Georgetown
Cayena
**COLOMBIA**
Paramaribo
GUAYANA FRANCESA
Bogotá

*Islas Galápagos* (Ecuador)
Quito
Río Putumayo
Ecuador
**ECUADOR**
Río Amazonas
Manaus
Belén
Guayaquil
Cuenca

**PERÚ**
Andes
**B R A S I L**
Recife

Lima
Cuzco
Salvador

*Lago Titicaca*
La Paz
Brasilia
**BOLIVIA**
Sucre
Cordillera de los Andes

Río Paraná
**PARAGUAY**
Río de Janeiro
San Pablo
Asunción

OCÉANO
Tucumán
**CHILE**
**ARGENTINA**
Trópico de Capricornio
Córdoba
**URUGUAY**
PACÍFICO
Mendoza
Montevideo
Valparaíso
Río de la Plata
Santiago
Buenos Aires

N

Cordillera de los Andes
Bariloche
OCÉANO

0   500   1.000 Kilómetros
0   500   1.000 Millas

ATLÁNTICO

Estrecho de Magallanes
*Islas Malvinas (R.U.)*
Punta Arenas
Tierra del Fuego

*Cabo de Hornos*

# Estados Unidos de América

Golfo de San Lorenzo

CANADÁ

OCÉANO ATLÁNTICO

CUBA

Augusta
Boston
Quebec
Montreal
Nueva York
Filadelfia
Río Hudson
Baltimore
Annapolis
Ottawa
Buffalo
Cataratas de El Niágara
Bahía Chesapeake
Richmond
Lago Ontario
Cleveland
Washington, D.C.
Raleigh
Lago Erie
Toronto
Columbia
Charlotte
Detroit
Columbus
Cincinnati
Cabo Cañaveral
Lago Hurón
Toledo
Nashville
Atlanta
Lago Superior
Lago Michigan
Chicago
Indianápolis
Montgomery
Lago Okeechobee
Miami
Cayos de la Florida
Orlando
San Petersburgo
Tallahassee
La Habana
Cayo Hueso
Minneapolis
Saint Paul
San Luis
Memphis
Jackson
Nueva Orleáns
Lago Winnipeg
Río Misisipí
Davenport
Little Rock
Baton Rouge
Houston
Golfo de México
Winnipeg
Fargo
Lincoln
Kansas City
Wichita
Topeka
Tulsa
Oklahoma City
Dallas
Austin
San Antonio
Brownsville
Matamoros
Rapid City
Colorado Springs
Amarillo
Laredo
Nuevo Laredo
Monterrey
Cheyenne
Denver
Aurora
Santa Fe
Albuquerque
El Paso
Río Grande
Helena
Montañas Rocosas
Río Colorado
Pueblo
Gran Cañón
Ciudad Juárez
Hermosillo
Chihuahua
MÉXICO
Gran Lago Salado
Salt Lake City
Provo
Phoenix
Tucson
Nogales
Nogales
Vancouver
Cordillera de las Cascadas
Seattle
Portland
Salem
Reno
Sacramento
Las Vegas
San Bernardino
Mexicali
Tijuana
San Diego
Los Ángeles
Sierra Nevada
Fresno
Santa Bárbara
San Francisco
San José
Golfo de California
Península de Baja California
OCÉANO PACÍFICO
ESTADOS UNIDOS DE AMÉRICA

Islas Hawaii
Honolulú
Kailua Kona

Mar de Bering
Bethel
Río Yukón
Meseta
Anchorage
Juneau
Golfo de Alaska

N

300  600 Millas
0
300  600 Kilómetros
0

# El mundo

OCÉANO
ÁRTICO

GROENLANDIA
(DINAMARCA)

ALASKA
(EE.UU.)

CANADÁ

AMÉRICA
DEL NORTE

Ottawa

OCÉANO
ATLÁNTICO

ESTADOS UNIDOS
DE AMÉRICA

Nueva York
Washington, D.C.

BERMUDA
(R.U.)

MARRUECOS

Islas Canarias
(Esp.)

ARG

ISLAS HAWAII
(EE.UU.)

La Habana

BAHAMAS

SAHARA
OCCIDENTAL

MÉXICO

CUBA

REP. DOMINICANA
PUERTO RICO (EE.UU.)

CABO VERDE

MAURITANIA

MAL

Ciudad de México

JAMAICA

BELICE
HONDURAS

HAITÍ

San Juan

GAMBIA

SENEGAL

BURKIN
FASO

GUATEMALA
EL SALVADOR

NICARAGUA

GUINEA-BISSAU

GUINEA

OCÉANO PACÍFICO

COSTA RICA

Caracas

TRINIDAD Y TOBAGO

SIERRA LEONA

COSTA
DE
MARFIL

PANAMÁ

VENEZUELA

GUYANA
SURINAM

LIBERIA

Bogotá

GUAYANA FRANCESA

GUINEA ECUATOR

Ecuador

Islas Galápagos
(Ecuador)

COLOMBIA

SANTO TOMÉ Y PRÍNCIPE

KIRIBATI

ECUADOR

AMÉRICA
DEL SUR

BRASIL

PERÚ

Lima

OCÉANO
ATLÁNTICO

BOLIVIA

PARAGUAY

Río de Janeiro

ARGENTINA

CHILE

Santiago

Buenos
Aires

URUGUAY

N

Islas Malvinas
(R.U.)

| 0 | 1,000 | 2,000 Kilómetros |
| 0 | 1,000 | 2,000 Millas |

A N

RUSIA

KAZAJSTÁN

MONGOLIA

ASIA

Ankara
GEORGIA
ARMENIA
TURQUÍA
LÍBANO SIRIA IRAQ
Damasco
ISRAEL
El Cairo
JORDANIA
EGIPTO
ARABIA
SAUDITA
BAHREIN
UNIÓN DE
EMIRATOS
ÁRABES
OMÁN

UZBEKISTÁN
TURKMENISTÁN
AZERBAIYÁN
Teherán
IRÁN
Bagdad
KUWAIT
QATAR

KIRGUIZISTÁN
TAJIKISTÁN

AFGANISTÁN

PAKISTÁN
Nueva
Delhi
NEPAL
INDIA

CHINA

BHUTÁN

MYANMAR

BANGLADESH

Pekín

COREA
DEL NORTE
Seúl
COREA
DEL SUR

JAPÓN
Tokio

OCÉANO PACÍFICO

Taipei
TAIWAN

CHAD

SUDÁN

ERITREA

YEMEN
YIBUTI

REPÚBLICA
CENTROAFRICANA

ETIOPÍA

SOMALIA

UGANDA
RUANDA
KENIA
BURUNDI
Nairobi
REPÚBLICA
DEL CONGO
TANZANIA

SEYCHELLES

LAOS
TAILANDIA
CAMBOYA

VIETNAM

SRI
LANKA

Manila
FILIPINAS

MALASIA

Ecuador

GUAM
(EE.UU.)

KIRIBATI

NAURÚ

INDONESIA

PAPÚA
NUEVA GUINEA

ISLAS
SALOMÓN

ISLAS
TUVALU

ZAMBIA

MALAWI

COMORES

OCÉANO
ÍNDICO

ZIMBABWE

MADAGASCAR

MAURICIO

VANUATU

NUEVA
CALEDONIA
(Fr.)

ISLAS
FIDJI

BOTSWANA

MOZAMBIQUE

Pretoria

SUDÁFRICA
SWAZILANDIA
LESOTHO

AUSTRALIA

Canberra

Wellington
NUEVA
ZELANDA

RTIDA

| | PAÍS | CAPITAL |
|---|---|---|
| 1 | REPÚBLICA CHECA | Praga |
| 2 | REPÚBLICA ESLOVACA | Bratislava |
| 3 | ESLOVENIA | Liubliana |
| 4 | CROACIA | Zagreb |
| 5 | BOSNIA Y HERZEGOVINA | Sarajevo |
| 6 | MACEDONIA | Skopje |
| 7 | YUGOSLAVIA | Belgrado |
| 8 | LITUANIA | Vilna |
| 9 | LETONIA | Riga |
| 10 | ESTONIA | Tallin |
| 11 | LIECHTENSTEIN | Vaduz |
| 12 | LUXEMBURGO | Luxemburgo |

**Europa**

OCÉANO ÁRTICO

ISLANDIA
Reikiavik

NORUEGA
SUECIA
FINLANDIA

Oslo
Estocolmo
Helsinki
San Petersburgo

RUSIA

REINO
UNIDO
DINAMARCA
Copenhague

10
9
8

Moscú

Dublín
IRLANDA

HOLANDA
Londres
Amsterdam
Berlín
Varsovia
Minsk

BIELORRUSIA

BÉLGICA
Bruselas
ALEMANIA
POLONIA
UCRANIA
Kiev
Kishinev
MOLDAVIA

OCÉANO
ATLÁNTICO

FRANCIA
París
SUIZA
Berna
12
1
Viena
2
AUSTRIA HUNGRÍA
11
3
4
RUMANIA
Bucarest

Roma
5
7
Sofía
BULGARIA
MAR NEGRO

PORTUGAL
Madrid
ANDORRA
ITALIA
Tirana
6
Atenas
TURQUÍA

Lisboa
ESPAÑA

MAR MEDITERRÁNEO

ALBANIA
GRECIA

MALTA

CHIPRE

# ¡Ven conmigo a La Coruña!

## Galicia

**Población:** 2.800.000

**Área:** 29.575 km2; un poco más grande que Maryland

**Clima:** 96,5 cm de lluvia al año; Temperatura promedio: 8°C (46°F) en enero, 18°C (64°F) en julio

**Ciudades principales:** La Coruña, Vigo, Lugo, Santiago de Compostela, Orense

**Productos agrícolas:** leche, carne, vino, queso, miel, patatas

**Industrias:** pesca, textiles, autos, joyas, madera, barcos, electrónica

**Personajes famosos:** Gregorio Fernández (1576–1636), escultor; Rosalía de Castro (1837–1885), escritora; Luis Seoane (1910–1979), pintor

**Platos típicos:** caldo gallego, empanada de sardinas, calamares en su tinta, merluza a la marinera

Océano Atlántico del Norte · FRANCIA · Gijón · La Coruña · GALICIA · Cordillera Cantábrica · Bilbao · Pirineos · ANDORRA · León · ESPAÑA · Barcelona · PORTUGAL · Madrid · Islas Baleares · Valencia · Sevilla · Mar Mediterráneo · Jerez · Gibraltar (Br.) · Ceuta (Esp.) · Melilla (Esp.) · N · Islas Canarias · MARRUECOS · ARGELIA · 0 100 200 Kilómetros · 0 50 100 Millas

go.hrw.com
WV3 LA CORUNA

VIDEO

CD-ROM DISC 2

La Coruña, en la región de Galicia, es llamada La Ciudad Cristal por los balcones de vidrio o galerías. ▶

VIRGENBLANCA
RUÑA

23734

# Galicia

Con sus bonitas bahías y playas y la verdura de su paisaje montañoso, Galicia es una de las regiones más preciosas de toda España. Los romanos llamaron a Galicia *Finis Terrae*, el fin del mundo, porque era el punto más occidental de su imperio. Galicia le ofrece al visitante un fuerte contraste entre lo antiguo y lo moderno. Presenta al mismo tiempo un pasado céltico y romano y un amplio panorama de industrias y tecnologías modernas. Es un centro artístico de primera categoría. Galicia tiene algo para todos.

### 1 La costa gallega

Galicia tiene 386 kilómetros de costa. Las rías de Galicia son como los fiordos de Noruega. Su belleza es extraordinaria.

### 2 Hermosa vista de la catedral de Santiago

Se dice que el Apóstol Santiago está enterrado en Santiago de Compostela. Durante la Edad Media muchos peregrinos de todas partes de Europa hacían el viaje a Santiago de Compostela a pie cada año. La catedral de Santiago existe desde el siglo XI, y hoy en día llegan muchos turistas para verla.

### 3 El monumento más antiguo de La Coruña

El faro de La Coruña, la Torre de Hércules, es el único faro romano en el mundo que todavía se usa. Hay tres leyendas sobre quién lo construyó: el Hércules de los mitos de Grecia y de Roma, el legendario jefe céltico Breogán o los romanos.

**Caption head**
La Plaza de María Pita en La Coruña es un hermoso ejemplo de cómo La Coruña combina elementos de lo antiguo y lo moderno.

**5** **Caption head**
El mar, que es tan importante para la economía de Galicia, también ofrece muchas oportunidades para el recreo. Galicia tiene algunos de los lugares más bonitos para los deportes acuáticos como, por ejemplo, el buceo *(diving)* y la vela ligera *(sailing)*.

## En los capítulos ? y ?,

En los dos capítulos siguientes, vas a conocer a unas personas de Galicia. La larga historia de Galicia se refleja en su arquitectura, música, danza, literatura y en su lengua propia. Además del español, muchos gallegos también hablan el gallego, otro idioma derivado del latín. Aunque son de una región fuertemente tradicional, vas a ver que los gallegos tal vez no son tan distintos de ti en sus maneras de pasar el tiempo y en sus actitudes hacia la salud.

**6** **Caption head**
El instrumento tradicional de Galicia es la gaita *(bagpipes)* y el baile tradicional es la muñeira. Estas dos tradiciones muestran la influencia céltica. Los celtas poblaron esta región hace muchos siglos, mucho antes que los romanos.

# 1

# ¡Qué bien lo pasé este verano!

## Objectives

**In this chapter you will review and practice how to**

### Primer paso

- express interest, indifference, and displeasure

### Segundo paso

- ask for information
- describe yourself and others

↗ internet

go.
hrw
.com    MARCAR: go.hrw.com
PALABRA CLAVE:
    WV3  LA CORUNA-1

◄ ¿Cuándo aprendiste a bucear?

# DE ANTEMANO · *Una carta a Amparo*

Cuaderno de
actividades,
p. 1, Act. 1-2

### Estrategia **para comprender**

Miguel Pereira es un muchacho de La Coruña. Le escribió una carta a Amparo Pedregal, una nueva amiga en la ciudad de Gijón. En su carta le dice cómo es, qué hizo de vacaciones este verano y qué deportes y pasatiempos le gustan.

**CURSOS
DE VELA LIGERA**
**El Club de Vela**
ofrece cursos de vela ligera para jóvenes de 9 a 18 años durante los meses de junio, julio y agosto. Cada curso dura tres semanas.
Horario:
11.00 a 15.00 horas.

**El mes de julio tomé cursos de vela en el Club de Vela. También tomé clases de tenis y jugué mucho.**

27 de agosto

Querida Amparo,

¡Hola! Encantado de conocerte, aunque sea por carta. Me llamo Miguel y tengo dieciséis años. Soy alto, moreno y atlético. Vivo en La Coruña con mis padres y mi hermano menor, Jorge, que tiene diez años.

Soy un gran aficionado a los deportes, sobre todo al remo, a la vela y al tenis. Me encanta el baloncesto y me gusta mucho bucear. Realmente me interesa casi todo menos ver televisión—¡eso me parece un rollo! Me gustan las tiras cómicas y los videojuegos.

Yo pasé un verano estupendo. Normalmente mi familia viaja durante el verano. El año pasado fuimos a Barcelona y mi madre insistió en visitar

**Me encanta la música de Ana Torroja. La vi cuando estaba con el grupo Mecano.**

**Me la paso coleccionando adhesivos y leyendo tiras cómicas.**

**Mi amigo Josh—es un poco tímido pero muy divertido. Fuimos varias veces a la playa Riazor para nadar. Le enseñé a bucear y pasear en velero.**

todos los museos. Puedo apreciar la cultura, pero ¡qué paliza! Estaba harto de tantos museos. Este año decidimos quedarnos aquí en La Coruña. Me da igual si no viajamos. Es más, prefiero estar aquí porque hay tanto que hacer, ¡sobre todo los deportes!

Un amigo mío de Nueva York, Josh, pasó el mes de agosto con mi familia. Lo pasamos super bien. Escuchamos música, jugamos al baloncesto y salimos con amigos.

Trato de imaginarme cómo eres. ¿Cuántos años tienes? ¿Eres alta o baja? ¿Rubia o morena? ¿Tienes hermanos? ¿Cómo pasaste el verano? ¿Tocas algún instrumento? (Yo no). Espero recibir una carta tuya dentro de poco. ¡Escríbeme pronto!

Saludos,

*Miguel*

**El verano que viene voy a dar una vuelta ciclista rumbo a Francia. Vamos a pasar un día en Gijón y podemos conocernos. ¡Qué suerte!**

## 1 ¿Cierto o falso?

Indica si cada oración es **cierta** o **falsa**. Si es falsa, corrígela.

1. Miguel es alto y rubio.
2. A Miguel le encantan los deportes.
3. Miguel tenía ganas de visitar más museos.
4. Amparo pasó el mes de agosto con Miguel.
5. Ana Torroja es la cantante favorita de su amigo de Nueva York.
6. La Coruña está al lado del mar.
7. A Miguel le gusta mucho ver televisión.
8. Miguel sabe bucear.
9. Miguel le enseñó a Josh a remar.

## 2 Busca la expresión

¿Qué expresiones usa Miguel para...?

1. preguntarle a Amparo qué edad tiene
2. describirse a sí mismo físicamente; describir a Josh
3. expresar su entusiasmo por los deportes y sus pasatiempos
4. decir que algo no le importa
5. decir que algo no le gusta

## 3 Ponlo en orden

Con un(a) compañero(a), pon en orden estas oraciones según lo que escribió Miguel.

1. Miguel toma cursos de vela en el Club de Vela.
2. Miguel da una vuelta ciclista rumbo a Francia.
3. Josh, el amigo de Miguel, viene a visitarlo.
4. Miguel va a Barcelona con su familia.

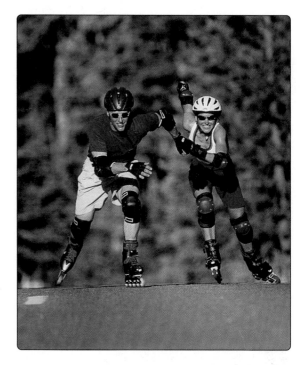

## 4 ¿Comprendiste?

Contesta las siguientes preguntas en español.

1. ¿Dónde pasó Miguel el verano este año?
2. ¿Dónde lo pasó Miguel el año pasado?
3. ¿Qué tipo de vacaciones prefiere él?
4. ¿Por qué quiere quedarse en La Coruña?
5. ¿Quién vino (came) a visitar a Miguel?
6. ¿Qué deportes acuáticos se pueden practicar en La Coruña?
7. ¿Cuándo van a tener la oportunidad de verse Miguel y Amparo?

## 5 Ahora te toca a ti

Mira otra vez las fotos que le manda Miguel a Amparo. ¿Qué deporte o pasatiempo te interesa más a ti? ¿Crees que te gustaría visitar La Coruña? ¿Por qué sí o por qué no?

## Así se dice

### Expressing interest, indifference, and displeasure

Cuando algo te interesa puedes decir:

**Soy un(a) gran aficionado(a) a** los deportes.
**Soy un(a) fanático(a) de...**
**Estoy loco(a) por...**
**Me la paso** coleccionando adhesivos.      *I spend my time . . .*

Cuando algo no te importa puedes decir:

**Me da igual.**
**Me da lo mismo.** } *It's all the same to me.*

**No me importa.**      *It doesn't matter to me.*
**Como quieras.**      *Whatever (you want).*

Para decir que algo no te gusta puedes decir:

Ver televisión **me parece un rollo.**
A mí **no me interesa para nada** ver televisión.
**¡Qué paliza! Estoy harto(a) de** tantos museos.
 *What a drag! I'm fed up with . . .*

© Billiken

(Cuaderno de actividades, pp. 2–3, Acts. 4, 6)

---

**6**   **Como quieras**

**Escuchemos**  En una hoja de papel, escribe **interés, indiferencia** y **aversión** en tres columnas. Escucha las siguientes conversaciones. Luego, escribe en la categoría apropiada el nombre de la persona que expresa cada emoción.

**7**  **¿Qué dicen ellos?**

**Escribamos**  ¿Qué crees que están pensando las personas en estos dibujos? ¿Les gusta el deporte o pasatiempo? Usa las frases de **Así se dice** para expresar sus pensamientos.

¿Quieres ver una película o ir a un concierto?

**Adriana**

**Beto**      **Ken**

**Marcos**      **Charo**

**Gonzalo**

la escalada deportiva

la vela
pasear en velero

la equitación
montar a caballo

practicar ciclismo

patinar en línea

*¿Qué deporte practicas?*
**el montañismo (escalar montañas)**
**el esquí acuático (hacer esquí acuático)**
**el patinaje (patinar sobre ruedas/hielo)**
**el remo (remar)**
**el buceo (bucear)**

*¿Qué pasatiempo te gusta más?*
**escuchar música**
**leer tiras cómicas/revistas**
**ir a la playa**
**coleccionar adhesivos/sellos**
**tocar un instrumento (la flauta/la**
**batería/el clarinete/el saxofón)**
**la fotografía (sacar fotos)**
**jugar (ue) a los video-**
**juegos/las cartas**

Más práctica gramatical,
p. 24, Act. 1

Cuaderno de gramática, p. 1, Acts. 1–2    Cuaderno de actividades, pp. 2–3, Acts. 3, 5

### También se puede decir...

Puedes decir **alpinismo** por **montañismo**. En Latinoamérica también se usa **andinismo**. Puedes usar **submarinismo** por **buceo**, **tomar fotos** por **sacar fotos** y **calcomanías** por **adhesivos**.

**8**  ## Una entrevista

**Escuchemos**  Una periodista está entrevistando a varios jóvenes sobre qué pasatiempos y deportes les gustan. Vas a escuchar seis frases. ¿Qué deporte o pasatiempo le gusta a cada persona?

¿Se te ha olvidado?
**sports and hobbies**
Ver la página R15

**9**  ## ¡Estoy harto del fútbol!

**Escribamos**  Escribe oraciones que expresen interés, indiferencia o aversión con el deporte o pasatiempo indicado. Usa expresiones de **Así se dice** en la página 9.

1. la escalada deportiva
2. la fotografía
3. la natación
4. el patinaje
5. dibujar
6. leer tiras cómicas
7. el montañismo
8. el esquí acuático
9. escuchar música

**10**  ## Es tu turno

**Hablemos**  Trabaja con un(a) compañero(a). Usen expresiones de **Así se dice** para comparar sus reacciones a los deportes y pasatiempos en la Actividad 9. ¿Qué deporte o pasatiempo les gusta a los (las) dos?

## Gramática de repaso

### Present tense of stem-changing verbs

Here is a review of stem-changing verbs in the present tense. Notice that the endings are regular. The verb **jugar** changes **u → ue** in all present-tense forms except **nosotros** and **vosotros.**

|  | e → ie | o → ue | e → i |
|---|---|---|---|
| yo | empiezo | puedo | pido |
| tú | empiezas | puedes | pides |
| él, ella, Ud. | empieza | puede | pide |
| nosotros(as) | empezamos | podemos | pedimos |
| vosotros(as) | empezáis | podéis | pedís |
| ellos, ellas, Uds. | empiezan | pueden | piden |

Más práctica gramatical,
pp. 24–25, Acts. 2–4

Cuaderno de gramática,
pp. 2–3, Acts. 3–5

Cuaderno de actividades,
pp. 4–5, Acts. 7, 9

---

**11 Gramática en contexto**

**Leamos/Escribamos** El horario de Rafael está muy lleno. Completa las oraciones con las formas correctas del presente de los verbos.

Mi día ═══**1**═══ (comenzar) a las seis de la mañana. Siempre ═══**2**═══ (empezar) con un buen desayuno. Mis padres nunca ═══**3**═══ (querer) que salga de la casa sin comer. Aprovecho una hora por la mañana para practicar ciclismo antes de las siete y media, cuando ═══**4**═══ (comenzar) las clases. Después de las clases, mis amigos me ═══**5**═══ (pedir) que vaya a pasar el rato con ellos o a remar en el río. Pero, no ═══**6**═══ (poder) porque ═══**7**═══ (empezar) a trabajar a las dos. Le pido a Dios que ponga más horas en el día.

¿Se te ha olvidado?
**present tense**
Ver la página R35

Cuaderno de gramática,
p. 3, Act. 6

---

**12 ¿Qué pasatiempo te gusta?**

**Hablemos/Escribamos** Prepara un cuestionario para investigar los deportes y pasatiempos que prefieren cinco compañeros de clase. Después, decide cuál de los amigos por correspondencia es más apropiado para cada estudiante.

**Nombre:** Liliana Aguilar
**Edad:** 15 años
**Pasatiempos:** Practicar deportes, ir a la playa, coleccionar estampillas de distintos países, escuchar música y leer.

**Nombre:** Laura Espinoza
**Edad:** 16 años
**Pasatiempos:** Patinar en línea, hablar por teléfono con mis amigos, coleccionar carteles de mis artistas favoritos, bailar, escuchar música, leer revistas.

**Nombre:** Antonio Villa
**Edad:** 16 años
**Pasatiempos:** Montar en bicicleta, ir al cine, sacar fotos, pintar, escribir poemas, tocar la guitarra.

**Nombre:** Francisco Andrade
**Edad:** 17 años
**Pasatiempos:** ir a conciertos, practicar deportes, coleccionar postales, tocar la batería, ver televisión, jugar videojuegos.

## Gramática de repaso

### The preterite tense

The preterite is used to talk about what happened on a particular occasion or within a certain period of time in the past. The **yo** forms of verbs ending in **-car, -gar,** and **-zar** have spelling changes: **toqué, jugué, comencé.**

| PASAR | COMER | ESCRIBIR |
|---|---|---|
| pasé | comí | escribí |
| pasaste | comiste | escribiste |
| pasó | comió | escribió |
| pasamos | comimos | escribimos |
| pasasteis | comisteis | escribisteis |
| pasaron | comieron | escribieron |

Más práctica gramatical, p. 25, Act. 5 →

Cuaderno de actividades, pp. 4–5, Acts. 8, 10

Cuaderno de gramática, pp. 4–5, Acts. 7–11

---

**13**  **Gramática en contexto**

**Escuchemos** Vas a escuchar a Luisita conversar por teléfono con Miguel. Para cada verbo que sigue, indica si están hablando del **presente** o del **pasado.**

1. escuchar la radio
2. ir a la playa
3. nadar en el mar
4. practicar el esquí acuático
5. pasear en velero
6. jugar a las cartas
7. leer el periódico
8. ir al concierto

**14**  **Gramática en contexto**

**Hablemos/Escribamos** Con un(a) compañero(a), haz un resumen de lo que escribió Josefina. Luego digan dónde y cuándo conocieron Uds. a su mejor amigo(a). ¿De qué hablaron la primera vez que se conocieron?

¿Se te ha olvidado?
**irregular preterite**
Ver la página R36

*Querido diario,*          2 de septiembre

 Hoy conocí a un tipo increíble. Fui a la playa Riazor esta tarde y vi al chico de mis sueños pero me pareció que él no me vio a mí. Bueno, por la noche hubo una fiesta en casa de Teresa. De veras no quería ir, pero fui... y ¿sabes qué? ¡El chico de la playa estaba allí! Resulta que es amigo de Teresa. Pues, ella me lo presentó y empezamos a hablar. Se llama Joaquín y es de La Coruña. Hablamos tres horas sin parar y nos dimos cuenta de que tenemos mucho en común. Y no puedo creer lo que me dijo... ¡que me reconoció de la playa! Me gustaría hablar más con él pero mañana vuelvo a Madrid. ¡Qué lata que no puedo quedarme!

SUGERENCIA

Do you feel you've forgotten all your Spanish? Here are some tips:

- Familiarize yourself with the reference pages at the back of the book, starting on page R2. These have lists of vocabulary, grammar, and functions, much of which you've already learned. You'll probably recognize and remember a lot.
- Don't be too worried about making mistakes in class. They're an opportunity to learn more about Spanish.

## 15 Una cita

**Escribamos** Imagina que pasaste un fin de semana fenomenal con un grupo de amigos. ¿Qué hicieron? ¿Adónde fueron? Escribe un párrafo con los siguientes verbos u otros. También puedes usar palabras como **primero, luego, después** y **por fin.**

regresar

pasar

ir

montar

esquiar

jugar

hacer

### Nota cultural

¿Acaso come tu familia percebes *(barnacles)* en casa? Pues, la gente de Galicia y de Asturias comen muchos pescados y mariscos. Por ejemplo, comen bacalao *(cod)*, mejillones, vieiras *(scallops)*, sardinas *(sardines)*, calamares, anguilas, centollo y almejas. Hasta se come el pulpo *(octopus)*, que se cocina en ollas *(pots)* grandes en las fiestas. ¿Te gustan los mariscos?

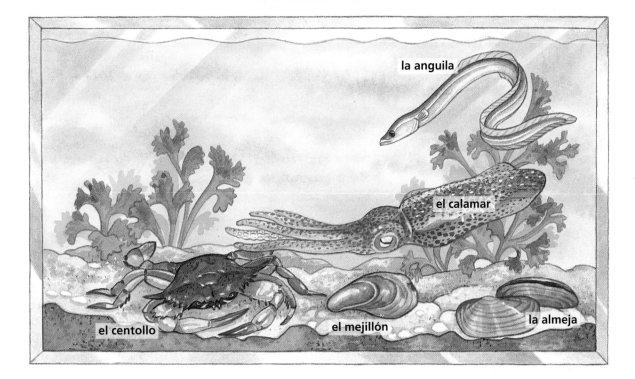

la anguila

el calamar

el centollo

el mejillón

la almeja

## 16 ¿Qué tal las vacaciones?

**Hablemos/Escribamos** Pregúntale a un(a) compañero(a) qué hizo en sus vacaciones de verano. Escribe después un párrafo sobre sus experiencias y preséntalo a la clase.

# ¡Adelante! · *Una carta a Miguel*

Cuaderno de actividades, p. 6, Acts. 11–12

Amparo recibió la carta de Miguel y le respondió. Ella es de Gijón, una ciudad en la región de Asturias. Amparo le cuenta cuáles son sus pasatiempos y deportes favoritos. Lee su carta para saber más de ella.

## HOMBRES EN LA LUNA
### y Los Pasotes
**Viernes 18 Julio**
**21,30 h**
**Sala Peñas**
Precio único 2.500 pts (IVA incl.)

Lo mejor del verano fue el concierto de Hombres en la Luna. Fui al concierto con mis amigos.

Hice una excursión a caballo en junio. En julio mi familia y yo hicimos camping en el Parque Nacional de Covadonga. ¡Qué belleza!

Querido Miguel,

3 de septiembre

¡Gracias por tu carta! Yo también tengo 16 años. Soy baja y rubia, y mis amigas dicen que soy simpática aunque Isabel, mi hermana menor, piensa que soy la persona más pesada del mundo. Ella tiene 10 años y es muy traviesa.

Me gustan también los deportes, pero prefiero los deportes individuales, y no de equipo. Practico el montañismo en los Picos de Europa y sé montar a caballo. También me gusta mucho esquiar. Una vez mi familia y yo fuimos a Valgrande-Pajares a esquiar, un lugar de esquí fenomenal en Asturias. Además, también me interesan la fotografía y las películas.

Yo también lo pasé muy bien este verano. Hice camping con mi familia en Covadonga, un parque nacional. ¡Me gustaría conocerte el próximo año! Quiero saber más de ti. ¿Te llevas bien con tu hermanito, o a veces es tan pesado como mi hermana? ¿Cómo sabes practicar tantos deportes? ¿Cuándo aprendiste a bucear? ¿Dónde conociste a tu amigo de Nueva York?

Bueno, es todo por ahora.

Saludos,

## EXCURSIONES A CABALLO

- Turismo ecuestre de un día, un fin de semana o una semana completa, por los ríos y las montañas de Asturias
- No es necesario tener experiencia

*Centro De Equitación "La Granja"*

**¿Cómo es Amparo?**

Completa las siguientes oraciones según la carta de Amparo.

1. Según sus amigas, Amparo es una persona...
2. Según su hermana menor, Amparo es...
3. A ella le gustan los deportes pero prefiere los...
4. Practica el montañismo en...
5. Una vez esquió en...
6. A ella le gustan...
7. Amparo fue al concierto de...
8. Ella hizo camping en...
9. Amparo piensa que su hermana es...

**18** **¿Qué palabras se usan?**

¿Qué palabras usa Amparo para...?

1. describirse a sí misma
2. hacerle preguntas a Miguel sobre los deportes
3. hablar de lo que hizo de vacaciones
4. hablar de lo que le interesa

**19** **¿Comprendiste?**

Contesta las siguientes preguntas.

1. ¿Qué tienen en común Miguel y Amparo?
2. ¿Qué tipo de deportes prefiere Amparo? ¿Cuáles son?
3. ¿Cuáles son sus pasatiempos?
4. Según Amparo, ¿cuál fue la mejor experiencia del verano?
5. ¿Qué hizo ella en junio?
6. ¿Adónde fue Amparo con su familia en julio? ¿Qué hicieron allí?
7. ¿Crees que Miguel y Amparo son compatibles como amigos? ¿Por qué sí o por qué no?

**20** **¿Qué tienen en común?**

 Vas a escuchar a seis compañeros de Amparo hablar de lo que hicieron durante el verano. Después de escuchar las frases, indica si tienen más en común con Amparo o con Miguel.

**21** **Ahora te toca a ti**

Lee la carta y mira las fotos de Amparo otra vez. ¿Qué tienes en común con Amparo? ¿Qué deporte o pasatiempo te interesa más? ¿Crees que te gustaría visitar Asturias? ¿Por qué sí o por qué no?

## Así se dice

### Asking for information

Para hacer una pregunta en español puedes usar palabras interrogativas como **¿Quién?**, **¿Por qué?** y **¿De dónde?** Mira los ejemplos:

**¿Cuántos** años tienes?

**¿Qué** te gusta hacer en tus ratos libres?

**¿Cómo** sabes practicar tantos deportes?

**¿Cuándo** aprendiste a bucear?

**¿Dónde** conociste a tu amigo de Nueva York?

Más práctica gramatical, p. 26, Act. 6

Cuaderno de actividades, p. 7, Acts. 13–14

Cuaderno de gramática, p. 6, Acts. 12–13

---

### 22 ¿Me oíste?

**Escuchemos** Amparo está hablando con varios amigos en una fiesta. No responde bien a las preguntas porque la música está muy alta y no oye bien. Escucha las siguientes conversaciones e indica si las respuestas son **lógicas** o **ilógicas**.

### 23 ¿Cuál es la pregunta?

**Hablemos/Escribamos** Mira otra vez la información cultural en las páginas 1, 2 y 3. Con un(a) compañero(a), escribe preguntas apropiadas para las siguientes respuestas. Puede haber *(There can be)* más de una pregunta.

1. Galicia es una región muy verde y fresca.
2. Muchos peregrinos cristianos iban a Santiago de Compostela durante la Edad Media.
3. Galicia tiene un área de 29.575 kilómetros cuadrados *(square)*.
4. La Coruña se llama La Ciudad Cristal porque tiene galerías o balcones de vidrio.
5. Rosalía de Castro fue una escritora famosa de Galicia.
6. Galicia tiene unos 2.800.000 de habitantes.
7. Los celtas poblaron Galicia mucho antes que los romanos.
8. La gaita es un instrumento tradicional de Galicia.
9. El único faro romano que todavía se usa es la Torre de Hércules.
10. Galicia tiene 386 kilómetros de costa.

### ¿Te acuerdas?

Sometimes questions are formed by reversing the word order of the subject and verb in a sentence: **¿Escala montañas Pedro?** You can also add a word like **¿no?** or **¿verdad?**, as in **Susana toca la flauta, ¿verdad?**

### Describing yourself and others

Noor es muy simpática e inteligente. Es alta, morena y muy guapa, ¿no crees?

Si quieres describir el aspecto físico de una persona, puedes decir:

El Sr. Montálvez **tiene bigote y barba,** y es calvo.
*. . . has a moustache and a beard . . .*

Mi prima Julia **es pelirroja y tiene el pelo rizado.**

Patricio **es de estatura mediana y lleva gafas.**

Si quieres describir la personalidad de una persona también, puedes decir:

La profesora Minguillón **es seria pero es muy buena gente.**

Florencio es **pesado; ¡no hay quien lo aguante!**

Esteban es **un tío estupendo.**
*. . . a great guy.*

Mi novio es muy **abierto y tiene un buen sentido del humor.**

Cuaderno de actividades, pp. 8–10, Acts. 16–17, 20

### También se puede decir...

En Latinoamérica se usan las palabras **anteojos, lentes** y **espejuelos** por **gafas.**

**24** **Amigos nuevos**

**Escribamos** Escribe descripciones de las siguientes personas. Usa expresiones de **Así se dice.**

a.　　　　b.　　　　c.　　　　d.

**abierto(a)**　*open*
**buena gente**　*nice*
**fenomenal**　*great*
**una gran persona**　*a great person*
**un gran tipo**　*a great guy*
**majo(a)**　*nice (Spain)*

**no hay quien lo (la) aguante**
　　*nobody can stand him (her)*
**pesado(a)**　*annoying*

Cuaderno de gramática, p. 7, Acts. 14–15　　Cuaderno de actividades, p. 10, Act. 18

**25** **¿En quién piensas?**

**Hablemos** Con dos compañeros de clase, describe a cuatro personas famosas para ver si pueden adivinar quiénes son. Intercambien papeles.

¿Se te ha olvidado?
**adjectives**
Ver las páginas R28–R29

## Gramática de repaso

### saber vs. conocer

Both **saber** and **conocer** mean *to know*.

1. **Conocer** means *to know, to meet or see for the first time,* or *to be familiar with* a person or a place. Remember to use the "personal **a**" when referring to a person.

> ¿Dónde **conociste a** tu amigo de Nueva York?
> **¿Conoces** las playas de Galicia?

*Más práctica gramatical, p. 27, Act. 8*

2. **Saber** means *to know* a fact or *to have information about* something or someone. It also means to *know how* to do something when used with an infinitive.

> Quiero **saber** más de ti.
> Amparo **sabe** hablar francés.

*Cuaderno de actividades, pp. 8–10, Acts. 15, 19*

*Cuaderno de gramática, p. 8, Acts. 16–18*

---

**26**  **Gramática en contexto**

**Leamos/Hablemos** Con un(a) compañero(a), decide entre **sabes** o **conoces** para las siguientes preguntas. Después, contesten las preguntas.

1. ¿_____ a una persona muy inteligente?
2. ¿_____ el nombre del rey de España?
3. ¿_____ tocar algún instrumento?
4. ¿_____ al presidente de Estados Unidos?
5. ¿_____ remar?
6. ¿_____ cuál es la flor oficial de tu estado?
7. ¿_____ a alguien que practique ciclismo?

**27**  **Gramática en contexto**

**Leamos/Hablemos** Con unos compañeros, lee las siguientes oraciones e indica si son **ciertas** o **falsas**. Luego cambien las oraciones falsas para reflejar la realidad de su grupo.

**MODELO**  Todos sabemos patinar.
—Falso. Dos personas saben patinar pero una no.

1. Nadie en nuestro grupo conoce a ninguna persona de otro país.
2. Dos personas en nuestro grupo saben hacer el esquí acuático.
3. Todos sabemos tres idiomas.
4. Todos conocemos a un adulto pesado.
5. Una persona en nuestro grupo sabe bucear.
6. Todos conocemos Escocia e Inglaterra.

### Nota gramatical

In Spanish, **o** *(or)* changes to **u** before a word that begins with **o-** or **ho-**.

> **El viaje a La Coruña es de siete u ocho horas.**

In the same way, **y** *(and)* changes to **e** before a word that begins with **i-** or **hi-**.

> **Sergio e Hilaria van a bucear.**

*Cuaderno de gramática, p. 9, Acts. 19–21*

*Más práctica gramatical, p. 26, Act. 7*

**28**  **Del colegio al trabajo**

 **Escribamos** Imagina que eres el(la) director(a) de un programa de intercambio en España. Tienes que preparar preguntas para entrevistar a los estudiantes que quieren participar. Incluye datos personales (edad, dónde vives, etc.), los deportes y pasatiempos que les gustan o que no les gustan y por qué desean ir. Escribe las preguntas en una hoja de papel.

## ¿Qué hiciste en las últimas vacaciones?

¿Qué piensas que hacen de vacaciones los muchachos hispanohablantes? ¿Tienes algo en común con estos tres jóvenes?

### Yoni Antonio
**Barba de Heredia,
Costa Rica**

"Bueno, me quedé ayudándole a mi padre a hacer trabajos allí en la casa y por ratillos ir a practicar deporte: la montañera o jugar basquetbol".

### Begonia
**Madrid, España**

"Fui a Cataluña. Me lo pasé muy bien y me bañé, visité monumentos... fui de compras... compré cosas para la playa".

### Vivian
**Miami, Florida**

"Estuve en Nueva York con mi mamá y con mi hermana y con una amiga mejor allí. Fuimos a pasear, ... de compras".

## Para pensar y hablar...

**A.** Escribe en una hoja de papel qué hiciste durante las últimas vacaciones. Compara tu respuesta con las de las personas entrevistadas.

**B.** Barba de Heredia is a small town. Imagine that Yoni Antonio went to Madrid for vacation. What kinds of activities could he do in Madrid that he probably couldn't do in his hometown? If Begonia were to travel to Barba de Heredia, what could she do there that she probably couldn't do in Madrid?

Cuaderno para hispanohablantes, pp. 1–5

## Pablo Neruda

Vas a leer un poema de Pablo Neruda, seguido por una biografía del poeta chileno.

### Estrategia para leer

Use background knowledge as you read the poem and the poet's biography. Think about what you already know about the topic of the poem. Look for the poem's symbolic meaning by considering other ideas or experiences that might be represented by the topic. When reading about the poet, think about what information is usually conveyed in a biography. This will help you to predict the content.

### ¡A comenzar!

A. Read the title of the poem. Make a list of what you already know about turtles. What are they like? Where do they live? What do they do?

B. Take a look at the biography on page 22. Think about the types of information that usually go into a biography. List three things that you expect to find in this reading.

C. Get together with a partner and go over your lists about turtles. Think about the different symbolic meanings of a turtle. Besides what you normally think of, what else can a turtle represent?

# La tortuga

**Pablo Neruda**

La tortuga que
anduvo
tanto tiempo
y tanto vio
con
sus
antiguos
ojos,
la tortuga
que comió
aceitunas
del más profundo
mar,
la tortuga que nadó
siete siglos
y conoció
siete
mil
primaveras,
la tortuga
blindada
contra
el calor
y el frío,
contra
los rayos y las olas,

la tortuga
amarilla
y plateada,
con severos
lunares
ambarinos
y pies de rapiña,
la tortuga
se quedó
aquí
durmiendo,
y no lo sabe.
De tan vieja
se fue
poniendo dura,
dejó
de amar las olas
y fue rígida
como una plancha
de planchar.
Cerró
los ojos que
tanto
mar, cielo, tiempo y
tierra
desafiaron,
y se durmió
entre las otras
piedras.

## ¿Te acuerdas?

Use context to guess the meaning of unknown words. Make logical guesses by using the words and phrases that surround the unknown word.

## Al grano

**D.** Scan the poem and try to understand how the poet describes the turtle. What images or ideas come to mind? Read the following sentences and indicate whether each one is **cierto** o **falso.**

1. La tortuga vive muchos años.

2. A la tortuga le afecta mucho el clima.

3. La tortuga tiene mucha energía.

4. La tortuga ha visto *(has seen)* mucho.

5. La tortuga parece dormir.

**E.** Now read the following questions. Read the poem again more carefully. Keep these questions in mind as you read.

1. What does **"...dejó de amar las olas"** mean?

2. What is the poet referring to with the following simile: **"...y fue rígida como una plancha de planchar"**? A simile is a phrase that compares one thing to another to create an image. For example, "The stars were like jewels in the night sky."

3. Neruda ends the poem with **"...y se durmió entre las otras piedras."** What is the metaphor in this phrase? What does it stand for? Remember that a metaphor refers to a thing or idea as something else. For example, "The jewels of the night sky shone brightly." In this case, the word "jewels" is a metaphor for "stars".

**Pablo Neruda (1904–1973)**

## ¿Te acuerdas?

Use cognates to guess the meaning of new words. Cognates are words that look alike and have similar meanings in two languages.

**F.** Read the biography of Pablo Neruda. Then look at the following groups of sentences and, for each group, decide which sentence best summarizes the narrative.

1. **a.** Neruda began writing and publishing poems in his later years.

   **b.** Pablo Neruda first experimented with writing poetry during his teenage years and published his first book before he was twenty.

   **c.** Neruda began to write poetry after his experiences in the Spanish Civil War.

2. **a.** After spending a long and productive life in Chile, Neruda won the Nobel Prize for Literature.

   **b.** The hardships he experienced from spending his whole life in the frontier town of Temuco were the only factor that affected his poetry.

   **c.** Neruda's writing was deeply affected by political events and by his life in other countries.

**G.** Now get together with a partner and discuss **La tortuga** again based on what you know about the poet's life. What experiences do you think motivated him to write this poem? Why?

Cuaderno de actividades, p. 11, Act. 21

Cuaderno para hispanohablantes, pp. 1–5

Pablo Neruda, cuyo nombre verdadero fue Neftalí Reyes, nació en Parral, Chile, y es considerado uno de los poetas latinoamericanos más importantes del siglo veinte. Cuando tenía tres años se fue con su familia a Temuco, un pueblito fronterizo en el sur. Las duras condiciones de la región más tarde tendrían una gran influencia en su poesía. A los trece años Neruda publicó un artículo en un periódico local donde, poco después, lo pusieron a cargo de la página literaria.

En 1920 se fue a Santiago a estudiar en la Universidad de Chile. Cuando uno de sus poemas ganó el primer premio en un concurso literario, los patrocinadores le publicaron su primera colección de versos, *La canción de la fiesta* (1921). Ese volumen y el próximo, *Crepusculario* (1923), son de tema romántico y de estructura tradicional.

La publicación de *Veinte poemas de amor y una canción desesperada* (1924) lo consagró como un importante poeta nacional.

Neruda entró en el terreno político cuando lo nombraron cónsul honorario en Rangún, Birmania, y poco después en Ceilán y Java. Neruda se sentía frustrado en el Lejano Oriente cuando comenzó a componer *Residencia en la tierra*.

La vida y obra de Neruda se vieron profundamente afectadas por la Guerra Civil Española que estalló en 1936. Neruda empezó a escribir poesía y prosa a favor de un cambio social. Uno de sus mayores logros literarios, *Canto general de Chile* (1946), es una obra épica sobre la historia cultural y política de Chile, al mismo tiempo que una exploración de la lucha por la justicia en las Américas.

Neruda huyó de Chile en 1949 tras haber criticado severamente al presidente de la nación. En 1953 se le permitió regresar. Durante los veinte años siguientes escribió con un estilo simple y claro y volvió a temas más introspectivos y personales. En su poesía sobre el amor y la naturaleza, Neruda examina las cosas cotidianas con cuidado y atención. En 1971 ganó el Premio Nóbel de Literatura.

# Vamos a escribir

¿Alguna vez has intentado explicarle a alguien uno de tus pasatiempos? Para explicarle a alguien un pasatiempo que desconoce, hay que tener cuidado con las palabras que se usan. En esta actividad, le escribirás a un amigo sobre algún pasatiempo que le interese y aprenderás una manera de organizar tu escritura.

## Tu pasatiempo favorito

Imagina que tienes un(a) amigo(a) que quiere saber más sobre tu pasatiempo o deporte favorito. Escríbele una carta para describírselo, cómo se practica, qué equipo se necesita, las precauciones necesarias, etc. Toma en cuenta lo que tu amigo(a) ya sabe de tu pasatiempo.

### Estrategia para escribir

**Know your audience** Before you write, think about who you're writing to and the reason you're writing. Write using words your reader could be expected to understand, and use an appropriate tone. For example, you'd describe a hobby differently depending on whether you were writing to your grandmother or to a child.

### A. Preparación

Antes de escribir tu descripción, considera las siguientes preguntas.

1. ¿Por qué escribes esta carta?

2. ¿Para quién escribes? ¿Es niño(a) o adulto(a)? ¿Debes usar **tú** o **usted?**

3. ¿Cuánto ya sabe esta persona de tu pasatiempo o deporte?

4. ¿Qué detalles necesitas incluir para describirlo bien?

5. ¿Necesitas incluir fotos o dibujos para hacer una buena descripción?

### B. Redacción

1. Escribe tu carta. Pon la fecha y una introducción para preguntar cómo está tu amigo(a), qué pasa donde vive, etc.

2. Escribe otros párrafos para describir tu pasatiempo o deporte. Usa el vocabulario y los detalles adecuados. Si la persona que va a leer esta carta es de tu edad, usa las formas de **tú.**

3. Escribe una conclusión adecuada. Si quieres, puedes resumir *(sum up)* los detalles más importantes de tu descripción.

4. Incluye fotos o dibujos si son adecuados.

### C. Evaluación

1. ¿Usaste un tono adecuado? Si no, puedes hacerlo más formal o más informal.

2. Mira bien las palabras que usaste. ¿Crees que tu amigo(a) puede comprenderlas? Si no, usa otras.

3. ¿Escribiste bien todas las palabras? Si no, corrige las palabras mal escritas.

4. Si usaste fotos o dibujos, ¿qué piensas de ellos? Si no apoyan la presentación, omítelos o busca otros.

# Más práctica gramatical

## Primer paso

**Objective** Expressing interest, indifference, and displeasure

**1** ¿Qué pasatiempos les gustan a todos? Combina los verbos de la primera columna con las palabras correspondientes de la segunda para formar las expresiones del **Vocabulario** en la página 10. Usa cada palabra sólo una vez. **(p. 10)**

1. hacer
2. escalar
3. patinar
4. pasear
5. montar
6. sacar
7. coleccionar

**a.** a caballo
**b.** en línea
**c.** fotos
**d.** adhesivos
**e.** montañas
**f.** esquí acuático
**g.** en velero

**2** Lee lo que escribe Joaquín sobre los pasatiempos de sus amigos y su familia, y completa su descripción con el tiempo presente de los verbos **pensar** y **preferir**. **(p. 11)**

Yo ___1___ (pensar) que los videojuegos son aburridísimos. En mi

tiempo libre, ___2___ (preferir) escuchar música o tocar la batería.

Mis amigos Germán y Sergio están locos por los deportes. Ellos ___3___

(preferir) el fútbol y el baloncesto, pero ___4___ (pensar) que casi todos los

deportes son interesantes. Mi hermana y yo vamos mucho al cine. Nosotros

___5___ (preferir) las películas de ciencia ficción y de horror. Y también

___6___ (pensar) que las películas de Alfred Hitchcock son fabulosas. En

cambio, a mamá no le interesa el cine. Ella ___7___ (pensar) que es un rollo

hacer cola. En su tiempo libre, ___8___ (preferir) leer novelas o ver videos

en casa. ¿Y tú? ¿Qué pasatiempos ___9___ (preferir)? ¿Tú ___10___ (pensar)

hacer algo interesante este fin de semana?

**3** Explica a qué deportes u otras actividades juegan todos por la tarde, y a qué hora vuelven a casa. Usa el tiempo presente de los verbos **jugar** y **volver**. Sigue el modelo. **(p. 11)**

MODELO        **Marisol/jugar a los videojuegos/volver a casa/4:30**
                        **—Marisol juega a los videojuegos. Vuelve a casa a las cuatro y media.**

1. (yo)/jugar al voleibol/volver a casa/6:00
2. mi abuelo/jugar al dominó/volver a casa/5:30
3. mi hermanito/jugar un juego de mesa/volver a casa/3:30
4. Patricia y Lourdes/jugar al tenis/volver a casa/6:30
5. Fernando y yo/jugar al baloncesto/volver a casa/5:00
6. ¿(tú)/jugar al fútbol o al béisbol?/¿volver a casa/4:00 o 4:30?

**4** Para Alicia y su familia, ¿qué es el regalo ideal? Escribe lo que todos quieren este año. Consulta la tabla y usa el tiempo presente del verbo **pedir**. **(p. 11)**

MODELO        **Suso/guitarra eléctrica**
                        **—Suso pide una guitarra eléctrica.**

| SUSO | GUITARRA ELÉCTRICA |
| --- | --- |
| 1. yo | caballo |
| 2. mis hermanitos | perro |
| 3. mi hermana | velero |
| 4. papá | cámara |
| 5. mamá y tía Inés | viaje al Caribe |
| 6. Suso y yo | clases de buceo |

**5** Teresa y su club de montañismo pasaron el fin de semana en un campamento. Completa la descripción de la excursión con el pretérito de los verbos entre paréntesis. **(p. 12)**

¡Qué bien lo pasé este fin de semana! Yo ____1____ (llegar) al campamento el viernes por la tarde. Nélida y Fran ____2____ (buscar) leña y Ricardo y yo ____3____ (preparar) la cena. Nosotros ____4____ (comer) hamburguesas, perros calientes y galletas de chocolate. Después, Fran ____5____ (tocar) la guitarra y nuestro instructor nos ____6____ (explicar) qué íbamos a hacer al día siguiente. El sábado, todos ____7____ (levantarse) temprano. Pasamos el día practicando la escalada deportiva. ¡Yo ____8____ (escalar) el cerro Gordo cuatro veces! Nuestro instructor me ____9____ (ayudar) bastante y yo ____10____ (aprender) muchísimo. Yo ____11____ (sacar) muchas fotos de todo el grupo. Esa noche, todos estábamos cansados y ____12____ (dormir) como lirones. El domingo por la mañana, yo ____13____ (nadar) con Nélida por un rato, y Fran y Ricardo ____14____ (montar) a caballo. Después, nosotros ____15____ (quitar) las tiendas de campaña, limpiamos el campamento y ____16____ (volver) a casa.

# Más práctica gramatical

**Segundo paso**   **Objectives** Asking for information; describing yourself and others

**6** Amalia le está haciendo muchas preguntas a Robert, un estudiante de intercambio. Completa sus preguntas con la palabra interrogativa correcta. **(p. 16)**

> ¿quién?  ¿qué?  ¿de dónde?  ¿por qué?
>
> ¿cuántos?  ¿cuál?  ¿cuándo?  ¿cómo?

1. Buenos días, Robert. ¿ ═══ eres originalmente?
2. ¿ ═══ años tienes?
3. Robert, hablas muy bien el español. ¿ ═══ empezaste a estudiarlo?
4. Éste es tu primer año aquí, ¿verdad? ¿ ═══ te parece nuestro colegio?
5. ¿ ═══ clases tienes este año?
6. ¿ ═══ es tu profesor favorito?
7. Háblame un poco de tu familia. ¿ ═══ son tus padres y tus hermanos?
8. ¿ ═══ es tu deporte favorito?
9. Pues, gracias otra vez, Robert. Oye, ¿te gusta el helado? ¿ ═══ no vamos a tomar un helado después de clases hoy?

**7** Completa lo que dicen todos sobre sus planes para el fin de semana con la palabra correcta: **y, e, o, u. (p. 18)**

1. El sábado quiero descansar (y/e) ir a la playa. Si hace mal tiempo, pienso leer (o/u) ver un video en casa.
2. Leticia, ¿tienes clase de baile mañana? ¿Es a las diez (o/u) a las once?
3. Raimundo nunca quiere salir con nosotros. Siempre dice que está cansado (o/u) ocupado.
4. Manuel no va a salir este fin de semana—el lunes tiene exámenes de química (y/e) inglés. ¡Qué paliza!
5. Me gustaría salir con Isa y Óscar. Voy a llamarlos (y/e) invitarlos a cenar conmigo el domingo.
6. Siempre invitamos a Lalo a salir, ¡pero el tipo está tan distraído! O llega tarde (o/u) olvida la cita o deja el dinero en casa.
7. Teresa quería hacer algo con nosotros esta noche, (y/e) iba a venir a mi casa, pero ahora no puede. Se enfermó su hermanito (y/e) ella tiene que cuidarlo.

**8** Jaime le escribió una carta a Thomas, su amigo por correspondencia. Completa la carta con las formas correctas de **saber** o **conocer**. Usa la **a** personal si es necesario. (p. 18)

Querido Thomas,

Dices que quieres ___1___ más de mis pasatiempos. En mi tiempo libre, practico la escalada deportiva. Algún día, quiero ___2___ los parques nacionales de tu país y escalar las Montañas Rocosas. ¿Tú ___3___ bien el oeste de los Estados Unidos? ¿___4___ cuáles son los mejores lugares para la escalada deportiva?

También me interesa el esquí acuático, pero todavía no ___5___ hacerlo muy bien. Yo ___6___ un chico en mi clase de arte que me va a dar unas clases de esquí acuático este verano. Él y yo ___7___ un lugar bonito donde podemos nadar, bucear y pasear en velero. Nosotros también ___8___ muy bien muchos otros lagos y ríos que hay por aquí.

Mis hermanas dicen que los deportes son aburridos, pero ellas no ___9___ nada. Se la pasan tocando el piano. Ellas ___10___ tocar muy bien el piano, eso sí.

Bueno, amigo, es todo por ahora. Me gustaría ___11___ más de tu vida allí. ¿Qué deportes practicas? ¿___12___ tocar un instrumento musical? ¿___13___ alguien de mi país allí?

¡Escríbeme pronto!

internet

MARCAR: go.hrw.com
PALABRA CLAVE:
WV3  LA CORUNA-1

**1** Amparo está invitando a varios amigos a acompañarla a la playa, ¡pero todos ya tienen planes! Escucha las siguientes conversaciones e indica qué dibujo corresponde a cada conversación. Una de las conversaciones no corresponde a ningún dibujo.

a.

b.

c.

d.

**2** Imagina que un(a) amigo(a) volvió ayer de unas vacaciones en La Coruña. Escribe una lista de preguntas que puedes hacerle sobre sus vacaciones. Usa algunas de estas palabras.

leer   montar a caballo   tener   sacar fotos

bucear   conocer   ir   remar   jugar

venir

**3** Imagina que pasaste un verano en Galicia. Usa la información cultural que aprendiste de Galicia en este capítulo. En un párrafo breve describe qué actividades hiciste, qué comiste, qué deportes practicaste y qué lugares conociste.

**4** Con un(a) compañero(a), compara estos deportes o pasatiempos. Indiquen si a Uds. les interesan, si no les interesan tanto o si no les gustan para nada.

 **5** Imagina que eres la persona que entrevistó a la joven alpinista del artículo. ¿Qué preguntas le hiciste para averiguar la siguiente información?

1. su nombre

2. su edad

3. el monte que escaló

4. la persona que la entrenó

5. su edad cuando aprendió a esquiar

6. la ubicación del monte

**SUPERNIÑA ALPINISTA**

La alpinista más joven que haya escalado el Monte Blanco es la genovesa Valerie Schwartz, de siete años. La niña hizo la ascensión con sus padres y un guía. Su papá la entrenó durante dos años. Valerie esquía desde los dos años y está acostumbrada a caminar en terrenos difíciles. El Monte Blanco, de 4.810 metros, es el más alto de Europa. Está en los Alpes.

 **6** Escoge a un(a) amigo(a) por correspondencia de la Actividad 12 en la página 11 y escríbele una carta para presentarte a él o a ella. Descríbele cómo eres (físicamente y tu personalidad) y pregúntale acerca de su personalidad, de sus pasatiempos y de sus deportes favoritos.

 **7** **S i t u a c i ó n**

**A.** Imagina que conoces a un(a) estudiante hispanohablante en una fiesta de tu colegio. Uds. hablan de los deportes y pasatiempos que les interesan.

**B.** El (La) director(a) de tu colegio quiere honrar al mejor estudiante del colegio. Piensas que tu mejor amigo(a) merece (*deserves*) este honor. Escribe una carta en la que describas a tu amigo(a). Indica por qué él o ella merece este honor y menciona las cosas importantes que hizo este año.

**Can you express interest, indifference, and displeasure? p. 9**

**1** Tu mejor amigo(a) te sugiere cosas que Uds. pueden hacer este fin de semana. Responde a cada una de las ideas de tu amigo(a).

1. ¿Por qué no jugamos videojuegos?
2. ¿Qué te parece si jugamos a las cartas en mi casa?
3. ¡Vamos a escalar la Montaña Encantada!
4. Va a hacer buen tiempo. Podemos montar en bicicleta.
5. ¿Qué te parece si vamos a la playa?
6. Podemos tomar una clase de patinaje.

**Can you ask for information? p. 16**

**2** Un amigo te presenta a Mónica, una estudiante nueva. ¿Qué preguntas le haces para averiguar la siguiente información?

1. su lugar de origen
2. la fecha cuando llegó
3. el número de hermanos y hermanas que tiene
4. lo que le gusta hacer
5. el medio de transporte que usa para llegar al colegio
6. sus motivos para estudiar en los Estados Unidos

**3** ¿Cómo le preguntarías a un(a) compañero(a) lo que hizo ayer después de clases? Usa las siguientes sugerencias.

qué  a qué hora  por qué  (algún deporte)  cuándo  qué tal  adónde  con quién  (algún pasatiempo)

**Can you describe yourself and others? p. 17**

**4** Indica si conoces a las siguientes personas y qué sabes de cada una.

**MODELO**   mi prima Julia
—Sí, la conozco y sé que es pelirroja y que tiene el pelo rizado.

1. el (la) gobernador(a) de tu estado
2. el padre o la madre de tu mejor amigo(a)
3. tus primos(as)
4. el alcalde o la alcaldesa de tu ciudad
5. el (la) profesor(a) de español
6. el (la) entrenador(a) del equipo de baloncesto

## Primer paso

### Expressing interest

| | |
|---|---|
| Estoy loco(a) por... | I'm crazy about . . . |
| Me la paso... | I spend my time . . . |
| Soy un(a) fanático(a) de... | I'm a big fan of . . . |
| Soy un(a) gran aficionado(a) a... | I'm a big fan of . . . |

### Expressing indifference

| | |
|---|---|
| Como quieras. | Whatever (you want). |
| Me da igual. | It's all the same to me. |
| Me da lo mismo. | It's all the same to me. |
| No me importa. | It doesn't matter to me. |

### Expressing displeasure

| | |
|---|---|
| Estoy harto(a) de... | I am fed up with . . . |
| Me parece un rollo. | It seems really boring to me. |
| No me interesa para nada. | It doesn't interest me at all. |

### Sports

| | |
|---|---|
| ¡Qué paliza! | What a drag! |
| bucear | to go scuba diving |
| el buceo | scuba diving |
| la equitación | horseback riding |
| la escalada deportiva | rock climbing |
| escalar montañas | to go mountain climbing |
| el esquí acuático | water skiing |
| hacer esquí acuático | to water-ski |
| el montañismo | mountain climbing |
| montar a caballo | to go horseback riding |
| pasear en velero | to go sailing |
| el patinaje | skating |
| patinar en línea | to go inline skating |
| patinar sobre hielo | to ice-skate |
| patinar sobre ruedas | to roller-skate |
| practicar ciclismo | to be a cyclist |
| remar | to row |
| el remo | rowing |
| la vela | sailing |

### Hobbies

| | |
|---|---|
| coleccionar adhesivos/sellos | to collect stickers/stamps |
| escuchar música | to listen to music |
| la fotografía | photography |
| ir a la playa | to go to the beach |
| jugar (ue) a las cartas | to play cards |
| jugar (ue) a los videojuegos | to play video games |
| leer tiras cómicas | to read comics |
| sacar fotos | to take pictures |
| tocar un instrumento | to play an instrument |

### Musical instruments

| | |
|---|---|
| la batería | the drums |
| el clarinete | the clarinet |
| la flauta | the flute |
| el saxofón | the saxophone |

## Segundo paso

Asking for information, See p. 16.

### Describing yourself and others

| | |
|---|---|
| abierto(a) | open |
| alto(a) | tall |
| la barba | beard |
| el bigote | moustache |
| buena gente | nice |
| de estatura mediana | of medium height |
| fenomenal | great |
| las gafas | glasses |
| una gran persona | a great person |
| un gran tipo | a great guy |
| guapo(a) | good-looking |
| llevar gafas | to wear glasses |
| majo(a) | nice (Spain) |
| moreno(a) | dark-haired, dark-skinned |
| No hay quien lo (la) aguante. | Nobody can stand him (her). |
| pelirrojo(a) | red-headed |
| pesado(a) | annoying |
| rizado(a) | curly |
| serio(a) | serious |
| tener un buen sentido del humor | to have a good sense of humor |
| un(a) tío(a) estupendo(a) | a great guy/girl |

# 2

# Por una vida sana

## Objectives

**In this chapter you will review and practice how to**

### Primer paso

• ask for and give advice

### Segundo paso

• talk about taking care of yourself

internet

**go.hrw.com**

**MARCAR:** go.hrw.com
**PALABRA CLAVE:**
    WV3 LA CORUNA-2

◀ **Tomo las cosas con calma remando por el estanque en el Parque del Retiro de Madrid.**

# DE ANTEMANO · *Una vida equilibrada*

Cuaderno de actividades,
p. 13, Act. 1

**Estrategia para comprender**
Los amigos, la familia, los estudios, las fiestas, el trabajo... la vida está llena de actividades y diversiones y a veces, estrés. ¡No te preocupes! Este "test" te va a ayudar a entender cómo organizas tu tiempo.

## ¿Equilibrado o descontrolado?

La vida es un gran pastel con muchas rebanadas: los amigos, la familia, los estudios, las fiestas, el trabajo. ¿Qué tal andas tú en distribuir tu tiempo? Aquí tienes una prueba para saberlo. Tómala y sin trampas.

**1 Los sábados en la mañana estás:**
a. en casa de tu mejor amigo(a).
b. haciendo las compras o cualquier otra tarea doméstica.
c. esperando la llamada de tu novio(a).
d. trabajando para ganar dinero.
e. en la cama, durmiendo.

**2 Si despiertas a medianoche y no puedes dormir, estás pensando en:**
a. buscar otro(a) novio(a).
b. ganar dinero.
c. cómo sacar buenas notas en los exámenes.
d. un problema familiar.
e. lo que te vas a poner para la fiesta del viernes.

**3 Cuando tienes tiempo para hacer lo que te gusta:**
a. sales con tu novio(a).
b. vas a un concierto de rock o a un evento deportivo.
c. descansas.
d. practicas tu deporte o actividad favorita.
e. te cortas el pelo o te haces la permanente.

**4 Cuando te sientes cansado(a), es porque:**
a. pasaste toda la noche de fiesta.
b. hablaste toda la noche con tus papás.
c. estudiaste toda la noche.
d. fuiste de compras todo el día.
e. trabajaste demasiadas horas extra.

**5 Tu mejor amigo(a) te describe como:**
a. un "trabajo-hólico(a)".
b. un cerebro.
c. divertido(a).
d. muy unido(a) a tu familia.
e. víctima de la moda.

**6 Tu peor enemigo(a) dice que eres:**
a. super-engreído(a).
b. antipatiquísimo(a).
c. solitario(a).
d. codicioso(a).
e. enamoradizo(a).

**7 Para relajarte:**
a. compartes una pizza con tus amigos(as).
b. prefieres ir al parque para mirar a los (las) chicos(as).
c. escuchas música tranquila o lees en tu cuarto.
d. hablas con tu mamá.
e. haces ejercicio.

**8 Tus fantasías del futuro son:**
a. casarte con tu chico(a).
b. conseguir un buen trabajo.
c. ir a la universidad.
d. tener una fiesta de graduación enorme.
e. ser actor o actriz.

**9 A veces sufres del estrés cuando:**
a. no tienes tiempo para descansar.
b. no tienes tiempo para estudiar lo suficiente.
c. no estás con tu familia.

d. no estás con tus amigos(as).
e. no tienes ni trabajo ni dinero.

**10 El trabajo que te gusta es:**
a. maestro(a) o vendedor(a).
b. escritor(a) o investigador(a).
c. trabajador(a) social, consejero(a) o ministro(a).
d. profesor(a) de universidad, artista, atleta profesional.
e. diseñador(a) de moda o estilista de cabello.

**P.** Querida Consuelo, ¡Socorro! Estoy agobiado por las presiones de mi vida. Tengo muchísimo que hacer en casa, en el colegio y en el trabajo. Quiero tener una vida social también. ¿Qué me aconsejas hacer?

Ansioso en La Coruña

**R.** Querido Ansioso, ¡No te pongas ansioso! Es posible resolver tus problemas. Primero, deberías organizar tu tiempo. Pídeles ayuda a tus padres, profesores y compañeros de clase. Te recomiendo dedicar tiempo todas las semanas a las cosas que te interesan y hacerlas con gente que te gusta. Descansa y duerme bien. ¡Cuídate mucho!

Consuelo

amor
familia
ejercicio
estudios
diversión
amigos

**Puntuación**

¡Ahora te llegó el momento de la verdad! Compara tus respuestas con las de abajo.
¿Cómo pasas el tiempo?
Amigos, diversión: 1a, 3b, 4a, 5c, 7a, 8d, 9d, 10a
Los (Las) chicos(as), tu novio(a): 1c, 2a, 3a, 6e, 7b, 8a
Estudios o proyectos especiales: 2c, 3d, 4c, 5b, 6b, 8c, 9b, 10d
La casa, la familia: 1b, 2d, 4b, 5d, 7d, 9c, 10c
El trabajo: 1d, 2b, 4e, 5a, 6d, 8b, 9e
Pasatiempos o relajamiento: 1e, 3c, 6c, 7c, 9a, 10b
La moda y tu apariencia física: 2e, 3e, 4d, 5e, 6a, 7e, 8e, 10e

## 1 Los problemas de "Ansioso"

Indica si cada oración es **cierta** o **falsa**. Si es falsa, corrígela.

1. El problema más grande de "Ansioso" es que no tiene nada que hacer.
2. "Ansioso" sale mucho con sus amigos.
3. Le escribe a Consuelo para pedirle consejos y resolver sus problemas.
4. Según ella, "Ansioso" debe dedicar tiempo a las actividades interesantes.
5. Consuelo le aconseja trabajar más.

## 2 ¿Cómo los describes?

Escucha las siguientes descripciones e indica cuál de los consejos corresponde mejor a cada situación.

a. Debe ser más optimista.
b. Debe pasar más tiempo con menos chicos(as).
c. Debe ser más honesto(a) con sus amigos y también consigo mismo(a).
d. Debe ser menos egoísta.
e. Debe tratar de ser más extrovertido(a).

## 3 Personalidades

Con un(a) compañero(a), escribe descripciones de siete personas imaginarias. Sigan el modelo.

**MODELO** **A Elisa le encantan los estudios de moda y quiere ser modista.**

familia

moda o apariencia física

amigos

amor

estudios

diversión o relajamiento

trabajo

## 4 ¿Qué palabras se usan?

1. ¿Qué expresión usa "Ansioso" para decir que tiene muchas presiones?
2. ¿Cómo le pide consejos a Consuelo?
3. Busca por lo menos tres expresiones que usa Consuelo para darle consejos.

## 5 ¿Cuáles son tus prioridades?

Compara los resultados de la prueba con los de un(a) compañero(a). ¿Cuáles son las prioridades de cada persona?

### Nota cultural

Aunque el idioma nacional de España es el español, algunas regiones de España tienen sus propias lenguas. Por ejemplo, en Cataluña se habla **catalán** y los vascos hablan una lengua llamada **euskera**, que no es similar a ningún idioma conocido. En Galicia se habla el **gallego**. El gallego es similar al portugués y al español. Por ejemplo **tienda** es *tenda* en gallego, **primero(a)** es *primeiro(a)*, **mujer** es *muller* y **llorar** es *chorar*. ¿Qué idiomas se hablan en Estados Unidos además del inglés?

## Así se dice

### Asking for and giving advice

Aquí tienes algunas frases que puedes usar para pedirle y darle consejos a otra persona.

**¿Qué me aconsejas hacer?**

**¿Qué me recomiendas hacer?**

**¿Puedes darme algún consejo?**

**¿Qué debo hacer?**

**Te aconsejo** comer bien.

**Te recomiendo** hacer más ejercicio.

**Sería bueno** expresar tus emociones.

**Deberías** descansar más.

**No debes** preocuparte tanto.

Cuaderno de actividades, p. 17, Acts. 7–8

## 6 ¿Qué me aconsejas?

**Leamos/Hablemos** Con un(a) compañero(a) de clase, indica qué consejo es el mejor para cada problema que sigue.

"Me encanta la comida italiana, sobre todo si tiene ajo. Y cuando cocino, cocino con mucho ajo. El problema es que a mi novia no le gusta para nada y no me quiere hablar si lo como. ¿Puedes darme algún consejo?"

"Tengo 16 años y soy muy independiente para mi edad pero mis papás no me permiten hacer nada después de las nueve de la noche. Si llego tarde, no me permiten salir con amigos, ir a fiestas ni hablar por teléfono por una semana. ¡No es justo! ¿Qué me aconsejas?"

A. ¡Deberías comer lo que te gusta! Si tu novia te quiere, te va a aceptar tal como eres.

B. Sería bueno dejar de comer ajo por completo. Tu novia tiene razón, el ajo es horrible. No debes hacerla sufrir.

C. ¡Hay una solución! Puedes cocinar con ajo pero sólo una vez por semana.

A. Deberías buscar un apartamento y vivir sola. Tus padres no son razonables.

B. Te recomiendo hablar con tus padres para buscar una solución. Tal vez te permitan salir hasta las diez o las once sólo los sábados. Y si no, pues dentro de unos años puedes hacerlo.

C. Te aconsejo seguir las reglas de tus padres. Eres muy joven para salir de noche.

### Informal commands

1. Affirmative informal commands have the same form as the **él/ella/usted** present indicative form of the verb.

> ¡**Come** las verduras!　　**Duerme** bien.　　**Descansa** más.

2. For negative forms, start with the **yo** form of the verb in the present indicative and drop the **-o**. Then add **-es** for **-ar** verbs, and **-as** for **-er** and **-ir** verbs.

| | | | | |
|---|---|---|---|---|
| **mirar** | → | **miro** | → | **no mires** |

**No mires** el sol.

| | | | | |
|---|---|---|---|---|
| **comer** | → | **como** | → | **no comas** |

**No comas** tantos dulces.

| | | | | |
|---|---|---|---|---|
| **escribir** | → | **escribo** | → | **no escribas** |

**No escribas** en la pared.

3. For a more complete review of the **tú** commands, see page R39.

Más práctica gramatical, p. 54, Acts. 1, 3

Cuaderno de gramática, pp. 10–11, Acts. 1–3

---

**7** **¿Buen consejo?**

**Escuchemos** Escucha los siguientes problemas y consejos. Si te parece bueno el consejo, escribe **buen consejo** en una hoja de papel. Si te parece malo, escribe **mal consejo**.

**8** **Gramática en contexto**

**Escribamos** Imagina que tu mejor amigo(a) se peleó con otro(a) amigo(a) y ahora necesita tus consejos. Usa los siguientes verbos o frases en forma positiva o negativa para darle consejos: **perdonar, ser abierto(a), hablar, ser impaciente, decirle cómo te sientes, preocuparte.**

**9** **Gramática en contexto**

**Hablemos** Pablo necesita tu ayuda. Se despertó tarde hoy y tiene un examen en su primera clase. Con un(a) compañero(a) de clase, dale cinco consejos sobre lo que debe hacer para no llegar demasiado tarde al colegio y cinco consejos sobre lo que no debe hacer.

**¿Te acuerdas?**

Here are some informal commands that have irregular forms:

| | | | |
|---|---|---|---|
| decir | **di** | salir | **sal** |
| hacer | **haz** | ser | **sé** |
| ir | **ve** | tener | **ten** |
| poner | **pon** | venir | **ven** |

Más práctica gramatical, p. 54, Act. 2

---

### ¿Cómo estás hoy?

agotada　　histérico　　agobiado　　ansiosa

**¿Qué causa el estrés?**

**estar rendido(a)**   *to be worn out*
**llevar una vida agitada**   *to lead a hectic life*
**ponerse nervioso(a)**   *to get nervous*
**sufrir de presiones**   *to be under pressure*
**sufrir de tensiones**   *to suffer from tension*

**¿Qué alivia el estrés?**

**cuidarse**   *to take care of oneself*
**reírse (í, i)**   *to laugh*
**relajarse**   *to relax*
**resolver (ue) un problema**   *to solve a problem*
**tomar las cosas con calma**   *to take things calmly*

Cuaderno de actividades, pp. 14–16, Acts. 2–6

Cuaderno de gramática, pp. 11–12, Acts. 4–6

Más práctica gramatical, p. 55, Act. 4

---

**10** **¡No lo aguanto más!**

**Escribamos** Mira el dibujo e indica de qué tensiones sufre Yolanda y qué puede hacer para aliviar el estrés. ¿Alguna vez estuviste tan ocupado(a) como ella? ¿Por qué?

**¿Te acuerdas?**

One way to talk about what's happening right now is to use the present progressive. It's formed with **estar + -ando/-iendo**. It corresponds to the English *-ing* form in sentences like: **Estamos esperando a Marta.** *(We're waiting for Marta.)*

Cuaderno de gramática, p. 13, Acts. 7–8

Más práctica gramatical, p. 55, Act. 5

---

**11** **¿Cómo te sientes cuando...?**

**Leamos/Hablemos** ¿Cómo te sientes o cómo reaccionas en las siguientes situaciones?

1. Hablas con el presidente del país.
2. Un amigo te cuenta un chiste.
3. Corres 10 kilómetros.
4. Pasas un fin de semana en la playa.
5. Tienes muchísima tarea.
6. Es el primer día de clases en un nuevo colegio.
7. Escuchas tu canción favorita.
8. Tienes cuatro exámenes en un día.

---

**12** **¿Cómo alivio el estrés?**

**Hablemos** En grupos, comparen sus respuestas de la Actividad 11. Dales consejos a tus compañeros(as) sobre las cosas que les causan estrés. Luego piensa en los consejos que te dieron tus compañeros(as). ¿Cuáles van a ser difíciles de seguir? ¿Por qué?

**Vocabulario extra**

**abrumado(a)**   *overwhelmed*
**desvelarse**   *to stay up late*
**estar hecho(a) polvo**   *to be worn out*
**madrugar**   *to get up early*
**enojarse**   *to become angry*

## 13 Consejero en la radio

 **Escuchemos/Escribamos** Imagina que trabajas para una emisora. Recibes llamadas de gente que necesita tu ayuda. Escucha la siguiente llamada y toma apuntes sobre el problema. Escucha otra vez y luego escribe una respuesta que le da consejos. Menciona por lo menos tres consejos.

### Nota cultural

Muchos estadounidenses creen que los españoles tienen horarios de trabajo muy relajados. Todavía existen muchos lugares donde los empleados se echan la siesta por la tarde, pero la situación va cambiando. Con su entrada a la Unión Europea, España tiene cada año más negocio con los otros países de Europa. Muchas personas creen que para competir en el mercado mundial, los españoles deben adoptar horas de trabajo semejantes a las de otros países europeos. ¿Qué ventajas y desventajas encuentras tú en el horario de trabajo tradicional? ¿en el horario moderno?

## 14 Mi escape favorito

**Leamos/Escribamos** En grupos de tres o cuatro estudiantes, lean el artículo sobre los escapes favoritos de Susy, Beto y Patricia. ¿Qué hacen ellos para aliviar el estrés? Escriban un párrafo sobre los "escapes" favoritos de cada miembro de su grupo.

**MODELO** El escape favorito de Susy es ir a la playa...

## MI "ESCAPE" FAVORITO...

¿Abrumado con las presiones del día a día? ¿Echas humo de la tensión? ¡No estalles! Tres lectores comparten contigo su "escape" predilecto:

✳ **Susy**, 17 años: "La playa me serena. Me gusta sentarme frente al mar y concentrarme en el ir y venir de las olas. Me basta con media hora para sentirme como nueva. Si por algún motivo no puedo ir a la playa, contemplo un rato las nubes. Es que a mí me relaja mucho la naturaleza..."

✳ **Beto**, 18 años: "Para poner mi mente en piloto automático, me gustan los crucigramas y los juegos de palabras. La concentración me hace olvidar los otros problemas. Además, mejoro mi vocabulario..."

✳ **Patricia**, 15 años: "A mí me relaja la actividad física. Nadar, correr, hacer ejercicios aeróbicos... Todo eso me saca de mis problemas en un 'tilín'..."

## ¿Cómo te cuidas?

¿Crees que los jóvenes de España y los países de Latinoamérica se cuidan de la misma manera que tú? ¿Sufren ellos del estrés también? Entrevistamos a varios jóvenes para preguntarles qué hacen. ¿Qué tienes en común con ellos?

### Alberto
**Caracas, Venezuela**

"Para mantener la salud hago deporte, hago una rutina diaria de físicoculturismo y trato de estar al día en todo lo que se respecta al estado de la forma".

### Érica
**San José, Costa Rica**

"Bueno, yo hago ejercicios, voy a La Sabana, corro, juego un rato con mi esposo, con mi familia, eso es lo que hago".

### Gloriela
**San Antonio, Texas**

"Yo me cuido la salud por comer bien, no como tanto, no como tanto también en la noche y como cosas como verduras, frutas y no tanto dulce".

## Para pensar y hablar...

**A.** ¿Qué haces tú para mantener la buena salud? Lee con atención las respuestas de Alberto y Érica y compáralas. ¿Cuál de los dos prefiere hacer ejercicios en el parque y en grupo y quién lo hace individualmente?

**B.** En tu opinión, ¿por qué es importante hacer ejercicio y tener una dieta balanceada? ¿Cómo te afecta la inactividad? ¿Cómo te afecta comer demasiado?

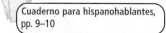

Cuaderno para hispanohablantes, pp. 9–10

# ¡Adelante! · *¡Nos cuidamos mucho!*

Cuaderno de actividades,
p. 18, Acts. 9–10

Pilar, Carlos y Elena hablan de los buenos
hábitos. ¿Tienes algo en común con ellos?

**Pilar**

Normalmente los padres les enseñan a los hijos los buenos hábitos de alimentación y salud. Pero en mi familia no es así. Cuando mi madre era niña, la gente no sabía mucho sobre los peligros por los que nos preocupamos hoy en día. Por ejemplo, mi madre siempre se bronceaba sin crema protectora y a veces se quemaba. Le hablé del peligro y ahora ella se pone crema protectora. También, ella siempre le echaba mucha sal y aceite a la comida. Ahora sabemos que el uso excesivo de sal y aceite contribuye a los problemas de salud. ¡Nos cuidamos mucho!

Antes tenía problemas en hacer amigos porque era bastante reservado. Muchas veces me quedaba en casa, no salía con amigos y no hablaba mucho con mis papás ni con mis amigos. Francamente, me interesaban más las cosas que las personas. Nunca compartía mis problemas con nadie y me sentía muy solo. Un día decidí que tenía que cambiar mi modo de ser. Ahora sé que las personas son más importantes que las cosas. Cuando algo me molesta o si estoy agobiado por las tensiones de la vida, trato de compartirlo con alguien, por ejemplo, con mi familia o con amigos. Comparto las buenas cosas también. Así las cosas negativas no parecen tan graves y ¡las cosas positivas son mejores!

**Carlos**

**Elena**

Mi amiga Marianela siempre estaba a dieta para bajar de peso. Quería ser tan delgada como las modelos de las revistas. Está bien cuidarse el peso, pero al mismo tiempo yo me preocupaba por ella: no comía lo suficiente, estaba delgadísima y se pesaba dos veces al día. Estaba tan delgada que se cansaba fácilmente. Afortunadamente, sus padres se dieron cuenta del problema y la llevaron a ver a un doctor. Ahora ella está mejorando y subiendo de peso poco a poco. Estoy muy contenta ahora pues es mi mejor amiga y me importa mucho.

## 15 Correcciones

Indica si la frase es **cierta** o **falsa.** Si es falsa, corrígela.

1. En el pasado, Carlos hablaba con sus papás o amigos cuando tenía estrés en su vida.
2. La mamá de Carlos nunca se ponía crema protectora cuando salía al sol.
3. Pilar y su familia ahora se cuidan mucho.
4. Ahora Elena se preocupa por su amiga porque todavía quiere bajar de peso.
5. La amiga de Elena está mejor ahora.

## 16 Un resumen

Con un(a) compañero(a), haz un resumen de cada párrafo que leyeron en la página 42. ¿Cuál era el problema de cada persona? ¿Cómo resolvió cada persona su problema o el problema de otro?

## 17 ¿Quién lo dijo?

Identifica cuál de los tres estudiantes habló de cada problema.

1. Su amiga se pesaba dos veces al día.
2. Su familia le echaba mucha sal y aceite a la comida.
3. Nunca compartía sus problemas con nadie.
4. Su mamá se bronceaba sin crema protectora.
5. No hablaba mucho con sus papás ni con sus amigos.
6. Una amiga suya estaba tan delgada que se cansaba fácilmente.

## 18 Entre amigos

Las siguientes personas tienen malos hábitos de salud. Con un(a) compañero(a), dales buenos consejos. Usa frases como **Deberías o No** deberías y vocabulario de las páginas 38 y 39.

1. Anita no habla de sus problemas con nadie.
2. Armando va a la playa mucho y no usa crema protectora.
3. Ignacio sólo come carne y pollo frito.
4. Yusef trabaja 20 horas al día.
5. Florencia toma refrescos todo el día.
6. Andrés se siente muy solo pero no habla con nadie.

## 19 Ahora te toca a ti

Describe tus hábitos de salud: lo que comes, si hablas con tus amigos y familiares cuando sufres de tensiones y si haces ejercicio.

## Así se dice

### Talking about taking care of yourself

Para decir que no te cuidas mucho, puedes decir:

> Siempre **le echo mucha sal a la comida.** Casi nunca **hago ejercicio. Me quedo frente a la tele** por horas.

> Nunca **duermo lo suficiente.**

> Siempre **estoy a dieta. Me peso** dos veces al día.

> Nunca **comparto** mis problemas **con nadie** y **me siento muy solo(a).**

Para decir que te cuidas mucho, puedes decir:

> Tengo buenos hábitos de alimentación.

> Como comida sana con poca grasa.

> Para no broncearme, me pongo crema protectora.

> Me mantengo en forma. Hago ejercicio aeróbico tres veces por semana.

> Cuaderno de actividades, pp. 20–22, Acts. 13–17

**20** ### ¡Suerte, Li!

**Leamos/Escribamos** Lee este artículo y luego contesta las preguntas que siguen.

1. ¿De dónde es Li Fapin?
2. ¿Por qué se entrena?
3. ¿Qué tiene de especial el caso de Li?
4. ¿Cómo piensa Li que va a resultar el maratón?
5. ¿Cómo se siente Li ahora?
6. ¿Cómo se mantiene en forma?

### También se puede decir...

Algunas personas dicen **estar a régimen** por **estar a dieta.**

¿Se te ha olvidado?
**parts of the body**
Ver páginas R79–98

Cuaderno de gramática, p. 14, Act. 9

# "MARATÓN A LOS 80"

● Li Fapin sueña con convertirse en un chino famoso. ¿Cómo? ¡Corriendo! Li se entrena todos los días para participar en un maratón internacional de 10.000 metros. Y, por supuesto, piensa llevarse los laureles. Lo sorprendente del caso es que tiene 80 años, una salud excelente y energía para cien años más. Mantiene una estricta disciplina. Se acuesta temprano y es un gran madrugador; su dieta es vegetariana y toma vino en raras ocasiones. ¡Suerte, Li!

### Reflexive verbs

1. To conjugate a reflexive verb like **levantarse** *(to get up)*, remember to use the appropriate reflexive pronoun with the verb:

| | |
|---|---|
| **me levanto** | **nos levantamos** |
| **te levantas** | **os levantáis** |
| **se levanta** | **se levantan** |

2. When using a reflexive verb in the infinitive form with another conjugated verb, the reflexive pronoun may be attached to the infinitive or placed in front of the conjugated verb:

Voy a **acostarme** a las diez y media.     **Me** voy a **acostar** a las diez y media.

3. Attach the reflexive pronoun to the end of an affirmative command and place it before a negative command:

¡**Cuídate** mucho!     No **te acuestes** muy tarde.

Cuaderno de gramática, pp. 14–16, Acts. 10–13

Más práctica gramatical, p. 56, Acts. 6–7

---

**21**   ¿Buenos hábitos?

**Escuchemos**  Escucha lo que dicen las siguientes personas. Luego indica si cada persona tiene hábitos saludables o no.

**¿Te acuerdas?**

| | |
|---|---|
| acostarse | levantarse |
| bañarse | ponerse |
| despertarse | vestirse |
| lavarse | |

**22**   Gramática en contexto

**Escribamos**  La familia Suárez siempre está muy ocupada. La señora trabaja durante el día pero su esposo trabaja de noche. Describe lo que hace cada persona.

MODELO     El señor Suárez se quita los zapatos.

alimentarse bien/mal · ducharse · pesarse · ponerse crema protectora

**la alimentación** *nutrition*
**broncearse** *to suntan*
**contribuir** *to contribute*
**cuidarse el peso** *to watch one's weight*
**darse cuenta de** *to realize*

**dormirse (ue, u)** *to fall asleep*
**el peligro** *danger*
**la piel** *skin*
**quemarse** *to get a sunburn*
**subir de peso** *to gain weight*

Más práctica gramatical,
p. 57, Act. 8

Cuaderno de actividades,
pp. 19–20, Acts. 11–12

Cuaderno de gramática,
pp. 16–17, Acts. 14–15

## 23 ¡Qué lío!

**Escuchemos** Escucha las descripciones e indica a qué dibujos corresponden.

a.

b.

c.

d.

### Nota cultural

Los españoles tienen buenos hábitos de salud por lo general. Por ejemplo, comen más fruta y vegetales frescos que el estadounidense típico. También caminan mucho más que los estadounidenses. Esto se debe a que las ciudades españolas fueron construidas cuando no había coches. Por eso no es tan necesario usar el coche. Las personas pueden ir de compras o ir al trabajo a pie porque todo les queda más cerca. ¿Caminas mucho tú?

## 24 ¿Se cuidan?

**Hablemos/Escribamos** Compara tus hábitos de salud con los de unos(as) compañeros(as). ¿Se cuidan Uds. o no? ¿A qué hora se levantan? ¿Qué comen normalmente para el desayuno? Hagan una lista de los buenos y malos hábitos que comparten. ¿Qué consejos puede dar el uno al otro?

## 25 ¡Tantos errores!

**Leamos/Escribamos** Carlos se despierta muy cansado todas las mañanas. Por eso, comete varios errores durante el día. Lee el párrafo que describe lo que le pasó hoy. Corrige las oraciones ilógicas. Luego con un(a) compañero(a) de clase, escribe un párrafo tan ilógico como éste. ¡Usen la imaginación! Intercambien su párrafo con otro equipo de compañeros(as) y escriban una versión lógica.

Carlos se levantó a las seis de la mañana, muy cansado. Fue al baño y se lavó los dientes con el peine. Después, se duchó y se lavó el pelo con pasta de dientes. Después se vistió: se puso un traje de baño, sandalias y un abrigo. Salió de la casa y fue al colegio con su mochila. Regresó a casa, vio la radio unas horas y luego se acostó en el baño a las nueve.

## Gramática de repaso

### The imperfect

The imperfect tense is used to talk about actions in progress in the past and about what happened in the past on a regular or habitual basis. These are the endings for **-ar, -er,** and **-ir** verbs as well as the irregular verbs **ver, ser,** and **ir.**

| -ar verbs | -er verbs | -ir verbs | VER | SER | IR |
|---|---|---|---|---|---|
| llevaba | corría | dormía | veía | era | iba |
| llevabas | corrías | dormías | veías | eras | ibas |
| llevaba | corría | dormía | veía | era | iba |
| llevábamos | corríamos | dormíamos | veíamos | éramos | íbamos |
| llevabais | corríais | dormíais | veíais | erais | ibais |
| llevaban | corrían | dormían | veían | eran | iban |

Cuaderno de gramática, pp. 17–18, Acts. 16–18

Más práctica gramatical, p. 57, Act. 9

## 26 Gramática en contexto

**Escuchemos** Ricardo, estudiante en la Universidad Central, habla de sus años en el colegio. Escucha cada frase e indica si habla de **acciones habituales** o **no habituales.**

¿Se te ha olvidado?
**uses of the imperfect**
Ver la página R36

### Nota cultural

A muchos jóvenes españoles les gusta salir por la noche para caminar y ver a sus amigos en las calles y en los cafés. Cuando una persona sale con sus amigos en España, hay mucha flexibilidad social. No es obligatorio asociarte sólo con el grupo con el que saliste. Es común andar con gente de varios grupos durante una noche. ¿Ocurre lo mismo en Estados Unidos?

## En aquel entonces

**Leamos/Escribamos** Carolina quiere hablar con su abuelo sobre su vida cuando era niño. Lee su conversación y contesta las siguientes preguntas.

1. ¿De qué tipo de presiones sufría el abuelo?
2. ¿Cómo se divertían el abuelo y su familia?
3. En tu opinión, ¿cómo era la niñez del abuelo?
4. ¿Cómo se compara la niñez del abuelo con tu niñez?

| | |
|---|---|
| CAROLINA | **Abuelo, ¿cómo era tu niñez? ¿Era muy diferente de la mía?** |
| ABUELO | **Bueno, en algunas cosas sí, en otras no. Por ejemplo, de niño yo me levantaba a las cuatro y media de la mañana, porque vivíamos en el campo y tenía que ayudar con las labores de la finca. Tú no te levantas hasta las siete.** |
| CAROLINA | **¿Sufrías de muchas presiones?** |
| ABUELO | **No sufría del estrés de la vida urbana como ahora, pero sí había presiones. Nos preocupábamos por el clima, por ejemplo. Si no llovía, la finca no producía lo suficiente. Y claro, asistía a la escuela como tú y a veces me sentía rendido por los estudios.** |
| CAROLINA | **Y entre familia, ¿se divertían ustedes bastante?** |
| ABUELO | **Ah, ¡pues claro! Dedicábamos mucho tiempo a las actividades para toda la familia, hablábamos y leíamos por la tarde y nos reíamos mucho. En general, yo fui muy feliz de niño.** |

## ¡Vaya diferencia!

**Escribamos** Mira los dibujos de Francisco. La primera serie de dibujos muestra la vida de Francisco cuando tenía seis años. La segunda muestra su vida ahora. Describe las diferencias entre la primera y la segunda serie de dibujos.

**En aquel entonces**

**Hoy en día**

## 29 ¿Qué está mal en este dibujo?

**Escuchemos/Escribamos** Mira el dibujo de Ana Patricia cuando era joven. Luego escucha lo que dice sobre su vida en la escuela secundaria. Hay tres errores en el dibujo. ¿Cuáles son?

## 30

**Hablemos/Escribamos** Imagina que eres enfermero(a) en una escuela secundaria. Habla con un(a) estudiante acerca de su vida hace tres años y su vida ahora. ¿Cómo se cuidaba? ¿Sufría mucho del estrés? ¿Por qué? ¿Cómo era su horario? ¿Cómo es su vida ahora? Haz una lista de cinco recomendaciones para mejorar su vida actual *(present)*. Intercambien papeles.

## 31 A la hora de cenar

**Leamos/Escribamos** Lee la tira cómica de Calvin. Después, haz una de las siguientes actividades.

1. Escribe un diálogo entre Calvin y su mamá o una continuación de la tira cómica en el que cada uno defiende sus opiniones. La mamá explica por qué es importante comer bien y Calvin explica por qué no quiere comer verduras.

2. Escribe un párrafo que compare tu niñez con la de Calvin. ¿En qué eran diferentes? ¿Qué tenían en común? ¿Cómo eran tus padres en comparación con los de Calvin?

## 32 En mi cuaderno

**Escribamos** Ahora escoge una de las siguientes actividades.

a. Entrevista a una persona mayor de tu familia, de tu colegio o de tu barrio y pregúntale cómo era la vida cuando él o ella era joven. Escribe un diálogo o párrafo como el de Carolina y su abuelo en la Actividad 27.

b. Imagina que ya tienes 75 años y estás hablando con tus nietos. Escribe un diálogo o párrafo y describe cómo era la escuela cuando eras joven.

## Una vida balanceada

Do you ever feel so busy that some activities in your life, like just relaxing and having fun, are crowded out? These articles are about achieving a balance and managing stress.

### Estrategia para leer

Pause and think about the topic. What comes to mind when you read the titles? What do the pictures remind you of? What do you think the articles might be about? Thinking about your background knowledge activates pertinent vocabulary and ideas in your mind.

### ¡A comenzar!

**A.** Lee el título del primer artículo. ("Cómo aliviar el estrés..."). Reflexiona sobre las preguntas. ¿En qué áreas sientes más estrés? ¿Qué puedes hacer para controlarlo? Anota tus respuestas.

**B.** Lee el título del segundo artículo. ("Cómo lograr el balance..."). Piensa en las preguntas y después escribe tus respuestas: ¿Cuáles son las áreas más importantes de tu vida? ¿Qué tipo de balance puedes establecer entre estas áreas?

**C.** Júntate con un(a) compañero(a) para comparar lo que escribieron en las Actividades A y B.

### ¿Te acuerdas?

Scan to find specific information. Locate specific information quickly by searching for key words.

# Cómo aliviar el estrés: 10 cosas esenciales

1 Piensa bien en lo que comes. Una dieta balanceada es importante para una buena salud y te protege contra el estrés. Evita la grasa, sal y azúcar. Come alimentos ricos en vitamina B: granos germinados, huevos y nueces. Y en vitamina C: frutas y vegetales verdes, que ayudan a evitar el estrés.

2 Duerme lo suficiente, de 7 a 8 horas cada noche. Si duermes bastante y si te acuestas y te levantas a la misma hora, puedes alargar tu vida y controlar el estrés.

3 Haz ejercicio, porque el ejercicio consistente fortalece el corazón, mejora la circulación, disminuye el colesterol, controla el peso, reduce la hipertensión y ayuda a controlar el estrés.

4 Busca buenas amistades. Una persona de confianza es un apoyo y una ayuda. Conversa con esta persona, cuéntale tus alegrías y tristezas. Un(a) buen(a) amigo(a) puede aliviar el estrés con sólo estar presente.

**5** Analiza las emociones de furia, malgenio, ansiedad y depresión porque llevan al agotamiento. Reprimirlas puede disminuir la resistencia al estrés. Expresa estas emociones. Sé positivo(a) y comunica tus sentimientos a otros.

**6** Resuelve los conflictos familiares cada día, no los aplaces. El equipo familiar hace la vida más fácil. Habla con los tuyos con claridad, abiertamente y con respeto.

**7** Organiza bien tu tiempo. "El tiempo es como un trozo de oro, pero con todo el oro del mundo no puede comprarse un trozo de tiempo" (proverbio chino). Identifica, entonces, qué es para ti lo fundamental.

**8** Conserva tu peso a un nivel saludable. Si tienes exceso de peso disminuye la grasa y el dulce, y come alimentos saludables.

**9** Expresa el cariño: las personas alegres y cariñosas viven más y mejor. Expresa el amor con un abrazo y un beso y con palabras tiernas. Demuestra que es mejor dar que recibir.

**10** Cultiva el optimismo para evitar complicaciones mentales y síquicas. Las personas optimistas poseen personalidades más fuertes.

## Al grano

**D.** Completa los siguientes esquemas que resumen los dos artículos. Puedes hacerlo al leer la lectura o después.

1. Cómo aliviar el estrés: 10 cosas esenciales

   1. Piensa bien en lo que comes.

   2. ⟹

   3. Haz ejercicio consistente.

   4. ⟹

   5. ⟹

   6. Resuelve los conflictos con tu familia.

   7. ⟹

   8. ⟹

   9. Expresa el cariño y amor. Sé generoso(a).

   10. ⟹

2. Cómo lograr el balance en tu vida

   a. ⟹

   b. Pásalo bien con o sin novio(a).

   c. No seas víctima de la moda.

   d. ⟹

   e. No te encierres en tu familia.

   f. Ten prioridades acerca del dinero y el trabajo.

   g. ⟹

**E.** En el primer artículo, cada sección tiene un consejo y las razones que explican por qué seguir el consejo. Haz una lista de las razones para cada sección.

**F.** Imagina que un(a) amigo(a) te pide estos consejos de cómo lograr el balance en su vida. Contesta sus preguntas según la información en el segundo artículo.

1. ¿Qué hay de malo en la presión del grupo?

2. ¿Cómo me ayuda tener un trabajo?

3. Si tengo problemas con la familia, ¿adónde puedo ir por ayuda?

4. Si estoy desesperado(a) por no tener novio(a), ¿qué tiene que ver con mi autoestima?

5. Aparte de mi "look", ¿qué más debo cuidar?

6. ¿Qué pasa si no presto atención a mis estudios?

**G.** Do you agree or disagree with the advice given in these two articles? Get together with two or three classmates and discuss the following questions. (Use as much Spanish as possible!)

1. In the first article, which suggestions do you agree with most?

2. Do you think any of the advice was unwise or not very important?

3. What other suggestions would you include?

4. In the second article, which ideas or suggestions were most useful?

5. Would you change anything if you were to rewrite the article?

6. Which article did you like better and why?

Cuaderno para hispanohablantes, pp. 6–8

Cuaderno de actividades, p. 23, Acts. 18–19

# Cómo lograr el balance en tu vida

**LOS AMIGOS, LA DIVERSIÓN** Te encanta la gente. ¡Tu debilidad es compartir con tus amigos! Claro, todo con medida. Quizás usas las salidas para escapar de tus problemas. Podrías ser muy susceptible a la presión del grupo, lo cual te metería en muchos problemas. Recomendación: cultiva tu mundo interior.

**LOS CHICOS/LAS CHICAS** Si tu vida se reduce a la búsqueda y captura del sexo opuesto, es señal de que tu nivel de autoestima está muy bajo. Es que sientes que no eres nadie sin un(a) chico(a) a tu lado. Busca otras amistades, envuélvete en diferentes actividades. De esa forma, con o sin novio(a), lo pasarás súper.

**TU "LOOK"** Vives para la apariencia física. Eres lo que se dice una "víctima" de la moda. Esmerarse en el físico no es malo, si no se convierte en una obsesión o llegas a pensar que lo único que cuenta es la fachada. Nutre tu mente, tu espíritu; busca la compañía de gente interesante. Comparte ideas, gustos y actividades. Es bien importante ser lindo por dentro.

**ESTUDIOS** Definitivamente, estudiar está muy bien, pero si es tu obsesión... ¿Es que sientes que las buenas calificaciones son lo único que tienes que ofrecer? No te limites a nutrir tu cabecita: llena tu vida de gente y cosas lindas.

**LA FAMILIA** Si la familia es la base de tu vida, es bueno que mejores las relaciones, pero ¡no te encierres en ella! Si existen problemas, busca ayuda de un(a) consejero(a) o un(a) adulto(a) de confianza. Fíjate: mami, papi y tus hermanos no pueden ser la suma de tu vida social.

**EL TRABAJO** No hay dudas, trabajar es bueno, porque te enseña a ser responsable, a tener disciplina y a concentrarte. Pero... ¡OJO! ¿Vives para hacer plata? Eso está mal. Tienes que tener prioridades: ¿trabajas para ahorrar dinero para los estudios... o para coleccionar toneladas de discos compactos? Hum. Sé muy cauteloso(a).

**EL "RELAX"** Relajarte y dedicarte a tus pasatiempos es tan importante como cumplir con tus deberes, porque si no... ¡te quemas! Pero si descuidas tus estudios, el trabajo o tus relaciones por pasarla bien, estás creando un desbalance peligroso en tu vida. ¡Equilíbrate!

# Vamos a escribir

Si alguien que te importa te escribe para pedirte un consejo sobre algo importante, ¿sabrías qué decirle? Antes de escribir la respuesta, debes pensar en lo que ya sabes acerca del tema y en cómo debes organizar la información.

## ¡No lo aguanto más!

Imagina que tu mejor amiga Lucía se ha mudado a otra ciudad. Te escribe para decirte que está sufriendo de mucho estrés. Lee su carta, escríbele y dale unos consejos sobre cómo controlar su estrés.

> ### Estrategia para escribir
> **Listing and clustering** Before writing, put your ideas about the topic on paper. First, list everything you know about a topic as quickly as you can. Then draw diagrams using circles and lines to help you visualize how those ideas are related.

### A. Preparación

1. Pon las ideas de tu lista en un orden lógico con diagramas.

2. Haz una lista de detalles que puedes mencionar bajo cada idea en tu lista.

3. Decide qué conceptos y detalles son más importantes. Vas a mencionar estos detalles en tu carta.

### B. Redacción

1. Escribe una introducción. Pregúntale a tu amiga cómo está, qué pasa en su vida, etcétera.

2. Menciona las presiones de las que tu amiga está sufriendo. Luego, escríbele tus consejos. Escribe un párrafo por cada idea básica.

3. Termina la carta con conclusiones generales.

### C. Evaluación

1. Lee bien la carta. ¿Contiene toda la información que quieres mencionar? Si no, incluye más información de tu lista de temas. Puedes agregar más ideas a tu lista si quieres.

2. ¿Está bien organizada? Puedes usar tus diagramas para organizarla mejor. Si es necesario, haz diagramas nuevos.

Hola.

Parece imposible pero aquí estoy en mi nueva ciudad. Y tengo que decirte la verdad… ¡no quiero vivir aquí! La gente parece simpática pero no lo es conmigo. Nadie me invita a fiestas ni a actividades de la escuela. No sé si es que no me están haciendo caso o que no me quieren. Estoy frustradísima. Mi vida no es más que clases y tarea. No quiero salir porque no conozco a nadie. Me la paso mirando la tele y comiendo. Estoy cansada todo el tiempo y a veces lloro hasta que me duerma. ¿Qué debo hacer? Las cosas van de mal en peor. Escríbeme lo antes posible.

Un abrazo de tu amiga,
Lucía

# Más práctica gramatical

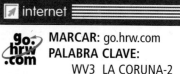

**Primer paso**    Objective Asking for and giving advice

**1** Tu clase hizo un cartel con consejos para vivir mejor. Escribe lo que aconsejan los estudiantes de tu clase. Usa mandatos informales y la información de la tabla. **(p. 38)**

MODELO      **dedicar media hora al día al ejercicio**
            **—Dedica media hora al día al ejercicio.**

| POR UNA VIDA SANA... | |
|---|---|
| **SÍ** | **NO** |
| 1. dedicar media hora al día al ejercicio | 7. fumar |
| 2. aprender un deporte nuevo | 8. añadir sal a la comida |
| 3. respirar profundamente | 9. comer muchos dulces |
| 4. dormir lo suficiente | 10. tomar bebidas con cafeína |
| 5. seguir una dieta sana | 11. trabajar demasiado |
| 6. tomar mucha agua | 12. aumentar de peso |

**2** Hoy es el primer día de clases para Ana. Completa los consejos de su mamá con los mandatos informales de los verbos entre paréntesis. **(p. 38)**

Ana, ____1____ (ir) a la parada de autobuses temprano todas las mañanas. Antes de salir de casa, ____2____ (poner) todos tus libros y cuadernos en la mochila. Y cuando llegues al colegio, ____3____ (decirle) "¡Buenos días!" a la maestra. ____4____ (Tener) mucho cuidado al subirte y bajarte del autobús. Y para sacar buenas notas, ____5____ (ser) aplicada y ____6____ (hacer) la tarea todos los días. Cuando terminen las clases, ____7____ (venir) directamente a casa.

**3** Jimena is nervous about her new job and asks her boss a lot of questions. Write the answers her boss gives to Jimena's questions. Use informal commands and the correct object pronouns in your answers, and follow the cues in parentheses. **(p. 38)**

MODELO      **¿Debo buscar los apuntes de la reunión? (sí)**
            **—Sí, búscalos, por favor.**

             **¿Debo leer este artículo ahora? (no/más tarde)**
             **—No, no lo leas ahora. Léelo más tarde.**

1. ¿Puedo poner mis cosas allí? (no/aquí)

2. ¿Debo mandar estas cartas hoy? (no/mañana)

**3.** ¿Debo buscar esos números de teléfono esta tarde? (no/ahora mismo)

**4.** ¿Debo comprar las estampillas esta mañana? (sí)

**5.** ¿Debo hacer los otros mandados esta mañana? (no/esta tarde)

**6.** ¿Debo escribir las fechas en el calendario ahora? (sí)

**4** Sandra está preocupada por su amigo Diego. Usa la lista de palabras para completar lo que ella dice sobre Diego y sus problemas. **(pp. 38–39)**

| | | | | | | |
|---|---|---|---|---|---|---|
| aliviar | tomar | agitada | histérico | resolver | sufre | relajarse |
| reírse | | tensiones | se cuida | | agobiado | ansiosa |

La verdad es que estoy bastante ___1___ por Diego. ¡Pobrecito!

Últimamente en el colegio ___2___ de mucha presión. Siempre está

___3___ porque entre sus clases, su trabajo, los quehaceres y las demás

actividades, lleva una vida ___4___. Ahora parece que sufre de muchas

___5___ en sus clases—tiene tres exámenes esta semana. Me dijo que

estaba casi ___6___ porque no sabía cuándo podía estudiar. No hace

ejercicio, no come bien ni ___7___ en general porque no tiene tiempo.

Le digo que necesita ___8___ las cosas con calma y tratar de ___9___

los problemas uno por uno. También le digo que es necesario ___10___ y

___11___ todos los días. Pero para realmente ___12___ el estrés que siente,

creo que Diego necesita cambiar su estilo de vida.

**5** Hoy es sábado, y todo el mundo está tratando de relajarse. Explica qué están haciendo todos en este momento para sentirse mejor. Usa el presente progresivo. **(p. 39)**

**MODELO**     Sonia/correr por el parque
          —Sonia está corriendo por el parque.

**1.** (yo)/leer una novela

**2.** Marcos y Fermín/dar una caminata por el bosque

**3.** el profesor/trabajar en el jardín

**4.** Teresa/comer pizza con sus amigos

**5.** Alicia y Pati/hacer yoga

**6.** la profesora/asistir a un concierto de música clásica

**7.** todos nosotros/tomar las cosas con calma

**8.** ¿(tú)/descansar también?

## Segundo paso

**Objective** Talking about taking care of yourself

**6** En la familia de Yoli, todos siguen una rutina diferente por la mañana. Escribe lo que dice Yoli sobre su rutina y las de su hermano y sus padres. Usa las formas correctas de los verbos reflexivos y la información de la tabla. **(p. 45)**

> **MODELO**    despertarse
> —Me despierto a las siete y media. Mi hermano se despierta a las siete y cuarto. Papá y Mamá se despiertan a las siete.

|  | **Yo** | **MI HERMANO** | **PAPÁ Y MAMÁ** |
|---|---|---|---|
| despertarse | 7:30 | 7:15 | 7:00 |
| **1.** levantarse | 7:45 | 7:45 | 7:10 |
| **2.** bañarse | 8:00 | 8:45 | 7:15 y 7:30 |
| **3.** cepillarse  los dientes | 8:10 | 8:55 | 7:25 y 7:40 |
| **4.** secarse el pelo | 8:15 | 9:00 | 7:30 y 7:45 |
| **5.** vestirse | 8:30 | 9:10 | 8:00 |

**7** Margarita está cuidando a sus sobrinos Pablo y Susi hoy. Escribe los mandatos que les da a los niños. Usa mandatos informales. No te olvides de poner el pronombre reflexivo en el lugar correcto. **(p. 45)**

> **MODELO**    Pablo/vestirse ahora
> —Pablo, vístete ahora.

1. Susi/levantarse inmediatamente
2. Pablo/no irse al parque sin pedir permiso
3. Susi/cepillarse los dientes
4. Pablo/no quitarse la chaqueta
5. Susi/ponerse los zapatos
6. Pablo/irse a dormir
7. Susi/no bañarse con el perro
8. Pablo/lavarse las manos antes de comer
9. Susi/no acostarse tarde

**8** Lourdes escribió cómo le va con su nuevo régimen. Completa su descripción con las palabras que faltan. Usa cada palabra sólo una vez. **(p. 46)**

| | | |
|---|---|---|
| bienestar | ducharme | me pesé |
| estoy bajando de peso | | me duermo |
| alimentarme | | me doy cuenta de |

20 de octubre

¡No pude creer lo que vi cuando ___1___ esta mañana como lo hago todos los lunes! ¡60 kilos! Ahora ___2___ que mi nueva dieta es mejor que la que seguía antes. Aunque mis hermanos se rían de mí cuando como mis ensaladas y ellos sus papas fritas, me siento bien con mi nueva vida y ___3___. También contribuye a mi nuevo ___4___ el hecho de que corra en la pista del gimnasio cinco veces por semana. Ya sé que el ___5___ bien me da más energía. Pero después de asistir a clases, hacer la tarea, dar un paseo con mi novio, cenar con mi familia, preparar la ropa para mañana y ___6___, me siento cansadísima. Muchas veces ___7___ tempranísimo, y me siento mal cuando los amigos me llaman por la noche y ¡ya estoy dormida!

**9** Ahora que es mayor, Javier pasa los veranos trabajando o estudiando. Pero recuerda cómo eran los veranos cuando era niño. Completa lo que dice sobre los veranos pasados con las formas correctas de los verbos en el imperfecto. **(p. 47)**

Cuando yo ___1___ (ser) niño, nunca sufría de presiones como ahora. ___2___ (Ir) a la casa de mis primos casi siempre y pasaba las vacaciones con ellos. Ellos ___3___ (vivir) en el campo, donde ___4___ (tener) una finca pequeña con vacas y caballos. Por la mañana, nosotros ___5___ (levantarse) temprano para ayudar a mi tío Rafael con los animales. Después, casi todos los días ___6___ (hacer) excursiones. ___7___ (Dar) caminatas, montábamos a caballo y explorábamos las cuevas. A mí me ___8___ (encantar) ir al lago. Allí ___9___ (pasear) en velero o nadaba mientras mis primos tomaban el sol o ___10___ (jugar) a las cartas. Contábamos chistes y ___11___ (reírse) mucho. Muchas veces mi tía Elenita nos ___12___ (preparar) un almuerzo para llevar al campo. ¡Qué tiempos ___13___ (ser) aquéllos! Yo ___14___ (llevar) una vida mucho menos agitada en aquel entonces.

CD-ROM DISC 1

internet

**MARCAR:** go.hrw.com
**PALABRA CLAVE:**
WV3 LA CORUNA-2

**1** Escucha la descripción del día de Gloria. En una hoja de papel, escribe las letras de las fotos en el orden en que ocurrieron.

a.

b.

c.

d.

**2** ¿Sufres mucho del estrés? ¿Tienes dificultades académicas, familiares o de salud? Con un(a) compañero(a), habla de tus problemas y de cómo se pueden resolver.

**3** Usa las frases que siguen para decir cómo eras de niño(a). Escribe por lo menos ocho oraciones usando el tiempo imperfecto. Luego escribe ocho oraciones más en las que dices cómo eres hoy en día.

| | |
|---|---|
| comer dulces | mirar la televisión |
| montar en bicicleta | hablar con amigos |
| jugar en casa | cuidarse el peso |
| ver a mis abuelos | llevar una vida agitada |
| reírse mucho | |

**4** Completa las frases con información cultural de este capítulo.
1. El descanso tradicional durante el día de trabajo se llama ══════.
2. España tiene cada día más contacto con Europa porque participa ahora en ══════.
3. La dieta de los españoles es generalmente más rica en ══════ que la dieta de los estadounidenses.
4. Los españoles por lo general pueden caminar al trabajo porque ══════.
5. Muchos creen que los horarios de trabajo en España deben cambiar para ══════.

**5** Lee los consejos de los dos artículos. ¿Estás de acuerdo con lo que dicen? ¿Qué más debes hacer para tener una vida sana? Con un(a) compañero(a), explica por qué sí o por qué no estás de acuerdo y qué más se debe hacer.

## UNA VIDA SALUDABLE

El ejercicio, los alimentos y el agua son necesarios para tener una vida saludable. Además, ésa es la imagen actual. Fortalece tu figura haciendo gimnasia un par de horas al día, tres veces por semana. Toma agua por barriles y balancea tu alimentación. Duerme, descansa, ejercítate y relájate.

## REÍR ES BUENO

Si usted ríe fácilmente con cualquier chiste o frecuentemente y toma la vida con humor, no sólo será una persona más feliz sino más sana. Nuevos hallazgos en la materia han demostrado las capacidades curativas de la risa. Por ejemplo, 20 segundos de carcajadas equivalen a 3 minutos de extenuante ejercicio. Reír acelera el ritmo cardíaco y el respiratorio y hace trabajar los músculos del estómago; además, refuerza el sistema inmunitario.

**6** Lee las dos cartas y escríbele algunos consejos a cada persona.

**Ramón**
¿Qué me aconsejas hacer? Hay una chica en mi clase y quiero conocerla mejor. Pero me pongo muy nervioso cuando trato de hablarle. Me siento muy ansioso y casi no puedo hablar. Ella no se da cuenta de que me cae bien y cree que soy muy tímido. Por eso nunca me habla.

**Fernanda**
¿Puedes darme algún consejo? Hay un chico en mi clase que me gusta. Pero él no siente lo mismo. No me habla; no trata de conocerme. Estoy muy nerviosa en su presencia y él cree que soy una esnob. Pero es que no me puedo relajar. Me preocupo mucho porque no sé cómo resolver esta situación.

**7** **Situación**

Lee lo que dicen Pilar, Carlos y Elena en **¡Adelante!** en la página 42. Luego tú y un(a) compañero(a) toman los papeles de Pilar y su madre, Carlos y un amigo, o Elena y Marianela. Una persona empieza la conversación mencionando de una forma diplomática el problema que la otra persona tiene. La otra persona defiende sus acciones o hábitos. La primera persona le da consejos y la segunda al fin acepta esos consejos y describe cómo va a cambiar.

Cuaderno para hispanohablantes, p. 10

**Can you ask for and give advice? p. 37**

**1** Imagina que tienes los siguientes problemas. Pídeles consejos a las personas indicadas. Explica el problema y cómo te sientes.

1. tienes tres exámenes el mismo día / tus profesores
2. quieres bajar de peso / tu amigo o amiga
3. estás agobiado(a) por las presiones / tus padres
4. sufres de muchísimo estrés en la escuela / un(a) consejero(a)

**2** Ahora llevas una vida mucho más agitada que la de hace cinco años. Imagina que hablas con un(a) amigo(a). ¿Puedes contarle cómo era tu vida hace cinco años y cómo es ahora? ¿Puedes pedirle consejos?

**3** Tus amigos y tu familia siempre te piden consejos. Lee sus problemas y dales consejos a todos.

1. Tu amiga Cristina siempre está aburrida y nunca sabe qué hacer.
2. Tu amigo Jorge, un chico inteligente, saca malas notas porque no dedica suficiente tiempo a los estudios.
3. Tu mamá sufre mucho del estrés en su trabajo.
4. Tu hermanita tiene miedo de decirles a sus padres que sacó una mala nota en su último examen.

**Can you talk about taking care of yourself? p. 44**

**4** ¿Qué buenos o malos hábitos de salud tienen las siguientes personas? Si son malos hábitos de salud, ¿qué pueden hacer para mejorarlos?

**5** ¿Qué haces para cuidarte? Contesta las preguntas.

1. ¿Qué haces para aliviar el estrés todos los días?
2. ¿Qué haces todos los días para no enfermarte?
3. ¿Qué es lo más importante que haces todos los días para cuidarte?

## Primer paso

### Asking for and giving advice

| | |
|---|---|
| Deberías + inf. | You should . . . |
| No debes + inf. | You shouldn't . . . |
| ¿Puedes darme algún consejo? | Can you give me any advice? |
| ¿Qué debo hacer? | What should I do? |
| ¿Qué me aconsejas hacer? | What do you advise me to do? |
| ¿Qué me recomiendas hacer? | What do you recommend that I do? |
| Sería bueno + inf. | It would be a good idea for you to . . . |
| Te aconsejo + inf. | I advise you to . . . |
| Te recomiendo + inf. | I recommend that you . . . |

### Talking about stress

| | |
|---|---|
| agobiado(a) | worn out, overwhelmed |
| agotado(a) | exhausted |
| aliviar el estrés | to relieve stress |
| ansioso(a) | anxious |
| causar el estrés | to cause stress |
| cuidarse | to take care of oneself |
| estar rendido(a) | to be worn out |
| histérico(a) | stressed out |
| llevar una vida agitada | to lead a hectic life |
| ponerse nervioso(a) | to get nervous |
| reírse (i, i) | to laugh |
| relajarse | to relax |
| resolver (ue) un problema | to solve a problem |
| sufrir de presiones | to be under pressure |
| sufrir de tensiones | to suffer from tension |
| tomar las cosas con calma | to take things calmly |

## Segundo paso

### Talking about taking care of yourself

| | |
|---|---|
| la alimentación | nutrition |
| alimentarse bien | to eat well |
| alimentarse mal | to eat poorly |
| broncearse | to suntan |
| comer comida sana | to eat healthy food |
| compartir con alguien | to share with someone |
| contribuir | to contribute |
| cuidarse el peso | to watch one's weight |
| darse cuenta de | to realize |
| dormir (ue, u) lo suficiente | to get enough sleep |
| dormirse (ue, u) | to fall asleep |
| ducharse | to take a shower |
| echarle mucha sal a la comida | to put a lot of salt on food |
| estar a dieta | to be on a diet |
| la grasa | fat |
| hacer ejercicio (aeróbico) | to (do aerobic) exercise |
| mantenerse (ie) en forma | to stay in shape |
| el peligro | danger |
| pesarse | to weigh oneself |
| la piel | skin |
| ponerse crema protectora | to put on sunscreen |
| quedarse frente a la tele | to stay in front of the TV |
| quemarse | to get a sunburn |
| sentirse (ie, i) muy solo(a) | to feel very lonely |
| subir de peso | to gain weight |
| tener (ie) buenos hábitos de alimentación | to have good eating habits |

# ¡Ven conmigo a Caracas!

## Venezuela

**Población:** Caracas: 2.785.000 (zona metropolitana: 4,5 millones); Venezuela: 22.311.000

**Área:** Venezuela, 912.050 km2; Caracas, 78 km2

**Ciudades principales:** Caracas, Maracaibo, Valencia, Barquisimeto

**Productos agrícolas:** arroz, maíz, plátanos, café, cacao, caña de azúcar, algodón

**Industrias:** petróleo, productos comestibles, acero, aluminio

**Personajes famosos:**
Simón Bolívar (1783–1830), libertador; Luis Aparicio (n. 1934), jugador de béisbol; Carolina Herrera (n. 1939), diseñadora de moda; María Conchita Alonso (n. 1957), actriz y cantante

**Platos típicos:** pabellón criollo, arepas, tequeños, cachapas, hallacas

go.hrw.com

VIDEO

CD-ROM DISC 2

WV3 CARACAS

Mar Caribe

Maracaibo
Valencia  Caracas
Maracay  Cumaná
Barquisimeto
San  R. Orinoco
Cristóbal  Ciudad
Guayana
VENEZUELA
COLOMBIA
N  BRASIL

**Caracas, la capital de Venezuela, es una ciudad moderna y cosmopolita.** ▶

# Venezuela

Venezuela, cuyo nombre quiere decir "Pequeña Venecia", es un país de contrastes, un país a la vez andino, caribeño, amazónico y urbano. Caracas, su capital, es un núcleo de energía y diversidad. Durante los últimos cien años, encima del viejo centro colonial se ha levantado la Caracas moderna: la Caracas de rascacielos impresionantes y un sistema de metro entre los mejores del mundo. Desde la nieve del Pico Bolívar, el punto más alto de Venezuela, hasta las playas de Isla de Margarita, Venezuela es un país único e inolvidable.

🖅 internet

go.
hrw
.com

MARCAR: go.hrw.com
PALABRA CLAVE:
WV3 CARACAS

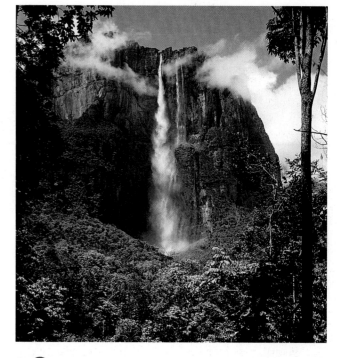

**① El salto de agua más alto del mundo**
El Salto Ángel, la catarata más alta del mundo, presenta una imagen espectacular. Las aguas del Salto Ángel caen unos 979 metros. La catarata está en la Gran Sabana en el oriente de Venezuela.

**② Lugar de recreación para muchos caraquenós**
Una tarde de sol en el Parque del Este de Caracas. Los caraqueños disfrutan de un clima agradable y templado, ya que Caracas tiene una altura de casi 1000 metros sobre el nivel del mar.

**③ El arte moderno de Jesús Soto**
Esta escultura cinética, creación del escultor venezolano Jesús Soto (nacido en 1923), está en la calle peatonal de Sabana Grande, al salir del metro en la estación Chacaíto. La zona es un mosaico de musica caribeña y de escaparates llenos de perfumes y artesanías venezolanas.

**5** **Torres petroleras**
Estas grúas petroleras están en el lago Maracaibo. En 1922 se descubrió un depósito inmenso de petróleo debajo de este lago, el más grande de Sudamérica. Hoy en día, la explotación del petróleo forma la base de la economía venezolana.

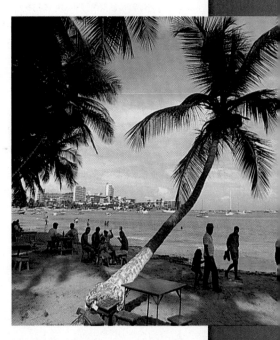

**4** **Un país multicultural**
La población de Venezuela refleja las tradiciones indígenas, europeas y africanas que formaron la corriente étnica y cultural principal de Sudamérica.

**6** **La "Perla" del Caribe**
La isla de Margarita, con sus Kilómetros de playas preciosas, es donde pasan sus vacaciones miles de venezolanos. Margarita es la más grande de las islas caribeñas venezolanas.

## En los capítulos 3 y 4,

vas a conocer a varias personas de Caracas. Vas a aprender de ellos algo del carácter nacional venezolano, que incorpora fuertes elementos del individualismo, la diversidad y el entusiasmo por todo lo moderno. Caracas es el centro de comercio, educación e industria en Venezuela.

**7** **La escultura del caudillo**
En la Plaza Bolívar de Caracas, se encuentra esta escultura del héroe nacional de Venezuela, Simón Bolívar, El Libertador. Con la ayuda de un ejército compuesto de europeos y americanos, Bolívar liberó los territorios de Colombia, Bolivia, Ecuador, Perú y Venezuela del dominio español en 1824.

# 3

# El ayer y el mañana

## Objectives

**In this chapter you will learn to**

### Primer paso

- talk about what has happened
- express and support a point of view
- use conversational fillers

### Segundo paso

- talk about future events
- talk about responsibilities

📡 internet ▤▤▤▤▤▤

**go. hrw .com**

MARCAR: go.hrw.com
PALABRA CLAVE:
  WV3 CARACAS-3

◀ **Es cierto que Caracas ha crecido mucho pero la Plaza Bolívar de Caracas es pintoresca e histórica.**

# DE ANTEMANO · *La vida de ayer*

Cuaderno de actividades, p. 25, Acts. 1-2

### Estrategia para comprender

¿Cómo era la vida diaria de tus padres y abuelos cuando eran jóvenes? Bastante diferente de la tuya, ¿verdad? Claro que los últimos años han traído muchos avances tecnológicos, como los teléfonos celulares, contestadores y computadoras avanzadas. Los adelantos en la tecnología nos afectan cada día más. Les hicimos varias preguntas a unas personas que viven en Caracas sobre cómo ha cambiado el país y sobre algunos aspectos de la tecnología hoy en día. Lee sus respuestas para ver si estás de acuerdo con ellos o no.

## "Caracas era la ciudad de los techos rojos."

**¿Cómo ha cambiado Venezuela desde que Ud. era niña?**

Ha cambiado muchísimo, porque Caracas era la ciudad de los techos rojos. Aquí no existían edificios, ni ranchos, ni bloques, nada de eso; eran puras casas.

**¿Le parece un cambio positivo o negativo?**

Bueno, sí, positivo.

**¿Y en cuanto a la gente?**

Bueno, hay mucha gente que no son de aquí. Ha venido mucha gente de fuera, ¿no?

**¿Cómo ve el futuro de Venezuela?**

Bueno, yo pienso que... que va a prosperar mucho.

### Ilda Martínez de Betencouth

## ¿Cómo ha afectado su vida la tecnología?

Bueno, en el momento actual, ahorita, me imagino que no, sin esos aparatos que uno usa diariamente sería imposible sacar, cumplir uno con sus tareas....

## ¿Nos podría dar un ejemplo?

Bueno, las fotocopiadoras incluso; ahora hay demasiadas fotocopiadoras avanzadas....

## ¿Y en el trabajo?

En el trabajo también es indispensable porque antes no existía una computadora que te procesara a ti una información básica que tú necesitas al momento, tú tenías que hacer investigaciones para llegar a algo. Ahora todo es más fácil con las computadoras porque bueno, pues, es más avanzado.

> **"Ahora todo es más fácil con las computadoras."**

### Dania Padilla

### Sebastián Mozetic

> **"Antes cuando no existía el televisor uno podía leer más, había más tiempo para otras cosas."**

## ¿Cuáles son las cosas más importantes de la tecnología que usas?

El televisor, la radio, la computadora y si no los tuviera, no sé, me costaría mucho adaptarme, porque la televisión te informa, estás conectado con el mundo, igual que con la computadora.

## ¿Qué ventajas tienen?

Y agilizan mucho la vida diaria, ayudan. Por ejemplo, para hacer trabajos con la computadora ganas mucho tiempo.

## ¿Y las desventajas?

Que el televisor tiende a atarte, a estar frente al televisor. Antes cuando no existía el televisor uno podía leer más, había más tiempo para otras cosas.

## 1 ¿Quién lo expresó?

Todas las siguientes oraciones son parecidas a frases de las entrevistas. Lee cada una e indica quién expresó el concepto — Sebastián, Ilda o Dania.

1. La población de Caracas ha crecido (*has grown*) mucho.

2. ¿La tecnología? Bueno, en el trabajo ahora me parece algo esencial.

3. Antes, la gente salía de noche o leía. Hoy día se queda en casa viendo la tele.

4. Las telecomunicaciones nos mantienen informados.

5. Sin la tecnología es más difícil cumplir con tus tareas.

## 2 Pienso que...

Busca las palabras que usan Ilda, Dania y Sebastián para...

1. ganarse tiempo para pensar.

2. expresar opiniones.

3. hablar de los cambios en Caracas.

**SUGERENCIA**

Sometimes people feel anxious when they read in a foreign language because comprehending the entire text seems to be an overwhelming task. One easy way to reduce this anxiety is to divide the reading task into parts. You can divide the text into small sections and concentrate your attention on one section at a time.

## 3 ¿Comprendes?

Contesta las siguientes preguntas.

1. ¿Cómo era Caracas cuando la señora Betencouth era niña?

2. Nombra tres aparatos tecnológicos que usa Sebastián.

3. ¿Cómo ve el futuro de Venezuela la señora Betencouth?

4. ¿Qué cosas hacen el trabajo más fácil, según Dania?

5. ¿Qué preocupación tiene Sebastián acerca del televisor?

## 4 ¿Y qué más hay?

Lee la lista de adelantos (*advances*) que cambiaron nuestras vidas. Luego, con un(a) compañero(a), haz una lista de los adelantos mencionados en **De antemano**.

## 5 Ahora te toca a ti

Piensa en el pueblo o ciudad donde vives. ¿Cómo es ahora? ¿Cómo era cuando eras pequeño(a)? Si no conoces bien el pasado de tu pueblo o ciudad, pregúntale a alguien cómo era. En tu opinión, ¿cuáles de estos cambios son positivos? ¿Cuáles son negativos?

**5** adelantos tecnológicos que han cambiado nuestras vidas

- **El DVD**
  los últimos años de los 90

- **El teléfono celular**
  los años 90

- **El disco compacto**
  los años 80

- **La computadora personal**
  los años 80

- **El fax**
  los años 80

## Vocabulario

la antena parabólica

manejar por la autopista

el tráfico

cocinar en el horno de microondas

hablar por teléfono celular

la fotocopiadora (a colores)

el rascacielos

mandar un fax

enviar una carta electrónica

el contestador

**a la vez** *at the same time*
**adaptarse** *to adapt*
**los adelantos** *advances*
**la computadora** *computer*
**la desventaja** *disadvantage*
**empeorar** *to get worse*
**en seguida**
   *right away, immediately*
**hacer trabajos** *to write papers*

**hoy (en) día** *nowadays*
**informar** *to inform*
**navegar por Internet**
   *to surf the Internet*
**el siglo** *century*
**la tecnología** *technology*
**la ventaja** *advantage*
**la vida diaria** *daily life*

**la videocasetera**
*videocassette player*

Más práctica gramatical, p. 88, Act. 1

Cuaderno de actividades, pp. 26–27, Acts. 3, 6

Cuaderno de gramática, pp. 19–20, Acts. 1–3

### 6 La tecnología

**Leamos/Escribamos** Completa las siguientes oraciones con el nuevo vocabulario.

1. Puedes preparar la cena en seguida con...

2. No debes manejar un carro mientras hablas por...

3. Si sales con frecuencia y la gente te quiere llamar por teléfono, es bueno tener...

4. La gente se enoja cuando hay demasiado tráfico en...

5. El mundo cambia cada día más, por eso hay que...

6. Si quieres ver un video en televisión, necesitas...

7. Si quieres buscar información rápidamente, puedes...

**También se puede decir...**

Se puede decir **la contestadora** y **la máquina de contestar** por **el contestador**. Otra palabra que significa **tráfico** es **tránsito**. En España dicen **el ordenador** en vez de **la computadora**.

¿Se te ha olvidado?

**object pronouns**

Ver la página R27

Cuaderno de gramática, pp. 20–21, Acts. 4–6

## Talking about what has happened

Si quieres hablar de lo que ha pasado *(has happened)*, puedes decir:

**Caracas ha cambiado mucho.**
    *. . . has changed a lot.*

**Mucha gente ha venido de fuera.**
    *Many people have come from outside.*

**La contaminación del aire ha empeorado bastante.**
        *. . . has gotten quite a bit worse.*

**7**

## El pasado se repite

**Escuchemos/Escribamos** Escucha mientras una señora de Caracas cuenta cómo la vida ha cambiado desde que era niña. Luego completa las siguientes oraciones.

1. ...ha cambiado mucho.
2. ...ha crecido bastante.
3. ...ha empeorado.
4. ...ha regresado.

## Gramática

### The present perfect

The present perfect tense tells what has or has not happened. It's formed by combining the present tense of **haber** and the past participle of a verb.

1. To form past participles of regular verbs, drop the **-ar**, **-er**, or **-ir** of the infinitive and add these endings:

Más práctica gramatical,
pp. 88–89, Acts. 2–4

Cuaderno de gramática,
pp. 22–23, Acts. 7–9

Cuaderno de actividades,
pp. 26–27, 29, Acts. 4–5, 10

| **-ar** verbs: **-ado** | | **-er/-ir** verbs: **-ido** | |
|---|---|---|---|
| he bailado | hemos bailado | he comido | hemos comido |
| has bailado | habéis bailado | has comido | habéis comido |
| ha bailado | han bailado | ha comido | han comido |

2. Here are some irregular past participles:

| | |
|---|---|
| abrir: **abierto** | morir: **muerto** |
| decir: **dicho** | poner: **puesto** |
| descubrir: **descubierto** | romper: **roto** |
| escribir: **escrito** | ver: **visto** |
| hacer: **hecho** | volver: **vuelto** |

3. Forms of **haber** and the past participle form a unit that cannot be separated by any other words:

    **¿Has visto a Teresa?**
    **No, no la he visto todavía.**

**¿Te acuerdas?**

Cuaderno de gramática, p. 23, Act. 10

Some expressions you are familiar with — **todavía no** *(not yet)*, **ya** *(already, yet)*, and **alguna vez** *(ever)* — are often used with the present perfect tense. **Todavía no** is used for actions that haven't taken place yet: **Todavía no he leído el periódico. Ya** is used for actions that have already happened: **¿La nueva película de Spielberg? Ya la he visto. ¿Alguna vez has ido a la playa?** means *Have you ever been to the beach?*

## 8 Gramática en contexto

**Escribamos** Haz una lista de cinco cosas que ya has hecho y cinco cosas que todavía no has hecho pero que te gustaría hacer.

MODELO **Ya he aprendido a manejar un carro. Todavía no he viajado a Hawaii.**

> Cuaderno de gramática, p. 23, Act. 11

¿Se te ha olvidado?
**affirmatives & negatives**
Ver la página R29

## 9 Gramática en contexto

**Hablemos** Usa las siguientes preguntas para entrevistar a un(a) compañero(a). Luego responde mientras él o ella te entrevista.

1. ¿Has practicado un deporte acuático alguna vez?

2. ¿Alguna vez has sufrido mucha presión? ¿Por qué?

3. ¿Adónde has viajado con tu familia?

4. ¿Cuál es la mejor película que has visto? ¿la peor?

5. ¿Qué inventos tecnológicos has usado durante la última semana?

### Vocabulario

**el ayuntamiento**        *town hall*
**el basurero**        *trash can*
**la calidad del aire**        *air quality*
**crecer (zc)**        *to grow*
**establecer (zc) una zona peatonal**
        *to set up a pedestrian zone*
**la fábrica**        *factory*
**mejorar**        *to improve*
**sembrar (ie)**        *to plant*

CD-ROM DISC 1

> Cuaderno de actividades, p. 29, Act. 9

Más práctica gramatical, p. 91, Act. 7 →

## 10 ¡Ha cambiado bastante!

**Escribamos** Mira los dos dibujos. Luego escribe cinco oraciones que describan los cambios que notas. ¿Qué ha cambiado?

PRIMER PASO

*setenta y tres* **73**

### Expressing and supporting a point of view

Hay varias formas de expresar y apoyar tu punto de vista.

Son buenos los adelantos tecnológicos pero **ten en cuenta que** la tecnología no lo resuelve todo.
*. . . keep in mind that . . .*

**Me imagino que** los adelantos nos ayudan mucho.

**Lo que noto es que** ahora hay más estrés en la vida.
*What I notice is that . . .*

**Me parece que** los adelantos mejoran la calidad de nuestra vida.

**Se me hace que** tenemos que usar el transporte público más.
*It seems to me . . .*

**Lo que es importante es** tener cuidado con la tecnología.

**Creo que vale la pena** encontrar nuevas tecnologías.
*I think it's worth it . . .*

**Es cierto que** hay ventajas, **pero por otro lado** hay desventajas también.
*It's true that . . . but on the other hand . . .*

Cuaderno de actividades,
p. 28, Act. 7

### 11 La vida moderna

**Escuchemos** Daniela y Felipe están hablando sobre el progreso tecnológico. Escucha su conversación y luego indica cuál de los dos está de acuerdo con las siguientes ideas.

1. Lo que noto es que hay más estrés que nunca.
2. La vida moderna es un poco más complicada pero ten en cuenta que tiene algunas ventajas.
3. Se me hace que la contaminación del agua y del aire está afectando nuestra salud.
4. Por otro lado se puede cocinar rápidamente y saber las noticias casi al instante.
5. Creo que vale la pena tener un contestador porque siempre sabes si alguien te llamó.

### 12 Gramática en contexto

**Hablemos** En un grupo de dos o tres, hablen de sus puntos de vista sobre estos temas. Usen expresiones de **Así se dice**.

1. Es una ventaja vivir cerca de la autopista.
2. Alguien que ve mucha televisión no estudia lo suficiente.
3. Alguien que usa mucho la tecnología es perezoso.
4. La videocasetera fue el mejor adelanto del siglo XX.
5. Algún día vamos a hacer todas nuestras compras por Internet.

### Nota gramatical

**Lo que** means *what,* when *what* is not asking a question but rather implies *the thing that.* **¿Escuchaste lo que dijo la profesora?** means *Did you listen to what the professor said?*

Más práctica gramatical,
p. 90, Act. 5

### Nota cultural

El petróleo no les interesaba mucho a los indios ni a los exploradores españoles. Los indios lo usaban para arreglar sus canoas. Esa actitud cambió cuando comenzó el boom petrolero en 1922. Muchas compañías vinieron a extraer el petróleo, y se construyeron muchos caminos, casas y puertos. Después de nacionalizar el petróleo en 1971, Venezuela volvió a permitir la inversión y exploración petrolera por compañías extranjeras en 1995. Venezuela produce aproximadamente 2,5 millones de barriles de petróleo diariamente.

### Using conversational fillers

Cuando estás hablando y no sabes qué decir, puedes ganarte un poco de tiempo al usar algunas palabras muy útiles. Si alguien te pregunta, **¿Cuáles son los inventos más importantes de las últimas décadas?,** puedes responder:

**Bueno,** me parece que son...

**Este...** no sé.

**La verdad es que...** hay tantos inventos.

**A ver,** el DVD es un invento muy chévere.

**Pues,** los aparatos que usamos todos los días son maravillosos.

**Eh...** la fotocopiadora a colores es una maravilla.

**Bueno, a ver...**

Cuaderno de actividades, p. 28, Act. 8

---

**13** ### Este, pues...

**Leamos/Escribamos** Pon las siguientes frases en orden para formar una conversación entre Alberto Flojo y su maestra. Ella quiere saber por qué Alberto no hizo su tarea.

  **a.** Bueno, sí, este... es que mi perro se lo comió.

  **b.** Sí, puedes empezar.

  **c.** Pero, ¿qué te pasó? ¿No has hecho tu informe todavía?

  **d.** A ver, Alberto, empecemos con tu informe sobre algunas soluciones al problema de la contaminación del aire.

  **e.** Pues, en verdad no puedo.

  **f.** Eh... ¿yo? ¿de primero?

**14** ### La verdad es que...

**Hablemos/Escribamos** Todas estas personas no saben qué decir. Con un(a) compañero(a), usa las expresiones de **Así se dice** y crea oraciones adecuadas para cada dibujo.

a.

b.

c.

**15** ### Cuando mamá era joven

**Escribamos** ¿Cuántos adelantos tecnológicos han aparecido desde que tus padres y abuelos tenían tu edad? Resume los cambios que han ocurrido.

# ¡Adelante! · ¿Cómo será el futuro?

Cuaderno de actividades, p. 30, Acts. 11–12

La tecnología nos afecta tanto que no podemos imaginar nuestras vidas sin ella. ¿Has pensado cómo afecta tu vida la tecnología? ¿Y cómo piensas que será en el futuro, igual que ahora o diferente? ¿Mejor que ahora o peor? Les hicimos estas preguntas a dos jóvenes de Caracas. Sus respuestas son interesantes.

**Ofelia Fontés
18 años**

## "Yo pienso que el futuro será mucho mejor."

La tecnología es para mí una necesidad en la vida. Por ejemplo, sin el microondas no vivo. Lo uso para todo. En cuanto al futuro... creo que si el mundo ha cambiado tanto durante la vida de mi abuela, no hay duda que el mundo cambiará más durante mi vida. Yo pienso que el futuro será mucho mejor. Habrá muchos más adelantos que van a ayudar en la medicina, por ejemplo.

Me imagino que habrá carros eléctricos o solares. Todo estará más mecanizado que ahora y habrá todo tipo de robots que te puedan hacer todo.

---

**16** **¿Comprendes?**

Usa la información de **¡Adelante!** para contestar las siguientes preguntas.

1. Nombra tres aparatos eléctricos que menciona Ofelia.

2. ¿Para qué usa ella el microondas?

3. ¿Qué piensa Ofelia del futuro?

4. ¿Cuáles son dos cosas que ella dice que va a haber en el futuro?

5. ¿Piensa Eduardo que va a haber más problemas o menos durante su vida?

6. Nombra dos cosas negativas que él menciona acerca del futuro.

7. ¿Por qué cree él que la comunicación mejorará en el futuro?

8. Según Eduardo, ¿quién es responsable del futuro?

**17** **En el futuro habrá...**

Ofelia y Eduardo compararon el futuro con el presente cuando dieron sus puntos de vista. Haz una lista de las comparaciones que hicieron.

## "Yo creo que habra tantos problemas como ahora."

**Eduardo Pantoja
16 años**

Creo que habrá tantos problemas como ahora, sólo que serán diferentes. Por ejemplo, habrá más contaminación del medio ambiente y menos recursos naturales. Más especies de animales estarán en peligro de extinción. Por eso tenemos que trabajar juntos para protegerlos. Y no sé cómo estará la situación del empleo. Por otro lado, creo que la comunicación entre países mejorará porque todos hablaremos más idiomas. ¿Quién sabe exactamente cómo será? En fin, me parece que nos toca a nosotros los jóvenes mejorar el mundo.

**18  ¿Quién será?**

Lee las oraciones e indica quién estaría de acuerdo con la idea—Ofelia o Eduardo.

1. Vivir en el futuro va a ser más fácil porque va a haber más adelantos tecnológicos.

2. La vida en el futuro va a ser más difícil para los animales.

3. En el futuro los niños van a tener un robot que les va a ayudar con la tarea.

4. No van a usar la estufa en el futuro. Van a usar el microondas nada más.

5. Nadie sabe cómo va a ser el futuro.

**19  Ustedes, ¿qué piensan?**

Lee la tira cómica. Luego, con un(a) compañero(a), contesten las preguntas. ¿Están de acuerdo los dos?

1. Entre Ofelia Fontés, Eduardo Pantoja y el autor de la tira cómica, ¿quién parece sentirse más pesimista acerca del futuro? ¿Quién es más optimista en sus predicciones del futuro?

2. ¿Cuál de los tres puntos de vista es el más parecido al tuyo *(yours)*? ¿Y al de tu compañero(a)? Explica.

## Así se dice

### Talking about future events

Cuando quieres hablar de algo que va a pasar en el futuro, puedes decir:

El futuro **va a ser** mucho mejor.

**Va a haber** carros eléctricos o solares.

Todo **va a estar** más mecanizado que ahora.

Mañana **recogemos** basura en el parque.

La comunicación entre países **mejorará** porque todo el mundo **hablará** más idiomas.

Más gente **va a usar** teléfonos celulares.

> Cuaderno de actividades,
> pp. 32–33, Acts. 15–16

**20** **¿Cómo será?**

**Leamos/Escribamos** Lee el siguiente artículo e identifica cada verbo o frase que se refiere al futuro.

> Este fin de semana muchos jóvenes estarán jugando a los videojuegos o practicando deportes, pero Adriana y Raimundo Guzmán van a reciclar latas como parte del esfuerzo por cuidar la Tierra. —También va a haber otras oportunidades para ayudar—explica Raimundo. —Mañana recogemos basura y sembramos árboles en una nueva zona peatonal. Y por la tarde Adriana va a hablar en una conferencia de cómo quedará el mundo si seguimos desperdiciando los recursos naturales.
>
> ¿Creen que vale la pena? ¿que la situación mejorará? Adriana contesta: —Pues, sé que no vamos a resolver todos los problemas en un día. Y siempre habrá gente que no cambiará su estilo de vida. Pero, ¿qué nos van a decir nuestros hijos si no hacemos nada hoy?

### Nota cultural

Caracas ha crecido mucho en los últimos 30 años. El aumento de población ha creado una situación en que el desarrollo no ha podido satisfacer la alta demanda de servicios. Algunos adelantos tecnológicos—como los teléfonos celulares, que no requieren cables—proveen un medio de comunicación para muchos caraqueños que no tendrían servicio telefónico sin ellos. Además de ser útil en las ciudades, el teléfono celular permite que algunos habitantes de las zonas rurales de Venezuela hagan llamadas telefónicas desde sus pueblos o fincas. De lo contrario tendrían que ir largas distancias para encontrar un teléfono. ¿Son comunes los teléfonos celulares donde tú vives?

## Gramática

CD-ROM DISC 1

### The future tense

1. The future tense is formed by taking the future stem and adding the future endings, which all have an accent mark, except the **nosotros(as)** form. The infinitive serves as the future stem for most verbs.

| -é | -emos | viajaré | viajaremos |
|----|-------|---------|------------|
| -ás | -éis | viajarás | viajaréis |
| -á | -án | viajará | viajarán |

Más práctica gramatical, p. 90, Act. 6

2. The future stems of some verbs in Spanish are irregular:

decir: **dir-**  querer: **querr-** *want* poder: **podr-** *to be able to* tener: **tendr-** *to have*
haber: **habr-** *have* saber: **sabr-** *know* poner: **pondr-** *to put* valer: **valdr-** *worth*
hacer: **har-** *to make / do* salir: **saldr-** *go out / leave* venir: **vendr-** *to come*

Cuaderno de actividades, p. 31, Act. 14

3. The future tense form corresponds to *will* + verb in English:

**Luis vendrá el martes.**     *Luis will come on Tuesday.*

Cuaderno de gramática, pp. 24–25, Acts. 12–15

---

**21** ### Gramática en contexto

**Escuchemos** Escucha a Bárbara y Ernesto hablar sobre varias funciones *(events)* culturales. Luego indica si la función **ya pasó** o si **pasará** en el futuro.

1. el concierto de guitarra
2. la exhibición de arte de Siqueiros
3. la exhibición de arte de Soto
4. la película de María Conchita Alonso
5. la película de Meryl Streep
6. el concierto de Luciano Pavarotti
7. el concierto de Plácido Domingo

**22** ### Gramática en contexto

**Escribamos** Julián está mirando las fotos de sus compañeros(as) de colegio en el anuario *(yearbook)*. Según las fotos, ¿qué piensas que harán en el futuro?

CAPÍTULO 3

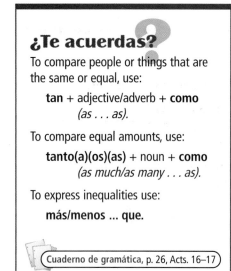

### 23 Gramática en contexto

**Leamos/Escribamos** ¿Tienes planes para mejorar tu vida? Completa las siguientes oraciones. Usa los verbos en el tiempo futuro.

1. Yo... más y... menos que ahora.
2. Para mejorar mis notas, yo...
3. Quiero proteger el medio ambiente. Por eso...
4. En mi casa yo...
5. Durante mi tiempo libre...
6. Necesito más dinero. El próximo verano...

### 24 La cápsula de información

**Leamos/Escribamos** Lee el siguiente artículo sobre cápsulas de información *(time capsules)* y luego contesta las siguientes preguntas.

1. ¿En qué año mirarán las cosas en la cápsula en Montreal?
2. ¿En qué país se abrirá la cápsula en el año 6970?
3. ¿Dónde instalaron una habitación subterránea?
4. ¿Qué cosas encontrarán las futuras generaciones?

# Historia del Siglo XX

Para que los arqueólogos del futuro no tengan tanto trabajo cuando quieran estudiar el siglo XX, se ha "sembrado" el planeta con cápsulas de información. Se ha hecho un plan de apertura de esas cápsulas (que quién sabe si se cumplirá). En el año 2067 se abrirá una en Montreal, Canadá, enterrada en 1967. Pero hay fechas más ambiciosas. En el 6939, si todos los países siguen estando donde están, hay que abrir una cápsula en la ciudad de Nueva York. En el 6970, la que está en Osaka, Japón. Y en el 8113 se abrirá una habitación subterránea instalada en Georgia, Estados Unidos, en 1940. ¿Qué encontrarán en estos "paquetes"? Desde canciones de Los Beatles hasta libros en todos los idiomas actuales, más películas, videos, juguetes, máquinas, etc. Todo lo que nosotros, los antiguos del siglo XX, amamos, usamos, vimos, leímos e inventamos.

### 25 ¿Qué pondrás en la cápsula?

**Hablemos/Escribamos** Imagina que tu escuela va a depositar una [...]. En grupos de tres o cuatro estudiantes, hagan una lista de lo que pondrán Uds[...] expliquen por qué incluirán esas cosas.

## Talking about responsibilities

Lo que hacemos hoy afecta el futuro. ¿Qué debemos hacer para garantizar un futuro mejor?

**Hay que** buscar soluciones.
*It's necessary . . .*

**Nos toca a nosotros** salvar la tierra.
*It's up to us . . .*

Tanto los jóvenes como los mayores **deben** pensar en el porvenir.

 Cuaderno de actividades, pp. 33–34, Acts. 17–19

**Es nuestra responsabilidad** encontrar nuevas formas de energía.
*It's our responsibility . . .*

**Estamos obligados a** proteger los animales en peligro de extinción.

**Es nuestro deber** mejorar el mundo.
*It's our duty . . .*

---

**26 El club de voluntarios**

 **Escuchemos/Escribamos** Escucha lo que dice Maricarmen, la presidenta del club de voluntarios, en una reunión. Luego indica si las siguientes oraciones son **ciertas** o **falsas.** Corrige las oraciones falsas.

1. Maricarmen cree que hay que pensar en el futuro ahora.
2. Dice que le toca al gobierno resolver los problemas.
3. Maricarmen dice que hay muchos problemas con la educación.
4. Le parece que es nuestra responsabilidad aprender a reciclar varios productos.
5. Según Maricarmen, no habrá más problemas mañana.

### ¿Te acuerdas?
One way of saying *let's* + verb is to use **vamos a** + *infinitive*.

*Let's go eat a sandwich.*
**Vamos a comer un sándwich.**

Cuaderno de gramática, p. 27, Act. 18

---

**Vocabulario**

| | | | |
|---|---|---|---|
| **el aparato eléctrico** | *electrical appliance* | **la energía nuclear** | *nuclear energy* |
| **botar** | *to throw out* | **la energía solar** | *solar energy* |
| **el carro eléctrico** | *electric car* | **el porvenir** | *future* |
| **desarrollar** | *to develop* | | |
| **descubrir** | *to discover* | | |
| **destruir** | *to destroy* | | |

 Más práctica gramatical, p. 91, Act. 7

 Cuaderno de actividades, p. 31, Act. 13

Cuaderno de gramática, p. 27, Act. 19

---

**27 Adelantos tecnológicos**

**Leamos/Escribamos** Completa las siguientes oraciones con una palabra del **Vocabulario.** Usa la forma adecuada.

1. Es necesario ===== nuevos medios de transporte en las ciudades grandes.
2. Hay que usar ===== en nuestros coches porque produce menos contaminación.
3. Creo que en el ===== usaremos más formas alternativas de energía como =====.
4. Mis papás quieren comprar un ===== porque no usa gasolina. Pero los precios están altos todavía.
5. Tenemos que ===== la basura; ¿dónde está el basurero?

### Vocabulario extra

**la energía geotérmica** *geothermal energy*
**la fusión nuclear** *nuclear fusion*
**la gasolina sin plomo** *unleaded gas*
**el gas natural** *natural gas*
**el molino (generador) de viento**
*windmill, wind generator*

---

## 28 Las soluciones

**Leamos/Escribamos** Lee las cartas de tres jóvenes en la revista *Nueva voz*. Haz una lista de los problemas que expresan y las soluciones que recomiendan. ¿Cuál de las cartas se parece más a tus propias ideas?

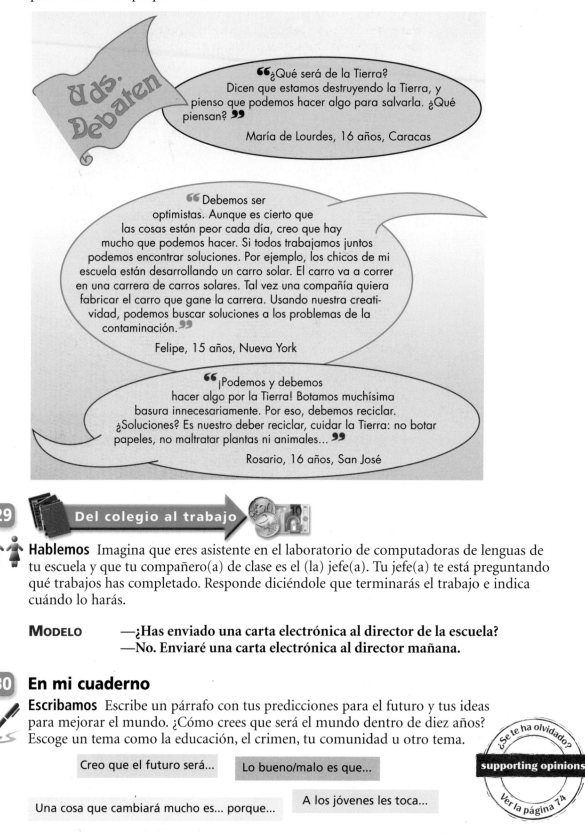

**Uds. Debaten**

66 ¿Qué será de la Tierra? Dicen que estamos destruyendo la Tierra, y pienso que podemos hacer algo para salvarla. ¿Qué piensan? 99

María de Lourdes, 16 años, Caracas

66 Debemos ser optimistas. Aunque es cierto que las cosas están peor cada día, creo que hay mucho que podemos hacer. Si todos trabajamos juntos podemos encontrar soluciones. Por ejemplo, los chicos de mi escuela están desarrollando un carro solar. El carro va a correr en una carrera de carros solares. Tal vez una compañía quiera fabricar el carro que gane la carrera. Usando nuestra creatividad, podemos buscar soluciones a los problemas de la contaminación. 99

Felipe, 15 años, Nueva York

66 ¡Podemos y debemos hacer algo por la Tierra! Botamos muchísima basura innecesariamente. Por eso, debemos reciclar. ¿Soluciones? Es nuestro deber reciclar, cuidar la Tierra: no botar papeles, no maltratar plantas ni animales... 99

Rosario, 16 años, San José

## 29 Del colegio al trabajo

**Hablemos** Imagina que eres asistente en el laboratorio de computadoras de lenguas de tu escuela y que tu compañero(a) de clase es el (la) jefe(a). Tu jefe(a) te está preguntando qué trabajos has completado. Responde diciéndole que terminarás el trabajo e indica cuándo lo harás.

**MODELO** —¿Has enviado una carta electrónica al director de la escuela?
—No. Enviaré una carta electrónica al director mañana.

## 30 En mi cuaderno

**Escribamos** Escribe un párrafo con tus predicciones para el futuro y tus ideas para mejorar el mundo. ¿Cómo crees que será el mundo dentro de diez años? Escoge un tema como la educación, el crimen, tu comunidad u otro tema.

Creo que el futuro será...

Lo bueno/malo es que...

Una cosa que cambiará mucho es... porque...

A los jóvenes les toca...

*¿Se te ha olvidado?*
**supporting opinions**
*Ver la página 74*

CD-ROM
DISC 1

## ¿Cómo te afecta la tecnología?

Para unos la tecnología es la solución y para otros...
¡es el problema! Estas tres personas nos contaron lo
que ellos piensan de la tecnología.

### Alberto
**Quito, Ecuador**

"Bueno, la tecnología
que va avanzando poco a
poco aquí en el Ecuador
es muy importante, ya
que cada uno de nosotros
utilizamos la tecnología
prácticamente para
todo... Por ejemplo, en el
colegio, los microscopios
electrónicos; en la casa,
... el microondas, la televisión... Las computado-
ras facilitan el trabajo de
una persona, pero poco a
poco me parece que va a
ir teniendo sus desventa-
jas, de que puede ser que
después de algunos años
los robots reemplacen a
los hombres".

### Geralberto
**Ponce, Puerto Rico**

"Nosotros hemos ido
adaptando la tecnología
en nuestro sistema
educativo, y en cierta
medida nos ha ido...
facilitando el trabajo a
los maestros, ya que,
pues, las clases se nos
hacen un poco más
fácil... Por ejemplo,
nosotros tenemos aquí...
computadoras".

### Jennifer
**San Diego, California**

"Las computadoras y
mi cámara porque... ya
están poniendo que las
fotos estén en computa-
doras, entonces, yo no
voy a saber cómo hacer
las cosas... Tengo que
aprender cómo hacerlo
diferente cada día más...
¿Ventajas?, sería más
rápido para hacer las
cosas; ¿desventajas?, sería
más tiempo aprenderlo,
cómo hacerlo".

## Para pensar y hablar...

**A.** ¿Cuáles son las ventajas y las desventajas de la tecnología
según los entrevistados? ¿Con quién(es) estás de acuerdo?

**B.** ¿Qué efecto ha tenido la tecnología en tu vida? ¿Cómo
cambiará tu vida en el futuro?

Cuaderno para
hispanohablantes,
pp. 14–15

# El monopolio de la moda

## La sátira

Vas a leer un cuento muy corto de Luis Britto García, un autor venezolano nacido en Caracas en 1940.

Luis Britto García

### Estrategia para leer

As you read, think about the tone and purpose of the story. Stories are often meant to entertain, but they can have a serious, humorous, sad, mysterious, or sarcastic tone. The tone reveals the author's attitude toward the topic, the characters, and the audience. In addition to being entertaining, stories can reveal the author's views of society.

### ¡A comenzar!

**A.** La sátira se burla de las debilidades *(weaknesses)* humanas para inducir cambio social. El autor de una sátira usa el humor, la exageración y la ironía para llegar a su meta. Lee las oraciones que siguen. ¿Cuál de cada par crees que usaría el autor de una sátira?

1. **a.** La semana pasada trabajé mucho y no tuve oportunidad de pasar el rato con mis hijos.

   **b.** La semana pasada, salí a trabajar el lunes a las cinco de la mañana, dejando mi gato en el cuido del perro, y regresé el viernes a las cinco.

2. **a.** Me encanta esperar el autobús por media hora en la lluvia.

   **b.** El autobús llegó tarde y me cansé de esperar.

3. **a.** El pobre jefe estaba tan cansado de estar sentado en su oficina que echó una siesta a las diez, a las doce, a las dos y a las cuatro.

Ahora reposa y siéntate. Dentro de un instante entrará un vendedor a explicarte que tu televisor está pasado de moda y que debes comprar el nuevo modelo. En pocos minutos convendrás con él las condiciones del crédito, lograrás que te acepten el viejo modelo en el diez por ciento del precio y te dirás que en verdad una mañana de uso ya es suficiente. Al encender el nuevo aparato lo primero que notarás será que las modas del mediodía han cedido el paso a las modas de las dos de la tarde y que una tempestad de insultos te espera si sales a la calle con tus viejas corbatas de la una y veinticinco. Así atrapado, debes llamar por teléfono a la tienda para arreglar el nuevo crédito, a cuyos efectos intentarás dar en garantía el automóvil. El computador de la tienda registrará que el modelo es del día pasado y por lo tanto inaceptable. Lo mejor que puedes hacer es llamar al

concesionario y
preguntarle sobre
los nuevos modelos de esta
mañana. El concesionario
te preguntará qué haces
llamándolo por ese teléfono
de modelo anticuado, y
le dirás es cierto, pero ya
desde hace media hora estás
sobregirado y no puedes cambiar de
mobiliario. No hay más
remedio que llamar al
Departamento de
Crédito, el cual acce-
derá a recibir el viejo
modelo por el uno
porciento de su precio a
condición de que constituyas
la garantía sobre los mobilia-
rios nuevos de las dos de la
tarde para así recibir el modelo
que elijas, de las diez, de las
once, de las doce, de la una, de las
dos y aun de las tres y media, éste
el más a la moda pero desde

**b.** El jefe estaba agobiado con sus responsabilidades y se sentía cansado.

**B.** Trabaja con un(a) compañero(a). Hablen de sus respuestas de la Actividad A. ¿Están de acuerdo tú y tu compañero(a)? ¿Por qué sí o por qué no?

---

### ¿Te acuerdas?

Use your background knowledge. Think about what you know about a topic to help you understand the reading.

---

**C.** Lee el título del cuento. Usando lo que sabes del tema, completa las oraciones que siguen.

  **1.** La moda...

   **a.** se queda igual de año en año

   **b.** cambia todo el tiempo

   **c.** cambia cada siete años

  **2.** La palabra *monopolio* en el título significa...

   **a.** el control exclusivo sobre algo

   **b.** un juego de mesa

   **c.** una ciudad

## Al grano

**D.** Read the story quickly, keeping the following questions in mind.

  **1.** Who is the main character?

   **a.** the author

   **b.** the author's friend

   **c.** the reader

  **2.** In general terms, what is the story about?

   **a.** the main character's trip to the mall

   **b.** the need to keep up with changing fashions because of social expectations

   **c.** the character's eagerness to find out what the new fashions are

# Vamos a leer

**E.** Ahora lee el cuento con más cuidado. Con un(a) compañero(a), lean las frases e indiquen las palabras que expresan ironía, exageración o sátira. Expliquen sus selecciones.

1. ...una tempestad de insultos te espera si sales a la calle con tus viejas corbatas de la una y veinticinco.

2. ...cuando, a las cuatro, lleguen tu mujer y tus hijos cargados con los nuevos trajes y los nuevos juguetes, y tras ellos el nuevo vestuario y el nuevo automóvil y el nuevo teléfono y la nueva cocina, garantizados todos hasta las cinco...

3. ...para así recibir el modelo que elijas, de las diez, de las once, de las doce, de la una, de las dos y aun de las tres y media...

**F.** Trabaja con un(a) compañero(a).

1. ¿Cómo termina el cuento?

2. ¿Termina alegremente?

3. ¿Resuelve el narrador el problema?

**G.** Work with a partner. Look at the story again, as needed, to answer the following questions.

1. Which of the following words best describes the tone of the story? **serio, humorístico, romántico, misterioso**

2. What reasons might the author have had for choosing this main character?

3. What aspects of society do you think Luis Britto García criticizes in this story? What is his purpose in writing this story?

4. What about this story makes it a satire?

5. Do you agree with Britto García's observations about modern culture? Why or why not?

Cuaderno para hispanohablantes, pp. 11–14

Cuaderno de actividades, p. 35, Acts. 20–21

luego al doble del precio aunque la inversión bien lo vale. Calculas que eso te da tiempo para llamar a que vengan a cambiar el congelador y la nevera, pero otra vez el maldito teléfono anticuado no funciona y minuto tras minuto el cuarto se va haciendo inhóspito y sombrío. Adivinas que ello se debe al indetenible cambio de los estilos y el pánico te irá ganando, e inútil será que en una prisa frenética te arranques la vieja corbata e incineres los viejos trajes y los viejos muebles de ayer y las viejas cosas de hace una hora, aún de sus cenizas fluye su irremediable obsolencia, el líquido pavor del que sólo escaparás cuando, a las cuatro, lleguen tu mujer y tus hijos cargados con los nuevos trajes y los nuevos juguetes, y tras ellos el nuevo vestuario y el nuevo automóvil y el nuevo teléfono y los nuevos muebles y el nuevo televisor y la nueva cocina, garantizados todos hasta las cinco, y el nuevo cobrador de ojos babosos que penetra sinuosamente en el apartamento, rompe tu tarjeta de crédito y te notifica que tienes comprometido tu sueldo de cien años, y que ahora pasas a los trabajos forzados perpetuos que corresponden a los deudores en los sótanos del Monopolio de la Moda.

# Vamos a escribir

¿Alguna vez has pensado que entendiste bien un tema, pero no pudiste encontrar una manera de organizar la información en la página? Con frecuencia, el tema mismo te sugerirá el orden en que debes presentar lo que ya sabes. En esta actividad, escribirás acerca de los adelantos tecnológicos que han afectado nuestras vidas, y aprenderás una manera sencilla de arreglar la información lógicamente.

## Inventos importantes

Escribe una composición corta sobre los inventos que han afectado mucho nuestras vidas, e indica por qué estos inventos han sido importantes. Considera inventos que han tenido impacto en las siguientes áreas:

transporte   comunicaciones   educación   medicina   cocina   trabajo   ciencias

### Estrategia para escribir

**Listing in order of importance** An easy way to write about inventions that have mattered in your life is to list them in the order of their importance. This gives your reader a clear idea of how you value each item. You can list things from the most to the least important or vice versa.

### A. Preparación

1. Haz una lista preliminar de inventos que han afectado nuestras vidas.

2. Piensa en detalles interesantes sobre cada invento y apúntalos.

3. Al lado de cada uno, escribe tus impresiones del invento (por qué es importante, cómo ha cambiado nuestras vidas).

4. Busca, si quieres, una foto de cada invento.

### B. Redacción

1. Escoge los ocho inventos más importantes de tu lista y escribe sobre ellos en orden de importancia. No te olvides de explicar por qué escogiste cada invento.

2. Incluye las fotos para hacer más interesante la presentación.

### C. Evaluación

1. Lee lo que escribiste. ¿Está claro por qué escogiste cada invento? Si no, incluye más detalles.

2. ¿Escribiste correctamente todas las palabras? Búscalas en un diccionario para estar seguro(a). Si están incorrectas, corrígelas.

3. ¿Son visualmente impresionantes las fotos? ¿Ayudan tu descripción? Si no, omítelas o busca otras fotos más interesantes.

# Más práctica gramatical

## Primer paso

**Objectives** Talking about what has happened; expressing and supporting a point of view; using conversational fillers

**1** Graciela completó una encuesta (*poll*) sobre la tecnología y la vida diaria. Explica con qué frecuencia ella usa las cosas mencionadas en la encuesta. Basa tus respuestas en la información de la tabla, e incluye el complemento directo correcto. (**p. 71**)

**MODELO**      **el microondas**
—**Lo usa todos los días.**

|  | TODOS LOS DÍAS | A VECES | NUNCA |
|---|:---:|:---:|:---:|
| el microondas | ✔ | | |
| 1. el teléfono celular | | | ✔ |
| 2. la computadora | ✔ | | |
| 3. el carro | | ✔ | |
| 4. la videocasetera | | ✔ | |
| 5. la máquina de fax | | | ✔ |
| 6. la cámara | | ✔ | |
| 7. las autopistas | | ✔ | |
| 8. el transporte público | ✔ | | |
| 9. el contestador | ✔ | | |

**2** Alberto está preparando un discurso (*speech*) sobre varios problemas ambientales. Escribe los lemas (*slogans*) que piensa usar. Usa la primera persona del plural del presente perfecto. (**p. 72**)

**MODELO**      **contaminar las playas**
—**¡Hemos contaminado las playas!**

1. tirar productos químicos a los ríos
2. no proteger las especies en peligro
3. no preocuparse por la capa de ozono
4. destruir las selvas tropicales
5. no conservar energía
6. desperdiciar los recursos naturales
7. no cuidar los bosques

**3** Explica qué han hecho todos para ayudar a resolver los problemas ambientales. Usa el presente perfecto y sigue el modelo. (**p. 72**)

**MODELO**    **Sara/tomar el metro con más frecuencia**
                 **—Sara ha tomado el metro con más frecuencia.**

1. (Yo)/comprar menos productos empacados
2. Mi club de ecología/poner muchos carteles en el colegio
3. Miguel/escribir un artículo para la revista *Ecoverde*
4. Los tíos de Miguel/abrir un restaurante vegetariano
5. ¿(Tú)/empezar a reciclar latas y periódicos?
6. Mis padres/usar el carro con menos frecuencia
7. Mis hermanos y yo/bañarnos rápidamente esta semana
8. Mi hermanito/ver un programa sobre la naturaleza en la tele

**4** Jimena necesita escribir un trabajo sobre los problemas ambientales. Explica qué ha hecho ya, y qué no ha hecho todavía. Usa el presente perfecto y la información de la tabla. (**p. 72**)

**MODELO**    **Ya ha hablado con la directora del centro de reciclaje.**

|  | YA | TODAVÍA NO |
|---|---|---|
| hablar con la directora del centro de reciclaje | ✔ |  |
| 1. escribirles cartas a las organizaciones ambientales |  | ✔ |
| 2. ver un video sobre el Amazonas | ✔ |  |
| 3. leer artículos sobre las especies en peligro | ✔ |  |
| 4. hacerle más preguntas al profesor de biología |  | ✔ |
| 5. volver a la biblioteca por más libros | ✔ |  |
| 6. organizar sus ideas |  | ✔ |
| 7. buscar más información en Internet | ✔ |  |

# Más práctica gramatical

**5** Susi tiene tres años y siempre hace preguntas sobre qué son las cosas y cómo se usan. Escribe unas respuestas para Susi. Usa **lo que** para combinar las dos partes de las oraciones y sigue el modelo. **(p. 74)**

**MODELO** el teléfono celular/usar/para hablar por teléfono fuera de casa
—**El teléfono celular es lo que usamos para hablar por teléfono fuera de casa.**

1. el contestador/usar/para dejar un recado
2. el televisor/poner/para ver programas
3. el aire acondicionado/poner/cuando tenemos calor
4. la calefacción/poner/cuando tenemos frío
5. la autopista/usar/cuando vamos en carro y tenemos prisa
6. el horno/usar/para preparar la cena
7. la luz/poner/para leer cuando es de noche
8. la computadora/usar/para...
9. la radio/poner/para...

## Segundo paso
**Objectives** Talking about future events; talking about responsibilities

**6** Tu clase de español hizo una lista de predicciones para el año 2030. Completa la lista de tus predicciones con el futuro de los verbos entre paréntesis. **(p. 79)**

1. Todos nosotros ===== (saber) hablar tres o cuatro idiomas.
2. La gente ===== (hacer) su trabajo en casa por Internet.
3. Muchos países ===== (usar) energía solar para todo.
4. Y todos ===== (tener) carros eléctricos.
5. Yo ===== (inventar) un carro hecho de latas recicladas.
6. Por lo tanto, no ===== (haber) problemas de contaminación.
7. Algunos de mis amigos ===== (vivir) en otros planetas o en la Luna.
8. Ellos ===== (ir) y ===== (venir) de allí con unas naves espaciales super-rápidas.
9. Mi familia y yo ===== (estar) aquí en la Tierra. Nosotros ===== (tener) una casa subterránea.
10. Pero la distancia geográfica entre las personas ya no ===== (ser) un problema.
11. La gente ===== (poder) hablarse y verse instantáneamente con unos teléfonos-televisores especiales.

**7** Busca la palabra o frase que corresponde a cada definición. (**pp. 73, 81**)

| | |
|---|---|
| **a.** crecer | **i.** la energía solar |
| **b.** descubrir | **j.** los aparatos eléctricos |
| **c.** la zona peatonal | **k.** el ayuntamiento |
| **d.** botar | **l.** el aire |
| **e.** el basurero | **m.** mejorar |
| **f.** el porvenir | **n.** sembrar |
| **g.** los carros eléctricos | **o.** crear |
| **h.** la fábrica | |

1. la parte de la ciudad donde no se permiten carros
2. un medio de transporte que no usa gasolina
3. los contestadores, microondas y videocaseteras
4. la energía que se produce con la ayuda de la estrella más cercana a nuestro planeta
5. hacer o desarrollar
6. el futuro
7. lo que hacen las plantas y los niños
8. el lugar donde producen cosas como zapatos, carros o computadoras
9. lo que hacemos con las semillas y las plantas
10. lo que la gente hace con la basura
11. hacer cambios positivos
12. la acción de ver o aprender algo por primera vez
13. el lugar donde tiramos la basura
14. lo que respiramos
15. el edificio, que típicamente se encuentra en el centro, donde trabajan los funcionarios de la ciudad

# Repaso

internet

MARCAR: go.hrw.com
PALABRA CLAVE:
WV3 CARACAS-3

**1** A veces la tecnología no funciona como lo esperamos. Escucha mientras seis personas hablan de los inventos que usan a diario y escoge el dibujo que corresponde a cada situación. Luego haz una lista de los inventos en el orden que se mencionan y da tu opinión sobre cada uno.

a.   b.   c.
d.   e.   f.

**2** Con un(a) compañero(a), habla de las siguientes cosas. Tienen que pensarlo bien antes de responder. Tómate un poco de tiempo antes de dar tu opinión.

MODELO —¿Dónde vivirás cuando tengas cuarenta años?
—Bueno..., pues, me imagino que viviré en Barcelona. ¿Y tú?

1. ¿Cómo era la vida durante la época de tus abuelos?
2. ¿Cómo crees que será el mundo en 20 años?
3. ¿Han cambiado muchas cosas en los últimos 50 años? ¿Cómo?
4. ¿Cómo será la vida en el futuro?

**3** Haz tu propio pronóstico del futuro con fechas y explica tus ideas. Usa tu imaginación y los siguientes conceptos para empezar.

MODELO La contaminación del agua
—No habrá contaminación del agua en el año 2525 porque...

la contaminación del aire    los animales en peligro de extinción

los trenes y autobuses    el tráfico

**4** Usa las secciones culturales de este capítulo para contestar las siguientes preguntas.

**1.** ¿Quién es el héroe nacional de Venezuela, y por qué?

**2.** ¿Cuál es la industria más importante de Venezuela?

**3.** ¿Por qué son útiles los teléfonos celulares en Venezuela?

**4.** ¿Qué importancia tiene la tecnología en los países hispanohablantes?

**5** Mañana hay una fiesta de cumpleaños en tu casa y tienes que prepararla. Con dos compañeros(as) de clase, formen preguntas sobre lo que ya han hecho todos.

**MODELO** —¿Ya has comprado comida?

hacer el pastel de cumpleaños

limpiar la casa entera

conseguir música

poner el helado en el congelador

comprar los refrescos

mandar las invitaciones

**6** ¿Crees que se puede aprender con programas de televisión? En tu opinión, ¿cómo será la televisión en el futuro? ¿Cómo debe ser? Lee este artículo y escribe un párrafo para expresar y apoyar tus opiniones sobre estos temas.

## LA ESCUELA EN LA TELE

Los ministros de Educación de Argentina y España dieron a conocer un acuerdo por el cual todos los países de América Latina tendrán acceso al canal de televisión educativa que funcionará a través del satélite español de comunicación "Hispasat". Serán emitidos programas de divulgación científica, aspectos de los distintos países y temas relacionados con lo estrictamente escolar. Posible diálogo:

Mamá: "¡Nene, otra vez en la tele!" "Pero má, estoy viendo la germinación de la mandioca en Venezuela y la recolección de bananas en el Ecuador!" En fin, con un click tendrás una enciclopedia en la pantalla.

**7** **S i t u a c i ó n**

Reúnete con un(a) compañero(a). Escojan una de las siguientes situaciones y preparen un diálogo para presentar a la clase.

**A.** Uno(a) de Uds. hará el papel de un(a) inventor(a) que quiere ver mucho progreso y mucha tecnología nueva. La otra persona será un(a) ecólogo(a) que quiere proteger el medio ambiente.

**B.** Estás en un café con un(a) amigo(a). Están hablando de política, del amor o de la moda. El problema es que tienen opiniones casi opuestas *(opposite)*. En la conversación, traten de presentar y apoyar sus opiniones sin ofender a la otra persona. Usen expresiones adecuadas para ganarse tiempo cuando sea necesario.

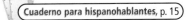

Cuaderno para hispanohablantes, p. 15

# A ver si puedo...

**Can you talk about what has happened?** p. 72

**1** Mira estas fotos de Caracas de la década de 1920. Compáralas con las fotos en las páginas 78 y 91. Explica cómo ha cambiado Caracas.

**Can you express and support a point of view?** p. 74

**2** Mañana en la clase de español habrá una reunión para hablar de los siguientes temas. Expresa y apoya tus opiniones para estar bien preparado(a).

1. programas de televisión violentos
2. teléfonos celulares
3. automóviles solares o eléctricos
4. preparar toda la comida en el microondas
5. la contaminación del aire en las ciudades grandes

**Can you use conversational fillers?** p. 75

**3** A veces no sabes qué decir y tienes que usar palabras como **este, eh, bueno...** ¿Cómo respondes tú en estas situaciones?

1. Tu hermanito te pide tu nuevo disco compacto.
2. Tu mejor amigo quiere tu opinión sobre su nueva chaqueta.
3. La maestra de física te pregunta si puedes explicar la Teoría de la Relatividad.
4. Quieres invitar a salir a alguien y estás nerviosísimo(a).

**Can you talk about future events?** p. 78

**4** Haz pronósticos sobre tus familiares, tus compañeros y la gente famosa.

1. ¿Cuántas horas tendrán que estudiar tú y tus compañeros(as) para sacar buenas notas?
2. ¿Cuántas horas dormirán tus padres esta noche?
3. ¿Adónde viajará tu cantante favorito(a) durante sus próximas vacaciones?
4. ¿Trabajarás o estudiarás después de terminar la secundaria?
5. ¿Te casarás pronto? ¿Nunca te casarás?

**Can you talk about responsibilities?** p. 81

**5** Crea lemas para un club ecológico. Piensa en tres lemas para inspirar a la gente a mejorar el medio ambiente, a salvar la tierra y a cuidar la ciudad.

**MODELO**    ¡Nos toca a nosotros salvar las ballenas!

## Primer paso

### Advantages and disadvantages of modern life

| | |
|---|---|
| a la vez | at the same time |
| adaptarse | to adapt |
| los adelantos | advances |
| la antena parabólica | satellite dish |
| la autopista | freeway, highway |
| la computadora | computer |
| el contestador | answering machine |
| la desventaja | disadvantage |
| empeorar | to get worse |
| en seguida | right away, immediately |
| enviar una carta electrónica | to send an e-mail |
| la fotocopiadora (a colores) | (color) photocopier |
| hacer trabajos | to write papers |
| cocinar en el horno de microondas | to cook in the microwave oven |
| hoy (en) día | nowadays |
| informar | to inform |
| manejar | to drive |
| navegar por Internet | to surf the Internet |

| | |
|---|---|
| el rascacielos | skyscraper |
| el siglo | century |
| la tecnología | technology |
| el teléfono celular | cellular phone |
| el tráfico | traffic |
| la ventaja | advantage |
| la vida diaria | daily life |
| la videocasetera | videocassette player |

### Talking about what has happened

| | |
|---|---|
| ...ha cambiado mucho. | . . . has changed a lot. |
| ...ha empeorado bastante. | . . . has gotten quite a bit worse. |
| Mucha gente ha venido de fuera. | Many people have come from outside. |

### Around town

| | |
|---|---|
| el ayuntamiento | town hall |
| el basurero | trash can |
| la calidad del aire | air quality |
| crecer (zc) | to grow |

| | |
|---|---|
| establecer (zc) una zona peatonal | to set up a pedestrian zone |
| la fábrica | factory |
| mejorar | to improve |
| sembrar (ie) | to plant |

### Expressing and supporting a point of view

| | |
|---|---|
| Creo que vale la pena... | I think it's worth it . . . |
| Es cierto que... | It's true that . . . |
| Lo que es importante es... | What's important is . . . |
| Lo que noto es que... | What I notice is that . . . |
| Me imagino que... | I imagine that . . . |
| Me parece que... | It seems to me that . . . |
| pero por otro lado... | but on the other hand . . . |
| Se me hace que... | It seems to me . . . |
| Ten en cuenta que... | Keep in mind that . . . |

Using conversational fillers, See p. 75.

## Segundo paso

Talking about future events, See p. 78.

### Technology

| | |
|---|---|
| el aparato eléctrico | electrical appliance |
| botar | to throw out |
| el carro eléctrico | electric car |
| desarrollar | to develop |
| descubrir | to discover |
| destruir | to destroy |
| la energía nuclear | nuclear energy |

| | |
|---|---|
| la energía solar | solar energy |
| el porvenir | future |

### Talking about responsibilities

| | |
|---|---|
| Deben... | They should . . . |
| Es nuestra responsabilidad... | It's our responsibility . . . |
| Es nuestro deber... | It's our duty . . . |

| | |
|---|---|
| Estamos obligados a... | We're obligated to . . . |
| Hay que... | It's necessary . . . |
| Nos toca a nosotros... | It's up to us . . . |

# 4

# Alrededor de la mesa

## Objectives

**In this chapter you will learn to**

### Primer paso

- talk about how food tastes
- talk about unintentional events

### Segundo paso

- ask for help and request favors

📶 internet ▬▬▬▬▬▬▬

**go.hrw.com** **MARCAR:** go.hrw.com
**PALABRA CLAVE:**
    WV3 CARACAS-4

◀ ¡Se nos olvidó preguntarle al mesero dónde queda el museo de arte!

# DE ANTEMANO ▪ *El anillo*

Cuaderno de actividades, p. 37, Acts. 1-2

## Estrategia para comprender

¿Qué pasa en un restaurante? Pues, pedimos la comida, comemos y pagamos, naturalmente. Pero un restaurante puede ser el escenario *(stage)* de pequeños dramas humanos. Lee lo que le pasó a Fernando un día en el restaurante donde trabaja.

**Manuel:** ¿Qué tal, hombre? ¿Cómo anda lo del compromiso?

**Fernando:** Todavía no le he hecho la pregunta. Pero mira. Hoy le compré el anillo. Me costó un ojo de la cara. Voy a dárselo esta noche después del trabajo.

**Manuel:** ¡Buena suerte! ¡Que te vaya bien!

**Fernando:** ¡Caramba!

**Manuel:** ¿Qué te pasó?

**Fernando:** ¡El anillo! ¡Se me cayó y no lo puedo encontrar! ¡Ayúdame!

**El jefe:** ¡Basta ya! ¡Hay clientes que esperan!

**Fernando:** Hombre, ¿qué hago?

**Manuel:** Vete al comedor. El anillo a lo mejor está debajo del horno. Lo buscaremos después. No hay remedio.

**Fernando:** Eh, buenas noches, señora. ¿Qué desea Ud.?

**Señora:** ¿Me puede traer el menú, por favor?

**Fernando:** Perdone Ud., se me olvidó traérselo. En seguida vuelvo.

**Fernando:** ¿Qué le puedo traer? ¿Una ensalada mixta? ¿El puerco asado? ¿El arroz con frijoles? El pollo aquí es exquisito también.

**Señora:** Tráigame uno de todos los platos principales, por favor. Y de postre, un pastel de chocolate, el flan y helado de vainilla.

**Fernando:** Este… perdone, ¿van a llegar unos amigos suyos, señora?

**Señora:** No, estoy sola esta noche.

**Señora:** ¡Qué riquísimo sabor! ¡Qué arroz más sabroso! ¡Qué carne más deliciosa! ¡Sabe muy rico el flan!

**Mesero:** ¡Qué buen apetito tiene la señora! ¿Dónde pondrá tal cantidad de comida?

**Fernando:** ¡Ay, se me cayeron los platos!

**Señora:** Hay que tener más cuidado, joven. Oiga, ¿me hace el favor de traerme otro flanecito?

**Señora:** ¡Qué cosa más rara! ¿Desde cuándo cocinan flan con anillos?

**Señora:** ¿Puede traerme la cuenta, por favor?

**Fernando:** Sí, señora, se la traigo ahora mismo.

**Señora:** ¡Ay! ¡Se me perdió el dinero! ¡Qué vergüenza! Pero tengo una idea. ¿Es posible pagar con este anillo? Valdrá aun más que esta cena maravillosa.

## 1 ¿Comprendes?

1. ¿Qué compró Fernando? ¿Por qué lo compró?
2. Según Manuel, ¿dónde está el anillo?
3. ¿Cómo es la cliente de Fernando?
4. ¿Qué se le olvida a Fernando darle a la señora?
5. ¿Qué platos pide la señora?
6. ¿Qué piensan los meseros de la cena de la señora?
7. ¿Qué problema tiene la señora al final? ¿Qué crees que Fernando va a hacer?

## 2 ¿Se sabe?

Responde a cada oración con **cierto, falso** o **no se sabe.** Corrige las oraciones falsas.

1. Manuel está casado.
2. El anillo cayó debajo del horno.
3. Al jefe de meseros no le importa el problema de Fernando. Dice que todos tienen que trabajar.
4. La señora va a cenar con unos amigos esta noche.
5. A la señora le gusta la paella.
6. A la señora se le perdió el anillo.
7. La señora comió el anillo sin darse cuenta.
8. Fernando va a pagar la cena de la señora.

## 3 ¿Qué palabras se usan?

Encuentra por lo menos dos expresiones por cada pregunta.

1. ¿Qué expresiones usa la señora para pedir comida en el restaurante?
2. ¿Qué expresiones usa ella para describir la comida?
3. ¿Cuáles son las expresiones que se usan para hablar de cosas que ocurrieron inesperadamente *(unexpectedly)?* (Por ejemplo: Se me cayó la sopa.)

## 4 En orden

Pon las siguientes frases en orden cronológico.

a. El jefe de meseros se enoja con Fernando.
b. La señora pide muchos platos.
c. A Fernando se le olvida traer el menú.
d. La señora ofrece pagar con el anillo.
e. Fernando enseña el anillo a su amigo.

## 5 Ahora te toca a ti

¿Te ha pasado algo como lo que le pasó a Fernando? Dile a tu compañero(a) lo que te pasó. ¿Cómo te sentiste?

## Así se dice

### Talking about how food tastes

Si un plato no te gusta, puedes decir:

**Le falta sal/sabor/no sé qué.**
*It doesn't have enough . . .*

**Tiene sabor a ajo.** *It tastes like garlic.*

**Lleva mucha grasa.** *It has too much fat.*

**Está echado a perder.** *It's spoiled (ruined).*

**Me cae gordo.** *It disagrees with me.*

**¡Guácala! ¡Qué asco!**\*
*Yuck! How disgusting!*

Si te gusta la comida, puedes decir:

**¡Qué bueno/sabroso!**

**Sabe riquísimo.**

**Está en su punto.**
*It's just right.*

> Cuaderno de actividades,
> p. 38, Act. 3

### ¿Te acuerdas?

The **-ísimo(a)** ending intensifies the meaning of an adjective or adverb. With adjectives, the ending must agree:

Las papas son **riquísimas** y las puedes preparar **rapidísimo**.

> Cuaderno de gramática,
> p. 28, Acts. 1–2

> Más práctica gramatical,
> p. 116, Act. 1

---

**6** **¡Qué sabroso!**

**Escuchemos** Escucha las oraciones e indica si cada una es un **cumplido** (*compliment*), una **queja** o un **comentario neutro.**

**7** **Y eso, ¿con qué se come?**

**Escribamos** Imagina que te sirven platos poco usuales. Usa expresiones de **Así se dice** para describir el sabor. Luego expresa tu opinión de los platos servidos en la cafetería esta semana.

> sopa de crema de maní
> bistec con salsa de piña

> atún con uvas
> ¿...?

> helado de zanahoria
> sándwich de papaya

**8** **¡Ni en pintura!**

**Leamos/Escribamos** Lee la tira cómica. De niño(a), ¿qué comida no te gustaba? Usa las frases de **Así se dice** para escribir otro diálogo entre Calvin y sus padres acerca de esa comida.

\*These expressions can be used among friends but are not suitable in a formal situation.

**Ensaladas**
ensalada mixta
ensalada de
aguacate

**Pescados**
pargo   *red snapper*
bacalao   *cod*
trucha   *trout*

**Legumbres**
caraotas

**Frutas**
patilla
   *watermelon*
melocotones
   *peaches*
piña

**Carnes**
bistec a la parrilla
puerco asado   *roast pork*
chorizo   *sausage*
ternera   *veal*
chuletas de cerdo
pollo frito

**Mariscos**
almejas   *clams*
ostras   *oysters*

**Postres**
torta de chocolate
quesillo   *custard*

Cuaderno de gramática, pp. 29–30, Acts. 3–5

Cuaderno de actividades, pp. 38–39, Acts. 4–5

Más práctica gramatical, p. 116, Act. 2

**9** **¿Dónde quieres comer?**

**Leamos/Hablemos** Lee los anuncios de los restaurantes y contesta las preguntas. Luego, reúnete con un(a) compañero(a) y escoge adónde quieren ir a comer.

**También se puede decir...**

| En algunos países | En Venezuela |
|---|---|
| los frijoles negros | las caraotas |
| los duraznos | los melocotones |
| la sandía | la patilla |
| el pastel | la torta |
| el puerco/el cerdo | el cochino |

En México, se dice **huachinango** por **pargo**.

1. ¿Qué restaurante ofrece la posibilidad de comer sin salir de casa?

2. A tu amigo(a) no le gusta comer carne. ¿Dónde vas a cenar con este(a) amigo(a)?

3. ¿Cuál va a estar abierto a las tres de la tarde el domingo?

4. Quieres comer un bistec a la parrilla. ¿Qué restaurante te ofrece esta comida?

5. El marisco favorito de tu amiga son los camarones. ¿Qué restaurante le recomiendas?

**Restaurante Frutos de la Tierra**
• Comida macrobiótica •
• Comida vegetariana •
*Sólo usamos los ingredientes más naturales*
Abierto todos los días de **12 am a 11 pm**
Calle Sotomayor con Robledo
Urb. La Feria
**Teléfono 73.38.45**

**El Palacio Chino**
Abierto de lunes a sábado de **12 a.m.** a **10 p.m.** *Servicio rápido a domicilios*
**Teléfono: 367.9831**
Urb. El Rosal

—— **El Pozo** ——
*Carnes a la parrilla • Comida internacional*
Avenida Campos, Urb. El Rosal
Edificio Rodríguez Peña
**Teléfonos: 33-29-48 o 33-29-49**

**Restaurante Las Olas**
**Pescado y mariscos**
*Abierto domingos,*
**11 a.m. a 12 p.m.**
Avenida Universidad
Cruce con Los Pinos
**Teléfono 359.9631**

**10** **Escribamos/Hablemos** Júntate con tres o cuatro compañeros(as). Primero, preparen varios menús—uno para bajar de peso, otro para aumentar de peso y otro más para vegetarianos. Luego, en turnos, hagan el papel del mesero y los clientes. Los clientes deben pedir la comida, pedir la cuenta y comentar sobre la comida.

¿Se te ha olvidado?
**ordering a meal**
Ver la página R5

## Así se dice

### Talking about unintentional events

Para hablar de eventos inesperados, puedes decir:

**Se le rompió** el vaso.  *He (She) broke the glass.*

**Se me perdieron** las llaves.  *I lost the keys.*

**Se me acabó** la comida.  *I ran out of food.*

El contestador **se nos descompuso.**
*The answering machine broke.*

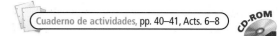

Cuaderno de actividades, pp. 40–41, Acts. 6–8

CD-ROM DISC 1

¿**Se te olvidaron** los boletos?
*Did you forget the tickets?*

**Se nos cayeron** los libros.
*We dropped the books.*

¿**Se les quedó** el almuerzo en casa?
*Did you (pl.) leave your lunch at home?*

## Gramática

### Se + indirect object pronoun

Use **se** + indirect object pronoun + verb to talk about unintentional events.

1. The indirect object pronoun depends on whom the event happened to.
**Se les** quedó el pan en casa.  *They left the bread at home.*

2. Use the plural of the verb if the item involved is plural.
**Se me perdieron** las **fotos.**  *I lost the pictures.*

3. A clarifying phrase with **a** may be added to further identify the indirect object pronoun.
**A Teresa** se **le** rompió el vaso.

CD-ROM DISC 1

Más práctica gramatical, p. 117, Acts. 3–5

Cuaderno de gramática, pp. 30–32, Acts. 6–10

### 11 ¡Qué desastre!

**Escuchemos** Vas a escuchar cinco frases. Después de escuchar cada frase, decide a qué dibujo corresponde. ¡Ojo! Una frase no corresponde a ningún dibujo.

Pablo

Beatriz

Diana

Felipe

### A lo nuestro

Spanish has many expressions using **se** plus an indirect object pronoun. Some of these can be used when the speaker wants to be more polite, or to soften what he or she is saying.

**Se me pasó por alto.**
*It slipped my mind.*

**Se me hace un poco absurdo.**
*It seems a little absurd to me.*

**Se le nota que está enojada.**
*You can tell that she's angry.*

Still others express unintentional events.

**Se le hizo tarde.**  *It got late on him.*

**Se nos fue el tren.**
*The train went off and left us.*

**12** **Gramática en contexto**

**Escribamos** Escribe un párrafo y explica por qué llegaron tarde los invitados a la fiesta de Natalia. Usa la información de cada lista.

**MODELO** **Guillermo quería venir pero no pudo.**
**Se le acabó la gasolina.**

| | |
|---|---|
| Guillermo | acabar la gasolina |
| Ángeles y yo | olvidar comprar un regalo |
| Yo | romper los discos compactos |
| Tú | perder las llaves del carro |
| Andrés y Gabriela | romper el reloj |
| Nosotros | caer un árbol encima del carro |

**¿Te acuerdas?**

Para excusarte, puedes decir:
   Tenía que...
   Esperaba... pero no pude.
   Pensaba...
   Quería... pero no pude.
   Debía... pero se me hizo tarde.

**13** **Gramática en contexto**

**Leamos/Escribamos** Les has preparado una cena a tus amigos. Usa las ideas que siguen para explicar por qué algunos platos no saben muy bien y qué les falta a otros platos. Luego, inventa tus propias razones para explicar las tres últimas ideas.

**1.** la botella de jugo / romperse

**2.** la torta / caerse

**3.** la sal / acabarse

**4.** la ensalada sólo tiene lechuga

**5.** hay mucho puerco asado pero pocas papas

**6.** el plato de frutas sólo lleva melocotones

**Nota cultural**

En Venezuela y otros países hispanohablantes, muchas familias tienen la costumbre de quedarse sentadas para la **sobremesa**. Es un tiempo para tomar un café y hablar de temas de todo tipo. Se habla de problemas personales y profesionales, la política, los deportes y otros asuntos. La costumbre de la sobremesa se observa en los restaurantes también. ¿Y tú? ¿Cuánto tiempo te quedas sentado(a) a la mesa después de comer?

## Encuentro cultural

### Personal que presta servicios

Si vas a un país extranjero, vas a conocer a muchas personas que prestan diferentes tipos de servicio. ¿Cómo te diriges a esas personas?

| Emergencias Médicas | |
|---|---|
| Ambulancia | 621 |
| Hospital central | 45-23-12 |
| Maternidad Santa Lucía | 33-21-48 |
| Cruz Roja | 25-25-25 |
| **BOMBEROS** | 112 |
| **POLICIA** | 123 |
| **TRANSITO** | 101 |
| **OTROS SERVICIOS** | |
| Servicio de información | 48-93-77 |
| Quejas y reclamos | 48-27-36 |

### Para discutir...

1. Sabes qué hacer si tienes un problema, si te sientes mal o si se te descompone el carro? Imagínate que estás de visita en algún país de habla hispana. ¿Cómo encuentras el servicio necesario, y cómo pides ayuda?

2. Con un(a) compañero(a), escribe una lista de expresiones de cortesía para pedir ayuda. También imaginen cómo van a llamarle la atención a una persona desconocida.

### Vamos a comprenderlo

Los servicios de emergencia son casi siempre iguales en todos los países. Generalmente, el personal médico está vestido de blanco, y los policías de azul. Siempre es buena idea consultar una guía telefónica para una lista de números de emergencia.

Para hablar con una persona que presta servicios hay que usar siempre el pronombre formal, **usted**. También es importante decir **por favor** siempre. Cuando se trata realmente de una emergencia, puedes gritar, **¡Auxilio!** o **¡Socorro!** En situaciones menos urgentes, puedes llamar la atención de alguien al decir **Oiga usted, Con permiso** o **Discúlpeme, por favor.**

# ¡Adelante! · *Platos favoritos*

Cuaderno de actividades, p. 42, Acts. 10–11

¿Tienes un plato favorito? Cuando preparas tu plato favorito, ¿dónde compras los ingredientes? Lee lo siguiente para aprender algo sobre los platos típicos de Venezuela, cómo se preparan y dónde se pueden comprar los ingredientes.

**Gisela Gil**

P: ¿Cuál es su plato favorito?

R: **Espagueti.**

P: ¿Qué come para mantener la salud?

R: **Eh, nada en especial, como muy mal, sándwich, como cualquier basura.**

P: ¿Qué comida considera Ud. saludable?

R: **Bueno, ensaladas, por supuesto, carnes sin grasas.**

P: ¿Y no saludable?

R: **Pues, hamburguesas, perros calientes, refrescos.**

P: ¿Y qué comidas hay aquí en Venezuela… para Navidad o Semana Santa?

R: **Bueno, en Semana Santa se come pescado; razones religiosas hacen que mucha gente evite comer carnes rojas, o carne de pollo**

y en, pues, en Navidad, hallaca, pan de jamón…

P: ¿Y hay un plato típico de Venezuela?

R: **Yo creo que ya Venezuela no tiene platos típicos, como dije, es una mezcla de muchos países, de muchas inmigraciones, de mucha gente. Entonces, hay… platos típicos ya también es la pasta, plato típico ya también es la hamburguesa, plato típico también es un sándwich. Hay… no se puede hablar de un plato típico en Venezuela, ¿no? Es una mezcla de todo.**

P: ¿En su familia se hace la sobremesa?

R: **No, tenemos todos horarios diferentes de comer entonces no, pocas veces nos encontramos para comer.**

---

**Yamilé Anthony**

P: ¿Adónde va Ud. para comprar frutas y vegetales…?

R: **Bueno, por aquí en la zona existe lo que sacan directamentedel campo, ¿okay? La producción propia ya, sin necesidad de tener que pasar por lo que implica el mercado, ¿no? Entonces es allí donde vamos y compramos los vegetales.**

P: ¿Y para comprar… la comida en lata?

R: **Se va a un automercado.**

P: ¿Y ya también hay como … mercados al aire libre?

R: **Sí, los hay pero son mercados más que todo a nivel de cosas naturales que son las frutas, los vegetales y las verduras, lo que llamamos papas, zanahorias, remolachas y otras.**

---

**14** **¿Comprendes?**

Contesta las preguntas en español.

1. ¿Cuáles son algunas comidas que se comen en los días festivos en Venezuela?

2. ¿Dónde compra Yamilé comida en lata?

3. ¿Dónde compra Yamilé las frutas y los vegetales?

4. ¿Por qué dice Gisela que no hay plato típico de Venezuela?

5. ¿Quiénes hacen la sobremesa después de una comida?

6. ¿Adónde irá Guillermo por la torta de cumpleaños?

7. ¿Qué necesita traer Guillermo para su mamá?

**Guillermo Enrique**

P: ¿Cuál es su plato favorito?

R: Bueno, el pabellón me gusta mucho.

P: ¿Qué es el pabellón?

R: Es un plato de arroz, caraota, carne, tajada…

P: ¿Qué comida come Ud. para mantener la salud?

R: Bueno, en la mañana siempre tomo leche, así, eh, pan también y…

P: ¿Qué comida se come aquí en Venezuela para ciertas fiestas…?

R: En Navidad, la hallaca, eh, bueno y…

P: ¿Qué es la hallaca?

R: Es un… plato típico de las Navidades que es masa y con carne, varias cosas.

P: ¿En su familia se hace la sobremesa…?

R: Bueno sí, de vez en cuando.

P: ¿Y de qué hablan?

R: De los problemas que uno tenga, los asuntos de la casa, cosas así, personales.

---

Querido Guillermo,

Por favor ayúdame con la comida de esta noche. El pabellón es el plato favorito de tu papá y quiero hacérselo esta noche para su cumpleaños. ¿Podrías hacerme el favor de traerme unas cosas? Cómprame dos kg de caraotas y unos plátanos en el mercado. Pedí carne de res en la carnicería… ¿puedes recogérmela? También ordené un pastel en la panadería… hazme el favor de pagarlo y traérmelo a casa. Vas a necesitar dinero… te lo dejé en la cocina, al lado del teléfono.

Un abrazo,
Mamá

**Carne mechada**

Ingredientes:

1 kg carne. falda de res

2 cebollas grandes

aceite

onoto

una pizca de comino

3 dientes de ajo

ají dulce

2 tomates grandes y maduros

sal y pimienta al gusto

**Sirva con:**

caraotas negras

arroz

plátano frito

**Pabellón criollo**

---

**15 ¿Qué palabras se usan?**

En la nota que escribe la mamá de Guillermo, busca dos palabras que ella usa para decirle a Guillermo qué quiere que él haga, y las tres expresiones que usa para pedirle un favor.

**16 ¿Quién lo diría?**

Escucha cada frase e indica quién la diría, **¿Gisela, Yamilé, Guillermo o la mamá de Guillermo?**

**17 Es tu turno**

Usa las mismas preguntas de la entrevista de Gisela para entrevistar a tu compañero(a). Luego cambien de papel.

## Así se dice

### Asking for help and requesting favors

Cuaderno de actividades,
pp. 43, 45, Acts. 13, 17

Para pedir un favor, puedes decir:

**Por favor, ayúdame con** los platos.

Papá necesita las servilletas. **¿Se las llevas?**

**Hazme/Hágame el favor de** comprarme los ingredientes para las hallacas.

**¿Podrías** pasar por la panadería por abuelito, Chuy?

Necesito esa bolsa para estas flores. **¿Sería Ud. tan amable de dármela?**

### Nota gramatical

**Por** can mean *by, in exchange for, for the benefit of,* or *in favor of:*

¿Podrías pasar **por** la panadería **por** abuelito?

It is also used in many idiomatic expressions like **por favor, por cierto** and **por ahora.**

**Para** often implies *intended for* or *for the purpose of:*

Necesito esa bolsa **para** estas flores.

Cuaderno de gramática,
p. 33, Acts. 11–12

Más práctica gramatical,
p. 118, Act. 6

Cuaderno de actividades, p. 46, Act. 18

**18** **¿Qué se le ofrece?**

**Escuchemos** Indica si el hombre en cada conversación que escuchas es **el cliente, el dependiente,** o **un transeúnte** *(passerby).*

**19** **Gramática en contexto**

**Escribamos** Imagina que te dio alguien un robot para tu cumpleaños. Dile al robot que te haga 10 cosas. Dile también para qué. Tienes que ser muy cortés.

**MODELO** —Limpie mi cuarto para la fiesta, por favor.

**20** **Organícenlo**

**Escribamos/Hablemos** A ti y a tu compañero(a) les toca organizar la cena para el Club de Español. Primero preparen un plan de todo lo que tienen que hacer. Luego, imagínense que les están pidiendo ayuda a ocho compañeros con los preparativos de la cena. Usen las expresiones de **Así se dice.**

### Nota cultural

La gran variedad cultural del pueblo venezolano se refleja en los platos típicos. Se nota la influencia de italianos, portugueses, alemanes, franceses y chinos. En algunos lugares, como en el Amazonas, uno puede comer bachacos fritos *(fried ants)* y pirañas. Pero la comida más típica es la arepa, un pan aplanado y redondo hecho de maíz. Se rellena con carne, huevos, queso y otros ingredientes. ¿Hay una comida típica de tu ciudad o región?

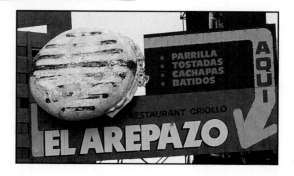

**Si necesitas comprar comida, puedes pasar por...**

| la carnicería | la lechería | la pastelería | la bodega | la frutería | la panadería |

**Para reparar el carro o un aparato, pasa por...**

| la pescadería | la heladería | el taller | la ferretería | la tienda de refacciones |

Más práctica gramatical,
p. 118, Act. 7

( Cuaderno de gramática, p. 34, Acts. 13–14 )   ( Cuaderno de actividades, pp. 43, 45, Acts. 12, 14, 16 )

---

**21** **¿Adónde voy?**

**Leamos/Hablemos** Tu compañero(a) te va a preguntar adónde debe ir para encontrar lo siguiente. Basa tus sugerencias en el **Vocabulario** y en la página amarilla de abajo.

**También se puede decir...**

En México puedes decir **nevería** en vez de **heladería**.

**MODELO**  —Necesito una torta para la fiesta de cumpleaños. ¿Me podrías sugerir un buen lugar para comprar una?
—Sí, cómo no. Ve a comprarla a la Panadería y Pastelería La Yaya.

1. crema para un quesillo
2. pescado
3. vidrio para una ventana
4. bistec
5. cosas para el carro
6. un buen mecánico
7. galletas
8. unas naranjas y manzanas
9. helado

### Nota cultural

En Venezuela, se come mucho pan de jamón en fiestas en los lugares de trabajo. También se comen los famosos churros españoles, tubos de masa fritos y salpicados de azúcar. Igualmente populares son los dulces, por ejemplo, el bienmesabe o el dulce de lechosa *(papaya)*. En época de Navidad, la comida preferida es la hallaca—una masa de maíz rellena con carne sazonada, aceitunas, tomates y verduras, todo envuelto en hojas de plátano. ¿Tiene tu familia un plato tradicional que se come en una fiesta?

Bodega La Milagrosa
Calle 162 con Avenida 39 .......... 51.2420
Carnicería Valles
Avenida Socorro, Edificio Elisa .......... 33.1370
Charcutería Rosaura
Avenida Universidad, Edificio Brisas .... 83.3915
Ferretería El Martillo de Oro
Calle 158 con Avenida 38 .......... 55.9328
Frutería Romualda
Avenida Nueva Granada a Anauco .......... 96.3664
Heladería La Glacial
Curamiche a Viento .......... 44.3165
Lechería El Polo Norte
Centro Comercial Este, Avenida Aldo ..... 24.1905
Panadería y Pastelería La Yaya
Avenida Bosque, Esquina Av. Nieves ...... 59.6327
Pescadería Monte Bello
Calle 161 con Avenida 39 .......... 51.3738
Refacciones Chatarra
Carretera Norte 17000 .......... 59.1725
Taller Auto-Médico
Avenida Industrial con Carretera 15 ...... 59.8460

### Double object pronouns

**1.** When a direct and an indirect object pronoun are used together, the indirect always comes before the direct object.

> Quiero la ensalada. **¿Me la** trae ahora, por favor?

**2.** The verb and the two pronouns form an unbreakable unit. Negative words and adverbs must come before or after this unit.

> ¿La ensalada? La mesera **no me la trajo nunca.**

**3. Se** replaces **le** and **les** before the direct object pronouns **lo, la, los,** and **las.**

> Es que **se la** trajo **a ella.**

**4.** Pronouns are attached to infinitives and affirmative commands. An accent is sometimes placed over the stressed syllable.

> Présta**melo**, por favor.

Pronouns come before the verb in negative commands.

> ¡Hombre, no **se lo** prestes!

Más práctica gramatical, p. 119, Acts. 8–10

Cuaderno de actividades, p. 44, Act. 15

Cuaderno de gramática, pp. 35–36, Acts. 15–18

---

**22** **¿Qué recomiendas?**

**Escuchemos** Escucha las preguntas e indica cuál de las recomendaciones es correcta.

1. **a.** Cómpramelo en la Panadería Adriana.
   **b.** Cómpraselo en la Panadería Adriana.

2. **a.** No, no me la traigas.
   **b.** No, no me los traigas.

3. **a.** Voy a comprártela en la Pescadería Neptuno.
   **b.** Voy a comprártelos en la Pescadería Neptuno.

4. **a.** Cómo no, te la traigo en seguida.
   **b.** Cómo no, te las traigo en seguida.

¿Se te ha olvidado?
**commands**
Ver la página R39

**23** **Gramática en contexto**

**Leamos/Escribamos** Imagina que tienes un programa de radio que se llama *Nuestra comunidad.* Dales consejos a las personas que te llaman con las siguientes preguntas. Explícales tus razones.

> **MODELO** **¿Les sirvo galletas a los niños en el parque?**
> —Sí, sírveselas porque... o No, no se las sirvas porque...

1. Juan no entiende bien la tarea. ¿Le doy mi tarea?

2. Hace cinco años que no le hablo a mi amiga. ¿Le envío esta carta?

3. Es el cumpleaños de Ana. ¿Le preparo la cena?

4. Ayer gané la lotería. ¿Me compro el carro que vimos?

5. Quiero sacar una A en el próximo examen. ¿Le cuido los niños a mi maestra?

**24**  **Del colegio al trabajo**

**Escribamos** Imagina que trabajas para una agencia de publicidad. Tienes que mejorar el anuncio de los jugos de La Costeña. Debes usar un complemento directo e indirecto en tu anuncio.

## ¿Cuál es tu plato favorito?

¿Tienes un plato favorito? Escucha mientras tres jóvenes hablan de sus platos favoritos.

### Claudia
**Caracas, Venezuela**

"Este, arroz con pollo, guisado con papas... pescado, este... arepas. Arepas es... una comida de aquí que se hace con masa, ¿no? y son redonditas... y son muy sabrosas... Es como un pan y Ud. lo rellena con lo que quiera, con queso, con carne, con cazón—que es un pescado".

### Raquel
**Miami, Florida**

"Los nacatamales... Tiene[n] masa, tiene[n] arroz y son como los tamales cubanos, no sé si Uds. los habrán probado, los tamales cubanos, y tiene chancho *(pork)* adentro. Nacatamal es un plato muy típico de Nicaragua".

### Paulina
**Quito, Ecuador**

"Las frutas me gustan mucho, ensalada de frutas. Me gustan... sándwiches, me gustan mucho, hamburguesas. Como muchas frutas y verduras, sopas y carbohidratos, nada más. No como muchas golosinas, no me gustan mucho".

## Para pensar y hablar...

**A.** ¿Quién menciona platos extranjeros en su entrevista? ¿En qué países se originaron los platos mencionados? ¿A qué comida se parece la hallaca venezolana? De todas las comidas mencionadas, ¿cuántas has probado tú? Nómbralas.

**B.** ¿Cuál es tu plato favorito? ¿Tiene Estados Unidos un plato típico nacional?

Cuaderno para hispanohablantes, p. 20

# Cocina y cultura

Es difícil imaginar un mundo sin papas. Las papas eran totalmente desconocidas en Europa antes de 1492. Este artículo trata de la importancia de la papa en la cultura e historia de las Américas.

## Estrategia para leer

Sometimes an author talks about past, present, and future within the same article. If the information is not arranged chronologically, how can you identify the time of each event? One way is to look for clues like **en 1954, hoy día,** or **el próximo año.** Another way is to pay attention to verb endings.

## ¡A comenzar!

**A.** Indica si los siguientes verbos están en el presente, el pretérito, el imperfecto o el futuro. Si no te acuerdas de las formas, consulta la sección que comienza en la página R34.

1. adoran
2. descubrieron
3. comenzó
4. serán
5. constituía
6. disputaban
7. constituyen
8. destruyeron

## ¿Te acuerdas?

Skim to get the gist. Look at titles, pictures, and—if you have time—the first sentence of each paragraph.

**B.** Lee el texto brevemente para averiguar de qué trata el artículo.

# Una Causa Picante

Papas, tomates, maíz y maníes eran los alimentos cultivados originalmente, hace muchos siglos, por talentosos agricultores indígenas en las terrazas andinas y que aún constituyen el núcleo de la dieta peruana.

[2] El desarrollo de estos cuatro rubros, solamente, bien puede considerarse una de las contribuciones más significativas a la despensa mundial. Pero los agricultores incas también pueden reivindicar por lo menos parte del crédito por el desenvolvimiento de variedades de maíz, pimientos, calabazas, mandioca, batatas y pal-

tas. El resultado es que desde los días en que constituía el corazón del imperio incaico, el Perú posee las claves de una cocina refinada que se considera, a menudo, la mejor del continente.

[3] La nación quechua, conocida universalmente por el nombre de su jefe supremo, el Inca, elaboró una refinada ciencia agrícola en las laderas y terrazas de los Andes. Un complejo sistema de riego, acaso más pulido que el de origen romano, irrigaba mesetas y terrazas. Los agricultores cultivaban una infinita variedad de verduras, concentrándose principalmente en el maíz, las papas y los pimientos. Hoy día, inclusive, el país se ufana de poseer por lo menos treinta variedades de papas: amarillas, azules y púrpuras; pequeñas como guijarros o grandes como cocos; suaves y algodonosas, o densas y crujientes.

Los quechuas también descubrieron métodos únicos para conservar las papas. Para elaborar el chuño las esparcían sobre esteros para secarlas al sol y las retiraban al llegar la noche. El proceso consistía en extraer la humedad, de manera muy similar a la utilizada para secar las vainas de vainilla y madurar su sabor. A veces, para exprimir la humedad de los tubérculos, las mujeres danzaban sobre ellos después de cosecharlos, a la manera tradicional italiana de pisar la uva para hacer vino. Luego de secar las papas hasta dejarlas negras y duras como rocas, las restauraban para hacerlas comestibles, empapándolas y tostándolas. Las papas secas se preparaban de la misma forma, pero se las cocinaba antes del proceso de secado.

La "causa" puede ser tan complicada como lo disponga la imaginación del cocinero o tan simple como el sobrante de un plato de carne y verduras al horno o "casserole". Ésta es una receta básica, lista para cualquier combinación con carne, pescado y verduras, fritas o guisadas.

## CAUSA

Seis porciones

8 papas medianas
1/2 taza de cebolla picada
1/2 cucharadita de pimiento rojo seco
6 cucharadas de jugo de limón
5 cucharadas de aceite de oliva
2 ajíes picantes frescos, sin semillas y cortados delgados
3/4 libras de queso fresco, Feta o Muenster, cortado en tajadas
Sal y pimienta
Hojas de lechuga
Aceitunas negras

Combine a su gusto las cebollas, el limón, los ajíes, la sal y la pimienta y déjelos aparte. Hierva las papas en agua salada, séquelas, pélelas y haga un puré, combinándolas luego con la mezcla inicial. Agregue el aceite y continúe mezclando. Añada los ajíes frescos y colóquela en un tazón para moldear el puré, viértalo en un plato de servir y rodee el puré con hojas de lechuga, aceitunas negras y tajadas de queso.

⁶En el antiguo Perú el maíz y las papas se disputaban la supremacía y hoy día continúan predominando en los menús y las chacras del país. El maíz que hoy se cultiva en el Perú es el más singular del mundo. Semillas rojas, anaranjadas, blancas, púrpuras y negras se presentan juntas o separadas en un arco iris de

1. A primera vista, ¿hay más verbos en el tiempo pasado, presente o futuro? ¿Qué te dice esto sobre la lectura?

2. ¿Cuál de las siguientes frases resume mejor el artículo?

   a. cómo preparar un plato que se llama **causa**

   b. la historia de la nación quechua: su política, arte, geografía y comida

   c. usos modernos e históricos de comidas en Perú

---

### ¿Te acuerdas?

When you encounter an unknown word, it's often best to keep reading rather than stop to look it up. The context allows you to guess the meaning.

---

**C.** Usando solamente el contexto, ¿puedes encontrar un lugar en el segundo párrafo para sustituir cada una de estas palabras?

cocina        desarrollo
nación        partes esenciales
con frecuencia  categoría

## Al grano

**D.** Ahora miremos algunos detalles de cada párrafo, menos la receta.

1. Según los párrafos 1 y 2, ¿qué importancia culinaria tenía el Perú?

2. ¿Por qué están en el imperfecto los verbos **cultivaban** e **irrigaba** en el párrafo 3?

3. Mira la primera frase del párrafo 4. ¿Cómo se expresa la misma frase en inglés?

4. En el párrafo 4, ¿qué hacían las mujeres para extraer el agua de las papas?

5. Según el párrafo 5, ¿qué ventajas tiene esta receta para la **causa?**

**6.** ¿Qué determina el sabor de los ajíes, según el párrafo 7?

**7.** En el párrafo 8, ¿qué comentarios indican que los quechuas no dominan los Andes ahora?

**8.** Según el párrafo 8, ¿cuáles son las culturas que han contribuido a la cocina peruana moderna?

**E.** Ahora lee la receta y corrige las siguientes instrucciones para la **causa.**

**1.** Mezcle las cebollas, el limón, el queso y la pimienta, y déjelos aparte.

**2.** Hierva y seque las papas, y déjelas aparte.

**3.** Agregue cebolla y lechuga y continúe mezclando.

**4.** Añada los ajíes frescos y póngalos en un vaso para moldear el puré.

**5.** Viértalo en un plato de servir y rodee los ajíes y las papas de queso, aceite y aceitunas negras.

**F.** Trabaja con un(a) compañero(a). Resuman en dos o tres frases lo que dice el autor sobre cada uno de estos temas. Escriban las frases claves que comunican las ideas principales.

**1.** los cultivos más importantes de los quechuas

**2.** las distintas formas de preparar las papas en Perú

**3.** el maíz en relación a las papas

**4.** el uso del picante en América del Sur

**5.** la dieta peruana típica

**G.** What are the staples of the typical person's diet in the United States? What are the origins of these staples?

Cuaderno para hispanohablantes, pp. 16–19

Cuaderno de actividades, p. 47, Acts. 20–22

espigas multicolores. Tan variadas como los colores son las formas de los granos, que pueden llegar a ser tan grandes como uvas o fresas, duros y crocantes o suaves y brillantes.

El maíz y las papas serán productos del Perú, pero la gloria de la región la constituye el arco iris de ajíes que aquí se elaboró y se cultiva, siendo sus colores, tamaño y calidad de picante determinados por el clima y la altitud. Genéricamente se les conoce como ajíes, pero cuando los peruanos dicen ají se refieren al poderoso mirasol. En muchos platos los ajíes más picantes constituyen la base del sabor porque la comida peruana puede ser la más condimentada de América del Sur, aunque sin llegar a la fiereza de los platos más picantes de México o el Caribe.

[8]Aunque los quechuas dominaron los Andes con su sistema de caminos y viaductos y organizaron las aldeas remotas en un imperio disgregado, pocas son las constancias existentes que sirvan para enfrentar al esplendor culinario de los aztecas. A su llegada, Pizarro y sus hombres efectivamente destruyeron la antigua civilización, pero los quechuas que no fueron asesinados o diezmados por las enfermedades, siguieron cultivando la tierra. No trabajarían para los españoles y en algún momento comenzó la esclavización e importación de africanos para reemplazar a los reacios esclavos indígenas. La mezcla resultante de culturas indígena, española y africana creó la cocina peruana moderna.

# Vamos a escribir

¿Alguna vez te has sentido intimidado(a) por una página en blanco, aun después de investigar tu tema y decidir cómo organizar la información? El escribir puede ser una tarea compleja, especialmente en un idioma extranjero. En esta actividad, aprenderás otra manera de hacer más fácil la tarea de escribir.

## Tu receta favorita

Imagina que tu profesor(a) va a hacer una colección de las recetas favoritas de la clase de español. Escribe una receta sencilla para esta colección. Acuérdate que no sólo las comidas requieren recetas. Si prefieres, puedes escribir una receta para preparar el cemento, diferentes colores de pintura, el papel maché o un pegamento casero *(homemade glue)*.

> ### Estrategia para escribir
> **Making a writing plan** Before writing, take a good look at your topic. Do you know all the vocabulary you'll need? If not, use a good bilingual dictionary or ask your teacher for assistance. Will your topic require you to use certain tenses frequently? If you're not sure you can use them correctly, consult your textbook or ask your teacher or other students for help.

### A. Preparación

1. Decide qué receta quieres escribir. La receta debe ser interesante pero no muy complicada.

2. Considera bien la receta y prepara listas del vocabulario que vas a necesitar para los ingredientes y las instrucciones.

3. Puedes usar mandatos informales, infinitivos o construcciones con **se** para explicar cómo se hace la comida. ¿Conoces bien las formas? Repasa la información sobre los mandatos en esta lección antes de escribir o consulta la sección que comienza en la página R25. ¿Hay otras estructuras que vas a necesitar?

### B. Redacción

1. Escribe la receta, poniendo en orden todos los pasos del proceso.

2. Si quieres, haz la comida en casa y saca una foto de cada paso para incluir con la receta.

3. Si usas palabras que otros(as) estudiantes no van a comprender, defínelas.

### C. Evaluación

1. Dales la receta a tres o cuatro compañeros(as) de clase para leer. ¿La entienden? Si no, pregúntales por qué y haz los cambios necesarios.

2. ¿Escribiste bien las palabras y estructuras que usaste? Si no, busca las formas correctas.

3. ¿Se puede leer fácilmente tu receta? Si no, tal vez debes copiar la receta otra vez o escribirla a máquina.

# Más práctica gramatical

CD-ROM DISC 1

internet

MARCAR: go.hrw.com
PALABRA CLAVE:
WV3 CARACAS-4

## Primer paso

**Objectives** Talking about how food tastes; talking about unintentional events

**1** Explica cómo está todo hoy en el restaurante La Fuente, usando la forma **-ísimo/a** de los adjetivos y siguiendo el modelo. **(p. 101)**

MODELO      **el flan/dulce**
           **—El flan está dulcísimo.**

1. las enchiladas/saladas
2. los frijoles/ricos
3. los mariscos/buenos
4. la sopa/mala
5. la salsa/sabrosa
6. nuestro mesero/cansado
7. los clientes/furiosos
8. los cocineros/ocupados

**2** Lee lo que les gusta comer a todos. Después, explica lo que cada persona puede pedir de comer en un restaurante, según sus gustos. Usa estas palabras. **(p. 102)**

| | | |
|---|---|---|
| ostras | pargo | almejas |
| trucha | melocotones | |
| | caraotas | ensalada de aguacate |
| puerco asado | quesillo | patilla |
| | bacalao | |
| | chorizo | |
| torta | ternera | chuletas |

Al señor Molina le encantan los mariscos. Puede pedir ___1___ o/u ___2___.

A Leticia le gusta mucho la fruta. Puede pedir ___3___ o/u ___4___.

A mí me gusta el pescado. Puedo pedir ___5___, ___6___ o/u ___7___.

Ricardo prefiere comer legumbres. ¿Qué puede pedir? ___8___ o/u ___9___.

Y a Memito le encantan los postres. ¿Qué va a pedir? ___10___ o/u ___11___.

Beto y Alicia comen mucha carne. Pueden pedir ___12___, ___13___, ___14___

o/u ___15___.

**3** La clase de español fue a un restaurante venezolano, y a muchos se les perdió algo. Explica qué se le perdió a quién, según la información en la tabla. (**p. 103**)

MODELO    **A la profesora se le perdió el libro de recetas venezolanas.**

| LA PROFESORA | EL LIBRO DE RECETAS VENEZOLANAS |
|---|---|
| **1.** tú | ¿qué? |
| **2.** el profesor | el mapa para llegar al restaurante |
| **3.** yo | la chaqueta |
| **4.** Rubén y Sara | el dinero |
| **5.** Enrique | nada |
| **6.** Marta y yo | las carteras |
| **7.** el mesero | la cuenta |

**4** La semana pasada el Club Internacional hizo una gran cena, pero todo salió mal. Explica qué les pasó a todos. Sigue el modelo. (**p. 103**)

MODELO    Carolina/caer/los platos
          —A Carolina se le cayeron los platos.

**1.** Héctor/quedar en casa/la música
**2.** Yo/quemar/los frijoles
**3.** Tú/olvidar/invitar al director
**4.** Elena y Samuel/romper/los vasos
**5.** Raquel/perder/el dinero para comprar refrescos
**6.** Natalia y yo/olvidar/hacer la ensalada
**7.** Nosotros/acabar/la comida
**8.** Esteban y Laura/romper/la cámara

**5** El profesor Cuadra llevó a unos estudiantes a España. Completa su relato sobre sus primeros días allí. Usa el pronombre de objeto indirecto adecuado con la forma correcta del pretérito del verbo entre paréntesis. (**p. 103**)

¡Qué desastre fueron los primeros días! Primero a Tony se ___1___ (caer) la comida que le sirvieron en el avión. Luego a Allison se ___2___ (perder) las maletas en el aeropuerto. Cuando salimos del aeropuerto, a Mike se ___3___ (quedar) las gafas en el cuarto de baño. Al día siguiente cuando salimos a pasear, a Alex se ___4___ (romper) la cámara y a mí se ___5___ (descomponer) la bicicleta que alquilé. Por suerte, no se ___6___ (acabar) las ganas de quedarnos en España, porque ahora lo estamos pasando de maravilla.

## Segundo paso

**Objective** Asking for help and requesting favors

**6** La señora Márquez llamó a casa y les dejó una lista de quehaceres y mandados a sus hijos. Completa su recado en el contestador con **por** o **para**. (p. 108)

Hola, hijos. Soy yo, mamá. Preparé la comida ___1___ ustedes y está en la mesa del comedor. Miguel, ___2___ favor, llama a la tía Luisa e invítala a cenar esta noche. Dile que papá pasará ___3___ ella a las siete. Chela, hijita, ve a la tienda ___4___ comprar leche y arroz. Y otra cosa... ¿también podrías ir al correo ___5___ papá ___6___ mandar esas cartas que están en la mesa? Después, pasen la aspiradora en la sala y saquen la basura ___7___ limpiar la casa un poco. Creo que es todo ___8___ ahora.

**7** Hay muchas personas que están de compras hoy. Lee lo que dicen todos, y explica en qué tienda está cada uno. (p. 109)

MODELO    **Necesito una batería para mi carro. ¿Cuánto vale?**
          **—Está en la tienda de refacciones.**

| | | | |
|---|---|---|---|
| la lechería | la heladería | la carnicería | el taller |
| | la frutería | la pastelería | |
| la pescadería | la tienda de refacciones | | la bodega |

1. ¿Me da cuatro chuletas y medio kilo de ternera, por favor?
2. Sí, dos litros de leche y un litro de crema.
3. ¿Qué lleva el pastel de la izquierda? ¿Es de limón o de vainilla?
4. ¿Qué más falta? A ver la lista... cereal, arroz, jugo, huevos... y galletas. Ya está.
5. Sí, deme dos kilos de plátanos. Y una piña bien madura, para comer hoy, por favor.
6. ¿Qué prefieres cenar esta noche? ¿camarones? ¿trucha? ¿pargo?
7. Mmm, qué rico. Y qué frío y cremoso. Aquí siempre pido una copa de chocolate con fresas. Las copas de piña también me gustan mucho.
8. No sé qué le pasa al carro. Por favor, ¿me lo revisa y me llama a casa esta tarde? Gracias.

**8**  Alberto's friends served all of his favorite foods at his surprise birthday party. Now Alberto's mom wants to know who made what dish for him. Write Alberto's answers to his mom's questions. Use double-object pronouns and follow the cues in parentheses. **(p. 110)**

MODELO    ¿Quién te hizo el flan? (Marcela)
—Me lo hizo Marcela.

1. ¿Quién te preparó el arroz con pollo? (Alejandra)
2. ¿Quién te hizo el pastel? (Olivia)
3. ¿Quiénes te hicieron las empanadas? (Pedro y Catalina)
4. ¿Quién te preparó las galletas? (Juanito)
5. ¿Quién te hizo la ensalada de frutas? (Diego)
6. ¿Quién te preparó el gazpacho? (Martina)

**9**  Alberto got a lot of gifts at his party, and now you and another guest are trying to sort out who gave him each present. Answer the other guest's questions, using double-object pronouns and following the cues in parentheses. **(p. 110)**

MODELO    ¿Quién le regaló la novela? (Víctor)
—Se la regaló Víctor.

1. ¿Quién le regaló la corbata? (Fátima)
2. ¿Quiénes le dieron los videos? (Pati y yo)
3. ¿Quién le regaló la planta? (José Luis)
4. ¿Quiénes le regalaron los dulces? (Inés y Javier)
5. ¿Quién le compró la camiseta? (Marcos)
6. ¿Quiénes le regalaron los discos compactos? (Ana y Nelson)

**10**  Completa las oraciones con la forma adecuada del pronombre de complemento indirecto. Escoge entre **le, les,** o **se. (p. 110)**

CLARA    Oye, Felipe. Se nos acabó la leche. ___**1**___ serví el último litro a los gatos.

FELIPE    ¿Qué tal el jugo? ¿ ___**2**___ lo serviste a los gatos también?

CLARA    No. ¡Qué tontería! Sólo ___**3**___ di la leche.

FELIPE    Muy bien. ¿Entonces me traes el jugo?

CLARA    Sí, pero ¿a quién ___**4**___ lo vas a dar?

FELIPE    Voy a dar ___**5**___ un poco al vecino.

CLARA    Pero, yo ___**6**___ di un litro de jugo a los vecinos ayer.

FELIPE    Parece que ya se ___**7**___ ha acabado.

# Repaso

CD-ROM
DISC 1

internet
MARCAR: go.hrw.com
PALABRA CLAVE:
WV3 CARACAS-4

**1** Escucha cada anuncio e indica cuál o cuáles de ellos corresponde(n) al dibujo. Si el anuncio no corresponde, explica por qué.

**2** Con un(a) compañero(a), dramatiza estas situaciones. Tu compañero(a) te preguntará si hiciste el deber. Tú explicarás por qué no lo pudiste hacer y le pedirás ayuda. Después intercambien papeles.

**MODELO** —¿Ya compraste la torta para esta noche?
—¡Ay, se me olvidó pasar por la pastelería! ¿Puedes llevarme?
—Bueno, sí, pero vamos pronto.

1. preparar la comida
2. comprar las refacciones para el carro
3. hacer el proyecto para la clase de...
4. organizar tu cuarto
5. reparar la motocicleta
6. preparar un jugo

**3** Trabajen en grupos. Uno(a) de Uds. está enfermo(a) y no puede salir de casa. La persona enferma les pide ayuda a los compañeros, y éstos le explican si pueden ayudar o no. Continúen hasta determinar quién va a hacer cada uno de los deberes.

**MODELO** —¿Me podrías hacer un favor?
—Sí, claro, ¿qué necesitas?
—Mañana es miércoles y yo tengo que preparar la cena. ¿Sabes cocinar?
—Bueno, este...

ayudar a una amiga con el álgebra

recoger al hermanito del colegio

entregar la tarea

llevar el carro al taller

preparar la cena el miércoles

hacer las compras

**4** Revisa las secciones culturales del capítulo y contesta estas preguntas.

1. Nombra tres dulces que se comen en Venezuela y descríbelos.

2. En caso de comer con una familia venezolana, ¿qué crees que te servirían para Navidad? ¿Cuáles son los ingredientes de este plato?

3. Imagina que eres un(a) venezolano(a) que viene a Estados Unidos. ¿Cómo comparas la comida que encuentras aquí con las comidas típicas de tu país?

**5** Con un(a) compañero(a), imagina que están en una cafetería. Tu amigo(a) come cosas no muy saludables. Le aconsejas comer otras cosas, pero tu amigo(a) trata de convencerte de que no hay problema.

**MODELO** —No comas ese postre. Tiene como mil calorías.
—¡Qué va! Me encantan los postres. Además voy a correr esta tarde.

**6** Con un(a) compañero(a), imagina que son reseñistas *(reviewers)* de restaurantes. Visitaron el Restaurante Criollo y comieron un poco de todos los platos mencionados en el menú. Algunos de los platos estuvieron horribles y el servicio estuvo malísimo. Escriban sus comentarios acerca de cada plato y del servicio. Usen las frases de **Así se dice** en la página 103 para hablar de los problemas que encontraron.

### RESTAURANTE CRIOLLO

| | | |
|---|---:|---|
| Sopa de mariscos | 2020 | Bs. |
| Ensalada mixta | 1500 | Bs. |
| Ensalada de aguacate con camarones | 3050 | Bs. |
| Arepa con queso blanco | 790 | Bs. |
| Bistec a la parrilla | 4750 | Bs. |
| Pabellón criollo | 3250 | Bs. |
| Espaguetis a la marinera | 3100 | Bs. |
| Quesillo | 800 | Bs. |
| Café | 350 | Bs. |
| Batido de patilla | 700 | Bs. |

**7** ## Situación

Trabajen en parejas. Escojan una de las siguientes situaciones y dramatícenla.

**A.** Un(a) amigo(a) quiere ir a un buen restaurante este fin de semana y le pide ayuda a otra persona, quien le da sugerencias y opiniones sobre la comida, el servicio y los precios.

**B.** Tú debías llevar a varios compañeros de clase al torneo regional de baloncesto, pero han pasado varias cosas inesperadas. Explícale a tu compañero(a) lo que te ha pasado y pídele ayuda.

**C.** Eres el anfitrión (la anfitriona) de un programa de cocina del Canal 5. Tu compañero(a) es tu invitado(a) del día. Presenten una breve escena en la que preparan una especialidad de Venezuela y comentan los resultados en distintas etapas de la preparación.

Cuaderno para hispanohablantes, p. 20

**Can you talk about how food tastes? p. 101**

**1** Estás comiendo en el restaurante La Caraqueña en Caracas. Da tu opinión de cada cosa en la siguiente lista.

1. empanadas
2. sopa de ostras
3. pollo al limón
4. sardinas en ensalada
5. arepas
6. café con leche

**Can you talk about unintentional events? p. 103**

**2** Para cada situación ilustrada, explica lo que pasó o no pasó, o lo que cada persona puede hacer y no hacer. También explica por qué. ¿Cómo explicaría cada persona la situación en sus propias palabras?

1.     2.     3.

4.     5.     6.

**Can you ask for help and request favors? p. 108**

**3** Eres el chef de un restaurante y necesitas la ayuda de otros(as) cocineros(as). Expresa estos pedidos de una manera más cortés.

1. Ayúdeme.
2. Deme el pan.
3. Tráigame un quesillo.
4. Páseme la sal.
5. Ponga el pastel en la mesa.
6. Cocine la carne en la salsa.

## Primer paso

### Talking about how food tastes

| | |
|---|---|
| Está echado a perder. | It's spoiled (ruined). |
| Está en su punto. | It's just right. |
| ¡Guácala! ¡Qué asco! | Yuck! How disgusting! |
| Le falta sal. | It lacks/needs/ doesn't have enough salt. |
| ...sabor. | . . . flavor. |
| ...no sé qué. | . . . something (I don't know what). |
| Lleva mucha grasa. | It has too much fat. |
| Me cae gordo. | It disagrees with me. |
| ¡Qué bueno/ sabroso! | How good/tasty! |
| Sabe riquísimo. | It tastes delicious. |
| Tiene sabor a ajo. | It tastes like garlic. |

### Food

| | |
|---|---|
| las almejas | clams |
| el bacalao | cod |
| el bistec a la parrilla | grilled steak |
| las caraotas | beans (Venezuela) |
| el chorizo | sausage |
| las chuletas de cerdo | pork chops |
| la ensalada mixta | tossed salad |
| ...de aguacate | avocado salad |
| los mariscos | shellfish |
| el melocotón | peach |
| las ostras | oysters |
| el pargo | red snapper |
| la patilla | watermelon (Venezuela) |
| la piña | pineapple |
| el pollo frito | fried chicken |
| el puerco asado | roast pork |
| el quesillo | custard (Venezuela) |

| | |
|---|---|
| la sal | salt |
| la ternera | veal |
| la torta | cake |
| la trucha | trout |

### Talking about unintentional events

| | |
|---|---|
| descomponer | to break down |
| Se le rompió... | He (She) broke . . . |
| Se les quedó... | They forgot/left . . . |
| Se me acabó/ acabaron... | I ran out of . . . |
| Se me perdió/ perdieron... | I lost . . . |
| Se nos cayó/ cayeron... | We dropped . . . |
| Se nos descompuso/ descompusieron... | . . . broke down on us. |
| ¿Se te olvidó/ olvidaron...? | Did you forget . . .? |

## Segundo paso

### Asking for help and requesting favors

| | |
|---|---|
| Hágame/Hazme el favor de... | Do me the favor of . . . |
| ¿Podrías...? | Could you . . .? |
| Por favor, ayúdame con... | Please help me with . . . |
| ¿Se las llevas? | Will you take them to him (her)? |
| ¿Sería(s) tan amable de dármela? | Would you be so kind as to give it to me? |

### Shops

| | |
|---|---|
| la bodega | grocery store |
| la carnicería | butcher shop |
| la ferretería | hardware store |
| la frutería | fruit shop |
| la heladería | ice cream store |
| la lechería | dairy store |
| la panadería | bakery |
| la pastelería | pastry shop |
| la pescadería | fish market |
| el taller | shop; workshop |
| la tienda de refacciones | parts store |

# ¡Ven conmigo a Guadalajara!

## Jalisco

**Población:** 6.939.000

**Área:** 80.836 km²

**Capital:** Guadalajara (con aproximadamente 4.157.000 de habitantes)

**Otras ciudades:** Zapopan, Ciudad Guzmán, Ocotlán, Puerto Vallarta, Lagos de Moreno, Tepatitlán

**Clima:** Temperatura mínima promedio 10°C (50°F); temperatura máxima promedio 25°C (78°F)

**Economía:** turismo; granos (maíz, frijol y trigo); pesca; textiles; industrias mineras, editoriales, de computación y de bioquímica; productos alimenticios, artesanías

**Personajes famosos:** José Clemente Orozco (1883–1949), muralista; Juan Rulfo (1917–1986), escritor; María Izquierdo (1902–1955), pintora; Luis Barragán (1902–1988), arquitecto

**Platos típicos:** pozole, birria, chicharrones, carnitas

go.
hrw
.com

WV3 GUADALAJARA

VIDEO

CD-ROM
DISC 2

ESTADOS UNIDOS

Sierra Madre Occidental

Sierra Madre Oriental

Río Bravo del Norte

Monterrey

Golfo de México

MÉXICO

Océano Pacífico

Guadalajara

Ciudad de México

Puebla

Cuernavaca

N

0    250    500 Kilómetros

0    250    500 Millas

CENTROAMÉRICA

**La catedral de Guadalajara, con su nave del siglo XVI y sus torres del siglo XIX, es única en México.** ▶

# Guadalajara

Después de México y Nuevo León, Jalisco es el tercer estado de México en importancia económica, con una base tanto industrial como agrícola. Su geografía es ideal porque tiene mar, parte de la Sierra Madre Occidental, lagos y bosques. De Jalisco provienen la charrería y la música de los mariachis, dos elementos folklóricos que forman uno de los símbolos que identifican a México como nación. Guadalajara es la capital del estado y la segunda ciudad más grande del país. Sus habitantes son conocidos como *tapatíos*.

↗ internet

go.hrw.com MARCAR: go.hrw.com
PALABRA CLAVE:
        WV3 GUADALAJARA

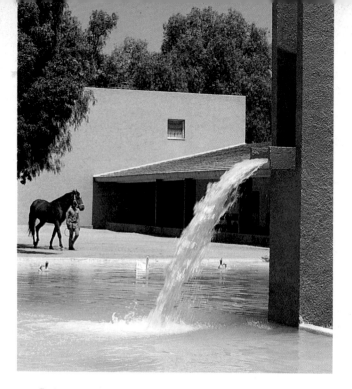

**1** **Influencia árabe en la arquitectura**
Este edificio fue diseñado por el famoso arquitecto tapatío Luis Barragán. Se nota la influencia árabe en el patio encerrado, con fuente y piscina. Los colores reflejan la herencia mexicana. Los arquitectos de Jalisco tienen fama internacional.

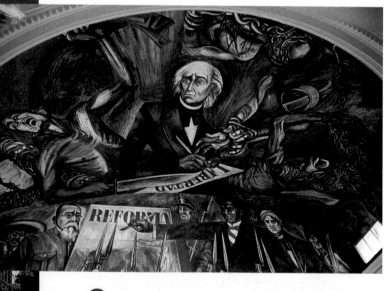

**2** **La cúpula del Instituto Cultural de Cabañas**
José Clemente Orozco pintó en 1939 los murales del Hospicio Cabañas, anteriormente un orfanato. Orozco fue uno de los más importantes representantes de la escuela muralista de México.

**3** **La Plaza Tapatía**
En esta plaza famosa se baila el típico jarabe tapatío y cantan los mariachis, quienes han exportado la música mexicana a todo el mundo.

## En los capítulos 5 y 6

vas a conocer las leyendas, la música y el arte de Guadalajara. La gente de esta región tiene un gran orgullo regional. Por eso son conocidos como *tapatíos*, una palabra indígena que quiere decir que valen tres veces más. ¡Aprenderás por qué son tan orgullosos los tapatíos!

**4 El lago de Chalapa**

Este lago natural, al sureste de Guadalajara, es el más grande de México. La variedad de peces blancos que habitan el lago sólo se encuentra ahí o en el Lago de Pátzcuaro, en Michoacán.

**6 Un artesano de Tlaquepaque**

Entre las artesanías de la región se destaca el vidrio soplado, artesanía que todavía se practica en el pequeño pueblo de Tlaquepaque, que ahora queda en las afueras de la capital.

**5 Un exitoso grupo de *guacarock***

En todo el país la música rock ha aumentado en popularidad. El grupo Maná, de Guadalajara, ha alcanzado fama mundial. Los mexicanos le llaman *guacarock* al rock cantado en español por mexicanos (*guaca* de guacamole).

C A P Í T U L O

# 5
# Nuestras leyendas

## Objectives

**In this chapter you will learn to**

### Primer paso

- express qualified agreement and disagreement
- report what others say and think

### Segundo paso

- talk about hopes and wishes

◀ internet

**MARCAR:** go.hrw.com
**PALABRA CLAVE:**
    WV3 GUADALAJARA-5

◀ Cuentan que un guerrero y una princesa, Popo e Ixta, se enamoraron y se transformaron en estos dos volcanes.

# DE ANTEMANO ▪ *El virrey y el azteca*

Cuaderno de actividades, p. 49, Acts. 1-2

*La gente dice que una vez un señor azteca andaba por un camino cuando encontró un bolso lleno de oro. Como el señor era muy pobre, nunca había visto tanto oro...*

## Estrategia para comprender

Los mitos y leyendas muchas veces simplifican o idealizan a los personajes y las situaciones. La siguiente leyenda interpreta las relaciones entre los españoles y los indios durante la época colonial. En ella, hay dos imágenes contrarias del español, un señor rico y malvado *(villainous)*, y el virrey *(viceroy)* sabio y generoso. Del indio hay una sola imagen; es pobre, humilde y honrado. ¿Puedes expresar la moraleja *(moral)* de la leyenda?

¡En mi vida he visto tanto oro!

¡Las cosas que podré comprar con este oro! ¡Qué alegría! Pero...

No, no puedo hacerlo. No es justo. Estas monedas son de otra persona. Debo devolverle este dinero al dueño.

¿Se le perdió a Ud. algo de valor, señor?

Sí. He perdido un bolso.

Aquí lo tiene, señor. Lo encontré en el camino.

¡Vaya ladrón malvado! ¡Me has robado dos monedas de oro!

¡En absoluto, señor!

¡Llamaré a los guardias y te llevarán a la cárcel!

¡Eso no es justo, señor! No robé nada del bolso. Se lo di igual como lo encontré.

*El pobre señor azteca estaba preocupado. Se dio cuenta que los guardias lo buscaban y no encontraba qué hacer. En aquel momento pensó en el virrey. Hasta cierto punto tenía miedo de este gran señor, pero se decía que el virrey era un hombre justo que ayudaba tanto a los pobres como a los ricos. Así que el señor azteca fue al palacio a verlo.*

Señor, perdone Ud., dicen que robé unas monedas de oro, pero no es así. Oí que Ud. es un hombre honrado y he venido en busca de justicia.

*Durante un momento no se oyó nada en la gran sala del palacio. Luego el virrey le susurró algo al oído de su capitán. El capitán se fue y dentro de poco, volvió con el señor español.*

¡Ese malvado me robó dos monedas de oro! Sólo había 26 en vez de 28 en el bolso cuando me lo devolvió.

El señor le ha dado el bolso. Por eso se ve claramente que es un hombre honrado. Entonces, claro está que éste no es el bolso que Ud. perdió. Su bolso tenía 28 monedas y éste sólo tiene 26. Como no podemos encontrar al dueño de este bolso, voy a darle el bolso al señor que lo encontró.

Digo que es suyo.

Gracias, señor.

### 1 ¿Qué pasó primero?

Pon las siguientes oraciones en el orden correcto.

**a.** El señor azteca fue a ver al virrey.

**b.** El señor español acusó al azteca de ser ladrón.

**c.** El virrey le dio el bolso al azteca.

**d.** El azteca encontró el bolso.

**e.** El azteca tenía miedo de ir a la cárcel.

**f.** El español se presentó ante el virrey.

### 2 ¿Entendiste?

**1.** ¿Cómo se le llamaba al representante del rey de España en las colonias americanas?

**2.** ¿Por qué merecía mucho respeto el virrey?

**3.** ¿Qué encontró el azteca?

**4.** ¿Por qué decidió el azteca devolver el bolso al español?

**5.** Por fin, ¿qué hizo el virrey con el dinero?

**6.** ¿Por qué tomó esa decisión el virrey? ¿Crees que fue justa la decisión?

### 3 Expresiones útiles

En el cuento, hay cuatro expresiones que se usan para referirse a lo que dicen o lo que piensan otras personas. Búscalas y escríbelas en una lista.

### 4 ¿Cómo son?

Mira la introducción y el cuento otra vez. Con un(a) compañero(a), haz una lista de las palabras que describen a cada uno de los personajes.

### 5 Ahora te toca a ti

¿Alguna vez has encontrado algo que le pertenecía a otra persona? ¿Qué hiciste? Cuéntale a tu compañero(a) lo que pasó.

**Nota cultural**

Bartolomé de las Casas, un fraile dominicano que vino a las Américas en 1502, escribió una crítica de los conquistadores españoles en la que condena la explotación de los indígenas. Esto dio lugar a la "Leyenda negra", una representación a veces justa y a veces exagerada de la brutalidad y la avaricia de la conquista. La historia de los Estados Unidos también contiene temas muy controvertidos. Un ejemplo es el trato a las comunidades indígenas. ¿Conoces otros ejemplos?

# Primer paso

Expressing qualified agreement

## Así se dice

### Expressing qualified agreement and disagreement

Ya conoces algunas expresiones para expresar acuerdo:

| | |
|---|---|
| **Estoy de acuerdo.** | **Así es.** |
| **¡Claro que sí!** | **¡Cómo no!** |
| **Por supuesto.** | **Desde luego.** |
| **Eso es.** | |

Si crees que otra persona no tiene toda la razón, puedes decir:

**Hasta cierto punto, sí, pero...**
*Up to a point, yes, but . . .*
**Pero hay que tener en cuenta que...**
*But you have to take into account that . . .*
**Depende de tu punto de vista.**

**¿Tú crees? No sé...**
**Es muy difícil de creer, pero es posible.**
**Bueno, puede ser, pero...**
**En efecto, parece ser así.**

Más práctica gramatical,
p. 148, Act. 1

Si no estás de acuerdo para nada, puedes decir:

**Al contrario.**
**¡Nada de eso!** *Of course not!*
**¡Qué tontería!** *How silly!*

**¡Claro que no!**
**¡Qué va!**
**¡Eso es muy difícil!**
*That's very unlikely!*

Cuaderno de actividades,
pp. 50–51, Acts. 3–4, 7

Cuaderno de gramática,
p. 37 Acts. 1–2

---

## 6 ¿De veras?

**Escuchemos** Unos amigos están expresando sus opiniones sobre varias cosas. Escucha cada conversación e indica si no están de acuerdo **para nada** o si están de acuerdo **totalmente** o **más o menos**.

## 7 ¡Qué va!

**Leamos/Escribamos** Las generalizaciones pueden ser peligrosas, aunque a veces dicen verdades. Responde a cada oración con una expresión de acuerdo total, acuerdo parcial o desacuerdo total.

### A lo nuestro

Some of the most emphatically negative expressions in Spanish don't use negative words at all! The negative meaning is understood. For example:

**en absoluto** *absolutely not*
**en mi vida** *never in my life*

**MODELO**
—**Las leyendas son para los niños.**
—**Estoy de acuerdo. Pero hay que tener en cuenta que los adultos también las pueden disfrutar.**

1. Las leyendas no tienen nada que ver con la realidad.
2. La leyenda del virrey y el azteca representa un retrato realista de la sociedad colonial.
3. Cuando hay contacto entre dos sociedades, una siempre domina a la otra.
4. Los diferentes grupos étnicos de hoy en día pueden aprender a vivir en paz y concordia.
5. La literatura puede enseñarnos algunas lecciones importantes sobre la vida.
6. En nuestros días, hay mucho menos discriminación racial y económica.
7. En nuestra época, la ciencia tiene las mismas funciones que tenían los mitos en las sociedades antiguas.

**8** **Del colegio al trabajo**

**Leamos/Escribamos** Trabajas de consejero(a) en una residencia de la universidad y tienes que revisar las solicitudes de los estudiantes que quieren vivir allí el año que viene. Lee los cuestionarios que completaron dos chicas —Marta y Rosalía— para determinar si son compatibles como compañeras de cuarto. Explica si son compatibles o no, y explica por qué.

**¿Son compatibles Uds. como compañeros(as) de cuarto? ¡Tomen esta prueba para saberlo! Indiquen si están de acuerdo.**

1. Es importante ser ordenado(a). Mi cuarto tiene que estar limpio y organizado.

   *¡Qué va! Confieso que soy un desastre.*

2. Necesito silencio para concentrarme más en los estudios.

   *No estoy de acuerdo para nada. Necesito el ruido para estudiar.*

3. Es bueno tener amigos(as) de visita y ¡mejor si se quedan hasta muy tarde!

   *Por supuesto. Pero siempre hay que tener en cuenta que tal vez otra gente quiera estudiar.*

4. Necesito hablar mucho por teléfono.

   *De acuerdo. En mi familia somos ocho y hablamos a menudo.*

5. Prefiero acostarme y levantarme tarde.

   *¡Desde luego! Me encanta levantarme tarde.*

6. Para mí, las fiestas son más importantes que los estudios.

   *¡Nada de eso! Me gustan las fiestas pero quiero sacar buenas notas.*

**¿Son compatibles Uds. como compañeros(as) de cuarto? ¡Tomen esta prueba para saberlo! Indiquen si están de acuerdo.**

1. Es importante ser ordenado(a). Mi cuarto tiene que estar limpio y organizado.

   Hasta cierto punto sí. No tolero la desorganización pero hay que ser flexible también.

2. Necesito silencio para concentrarme más en los estudios.

   ¡Desde luego! Me gusta el silencio.

3. Es bueno tener amigos(as) de visita y ¡mejor si se quedan hasta muy tarde!

   Claro que no.
   Me gusta la privacidad.

4. Necesito hablar mucho por teléfono.

   ¡Cómo no! Necesito llamar mucho a mi familia.

5. Prefiero acostarme y levantarme tarde.

   ¡Al contrario! Para mí, acostarme a las nueve es tarde.

6. Para mí, las fiestas son más importantes que los estudios.

   No es así. Yo estoy aquí para estudiar medicina.

**9** **Personalmente...**

**Leamos/Hablemos** Expresa a tu compañero(a) tus opiniones de los temas que siguen. Explica tus opiniones. ¿Hasta qué punto estás de acuerdo con tu compañero(a)?

| | | |
|---|---|---|
| las leyendas<br>los carros de gasolina<br>los jóvenes<br>los cursos de...<br>los hombres<br>las mujeres | (no) debe(n) | manejar antes de cumplir los 18 años<br>hacer más de los quehaceres domésticos<br>ser obligatorios para graduarse<br>tomarse demasiado en serio<br>prohibirse por completo<br>quedarse en casa cuando los niños son chicos |

**134** *ciento treinta y cuatro*     CAPÍTULO 5     Nuestras leyendas

## Reporting what others say and think

Estas expresiones se usan cuando no se sabe quién dijo algo o cuando "todo el mundo" lo dice:

**Alguien me dijo que** cancelaron el concierto.

**Se cree que** los aztecas vinieron de Aztlán.

**Oí que** descubrieron un libro antiguo de fábulas.

**Dicen que** la gobernadora es un personaje muy popular.

**Se dice que** el pájaro chogüí es la voz de un niño perdido.

**Según** la leyenda del Quetzal, **un hombre** (man) se transformó en pájaro.

**Supuestamente** el calendario azteca era más exacto que el moderno.

**Cuentan que una mujer** (woman) lloró hasta que se transformó en un río.

Cuaderno de actividades, pp. 52–53, Acts. 9–11

---

### Nota gramatical

The impersonal construction **se** + verb often corresponds to sentences in English that use *people, they, you, we,* or *one . . .* It's usually used with the third person singular.

¿Cómo **se llega** al castillo?
*How do you get to the castle?*

¿Y cómo **se sabe** eso?
*And how does one know that?*

Cuaderno de gramática, p. 38, Acts. 3–4

Más práctica gramatical, p. 149, Acts. 2–3

Cuaderno de actividades, p. 52, Act. 8

---

### 10 ¿Quién lo dice?

**Escuchemos** Escucha estos comentarios e indica si lo dice **una persona específica** o **la gente.**

### 11 Gramática en contexto

**Leamos/Escribamos** Lee el siguiente artículo, que trata de las figuras de Nazca. Encuentra dos usos de **se** como sujeto impersonal. Expresa las dos oraciones de otra manera sin el pronombre **se**. Luego encuentra dos oraciones en las que puedes sustituir **se** por el sujeto. Reemplaza los sujetos de estas oraciones con **se** como sujeto impersonal.

---

## Las Figuras de Nazca

¿Qué te parece esta figura? Hay muchas figuras como ésta en el desierto de Nazca en el Perú. Algunas personas creen que estas figuras, que sólo se pueden ver desde un avión, parecen dibujos elaborados por seres del espacio. Se ha sugerido también que parecen pistas construidas en la antigüedad para el aterrizaje de vehículos del espacio. Otros piensan que fueron parte de un calendario que ayudaba a los indios a entender el movimiento de los cuerpos celestes. ¿Qué crees tú?

## 12 Dichos

**Leamos/Hablemos** Una parte importante del folklore son los dichos y refranes. Con un(a) compañero(a), encuentren los equivalentes de estos dichos en inglés. ¿Cuándo se usa cada dicho? Compartan sus ideas con la clase.

**MODELO** **No hay mal que por bien no venga.** *Every cloud has a silver lining.*

El árbol se conoce por su fruta.

Ojos que no ven, corazón que no siente.

Poco a poco se va lejos.

Antes que te cases, mira lo que haces.

Dime con quién andas y te diré quién eres.

## 13 He oído que...

**Hablemos/Escribamos** Imagina que un reportero ha llegado a investigar un acontecimiento legendario, por ejemplo un robo, que pasó hace muchos años en tu región. En grupos, escriban un diálogo en el cual diferentes personas cuenten su versión de la historia.

**MODELO** —Se dice que el ladrón pudo entrar al banco al pasar por la pared.
—Eso es muy difícil de creer. Yo oí que fue el mismo director del banco...

### Vocabulario extra

| | |
|---|---|
| la cárcel | *jail* |
| el (la) guardia | *guard* |
| honrado(a) | *honorable* |
| la justicia | *justice* |
| el ladrón, la ladrona | *thief* |
| el (la) malvado(a) | *villain* |
| robar | *to steal* |
| sufrir | *to suffer* |
| la víctima | *victim* |

## 14 Se dice que...

**Hablemos** Hay creencias que la gente usa para explicar cosas o explicar las coincidencias. Un ejemplo del ingés: se dice que cuando hay truenos es que Dios está moviendo los muebles. En un grupo, piensen en una creencia que conocen, o inventen una usando los temas que siguen.

1. la mala suerte
2. la enfermedad
3. el mal tiempo
4. el buen tiempo
5. el amor
6. la salud

| | | | |
|---|---|---|---|
| ehecatl | *viento* | ozomatli | *mono* |
| calli | *casa* | ocelotl | *jaguar* |
| coatl | *culebra* | cozcacuauhtli | *buitre* |
| miquitzli | *muerte* | ollin | *movimiento* |
| atl | *agua* | quiahuitl | *lluvia* |

### Nota cultural

Los aztecas usaban una escritura pictográfica. Es decir, usaban dibujos para simbolizar ideas. Por ejemplo, la palabra Coatepec (nombre de un pueblo azteca) se escribía con el dibujo de una culebra y una loma. Las palabras para culebra y loma en náhuatl eran **coatl** y **tepetl**. Juntos, sonaban como Coatepec.

## ¡Cuéntanos una leyenda!

Las siguientes personas nos contaron dos leyendas: "La carreta sin bueyes", de Costa Rica, y "La llorona", de Venezuela.

### Libia
**Caracas, Venezuela**

"Había una mujer en los llanos criollos, la cual tenía muchos hijos y un día, en una de las guerras de independencia, a su esposo lo querían… reclutar para que fuera a la guerra… La mujer y sus hijos huyeron hacia los montes y su esposo se quedó recogiendo el ganado… Llegaron los llaneros… y… arremetieron contra su familia y contra toda su persona, muriendo todos. La mujer quedó viva pero se trastornó de la cabeza, o sea se volvió loca. Esta mujer, cuenta la leyenda… vagaba de pueblo en pueblo gritando por sus hijos y su esposo que habían muerto".

**criollos** *of the country, local; Venezuelan*
**arremetieron contra** *attacked*

### Rafael Ángel
**Alajuela, Costa Rica**

"Una carreta típica que tiene un sonido estrepitoso en las ruedas porque son de madera con un aro de metal. En este entonces, en la calle Ancha, que rodea a la ciudad, había un dicho… para [que] los niños… los ancianos y la gente… no trasnocharan. Le decían: 'Vaya, acuéstese y no pase por la calle Ancha porque ahí sale la carreta sin bueyes'… Se oía el ruido y se veía una carreta que no llevaba bueyes, el timón iba en el aire, y un boyero que iba con el chuzo y arreando la carreta pero sin cabeza. Entonces era una manera de asustar a la gente para que… se fuera a acostar temprano…"

**aro** *hoop*
**timón** *steering rod*
**chuzo** *whip*
**trasnochar** *to stay up late*
**boyero** *ox driver*

### Para pensar y hablar…

**A.** Haz una lista de elementos que caracterizan las leyendas—por ejemplo, eventos fantásticos o ambiente misterioso… ¿Cuáles aparecen en estas dos leyendas? ¿Hay leyendas en inglés que tengan los mismos elementos?

**B.** En tu opinión, ¿para qué sirven las leyendas? Aunque no sean realistas, ¿hay algún sentido en que cuentan la verdad?

Cuaderno para hispano-hablantes, pp. 24–25

# ¡Adelante! · *Los novios*

Hay tradiciones que explican por qué hay primavera, o por qué el coyote tiene negra la punta de su cola (dicen que robó el fuego para el ser humano y se quemó). La siguiente leyenda explica la formación de dos volcanes cerca de la capital de México.

Cuentan que hace muchos siglos en el Valle de Anáhuac habitaban los aztecas, conquistadores y guerreros famosos. Su emperador tenía una hija Ixtaccíhuatl cuya belleza era legendaria. Cuando la princesa llegó a edad para casarse, su padre le dijo:

—Espero que te cases con un príncipe azteca, hija mía.

La princesa trató de complacer a su padre y por largo tiempo buscó algún príncipe entre las familias nobles aztecas. Pero ninguno le llamó la atención.

Un día un príncipe chichimeca, Popocatépetl, llegó de visita a Tenochtitlán.

La princesa había salido en su litera y por casualidad se encontró con el príncipe en una calle estrecha. Cuando se vieron uno al otro ambos se enamoraron perdidamente.

Cuando llegó a su casa, Popocatépetl escribió una carta al emperador con una súplica franca y sencilla:

—Quiero casarme con su hija.

Desafortunadamente, el emperador se puso furioso e intentó que Ixtaccíhuatl se olvidara de su pretendiente.

## 15 Ponlo en orden cronológico

Después de leer la leyenda, pon estos acontecimientos en orden cronológico.

**a.** Ixtaccíhuatl muere de una enfermedad misteriosa.

**b.** Popocatépetl pide permiso para casarse con Ixtaccíhuatl.

**c.** Popocatépetl lleva a Ixtaccíhuatl a la cumbre de una montaña.

**d.** Los aztecas abandonan a los guerreros chichimecas.

**e.** La princesa busca un esposo entre los nobles aztecas.

**f.** El emperador anuncia que la princesa ha muerto.

## 16  ¿Cómo se expresan?

Encuentra ejemplos de lo siguiente en *Los novios*. Indica las expresiones que se usan.

**1.** Alguien reporta lo que dice la gente o un personaje en particular.

**2.** Alguien expresa un deseo o una esperanza.

Pero no tuvo éxito. Ixtaccíhuatl insistía en casarse con Popocatépetl. Vencido por fin, el emperador le escribió al príncipe diciéndole que estaba de acuerdo con el casamiento—pero sólo con una condición. El príncipe y su tribu tenían que apoyar al emperador en la guerra contra sus enemigos. En realidad el emperador quería que el príncipe muriera en la batalla. En el momento más feroz de la batalla, los aztecas abandonaron al príncipe y sus guerreros. Pero éstos lucharon con muchísimo valor y vencieron al enemigo. Mientras tanto, en Tenochtitlán, el emperador le dijo a la princesa que Popocatépetl estaba muerto. Luego mandó decir a Popocatépetl que la princesa había muerto de tristeza.

Popocatépetl no aceptó la mala noticia. Secretamente volvió a Tenochtitlán, donde entró en el palacio y se reunió con Ixtaccíhuatl.

Los dos se escaparon pero desde ese día el emperador se negó a verlos. Para él la princesa estaba muerta.

Los dos amantes huyeron a un lugar no muy lejos de la capital azteca y construyeron una casa humilde. Pasaron varios años y la princesa se enfermó. A pesar de los esfuerzos inagotables de Popocatépetl, ella se murió. En el momento de su muerte ocurrió un temblor, y en medio del cataclismo surgieron dos volcanes al otro lado del valle. Obedeciendo una voz que le llegaba de los cielos, Popocatépetl llevó a su amada a la cumbre de uno de los volcanes y la colocó en un lecho de flores que estaba preparado para ella. Y allí se quedó para vigilarla por siglos enteros.

Desde entonces los dos volcanes vigilan sobre el Valle de Anáhuac, donde está la Ciudad de México. La blanca nieve de Ixtaccíhuatl explica su nombre, que significa *'blanca estrella'*. Y la fumarola que sale de vez en cuando del cráter del Popo explica el nombre suyo, que significa *'montaña humeante'*.

**17** **¿A quién se refiere?**

¿A quién o a quiénes se refieren las siguientes descripciones?

1. Tienen que luchar con los aztecas en la guerra contra sus enemigos.

2. Tiene conflicto con un miembro de su familia.

3. Es declarado muerto falsamente.

4. Abandonan a sus aliados *(allies)* en medio de una lucha.

5. Simboliza la autoridad y la tradición.

6. Según la leyenda, se convirtieron en volcanes.

**18** **Ahora te toca a ti**

Con un compañero(a), compara el cuento de *Los novios* con otros cuentos que ustedes conocen. ¿A qué cuento se parece? ¿En qué son parecidos los dos cuentos?

## Vocabulario

**acordar (ue) la paz** *to make peace*
**celebrar la boda** *to celebrate the wedding*
**declarar la guerra** *to declare war*
**la derrota** *defeat*
**el dios** *god*
**la diosa** *goddess*
**el (la) guerrero(a)** *warrior*
**el héroe** *hero*
**la heroína** *heroine*
**lamentar** *to mourn; to lament*
**llorar** *to cry*
**luchar por** *to struggle for; to fight for*

**el (la) malvado(a)** *villain*
**quedar muerto(a)** *to be left dead*
**regocijarse** *to rejoice*
**el soldado, la mujer soldado** *soldier*
**los soldados valientes** *brave soldiers*
**traicionar** *to betray*
**vencer al ejército enemigo**
    *to defeat the enemy army*
**la victoria** *victory*

Más práctica gramatical,
p. 149, Act. 4

Cuaderno de actividades,
p. 55, Act. 14

Cuaderno de gramática,
p. 39, Acts. 5–6

## 19 La historia nunca termina

**Leamos/Escuchemos** El **Vocabulario** representa un cuento tradicional para niños. Mira los dibujos mientras escuchas el cuento. Después combina los personajes con la mejor descripción de cada uno, según el cuento.

1. las tropas de Esteban     **a.** celebró una boda
2. Esteban     **b.** se regocijaron por su victoria
3. Leopoldo     **c.** se declararon la guerra
4. los dos ejércitos     **d.** traicionó a su amigo
5. el pueblo     **e.** lloró cuando supo que lo traicionaron

**20 La leyenda**

**Escribamos** Mira los dibujos del **Vocabulario** en la página 140. Escoge a dos personajes de cada dibujo. Para cada uno, escribe un título que diga lo que el personaje hace o quiere.

**MODELO** El hombre de la capa roja toca el tambor. Quiere ser valiente.

**21 Vida dramática**

**Escribamos** Ahora escribe un breve cuento sobre un momento emocionante que viviste tú o que vivió uno de tus amigos. Puede ser un cuento real o imaginario. Trata de seguir un esquema como el siguiente.

**Introducción:** Dicen que la vida de todos los días no es muy interesante. ¡Qué tontería! Voy a contarles algo para demostrar que...

**Antecedentes:** Hace cinco años mi familia vivía en... Yo tenía ... años y...

**Narración:** Cuando el presidente declaró la guerra, mi hermana estaba en...

**Conclusión:** Ahora sé lo que significa ser valiente... ¡Y nunca me voy a olvidar del susto que todos sufrimos!

## Así se dice

### Talking about hopes and wishes

Si quieres hablar de deseos y esperanzas, puedes decir:

**Esperamos** comprender la religión maya algún día.

**Espero que** la guerra **termine** pronto.

**Ojalá que** la lucha no **sea** muy larga.

**El sueño de mi vida** era conocer el valle del otro lado de la montaña.

**Era una de mis grandes ambiciones.**

**Tenía muchas esperanzas de** volver a la ciudad tapatía.

Los dioses **quieren que** los guerreros **acuerden** la paz.

*Cuaderno de actividades,*
*pp. 56, 58, Acts. 17, 21*

**22 Cambio de planes**

 **Escuchemos/Escribamos** Gregorio le llama a Patricia por teléfono para decirle que tendrán que cambiar de planes. La primera vez que los escuchas, apunta cuántas veces cada uno de ellos expresa una esperanza. La segunda vez, apunta las expresiones de esperanza que usan.

### The subjunctive mood to express hopes and wishes

1. Verbs have *tense* (present, past, or future) and *mood* (the speaker's attitude toward the action). Up to now you've been using the *indicative mood*, which is used to report facts and things that the speaker considers certain.

2. In this chapter, you'll learn to use the subjunctive mood to express hopes and wishes with expressions like **Espero que...**, **Ojalá que...**, and **Quiero que...**

3. When a sentence starts with these phrases and the subject of the sentence changes after **que**, the verb that follows **que** is in the subjunctive mood.

   **Quiero que** Juan me **ayude**.    *I want Juan to help me.*
   **Espero que** la guerra **termine** pronto.    *I hope that the war ends soon.*

4. To conjugate a regular verb in the subjunctive, start with the **yo** form of the verb in the present tense, take off the **-o**, and add the following endings. Most stem-changing verbs do not have the stem change in the **nosotros** and **vosotros** forms.

| HABLAR | BEBER | VIVIR | DECIR | ACORDAR |
|--------|-------|-------|-------|---------|
| hable | beba | viva | diga | acuerde |
| hables | bebas | vivas | digas | acuerdes |
| hable | beba | viva | diga | acuerde |
| hablemos | bebamos | vivamos | digamos | acordemos |
| habléis | bebáis | viváis | digáis | acordéis |
| hablen | beban | vivan | digan | acuerden |

Más práctica gramatical,
p. 150, Act. 5

Cuaderno de actividades,
pp. 55–57, Acts. 15–16, 18–20

Cuaderno de gramática,
pp. 40–41, Acts. 7–8

**23** ### Gramática en contexto

**Leamos/Escribamos** Nuria y sus amigos están planeando un día en la playa. Expresa sus deseos y esperanzas para la excursión con los elementos indicados.

1. Ojalá/Carlos/traer música
2. Yolanda/esperar/Tomás/no olvidar su cámara
3. Ella/querer/sacar muchas fotos
4. Ojalá/nosotros/pasear en velero
5. Yo/esperar/Queta e Ignacio/preparar barbacoa

¿Se te ha olvidado?
**verbs + infinitive**
Ver páginas R34–R46

Cuaderno de gramática,
pp. 41–42, Acts. 9–11

**Nota cultural**

En la antigua religión mexicana, Quetzalcóatl era el dios de la civilización y del aprendizaje. Se dice que Quetzalcóatl (su nombre quiere decir "serpiente con plumas") inventó el calendario y el libro. Según una leyenda, Quetzalcóatl partió un día hacia el este en una balsa de serpientes e iba a regresar algún día desde el este. Cuando llegó Hernán Cortés en 1519, se creía que él era Quetzalcóatl. ¿Cómo crees que esta creencia afectó la conquista?

**24** ### Gramática en contexto

**Hablemos** Entrevista a un(a) compañero(a). Pregúntale qué desea para un mundo mejor y qué esperanzas tienen sus amigos y familiares.

MODELO    —¿Qué es lo que más quieres para tu futuro?
          —Quiero que todos tengan la oportunidad de ser felices.

## Nota gramatical

**Ir** and **estar** are irregular in the subjunctive mood.

| IR | | ESTAR | |
|------|---------|-------|----------|
| vaya | vayamos | esté | estemos |
| vayas | vayáis | estés | estéis |
| vaya | vayan | esté | estén |

Cuaderno de gramática,
p. 43, Acts. 12–14

Más práctica gramatical,
p. 151, Act. 6

### 25 Gramática en contexto

**Escribamos** Los estudiantes están planeando un viaje de fin de año. Escribe diez oraciones para explicar adónde esperan ir y qué esperan o quieren que pase.

**MODELO** Ojalá que vayamos al lago este año.

### 26 Los quehaceres

**Escuchemos/Escribamos** Escucha el mensaje que dejó la mamá de Diego y Ofelia en el contestador. La primera vez que escuches el mensaje, haz una lista de las siete cosas que ella quiere que hagan. Luego escucha otra vez y mira el dibujo para ver si hicieron lo que ella les pidió.

**MODELO** sacar la basura

## Nota gramatical

**Ser** and **dar** are irregular in the subjunctive mood.

| SER | | DAR | |
|------|---------|-----|--------|
| sea | seamos | dé | demos |
| seas | seáis | des | deis |
| sea | sean | dé | den |

CD-ROM
DISC 2

Cuaderno de gramática,
pp. 44–45, Acts. 15–19

Más práctica gramatical,
p. 151, Act. 7

### 27 Gramática en contexto

**Escribamos/Leamos** En muchas leyendas existe el hada madrina. Imagina que tu hada madrina puede hacerte diez favores. Escríbele una carta para decirle lo que quieres para ti mismo(a), para tu familia y tus amigos, para tu ciudad y para el mundo. Luego cambia tu carta por la de un(a) compañero(a) y corrige su trabajo.

**MODELO** Quiero que mi amigo sea presidente.

## Un mito de Guatemala

Vas a leer una leyenda de los quiché, una tribu de Guatemala. Antes de leerla, piensa en otras leyendas americanas como la de Paul Bunyan.

### Estrategia para leer

Before you read something, think about what its *genre* is. The genre tells what kind of text it is: a novel, a poem, a short story, or an essay. Then you will be able to predict and anticipate certain features of the text. For example, if you know you're reading a poem, you will remember that some words are figurative (not literal) and that some words may be out of their normal order so that the lines can rhyme.

### ¡A comenzar!

### ¿Te acuerdas?

Consider what you already know about a topic before you read in depth.

**A.** Júntate con dos o tres compañeros(as) y contesta estas preguntas sobre una leyenda como la de Paul Bunyan.

1. ¿Qué recuerdas sobre Paul Bunyan o el héroe?

2. ¿Cuenta la historia el héroe mismo u otra persona?

3. ¿Aceptas la leyenda como verídica *(true)*? Explica.

4. ¿Crees que esta leyenda ayuda a explicar algunos aspectos de una cultura? ¿Cuáles?

# Quetzal no muere nunca

Quetzal era un valiente muchacho, hijo del poderoso cacique de una tribu quiché. Era admirado y querido por todos. Esperaban de él grandes hazañas, pues, desde su nacimiento habían notado muchas señales de predestinación.

Cuando el joven llegó a la mayoría de edad, se reunió la tribu en un gran claro del bosque para celebrar la ocasión. Primero, los músicos tocaron los tambores, después las flautas y más tarde la

marimba. Entonces llegó el momento tan esperado cuando se daría a conocer el destino de Quetzal.

En medio de un silencio expectante, el adivino más anciano se levantó de su asiento bajo el árbol de color coral. Lentamente y con dignidad, arrojó a su alrededor los granos de coral. Los estudió por unos momentos, algo perplejo y lleno de admiración. Al fin anunció claro y firme:

—No has de morir nunca, Quetzal. Vivirás eternamente a través de generaciones de quichés.

Todas las personas reunidas se quedaron asombradas ante aquella profecía, y su entusiasmo por Quetzal aumentó.

Pero no toda la tribu lo amaba. A Chiruma, hermano del cacique, le molestaban los éxitos de Quetzal. Chiruma era casi tan joven como Quetzal y siempre había soñado con ser cacique. Pero ahora, ¿cómo podría él realizar su ambición? Era indudable que Quetzal, admirado por todos y considerado casi un dios, sería el jefe de la tribu al morir su padre.

Poco después de la ceremonia en honor de Quetzal, él y los otros jóvenes de su edad participaron en una lucha contra un enemigo del sur. Chiruma aprovechó esta ocasión para mirar bien a Quetzal. Estaba perplejo al notar que las flechas que rodeaban al joven nunca lo herían. ¿Sería cierta la profecía? Pero no, ¡aquello era imposible! ¿Cómo iba a vivir Quetzal a través de generaciones?

De pronto, Chiruma tuvo una idea.

—Ya sé por qué la muerte respeta a Quetzal— pensó. Tiene algún amuleto poderoso que lo protege y yo voy a robárselo cuando esté durmiendo.

Esa misma noche, cuando Quetzal dormía profundamente sobre su estera, Chiruma se acercó a él con paso silencioso. Miró sobre su pecho. El amuleto no estaba allí. Iba ya a irse cuando vio a la cabeza de la estera una pluma de colibrí. Chiruma no dudó ni por un momento que aquello era lo que buscaba. Con todo cuidado sacó la brillante pluma mientras sonreía de felicidad.

Entonces recordó lo que había dicho el adivino cuando nació Quetzal: que el colibrí era el símbolo de la buena suerte del niño.

Pasó algún tiempo y murió el cacique. Inmediatamente los ancianos eligieron a Quetzal para ser el nuevo jefe. Chiruma, por supuesto, no dio ninguna seña de su enojo. Estaba seguro de que muy pronto el nuevo cacique, sin su amuleto poderoso, podría ser vencido.

Cierta tarde, Quetzal, el nuevo cacique, paseaba por el bosque, solitario, armado de su arco y sus flechas. De súbito un colibrí hermoso descendió de un árbol y sin miedo se posó sobre su hombro.

—Escúchame, Quetzal. Soy tu protector y vengo a prevenirte de que la muerte te persigue. Guárdate de cierto hombre.

## Al grano

**B.** Lee el título y revisa el cuento para completar estas oraciones.

1. El personaje principal del cuento es ══════.

2. El personaje principal tiene una relación especial con un ══════ de Guatemala.

3. Alguien en este cuento (va a morir/no va a morir). Explica.

**C.** Ahora lee rápidamente el primer párrafo y los primeros renglones de los demás párrafos. Ten en cuenta también los dibujos y otros elementos visuales. Luego haz una lista de palabras descriptivas que se pueden aplicar al mito. Escoge de estos conceptos o usa tus propias ideas. Finalmente, compara tu lista con la de un(a) compañero(a). Al terminar el cuento, pueden volver a comparar sus ideas.

| | |
|---|---|
| histórico | español |
| cómico | misterioso |
| dramático | moralista |
| trágico | de aventuras |
| indígena | realista |

### ¿Te acuerdas?

Scan to find specific information. Locate characters, events, and facts by searching for key words.

**D.** Estudia las siguientes preguntas. Luego lee la leyenda otra vez y presta atención a estos detalles. Ahora contesta las preguntas.

1. ¿Qué pensaba de Quetzal la gente de la tribu? ¿Cómo lo sabes o cómo lo demostraban?

2. ¿Por qué hubo una celebración en el claro del bosque?

3. ¿Quién era Chiruma?

4. ¿Qué dijo el adivino sobre el destino de Quetzal? ¿Cómo sabía Chiruma que la profecía era cierta?

5. ¿Qué le robó Chiruma a Quetzal? ¿Por qué?

6. ¿Qué le dijo el colibrí a Quetzal?

7. ¿Qué cosas llevan el nombre de **quetzal**?

## Estrategia para leer

When the theme of a reading is complex or abstract, one time through may not be enough to fully understand the concepts or the characters' motivations. Try closing the book and just thinking about what you've read. It can also be a good idea to read all or part of the story again, this time with a different point of view. You can ask yourself, why has the author told the story in just this way, and not another?

E. Con un(a) compañero(a), revisa la leyenda otra vez. ¿Qué acontecimientos encuentran que son comunes en las leyendas? ¿Por qué son comunes estos elementos?

F. Many legends explain the origins of a place or of a natural phenomenon or creature. Read the last three paragraphs again and answer these questions.

1. What is the purpose of the legend? What does it explain?

2. How does the legend use personification, or treating abstract things as living characters, to achieve its purpose?

3. What aspects of Guatemala's indigenous culture are represented by the main characters? You might mention such traits as honesty, cleverness . . .

Cuaderno de actividades, pp. 59, Acts. 23–24

Cuaderno para hispanohablantes, pp. 21–23

—¿De qué hombre he de guardarme, hermoso colibrí? —preguntó el joven.

Pero el pájaro no pronunció ni una palabra más. Después de mirar unos instantes a Quetzal, emprendió el vuelo y desapareció.

El joven, con una seña de incomprensión, continuó su camino. De pronto un agudo silbido llegó hasta él y

una flecha quedó clavada en su pecho. Cayó sobre la hierba verde y cerró los ojos dispuesto a morir.

Pero los dioses habían predicho su inmortalidad y Quetzal quedó convertido en un hermoso pájaro. Su cuerpo tomó el color verde de la hierba sobre la que había caído y su pecho conservó el color de la sangre. El sol dorado de la tarde puso en su larga cola una gran variedad de colores.

Por muchos siglos se ha considerado al quetzal como pájaro sagrado que hasta hoy día no se permite cazar. Guatemala ha honrado a este bello pájaro colocando su imagen en el escudo nacional de armas. También la moneda de este país se llama el quetzal.

Así como lo predijo el adivino, y como lo quisieron los dioses, el joven y valiente cacique vive y vivirá para siempre en el país de los maya-quichés.

# Vamos a escribir

Las leyendas y los mitos sirven para explicar acontecimientos misteriosos o para transmitir costumbres y cuentos con enseñanzas morales. Por ejemplo, la leyenda del Quetzal explica el origen de un pájaro hermoso nativo de Guatemala, y el cuento de George Washington y el cerezo muestra la importancia de decir la verdad. En esta actividad vas a elaborar y escribir tu propio mito.

## Tu mito

Escribe un mito para explicar algo misterioso. Piensa en varias posibilidades... ¿Conoces algún lago, montaña, cueva, o valle misterioso? Puedes explicar su origen en un mito. ¿Por qué llueve y nieva? Estas cosas pueden explicarse en un mito también.

### Estrategia para escribir

**Using dialogue** is a good way to make your writing more lively and vivid. When writing dialogue, consider who your characters are. What style would they use to express themselves? Are they old? young? sophisticated? shy? Would their tone be emotional or intellectual? Would they use bold action words? Match your characters' forms of expression to their personalities and backgrounds.

### A. Preparación

1. Escribe una lista de temas posibles para tu mito y escoge uno.

2. Decide quiénes van a ser los personajes, y haz una lista de sus cualidades.

3. Prepara una lista de los eventos que van a ocurrir. ¿Cuáles son los conflictos dramáticos más importantes? Señálalos en tu lista de eventos con asteriscos (*).

### B. Redacción

1. Escribe el primer párrafo. Este párrafo prepara a tu lector(a) para el resto de la acción. Comienza con detalles o con acciones que le llamen la atención.

2. Escribe otros párrafos para elaborar tu mito y describir los conflictos dramáticos. Usa palabras muy descriptivas para hablar de los personajes y sus acciones. Usa un poco de diálogo para dar vida a tu leyenda.

3. ¿Cómo se van a resolver los conflictos? Es decir, ¿cómo va a terminar tu mito?

4. Escribe una conclusión. Esta conclusión debe presentar el resultado del conflicto dramático. Debe estar claro que los resultados del conflicto son importantes hoy en día.

### C. Evaluación

1. Lee cada párrafo de tu mito. Omite detalles no relacionados con la idea principal de cada párrafo.

2. ¿Son vívidos los personajes y los conflictos dramáticos? Quita palabras innecesarias y agrega otras más interesantes.

3. ¿Está clara la importancia de tu mito? Si es necesario, agrega unas frases que vinculen tu mito con el mundo de tu lector(a).

4. Lee el diálogo que escribiste y asegúrate que las identidades de los personajes estén claras para el lector.

# Más práctica gramatical

internet

MARCAR: go.hrw.com
PALABRA CLAVE:
WV3 GUADALAJARA-5

## Primer paso

**Objectives** Expressing qualified agreement and disagreement; reporting what others say and think

**1** La clase de ciencias sociales tuvo un debate sobre la educación bilingüe. Completa las opiniones de todos. Usa cada palabra o frase sólo una vez. (**p. 133**)

> nada      tontería      contrario
>
> tú crees      tener en cuenta
>
> de acuerdo
>
> cierto punto      efecto
>
> luego

MARTA    Sí, sí, así es. Estoy ____1____ con Miguel.

SAMUEL    Hasta ____2____ yo también, pero...

LUCILA    Pero hay que ____3____ lo que dice Ernesto, ¿no es así?

TOMÁS    Desde ____4____. Me parece que Ernesto tiene toda la razón.

REBECA    ¿____5____? No sé. Creo que Victoria tiene razón también.

GUILLE    Sí, en ____6____, creo que todos tienen opiniones válidas.

MIGUEL    No, creo que es al ____7____. Yo soy el único que tiene razón aquí.

TODOS    ¡Qué ____8____! ¡____9____ de eso!

**2** Las siguientes oraciones vienen de un cuento de hadas. Usa el **se** impersonal para expresarlas de otra manera. Sustituye la forma correcta de la construcción **se** + verbo por las frases subrayadas. (**p. 135**)

MODELO      **Érase una vez una princesa.**
                   <u>**Todos decían**</u> **que era muy lista.**
                   <u>**Se decía**</u> **que era muy lista.**

1. <u>La gente pensaba</u> que su padre, el rey, era bondadoso y generoso.
2. <u>Mucha gente creía</u> que había un hada madrina en el castillo.
3. <u>La gente hablaba</u> mucho de la linda princesa y los enanos.
4. <u>Muchos pensaban</u> que los enanos eran traviesos.
5. <u>Todos sabían</u> que la princesa estaba enamorada de un príncipe.
6. También <u>creían</u> que ella y el príncipe iban a casarse.
7. Pero <u>nadie sabía</u> que el rey tenía otro plan. Un día...

**3** Marta va a pasar el verano en Chile y tiene muchas preguntas sobre las costumbres chilenas. Usa la información en inglés para escribir sus preguntas en español con **se.** (**p. 135**)

MODELO      **when people eat lunch**
                   **¿Cuándo se almuerza?**

1. where people have a drink (tomarse un refresco)
2. what people do in their free time (en el tiempo libre)
3. whether people travel by train frequently (viajar por tren con frecuencia)
4. how often people visit their relatives (visitar a los parientes)
5. whether people leave a tip at restaurants (dejar propina en un restaurante)
6. whether they use air conditioning (usar el aire acondicionado)
7. how often they buy their food at an open-air market (comprar la comida en el mercado al aire libre)
8. what they eat in Chile (comer)

## Segundo paso     Objective  Talking about hopes and wishes

**4** Indica la palabra o frase que sea lo contrario de las palabras de la primera columna. (**p. 140**)

| | |
|---|---|
| 1. regocijarse | **a.** ser honesto |
| 2. traicionar | **b.** quedar muerto |
| 3. empezar a luchar | **c.** lamentar |
| 4. reírse | **d.** el amigo |
| 5. la victoria | **e.** llorar |
| 6. el héroe | **f.** la derrota |
| 7. vivir | **g.** el malvado |
| 8. el enemigo | **h.** acordar la paz |

# Más práctica gramatical

**5** Leonor está leyendo un cuento de una princesa y un soldado guapo. ¿Qué quiere ella que pase en el cuento? Completa cada oración con la forma correcta del subjuntivo del verbo entre paréntesis. **(p. 142)**

**MODELO**     **Leonor quiere que el malvado le ===== (decir) a la princesa dónde está el soldado guapo.**
               **Leonor quiere que el malvado le <u>diga</u> a la princesa dónde está el soldado guapo.**

1. Leonor quiere que la pobre princesa lo ===== (encontrar) pronto.
2. Ojalá que el soldado guapo no ===== (sufrir) mucho en la mazmorra.
3. Espera que sus enemigos no le ===== (hacer) daño al soldado.
4. También espera que el soldado ===== (poder) escribirle una carta secreta a la princesa.
5. Ojalá que la prima de la princesa le ===== (llevar) la carta secreta por la noche.
6. No quiere que la princesa ===== (llorar) ni que ===== (preocuparse).
7. También espera que los otros soldados no ===== (traicionar) al rey.
8. Ojalá que la guerra entre los dos ejércitos ===== (terminar) pronto.
9. Quiere que la princesa ===== (casarse) con el soldado guapo.
10. Espera que la reina ===== (hablar) con el rey sobre la boda.
11. Quiere que ellos ===== (celebrar) la boda pronto.
12. Ojalá que todos ===== (vivir) felices para siempre.
13. Espera que todo ===== (salir) bien, porque a Leonor no le gustan los cuentos tristes.

**6** Completa la conversación entre Blancanieves *(Snow White)* y uno de los enanos con las formas del subjuntivo de **estar** o **ir**. **(p. 143)**

ENANO   ¿Qué hacemos hoy? Narigón *(Sneezy)* quiere que todos nosotros
___1___ al lago para nadar. ¿Qué dices tú, Blancanieves?

BLANCANIEVES   Bien, pero nos va a visitar mi hada madrina, así que quiero que todos
nosotros ___2___ en casa cuando llegue. Y también quiero que alguien
___3___ al pueblo para comprar galletas y helado.

ENANO   Bueno, voy yo, pero quiero que tú ___4___ también. No me gusta
ir solo al pueblo.

BLANCANIEVES   Lo siento, pero no puedo. Dormilón *(Sleepy)* quiere que yo
___5___ con él al médico. Dice que no durmió bien anoche.
Ojalá que ___6___ bien.

**7** What does everyone want to receive as gifts this year? Explain what people want others to give them, using the correct subjunctive form of **dar** and following the model. Remember to include the correct object pronoun. **(p. 143)**

**MODELO**   **(yo)/mis padres/unos zapatos**
**Quiero que mis padres me den unos zapatos.**

1. Roberto/su novia/una foto grande
2. Carlota/sus padres/un perrito
3. mi hermano/yo/unos discos compactos
4. (yo)/tú/un videojuego
5. Yazmín y Elena/su abuela/flores y perfume
6. mamá/papá/un viaje a Puerto Rico
7. papá/nosotros/un reloj
8. ¿(tú)/tus padres/un carro?
9. Micaela/sus padres/un teléfono celular
10. ¿(tú)/yo/algo también?

**1** Escucha las siguientes conversaciones entre Marcela y Antonio e indica a qué foto corresponde cada conversación. Luego escucha otra vez e indica qué espera Marcela o Antonio. Hay una conversación que no corresponde a ninguna foto.

a.

b.

c.

d.

**2** Mira los siguientes dibujos. Con un(a) compañero(a), expresa las esperanzas y deseos que tienen las personas en cada dibujo.

**3** Imagina que tienes un palacio y un mayordomo. Vas a ir de vacaciones y quieres que él haga algunas cosas para ti. Escríbele una nota con diez instrucciones sobre lo que quieres y esperas que haga o que no haga.

**4** ¿Qué dice la gente que hay que hacer para tener éxito en los siguientes asuntos? Escribe lo que se dice de cada asunto. Compara tu lista con la de un(a) compañero(a).

1. ser buen(a) amigo(a)
2. gozar de buena salud
3. conseguir un buen trabajo
4. ser feliz en la vida

**5** Habla de los siguientes temas con un grupo de dos o tres compañeros(as). Usen expresiones de acuerdo total, acuerdo parcial o desacuerdo total.

1. Habrá astronautas en el planeta Marte para el año 2040.

2. Las mujeres son mejores en las artes que los hombres.

3. Una mujer será presidenta de los Estados Unidos dentro de 20 años.

4. Todos(as) deben estudiar por lo menos dos lenguas extranjeras en el colegio.

5. Algún día compraremos casi todo por Internet.

**6** Basando tus respuestas en el artículo "Cada pueblo un desarrollo", nombra...

1. algo que no tenían los incas pero los aztecas sí.

2. tres cosas que tenían en común los mayas, incas y aztecas.

3. una cosa que no inventó ninguna de las tres civilizaciones.

4. un concepto matemático clave que usaban los mayas.

5. un metal desconocido por las tres civilizaciones.

## CADA PUEBLO UN DESARROLLO

A la llegada de los españoles, los pueblos americanos estaban en muy diferentes períodos de desarrollo. Algunos estaban prácticamente en la Edad de Piedra. Otros, como los mayas, incas y aztecas, habían alcanzado un alto grado de civilización. Sin embargo, su desarrollo era curiosamente irregular. Los mayas, que inventaron el más avanzado sistema de escritura de América, mejoraron el calendario y hasta calculaban con el cero, nunca pudieron constituir un estado. Los incas, que eran magníficos artesanos y tenían una compleja organización estatal, no inventaron ningún sistema de escritura. Los aztecas, que tenían escritura y grandes conocimientos astronómicos, eran inexpertos como navegantes. A pesar de ser excelentes constructores de caminos, ninguno de los tres pueblos inventó la rueda. Es más, estos expertos trabajadores del oro, la plata y el cobre desconocían el hierro.

**7** Indica si las siguientes oraciones son **ciertas** o **falsas.** Si son falsas, corrígelas.

1. La "Leyenda negra" habla de la crueldad de los indios hacia los españoles.

2. "La carreta sin bueyes" cuenta la historia de una mujer que perdió a sus hijos.

3. Cuando llegó Cristóbal Colón, los indios creyeron que era el dios Quetzalcóatl.

4. Los aztecas escribían con dibujos que expresaban sus ideas simbólicamente.

5. Según la leyenda, Quetzalcóatl inventó la rueda y el calendario.

**8** **Situación**

Por casualidad, tú y un(a) amigo(a) van a tener que mudarse, y los dos van al mismo colegio nuevo. Uds. hablan de lo que dice la gente sobre el nuevo colegio y sobre sus maestros y estudiantes. Tu amigo(a) es algo pesimista sobre las posibilidades pero tú tratas de hacerle ver otro punto de vista. Expresa tus esperanzas positivas.

Cuaderno para hispanohablantes, p. 25

**Can you express qualified agreement and disagreement? p. 133**

**1** Piensa en los siguientes temas. Usa expresiones de acuerdo o desacuerdo, y explica tus opiniones.

1. Es buena idea eliminar el sistema de evaluación por notas.
2. Debería ser posible repetir un examen si uno no lo aprueba la primera vez.
3. Sería bueno tener clases doce meses al año.
4. Debería ser legal votar a la edad de 15 años.
5. Para el año 2020, todos usaremos carros solares.

**Can you report what others say and think? p. 135**

**2** ¿Qué dice la gente sobre los siguientes asuntos?

la falta de vivienda    los trabajos    los jóvenes

las familias    la situación económica

la música    la contaminación del aire

**Can you talk about hopes and wishes? p. 141**

**3** Escribe oraciones sobre lo que quieren o esperan estas personas.

el jugador

la niña

la chica

la niñera *(babysitter)*

**4** Es el Año Nuevo y José tiene muchas esperanzas y deseos. Escribe lo que desea y quiere José.

**MODELO**    **mi novia/venir conmigo a la fiesta**
**Espero que mi novia venga conmigo a la fiesta.**

1. yo/ganar suficiente dinero para comprar una bicicleta
2. mis amigos y yo/pasarlo bien en los partidos de fútbol
3. mi familia/poder ir a las montañas a esquiar
4. mis hermanos/ser más simpático
5. mis padres/darme un carro para mi cumpleaños

## Primer paso

### Expressing agreement

| | |
|---|---|
| **Así es.** | *That's right.* |
| **¡Claro que sí!** | *Of course!* |
| **¡Cómo no!** | *Of course!* |
| **Desde luego.** | *Of course.* |
| **Eso es.** | *That's right.* |
| **Estoy de acuerdo.** | *I agree.* |
| **Por supuesto.** | *Of course.* |

### Expressing qualified agreement

| | |
|---|---|
| **Bueno, puede ser, pero...** | *Well, that may be, but . . .* |
| **Depende de tu punto de vista.** | *It depends on your point of view.* |
| **En efecto, parece ser así.** | *Actually, it seems to be that way.* |
| **Es muy difícil de creer, pero es posible.** | *That's very hard to believe, but it's possible.* |

| | |
|---|---|
| **Hasta cierto punto, sí, pero...** | *Up to a point, yes, but . . .* |
| **Pero hay que tener en cuenta que...** | *But you have to take into account that . . .* |
| **¿Tú crees? No sé.** | *Do you think so? I don't know.* |

### Expressing disagreement

| | |
|---|---|
| **Al contrario.** | *On the contrary.* |
| **¡Claro que no!** | *Of course not!* |
| **¡Eso es muy difícil!** | *That's very unlikely!* |
| **¡Nada de eso!** | *Of course not!* |
| **¡Qué tontería!** | *How silly!* |
| **¡Qué va!** | *No way!* |

### Reporting what others say and think

| | |
|---|---|
| **Alguien me dijo que...** | *Somebody told me that . . .* |
| **Cuentan que...** | *They say that . . .* |
| **Dicen que...** | *They say that . . .* |
| **el hombre** | *man* |
| **la mujer** | *woman* |
| **Oí que...** | *I heard that . . .* |
| **Se cree que...** | *It's believed that . . .* |
| **Se dice que...** | *They say that . . .* |
| **según** | *according to* |
| **supuestamente** | *supposedly* |

## Segundo paso

### Telling a legend

| | |
|---|---|
| **acordar(ue) la paz** | *to make peace* |
| **la boda** | *wedding* |
| **celebrar** | *to celebrate* |
| **declarar** | *to declare* |
| **la derrota** | *defeat* |
| **el dios** | *god* |
| **la diosa** | *goddess* |
| **el ejército** | *army* |
| **el (la) enemigo(a)** | *enemy* |
| **la guerra** | *war* |
| **el (la) guerrero(a)** | *warrior* |
| **el héroe** | *hero* |
| **la heroína** | *heroine* |
| **lamentar** | *to mourn; to lament* |

| | |
|---|---|
| **llorar** | *to cry* |
| **luchar por** | *to struggle for, to fight for* |
| **el (la) malvado(a)** | *villain* |
| **muerto(a)** | *dead* |
| **la mujer soldado** | *soldier* (f.) |
| **la paz** | *peace* |
| **quedar muerto(a)** | *to be left dead* |
| **regocijarse** | *to rejoice* |
| **el soldado** | *soldier* |
| **traicionar** | *to betray* |
| **valiente** | *brave* |
| **vencer** | *to defeat* |
| **la victoria** | *victory* |

### Talking about hopes and wishes

| | |
|---|---|
| **la ambición** | *ambition* |
| **Era una de mis grandes ambiciones.** | *It was one of my great ambitions.* |
| **esperar + inf.** | *to hope to . . .* |
| **esperar que + subj.** | *to hope (that) . . .* |
| **ojalá que + subj.** | *hopefully . . .* |
| **querer que + subj.** | *to want . . . to . . .* |
| **el sueño de mi vida** | *my lifelong dream* |
| **Tenía muchas esperanzas de...** | *I had high hopes of . . .* |

# 6

# El arte y la música

## Objectives

**In this chapter you will learn to**

### Primer paso

- introduce and change a topic of conversation
- express what needs to be done
- express an opinion

### Segundo paso

- make suggestions and recommendations
- turn down an invitation

■ internet

go.
hrw
.com
MARCAR: go.hrw.com
PALABRA CLAVE:
    WV3  GUADALAJARA-6

◀ A propósito, ¿qué has leído del muralismo mexicano?

# DE ANTEMANO · *Los murales de Orozco*

Cuaderno de actividades, p. 61, Acts. 1-2

### Estrategia **para comprender**

Lázaro, un muchacho cubano-americano que vive ahora en México, tiene mucho interés en el arte. Sus dos compañeros de clase, Teresa y Luis, lo llevaron al Instituto Cultural Cabañas en Guadalajara. Las paredes de este gran edificio fueron pintadas por el famoso muralista mexicano José Clemente Orozco. ¿Qué opinas de su arte?

**LÁZARO** ¡Qué sitio tan bonito! ¿Qué artista pintó estos murales?

**TERESA** José Clemente Orozco, en 1939. ¿Has oído de él?

**LÁZARO** No. Bueno, sólo el nombre.

**TERESA** Pues él, Diego Rivera y David Alfaro Siqueiros son los tres muralistas más conocidos de México. Orozco nació aquí, en Guadalajara. Me encantan sus murales.

**LÁZARO** ¡Son espectaculares!

**LUIS** A mí, la verdad, me dejan frío. No me gustan los colores oscuros y las imágenes me parecen muy serias.

**LÁZARO**  Pero, Luis, eso hace que la pintura sea más dramática.

**TERESA**  Para apreciar su arte hace falta entender el mensaje. Orozco pintó escenas de la historia de México, y algunas fueron duras, llenas de violencia.

**LUIS**  Eso es lo que no me gusta, pero es importante reconocer su valor histórico.

**LÁZARO**  Sí, tal vez. En todo caso, me gusta Orozco. Espero estudiar más sobre el muralismo en la universidad.

**TERESA**  A propósito de universidades, Orozco pintó murales en varias de ellas en los Estados Unidos.

**LÁZARO**  ¿De veras?

**TERESA**  Sí, hay uno muy interesante en Dartmouth College en New Hampshire, y otros en California y en Nueva York.

**LUIS**  Oigan, cambiando de tema, ¿qué les parece si vamos a un concierto de música clásica esta noche?

**LÁZARO**  Sí, ¡buena idea!

## 1 Cierto o falso?

Indica si cada oración que sigue es **cierta** o **falsa**, o si **no se sabe**. Si es falsa, corrígela.

1. Los tres grandes muralistas mexicanos son Orozco, Rivera y Kahlo.
2. Orozco era del estado de Jalisco.
3. Orozco vivió mucho tiempo en los Estados Unidos.
4. El Instituto Cultural Cabañas se encuentra en la Ciudad de México.
5. La vida de Orozco fue muy difícil.
6. Orozco usaba colores vivos como el amarillo y el verde.
7. Hay murales de Orozco en varias ciudades estadounidenses.

## 2 ¿Comprendiste?

1. ¿Quién es José Clemente Orozco?
2. ¿De qué temas tratan sus murales?
3. ¿Qué le parece el arte de Orozco a Teresa?
4. ¿Qué palabras usa Lázaro para describir el mural?
5. ¿A Luis le gusta Orozco? Explica tu respuesta.

## 3 Busca las expresiones

Busca las expresiones en **De antemano** que se usan para...

1. expresar la necesidad o la obligación de hacer algo.
2. sugerir un tema de conversación.
3. cambiar el tema de conversación.
4. expresar opiniones positivas.
5. expresar opiniones negativas.

## 4 Diversas opiniones

¿Qué opinas del arte de Orozco? Reúnete con un(a) compañero(a) y expresa tu opinión. Explica por qué te gusta o no te gusta su pintura.

## 5 Ahora te toca a ti

Orozco representa la conquista y otros eventos históricos de México en sus murales. Imagina que vas a pintar un mural. ¿Quieres representar algún evento de tu comunidad o un evento de importancia nacional o internacional? ¿A cuáles personas quieres representar? ¿Por qué? ¿Qué colores e imágenes vas a usar?

### Nota cultural

El muralismo mexicano de las décadas de 1920 y 1930 se dedicó a representar la historia del país y a rescatar el pasado indígena de la nación. El Secretario de Educación José Vasconcelos fue el primero en considerar que la pintura mural es un medio perfecto para enseñar al pueblo mexicano su historia nacional. Por eso encargó a varios pintores que representaran pasajes de la historia en edificios públicos y escuelas. El muralismo también fue parte del movimiento nacionalista de las artes del país, que incluyó la música, la literatura, el teatro y el cine.

PANORAMA CULTURAL

## ¿Te consideras una persona artística?

Las artes son una manera de expresar nuestra individualidad. Estas personas son unos artistas muy activos. ¿Cómo usan ellos el arte para expresarse?

### Alfredo
**Caracas, Venezuela**

"Bueno, me considero artista... porque desempeño lo que es la música... Mi instrumento es... trompeta... A mí me gusta la salsa... porque eso viene de herencia y de la familia... toda mi familia es salsera... me gusta mucho la música *latin jazz* y la salsa..."

### David
**Ciudad de México, México**

"Bueno, no soy artístico, pero me gusta, me gusta crear. O sea, no que me considere muy artístico pero sí toco el piano, me gusta ser culto. Mi músico favorito... pues yo creo que uno de los pianistas, Beethoven, Bach, pero música, pues el rock, cosas así".

### Christian
**San Antonio, Texas**

"Sí, me considero artístico por muchas razones. Me gusta escribir mucho, me gustan las artes dramáticas, leo muchas obras... Me gustan mucho, mucho Shakespeare, Edgar Allan Poe, me gustan los escritores americanos, Ambrose Bierce. Y también me encanta el bailar, tengo cuatro años de bailar ballet... Soy muy activo en el teatro".

## Para pensar y hablar...

**A.** ¿Cuál es el arte que más practican estos jóvenes? ¿Cuáles son las artes que a ti te gustan? ¿Cuántas artes practica Christian?

**B.** En tu opinión, ¿por qué son importantes las artes? ¿Cómo nos ayudan las artes a expresarnos mejor? ¿Cuál es el papel de las artes en el desarrollo cultural de una persona? ¿Qué características comparten los mejores artistas?

Cuaderno para hispanohablantes, pp. 29–30

## Primer paso

**Objectives** Introducing and changing a topic of conversation; expressing what needs to be done; expressing an opinion

WV3 GUADALAJARA-6

### Así se dice

**Introducing and changing a topic of conversation**

Si quieres sugerir o cambiar de tema en una conversación, puedes decir:

**¿Has leído algo de** Pablo Picasso?

**Eso me recuerda** el concierto de anoche.
*That reminds me of . . .*

**Eso me hace pensar en** una pintura de Frida Kahlo.
*That brings to mind . . .*

**Cambiando de tema, ¿qué me dices de** la danza folklórica?
*Changing subjects, what can you tell me about . . .?*

**Hablando del** arte, **¿qué me cuentas de** los museos en Guadalajara?
*Speaking of . . . what can you tell me about . . .?*

**A propósito, ¿qué has oído de** la nueva novela de Isabel Allende?
*By the way, what have you heard about . . .?*

Cuaderno de actividades, pp. 63–64, Act. 6

**También se puede decir...**
Otra forma de decir **A propósito** es **Por cierto.**

### 6 De todo un poco

**Escuchemos** Pilar y Jorge están hablando de los artistas Joan Miró, Salvador Dalí y Remedios Varo. Escucha la conversación e indica cuántas veces cambian de tema.

### 7 En el periódico

**Leamos** Carolina y Alberto están conversando sobre unas noticias que se publicaron esta mañana en el periódico. Completa su conversación con palabras y expresiones adecuadas de **Así se dice.**

CAROLINA   Es increíble lo que sucedió en Suecia el jueves pasado. Unos ladrones robaron unas pinturas del Museo Nacional.

ALBERTO   Sí. Eso me ▭**1**▭ un robo que ocurrió en Madrid hace pocos años.

CAROLINA   Me acuerdo de ese robo. Por suerte pudieron recuperar casi todas las pinturas. Oye, ▭**2**▭ de tema, ¿has leído algo acerca de la contaminación?

ALBERTO   Sí, han dicho que el nivel de contaminación está bien alto hoy. ▭**3**▭ de la contaminación, el periódico dice que en 50 años habrá mucho menos contaminación porque los carros no usarán gasolina.

CAROLINA   A ▭**4**▭, ¿qué me ▭**5**▭ de los carros del último modelo?

ALBERTO   Son bien padres. Y yo aquí con mi bicicleta...

Más práctica gramatical,
p. 178, Act. 1

Cuaderno de activi-
dades, p. 62, Act. 3

Cuaderno de gramática,
pp. 46–47, Acts. 1–3

Labels in illustration: la cantante, la escultura, el escultor, el músico, el bailarín, la bailarina, la artista

| | | |
|---|---|---|
| **antiguo(a)** *old; ancient* | **el dibujo** *drawing* | **intentar** *to try* |
| **aprender a** + inf. *to learn (to do something)* | **diseñar** *to design* | **la orquesta** *orchestra* |
| **contemporáneo(a)** *contemporary* | **la estatua** *statue* | **patrocinar** *to sponsor* |
| **la danza** *dance (as an art form)* | **la exhibición** *exhibition* | **la pintura** *painting* |

## Nota gramatical

Words that end in **-ista** can be masculine or feminine depending on the person they refer to: **el artista, la artista.** Likewise, the word **modelo** can be masculine or feminine: **el modelo, la modelo.** In these cases, the article indicates the gender of the person. Feminine words that begin with a stressed **a-** take **el** in the singular: **el arte, las artes.**

Cuaderno de gramática,
p. 47, Act. 4

Más práctica gramatical,
p. 179, Act. 2

## Vocabulario extra

| | |
|---|---|
| **la acuarela** | *watercolor* |
| **la cerámica** | *pottery* |
| **la cinematografía** | *art of filmmaking* |
| **el diseño por computadora** | *computer-assisted design* |
| **el grabado** | *engraving* |
| **la serigrafía** | *silkscreening* |
| **el tallado en madera** | *woodworking* |
| **el tejido** | *weaving, knitting* |

### 8 Bellas artes

**Escuchemos** Escucha varias conversaciones breves e indica si las personas están hablando de **música, danza, literatura, escultura** o **pintura.**

### 9 Gramática en contexto

**Hablemos/Escribamos** Estabas hablando con tu compañero(a) de clase sobre la escultura romana y terminaron hablando del nuevo bailarín cubano. Escribe el diálogo en que hablaron de todos estos temas. Usa expresiones de **Así se dice** y del **Vocabulario.**

**1.** la escultura romana  **2.** los cuerpos ideales  **3.** el ejercicio  **4.** el bailarín cubano

**Expressing what needs to be done**

Si es importante que alguien haga cierta cosa, puedes decir:

**Hace falta que pintemos** un nuevo mural.                  *We need to paint . . .*
**Es necesario que busquemos** nuevos artistas.             *Its necessary that we look for . . .*
Para ser artista **es importante que reconozcas** tu talento.  *. . . it's important that you recognize . . .*

**10  Así lo veo yo**

**Escuchemos**  Ana está hablando con su amiga Tere. Indica si Ana habla de lo que **ella misma** debe hacer o de lo que es necesario que haga **Tere**.

## Gramática

**Subjunctive after expressions of need**

1.  You learned in Chapter 5 that verbs are in the subjunctive mood when they come after expressions of hopes and wishes.

    **Espero que** la guerra **termine** pronto.

Más práctica gramatical,
p. 179, Act. 3

2.  Verbs are also in the subjunctive mood when they come after expressions of the importance or need for someone to do something.

    **Es necesario que practiquemos** un deporte.

Cuaderno de gramática,
pp. 48–49, Acts. 5–8

3.  Use the infinitive after these expressions if something needs to be done in general or by everyone.

    **Es necesario practicar** un deporte.

4.  The subjunctive forms of verbs that end in **-car**, **-gar**, or **-zar** have the following spelling changes:
    c→qu (**busque, busques**…); g→gu (**llegue, llegues**…); z→c (**empiece, empieces**…).

**11  Gramática en contexto**

**Hablemos/Escribamos**  El concierto es mañana, pero ¡el teatro no está listo! ¿Qué hay que hacer? Usa las expresiones de **Así se dice** y verbos como **organizar, poner, comprar,** y **limpiar.**

### Expressing an opinion

Para discutir las cualidades de un(a) artista o una obra de arte, puedes decir:

Cuaderno de actividades, pp. 64–65, Acts. 7–9

| | |
|---|---|
| **¿Qué opinas de** Diego Rivera? | **Lo encuentro** impresionante. <br> **Admiro mucho** su arte. |
| **¿Qué te parece** el cuadro? | **Para ser sincero(a), me parece que** le falta imaginación. <br> **Me deja frío(a).**   *It doesn't do anything for me.* |
| **¿Qué piensas de** la cantante? | **Para decir la verdad, me cae gordo.** <br> **No la soporto.**   *I can't stand her.* |

**12 Comentarios positivos y negativos**

**Escuchemos**  Vas a escuchar unos comentarios. Indica si cada comentario expresa una opinión **positiva, negativa** o de **indiferencia**.

### A lo nuestro

Para describir algo que no provoca sentimientos ni positivos ni negativos, los hispanohablantes a veces dicen **No es ni fu ni fa.** Para expresar indiferencia a algo, puedes decir **Me es indiferente.**

## Vocabulario

| | | | |
|---|---|---|---|
| **creativo(a)** | *creative* | **original** | *original* |
| **entretenido(a)** | *entertaining* | **realista** | *realistic* |
| **formidable** | *tremendous* | **convencional** | *conventional* |
| **genial** | *great* | **de muy mal gusto** | *in very bad taste* |
| **hermoso(a)** | *beautiful* | **incomprensible** | *incomprehensible* |
| **imaginativo(a)** | *imaginative* | **insignificante** | *trivial* |
| **magnífico(a)** | *magnificent* | **insoportable** | *unbearable, intolerable* |
| **maravilloso(a)** | *marvelous* | **superficial** | *superficial* |
| **una obra maestra** | *masterpiece* | **pésimo(a)** | *awful* |

CD-ROM DISC 2

Cuaderno de actividades, pp. 62–63, Acts. 4–5  Cuaderno de gramática, p. 50, Act. 9

Más práctica gramatical, p. 180, Act. 4

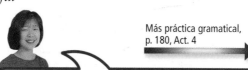

### También se puede decir...

También se puede decir **tremendo** en vez de **magnífico: Rufino Tamayo me parece un artista tremendo.** Pero ¡hay que tener cuidado! **Un niño tremendo** es un niño muy mal educado *(ill-mannered).*

**13 ¿Qué te parece?**

**Escribamos**  En una excursión reciente, varios amigos comentaron unas obras de arte que vieron. Responde a cada declaración con tu propia opinión de las obras indicadas.

1. Encuentro los murales de Orozco imaginativos pero nada entretenidos. (pp. 158, 159)

2. Me parece que los murales en los edificios públicos son superficiales e insignificantes. (p. 160)

3. Encuentro insoportables los murales en los cielos rasos *(ceilings)*. Aunque sean magníficos, es demasiado difícil verlos. (p. 158)

4. Déjame decirte que la violencia del mural con los caballos y soldados me parece de muy mal gusto. (p. 159)

## 14 Mis cosas favoritas

**Escribamos/Hablemos** Cada persona tiene sus preferencias. Haz una lista de tus cosas favoritas, usando la lista siguiente, y explica por qué te gustan. Comparte tus opiniones con un(a) compañero(a).

**MODELO** —Mi clase favorita es la de arte. La encuentro muy entretenida porque...
—Para ser sincero(a), la clase de arte me parece horrible. Prefiero la clase de inglés porque...

1. mi artista favorito(a)
2. mi músico(a) favorito(a)
3. mi programa de televisión favorito
4. mi película favorita
5. mi canción favorita
6. mi libro favorito

¿Se te ha olvidado?
**comparisons**
Ver la página R30

Cuaderno de gramática, p. 50, Act. 10

## 15 Arte latinoamericano

**Hablemos** ¿Qué opinas de las siguientes obras de arte? Usa las expresiones de **Así se dice** para indicar tus opiniones. Después, pídele a unos(as) compañeros(as) sus opiniones. ¿Están de acuerdo?

*National Holiday*, Fernando Botero

*Uno*, Xul Solar

*Armonía*, Remedios Varo

## 16 La exhibición

**Escribamos** Tu clase piensa ir a una exhibición de arte. En un párrafo, recomienda uno de los tres artistas representados en la Actividad 15. Explica claramente tu recomendación, dando tus opiniones del artista.

## Encuentro cultural

## Los instrumentos musicales

En todo el continente americano existe una gran variedad de instrumentos y tipos de música que cambian según la región o el país. Mira las siguientes fotos. ¿Qué instrumentos reconoces?

la quena

el charango

el güiro

el banjo

## Para discutir

**A.** ¿Cuál de estos instrumentos crees que sería el más fácil de tocar? ¿Cuál sería el más difícil? ¿Por qué?

**B.** ¿Qué instrumentos son típicos de Estados Unidos? ¿Son originarios de aquí? ¿Cómo reflejan la cultura local? (Puedes mencionar materiales, emociones que evocan, ritmos, tecnología...)

## Vamos a comprenderlo

La quena, el charango y el güiro son tres instrumentos muy conocidos e importantes en las culturas de Latinoamérica. La **quena**, una flauta dulce de sonido melancólico que se sopla por arriba, es muy popular en la región andina. El **charango**, de origen andino, es un instrumento pequeño de cinco cuerdas que se toca como una guitarra. Su cuerpo está hecho a veces de la concha de un armadillo e incluye hasta las orejas. El **güiro**, hecho de calabaza hueca, es un instrumento de percusión del Caribe que se raspa con un palito de madera. Los antiguos instrumentos indígenas, la flauta y el tambor, se han combinado con una gran variedad de instrumentos europeos para crear el sonido de la música americana de nuestros días.

# ¡Adelante! ▪ *Una entrevista con Luis Miguel*

Cuaderno de actividades, p. 66, Acts. 10-11

¿Qué opinas de la música rock? ¿La escuchas mucho? Vas a leer una entrevista con Luis Miguel, un famoso cantante de rock mexicano. ¿Tienes algo en común con él? Imagina que alguien te invita a un concierto de Luis Miguel. ¿Te gustaría ir?

## -1-

Siempre has dicho que eres afortunado por estar haciendo lo que más te gusta. ¿Cantar sigue siendo tu razón para vivir?

Sí, y todavía más porque mi compromiso es mayor, conmigo mismo y con mi gente, y cantar es uno de los placeres más grandes de mi vida, lo disfruto mucho, mucho.

## -2-

¿Hay algún sueño que todavía no hayas realizado?

Los sueños que tuve de niño, la verdad, la gran mayoría ya los he cumplido, y sigo soñando y espero seguir cumpliéndolos y seguir teniéndolos. Generalmente son sueños profesionales, como de lograr cosas que todavía no he hecho, y los personales son: gozar de mucha salud el resto de mi vida.

## -3-

¿Tienes alguna manía?

Híjole, yo creo que no tengo, excepto la del pelo, creo que no tengo otra. No sé si sea manía, pero me gusta dormir como vampiro, el cuarto muy, muy frío, helado y sin nada de luz, oscuro completamente.

## Luis Miguel
### I al II
### Premier, Mexico, D.F.
### 18 al 22
### Caesar's Palace, Las Vegas

---

**17** ### ¿Comprendes?

1. ¿Qué piensa Luis Miguel de la música?

2. ¿Qué sueños profesionales tiene? ¿Cuáles son sus sueños personales?

3. ¿Qué manías tiene Luis Miguel?

4. ¿Cómo describe él un día normal? ¿un día perfecto?

5. ¿Qué tipo de deportes le gusta a él?

**18** ### Se parecen

Vuelve a revisar los hábitos y las opiniones de Luis Miguel. Luego escucha dos entrevistas más e indica cuál de los entrevistados se parece más a Luis Miguel—**Carlo Antonio o Claudia.**

## -4-
### ¿Haces ejercicio?
Si puedo, sí; me gusta mucho lo que hicimos hoy, por ejemplo, ir a la laguna, me gustan mucho los deportes acuáticos; cuando tengo oportunidad me voy a dar una vuelta, hacer ski, todo. Generalmente, así es mi vida normal.

¿Qué tal si vamos a un concierto de Luis Miguel este fin de semana? Sería buena idea ir al concierto del sábado porque todos nuestros amigos van a ir. Recomiendo que compremos las entradas hoy. Es mejor que tomemos un taxi al concierto también. Va a haber mucho tránsito.

Silvia

Gracias por invitarme pero el sábado no puedo. Tengo muchas cosas que hacer. Mejor vamos el domingo, ¿no?

Jorge

## -5-
### ¿Cómo describirías un día perfecto para ti?
Es un día en que duermo 8 horas o más de 8 horas, pero mejor 8 horas exactas, en donde hay un sol maravilloso afuera y que estoy en un lugar tan bello como Acapulco o tan bello como México, el cual amo y adoro con toda mi alma, porque me ha dado todo.

## -6-
### Ahora, ¿cómo es un día normal en tu vida?
Pues un día normal en mi vida sería no dormir 8 horas... ¡no, no es cierto, no!... Sería ir al avión, volar a una ciudad distinta o un país distinto, y trabajar y desarrollar mi trabajo, y cantar y estar con la gente de esa ciudad, y cada día aprender algo más. Eso sería un día normal, porque todos los días aprendo algo.

**19  Encuentra las expresiones**

¿Qué dice...?

1. Silvia para recomendar qué día ir al concierto
2. Silvia para recomendar el mejor día para comprar los boletos
3. Silvia para sugerir un tipo de transporte
4. Jorge cuando dice que el sábado no es buen día para él
5. Jorge para sugerir otro día mejor para ir al concierto

**20  Ahora te toca a ti**

Revisa las preguntas que le hicieron a Luis Miguel. ¿Crees que eres parecido(a) a él? ¿En qué te pareces a él? ¿Cómo eres diferente?

## Así se dice

### Making suggestions and recommendations

Para hacer sugerencias y recomendaciones puedes usar las siguientes expresiones:

**Te aconsejo que** llegues temprano.

**Sugiero que** compres las entradas ahora.
*I suggest that . . .*

**Es mejor que** tomes un taxi.

**No te conviene** estacionarte aquí.
*It's not advisable
that you . . .*

**No te olvides de** pedir un autógrafo.

**¿Has pensado en** comprar las entradas?

**Sería buena/mala idea** sacar fotos.

**Le recomiendo a Juan que** vaya a ver el
Ballet Folklórico de Jalisco.

Cuaderno de actividades, pp. 67, 69–70, Acts. 12–13, 15–17    Cuaderno de gramática, p. 51, Act. 11

### 21 Planes para un viaje

**Escuchemos/Leamos** Escucha mientras Anya y Lenora hacen planes para un viaje a
Guadalajara. Luego escoge la recomendación o sugerencia que mejor corresponda a cada
situación que ellas presentan.

**a.** Sería buena idea reservar las entradas
por teléfono antes de salir.

**b.** Les aconsejo que dejen las compras
hasta la próxima semana.

**c.** No les conviene llevar tantas cosas.

**d.** Sugerimos que se reúnan en la Plaza de
Armas.

**e.** No se olviden de traer los papeles.

## Gramática

### The subjunctive mood with recommendations

1. In Chapter 2 you learned to use the infinitive after expressions for making
   suggestions or recommendations. Instead of the infinitive, you can also
   use a phrase with **que** and a verb in the subjunctive mood:

   **Te recomiendo que tomes** las cosas con calma.

2. The subjunctive forms of **dar, estar, ir,** and **ser** are irregular. See page 143.

Más práctica gramatical,
pp. 180–181, Acts. 5–6

Cuaderno de gramática,
pp. 52–53, Acts. 12–14

### 22 Gramática en contexto

**Escribamos** Este año tu comunidad quiere dar un concierto dedicado a la música internacional. ¿Qué sugerencias y recomendaciones tienen estas personas para el programa?

**MODELO**    Te recomiendo que des el concierto a las...

| | | | |
|---|---|---|---|
| yo | (no) sugerir que | tú | dar el concierto a las... |
| Alicia | recomendar que | ellos | cantar después de... |
| tú | (no) olvidar que | Paco y Elsa | ser el/la solista |
| nosotros | aconsejar que | Alicia | invitar a... |
| las autoridades | (no) convenir que | nosotros | |

## 23 ¿Qué le recomiendan?

**Leamos/Escribamos** En parejas, imaginen que escriben una columna de consejos en un periódico. Primero lean la carta que Pablo Chi les envió por correo electrónico. Luego discutan los consejos que le quieren dar, y finalmente contesten su carta por escrito.

```
Hora:14:19    Enviar    Recibir    Borrar

A:Consejos.eldiario.com    De: pchi.colegiocentral.edu

   Desde hace años tomo clases particulares de
piano. Me gusta tocar el piano, pero última-
mente, me voy interesando más por otros instru-
mentos... en particular, la guitarra eléctrica.
El problema es que dudo que mis padres me per-
mitan cambiar de instrumento. Los dos son
pianistas y es seguro que no me van a pagar
unas clases de guitarra. Pero siento una ver-
dadera pasión por la guitarra eléctrica.
   ¿Qué debo hacer?

                              Pablo
```

## 24 Del colegio al trabajo

**Leamos/Hablemos** Trabaja con dos compañeros(as) de clase. Imaginen que dos de Uds. trabajan en la oficina de turismo en el centro de Guadalajara. La tercera persona es turista en Guadalajara. Quiere ver la ciudad pero sólo puede quedarse unas horas. Den consejos a la tercera persona sobre qué debe ver. Usen la información del folleto.

MODELO — Me interesa mucho la historia de la ciudad.
— Pues, te recomiendo que veas el Instituto Cultural Cabañas. También te conviene...

# ¡Guadalajara!

**Palacio del gobierno**
El Palacio, que data del siglo XVIII, tiene murales del muralista moderno **José Clemente Orozco**.

**Teatro Degollado**
El teatro es un magnífico ejemplo de la arquitectura neoclásica. Su fachada presenta esculturas.

**Palacio Municipal**
Tiene un maravilloso fresco pintado por **Gabriel Flores** de la fundación de Guadalajara en 1542.

**Catedral metropolitana**
Construida en el siglo XVI, sus torres son un símbolo de la ciudad.

### Turning down an invitation

Cuaderno de actividades, p. 68, Act. 14

Si no quieres aceptar una invitación, puedes explicarte o excusarte así:

**Gracias por invitarme, pero no puedo.**
**Lo siento, pero ya tengo otros planes.**
**Tengo mucho que hacer. La próxima vez iré.**
**Hagámoslo mañana.** Estoy tan cansado(a).

Hoy no. **¿Por qué no lo dejamos para** la próxima semana?
**No tengo ganas de** ir al ensayo. Mejor veamos una película.

**25 Invitaciones y excusas**

**Escuchemos/Hablemos** Escucha las conversaciones entre Humberto y sus amigos e indica si los siguientes amigos aceptan sus invitaciones o no. Si no aceptan, indica qué van a hacer.

**1.** Sara  **2.** Miguel  **3.** Laura  **4.** Ricardo

## Gramática

### *Nosotros* commands

**1.** To say *Let's . . .* in Spanish, use either the **nosotros** form of the present subjunctive or **vamos a** + infinitive.

**Veamos** una película esta noche.
**Comamos** después en un restaurante.

**Vamos a ver** esa exhibición.
**Vamos a comer** algo.

**2.** Use the **nosotros** forms of the present subjunctive to say *Let's not . . .*

**No compremos** esas entradas.
**No visitemos** el museo.

**3. Vamos** can mean either *We're going* or *Let's go.* The context clarifies the meaning. The equivalent of *Let's not go* is **No vayamos.**

**Vamos** al Museo de Arte Moderno.
**No vayamos** al Museo de Historia.

Cuaderno de gramática, p. 53, Act. 15

**26 Gramática en contexto**

**Escribamos** No quieres hacer lo que tu amigo(a) te sugiere. Contesta sus preguntas por escrito en el negativo y con la información entre paréntesis.

MODELO —¿Vamos de compras? (visitar la nueva galería)
—No, no vayamos de compras. Visitemos la nueva galería.

**1.** ¿Escuchamos este disco compacto? (ver una película)

**2.** ¿Acompañamos a Isabel y Tony al concierto? (ir solos)

**3.** ¿Tomamos una clase de escultura? (tomar una de dibujo)

**4.** ¿Ensayamos nuestro dueto? (ver la nueva obra de Leñero)

### Nota gramatical

To form **nosotros** commands of most verbs, simply add -mos to the **Ud.** command form: **mire** → **miremos; ponga** → **pongamos.** See irregular forms on pages R43–R45.

Cuaderno de gramática, p. 54, Acts. 16–17

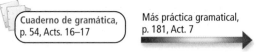
Más práctica gramatical, p. 181, Act. 7

**5.** ¿Compramos dos entradas? (comprar cuatro)

**6.** ¿Vemos el estreno de la película nueva? (alquilar un video)

**7.** ¿Vamos a la función de la tarde? (ir a la de la noche)

**8.** ¿Hacemos la tarea para la clase de arte? (estudiar para el examen de música)

## 27 Por el amor a la cultura

**Leamos/Hablemos** Lee la siguiente cartelera que indica algunas actividades culturales de la ciudad de Guadalajara. Después, invita a un(a) compañero(a) a cuatro actividades. Tu compañero(a) debe dar una explicación y hacer otra sugerencia, según el modelo.

**MODELO** —Veamos la obra *Bodas de sangre*, ¿quieres?
—Gracias por invitarme, pero no puedo. Tengo muchas cosas que hacer. Vamos otro día.

### cartelera

#### exposiciones

**Nuevas visiones del arte.**
Exposición colectiva y concierto de rock.
Sábado 4 de junio a las 17:00 horas
**Facultad de Arquitectura de la U. de G.**

**Gabriela de Castro y Virginia Rivas**
Exposición de pintura.
**Galería Valentín Gómez Farías.**
Edificio Administrativo de la U. de G.

#### teatro

**Lo que vio el mayordomo**
De Joe Orton. Director: Enrique Martínez.
Viernes y sábados a las 20:30 horas.
Domingos a las 18:00 horas.
**Casa de la Cultura de Zapopan.**
Vicente Guerrero 233.

#### danza

**Ballet Folklórico de México
Amalia Hernández**
Sábado 4 a las 20:30 horas y domingo
5 de junio a las 18:00 horas.
**Teatro Degollado.** Teléfono 614-47-73.

#### música

**Los Garigoles**
Sábado 4 de junio a las 21:00 horas.
**Centro Cultural Roxy.**
Mezquitán 80.

**Concierto Coro Quintano**
Director invitado Harlam Snow.
Sábado 4 de junio a las 20:00 horas.
**Cine Foro de la U. de G.**
Vallarta y Enrique Díaz de León.

## 28 ¿Qué les pareció?

**Hablemos** Con dos compañeros(as), presenten un diálogo basado en lo siguiente. Imaginen que fueron a algunos de los eventos anunciados en la cartelera de la Actividad 27. O si prefieren, pueden pensar en eventos a los que realmente asistieron. Hablen de sus opiniones de los artistas y las funciones. Cambien de tema varias veces.

## 29 En mi cuaderno

**Escribamos** Imagina que eres reseñista para el periódico. Escribe un artículo de un concierto al que asististe. Escribe tu opinión del concierto y de los músicos. Da tu recomendación al público acerca del concierto. ¿Qué recomiendas que hagan los artistas para mejorar?

### Vida, pasión y arte

La pintora mexicana Frida Kahlo es famosa por sus autorretratos, en los que transforma su sufrimiento personal en obras de arte. Esta selección es parte de una biografía de Kahlo escrita por Martha Zamora.

#### ¡A comenzar!

#### Estrategia para leer

As you know, it's a good idea to skim before reading in detail, in order to get a general idea of what each section or paragraph is about. This information allows you to guess the meaning of unfamiliar words more easily. You can get even more out of your skimming by jotting down your ideas. Then, after you've read more closely, check your notes to see how well you predicted the content of the selection.

A. Primero, toma dos o tres minutos dándole una ojeada al texto entero. Luego escribe todas las ideas que recuerdes. Guarda tus apuntes, porque los vas a usar después.

#### ¿Te acuerdas?

Remember that in some situations, stopping to look up new words can actually get in the way of understanding the reading. Use intelligent guesswork whenever you can.

B. Compara lo que tienes escrito con uno(a) o dos compañeros(as) de clase. Noten las semejanzas y las diferencias entre sus ideas.

# Vida, pasión y muerte de Frida Kahlo

1 **F**rida Kahlo nació el 6 de julio de 1907 en Coyoacán, México. La tercera hija de cuatro, fue desde siempre la más intensa, la más inteligente y conflictiva. Un exótico ejemplar que no podría adaptarse nunca a un ambiente plano.

2 Llegó a la escuela preparatoria en 1922. Un poco antes había regresado a México el pintor Diego Rivera. Ya un artista consagrado en Europa, principia aquí su labor como muralista que llegaría a transformarse en una gloria nacional, precisamente pintando el mural denominado *La creación* dentro de la escuela preparatoria a la que Frida acudía. Ella presencia el desarrollo del trabajo, coquetea y hace al maestro objeto de sus más peligrosas bromas, todo con tal de llamar su atención.

3 Sus estudios se interrumpen cuando, en 1925, un tranvía urbano comprime hasta hacerlo explotar al camión en que viajaba. Así, al iniciarse su vida, todos los planes se derrumbaron y da comienzo la larga historia clínica de la pintora.

4 **D**urante su recuperación, imposibilitada para moverse, su madre idea poner un dosel a su cama recubierto por un espejo en su parte inferior para que pudiera usar su propia imagen como modelo. Con pinceles de su padre, acuarelista aficionado, principia por hacer retratos de sus amigos y sus hermanas.

**5** Casi tres años después reencuentra a Diego Rivera y acude a él para obtener una opinión sobre su calidad artística. La relación progresa y se casan el 21 de agosto de 1929, él de 43 años y ella de 22, marcando así el inicio de una convivencia amorosa llena de profunda dependencia de ambos, hasta la muerte de ella en 1954.

**6** La pintura de Frida Kahlo nos va llevando de la mano, simbólicamente, a lo largo de las experiencias más importantes en su vida. Sus obsesiones, la muerte de su madre, así como sus problemas físicos, el deseo de regresar a su país, a su barrio, cuando viaja con Diego Rivera durante cuatro años de estancia en San Francisco, Detroit y Nueva York.

**7** Hasta entonces era sólo su acompañante, su sombra y su camarada de protestas y simpatías políticas, pero, en 1938, realiza su primera exposición individual en la galería artística de Julien Levy en Nueva York. La seguridad que adquiere con su éxito se derrumba al regreso cuando se ve obligada a enfrentar un doloroso divorcio impuesto por Diego.

**8** De ésta, como de sus otras experiencias traumáticas, llena su arte y plasma su pena por la separación en la que quizá sea su pintura más conocida, *Las dos Fridas,* autorretrato doble en que presenta, según ella, "a la Frida que Diego amó y a la que ya no quiere".

## Al grano

**C.** Ahora estás listo(a) para leer con más cuidado. En cada párrafo, sigue estos dos pasos:

1. Lee el párrafo y trata de comprender la idea principal y los detalles.
2. Apunta tus ideas e impresiones en una lista por aparte.

Después de terminar el texto entero, compara tus nuevas ideas con las de un(a) compañero(a) de la Actividad B.

> **¿Te acuerdas?**
>
> Use context to figure out meaning. Rely on the words and sentences around the unknown word. Remember that only a few logical guesses will make sense in context.

**D.** Ya que entiendes las ideas principales de cada párrafo, trata de adivinar los significados de algunas palabras nuevas. Usa el contexto para adivinar el significado de las siguientes palabras.

1. consagrado (párrafo 2, oración 3)
2. se derrumbaron (párrafo 3, oración 2)
3. acude (párrafo 5, oración 1)
4. estancia (párrafo 6, oración 2)
5. compendia (párrafo 10, oración 1)
6. quebranto (párrafo 12, oración 3)
7. vagar (párrafo 14, oración 1)

**E.** El título de la biografía resume la obra bajo tres temas: vida, pasión y muerte. Trabaja con un(a) compañero(a) y hablen del significado de estos tres temas. Revisen la obra párrafo por párrafo. ¿De qué tema(s) trata cada uno?

F. En grupos, comenten las siguientes preguntas y preparen una breve reseña de la lectura.

   **1.** ¿Por qué creen que la autora escogió la vida y arte de Frida Kahlo como tema?

   **2.** ¿Qué actitud muestra la autora hacia Kahlo? ¿Cómo influye esto en su biografía de la artista?

   **3.** ¿Qué creen que la autora quería lograr con su biografía de Kahlo?

G. Trabajando con el mismo grupo de la Actividad F, miren la foto y las pinturas que aparecen con la biografía. Consideren lo siguiente.

   **1.** ¿Qué les comunica la foto de la artista en la página 174? ¿Apoya las ideas de la biografía o les presenta alguna idea nueva?

   **2.** Comparen los autorretratos de la artista con la foto.

   **3.** Las piezas que ilustran el texto, como el pie y la pierna, se llaman milagros. ¿Qué representan en estas páginas?

H. Many an artist has drawn upon suffering in his or her life to produce art. Would you consider Frida a good example of a person who has succeeded despite personal hardships? Explain your opinion. Do you know of any other artists who have overcome difficult challenges?

Cuaderno de actividades, p. 71, Act. 18a

Cuaderno para hispanohablantes, pp. 28–29

**9** Emplea el mecanismo de defensa que Sigmund Freud llamó capacidad de sublimación y transforma en arte su angustia, su dolor. Lo deja ahí para exorcizarlo, sacarlo de su vida y es por eso quizá que quienes la conocieron tienen como recuerdo una mujer siempre alegre, malhablada, impecablemente decorada, alhajada como una princesa llena de incisivo buen humor.

**10** Durante el año que dura el divorcio escribe Frida en su diario un mensaje a Diego que compendia su amor: "Jamás olvidaré tu presencia en mi vida. Tú me acogiste destrozada y me devolviste entera".

**11** La simbiosis que formaban les era indispensable así, un año después vuelven a casarse en San Francisco, California, para no separarse ya.

Frida Kahlo, *Fulang-Chang and Me*, 1937, 25 1/4 x 19 1/8 x 1 3/4 inches, including frame. The Museum of Modern Art, New York. Mary Sklar Bequest.

**12** **U**n año antes de morir se organiza una exposición retroactiva de su pintura, la única individual que tuvo en vida en su país. Ella acude a la inauguración en ambulancia, postrada; en su camilla la llevan hasta su cama convertida en centro de la exhibición. Es notorio su quebranto físico, pero su espíritu aún conserva su vigor al declarar a un periodista: "No estoy enferma, estoy rota".

**13** Entonces Frida, la indomable fuerza vital, se deja ir. Abandona la lucha y, días antes del veinticincoavo aniversario de bodas con Diego Rivera, muere en su casa de Coyoacán el 13 de julio durante la noche, a los 47 años de edad.

**14** Cuatro años después, su casa es abierta al público como museo, para permitirnos vagar en sus jardines, visitar su recámara, su estudio y empaparnos del universo que ella creó para sí, del reflejo de esta mujer que parecía hecha de un concentrado de arco iris.

# Vamos a escribir

Un grave accidente en 1925 afectó profundamente a Frida Kahlo. No se dejó vencer por su condición física y expresó en el arte sus frustraciones. Un acontecimiento positivo también puede cambiarle la vida a una persona. Por ejemplo, uno puede conocer a alguien que llegue a ser un(a) mentor(a) o un(a) íntimo(a) amigo(a).

¿Recuerdas un acontecimiento que te ha transformado la vida y a la vez ayudado a comprender mejor quién eres? ¿Cuál es la mejor forma de presentar tal acontecimiento para que otras personas lo comprendan y le saquen provecho? En esta actividad, vas a escribir sobre un acontecimiento importante de tu vida y vas a aprender cómo organizar tu historia.

## Un acontecimiento importante

Describe un acontecimiento importante de tu vida en unas 15 o 20 frases. ¿Por qué lo consideras importante? ¿Cómo cambió tu vida? ¿Cuál es su importancia para otras personas?

### Estrategia para escribir

**Chronological ordering** Putting events in chronological order means listing them in the order they occurred. This usually means starting with the first event and continuing to the last. You can also use reverse chronological order if it's more appropriate for the story you're telling.

### A. Preparación

1. Examina tus recuerdos. ¿Qué acontecimientos te han transformado la vida? ¿Cuándo y dónde ocurrieron? ¿Quiénes estaban allí? ¿Qué tiempo hacía? Si quieres, mira fotos de tu niñez y habla de tus recuerdos con amigos y familiares.

2. Haz una lista de esos eventos y escoge uno que quieras compartir.

3. Organiza la información en orden cronológico.

### B. Redacción

1. Escribe tu historia en el orden más adecuado. Si es necesario, usa palabras como **antes de, después de, luego...**

2. Usa palabras relacionadas con los sentidos. Habla de lo que viste, escuchaste, sentiste y oíste.

3. Incluye un poco de diálogo para hacer más interesante la historia.

### C. Evaluación

1. ¿Olvidaste poner información importante? Si es necesario, agrega detalles. ¿Incluiste cosas no relacionadas con tu tema? Quita los detalles innecesarios.

2. ¿Es lógica la historia? Ponla en otro orden si no está clara.

3. ¿Es evidente por qué este acontecimiento es importante para ti y para otras personas? Tal vez sea necesario incluir más información o usar palabras más expresivas.

4. Muestra lo que escribiste a un(a) compañero(a) y ten en cuenta sus opiniones.

# Más práctica gramatical

CD-ROM
DISC **2**

internet

MARCAR: go.hrw.com
PALABRA CLAVE:
WV3 GUADALAJARA-6

## Primer paso

**Objectives** Introducing and changing a topic of conversation; expressing what needs to be done; expressing an opinion

**1** Lee lo que hacen estas personas y después explica qué le gustaría hacer a cada uno. Usa estas expresiones. Usa cada expresión sólo una vez. **(p. 163)**

**MODELO**   Hace cuatro años que Liliana estudia el baile. ¡Le encanta bailar!
Le gustaría estudiar danza en la universidad.

> estudiar danza en la universidad
>
> patrocinar un festival de arte
>
> ver la exhibición de arte español en el museo
>
> ser miembro de una orquesta
>
> ser músico o cantante
>
> aprender a diseñar ropa
>
> conocer a un escultor famoso
>
> comprar un libro sobre la pintura mexicana

**1.** Enrique toca la flauta, el clarinete y el piano. Espera aprender a tocar el banjo este año.

**2.** Marcela lee todas las revistas de moda americanas y europeas. Siempre se entera de las últimas modas antes que sus amigos.

**3.** Hace años que Rafael estudia el arte. Sus pintores favoritos son Picasso y Goya.

**4.** Laura está loca por la música. Colecciona discos y también escribe canciones.

**5.** Teresa viajó a México el año pasado y vio unas obras de Orozco que le gustaron mucho. Ahora quiere saber más sobre los muralistas mexicanos.

**6.** Don Ramón tiene mucho dinero y una gran colección de arte. Siempre trata de ayudar a los artistas jóvenes.

**7.** ¡Felicia es muy creativa! Sabe hacer figuras muy bonitas de madera y de barro *(clay)*.

**2** Mañana Esther tiene un examen de vocabulario en la clase de español, y necesita tu ayuda. Completa la lista de palabras que debe aprender de memoria. Usa los artículos definidos correctos. Si la palabra puede ser masculina o feminina, escribe los dos artículos. **(p. 163)**

1. ═══ cantante
2. ═══ mano
3. ═══ problema
4. ═══ goma de borrar
5. ═══ papel
6. ═══ disfraz
7. ═══ revista
8. ═══ guía

9. ═══ baile
10. ═══ cartel
11. ═══ agua
12. ═══ foto
13. ═══ cine
14. ═══ exhibición
15. ═══ modelo

**3** Doña Serafina es una pianista famosa y es profesora de música también. Completa lo que dice sobre las clases de música con las formas correctas del subjuntivo de los verbos entre paréntesis. **(p. 164)**

Hace falta que nosotros los pianistas profesionales les ___**1**___ (explicar) a ustedes por qué es necesario estudiar piano. Claro, creo que también hace falta que el público nos ___**2**___ (pagar) más por las clases que damos. Es importante que los profesores ___**3**___ (buscar) sólo a los mejores estudiantes. Si eres estudiante, y si quieres aprender a tocar realmente bien, pues hace falta que ___**4**___ (comenzar) a estudiar música desde muy joven. Es necesario que los estudiantes ___**5**___ (tocar) varias horas todos los días y que ___**6**___ (llegar) a tiempo a sus clases. ¿Y después de la clase? Pues, es necesario que ustedes ___**7**___ (sacar) sus cuadernos de música y que ___**8**___ (empezar) a practicar inmediatamente.

**4** Germán tiene unas opiniones muy fuertes del arte. Completa lo que dice con los comparativos en español. Usa las expresiones entre paréntesis y no te olvides de usar la forma correcta del adjetivo. (**p. 165**)

> **MODELO** Para mí, la pintura es ===== la escultura. (*less realistic than*)
> Para mí, la pintura es <u>menos realista que</u> la escultura.

1. Las obras de Fernando Botero son ===== las de Juan Gris, ¿no te parece? (*more original than*)

2. En mi opinión, los museos son ===== los videojuegos. (*more entertaining than*)

3. Me parece que el arte de Salvador Dalí es ===== el de Joan Miró. (*as incomprehensible as*)

4. La música popular latinoamericana es ===== la música pop de Estados Unidos. (*less conventional than*)

5. Para mí, no hay nada ===== las canciones de Celia Cruz. (*as marvelous as*)

6. ¿Crees que los edificios de Frank Lloyd Wright sean ===== los de Antonio Gaudí? (*more creative than*)

7. Pienso que las esculturas de Julio González son ===== las de Brancusi. (*less imaginative than*)

---

**Segundo paso**   **Objectives** Making suggestions and recommendations; turning down an invitation

**5** Nadie sabe qué hacer este fin de semana. ¿Qué sugerencias hacen todos? Escribe oraciones completas, usando la forma correcta del subjuntivo de **ir** y siguiendo el modelo. (**p. 170**)

> **MODELO** el guía/Guille y Carlos/la galería
> El guía les sugiere a Guille y a Carlos que vayan a la galería.

1. la profesora/sus estudiantes/el concierto

2. (yo)/tú/Museo Folklórico

3. nosotros/turistas/Teatro Municipal

4. los artistas/sus amigos/exhibición

5. Carmela/yo/su clase de arte

6. ¿(tú)/yo/festival de música?

7. (yo)/mi amigo/cine para ver la nueva película

8. todos/tú y yo/tienda de música para escuchar los nuevos discos compactos

**6** Los profesores de tu colegio quieren que todos los alumnos tengan profesiones artísticas. Escribe oraciones completas con sus recomendaciones, usando la forma correcta del subjuntivo de **ser**. Sigue el modelo. **(p. 170)**

**MODELO** **el profesor de música/yo/cantante**
**El profesor de música me recomienda que sea cantante.**

1. la profesora de arte/Isabel/escultora
2. la profesora de arte/Diego y yo/pintores
3. el profesor de baile/Tania y Leo/bailarines
4. el profesor de música/tú/pianista
5. la profesora de literatura/yo/novelista
6. la profesora de arte/Elena y Marisa/artistas

**7** La clase de español está en Madrid. ¿Qué actividades sugiere el grupo? Escribe las sugerencias usando mandatos en la forma de **nosotros. (p. 172)**

**MODELO** ¡════ **(Hacer) una excursión a Toledo!**
**¡Hagamos una excursión a Toledo!**

1. ════ (Sacar) fotos de la Plaza Mayor.
2. ¡════ (Ver) la estatua de don Quijote en la Plaza de España!
3. ¡════ (Ir) al Museo del Prado!
4. ════ (Comprar) entradas para la visita al Palacio Real.
5. ════ (Visitar) el Museo de Arte Contemporáneo.
6. ════ (Pasear) por el Parque del Retiro.
7. ¡════ (Asistir) a una obra de teatro!
8. ¡════ (Salir) a escuchar un concierto de guitarra!

# Repaso

☑ internet

go.
hrw
.com

MARCAR: go.hrw.com
PALABRA CLAVE:
WV3 GUADALAJARA-6

CD-ROM
DISC 2

**1** Escucha dos versiones de una tarde en la vida de Ricardo. Indica cuál de las versiones corresponde a la tarde representada por los dibujos.

**2** Con un(a) compañero(a), habla de los temas indicados. Usa una expresión adecuada para introducir cada tema. Tu compañero(a) responde con una opinión del tema y luego él o ella cambia el tema cortésmente.

| ESTUDIANTE 1 | ESTUDIANTE 2 |
|---|---|
| un actor o una actriz famosa | la última película que viste |
| un concierto al que te encantaría asistir | un chisme de un(a) cantante |
| un(a) artista famoso(a) | tu programa favorito de televisión |

**3** Este fin de semana tienes muchos planes. Invita a un(a) compañero(a) a cuatro actividades. Tu compañero(a) debe responder con una explicación o con una opinión positiva de la actividad que mencionaste. Sigue el modelo.

**MODELO**
—Vamos a esa nueva discoteca el viernes, ¿qué te parece?
—Gracias por invitarme pero no puedo. Tengo muchas cosas que hacer...

**4** Este año, el club de español tiene la oportunidad de pintar un mural en el pasillo del colegio. Con dos compañeros(as), habla de tus ideas para un mural. Usen las siguientes expresiones. Deben expresar por lo menos una opinión y hacer dos sugerencias sobre qué necesitan hacer.

Es importante que...

Es necesario que...

Recomiendo que...

Conviene + inf.

Sería buena/mala idea + inf.

Hace falta que...

**5** Lee el artículo sobre el éxito reciente del grupo Maná. Luego escribe una conversación entre un miembro del grupo y un(a) reportero(a) de una revista de música. El (la) reportero(a) le pregunta sobre las actividades del grupo, sus nuevas canciones y los lugares que ha visitado este año. El cantante le da la información y sus opiniones sobre cada cosa.

# MANÁ

Después de años y años en que los solistas dominaron por completo el mercado, este año los grupos se convirtieron en una fuerte amenaza para su supremacía, y de entre todos ellos, sin duda fue Maná el grupo que más éxitos tuvo durante el año. "Cómo te deseo", "Vivir sin aire" y "Oye mi amor" se escucharon fuertemente en la radio y provocaron que cualquier lugar donde se presentara el grupo, estuviera a reventar. En una época dominada por las multitudinarias presentaciones de artistas internacionales, Maná tuvo el orgullo de llenar durante dos noches el Palacio de los Deportes. Fueron muchos años de lucha los de estos jóvenes tapatíos. Por eso su éxito es sólo una justa recompensa.

**6** Contesta cada pregunta con información cultural de este capítulo.

1. ¿Qué es el Instituto Cultural Cabañas?
2. ¿Quién fue el muralista más famoso de Jalisco?
3. ¿Qué pintaba Frida Kahlo?
4. ¿Para qué sirven los murales?
5. ¿Cuál es un instrumento popular en la región andina?
6. ¿Qué instrumento se puede hacer de la concha de un armadillo?

**7** **S i t u a c i ó n**

**A.** Para tu cumpleaños, tu abuela te mandó 30 dólares... ¡pero ahora hay un problema! Tus padres quieren que acompañes a tu abuelita a un concierto de violín, pero tú prefieres usar el dinero para ir a un concierto de rock. Con dos compañeros(as), haz los papeles de padre, madre e hijo(a). Deben expresar sus opiniones de las dos actividades mencionadas. También deben explicar qué hay que hacer para resolver el conflicto.

**B.** Estás hablando con un miembro de un grupo de danza y teatro sobre la posibilidad de implementar un programa de artes en tu comunidad. Durante la conversación, ustedes cambian de tema varias veces y hablan de sus opiniones de diferentes artes y artistas. Tu amigo(a) te invita a ver la próxima función de su grupo en México pero tú explicas por qué no puedes ir.

Cuaderno para hispanohablantes, p. 30

# A ver si puedo...

**Can you introduce and change a topic of conversation?**
p. 162

 Escribe un minidiálogo en que una persona sugiere un tema de conversación y la otra persona cambia el tema.

**MODELO** —¿Sabes algo de la música de Emanuel?
—Sí, es genial. A propósito, ¿vas al concierto mañana?

1. el arte de Frida Kahlo; los murales de Orozco
2. el Ballet Folklórico; el baile de la escuela
3. la música clásica; las sinfonías de Silvestre Revueltas
4. el examen de la clase de arte; el proyecto final

**Can you express what needs to be done?**
p. 164

**2** Usa varias expresiones para indicar que es necesario hacer las siguientes cosas para sacar notas excelentes en la clase de arte moderno.

1. los estudiantes / asistir a clase todos los días
2. tú / tomar buenos apuntes
3. nosotros / leer el libro de texto y otros libros de arte
4. Uds. / ver programas sobre el arte en la televisión
5. Mari / visitar muchos museos

**Can you express an opinion?** p. 165

**3** Escribe minidiálogos en que una persona pide una opinión sobre las siguientes cosas y la otra persona responde.

**MODELO** —¿Qué te parece el arte moderno?
—Para decir la verdad, no lo soporto.

1. la arquitectura mexicana
2. las pinturas de Frida Kahlo
3. la Mona Lisa
4. los instrumentos musicales de Latinoamérica
5. los murales de Diego Rivera

**Can you make suggestions and recommendations?**
p. 170

**4** El director de tu escuela quiere que el Consejo Estudiantil haga sugerencias para embellecer el campus. ¿Qué recomiendan Uds.?

1. hacer una limpieza general
2. poner basureros en...
3. colgar obras de los estudiantes en...
4. pintar un mural en las paredes de...
5. ¿?

**Can you turn down an invitation?** p. 172

**5** Responde a cada invitación y explica por qué no puedes aceptarla.

1. Voy a una exhibición de pinturas de Xul Solar. ¿Me acompañas?
2. El concierto de Luis Miguel es este fin de semana. ¿Quieres ir?
3. Hay un programa sobre Frida Kahlo esta noche. ¿Te gustaría verlo?
4. El Ballet Folklórico de México viene la semana próxima. ¿Qué te parece si vamos juntos(as)?

## Primer paso

### Introducing and changing a topic of conversation

| | |
|---|---|
| A propósito... | By the way . . . |
| Cambiando de tema, ¿qué me dices de...? | Changing subjects, what can you tell me about . . .? |
| Eso me hace pensar en... | That brings to mind . . . |
| Eso me recuerda... | That reminds me of . . . |
| Hablando de... | Speaking of . . . |
| ¿Has leído algo de...? | Have you read anything about . . .? |
| ¿Qué has oído de...? | What have you heard about . . .? |
| ¿Qué me cuentas de...? | What can you tell me about . . .? |

### The arts

| | |
|---|---|
| antiguo(a) | old; ancient |
| aprender a + inf. | to learn (to do something) |
| el (la) artista | artist |
| el bailarín/la bailarina | dancer |
| el (la) cantante | singer |
| contemporáneo(a) | contemporary |
| la danza | dance (as an art form) |
| el dibujo | drawing |
| diseñar | to design |

| | |
|---|---|
| el (la) escultor(a) | sculptor |
| la escultura | sculpture |
| la estatua | statue |
| la exhibición | exhibition |
| intentar | to try |
| el (la) músico(a) | musician |
| la orquesta | orchestra |
| patrocinar | to sponsor |
| la pintura | painting |

### Expressing what needs to be done

| | |
|---|---|
| Es importante que reconozcas... | It's important that you recognize . . . |
| Es necesario que busquemos... | It's necessary that we look for . . . |
| Hace falta que pintemos... | We need to paint . . . |

### Expressing an opinion

| | |
|---|---|
| Admiro mucho... | I admire very much . . . |
| Lo (La) encuentro... | I find it . . . |
| Me cae gordo. | I hate it. |
| Me deja frío(a). | It doesn't do anything for me. |
| Me parece que... | It seems to me that . . . |

| | |
|---|---|
| No lo (la) soporto. | I can't stand it (him/her). |
| Para decir la verdad... | To tell the truth . . . |
| Para ser sincero(a)... | To be honest . . . |
| ¿Qué opinas (piensas) de...? | What do you think of . . .? |
| ¿Qué te parece...? | How do you feel about . . .? |

### Describing

| | |
|---|---|
| creativo(a) | creative |
| de muy mal gusto | in very bad taste |
| entretenido(a) | entertaining |
| formidable | tremendous |
| genial | great |
| hermoso(a) | beautiful |
| imaginativo(a) | imaginative |
| incomprensible | incomprehensible |
| insignificante | trivial |
| insoportable | unbearable, intolerable |
| magnífico | magnificent |
| una obra maestra | masterpiece |
| pésimo(a) | awful |
| realista | realistic |

## Segundo paso

### Making suggestions and recommendations

| | |
|---|---|
| Es mejor que... | It's better for . . . to . . . |
| ¿Has pensado en...? | Have you thought of . . .? |
| No te conviene... | It's not advisable that you . . . |
| No te olvides de... | Don't forget to . . . |
| Sería buena/mala idea... | It would be a good/ bad idea to . . . |
| Sugiero que... | I suggest that . . . |
| Te aconsejo que... | I advise you to . . . |

| | |
|---|---|
| Le recomiendo a Juan que... | I recommend that Juan . . . |

### Turning down an invitation

| | |
|---|---|
| Gracias por invitarme, pero no puedo. | Thanks for inviting me, but I can't. |
| Hagámoslo mañana. | Let's do it tomorrow. |

| | |
|---|---|
| Lo siento, pero ya tengo otros planes. | I'm sorry, but I already have other plans. |
| No tengo ganas de + inf. | I don't feel like . . . |
| ¿Por qué no lo dejamos para... | Why don't we leave it for (another time)? |
| Tengo mucho que hacer. La próxima vez iré. | I have a lot to do. Next time I'll go. |

# ¡Ven conmigo a Buenos Aires!

## Argentina

**Población:** 39.301.755. Buenos Aires: 3.061.858 (zona metropolitana: 9.679.791)

**Área:** 2.780.400 km², cuatro veces más grande que Texas

**Ciudades principales:** Buenos Aires, Córdoba, Rosario, Mendoza, La Plata, Tucumán, Mar del Plata

**Productos agrícolas:** maíz, algodón, uvas, leche, sorgo, trigo, soja, carne de res

**Industrias:** productos químicos, vehículos, textiles, petróleo, pesca

**Personajes famosos:** Gabriela Sabatini (n. 1970), tenista; Jorge Luis Borges (1899–1986), escritor; Alberto Ginastera (1916–1983), compositor; José de San Martín (1778–1850), militar y político

**Platos típicos:** asado, empanadas con chimichurri, carbonada criolla, parrillada, alfajores, pucheros, mate (una bebida)

go.hrw.com

WV3 BUENOS AIRES

VIDEO

CD-ROM DISC 2

**Ésta es la Avenida 9 de Julio en Buenos Aires, una de las calles más anchas del mundo.** ▶

BOLIVIA
CHILE
PARAGUAY
BRASIL
Tucumán
Córdoba
Rosario
Mendoza
Buenos Aires
La Plata
URUGUAY
Bahía Blanca
Océano Atlántico
ARGENTINA
Cordillera de los Andes
Océano Pacífico
N
0 300 600 Kilómetros
0 300 600 Millas

# Argentina

El segundo país de Latinoamérica en tamaño, Argentina es una tierra de gran diversidad geográfica, con montañas nevadas, bosques espesos, llanos inmensos y hermosas playas blancas. Su población es única en la América Latina por la proporción de inmigrantes de origen italiano, alemán y de otras culturas no hispanohablantes. El centro cultural del país es Buenos Aires, la capital. Es una ciudad cosmopolita que se considera el París de las Américas.

internet

MARCAR: go.hrw.com
PALABRA CLAVE:
WV3 BUENOS AIRES

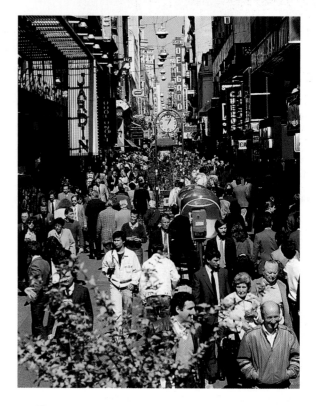

**1 La Calle Florida**
No importa cuál sea la época del año ni cómo esté el tiempo, los porteños siempre están en las calles, que están llenas de cafés y muchos otros comercios.

**2 El Congreso Nacional**
En este edificio se reúne el Congreso Argentino.

### El tango

De Argentina se ha exportado a todo el mundo el tango. Este baile fue en un tiempo censurado y ahora es el símbolo argentino por excelencia.

### En los capítulos 7 y 8

vas a aprender un poco de Argentina. Aunque Argentina es todavía la tierra del gaucho tradicional que trabaja en las pampas, es también un país modernísimo con rascacielos y tecnología avanzada. Vas a conocer la vida de la capital y paisajes que incluyen selvas tropicales y las zonas heladas de la Tierra del Fuego.

### 4 El pato, deporte argentino

Los residentes de Buenos Aires, los porteños, gozan de muchas actividades de recreo, como el pato (arriba) y el polo. Los jugadores de polo tienen ligas bien establecidas y los jugadores llegan a ser famosos.

### 5 Un símbolo de la independencia argentina

Los parques de Buenos Aires, llenos de estatuas y monumentos históricos, son una de sus atracciones más bellas. Ésta es una estatua de José de San Martín, quien liberó Argentina, Chile y Perú del dominio español.

### 6 *Horóscopo*, Xul Solar

Uno de los pintores porteños más famosos es Xul Solar. Muchas de sus obras están en el museo de arte que lleva su nombre.

# 7

# Dime con quién andas

## Objectives

**In this chapter you will learn to**

### Primer paso

- express happiness and unhappiness
- comfort someone

### Segundo paso

- make an apology
- describe an ideal relationship

internet

**MARCAR:** go.hrw.com
**PALABRA CLAVE:**
    WV3 BUENOS AIRES-7

◀ **Estamos en la gloria porque hemos ganado el campeonato. Siempre podemos contar con nuestros compañeros.**

# DE ANTEMANO · *Las amistades*

Cuaderno de actividades, p. 73, Acts. 1-2

## **Estrategia** para comprender

El escritor escocés Robert Louis Stevenson dijo que "un amigo es el mejor regalo que nos hacemos a nosotros mismos". Un(a) amigo(a) puede traernos mucha felicidad y puede enseñarnos mucho. Para conservar una buena amistad, hay varias cosas que debes tener en cuenta:

Aprovecha los medios de comunicación. Deja mensajes amables y graciosos en las contestadoras de tus amigos y amigas. También el sistema de FAX te permite decir a los amigos y amigas que no ves con frecuencia que estás pensando en ellos.

Escribe a tus amigos y amigas siempre que puedas. No necesitan ser largas cartas. Pero si no puedes ver a tus amigos y amigas con la frecuencia que quisieras, mantén viva la relación enviándoles de vez en cuando notitas, tarjetas o simples pensamientos que se te ocurran.

Señala ciertos momentos en tu agenda para tus amigos y amigas. Pueden ser quince para una llamada telefónica, media tarde para tomar un refresco, o una mañana en un club o gimnasio para hacer ejercicio juntos.

Mantente objetivo(a). Tendemos a pensar primero en cómo las decisiones de nuestros amigos y amigas afectarán nuestra propia vida. Pero éstos son momentos en que nuestros amigos y amigas necesitan apoyo, no juicios críticos. A veces ésa es la mejor ayuda que puedes ofrecerles.

**❝ Chely, habla Miguel. Estoy tan contento, no te lo vas a creer. ¡El profe me puso 10 en el examen de biología! ¡Estoy en la gloria! ¡Llámame! ❞**

## "Tu amistad es para mí un tesoro."

Conmemora días especiales. Ten una agenda con los cumpleaños y fechas importantes de tus mejores amigos y amigas. Hazles saber que los recuerdas con una llamada telefónica, un arreglo de flores, una tarjeta postal, un telegrama o un pequeño regalo gracioso.

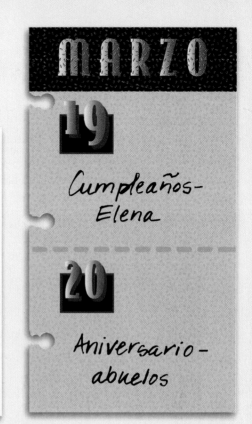

### MARZO

**19** Cumpleaños-Elena

**20** Aniversario-abuelos

Cuando un(a) amigo(a) esté en crisis, de cualquier tipo, está dispuesto(a) a ayudar. Escucha con paciencia, ante todo. Ofrécele tu consejo... si te lo pide. Ofrécele tu ayuda... si la necesita. Pero bríndale siempre tu presencia y tu tiempo.

### Recibe nuestro

Pablo—
Me dijeron que tu tío ha muerto. Lo siento. Comparto tu pena. ¿Qué puedo hacer por ti? Susana

REMY—
ME SIENTO FRUSTRADO CON CARLOTA. PENSABA QUE ERA BUENA AMIGA... PERO TUVO UNA FIESTA Y NO ME INVITÓ. ESTOY DOLIDO Y NO QUIERO HABLAR CON ELLA.

TOÑO

## 1 ¿Cierto o falso?

Indica si cada oración es **cierta** o **falsa.** Si es falsa, corrígela.

1. Miguel está feliz porque Chely sacó una nota muy buena.
2. La nota "10" es muy mala para Miguel.
3. Remy está triste porque Toño no le escribe.
4. Toño le escribe a Remy porque está triste.
5. Susana le manda una tarjeta a Pablo para su cumpleaños.

## 2 ¿Qué palabras usan?

¿Qué expresiones usa...?

1. Miguel para decir que está feliz
2. Toño para decir que no le gusta lo que le hizo Carlota
3. Susana para hacer a su amigo sentirse mejor

## 3 Consejos para amigos

¿Qué consejos les das a las siguientes personas?

1. Jaime no tiene mucho tiempo para hablar con sus amigos.
2. Rosa está triste porque su mejor amiga quiere estudiar en otra ciudad.
3. Natalia siempre se olvida de los cumpleaños de sus amigos.
4. Los papás de un amigo de Hernán se divorciaron y su amigo está triste.

## 4 Diálogos

Con un(a) compañero(a), prepara un diálogo en el que Remy le dice a Carlota que Toño está triste y por qué. Luego Remy le da unos consejos a Carlota sobre cómo ser una mejor amiga.

## 5 Ahora te toca a ti

Escribe en un párrafo lo que consideras importante en tus amistades y algunas cosas que haces para mantenerlas. Usa frases como **Es necesario que mis amigos(as)...** y **Quiero que mis compañeros(as)...**

### Nota cultural

Los argentinos y muchos otros latinoamericanos usan **vos** en lugar de **tú**. Las formas del verbo que se usan con **vos** son diferentes también. Por ejemplo, "¿Vos hablás español?" significa "¿Hablas tú español?" y "Decime la verdad" significa "Dime la verdad". ¿Qué significan las oraciones siguientes? "Vos bebés mate, ¿no?" "¿Vos escribís muchas cartas?" "Sentate aquí, por favor."

## Así se dice

### Expressing happiness and unhappiness

Cuando estás feliz, puedes decir:

**Estoy contento(a).**
**Estoy de buen humor.**
   *I'm in a good mood.*
**Estoy encantado(a) que** puedas venir.
   *I'm delighted that . . .*
**¡Estoy en la gloria!**
   *I'm in heaven!*
**Estoy orgulloso(a) de** mi hija
   *. . . proud of . . .*
**Me alegro que** tu tío esté mejor.
**Me encanta que** haya venido mi prima.
   *I'm delighted that . . .*

Cuando las cosas van mal, puedes decir:

**Estoy decepcionado(a)/desilusionado(a).**
   *I'm disappointed.*
**Temo que** mi amigo se enoje conmigo.
   *I'm afraid my friend will be angry with me.*
**Estoy dolido(a).**
   *I'm hurt.*
**Me dan ganas de llorar.**
   *It makes me feel like crying.*
**Me duele mucho que** Emilia no me hable.
   *It really hurts me that . . .*
**Me frustra que** mis amigos no me hayan llamado.
**Me siento frustrado(a).**

Cuaderno de actividades,
p. 75, Act. 5

---

**6**  **¡Qué alegría!**

**Escuchemos** Escucha los siguientes diálogos e indica qué foto corresponde a cada diálogo. Hay un diálogo que no corresponde a ninguna foto.

a.          b.          c.          d.

**7**  **¿Estás contento(a)?**

**Leamos/Hablemos** ¿Cómo te sientes si...?

1. un(a) amigo(a) no te saluda antes de las clases
2. un(a) buen(a) amigo(a) de otra ciudad viene a visitarte hoy
3. tu novio(a) te invita a cenar pero no viene al restaurante
4. haces las paces con alguien después de un conflicto
5. el (la) director(a) anuncia que eres el (la) mejor estudiante del año en tu colegio

### The subjunctive with expressions of feelings

1. Spanish speakers use the subjunctive after verbs and expressions that convey feelings, such as **alegrarse que, sentir que, temer que, ojalá que,** and **es triste que.**

   **Me alegro que** mis amigos **puedan** estar unos días aquí.
   **Tememos que** María **se enferme.**
   **¡Ojalá que** Ricardo no **llegue** tarde!

2. A change of subject after a verb that conveys feelings is shown by **que.** If there isn't a change of subject, the infinitive is normally used.

   Siento **que tengas** que trabajar hoy.
   Me alegro de **pasar** unos días aquí.
   Es triste **estar** solo en días especiales.

   Cuaderno de actividades, pp. 75–76, Act. 6

   Más práctica gramatical, pp. 212–213, Acts. 1–2

   Cuaderno de gramática, p. 55, Acts. 1–2

---

### 8 Gramática en contexto

**Escribamos** Usa las expresiones para desarrollar una oración. Combina una frase que expresa sentimiento con una frase que describe la situación.

¿Se te ha olvidado?
**irregular subjunctive**
Ver la página R38

Cuaderno de gramática, p. 56, Acts. 4–5

**MODELO**    tú / tener una entrada para el concierto
**Me alegro muchísimo que tengas una entrada para el concierto.**

1. Me alegro           mi padre / cocinar la cena
2. Me duele            mi novia / dejarme por otro
3. Me frustra          nosotros / vivir en una casa bonita
4. Me encanta          Rafaela / vivir sola
5. Estoy orgulloso(a)  los amigos de Rómulo / no hablarle
6. Estoy contento(a)   tú / pensar estudiar con nosotros
7. Temo               llover durante la boda de Mariana
8. Espero             yo / estar aquí para la boda

---

### 9 Gramática en contexto

**Leamos/Hablemos** Trabaja con un(a) compañero(a). Respondan a cada situación que sigue, expresando un sentimiento o una esperanza.

**MODELO**
—Nuestros primos nos visitarán por un mes.
—Me alegro que vengan porque les interesa hacer de todo.
—Temo que no se diviertan.

1. Hay una fiesta en casa de Juan, pero sus fiestas son aburridas.
2. Ustedes están solos(as) en casa durante una tormenta.
3. Rosa no se sentía bien ayer cuando ustedes la llamaron.
4. Ustedes le entregaron sus exámenes finales al profesor.
5. Ustedes están jugando en las finales de baloncesto.

**¿Te acuerdas?**
If there is no change of subject after a verb conveying feelings, the infinitive is used, as in **Me encanta patinar en línea** and **¿Te duele no poder hablar con ella?**

Cuaderno de gramática, p. 56, Act. 3

**10 Una mamá preocupada**

**Leamos/Escribamos** Lee la carta de Blanca. Luego lee las oraciones e indica si son **ciertas** o **falsas.** Si son falsas, corrígelas.

1. A Blanca le encanta que Nilda vaya a muchas fiestas.
2. Está contenta que sus hijos tengan buenos amigos.
3. Le preocupa a Blanca que Beto maneje tan rápido.
4. Se alegra que sus hijos no cuenten con ella para todo.
5. Le frustra tener hijos como Beto y Caty.

> Vivi,
>
> Siento molestarte pero sé que te puedo hablar de esto porque eres mi hermana. Tú sabes que tengo mucha suerte en tener buenos hijos. Pero andan con unos amigos... Nilda, una amiga de mi hija Caty — es muy alegre, pero no sé... parece que toda su vida es una fiesta. Y Marcos, el amigo de mi hijo Beto, siempre maneja rápido y además saca malas notas. Me gusta que mis hijos sean independientes pero temo que tengan problemas. ¿Debo decirles a mis hijos que no me gustan sus amigos? ¿Qué crees tú? Contéstame pronto. Un abrazo.
>
> Blanca

## Vocabulario

**la amistad** *friendship*
**apoyar** *to support*
**chismear** *to gossip*
**confiar en** *to trust*
**contar (ue) con** *to count or depend on*
**dejar de hablarse** *to stop speaking to each other*
**dejar plantado(a) a alguien** *to stand someone up*
**El problema está resuelto.** *The problem is solved.*
**pelearse** *to have a fight*
**reconciliarse** *to make up, to reconcile*
**resolver (ue) un problema** *to solve a problem*
**el rumor** *rumor*
**tener un malentendido** *to have a misunderstanding*

¡Qué carro más bonito!

**hacerle un cumplido a alguien**
*to compliment someone*

( Cuaderno de gramática, p. 57, Acts. 6–8 )   ( Cuaderno de actividades, pp. 74, 76, Acts. 3–4, 7 )

## Nota gramatical

In Spanish, plural reflexive verb forms can be used to express the idea of *each other.*

Josué y Carlota no **se hablan.**
  *Josué and Carlota aren't speaking (to each other).*
María y yo siempre **nos apoyamos.**
  *María and I always support each other.*

( Cuaderno de gramática, p. 58, Act. 9 )   Más práctica gramatical, p. 213, Act. 3

( Cuaderno de actividades, p. 76, Act. 8 )

**11 Escucha bien**

**Escuchemos** Escucha las frases e indica si cada frase que oyes es **lógica** o **ilógica.**

### Nota cultural

Los cafés, que se llaman **confiterías**, tienen mucha importancia en las vidas de los residentes de Buenos Aires. Muchas veces la gente se reúne en una confitería para hablar o para tomar té o café antes de ir al cine o a la ópera. Otras personas van para pensar o estar solas. Algunas confiterías son centros de actividad intelectual, con discusiones diarias sobre la política y la literatura. ¿Son tan importantes los cafés en Estados Unidos?

**12** **Gramática en contexto**

**Leamos/Hablemos** Indica cómo te sientes cuando...

1. un amigo chismoso inicia un rumor sobre ti
2. comienzas una nueva amistad
3. un(a) amigo(a) te hace un cumplido
4. descubres que no puedes confiar en un(a) amigo(a)
5. dos de tus mejores amigos(as) dejan de hablarse
6. descubres que no puedes contar con un(a) amigo(a)
7. te reconcilias con un(a) amigo(a)

## Gramática

### The present perfect subjunctive

1. The present perfect subjunctive is formed with the subjunctive of **haber** and a past participle.

| | |
|---|---|
| haya comprado | hayamos comprado |
| hayas comprado | hayáis comprado |
| haya comprado | hayan comprado |

2. Use the present perfect subjunctive to express an emotion about or hope that something has already happened.

Juan **ha recibido** mi carta.     *Juan has gotten my letter.*
Me alegro que Juan **haya recibido** mi carta.
  *I'm glad Juan has gotten my letter.*
No **han resuelto** el problema todavía.
  *They haven't solved the problem yet.*
Espero que lo **hayan resuelto.**
  *I hope they've solved it.*

Cuaderno de actividades, p. 77 Act. 9

Más práctica gramatical, p. 214, Act. 4 →

Cuaderno de gramática, pp. 58–59, Acts. 10–12

**13** **La emoción y la esperanza**

**Escuchemos** For each statement you hear, indicate whether the speaker is:

a. expressing emotion about a current situation
b. expressing emotion about something that has already happened
c. hoping that something will happen
d. hoping that something has already happened

¿Se te ha olvidado? **past participles** Ver las páginas R34–R35

## 14 Gramática en contexto

**Hablemos** Con un(a) compañero(a), habla sobre seis cosas buenas que han ocurrido en los últimos tres meses. Deben comenzar cada oración con una expresión como **me alegro que** o **me encanta que**.

**MODELO**   Me encanta que mis primos hayan venido a visitarme.

### Así se dice

#### Comforting someone

Si alguien necesita consuelo, puedes usar estas expresiones:

> Cuaderno de actividades,
> p. 77, Act. 10

**¡Ánimo!**   *Cheer up!*
**Comparto tu pena.**   *I share your grief.*
**Esto pasará pronto.**   *This will soon pass.*
**Lo siento mucho.**
**Mi más sentido pésame.**
  *My most heartfelt condolences.*

**No hay mal que cien años dure.**
  *It won't last forever.*
**No hay mal que por bien no venga.**
  *Every cloud has a silver lining.*
**No te preocupes.**
**¿Qué puedo hacer por ti?**
  *What can I do for you?*
**Tranquilo(a).**   *Calm down.*

## 15 ¿Respuestas lógicas?

**Leamos/Escribamos** Lee los diálogos e indica si las respuestas son lógicas o ilógicas para dar consuelo. Si son ilógicas, sugiere una respuesta más apropiada.

1. BECKY: El horario de mi trabajo me tiene loca. ¿Trabajar los fines de semana? ¡No lo aguanto más!
   ELENA: Me alegro que tengas ese horario.

2. ARTURO: No me lo puedo creer. Anoche me dijo mi novia que quiere romper conmigo.
   IRMA: No te preocupes. No hay mal que por bien no venga.

3. KAREEM: ¡Qué locura! Tengo que cuidar a mi hermana menor.
   BERNARDO: Me gusta que tengas tanta responsabilidad.

4. LUCITA: Nadie me ha invitado al baile y soy muy tímida.
   EDSON: ¡Ánimo! Voy con Rafael y Susana. Ven con nosotros.

### A lo nuestro

Sometimes proverbs like **no hay mal que cien años dure** can provoke an interesting response. A person might respond, **¡Ni persona que lo aguante!**, meaning *It may not last forever, but neither will I!*

## 16 Los altibajos de la vida

**Escribamos/Hablemos** Con unos(as) compañeros(as), escribe una lista de cinco o seis acontecimientos imaginarios. Tres deben ser positivos y tres negativos. Luego den su lista a otro grupo. Ese grupo responderá de forma adecuada a cada acontecimiento.

## 17 No pude hacer la tarea porque...

**Escribamos** Escribe un diálogo entre un profesor y varios estudiantes que vienen a explicarle que no pudieron hacer la tarea a causa de las cosas malas que les han ocurrido. El profesor responde a todos con expresiones adecuadas de consuelo (¡aunque de todas maneras tienen que hacer la tarea!).

# ¡Adelante! ▪ *Los conflictos personales*

Cuaderno de actividades,
p. 78, Acts. 11–12

No hay nada que sea más frustrante que un conflicto entre amigos o novios. ¿Cómo puedes hacer las paces con alguien después?

**1** No dejes que pasen muchos días porque se irán acentuando los rencores. Alguien tiene siempre que dar el primer paso.

**2** Cuando le pides hablar, no dramatices ni exageres. Asegúrate de estar muy calmado(a). Si te enojas podrías empeorar la situación.

Ana,
   Te dije que te iba a llamar anoche pero se me olvidó por completo.
Lo hice sin querer, te lo juro. Estaba estudiando para mi clase de álgebra. Rafael estaba conmigo, pregúntale a él. Perdóname, Ana-- no lo haré más.

                          Victor

**3** No te hagas el (la) ofendido(a) o víctima. Escucha lo que la otra persona tenga que decir al respecto.

---

### 18 Lo que debes hacer es...

Marta le da consejos a su amigo Rafael, que tiene un conflicto personal con otro amigo. Escucha cada consejo e indica si es bueno o no según la información de ¡Adelante!

### 19 ¿Cómo se expresa?

Indica qué expresiones usa Víctor para disculparse.

1. Lo siento muchísimo.
2. Lo hice sin querer.
3. No lo haré más.
4. Perdóname.
5. Discúlpame.
6. No lo volveré a hacer.

### 20 Un conflicto entre amigos

Contesta las preguntas con un(a) compañero(a).

1. ¿Qué puede pasar si cometes un error y no lo admites a tu amigo(a)?
2. ¿Por qué no debes esperar mucho tiempo para discutir un problema?
3. ¿Por qué debes estar tranquilo(a) cuando hablas de un problema?
4. ¿Qué debes hacer si tu amigo(a) viene a disculparse?

**4** No reconocer la falta puede ser fatal. Si tuviste la culpa acéptala y discúlpate.

Víctor,

La verdad es que sí estaba enojada, pero muchísimas gracias por tu cartita. No sabes cuánto te lo agradezco. No necesito hablar con Rafael, confío en ti completamente. Sé que puedo contar contigo para decirme la verdad.

Ana

**5** Si la otra persona da el primer paso, no cometas la imperdonable falta de ser imposible. Facilítale las cosas y agradécele su generosidad.

**6** ¿Qué significa una gotita de enojo al lado de una inmensa amistad o un gran amor? Vamos, no seas terco(a), da un paso al frente y ¡saca tu bandera blanca!

## **21** En orden de importancia

Escribe estas sugerencias en orden de importancia. Luego, con un(a) compañero(a), explica por qué las pusiste en ese orden. Si quieren, pueden discutir sus ideas con la clase.

1. No esperes mucho tiempo antes de discutir un conflicto.
2. No te enojes cuando discutes un conflicto.
3. Escucha lo que la otra persona tiene que decir.
4. Si cometes un error, admítelo.
5. Recuerda que la amistad es más importante que un poco de enojo.

## **22** Ahora te toca a ti

¿Cuáles de las sugerencias para resolver conflictos has usado? ¿Tuviste buen resultado? ¿Cuáles de las sugerencias son las más fáciles? ¿las más difíciles? ¿Por qué?

## La Organización de Estados Americanos

La Organización de Estados Americanos (OEA) es una asociación de 35 países de las Américas, incluyendo Estados Unidos y Canadá. El centro de operaciones está en Washington, D.C. El movimiento panamericano entre los países latinoamericanos comenzó al principio del siglo XIX. En 1826, el general venezolano Simón Bolívar realizó su sueño de unir las nuevas repúblicas de Latinoamérica cuando convocó la primera conferencia panamericana.

Centro de operaciones en Washington, D.C.

Simón Bolívar

## Para discutir

¿Para qué crees que existe la Organización de Estados Americanos? ¿Qué puede hacer una organización como ésta? ¿Hay otras organizaciones parecidas a la OEA en el mundo, en Estados Unidos o en tu comunidad?

## Vamos a comprenderlo

La Organización de Estados Americanos sirve para fomentar la cooperación económica y la justicia social, y para resolver los problemas políticos de una forma pacífica. Las organizaciones de este tipo pueden prevenir las guerras y los conflictos internacionales antes de que comiencen. Otras organizaciones parecidas son las Naciones Unidas, la Corte Mundial y las legislaturas de cada país y de cada estado.

## Así se dice

### Making an apology

Si necesitas pedirle perdón a un(a) amigo(a), puedes decir:

| | |
|---|---|
| Discúlpame. | *Forgive me.* |
| Lo hice sin querer. | *I didn't mean to do it.* |
| Lo siento mucho, es que no sabía. | *I'm very sorry; I didn't know.* |
| No lo haré más. | *I won't do it anymore.* |
| No lo volveré a hacer. | *I won't do it again.* |
| Perdóname. | *Forgive me.* |

**23** **¿Cómo contestas?**

**Escuchemos** Escucha cada diálogo e indica si oyes una **disculpa** o una expresión de **consuelo**.

## Vocabulario

### Problemas y soluciones

**admitir/cometer un error**
  *to admit/make a mistake*
**comprarle un regalo**
  *to buy someone a gift*
**darle un abrazo**
  *to give someone a hug*
**darse tiempo para pensar**
  *to give oneself time to think*
**discutir el problema**
  *to discuss the problem*
**insultar**     *to insult*
**mentir (ie, i)**     *to lie*
**no guardar los secretos**
  *not to keep secrets*
**respetar sus sentimientos**
  *to respect someone's feelings*
**romper con**     *to break up with someone*
**ser desleal**     *to be disloyal*
**ser infiel**     *to be unfaithful*
**tener celos de**     *to be jealous of*

**echarle la culpa a otro(a)**
*to blame someone else*

Más práctica gramatical, p. 214, Act. 5

Cuaderno de actividades, pp. 79–80, Acts. 13–16

Cuaderno de gramática, p. 60, Acts. 13–14

**También se puede decir...**

Puedes usar **cortar con** por **romper con**.

**24 Problemas y soluciones**

**Leamos/Escribamos** Completa las oraciones con las palabras más adecuadas.

1. Si un amigo necesita tiempo para pensar a solas, debes (admitir tu error, respetar sus sentimientos).

2. Si ya tienes novio(a) y sales con otra persona, (tienes celos, eres infiel).

3. Sabes que cometiste un error. Debes (echarle la culpa a otro, admitir tu error).

4. Tienes una amiga que nunca guarda tus secretos. Han discutido el problema pero no cambia nada. Tal vez debes (darle un abrazo, romper con esa persona).

5. Has insultado a tu hermanito. Debes disculparte y (darle un abrazo, mentir).

**25 Problemas sentimentales**

**Leamos/Hablemos** Lee el artículo. Luego completa las siguientes oraciones con la forma más apropiada de una expresión del **Vocabulario.**

1. La novia de Roberto ════ las otras chicas con quienes Roberto coqueteaba.

2. Cuando su novia le preguntaba a Roberto dónde estaba, él le ════.

3. Al descubrir que su novio era infiel, ════ con él.

4. Roberto ════ un error y no lo quiso *(wouldn't)* admitir.

## Un novio infiel

"**C**uando conocí a Roberto me enamoré de él como una loca. Él era encantador. Es más, era demasiado encantador. Me volvía loca verlo coquetear con otras chicas, pero juraba que sólo tenía ojos para mí. Varios fines de semana se me desaparecía y no había forma humana de localizarlo. Cuando le reclamaba, casi siempre me salía con que había estado ayudando a algún amigo a arreglar el auto, a mudarse, a resolver no sé qué problemas, etc. Una tarde pensé sorprender a mi novio del alma en su casa... y la sorprendida fui yo. Allí estaba en la sala, estudiando con otra muchacha. Así que corté con él ahí mismo."

 **26**  Del colegio al trabajo

**Escribamos** Tu compañero y tú son guionistas para una telenovela muy popular. Tienen que preparar el episodio final en que el(la) malvado(a) le pide perdón al protagonista. Escriban un minidrama de dos o tres páginas.

¿Se te ha olvidado?
**present perfect subjunctive**
Ver la página 198

Ver la página 198

### Nota cultural

El cine es tan popular como la televisión entre la gente de la capital argentina. Buenos Aires tiene alrededor de 80 cines que dan películas de Argentina, Estados Unidos y Europa. Es interesante ver una película en el Instituto de Realización Cinematográfica Argentina. Allí casi todos se sientan en el piso para ver la película, y después hay discusiones sobre su contenido social y político. Algunas películas argentinas son famosas en los Estados Unidos. Una de ellas, *La historia oficial,* ganó un *Academy Award* en 1986. ¿Tus amigos y tú discuten las películas que ven?

### Describing an ideal relationship

Si quieres hablar de unas relaciones ideales, puedes decir:

| | |
|---|---|
| ¿Cómo debe ser un(a) buen(a) amigo(a)? | Debe ser alguien **que me apoye** y **que respete** mis sentimientos. |
| | **...que no tenga celos de** mis otros(as) amigos(as). |

| | |
|---|---|
| ¿Qué buscas en **un(a) novio(a)?** *. . . a boyfriend/girlfriend?* | Busco a alguien **a quien le gusten** los deportes y **que sepa** algo de la música. |
| | **...que nunca me mienta, que siempre me diga** la verdad. |
| | **No aguanto a nadie que sea descortés.** *I can't stand anyone who's rude.* |

> Cuaderno de actividades, pp. 81–82, Acts. 17, 19

> Cuaderno de gramática, p. 61, Acts. 15–16

---

**27** **Unos novios ideales**

**Leamos/Escribamos** Lee estas descripciones. Para cada una escribe una oración que explique lo que la persona busca en un(a) novio(a).

> **MODELO** **Sara es una gran aficionada a Bach; también toca el violín en la orquesta.**
> **Sara busca un novio que sepa algo de la música clásica.**

1. Marcos es muy atlético. Pasa mucho tiempo practicando el fútbol norteamericano.
2. A Simón le encantan los animales. Tiene un perro, dos gatos y un loro.
3. Sara no aguanta a nadie que sea descortés.
4. En su tiempo libre Edgardo pinta, dibuja y hace esculturas.
5. Marisol pasa mucho tiempo navegando por Internet.

---

## Gramática

### The subjunctive with the unknown or nonexistent

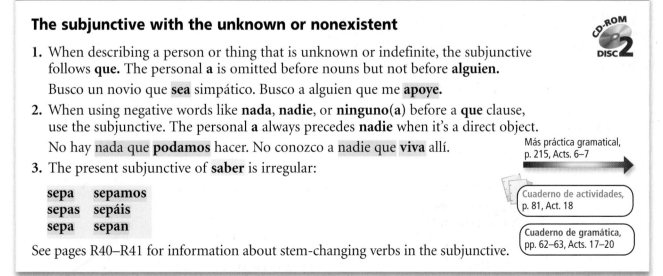

1. When describing a person or thing that is unknown or indefinite, the subjunctive follows **que.** The personal **a** is omitted before nouns but not before **alguien.**

   Busco un novio que **sea** simpático. Busco a alguien que me **apoye.**

2. When using negative words like **nada, nadie,** or **ninguno(a)** before a **que** clause, use the subjunctive. The personal **a** always precedes **nadie** when it's a direct object.

   No hay nada que **podamos** hacer. No conozco a nadie que **viva** allí.

   > Más práctica gramatical, p. 215, Acts. 6–7 →

3. The present subjunctive of **saber** is irregular:

   | | |
   |---|---|
   | sepa | sepamos |
   | sepas | sepáis |
   | sepa | sepan |

   > Cuaderno de actividades, p. 81, Act. 18

   > Cuaderno de gramática, pp. 62–63, Acts. 17–20

See pages R40–R41 for information about stem-changing verbs in the subjunctive.

## 28 Gramática en contexto

**Escuchemos** Escucha lo que dice cada persona. Si habla de alguien que existe con certeza, escribe **sí**. Escribe **no** si habla de alguien que **no** existe o si no se sabe si existe o no.

¿Se te ha olvidado?
**subjunctive forms**
Ver la página R38

## 29 Gramática en contexto

**Leamos/Hablemos** Imagina que tú y un(a) compañero(a) se sienten muy pesimistas sobre su ciudad y sus vidas. Contradigan las siguientes oraciones para expresar lo que piensan.

> **MODELO**  Hay buenos cafés donde podemos conversar.
> **Al contrario, no hay buenos restaurantes donde podamos conversar.**

1. Tenemos amigos que nos respetan.
2. Hay restaurantes que sirven buena comida.
3. Hay emisoras de radio que tocan buena música.
4. Tenemos conocidos(as) que nos llaman.
5. Hay un cine que da buenas películas.

## 30 Sueños y ambiciones

**Escribamos** Mira los dibujos e indica qué buscan, necesitan o quieren estas personas.

Leticia

Mario

## 31 Mi amigo(a) ideal

**Hablemos/Escribamos** Con unos(as) compañeros(as), hablen de sus relaciones ideales. Hagan una lista de lo que buscan en sus amigos (¡y lo que no aguantan!).

## 32 En mi cuaderno

**Escribamos** Escribes obras de teatro para el centro de bellas artes en tu ciudad. Escribe un pequeño drama en tres actos en que una persona deja plantada a otra. La persona ofendida llama a la otra persona para expresar su desilusión. Luego la otra persona le pide perdón. La persona ofendida acepta la disculpa. Usa expresiones de **Así se dice** en la página 203.

### Nota cultural

Los argentinos, como los estadounidenses, son muy aficionados a los deportes. El fútbol es el deporte más popular. Hay mucha competencia entre los equipos de los barrios de las ciudades grandes. El tenis es muy popular en parte debido a jugadores como Guillermo Vilas y Gabriela Sabatini. Hay mucho interés en los deportes ecuestres también. ¿Participan tú y tus amigos(as) en equipos o ligas locales?

CAPÍTULO 7   Dime con quién andas

## ¿Has tenido algún conflicto con un(a) amigo(a)?

Una amistad es difícil de romper. ¿Son parecidos a los tuyos los conflictos que describen estas jóvenes?

### Vanesa
**Coronado, Costa Rica**

"Sí, tuve uno y fue con mi mejor amiga... Yo estaba enamorada de un muchacho y ella lo sabía, éramos muy amigas, y ella se fue con el muchacho, sabiéndolo. Pero luego hablamos y la verdad [es que] muchas veces supo ser una amiga... preferí la amistad de ella. Un error lo comete cualquiera".

### Angeline
**Ponce, Puerto Rico**

"Me gustaba este muchacho y... [a] mi supuestamente amiga... le gustaba a ella también. Y yo le dije a ella que nuestra amistad valía mucho para un muchacho que no valía la pena y nosotros lo dejamos ir así".

### María José
**Buenos Aires, Argentina**

"Sí, tuve una amiga hace..., hasta marzo era mi mejor amiga, y nos separamos porque ella se puso de novia y se separó de mí. Y estoy intentando resolverlo todavía porque... no me quiere escuchar".

## Para pensar y hablar...

**A.** Dos de las entrevistadas tuvieron problemas similares. ¿Quiénes son? ¿Has tenido conflictos parecidos a los de las entrevistadas? ¿Cómo los solucionaste?

**B.** En tu opinión, ¿qué es un(a) buen(a) amigo(a)? ¿Cuáles son unas características que buscas en un(a) amigo(a)? ¿Por qué es importante la amistad? ¿Cómo resuelves conflictos con tus amigos?

Cuaderno para hispanohablantes, p. 35

### Un conflicto entre familias

Este cuento, escrito por el peruano Ricardo Palma, se llama una *tradición*. Las tradiciones son cuentos satíricos de la época colonial de América Latina.

**Estrategia para leer**

Every time you read, you draw conclusions by "reading between the lines." This is called making inferences. If you read "The boy cried and said he was going to run away," you probably infer that he's sad and having some family problems. Making inferences is a valuable tool you can use when reading.

### ¡A comenzar!

**A.** Lee el título, los dos primeros párrafos y el último párrafo del texto. ¿Cuál es el propósito del cuento? ¿Explica el origen de algo? ¿Contiene una moraleja? ¿Qué opinas? ¿Es "La camisa de Margarita" un cuento de verdad o de ficción?

### Al grano

**¿Te acuerdas?**

Think about how an article or story is organized as you read. Making a chart or outline can help you see the organization.

## La Camisa de Margarita

Es posible que algunos dé mis lectores les hayan oído decir a las viejas de Lima, cuando quieren ponderar un precio alto:

—Que si esto es más caro que la camisa de Margarita Pareja.

Margarita Pareja era (por los años de 1765) la hija más mimada de don Raimundo Pareja, caballero de Santiago, y colector general de Callao. La muchacha era tan bella que cautivaba al mismo diablo. Tenía ojos negros como dos torpedos cargados con dinamita que hacían explosión en el alma de los galanes limeños.

Llegó por entonces de España un arrogante mancebo, don Luis Alcázar. Tenía en Lima un rico tío solterón que era más orgulloso que los hijos de un rey. Por supuesto que, mientras llegaba la ocasión de heredar al tío, vivía don Luis muy pobre.

En la procesión de Santa Rosa conoció Alcázar a la linda Margarita. La muchacha le llenó el ojo y le flechó el corazón. Le echó flores, y aunque ella no le contestó ni sí ni no, dio a entender con sonrisitas que el galán era muy de su gusto. La verdad es que se enamoraron hasta la raíz del pelo.

Como los amantes olvidan que existe la aritmética, creyó don Luis que su presente pobreza no sería obstáculo, y fue al padre de Margarita y le pidió la mano de su hija.

A don Raimundo no le cayó bien la petición, y cortésmente despidió al postulante, diciéndole que Margarita era muy niña para casarse. Pero ésta no era la verdadera razón. Era que don Raimundo no quería ser suegro de un pobretón; y así se lo dijo a sus amigos. Cuando llegó el chisme a don Honorato, el tío de don Luis, se puso rabioso y dijo:

—¿Cómo? Muchos harían cualquier cosa para

emparentar con el muchacho. ¡Qué insolencia!

Margarita, pues, era muy nerviosa, lloró, se arrancó el pelo, y tuvo convulsiones. —O de Luis o de Dios— gritaba cuando los nervios se le sublevaban.

Don Raimundo, alarmado, llamó a médicos y curanderos y todos declararon que la cosa era muy seria. O casarla con el hombre de su gusto, o encerrarla en el cajón de palma y corona. Tal fue el "ultimátum" médico.

Don Raimundo (¡al fin padre!), se encaminó como loco a casa de don Honorato, y le dijo:

—Vengo a que consienta usted en que mañana mismo se case su sobrino con Margarita, porque si no, la muchacha se nos va a morir. —No puede ser— contestó sin interés el tío. Mi sobrino es un pobretón y lo que usted debe buscar para su hija es un hombre que sea rico.

El diálogo fue violento. Mientras más rogaba don Raimundo, más se enojaba don Honorato. Iba a retirarse don Raimundo cuando apareció don Luis y dijo:

**B.** Una lectura siempre tiene algún tipo de organización. Este cuento tiene una organización cronológica. Puedes dividirlo en más o menos nueve partes cronológicas. Con un(a) compañero(a), lee el texto y pon las nueve secciones en orden del uno al nueve.

  **a.** Margarita y Luis se conocen y se enamoran.

  **b.** Petición por la mano de Margarita y la reacción de su padre.

  **c.** Descripción general de Margarita.

  **d.** La reacción furiosa de don Honorato.

  **e.** La promesa de don Raimundo.

  **f.** La enfermedad de Margarita.

  **g.** La discusión entre don Raimundo y don Honorato.

  **h.** La descripción de la camisa de Margarita.

  **i.** Descripción general de Luis.

**C.** Ahora sabes mucho del cuento de Margarita. Algunas de las cosas que sabes están en el texto, y otras son inferencias que hiciste. Lee las siguientes oraciones e indica **a**, **b** o **c** para cada una.

  **a.** claramente expresado en el texto

  **b.** inferido del texto

  **c.** ni expresado ni inferido

    **1.** Luis no era de Lima originalmente.

    **2.** Luis le preguntó al padre de Margarita si podía casarse con ella.

    **3.** Un amigo de don Raimundo no podía guardar un secreto.

    **4.** La madre de Margarita estaba enferma también.

    **5.** Don Raimundo estaba preocupado por la vida de su hija.

# Vamos a leer

**6.** Don Raimundo y don Honorato se pelearon.

**7.** Don Honorato y Luis dijeron que renunciarían a la dote.

**8.** Había un nuevo sacerdote en la misa.

**9.** Después de darle la camisa, don Raimundo no le dio nada más a Margarita.

**D.** En español, escribe dos frases que describen a cada persona del cuento. ¡No menciones el nombre de la persona! Luego lee tus descripciones a un(a) compañero(a). Tu compañero(a) va a adivinar quiénes son.

**E.** Con un(a) compañero(a), prepara un minidrama con base en una de las siguientes ideas.

**1.** Margarita le cuenta a un(a) amigo(a) de su amor por don Luis y su frustración con su papá.

**2.** Luis habla con un(a) amigo(a) sobre su amor por Margarita y sobre su plan de casarse.

**3.** El padre de Margarita habla con un(a) costurero(a) para darle instrucciones para la camisa.

**F.** Do you think people under the age of 21 need their parents' permission to marry? What can happen if a family doesn't approve of the marriage? What do you think of the custom of the dowry?

Cuaderno para hispanohablantes, pp. 31–34

Cuaderno de actividades, p. 83, Acts. 21–22

—Pero, tío, no es de cristianos que matemos a quien no tiene la culpa.

—¿Tú estás satisfecho?

—De todo corazón, tío y señor.

—Pues bien, muchacho, pero con una condición, y es ésta: don Raimundo me tiene que jurar que no regalará un centavo a su hija ni le dejará nada de herencia.

Aquí empezó de nuevo el argumento.

—Pero, hombre —arguyó don Raimundo—, mi hija tiene veinte mil duros de dote.

—Renunciamos a la dote. La niña vendrá a casa de su marido nada más con la ropa que lleva puesta.

—Permítame usted entonces darle los muebles y el ajuar de novia.

—Ni un alfiler. Si no está de acuerdo, que se muera la chica.

—Sea usted razonable, don Honorato. Mi hija necesita llevar por lo menos una camisa para reemplazar la puesta.

—Bien. Consiento en que le regale la camisa de novia, y nada más.

Al día siguiente don Raimundo y don Honorato se dirigieron muy temprano a la iglesia de San Francisco para oír misa, y, según lo pactado, dijo el padre de Margarita:

—Juro no dar a mi hija más que la camisa de novia.

Y don Raimundo Pareja cumplió al pie de la letra su juramento, porque ni en la vida ni en la muerte dio después a su hija cosa que valiera un centavo.

Los encajes de Flandes que adornaban la camisa de la novia costaron dos mil setecientos duros. El cordoncillo que ajustaba el cuello era una cadenita de brillantes, valorizada en treinta mil monedas de plata.

Los recién casados hicieron creer al tío que la camisa valía muy poco porque don Honorato era tan obstinado que, al saber la verdad, habría forzado al sobrino a divorciarse.

Por esto fue muy merecida la fama de la camisa nupcial de Margarita Pareja.

# Vamos a escribir

¿Qué conflictos has tenido con otras personas? ¿Cómo resolvieron los conflictos? ¿Cuál se presta mejor para escribir una historia? En esta actividad vas a escribir sobre uno de esos conflictos y vas a aprender a captar la atención del lector desde un principio.

## ¡Qué lío!

Escribe una composición de tres o cuatro párrafos sobre un conflicto interesante que has tenido con otra(s) persona(s) y cómo lo resolvieron.

### Estrategia para escribir

**Snappy introductions** An interesting introduction will get your reader involved in your story immediately. One good way to begin is to ask a question to pique his or her curiosity. Another way to hook your reader is to start with an interesting or funny fact or incident related to your story.

### A. Preparación

1. Haz una lista de conflictos que has tenido. Luego escoge el conflicto que te parezca más importante, interesante o cómico. Considera las posibilidades que están a la derecha.

el teléfono   conciertos   fiestas

rumores

novios(as)   mentiras   clases

2. Haz otra lista de las cosas esenciales que ocurrieron en el conflicto.

3. Habla con otras personas que estaban allí para recordar detalles interesantes. Luego ponlos en tu lista.

### B. Redacción

1. Escribe una buena introducción usando la **Estrategia para escribir.**

2. Consulta tu lista de cosas que ocurrieron y escribe en párrafos lo que pasó. Usa palabras como **primero, luego, antes (de)** y **después (de).**

3. Escribe una conclusión en que explicas por qué este incidente fue tan importante, qué aprendiste o por qué no lo olvidarás nunca.

### C. Evaluación

1. Pídeles a unos(as) amigos(as) que lean tu introducción. Si dicen que no les llama la atención, cámbiala usando una pregunta más interesante o detalles más vívidos.

2. Lee los párrafos con cuidado. ¿Tiene sentido cada párrafo? Si no, agrega u omite detalles.

3. ¿Está organizada lógicamente la historia? Si no, cambia el orden de la historia para que sea más lógico.

# Más práctica gramatical

CD-ROM
DISC **2**

☒ internet

**MARCAR:** go.hrw.com
**PALABRA CLAVE:**
WV3 BUENOS AIRES-7

**Primer paso**   **Objectives** Expressing happiness and unhappiness; comforting someone

**1** Julia y Clara son amigas. Completa las cartas que se escribieron la semana pasada sobre la fiesta de Clara. Usa las formas correctas del subjuntivo de los verbos entre paréntesis. **(p. 196)**

> Querida Clara,
>
> Lo siento, pero no puedo ir a tu fiesta. Tengo gripe, y el doctor me
>
> recomienda que ___1___ (descansar) en casa unos días más. No es
>
> nada serio, y no quiero que tú ___2___ (preocuparse). Claro, mis
>
> padres están muy preocupados. ¡Me frustra que ellos no me ___3___
>
> (dejar) llamar a mis amigas! Temo que nosotras no ___4___ (poder) ir
>
> al parque de atracciones el sábado próximo tampoco. Ojalá que yo
>
> ___5___ (sentirme) mejor antes de nuestro partido de voleibol.
>
> Hasta luego,
>
> Julia

> Hola Julia,
>
> ¡Qué triste que tú ___6___ (estar) enferma! Espero que
> ___7___ (sentirse) mejor pronto. Siento que no ___8___ (ir) a
> venir a la fiesta, pero lo entiendo. Temo que Álvaro y Paula
> no ___9___ (venir) tampoco. Oye, ¿necesitas algo del colegio?
> ¿Quieres que yo te ___10___ (traer) tus libros y la tarea?
> Cuídate,
> Clara

**2** Unos amigos están planeando una reunión de compañeros de la escuela primaria. Forma oraciones completas para expresar lo que dicen todos sobre los planes. Usa la forma correcta del subjuntivo y sigue el modelo. (**p. 196**)

**MODELO**     Ojalá/Imelda/acordarse de comprar las invitaciones
              **Ojalá que Imelda se acuerde de comprar las invitaciones.**

1. Me alegro/Lourdes/poder asistir
2. Me frustra/nosotros/no tener la dirección de Andrés
3. Tememos/unos invitados/no recibir las invitaciones
4. ¡Ojalá/hacer buen tiempo!
5. Sentimos/unos compañeros/vivir demasiado lejos
6. ¿Temes/Micaela/olvidarse de venir?
7. Espero/todos/divertirse mucho
8. Me alegro/tú/querer ayudar con la comida
9. ¡Ojalá/nadie/enfermarse ese día!
10. Nos duele/Sandra/no tener interés en la reunión
11. A Marisa le frustra/no haber más tiempo para organizar todo
12. Siento/ser imposible tener la reunión en la playa

**3** Tomás filled out a magazine questionnaire about best friends. Read his responses. Then write a sentence explaining how often he and his best friend do the activities listed. Use the information in the questionnaire and follow the model. (**p. 197**)

**MODELO**     **Tomás y su mejor amigo nunca se escriben.**

|                            | **NUNCA** | **A VECES** | **SIEMPRE** |
|----------------------------|-----------|-------------|-------------|
| escribirse                 | ✔         |             |             |
| 1. llamarse por teléfono   |           |             | ✔           |
| 2. verse en el colegio     |           |             | ✔           |
| 3. verse después de clases |           | ✔           |             |
| 4. ayudarse con la tarea   |           | ✔           |             |
| 5. contarse sus problemas  |           |             | ✔           |
| 6. comprarse regalos       |           | ✔           |             |
| 7. hacerse cumplidos       | ✔         |             |             |

# Más práctica gramatical

CD-ROM
DISC 2

go.
hrw
.com

WV3 BUENOS AIRES-7

**4** Abelardo y Manolo están hablando sobre los problemas que han tenido Manolo y otros amigos. Forma oraciones completas para expresar lo que dice Abelardo. Usa el perfecto *(present perfect)* del subjuntivo y sigue el modelo. **(p. 198)**

**MODELO** Temo/Rogelio y Victoria/pelearse
**Temo que Rogelio y Victoria se hayan peleado.**

1. Le duele mucho/Victoria/no aceptar tu invitación
2. No le gusta para nada/ella/salir con otro chico
3. A Victoria le frustra/Rogelio/no confiar en ella
4. Y a Rogelio le molesta/yo/no decirle qué estaba pasando
5. Tampoco le gusta/Victoria/no querer decirle la verdad
6. A Victoria le duele/tú y Rogelio/no llamarla anoche
7. Es triste/ustedes/tener un malentendido
8. Ojalá/ustedes/empezar a resolver el problema ya

## Segundo paso

**Objectives** Making an apology; describing an ideal relationship

**5** La señorita Herrera trabaja como consejera en tu colegio. Completa los consejos que les da a los estudiantes. Usa cada verbo sólo una vez. **(p. 203)**

| darle | guardar | | admitir | romper | comprarle |
|-------|---------|--|---------|--------|-----------|
| mentir | insultar | discutir | tiene | respetar | echarle |
| | | darte | | | |

1. Si no tienes razón, es mejor ======= tu error.
2. Les recomiendo a todos que traten siempre de ======= los sentimientos de los demás.
3. Si una persona no sabe ======= tus secretos, es mejor que no le digas nada.
4. Antes de ======= con tu novio o novia para siempre, debes ======= tiempo para pensar.
5. Cuando has cometido un error, no deberías ======= la culpa a otra persona.
6. Cuando un amigo te hace una pregunta sincera, nunca le deberías =======. Dile la verdad siempre.
7. Si tu novio o novia ======= celos, trata de ======= el problema con él o ella.
8. Para reconciliarte con un amigo, deberías ======= un regalo y ======= un fuerte abrazo.
9. Nunca es bueno ======= a la gente. Los insultos no resuelven nada.

**6** You work for a pen-pal organization, and today you are trying to match up potential pen pals. Does your computer database have people with these characteristics? Remember that when describing a person who is unknown or nonexistent with a **que** clause, you need to use the subjunctive. (**p. 205**)

**MODELO** **hacer el esquí acuático (sí)**
**Hay muchas personas que hacen el esquí acuático.**
**hacer la escalada deportiva (no)**
**No hay nadie que haga la escalada deportiva.**

1. coleccionar estampillas (sí)
2. coleccionar monedas (no)
3. tocar el piano (sí)
4. tocar la guitarra eléctrica (no)
5. saber inglés (sí)
6. saber japonés (no)
7. ser vegetarianas (sí)
8. cocinar en un restaurante vegetariano (no)
9. jugar al voleibol (sí)
10. jugar al jai alai (no)

**7** The following people have posted classified and personal ads in their local newspaper. Write a sentence that reflects what they are looking for, following the **Modelo**. (**p. 205**)

**MODELO** **el Sr. y la Sra. Fuentes/alguien/llevarse bien con los niños**
**Buscan a alguien que se lleve bien con los niños.**

1. Manolo/alguien/saber alemán
2. Luisa/un joven simpático/saber bailar el tango
3. Carlos/una chica/nunca estar a dieta
4. los músicos/dos personas/tocar el saxofón y la batería
5. nosotros/alguien/tener un buen sentido del humor
6. el jefe de la empresa/alguien/trabajar a tiempo completo
7. Carmen/alguien/saber montar a caballo
8. Miguel/alguien/saber bucear
9. tú/un(a) amigo(a) ideal/ser bilingüe

CD-ROM DISC 2

internet

go.hrw.com

**MARCAR:** go.hrw.com
**PALABRA CLAVE:**
WV3  BUENOS AIRES-7

**1**  Escucha lo que dice cada persona y responde con una expresión apropiada de felicidad, desilusión, consuelo o disculpa.

**2** Completa las oraciones con información cultural de este capítulo.

1. Gabriela Sabatini es famosa porque...

2. A los porteños les gusta ir a las confiterías para...

3. En lugar de **tú**, los argentinos usan el pronombre...

4. La Organización de Estados Americanos sirve para...

5. Es interesante ver una película en el Instituto de Realización Cinematográfica Argentina porque...

**3**  Imagina que estás buscando un(a) amigo(a) ideal por correspondencia. Discute el tema con tu compañero(a). Usen frases como **¿Qué buscas...?, Busco a alguien que...** o **No aguanto a nadie que...**

**4**  Con tres o cuatro compañeros(as), diseña unas tarjetas para...

1. expresar felicidad

2. dar consuelo

3. pedir perdón

Luego compartan sus tarjetas con la clase.

Eres mi amiga ahora y
para siempre...

Gracias por todo.
Nunca lo olvidaré.
Alonso

No te preocupes...
esto pasará pronto.

**5**  Imagina que un(a) amigo(a) rico(a) te dio 10.000 dólares para tu cumpleaños. Escríbele una carta para expresar tu felicidad.

**6** Usa las expresiones de **Así de dice** y otras expresiones de emoción para indicar cómo te sientes en cada situación.

> **MODELO**     Un(a) amigo(a) te dice que su perro ha muerto.
> —Siento que haya muerto. Sé que lo querías mucho.

1. Un amigo te dice que el equipo de tu escuela ha perdido el campeonato de baloncesto.

2. Una amiga te dice que el equipo de tu escuela ha ganado el campeonato de debate.

3. Un amigo te dice que te ha comprado entradas para el concierto de tu grupo favorito.

4. Una amiga te dice que su novio ha roto con ella.

5. Tu hermano mayor te dice que ha recibido una beca de 5.000,00 dólares.

**7** Con un(a) compañero(a), lee la carta que escribió Héctor Antonio a una revista. Luego prepara una conversación en la que Héctor Antonio habla con su amigo para expresar su desilusión. Su amigo le pide perdón y los dos amigos resuelven el problema.

> **"Queridos amigos y amigas:** Tengo problemas con un amigo mío. Lo consideraba un buen amigo mío pero ahora no sé. Anda ahora con unas personas que no me gustan mucho. Ya no me llama tanto como antes y casi nunca nos hablamos. Antes íbamos a bailar con otros amigos y amigas del colegio e íbamos también al cine, pero ahora casi nunca nos vemos. ¿Qué me aconsejan Uds.?**"
>
> ~ Héctor Antonio Varema

**8** **S i t u a c i ó n**

1. Tu novio(a) rompió contigo. Le dices a un(a) amigo(a) cómo te sientes y él o ella te da consuelo. Tu amigo(a) te ayuda a pensar en qué debes buscar para cuando vuelvas a tener novio(a).

2. Tú tienes un problema con tu amigo(a) por unos rumores que escuchó de ti. Discute el problema con tu amigo(a) y busca la solución al problema. Tú y tu amigo(a) se disculpan y se reconcilian.

Cuaderno para hispanohablantes, p. 35

# A ver si puedo...

WV3 BUENOS AIRES-7

**Can you express happiness and unhappiness? p. 195**

**1** ¿Cómo te sientes si...?

1. tu profesor(a) dice que está orgulloso(a) de ti
2. tus padres te dicen que van a darte un televisor
3. alguien te dice que tú eres su amigo(a) favorito(a)
4. un(a) amigo(a) gana entradas para el cine y quiere compartirlas contigo
5. tus abuelos te regalan un viaje a Europa

**Can you comfort someone? p. 199**

**2** Responde a lo que dicen las siguientes personas. ¿Qué les dices para darles consuelo?

1. Tu mejor amigo(a): No puedo mirar la tele por un mes.
2. Una niña de cinco años: ¡Se me perdió mi juguete!
3. Tu hermano(a): Nadie quiere salir conmigo.
4. Un(a) amigo(a): ¡Mira el carro! Mi padre no me dio permiso para usarlo, pero lo hice, ¡y tuve un accidente! Ahora no me deja salir.
5. Otro(a) estudiante: No me gusta la clase de historia... ¡me pongo tan nervioso(a) cuando el profesor me hace una pregunta!
6. Una compañera de clase: Estoy muy triste. Mi mejor amiga va a mudarse a otra ciudad.

**Can you make an apology? p. 203**

**3** Hay una persona en cada dibujo que necesita disculparse. Escribe una disculpa apropiada para cada persona.

**Can you describe an ideal relationship? p. 205**

**4** Estas personas buscan amigos ideales que sean como ellos. Para cada persona escribe si busca a alguien o si no aguanta a nadie que tenga la característica entre paréntesis.

1. Marcos está loco por coleccionar estampillas. (ser paciente)
2. Toña pasa mucho tiempo leyendo los libros de texto. (ser buen(a) estudiante)
3. A Carla le gusta mucho salir al parque. Nunca ve televisión. (quedarse frente a la tele)
4. Eduardo toca muchos instrumentos musicales. (saber de música)

## Primer paso

### Expressing happiness

| | |
|---|---|
| Estoy contento(a). | I'm happy. |
| Estoy de buen humor. | I'm in a good mood. |
| ¡Estoy en la gloria! | I'm in heaven! |
| Estoy encantado(a) que... | I'm delighted that . . . |
| Estoy orgulloso(a) de... | I'm proud of . . . |
| Me alegro que... | I'm glad that . . . |
| Me encanta que... | I'm delighted that . . . |

### Expressing unhappiness

| | |
|---|---|
| Estoy decepcionado(a). | I'm disappointed. |
| Estoy desilusionado(a). | I'm disappointed. |
| Estoy dolido(a). | I'm hurt. |
| Me dan ganas de llorar. | It makes me feel like crying. |
| Me duele mucho que... | It really hurts me that . . . |
| Me frustra que... | It frustrates me that . . . |

| | |
|---|---|
| Me siento frustrado(a). | I'm frustrated. |
| Temo que... | I'm afraid that . . . |

### Friendship

| | |
|---|---|
| la amistad | friendship |
| apoyar | to support |
| chismear | to gossip |
| confiar en | to trust |
| contar (ue) con | to count or depend on |
| dejar de hablarse | to stop speaking to each other |
| dejar plantado(a) a alguien | to stand someone up |
| El problema está resuelto. | The problem is solved. |
| hacerle un cumplido a alguien | to compliment someone |
| pelearse | to have a fight |
| reconciliarse | to make up, to reconcile |

| | |
|---|---|
| resolver (ue) un problema | to solve a problem |
| el rumor | rumor |
| tener un malentendido | to have a misunderstanding |

### Comforting someone

| | |
|---|---|
| ¡Ánimo! | Cheer up! |
| Comparto tu pena. | I share your grief. |
| Esto pasará pronto. | This will soon pass. |
| Lo siento mucho. | I'm very sorry. |
| Mi más sentido pésame. | My most heartfelt condolences. |
| No hay mal que cien años dure. | It won't last forever. |
| No hay mal que por bien no venga. | Every cloud has a silver lining. |
| No te preocupes. | Don't worry. |
| ¿Qué puedo hacer por ti? | What can I do for you? |
| Tranquilo(a). | Calm down. |

## Segundo paso

### Making an apology

| | |
|---|---|
| Discúlpame. | Forgive me. |
| Lo hice sin querer. | I didn't mean to do it. |
| Lo siento mucho, es que no sabía. | I'm very sorry; I didn't know. |
| No lo haré más. | I won't do it anymore. |
| No lo volveré a hacer. | I won't do it again. |
| Perdóname. | Forgive me. |

### Problems and solutions

| | |
|---|---|
| admitir/cometer un error | to admit/make a mistake |
| comprarle un regalo | to buy someone a gift |
| darle un abrazo | to give someone a hug |

| | |
|---|---|
| darse tiempo para pensar | to give oneself time to think |
| discutir el problema | to discuss the problem |
| echarle la culpa a otro(a) | to blame someone else |
| insultar | to insult |
| mentir (ie, i) | to lie |
| no guardar los secretos | not to keep secrets |
| respetar sus sentimientos | to respect someone's feelings |
| romper con | to break up with someone |
| ser desleal | to be disloyal |
| ser infiel | to be unfaithful |
| tener celos de | to be jealous of |

### Describing an ideal relationship

| | |
|---|---|
| Busco a alguien... | I look for someone . . . |
| a quien le guste(n)... | who likes . . . |
| que me apoye. | who'll support me. |
| que no tenga celos de... | who won't be jealous of . . . |
| que nunca me mienta. | who'll never lie to me. |
| que respete... | who'll respect . . . |
| que sepa... | who knows . . . |
| que siempre me diga... | who'll always tell me . . . |
| No aguanto a nadie que sea descortés. | I can't stand anyone who's rude. |
| el (la) novio(a) | boyfriend/girlfriend |

# 8
# Los medios de comunicación

## Objectives

**In this chapter you will learn to**

### Primer paso

- express doubt and disbelief
- express certainty

### Segundo paso

- express possibility and impossibility
- express surprise

☑ internet

**go.hrw.com**

**MARCAR:** go.hrw.com
**PALABRA CLAVE:**
  WV3 BUENOS AIRES-8

◀ **No cabe duda que la Torre Entel de Santiago de Chile es magnífica de noche.**

# DE ANTEMANO · *La radio y la televisión*

Cuaderno de actividades, p. 85, Acts. 1–2

¡ENCUENTRA TU TESORO!

### Estrategia para comprender

La televisión afecta la vida de muchas personas. Y mucha gente pasa horas escuchando la radio. Otras personas tienen empleos relacionados con estos medios de comunicación. Lee lo que dicen estos estudiantes. ¿Qué tienes en común con ellos? ¿De qué maneras son diferentes?

**Alejandro**

**P:** ¿Te gusta ver la televisión?

**R:** Televisión prácticamente no veo porque no tengo tiempo para dedicarle a la televisión, pero de vez en cuando me gusta sentarme un rato a mirar televisión.

**P:** Y cuando sí miras, ¿qué tipo de programa te gusta ver?

**R:** Generalmente películas … series.

**P:** ¿Qué tipo de programa no te gusta?

**R:** ¿Qué tipo de programa? Los concursos, eh, … todo ese tipo de programas de concursos o programas que duran a lo mejor muchísimas horas y que tienen demasiados temas o cosas, programas musicales, eso no.

**Juan**

**P:** ¿Cómo se llama Ud. y de dónde es?

**R:** Bueno, mi nombre es Juan Andrés Hernández García, nacionalidad venezolana y mi profesión en la actualidad, bueno, tengo dos: acá en el Hotel Continental eh… la… funciono como mesero, y aparte soy locutor también y desempeño las funciones en un programa especial en Radio Bonita, emisora 1520 AM. … . Allí yo tengo un programa dominical, el cual lo realizo con una proyección de enfoque mundial, sobre costumbres, tradiciones, culturas de varios países, y el cual llevo a cabo en Radio Bonita, una emisora de Guatire.

**DELGADO:** ¿Podría decirme qué pasó aquí?

**POLICÍA:** Este... a las ocho de la mañana entraron un hombre y una mujer en el banco. Sacaron pistolas y amenazaron a los empleados del banco con la muerte si no les entregaban 100.000 dólares en seguida.

**DELGADO:** ¿Podrá reconocerlos alguno de los empleados?

**POLICÍA:** No creo que los reconozca nadie pues llevaban máscaras.

**DELGADO:** ¿Ha encontrado la policía a los ladrones?

**POLICÍA:** Dudamos que estén todavía en la ciudad. Estamos seguros de que había cómplices que los esperaban en un carro para escaparse. No sabemos dónde están pero se han ido de la ciudad sin duda alguna.

**DELGADO:** Parece mentira que hayan podido robar el banco tan fácilmente.

**POLICÍA:** Y es increíble que se hayan escapado tan rápidamente, pero los vamos a encontrar y meter a la cárcel. No cabe la menor duda.

**JUEVES**

# Radio 1000 AM

### 12:00
**OIGA DOCTOR**
Consulte sin previa cita a médicos de gran prestigio
CONDUCE: MARÍA DE LA LUZ TORRES - CANO NEWTON

### 13:00
**LA CIUDAD**
2ª emisión
CONDUCE: MAYTÉ NORIEGA
Noticias nacionales e internacionales

### 14:00
**LA MISCELÁNEA DEL ÁNGEL**
Genio y figura...
CONDUCE: GERMÁN DEHESA

### 15:00
**DEL TINGO AL TANGO**
Comentarios y chismes del mundo del espectáculo
CONDUCEN: RONNA FLETCHER Y AGUSTÍN ROMO ORTEGA

**P:** ¿Le gusta ver televisión?

**R:** Sí, me gusta ver televisión.

**P:** ¿Qué programas ve?

**R:** Veo novelas.

**P:** ¿Algo más?

**R:** Informativo y algún programa de entretenimiento.

**P:** ¿Qué tipo de programa no le gusta?

**R:** De política.

**P:** ¿Por qué?

**R:** Porque a mí no me gusta la política.

**P:** ¿A Ud. le influencian mucho los anuncios publicitarios?

**R:** No, no, no le presto atención. Me es indiferente.

**Mariel**

## 1 ¿Tú crees que sea verdad?

Indica si cada frase es **cierta** o **falsa** o si **no se sabe**. Si es falsa, corrígela.

1. A Alejandro no le gustan los programas de deportes.
2. Juan tiene un programa especial en la emisora Radio Bonita sobre la música rock.
3. El señor Delgado está investigando el robo para la policía.
4. El agente de policía está seguro que van a encontrar a los ladrones.
5. Radio 1000 AM presenta información sobre el país y el mundo.
6. A Mariel le encantan los programas políticos.

## 2 Busca las expresiones

¿Qué expresiones se usan para expresar duda? ¿Cuáles se usan para expresar certeza? Haz una lista de estas expresiones.

## 3 ¿Comprendiste?

Contesta estas preguntas con un(a) compañero(a).

1. ¿Qué tipo de programas le gusta y no le gusta a Alejandro? ¿Por qué?
2. ¿Cuál es el enfoque del programa de Juan? ¿Escuchas programas de este tipo?
3. ¿Por qué no podrán reconocer a los ladrones los empleados del banco? ¿Cómo se escaparon del banco tan fácilmente?
4. ¿A quiénes puedes consultar si llamas a Radio 1000 AM a las 12? ¿Llamas tú a programas de este tipo?
5. ¿Qué opina Mariel de los anuncios publicitarios?

### Nota cultural

Es probable que la gente de América Latina dependa más de la radio que los estadounidenses. Hay más radios que televisores en América Latina, y muchas personas cuentan con la radio para escuchar las noticias, música, programas deportivos y novelas. ¿Es muy importante en tu vida la radio? ¿Qué tipo de programas prefieres escuchar?

## 4 ¿Qué significa?

Lee las frases de la primera columna. Usa el contexto para escoger la frase de la segunda columna que mejor define la(s) palabra(s) en negrilla. Usarás una definición dos veces.

1. Soy **locutor** de un programa especial en Radio Bonita.
2. Radio Bonita es una **emisora** de Guatire.
3. **Es increíble** que se hayan escapado los ladrones.
4. ¿A Ud. le influencian los **anuncios** publicitarios?
5. **Dudamos** que estén todavía en la ciudad.

a. lo que dicen para vender algo
b. estación de radio
c. una persona que habla por la radio
d. es difícil de creer

## 5 Ahora te toca a ti

Imagina que tú y dos o tres compañeros(as) son miembros de un comité que está planeando la programación para los viernes. Sugieran programas para la noche entre las ocho y las once y expliquen por qué cada programa es el más apropiado para cada hora.

**¡TELEVIVA!**
-------- **Canal 4** --------
¡Tu emisora favorita!

| Viernes | |
|---|---|
| 8 PM | Novela: "Esperanza sueña" |
| 9 PM | Documental: "Los volcanes" |
| 10 PM | Noticias locales e internacionales |
| 11 PM | Película: "Mi perro Frufrú" |

## Así se dice

### Expressing doubt and disbelief

Si quieres indicar que no crees algo, puedes decir:

Cuaderno de actividades, p. 86, Act. 4

**Dudo que** comience el noticiero antes de las once.

**Parece mentira que** haya corresponsales allí durante la guerra.

**No estoy seguro(a) que** el comentarista tenga razón.

**No creo que** tengan buenos programas en ese canal.

**No puedo creer que** los anuncios sean tan largos.

**Es increíble que** Internet tenga tanta información.

### Nota gramatical

Spanish uses the subjunctive after expressions of doubt and disbelief:

**No creo que** nuestro periódico **sea** muy bueno.

**Dudo que haya** tiempo para ver la tele.

**Haya** is the subjunctive of **hay**.

Cuaderno de gramática, pp. 64–65, Acts. 1–3

Más práctica gramatical, p. 240, Act. 1

**6  ¿Juana o Clarice?**

**Escuchemos** Juana piensa que hay demasiada violencia en la televisión. Clarice cree que el problema de la violencia es exagerado. Escucha cada frase e indica si la dijo Juana o Clarice.

**7  Gramática en contexto**

**Leamos/Escribamos** Toni está leyendo noticias sensacionalistas en el periódico. Completa sus pensamientos con la forma correcta de uno de los verbos.

| querer | gastar | hacer | decir | ser | tener |
|--------|--------|-------|-------|-----|-------|

1. Dudo que la senadora Rodríguez ===== billonaria.
2. No puedo creer que ella ===== veinticinco carros.
3. Es increíble que la senadora ===== un millón de dólares cada día.
4. Parece mentira que la senadora y sus amigos ===== un viaje a Europa cada mes.
5. No estoy seguro que este periódico ===== la verdad en sus artículos.
6. No creo que tú ===== comprar este periódico. ¡Es malísimo!

**8  Gramática en contexto**

**Leamos/Hablemos** Con un(a) compañero(a), combina elementos de las dos columnas para expresar por lo menos cinco opiniones sobre la programación violenta y su efecto en los niños. Luego indica si estás de acuerdo con estas opiniones y por qué.

| | |
|---|---|
| No creo que | haber tantos programas violentos |
| Dudo que | los padres no ver los programas con sus hijos |
| Parece mentira que | nosotros tener programas apropiados para los niños |
| Es increíble que | los padres no quejarse más de la violencia |
| No puedo creer que | los niños poder ver tanta violencia sin malos efectos |
| No estoy seguro(a) que | el Congreso permitir tanta violencia en la tele |

## 9 Lo dudo

**Leamos/Escribamos** Lee el artículo. Si no crees que las oraciones que siguen sean ciertas según lo que leíste, responde con expresiones de duda. Si crees que son ciertas, responde con **Es cierto.**

### Claves para ver mejor la televisión

El doctor Brandom Centerwall de la Escuela de Salud Pública de Seattle ha afirmado que "ver la televisión a menudo no debería ser dañino si los niños aprenden a interpretar lo que ven". Según él, restringir el acceso a ciertos programas es una solución eficaz pero pasajera. Lo más importante es enseñar al televidente desde pequeño a controlar la televisión. Esto significa explicar a los niños cómo funciona la tecnología audiovisual, quién diseña los programas, cómo se miden las audiencias, y qué significa cada pieza del lenguaje televisivo".

Precisamente por eso hemos hecho este artículo. Porque, en contra de lo que muchos opinan, ver la televisión no tiene por qué ser malo. Sólo hay que saber hacerlo.

1. Ver la televisión les hace daño a los niños.
2. Los niños deben tener acceso a todos los programas de televisión.
3. Los niños ya saben interpretar lo que ven en la televisión.
4. Debemos enseñarles a los niños a interpretar lo que ven en la televisión.
5. El autor cree que ver la televisión es malo.

## 10 No puedo creer que...

**Escribamos/Hablemos** Con dos o tres compañeros(as), escribe una lista de cinco oraciones absurdas o difíciles de creer. Luego den sus frases a otro grupo. Ese grupo debe expresar dudas sobre lo que Uds. han escrito.

MODELO    —¡Vamos a salir en la televisión hoy!
—No podemos creer que Uds. salgan en la tele hoy.

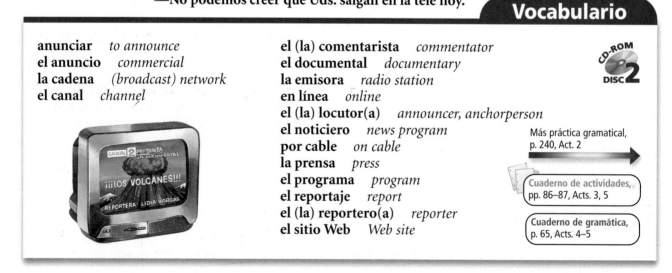

### Vocabulario

**anunciar**   *to announce*
**el anuncio**   *commercial*
**la cadena**   *(broadcast) network*
**el canal**   *channel*

**el (la) comentarista**   *commentator*
**el documental**   *documentary*
**la emisora**   *radio station*
**en línea**   *online*
**el (la) locutor(a)**   *announcer, anchorperson*
**el noticiero**   *news program*
**por cable**   *on cable*
**la prensa**   *press*
**el programa**   *program*
**el reportaje**   *report*
**el (la) reportero(a)**   *reporter*
**el sitio Web**   *Web site*

CD-ROM
DISC 2

Más práctica gramatical,
p. 240, Act. 2

Cuaderno de actividades,
pp. 86–87, Acts. 3, 5

Cuaderno de gramática,
p. 65, Acts. 4–5

## 11 En la tele

**Escuchemos** Vas a escuchar cinco oraciones. Indica qué palabra del **Vocabulario** va mejor con cada frase que escuchas.

**12** **Un debate**

**Escribamos** Imagina que dos políticos están debatiendo los problemas de Internet. Cuando una persona da su opinión, la otra persona indica que no está de acuerdo y da su propia opinión. Escribe por lo menos 10 oraciones.

MODELO

SENADORA GARCÍA:
**Creo que debemos controlar y limitar lo que sale en Internet.**

SENADOR FREIRE:
**Dudo que la variedad de ideas tenga tan mala influencia.**

**Nota cultural**

Argentina, como país inmenso al extremo del continente, se ha aplicado al uso de Internet. Este medio de comunicación sirve para unir a los argentinos con culturas, información y costumbres de otras regiones. Un estudiante en la Patagonia puede comunicarse por e-mail con alguien en Tucumán, leer un periódico de Buenos Aires, investigar la ecología de Costa Rica, comprar un diccionario ruso, todo por medio de Internet. ¿Qué cambios sociales crees que esto produce? ¿Qué cambios ha producido Internet en tu comunidad?

**13** **¿Qué piensan Uds.?**

**Hablemos** Imagina que tú y dos compañeros(as) son los invitados(as) en un programa de televisión para hablar de los problemas de la televisión. El anfitrión/la anfitriona *(host)* hace preguntas un poco ridículas. El grupo debe responder con expresiones de **Así se dice.**

MODELO

—**Hay demasiados programas para personas de su edad, ¿no les parece?**
—**No creemos que haya demasiados programas para nosotros(as).**

## Así se dice

### Expressing certainty

Si quieres expresar certeza, puedes decir:

Cuaderno de actividades, pp. 88–89, Acts. 8–9   Cuaderno de gramática, p. 66, Act. 6   CD-ROM DISC 2

**Es cierto que** hubo un documental anoche.
**Estoy seguro(a) que** el programa empieza a las siete.
**Estoy convencido(a) que** el noticiero de las diez es el mejor.
**Sin duda alguna.** *Without a doubt.*
**No cabe la menor duda.** *There is absolutely no doubt.*
**Claro que** todos recibimos tu anuncio por correo electrónico.
**Todo el mundo sabe que** hay periódicos en línea de muchas ciudades.
**Es evidente que** hay muchos anuncios durante los programas.

**Es obvio que** la emisora presenta una programación variada. *It's obvious that . . .*
**Por cierto.** *Certainly.*
**Por supuesto.** *Of course.*

### Nota gramatical

The preposition **por** is used in many fixed expressions, like **por cierto** and **por supuesto.** For an explanation of the uses of **por** and **para**, see page R32.

Más práctica gramatical, p. 241, Act. 3 →

**14** **Gramática en contexto**

**Leamos/Escribamos** Usa expresiones de **Así se dice** para afirmar que las siguientes oraciones son ciertas. Si no estás de acuerdo, cambia la oración para poder usar una expresión de duda.

1. Tenemos programas que estimulan a los jóvenes intelectualmente.

2. La televisión e Internet son útiles en la educación.

3. Los jóvenes pasan suficiente tiempo con los estudios.

4. Los jóvenes pasan demasiado tiempo viendo la tele y navegando por la Red.

## 15 Gramática en contexto

**Hablemos** Imagina que estás entrevistando a tu invitado(a) para el programa **El futuro de la comunicación**. Usa estas preguntas. Tu invitado(a) debe contestar con expresiones de duda o certeza usando las frases entre paréntesis u otras ideas que tenga.

1. ¿Cómo será el periódico en unos diez años? (periódico en papel/periódico en línea)
2. Todos tendrán cable dentro de cinco años, ¿no crees? (antena parabólica/cable)
3. ¿Crees que cada familia tendrá su propio sitio Web en quince años? (en línea/Red)
4. En tu opinión, ¿cómo se usará la Red en el futuro? (noticieros/en línea)

## 16 ¡Entrevista exclusiva!

**Escribamos** Imagina que eres reportero(a) para un noticiero sobre estrellas del cine y de la televisión. Escribe un diálogo breve en que el agente de una estrella responda a tus preguntas con expresiones de certeza o de duda.

MODELO

—La señorita Rulfo va a hacer una película este año, ¿no?
—Sí, es cierto que va a hacer una película en dos meses.

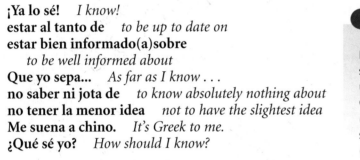

## Vocabulario

**¡Ya lo sé!** *I know!*
**estar al tanto de** *to be up to date on*
**estar bien informado(a) sobre**
 *to be well informed about*
**Que yo sepa...** *As far as I know . . .*
**no saber ni jota de** *to know absolutely nothing about*
**no tener la menor idea** *not to have the slightest idea*
**Me suena a chino.** *It's Greek to me.*
**¿Qué sé yo?** *How should I know?*

### A lo nuestro

Different cultures have different ways of saying that something is hard for them to understand. English uses the expression "It's Greek to me." Spanish uses **Me suena a chino** *(It sounds like Chinese to me)*, while German speakers say **Das kommt mir spanisch vor** *(That's Spanish to me)*.

Cuaderno de actividades, p. 88, Act. 7    Cuaderno de gramática, p. 66, Act. 7    Más práctica gramatical, p. 241, Act. 4

## 17 Un programa de concurso

**Hablemos** Imagina que un(a) compañero(a) quiere participar en el programa **¡Encuentra tu fortuna!** y que tú entrevistas a cada participante acerca de los temas del programa. Pregúntale a tu compañero(a) qué sabe sobre estos temas, y él o ella responderá con vocabulario de este **paso**.

1. las comidas de Estados Unidos
2. los idiomas que se hablan en Estados Unidos
3. los automóviles
4. los programas en la tele los viernes
5. las clases que dan en las escuelas secundarias

¿Se te ha olvidado?
**uses of se**
Ver la página R27

Cuaderno de gramática, p. 67, Acts. 8–9

## 18 ¿Quién sabe?

**Escribamos/Hablemos** Con dos o tres compañeros, escribe cinco preguntas. Luego, otro grupo tiene que contestarlas, usando las expresiones de este **paso** cuando sea posible.

MODELO

—¿Hay vida en el planeta Marte?
—¿Quién sabe? Que nosotros sepamos, no hay vida allí.

## ¿Cómo te afectan los anuncios comerciales?

Muchas empresas gastan millones de dólares al año en campañas publicitarias para promover sus productos. Escucha las respuestas de estas personas hispanohablantes acerca de la influencia de los anuncios comerciales.

**Alejandro**
**Buenos Aires,**
**Argentina**

"No. Creo que no. En algunos casos... pueda influir o me pueda llegar un mensaje pero [para que] me hagan tomar distintas decisiones... creo que ya esa parte de la elección es mía y no depende de la televisión o de un anuncio".

**Ricardo**
**Ciudad de México,**
**México**

"No, no me influencian mucho los anuncios publicitarios... Los anuncios que están muy bien hechos, me interesan por cómo están hechos, pero la información en general no me influencia".

**Vivian**
**Miami, Florida**

"Sí, me influyen mucho. Bueno, me informan, me hacen pensar en una manera, me dicen qué está pasando e influyen en mis pensamientos sobre ese tópico".

## Para pensar y hablar...

**A.** Dos entrevistados coinciden en que los anuncios comerciales no afectan sus decisiones. Sólo uno de ellos dice que le dan otros puntos de vista y otro dice que le atrae el modo en que los comerciales están hechos. ¿Quiénes son?

**B.** ¿Para qué sirven los anuncios comerciales? ¿Son distintos los comerciales que promueven productos de los anuncios que apoyan causas sociales? ¿De qué manera son distintos? ¿Están planeados los anuncios comerciales para un público de hombres y mujeres? ¿Para un público de todas las edades? Incluye detalles que apoyen tus respuestas.

Cuaderno para hispanohablantes,
pp. 39–40

# ¡Adelante! ▪ *Los medios de comunicación*

Los periódicos y las revistas son importantes medios de comunicación. ¿Lees el periódico o una revista con frecuencia?

**P:** **¿Lees el periódico todos los días y qué partes te gustan más?**

**R:** **Este... partes políticas, informativa, informe general y deportes.**

**P:** **¿Lees todos los días?**

**R:** **Todos los días, trato aunque sea...**

**P:** **¿Lees también revistas?**

**R:** **Eh... sí, no muchas pero leo bastante.**

**P:** **¿Cuáles?**

**R:** **Este, *Caras*, *Gente*, eh... *Gráfico*, este... y no, ninguna más.**

**Jorge**

## Los chicos periodistas

Son inquietos y recuriosos. No se cansan de preguntar y a la hora de mirar no se les escapa nada. Estos chicos se preparan y hacen temblar a los más experimentados profesionales.

Trabajan muy fuerte durante todo el año en los talleres de Periodismo y Medios de Comunicación que tiene cada escuela de la Municipalidad de Buenos Aires. Analizan la información de los medios y editan sus propias revistas. Y después se juntan para "comunicarse". Así es, más de 400 chicos, de tercero a séptimo grado, una vez por año se reúnen para intercambiar experiencias.

Asisten "todos juntos" a talleres en los que elaboran una encuesta, llenando formularios y preguntando—grabador en mano—sobre distintos temas; aprendiendo a armar la primera plana de un diario o a hacer su propio periódico con nombre y todo; otros se dedican a producir un programa de radio con efectos especiales o a grabar en video a los compañeros que trabajan; y nunca faltan los que le ponen el toque gracioso al encuentro, fabricando las páginas de humor. Y todas estas actividades son dirigidas por profesionales de verdad que confían a los chicos todos los secretos de la comunicación.

**19** **¿Comprendiste?**

1. ¿Cuándo lee Jorge el periódico?

2. ¿Qué secciones del periódico prefiere Jorge?

3. ¿Qué sección del periódico lee Ramiro para saber el resultado de un partido?

4. ¿En qué grados están los chicos que están estudiando periodismo en Buenos Aires?

5. ¿Quiénes enseñan las clases de periodismo?

6. Según el artículo en la página 231, ¿cómo ayudará a los estudiantes tener más horas de clase?

**20** **Busca las expresiones**

¿Qué palabras o frases se usan para...?

1. expresar posibilidad; imposibilidad

2. hablar de las partes del periódico

## *Comentario:*
## Se necesitan más horas de clase

Creemos que los estudiantes de nuestro país necesitan más horas de clase para competir con estudiantes de otros países. Si nuestros estudiantes no aprenden lo suficiente, es posible que tengan graves desventajas en el mundo comercial. Es imposible que nuestros estudiantes obtengan buenos empleos si continuamos con el programa de hoy. Puede ser que las horas adicionales de clase constituyan un problema para algunos estudiantes que trabajan, pero es probable que a la larga las horas adicionales ayuden a los estudiantes a encontrar buenos trabajos más tarde. Tal vez sea mejor introducir este plan experimentalmente en algunas ciudades. Esperamos que se pongan en contacto con sus representantes lo más pronto posible para discutir este problema.

**P: ¿Lees el periódico todos los días?**

**R: Sí, leo el periódico todos los días.**

**P: ¿Qué partes te gustan más?**

**R: No, lo leo todo, todo.**

**P: ¿No tienes una sección preferida?**

**R: No, a veces depende; si quiero saber el resultado de unos partidos, miro la parte de deportes, pero normalmente leo todo.**

**P: ¿Lees revistas también?**

**R: A veces también leo revistas.**

**Ramiro**

### 21 Para discutir

Con un(a) compañero(a), responde a las siguientes preguntas. ¿Están Uds. de acuerdo? ¿Cómo son parecidas sus opiniones y cómo son diferentes?

1. ¿Lees el periódico todos los días? ¿Por qué lees el periódico?

2. ¿Qué parte del periódico lees primero? ¿La primera plana *(front page)*? ¿Los editoriales? ¿La sección de deportes? ¿La sección de noticias locales o internacionales? ¿Por qué?

3. ¿Lees muchas revistas? ¿Lees revistas en línea? ¿Qué revistas lees? ¿Por qué?

4. ¿Cuáles son las ventajas de tener clases de periodismo para los jóvenes? ¿Hay clases parecidas en tu colegio o ciudad?

5. ¿Es buena idea tener más horas de clase cada día? ¿Por qué sí o por qué no?

### 22 Ahora te toca a ti

Además de las revistas y el periódico, ¿qué medios de comunicación usas regularmente? ¿Qué ventaja o desventaja tiene cada uno?

## Así se dice

### Expressing possibility and impossibility

Si quieres indicar que algo es posible o imposible, puedes decir:

**Es posible que** la cadena cancele mi programa favorito.

**Posiblemente** podamos grabar el documental en videocasete.

**Puede ser que** comience tarde el noticiero.

**Quizás / Tal vez / A lo mejor** haya información sobre eso en el periódico.

**Es fácil que** el artículo de Juan salga en una revista en línea.
*It's likely that . . .*

**Es difícil que** el DVD elimine completamente el videocasete.
*It's unlikely that . . .*

**Es probable que** mi hermano lea sólo la sección deportiva.

**Es imposible que** Andrés estudie mientras su hermana escucha la radio.

Cuaderno de actividades, p. 91, Act. 13

## Gramática

### The subjunctive after impersonal expressions

1. An impersonal expression consists of a form of the verb **ser** plus an adjective; for example, **es importante que, es necesario que,** or **es dudoso que.** Spanish uses the subjunctive after all impersonal **ser** expressions except those that express truth, such as **es cierto que, es verdad que, es evidente que,** and **es obvio que.**

   **Es dudoso que** la carta **llegue** pronto. *(subjunctive)*
   **Es cierto que tenemos** un buen periódico. *(indicative)*

2. When expressions like **es cierto que** are made negative, the subjunctive follows **que** because they then imply doubt.

   **No es cierto que** Alberto **sea** periodista para esa revista.

3. When expressions like **es dudoso que** are made negative, the indicative follows **que** because they no longer indicate doubt.

   **No es dudoso que** mucha gente **lee** sólo las tiras cómicas.

Más práctica gramatical, p. 242, Act. 5

Cuaderno de actividades, p. 91, Act. 12

Cuaderno de gramática, pp. 68–69, Acts. 10–12

## 23 Una revista internacional

**Escuchemos** Indica qué frase expresa lo contrario de cada frase que escuchas.

a. Es probable que haya artículos en otras lenguas.
b. Puede ser que usemos fotografías a colores.
c. Es difícil que vendamos muchos periódicos este año.
d. Es dudoso que tengamos corresponsales en otros países.

**24 Gramática en contexto**

**Leamos/Escribamos** Lee el artículo e indica si cada oración es **cierta** o **falsa**. Si es falsa, usa expresiones de **Así se dice** y **Gramática** para corregirla. Basa tus respuestas en el texto.

1. Es probable que la televisión no se relacione con la vida real.

2. Tal vez aumente la televisión nuestra experiencia del mundo.

3. Es posible que no haya relación entre nuestros sentimientos y lo que vemos en la tele.

4. Quizás a Pilar Aguilar no le guste la televisión.

**La tele recrea situaciones idénticas a las de la vida real**

En los programas televisados, según Pilar Aguilar, se vierten algunas de nuestras pasiones, miedos y deseos que reprimimos en la vida real. Además, las imágenes de televisión enriquecen nuestra experiencia y nuestra percepción limitada del mundo. Para colmo, el truco del medio audiovisual es que recrea situaciones que se parecen como una gota de agua a la realidad que nos rodea, pero que pertenecen a realidades muy lejanas.

| | |
|---|---|
| **los anuncios clasificados** *classified ads* | **la primera plana** *front page* |
| **el artículo** *article* | **la sección financiera** *financial section* |
| **los editoriales** *editorials* | **los titulares** *headlines* |
| **los obituarios** *obituaries* | |
| **el (la) periodista** *journalist* | |

Cuaderno de actividades, pp. 92–93, Acts. 14–16

Cuaderno de gramática, p. 69, Acts. 13–14

Más práctica gramatical, p. 243, Acts. 6–7

**25 Los titulares**

**Hablemos** ¿En qué sección del periódico puedes leer algo sobre las siguientes cosas?

1. la inflación
2. la ropa en París
3. las películas
4. la comida
5. el fútbol
6. fiestas de gente famosa
7. opiniones de los periodistas
8. Calvin y Hobbes®
9. las noticias más importantes

## 26 Fama y fortuna

**Escuchemos** Escucha las siguientes noticias e indica a qué personaje famoso se refiere cada una.

Gabriel Batistuta

Celia Cruz

el rey Juan Carlos

Daisy Fuentes

## 27 El periódico escolar

**Hablemos** Imagina que trabajas para el periódico de tu colegio. En grupos de cuatro, decidan cuáles van a ser los temas de esta semana. Cada persona debe escoger dos secciones del periódico y mencionar varias ideas para los artículos.

MODELO    sección deportiva
—Es probable que el equipo de tenis participe en las finales.

### Así se dice

**Expressing surprise**

Cuaderno de actividades, pp. 93–94, Acts. 17–18

Si quieres expresar sorpresa, puedes decir:

¡No puede ser!    ¡Qué sorpresa!    No me lo esperaba.
*It caught me by surprise.*

¡No me digas!    No me lo puedo creer.    ¡No es posible!

## 28 ¡No me digas!

**Leamos/Hablemos** Lee los siguientes titulares de la primera plana de un periódico que compraste en el supermercado. Luego expresa sorpresa de una manera diferente para cada titular.

¡Presidente de Estados Unidos es del planeta Júpiter!

¡Niño de 7 años levanta coche para salvar a su padre!

¡¡Serpiente gigante come ciudad entera!!

¡Estados Unidos vende Texas a la Argentina!

## 29 Historia completa

**Escribamos** Escoge dos de los titulares en la Actividad 28 y escribe un artículo corto para cada uno. Usa algunas de las siguientes expresiones.

es difícil que

no lo esperaba

quizás

tal vez

no puede ser

es imposible que

no puedo creer que

## 30 Eso no lo puedo creer

**Leamos/Hablemos** Con un(a) compañero(a), lee los artículos que Uds. escribieron en la Actividad 29. Después de leer los artículos, cada estudiante debe responder con las expresiones de **Así se dice** de este **Paso**.

## 31

 Del colegio al trabajo

**Hablemos/Escribamos** Eres director(a) del periódico de tu escuela y necesitas escribir un artículo sobre uno de los temas de abajo. Entrevista a dos o tres compañeros(as) de clase y apunta sus opiniones sobre el tema. Incluye sus comentarios en el artículo.

Es posible que sea necesario, pero para mí, nos dan demasiada tarea en el colegio. La tarea no debe ser obligatoria.

Nosotros ganamos dinero para el colegio. Creo que las escuelas deben pagarles a los atletas.

No entiendo por qué no puedo estudiar sólo ciencias. Sé que quiero ser químico. Tal vez podamos aprender mejor con un plan de estudios más especializado.

## 32 En mi cuaderno

**Escribamos** ¿Cuáles son las últimas noticias de tu colegio? Imagina que te toca a ti escribir el artículo de la primera plana para el periódico escolar. Escoge un tema de interés para tu colegio y escribe el artículo. Incluye expresiones de certeza y otras de posibilidad e imposibilidad.

## Signos de puntuación

Vas a leer un fragmento de una obra de teatro escrita por M. Toledo y Benito. Un hombre, el señor Álvarez, se ha muerto y en esta obra se lee su testamento *(will)*. Como verás, los diferentes personajes tienen muy diferentes interpretaciones del testamento.

### Estrategia **para leer**

Summarizing ideas is an easy way to help you concentrate on what you are reading. Simply stop and write down a short summary after each important idea you read. If you have any questions about what you are reading, jot them down also. As you continue reading, the answers will probably become clear.

### ¡A comenzar!

**A.** Revisa las secciones de **Personajes** y **Escena**. ¿De qué se tratan? ¿Por qué está incluida esta información en la obra?

**B.** Busca las instrucciones para los actores que se encuentran dentro de varias secciones de diálogo. Resume las acciones que los actores toman durante la obra.

### Al grano

**C.** Trabaja con unos(as) compañeros(as). Lean la obra en voz alta y con buena pronunciación. El testamento se repite seis veces. Resuman el contenido de cada versión en una oración.

**D.** ¿Entendiste todos los detalles? Trata de contestar todas estas preguntas sin mirar el texto. Si no sabes una respuesta, búscala en la lectura.

# Signos de puntuación

**I.**
**Personajes**

El juez     El mendigo
El maestro     El hermano
El sastre     El sobrino

Escena

(Una sala. Los personajes están sentados delante de una mesa. Habrá una pizarra colocada frente al público.)

\* \* \* \* \* \* \* \* \* \* \*

**El juez:** Y ya, señores, para que todos aprecien las diversas interpretaciones del testamento que dejó nuestro buen amigo el señor Álvarez, vamos a copiar en esa pizarra la forma en que lo dejó. *(al maestro)* Hágame el favor de copiarlo usted, señor maestro, que sabe usar la tiza con más soltura que cualquiera de nosotros...

**El maestro:** Permítame el original, señor juez.

**El juez:** *(dándoselo)* Sírvase.

**El hermano:** (*mientras el maestro copia en la pizarra el testamento que dice:* "Dejo mis bienes a mi sobrino no a mi hermano tampoco jamás se pagará la cuenta del sastre nunca de ningún modo para los mendigos todo lo dicho es mi deseo yo Federico Álvarez".) Señor juez, como hermano, quisiera hacer la primera interpretación.

**El juez:** Puede hacerla, señor.

**El hermano:** (*Puntúa el testamento y lo lee en la siguiente forma:*) "¿Dejo mis bienes a mi sobrino? No: a mi hermano. Tampoco jamás se pagará la cuenta del sastre. Nunca, de ningún modo para los mendigos. Todo lo dicho es mi deseo. Yo, Federico Álvarez".

**El sobrino:** Está equivocado, completamente equivocado, señor juez. La verdadera intención de mi tío fue otra, como les puedo demostrar. (*Puntúa el testamento y lee.*) "Dejo mis bienes a mi sobrino, no a mi hermano. Tampoco jamás se pagará la cuenta del sastre. Nunca de ningún modo para los mendigos. Todo lo dicho es mi deseo. Yo, Federico Álvarez".

# II.

**El sastre:** Y ahora, señor juez, me toca a mí demostrar la intención del señor Álvarez. (*Puntúa el testamento y lo lee.*) "¿Dejo mis bienes a mi sobrino? No. ¿A mi hermano? Tampoco, jamás.

## ¿Te acuerdas?

If you know specific details you want to find, you can scan the text quickly, looking only for those details.

1. ¿Quién escribe el testamento durante el drama?

2. ¿Dónde lo escribe?

3. ¿Por qué quiere dinero el sastre?

4. ¿Quién toma la decisión final sobre el testamento?

5. ¿Quién pone los signos de puntuación en la versión del testamento que el juez acepta?

6. Al final, ¿quién va a recibir los bienes (*possessions*) y el dinero del señor Álvarez?

E. Con unos(as) compañeros(as), copia la primera versión del testamento (la ambigua) en una hoja de papel. Escojan uno de los posibles herederos (el sobrino, el hermano, el sastre, los mendigos o el juez) y escriban los signos de puntuación adecuados sin consultar el libro de texto. Luego, den el testamento a otro grupo. El otro grupo tiene que adivinar quién recibirá los bienes del señor Álvarez.

F. En tu opinión, ¿cuál fue la meta del autor al escribir esta historia? ¿Qué defectos humanos está tratando de señalar? ¿Tiene la historia algún mensaje moral? ¿Cuál es?

G. Con un(a) compañero(a), escribe otro fin para la obra en el cual el juez escoge a la persona que debe recibir los bienes del señor Álvarez y explica por qué.

**H.** Imagina que un milagro ha ocurrido — el señor Álvarez no ha muerto en realidad y entra en la corte. Cuando descubre lo que dijeron los herederos, se pone furioso. Inventa una conversación en que el señor Álvarez habla con cada uno de los herederos.

**I.** Reúnete con unos(as) compañeros(as). Cada persona del grupo toma el punto de vista de uno de los personajes de la historia y explica por qué él o ella debe heredar los bienes del señor Álvarez. Las otras personas explican por qué no debe ser así.

**J.** Discuss these questions with two or three of your classmates and compare your opinions with those of the rest of your class.

1. Do you agree with the judge's decision? Why or why not?

2. Do you believe a similar situation could occur in real life? Explain your opinions.

3. Is it important to leave a will? Why or why not?

4. What are some ways to make sure that a will is clearly understood and carried out?

5. What form do you think wills will take in the future? In 50 years, will there still be documents written on paper? If a will were left on audiotape or videotape, could the message be as confusing as it is in this play? Explain your answers.

Se pagará la cuenta del sastre. Nunca de ningún modo para los mendigos. Todo lo dicho es mi deseo. Yo, Federico Álvarez".

**El mendigo:** Permítame, señor juez, puntuar el testamento como lo habría querido el señor Álvarez. (*Puntúa el testamento y lo lee.*) "¿Dejo mis bienes a mi sobrino? No. ¿A mi hermano? Tampoco jamás. ¿Se pagará la cuenta del sastre? Nunca, de ningún modo. Para los mendigos todo. Lo dicho es mi deseo. Yo, Federico Álvarez". Esto y nada más es lo que quiso mandar el señor Álvarez, téngalo por seguro.

**El maestro:** Yo no lo creo. El señor Álvarez habría querido que yo puntuara el testamento para él. (*Lo hace y lee este testamento en esta forma.*) "¿Dejo mis bienes a mi sobrino? No. ¿A mi hermano? Tampoco. Jamás se pagará la cuenta del sastre. Nunca, de ningún modo para los mendigos. Todo lo dicho es mi deseo. Yo, Federico Álvarez".

**El sastre:** En esa forma el señor Álvarez no habría dejado herederos.

**El juez:** Así es, en efecto, y, visto y considerando que esta última interpretación es correcta, declaro terminado el juicio, incautándome de esta herencia en nombre del Estado.

Cuaderno para hispanohablantes, pp.36–38

Cuaderno de actividades, p. 95, Acts. 19–20

# Vamos a escribir

La obra de teatro **Signos de puntuación** muestra la importancia de usar la puntuación para organizar las ideas de una manera clara y lógica. En esta actividad, vas a escribir un reportaje sobre un concierto para una revista de música y vas a aprender otra manera de hacer fluir lo que escribes de una manera lógica y organizada.

## El concierto

Imagina que trabajas para la revista **Megamúsica 17**. Escribe un reportaje de cuatro o cinco párrafos sobre un gran concierto en tu ciudad patrocinado por la organización **Juventud Contra la Droga**. Describe todas las cosas importantes que viste y oíste en el concierto.

### Estrategia para escribir

**Connecting words** Have you ever read a paragraph or composition that seemed more like a collection of unrelated sentences than a unified whole? Connecting words help solve that problem by joining thoughts together in a logical, unified way. For example, the words **primero, luego, antes (de), después (de),** and **por fin** help you describe a chain of events in a way that your reader can easily understand.

### A. Preparación

1. Imagina que llegas antes del comienzo del concierto. ¿Dónde es el concierto? ¿Quiénes están allí? ¿Qué ves y oyes? Haz una lista de todas tus impresiones. Si quieres, puedes hacer diagramas para vincular ideas relacionadas.

2. El concierto comienza. ¿Qué hora es? ¿Qué ves y qué oyes ahora? ¿Quiénes son los músicos? ¿Cómo son? ¿Qué tipo de canciones tocan? Añade estas impresiones a tu lista.

3. El concierto termina. ¿Qué tal estuvo? ¿Qué ves y oyes? ¿Cómo se siente la gente al salir del concierto?

### B. Redacción

1. Escribe una introducción en la que menciones qué grupo tocó y dónde.

2. Escribe dos o tres párrafos para dar detalles de lo que pasó en el concierto. Menciona las cosas más importantes de la lista que preparaste, y usa palabras adecuadas para vincular tus ideas.

3. Escribe una buena conclusión. Incluye lo que pensó la gente del concierto y tus opiniones globales. ¿Les gustó el concierto? ¿Habrá otros conciertos del mismo grupo?

### C. Evaluación

1. Lee tus párrafos. ¿Están bien organizados? Si no, cambia el orden de los elementos. ¿Usaste palabras apropiadas para vincular tus ideas?

2. Pídeles a dos o tres compañeros(as) que lean tu reportaje. ¿Les parece lógico? Agrega otros detalles e impresiones si son necesarios.

3. ¿Escribiste bien todas las palabras? Consulta un diccionario bilingüe, o a tus compañeros(as) o a tu profesor(a). ¿Usaste correctamente las formas verbales? Consulta tu libro de texto y habla con tu profesor(a) si necesitas ayuda.

# Más práctica gramatical

CD-ROM DISC 2

internet

MARCAR: go.hrw.com
PALABRA CLAVE:
WV3 BUENOS AIRES-8

## Primer paso

**Objectives** Expressing doubt and disbelief; expressing certainty

**1** La señora Dávila ve el noticiero todas las noches, pero nunca cree lo que dicen los locutores. Ahora está viendo un reportaje sobre un robo en el Museo de Arte. Forma oraciones completas para expresar lo que dice la señora. (p. 225)

**MODELO**   Dudo/el ladrón/quedarse en la ciudad por mucho tiempo
**Dudo que el ladrón se quede en la ciudad por mucho tiempo.**

1. Dudo/la policía/encontrar al ladrón del Museo de Arte
2. Parece mentira/el museo/no tener mejor sistema de seguridad
3. Es increíble/ellos/no entender cómo entró al museo
4. No puedo creer/el director del museo/no saber más sobre el robo
5. No creo/la pintura/ser ninguna obra maestra
6. Dudo/alguien/querer comprar la pintura robada
7. Parece mentira/una obra tan fea/costar tanto
8. Es increíble/los artistas famosos/pintar cuadros tan horribles

**2** Carlota está estudiando para un examen en su clase de periodismo y tiene una lista de palabras para memorizar. Escribe la palabra que corresponde a cada definición. (p. 226)

| | | |
|---|---|---|
| el noticiero | el documental | los reporteros |
| los comentaristas | los locutores | |
| la emisora | la prensa | |

1. tipo de programa en el que típicamente se habla de la política, la historia, las ciencias o la cultura
2. las personas que escriben artículos para un periódico o una revista
3. Estas personas nos explican sus opiniones de las noticias. Pueden trabajar para un periódico o la televisión.
4. los periódicos y las revistas
5. el programa que presenta información todos los días sobre la política, el tiempo, los deportes, etcétera
6. Estas personas son como reporteros, pero nos cuentan las noticias en la televisión o por la radio.
7. el lugar donde se hacen los programas de música o de noticias que la gente escucha en la radio

**3** Susana Carrilla trabaja como reportera. Usando **por** o **para**, completa lo que dice su amigo Leo de ella. (**p. 227**)

Susana Carrilla es reportera ___1___ el periódico de nuestra ciudad. ___2___ mí, es una reportera excelente. Sus artículos siempre me parecen muy interesantes. ___3___ ejemplo, el artículo sobre los problemas con el sistema de metro fue escrito por ella. Ella estudió periodismo ___4___ cuatro años en la universidad. ___5___ supuesto, le encanta su trabajo, aunque siempre está muy ocupada. Llega a su oficina muy temprano ___6___ la mañana. Todos los días tiene que hablar con mucha gente y hacer muchas llamadas ___7___ saber qué está pasando. De vez en cuando, ella pasa ___8___ el banco donde trabajo y nosotros salimos a almorzar. A veces, ___9___ terminar un artículo a tiempo, ella se queda trabajando hasta muy tarde. Ella tiene que terminar su próximo artículo ___10___ este jueves. ___11___ eso, no tiene tiempo ___12___ almorzar conmigo hoy.

**4** Ramón y Elsa necesitan preparar un reportaje para la clase de ciencias sociales. Completa lo que dicen con las expresiones que faltan. (**p. 228**)

| | |
|---|---|
| al tanto de | ya lo sé |
| estar bien informados | que yo sepa |
| tengo la menor idea | sabemos ni jota |

RAMÓN   Elsa, acuérdate que tenemos que hacer nuestro reportaje el próximo martes.

ELSA   Sí, ___1___. Pero todavía no sabemos de qué vamos a hablar. ¿Qué ideas tienes tú?

RAMÓN   Francamente, no ___2___. ¿Qué tal si hablamos sobre el medio ambiente?

ELSA   Pero, Ramón... Tú y yo no ___3___ del medio ambiente. Para hacer un reportaje, creo que debemos ___4___, ¿no te parece?

RAMÓN   De acuerdo. Entonces, ¿por qué no hablamos con mi prima? Ella trabaja en la emisora KVVG y siempre está ___5___ todo lo que pasa en la ciudad. Tal vez ella pueda darnos algunas ideas.

ELSA   Me parece una idea excelente. ___6___, seremos los únicos de la clase que van a hablar con alguien de la prensa. Hablemos con ella esta noche.

## Segundo paso

**Objectives** Expressing possiblity and impossibility; expressing surprise

**5** Are these predictions likely to come true by the time your class has its ten-year high school reunion? Express whether each prediction is certain, possible, or doubtful based on the responses in the chart. Remember that you need to use the subjunctive after expressions of doubt or possibility. (**p. 232**)

**MODELO** **Es cierto que habrá una computadora para cada estudiante.**

| PREDICCIÓN | CIERTO | POSIBLE | DUDOSO |
|---|---|---|---|
| Habrá una computadora para cada estudiante. | ✔ | | |
| 1. Pondrán una pizzería en la cafetería. | | | ✔ |
| 2. El colegio tendrá su propia emisora de música rock. | | ✔ | |
| 3. El equipo de voleibol jugará en los Juegos Olímpicos. | | ✔ | |
| 4. Habrá clases durante todo el año. | ✔ | | |
| 5. Construirán una piscina grande detrás del colegio. | | | ✔ |
| 6. Comprarán videojuegos y discos compactos para la biblioteca. | | ✔ | |
| 7. Los estudiantes llegarán al colegio en carros eléctricos. | | ✔ | |
| 8. Unos estudiantes serán artistas o músicos famosos. | ✔ | | |

**6** Indica qué sección del periódico están leyendo todos los miembros de la familia Fuentes en este momento, según las descripciones. **(p. 233)**

a. la sección de sociedad
b. las tiras cómicas
c. los editoriales
d. la sección de cocina
e. los anuncios clasificados

f. la primera plana
g. la sección de moda
h. la sección deportiva
i. la sección de ocio
j. la sección financiera

1. Roberto piensa comprar un carro usado.
2. La señora Fuentes quiere saber la opinión del comentarista sobre las elecciones.
3. La tía Ofelia quiere saber todo acerca de la boda de la hija de su amiga.
4. El señor Fuentes tiene mucha prisa, y sólo quiere leer los titulares más importantes.

5. Margarita quiere saber quién ganó el partido de baloncesto.
6. Arturo quiere saber a qué hora es el concierto este sábado.
7. A abuelita le parece excelente la receta de sopa de pollo.
8. Alejandra se está riendo de las travesuras de los personajes.

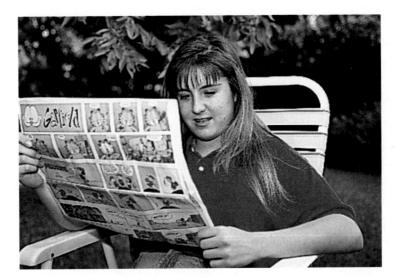

**7** Ahora, completa las oraciones con la forma correcta del verbo e indica a qué sección del periódico se refiere cada oración. **(pp. 232, 233)**

1. Es importante que usted ══════ (guardar) los ingredientes en la nevera.
2. Es verdad que esos personajes ══════ (ser) muy graciosos.
3. Es dudoso que la hija del Sr. Ramos ══════ (casarse) con nuestro alcalde.
4. Es evidente que mi equipo favorito no ══════ (ir) a ganar el campeonato.
5. Es necesario que la inflación no ══════ (aumentar).
6. No es cierto que los cines ══════ (ir) a pasar la película esta noche.
7. ¡Es imposible que esos trajes de baño ══════ (ser) de seda! El periodista se ha equivocado.
8. Es obvio que muchas personas ══════ (querer) vender sus coches.

CD-ROM DISC **2**

📶 internet

go.hrw.com
MARCAR: go.hrw.com
PALABRA CLAVE:
WV3 BUENOS AIRES-8

**1** Lee la tira cómica de Calvin y Hobbes® y responde a las siguientes oraciones con las expresiones de certeza, duda y sorpresa que aprendiste en este capítulo.

**MODELO**      Calvin quiere cocinar las palomitas *(popcorn)* sin la tapa *(lid)*.
—No puedo creer que quiera cocinarlas sin la tapa.

1. Es buena idea cocinar las palomitas sin la tapa.

2. Hay muchas palomitas en el piso.

3. A los padres de Calvin les encanta encontrar palomitas en el piso.

4. Van a cocinar más palomitas de maíz.

5. Según Calvin, cocinar palomitas de maíz sin la tapa es mejor que hacer explotar una papa en el horno de microondas.

**2** Imagina que tu escuela ha instalado una nueva red de computadoras que te permite comunicarte electrónicamente con otros estudiantes de tu colegio. Escribe un mensaje para enviar a un(a) amigo(a) en el que expresas tus opiniones del sistema. Usa todas las expresiones de **Así se dice** que puedas.

A: perea@colegio.edu
De: johnson@colegio.edu
Fecha: 18 abril

No puedo creer que tengamos este sistema.
Es obvio que tendré que usarlo mucho. Es
fenomenal. ¿Lo has usado? ¿Qué te parece?

**3** Imagina que tú y un(a) compañero(a) están en la televisión reseñando *(reviewing)* una película que han visto. Usa expresiones de **Así se dice** para responder a lo que dice tu compañero(a) sobre los actores, el argumento, los personajes y las situaciones.

**MODELO**      —Creo que la actriz principal va a ganar muchos premios de la
Academia de Cinematografía.
—No es probable que gane ningún premio; es más fácil que
el actor principal lo gane.

**4** ¿Qué parte del periódico estás escuchando? Para cada selección que oyes, indica de qué sección del periódico viene.

a. la sección de ocio

b. los editoriales

c. la sección financiera

d. la sección de moda

e. la primera plana

f. los obituarios

**5** Menciona por lo menos cinco noticias sobre tu ciudad a un(a) compañero(a). Tu compañero(a) debe responder a cada noticia con expresiones de **Así se dice.**

**MODELO** —No van a abrir la piscina municipal este verano.
—¡No me digas! No puedo creer que no abran la piscina.

**6** Con dos o tres compañeros(as), contesta las preguntas con información cultural de este capítulo.

1. Los estadounidenses cuentan mucho con la televisión para informarse. ¿Con qué cuentan muchos latinoamericanos?

2. ¿Para qué usan Internet los estudiantes argentinos?

3. ¿Dónde se pueden comprar revistas y periódicos en Latinoamérica?

4. ¿Qué horario tienen los buenos kioscos en Argentina?

5. ¿Qué se puede comprar en un kiosco argentino, además de periódicos y revistas? ¿Hay algo parecido a los kioscos en Estados Unidos? Expliquen sus respuestas.

**7**
## Situación

Con unos(as) compañeros(as), diseña parte de un noticiero de televisión, de radio o de Internet. Cada grupo en tu clase tendrá que hacer una presentación de cinco minutos sobre uno de los siguientes temas. Usen, cuando sea posible, las expresiones de **Así se dice** de este capítulo.

1. noticias locales e internacionales

2. comentario político

3. el clima / el tiempo

4. los deportes

5. las artes / las diversiones

6. reportajes de interés general

Cuaderno para hispanohablantes, p. 40

# A ver si puedo...

**Can you express doubt and disbelief? p. 225**

**1** Mira los dibujos y contesta las preguntas con expresiones de duda o de certeza.

**Sr. Gonsalves**

**Valerie**

**Kwang**

1. ¿Quiere comprar algo el señor Gonsalves?

2. ¿Tiene suficiente dinero el señor Gonsalves para comprar un periódico?

3. ¿Lee una revista Valerie?

4. ¿Está sufriendo de mucho estrés Valerie?

5. ¿Ha perdido Kwang el campeonato de tenis?

6. ¿Está en la gloria Kwang?

**Can you express certainty? p. 227**

**2** Responde a cada oración con una expresión de certeza.

1. Hay muchas emisoras en los Estados Unidos.

2. Leemos los periódicos para saber qué pasa en el mundo.

3. Escuchamos a los comentaristas para saber qué piensan.

4. Se pueden comprar periódicos y revistas en un kiosco.

5. Los periodistas expresan sus opiniones en los comentarios.

**Can you express possibility and impossibility? p. 232**

**3** ¿Qué tiempo va a hacer mañana? Contesta las preguntas con expresiones de posibilidad o imposibilidad.

1. ¿Va a llover mañana?

2. ¿Va a hacer buen tiempo?

3. ¿Habrá mucha niebla?

4. ¿Querrás ir a la playa mañana?

**Can you express surprise? p. 234**

**4** Estás mirando la televisión y ves y oyes las siguientes cosas. Responde a cada acontecimiento con una expresión de sorpresa.

1. Un perro está cantando Beethoven.

2. Una señora gana una casa nueva.

3. Una chica de quince años es graduada en la universidad.

4. Un carro deportivo cuesta 120.000 dólares.

5. El jabón nuevo se puede usar para lavarse la ropa y el pelo.

## Primer paso

### Expressing doubt and disbelief

| | |
|---|---|
| Dudo que... | I doubt that . . . |
| Es increíble que... | It's unbelievable that . . . |
| No creo que... | I don't believe that . . . |
| No estoy seguro(a) que... | I'm not sure that . . . |
| No puedo creer que... | I can't believe that . . . |
| Parece mentira que... | It's hard to believe that . . . |

### Media

| | |
|---|---|
| anunciar | to announce |
| el anuncio | commercial |
| la cadena | (broadcast) network |
| el canal | channel |
| el (la) comentarista | commentator |
| el documental | documentary |
| la emisora | station |
| en línea | online |

| | |
|---|---|
| el (la) locutor(a) | announcer, anchorperson |
| el noticiero | news program |
| por cable | on cable |
| la prensa | press |
| el programa | program |
| el reportaje | report |
| el (la) reportero(a) | reporter |
| el sitio Web | Web site |

### Expressing certainty

| | |
|---|---|
| Claro que... | Of course . . . |
| Es cierto que... | It's true that . . . |
| Es evidente que... | It's evident that . . . |
| Es obvio que... | It's obvious that . . . |
| Estoy convencido(a) que... | I'm convinced that . . . |
| Estoy seguro(a) que... | I'm certain that . . . |
| No cabe la menor duda. | There is absolutely no doubt. |
| Por cierto. | Certainly. |

| | |
|---|---|
| Por supuesto. | Of course. |
| Sin duda alguna. | Without a doubt. |
| Todo el mundo sabe que... | Everyone knows that . . . |

### Talking about what you know

| | |
|---|---|
| estar al tanto de | to be up to date on |
| estar bien informado(a) sobre | to be well-informed about |
| Me suena a chino. | It's Greek to me. |
| no saber ni jota de | to know absolutely nothing about |
| no tener la menor idea | not to have the slightest idea |
| ¿Qué sé yo? | How should I know? |
| Que yo sepa... | As far as I know . . . |
| ¡Ya lo sé! | I know! |

## Segundo paso

### Expressing possibility and impossibility

| | |
|---|---|
| A lo mejor... | Perhaps . . . |
| Es difícil que... | It's unlikely that . . . |
| Es fácil que... | It's likely that . . . |
| Es imposible que... | It's impossible that . . . |
| Es posible que... | It's possible that . . . |
| Es probable que... | It's probable that . . . |
| Posiblemente... | Possibly . . . |
| Puede ser que... | It's possible that . . . |
| Quizás... | Maybe . . . |
| Tal vez... | Maybe . . . |

### Newspaper

| | |
|---|---|
| los anuncios clasificados | classified ads |
| el artículo | article |

| | |
|---|---|
| los editoriales | editorials |
| los obituarios | obituaries |
| el (la) periodista | journalist |
| la primera plana | front page |
| la sección de cocina | food/cooking section |
| la sección de moda | fashion section |
| la sección de ocio | entertainment section |
| la sección de sociedad | society section |
| la sección deportiva | sports section |
| la sección financiera | financial section |
| las tiras cómicas | comics |

| | |
|---|---|
| los titulares | headlines |

### Expressing surprise

| | |
|---|---|
| No es posible. | It's not possible. |
| ¡No me digas! | You don't say! |
| No me lo esperaba. | It caught me by surprise. |
| No me lo puedo creer. | I can't believe it. |
| ¡No puede ser! | It can't be! |
| ¡Qué sorpresa! | What a surprise! |

# ¡Ven conmigo a Nueva York!

## Nueva York

**Población:** 8.008.278, en cinco distritos: Manhattan, Bronx, Queens, Brooklyn y Staten Island

**Población de habla hispana:** 2.160.554

**Área:** 780 km²

**Economía:** servicios financieros, servicios publicitarios, cultura y arte, teatro, turismo, moda, medios de comunicación

**Hispanos famosos:** Tito Puente (1923–2000), músico y compositor; Martina Arroyo (n. 1937), cantante de ópera; Jimmy Smits (n. 1955), actor; Irene Cara (n. 1959), cantante y actriz; Bobby Bonilla (n. 1963), jugador de béisbol

**Platos hispanos típicos:** arroz con plátanos fritos; lechón asado; ropa vieja; arroz con habichuelas

go.hrw.com

WV3 NEW YORK

VIDEO

CD-ROM DISC 3

La silueta de Nueva York, con sus rascacielos grandes, es impresionante. ▶

# Nueva York

Nueva York es una ciudad enorme, la más grande de Estados Unidos, y una de las más grandes del mundo. Es un gran centro financiero, cultural y de negocios. Los hispanos, sobre todo los puertorriqueños, cubanos y dominicanos, forman aproximadamente la cuarta parte de la población. El español es el segundo idioma más hablado aquí. Nueva York atrae a gente creativa del mundo entero. Por ejemplo, el escritor español Federico García Lorca y el poeta cubano José Martí vivieron aquí; también el compositor mexicano Carlos Chávez y el músico panameño Rubén Blades. Más que ninguna otra ciudad estadounidense, Nueva York pertenece al mundo.

📲 internet

go.hrw.com
MARCAR: go.hrw.com
PALABRA CLAVE:
WV3  NEW YORK

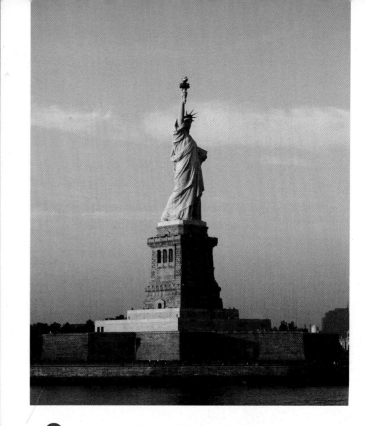

**1 Símbolo que conmemora la libertad**
Para muchos inmigrantes, la primera vista que tuvieron de Estados Unidos fue la de la Estatua de la Libertad. Aunque muchos llegan ahora al aeropuerto, la estatua todavía domina la vista al puerto y simboliza la puerta a una vida nueva.

**2 Lugar donde los hispanos expresan su arte**
No muy lejos del Parque Central está el Museo del Barrio, que comenzó como una sala de clase. Hoy día este museo de Harlem se dedica a la cultura hispana, sobre todo a la puertorriqueña.

**3 Símbolo de la unión de las naciones**
La construcción del edificio de Las Naciones Unidas se terminó en 1963. Esta organización de 185 países existe para fomentar la paz y el bienestar en el mundo. Javier Pérez de Cuéllar, de Perú, fue Secretario-General durante diez años, de 1982 a 1992.

### 4 Reserva de la vida animal salvaje

Como muchas ciudades grandes, Nueva York también tiene un zoológico. El del Bronx es el más grande del país, con especies de todos los continentes.

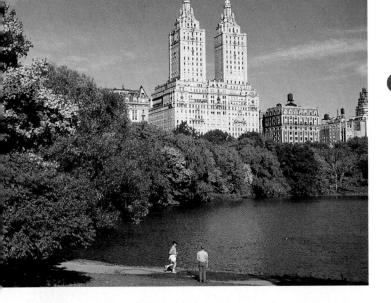

**En los capítulos 9 y 10,** conocerás Nueva York, el hogar de más de dos millones de hispanos. Conocerás también a varios neoyorquinos, y es posible que descubras que son semejantes a ti. Verás algunas de las muchas atracciones de esta variada metrópolis, que es una capital del mundo.

### 5 El pulmón de Nueva York

El Parque Central es una isla verde con lagos y plantas en medio de Manhattan. Ocupa 840 acres a lo largo de 50 cuadras. Más de 14 millones de personas gozan de las canchas de tenis, los lugares para montar a caballo, los jardines y el zoológico que hay en el parque.

### 7 Siglo de expresión artística

El Museo Metropolitano de Arte es uno de los más famosos del mundo. Uno puede pasar muchas horas, hasta días enteros, recorriendo todas sus salas.

### 6 Gran diversidad étnica y cultural

Nueva York es una ciudad de inmigrantes. Además de hispanos, hay mucha gente de China, Italia, Irlanda, Rusia y otros países. Los barrios italianos y chinos son famosos por sus restaurantes, sus festivales y por sus tiendas y mercados.

# 9

# Las apariencias engañan

## Objectives

**In this chapter you will learn to**

### Primer paso

- talk about emotional reactions
- express disagreement

### Segundo paso

- express an assumption
- make hypothetical statements

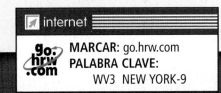

◄ ¡Qué felices estuvimos cuando volvimos a vernos!

# DE ANTEMANO · *A veces las apariencias engañan*

## Estrategia para comprender

Cuaderno de actividades, p. 97, Act. 1-2

Todos formamos parte de un grupo pero al mismo tiempo somos todos únicos y originales. A veces, por falta de información, una persona juzga mal a otra y ve sólo un estereotipo y no una persona. Vas a leer sobre las experiencias personales de seis estudiantes de la Sra. Nancy Stevens, profesora de español de Milford High School en Cincinnati, Ohio. ¿Te identificas con uno(a) de ellos?

## Una impresión errónea

Me gustaría creer que tengo una mente abierta. Por eso, cuando estoy equivocado, me gusta reconocerlo.

El año pasado, en una clase de inglés, yo estaba sentado cerca de un estudiante con una reputación de "malo". Era bastante descortés, hablaba en clase todo el tiempo y su actitud era como su reputación: mala. No hacía nada de tarea y les contaba muchos chistes horribles a los otros estudiantes. Pensaba que iba a pasar un año malo a causa de ese chico.

Un día, tuve que trabajar con él en un proyecto. Empezamos a hablar y nos caímos muy bien. Aprendí que a él le gusta escribir cuentos y poemas, que puede cantar muy bien y que tenemos mucho en común. Tenía una impresión equivocada de él; en realidad es muy inteligente y creativo. Hoy, es mi mejor amigo.

*Brian Reynolds*

## Las asiáticas

Soy coreana. Muchas personas piensan que las mujeres asiáticas somos tímidas. Me frustro cuando la gente me coloca en esta categoría porque no soy así. Soy mi propia persona y tomo mis propias decisiones. También tengo sentimientos y una personalidad con muchas facetas diferentes. Mis características son tan variadas que no se pueden colocar debajo de ningún rótulo. Tampoco es verdad que seamos calladas. Conozco a muchas chicas asiáticas que se animan y hablan en voz alta cuando tienen emociones fuertes.

Otra cosa que no es verdad es la idea de que todos los asiáticos sean expertos en ciencias y matemáticas. No me gustan estas materias y me siento presionada cuando algunos profesores de ciencias o matemáticas esperan demasiado de mí.

Así, los estereotipos raciales sólo resultan en malas interpretaciones.

*Karen Kim*

## La gente callada

Me enfado cuando la gente observa a una persona tímida y ve un esnob. Sólo porque una persona sea callada y no se comunica con palabras, otros creen que él o ella es egoísta. El aura del callado parece como un aire de presumido al resto del mundo. Sin embargo, las personas calladas son muy amigables y no hablan simplemente porque no quieren expresarse o porque no desean oír las opiniones que llegan a sus oídos.

Este estereotipo tiene mucha significación para mí. A veces soy tímida y no hablo. Pero cuando no me comunico con palabras, no pienso en mí misma sino en las noticias y en los problemas del mundo. ¡Creo que se debe respetar la timidez del otro!

*Tracy Shanks*

## Miembro de la banda

Me llamo Emily Seitz y soy miembro de la banda de mi colegio. Me enojo cuando la gente se refiere a mí como una nerd de banda. Los del equipo de fútbol americano dicen que los miembros de la banda somos inútiles. ¡Al contrario! Trabajamos tanto como ellos. Cada año pasamos más de cien horas en el campamento de la banda. Como los jugadores de fútbol, practicamos cinco días a la semana. Y nunca estamos en casa los sábados porque tenemos competencias que duran todo el día.

Pasamos muchos años aprendiendo a tocar un instrumento musical. Es muy difícil tocar perfectamente el instrumento y marchar al mismo tiempo. Nos divertimos mucho y estamos muy orgullosos de lo que hacemos. Sólo queremos una cosa: que los otros equipos de la escuela nos respeten.

*Emily Seitz*

## El jugador de fútbol americano

Yo juego al fútbol americano y un estereotipo que me irrita mucho es la idea de que los jugadores de fútbol americano somos tontos y torpes. Además de esto, creo que los otros estudiantes nos ven como muy arrogantes. La idea es absurda y me río un poco cuando me dicen "atleta bobo" porque es probable que nosotros saquemos notas mejores que los demás.

Es difícil encontrar tiempo para todas las actividades y responsabilidades cuando uno entrena para un deporte, y los que no juegan no entienden la presión que existe sobre los atletas. ¡Nosotros trabajamos mucho! Sin embargo, los viernes por la noche, durante los partidos, los estudiantes nos animan porque representamos a la escuela. Ellos no recuerdan sus comentarios pero nosotros sí.

*Brad Spier*

## Los italiano-americanos

En el mundo de hoy hay estereotipos en todas partes. ¿Por qué tienen que existir? Por lo general, es simplemente porque el grupo, la religión o la cultura es diferente del suyo.

En mi vida, no he sido víctima de los prejuicios. Pero mi familia, especialmente mis abuelos, ha sido prejuzgada por otros. Mi familia es italiana, de Sicilia. Cuando mi abuelo trató de obtener un trabajo hace muchos años, fue muy difícil porque había muchos prejuicios contra los italianos. Nuestro apellido fue cambiado a causa de esta discriminación.

Cada grupo étnico tiene su propio estereotipo. Soy italiana pero tengo los ojos azules, la piel blanca y el pelo rubio. Nadie pensaría que soy italiana, pero sí soy italiana y tengo orgullo de mi familia, nuestras tradiciones y nuestra cultura.

Espero que la gente haga un esfuerzo por aprender de las culturas diferentes en vez de prejuzgarlas. Este mundo tiene culturas con tesoros para compartir con otros. El mundo sería un lugar aburrido si cada persona fuera igual a todas las demás.

*Jill Cardinal*

**1** **¿Los reconoces?**

¿A quién se refiere cada una de las siguientes descripciones?

1. Aunque la gente piense que esta persona no es muy lista, saca buenas notas.
2. Quiere que todos sepan que es una persona independiente y que tiene sus propias ideas.
3. Dice que la gente introvertida no es necesariamente arrogante.
4. Le caía muy mal un compañero de clase hasta que un día realmente lo conoció.
5. Desea que todo el mundo conozca a personas de otras culturas para eliminar prejuicios.
6. Esta persona se siente muy orgullosa del trabajo y del esfuerzo de sus compañeros.

**2** **¿Cierto o falso?**

Indica si cada frase es **cierta**, **falsa** o si **no se sabe**. Si es falsa, corrígela.

1. Emily practica muchas horas con la banda.
2. Según Tracy, las personas tímidas sólo piensan en sí mismas.
3. Brian se dio cuenta de que el otro estudiante no tenía ningún pasatiempo.
4. Jill dice que no ha sido víctima de prejuicios.
5. Karen piensa estudiar química en la universidad.
6. Brad tiene un promedio perfecto.
7. Según Brian, la primera impresión que tuvo del otro estudiante fue bastante negativa.

**3** **¿Quién lo diría?**

Lee cada descripción. Según lo que los estudiantes escribieron, ¿quién diría lo siguiente?

1. Me considero muy trabajador(a).
2. Soy una persona seria; prefiero oír las noticias que los chismes.
3. Quiero que la gente me vea como verdaderamente soy.
4. Las primeras impresiones no representan necesariamente a la persona.
5. Me siento herido(a) por lo que dicen mis compañeros y no me olvido de lo que dicen.

**4** **Busca las expresiones**

1. ¿Qué expresiones usan estas personas para decir cómo se sienten en las siguientes situaciones?
   a. Emily, cuando los estudiantes la llaman una *nerd*
   b. Karen, cuando la gente la coloca en cierta categoría; cuando sus profesores esperan mucho de ella
   c. Brad, cuando la gente lo llama "atleta bobo"
   d. Tracy, cuando la gente piensa que los callados son presumidos
2. ¿Qué expresiones usan estas personas para negar lo que dice o piensa la gente?
   a. Emily, cuando algunos dicen que los miembros de la banda son inútiles
   b. Karen, cuando piensan que las asiáticas son calladas; cuando dicen que los asiáticos son expertos en las ciencias y matemáticas

**5** **Ahora te toca a ti**

¿Te identificas con alguno de los estudiantes en **De antemano**? ¿Cuál? ¿Por qué? ¿Conoces a gente parecida a los estudiantes de **De antemano**? Escribe tus respuestas.

## Así se dice

### Talking about emotional reactions

Si alguien te pregunta:

> ¿Cómo te sentiste cuando **supiste** *(you found out)* que sacaste buena nota?
>
> ¿Cómo se sintió Juan cuando conoció a su prima?
>
> ¿Te quejaste cuando tus compañeros **se burlaron de** *(made fun of)* ti?
>
> ¿Cómo se sintieron tus amigos cuando se dieron cuenta del error?
>
> ¿Cómo **reaccionaron** *(did they react)* cuando les contaste el chiste?

Para contestar, puedes decir:

> **Estuve muy contenta cuando lo supe.**
> *I was very happy when I found out.*
> **Se alegró mucho.**
> *He was very happy.*
> No, pero **me frustré y me enojé (me enfadé).**
> **Quise llorar.**
> *. . . I got frustrated and I got angry.*
> *I wanted . . .*
> **Se pusieron rojos** *(They blushed)* de verdad.
> Se sintieron **presionados por** *(pressured to)* corregirlo.
> Claro que **se rieron** *(they laughed).*

( Cuaderno de actividades, pp. 98, 101 Acts. 3, 9 )  ( Cuaderno de gramática, p. 70, Acts. 1–2 )

---

**6** ## Un semestre excepcional

**Leamos/Escribamos** Completa esta entrevista con una expresión de **Así se dice**.

TERESA   Me va bien en la escuela. Saqué una A en mi clase de cálculo.

MANOLO   No me digas. ¿Cómo ════ cuando supiste de la nota?

TERESA   Pues, claro que ════ muy contenta. Me puse a bailar, pero también he tenido algunas decepciones. Por ejemplo me frustré cuando ════ que la Universidad Nacional no me aceptó. ════ llorar.

MANOLO   Ay, lo siento mucho. Pero vas a ir a la Universidad Técnica, ¿no?

TERESA   Así es. ════ mucho cuando lo supe.

---

**7** ## ¿Cómo te sentiste?

**Hablemos** Imagina que eres una de las personas del dibujo. Describe lo que pasó ayer. Luego, cuéntale a tu compañero(a) cómo te sentiste cuando pasó lo que ves en el dibujo.

## 8 ¿Por qué reaccionaron así?

**Escribamos** Estás con tus amigos en la reunión de la Clase de 1999. Completa las siguientes oraciones para explicar lo que causó las reacciones de cada persona.

1. Quisimos llorar cuando...
2. Alicia se sintió presionada cuando...
3. Mis amigos y yo nos reímos cuando...
4. Me alegré cuando...
5. Recuerdo que te enojaste cuando...
6. Tito e Inés se pusieron rojos cuando...

## Gramática

### More on preterite versus imperfect

1. You've used the imperfect tense of verbs like **estar** and **sentirse** to say how people were already feeling at the moment something happened:

   Juan **se sentía** mal cuando le dieron el examen.

2. Use the preterite to say how someone reacted to an event or to a piece of news:

   Juan **se sintió** mal cuando le dieron el examen. (The feeling resulted from the event.)

3. The verbs **estar** and **ponerse** (*to become*) are irregular in the preterite:

| estuve | estuvimos | me puse | nos pusimos |
| estuviste | estuvisteis | te pusiste | os pusisteis |
| estuvo | estuvieron | se puso | se pusieron |

4. The verb **saber** is irregular in the preterite and often means *found out*. The verb **querer** in the preterite means *wanted* when it refers to a reaction. It can sometimes mean *tried*.

| supe | supimos | quise | quisimos |
| supiste | supisteis | quisiste | quisisteis |
| supo | supieron | quiso | quisieron |

Más práctica gramatical, pp. 272–273, Acts. 1–4

Cuaderno de actividades, pp. 98–99 Acts. 4–5

Cuaderno de gramática, pp. 71–72, Acts. 3–5

## 9 Gramática en contexto

**Escuchemos** Decide si cada oración que escuchas trata de cómo **ya se sentía** la persona cuando pasó el evento o si habla de **una reacción** causada por el evento.

## 10 Gramática en contexto

**Leamos/Escribamos** Completa la carta que Vicente le escribió al supermercado Santa Isabel para quejarse de una experiencia que tuvo.

Estimados señores:

Quiero contarles una experiencia que tuve en su negocio. Mi esposa y yo estábamos mirando algunas cosas cuando de repente se nos cayeron unos paquetes y se rompieron. Claro que ___1___ (ponerse) rojos los dos. Pero imagínense la vergüenza que nos dio cuando unos empleados de la tienda ___2___ (reírse) de nosotros. Bueno, tal vez ellos lo encontraron cómico, pero nosotros no. Así que nosotros ___3___ (enojarse). Eso no fue nada profesional. Entonces fui a buscar al gerente y ___4___ (quejarse) con él, pero él no hizo nada. Yo ___5___ (ponerse) tan furioso que ___6___ (querer) gritar. Espero que ustedes se den cuenta de lo grave de la situación. Se lo conté a mis amigos y cuando lo ___7___ (saber), ellos no ___8___ (estar) nada contentos. Decidieron dejar de comprar en Santa Isabel también.

## 11 Cuando eso pasó...

**Hablemos** Piensa en un evento importante, cómico o emocionante que pasó este año o el año pasado. Primero, descríbele a un(a) compañero(a) lo que pasó. Luego dile cómo te sentiste tú cuando pasó y también cómo reaccionaron tus amigos o tu familia.

**MODELO**  —La semana pasada mis amigos me hicieron una travesura.
—¿Qué pasó?
—Bueno, ellos se rieron, pero yo me enojé.

### Así se dice

#### Expressing disagreement

Si quieres negar lo que dice o piensa la gente puedes decir:

**Niego haberme burlado de** los callados.
**No es cierto que** los miembros de la banda no trabajen. **¡Al contrario!**
**No es verdad que** los atletas estudien menos.
**No estoy de acuerdo en que** toda la gente italiana sea baja con pelo negro.

## 12 Entrevista con Estelina

**Escuchemos/Escribamos** La actriz Estelina Estrella habla por la radio en una entrevista. Escucha la conversación y luego indica si las siguientes oraciones son **ciertas** o **falsas**. Si son falsas, corrígelas.

1. El estreno de su nueva película será el viernes.
2. Las películas románticas no son populares.
3. Cantará en su próxima película.
4. Está enamorada de Enrique Rico.
5. Gana millones de dólares.
6. Tiene tres carros.

### Gramática

#### The subjunctive with disagreement and denial

1. Expressions of disagreement and denial are followed by the subjunctive.

   No es verdad que los hombres **manejen** mejor que las mujeres.
   Juan niega que los atletas **sean** todos bobos.

2. However, **es verdad que, es cierto que**, and **no niego que** are followed by the indicative since they don't deny the truth of something but rather affirm it.

   Es cierto que **cantan** bien.  No niego que **tienen** talento.

Más práctica gramatical,
p. 274, Act. 5

Cuaderno de actividades,
p. 99, Act. 6

Cuaderno de gramática,
pp. 72–73, Acts. 6–9

## 13 Gramática en contexto

**Hablemos** Ignacio piensa que la vida es mejor hoy en día; su abuelo piensa que era mejor hace 50 años. Con un(a) compañero(a), toma el papel de Ignacio o del abuelo. ¿Cuál sería su opinión de las siguientes oraciones?

1. los actores son peores
2. los estudiantes estudian menos
3. la gente tiene buenos modales
4. los carros no funcionan bien
5. la gente se viste con ropa elegante
6. los políticos dicen la verdad
7. los niños no respetan a los mayores
8. los jóvenes gastan menos dinero

**amigable** *friendly*
**arrogante** *arrogant*
**bobo(a)** *silly, dumb*
**callado(a)** *quiet*
**chismoso(a)** *gossipy*
**descortés** *rude*
**egoísta** *selfish*

**melancólico(a)** *gloomy*
**perezoso(a)** *lazy*
**presumido(a)** *conceited*
**seco(a)** *cold, curt*
**tímido(a)** *shy*
**torpe** *slow, dull, clumsy*
**travieso(a)** *mischievous*

Cuaderno de actividades,
p. 100, Act. 8

Cuaderno de gramática,
p. 74, Acts. 10–11

### 14 Las personalidades

**Hablemos** ¿Cómo son las personas en los dibujos? ¿Cómo te sientes cuando la gente se porta así? ¿Por qué? Júntate con un(a) compañero(a) para comparar sus opiniones.

**También se puede decir...**

También se dice **creído(a)** por **presumido(a)**.
Se dice **cohibido(a)** por **tímido(a)**.

a.     b.     c.     d.

### 15 Sólo es un estereotipo

**Leamos/Hablemos** En grupos de tres o cuatro, indiquen si están de acuerdo con los siguientes estereotipos. Usen expresiones como **(no) es cierto que** y **(no) es verdad que**. Expliquen sus respuestas.

1. Los niños son más amigables que los mayores.
2. Los gatos son más bobos que los perros.
3. Las personas de las ciudades grandes son descorteses.
4. Las mujeres son más chismosas que los hombres.
5. La gente rica es presumida.
6. Los actores son arrogantes.
7. Los artistas son melancólicos.
8. Los profesores son secos.

**A lo nuestro**

Una forma cómica de decir que alguien es presumido es **Se cree la mamá de Tarzán** o **Se cree el rey de Roma**.

### 16 Una impresión falsa

**Escribamos** ¿Alguna vez tuviste una impresión equivocada de alguien? ¿Cómo supiste que no tenías una impresión correcta de esa persona? ¿Alguna vez tuvo otra persona una impresión falsa de ti? ¿Cómo te sentiste?

**Nota cultural**

Los hispanos forman uno de los grupos minoritarios más grandes de la ciudad de Nueva York, con más de dos millones de personas de ascendencia hispana. Vienen de varios lugares del mundo hispano, sobre todo de la República Dominicana, Puerto Rico, Perú, Colombia y Ecuador. Con la excepción de Puerto Rico, hay más puertorriqueños en Nueva York que en cualquier otra parte del mundo. ¿Hay una comunidad hispana donde vives tú?

PANORAMA CULTURAL

## ¿Qué piensas de la gente de los Estados Unidos?

En muchos casos, las únicas impresiones que tenemos de la gente de otros países, regiones o culturas dependen de lo que oímos o de las imágenes que nos presentan los medios de comunicación. Escucha las opiniones que tienen estos jóvenes hispanohablantes acerca de la gente de los Estados Unidos.

**Nayeli**
**San Diego, California**

"[Me los imaginaba] mejor vestidos... que vivían mejor, o sea que había menos pobreza que en México. Sí la hay pero no hay mucha diferencia".

**Juan René**
**Quito, Ecuador**

"Me las imagino personas muy amigables y gente fácil de tratar".

**Jenny**
**Los Teques, Venezuela**

"Me los imagino... no muy parecidos a los venezolanos... tal vez viven en mejores condiciones que nosotros. Estudian y a la vez trabajan, tengo entendido... No sé, unos jóvenes muy activos".

## Para pensar y hablar...

**A.** ¿Qué respuesta crees que es la más cercana a la realidad? ¿Por qué? ¿Crees que algunas de las respuestas estereotipan a los estadounidenses? ¿Cuál o cuáles? Explica tus respuestas.

**B.** ¿Cómo defines tú la palabra "estereotipo"? En tu opinión, ¿por qué existen los estereotipos? ¿Cómo se pueden cambiar o evitar?

 Cuaderno para hispanohablantes, p. 45

# ¡Adelante! · *Me gustaría viajar a...*

Cuaderno de actividades, p. 102, Acts. 11–12

Todos estereotipamos a veces, incluso los hispanohablantes. Tienen sus impresiones de los Estados Unidos y de otros hispanohablantes. Algunas son positivas, otras son negativas. Además, tienen sus ideas de adónde les gustaría viajar y por qué. Ahora vas a leer las opiniones de tres jóvenes del mundo hispano. ¿Crees que tienen razón?

**Taís**

## Sevilla

**P:** ¿Adónde te gustaría viajar a ti?

**R:** **A Estados Unidos.**

**P:** ¿Por qué? Explícame.

**R:** **No sé, porque se ve divertido, y quiero ir para conocer gente.**

## Bilbao

**Cristina**

**P:** ¿Cómo te imaginas a los jóvenes de Estados Unidos?

**R:** **Me imagino a los jóvenes de Estados Unidos como a los jóvenes de España.**

**P:** Y las ciudades ¿cómo te las imaginas?

**R:** **Eh... grandes y nuevas.**

**P:** ¿De dónde has sacado tus ideas de los Estados Unidos?

**R:** **He conocido gente de los Estados Unidos que me ha hablado acerca de sus diferentes países y principalmente a través de la televisión.**

**P:** ¿Qué estereotipos tiene la gente de otros países sobre la gente de España?

**R:** **Yo creo que principalmente creen que somos perezosos.**

**P:** ¿Y es verdad?

**R:** **No.**

**P:** ¿Cuáles estereotipos te parecen más dañosos?

**R:** **Eh... que seamos perezosos, o que nos cueste trabajar o...**

**P:** ¿Alguna vez alguien te ha tratado según cierto estereotipo?

**R:** **Sí, por... precisamente por ser de Bilbao, um... hubo un tiempo en que la gente, eh... tenía miedo y nos llamaba terroristas. Lo que pasa es que eso también es falta de información.**

**P:** ¿Les dijiste algo sobre eso?

**R:** **Por supuesto.**

**P:** ¿Qué dijiste?

**R:** **Que era más la información que les daban a través de la televisión que la realidad.**

**P:** ¿Cómo se pueden combatir las actitudes difundidas por los estereotipos?

**R:** **Principalmente yendo a los lugares, conociendo a la gente, y conociendo la forma de vida de la gente del lugar.**

## Lidia

**San José**

**P:** Si pudiera vivir en cualquier país del mundo por un año, ¿adónde iría?

**R:** **Um... a los Estados Unidos.**

**P:** ¿Por qué?

**R:** **Porque me gusta.**

**P:** ¿Qué es lo que te gusta de Estados Unidos?

**R:** **Pues... que hay muchas razas, o sea, muchas clases de idiomas, así, se juntan muchas culturas.**

## 17 ¿Quiénes son?

¿Quién es la persona indicada por cada descripción?

1. Le gustaría viajar a los Estados Unidos porque allí viven juntas varias culturas.
2. Esta persona quiere conocer a gente estadounidense.
3. Piensa que la televisión influye en las actitudes.
4. Cree que los estereotipos se combaten viajando a los lugares y conociendo a la gente.

## 18 ¿Se sabe?

Indica si cada frase es **cierta, falsa** o si **no se sabe.** Si es falsa, corrígela.

1. Cristina es de Madrid pero ha vivido en Bilbao.
2. Según Taís, Estados Unidos es divertido.
3. Lidia dice que no hay muchas razas en Estados Unidos.
4. Cristina cree que hay más información sobre terrorismo en la televisión del que realmente ocurre.
5. Según Lidia, en Estados Unidos se hablan muchos idiomas.
6. Cristina cree que las ciudades estadounidenses son viejas.

## 19 ¿Comprendiste?

1. ¿Cómo ha aprendido Cristina lo que sabe de la gente de Estados Unidos?
2. Según Cristina, ¿qué problema hay en la información que la gente tiene de otros países?
3. ¿Qué estereotipo de la gente de España le ha causado problemas a Cristina? ¿Y qué estereotipo de la gente de Bilbao?
4. ¿Cómo se imagina Lidia Estados Unidos?
5. Según Cristina, ¿cómo se pueden combatir los estereotipos?

## 20 Completa las oraciones

Completa las siguientes oraciones con las expresiones correctas de ¡Adelante!

1. ═════ a los jóvenes de los Estados Unidos como a los jóvenes de España.
2. ¿Adónde ═════ viajar?
3. Si ═════ vivir en cualquier país del mundo por un año, ¿adónde ═════?

te gustaría     pudieras

me imagino     irías

## 21 Ahora te toca a ti

¿Te identificas con alguna de las estudiantes de **¡Adelante!**? ¿Con cuál? ¿Por qué? ¿En qué país te gustaría vivir durante un año? ¿Por qué? ¿Te han afectado alguna vez los estereotipos? ¿Qué pasó? ¿Cómo te sentiste?

## Así se dice

### Expressing an assumption

Si no sabes algo pero quieres decir lo que supones, puedes decir:

**Me imagino que** los jóvenes estadounidenses son como los jóvenes españoles.
**Supongo que** la gente saca sus ideas de otras culturas a través de la tele.
**Tengo entendido que** hay muchas culturas distintas en Estados Unidos.
**Tengo la impresión de que** la gente es muy abierta en Puerto Rico.

Cuaderno de actividades, p. 103, Act. 13

### 22 Impresiones de Nueva York

**Escuchemos/Escribamos** Un reportero está entrevistando a una pareja de la República Dominicana en el aeropuerto antes de que salgan para Nueva York. Escucha la entrevista y luego, para cada oración que sigue, indica si **lo saben** o si **lo suponen.**

1. Los estadounidenses son simpáticos.
2. Nueva York es una ciudad muy grande.
3. La vida en Nueva York es agitada.
4. Todo es más caro en Nueva York.
5. Los museos son buenísimos.
6. El Parque Central es grande.
7. El Parque Central es un buen lugar para niños.

### 23 Tengo entendido que...

**Hablemos** ¿Qué impresiones tienes de las siguientes cosas? Con un(a) compañero(a), habla de lo que supones sobre cada tema. Usa expresiones de **Así se dice.**

1. la comida española
2. el clima de Buenos Aires en enero
3. los murales mexicanos
4. la música del Caribe
5. los teléfonos celulares en Venezuela

### Nota cultural

Nueva York es un centro importante de los medios de comunicación en español. Además de los sitios en Internet, el hispanohablante puede encontrar varios periódicos, revistas y emisoras de televisión y radio en su idioma. Los periódicos de mayor distribución en español son **El Diario** y **Hoy**. También hay estudios de grabación para la música latina. ¿Tienes un sitio favorito en la red que sea en español?

## Así se dice

### Making hypothetical statements

Si quieres hablar de algo que no es pero que podría ser, puedes preguntar:

**Si pudieras** vivir en cualquier país del mundo por un año, **¿adónde irías?**
*If you could . . . where would you go?*

**Si fueras** rico(a), **¿qué harías?**
*If you were . . . what would you do?*

Se puede contestar:

**Si pudiera, viviría** en el Caribe.
*If I could, I would live . . .*

**Si tuviera** cien dólares, **compraría** muchos regalos.
*If I had . . . , I would buy . . .*

Cuaderno de actividades, p. 106, Act. 20

## 24 ¿Te conoces de verdad?

**Leamos/Hablemos** Si tuvieras más tiempo o dinero, ¿qué harías? Completa esta prueba y luego compara tus resultados con los de dos compañeros(as).

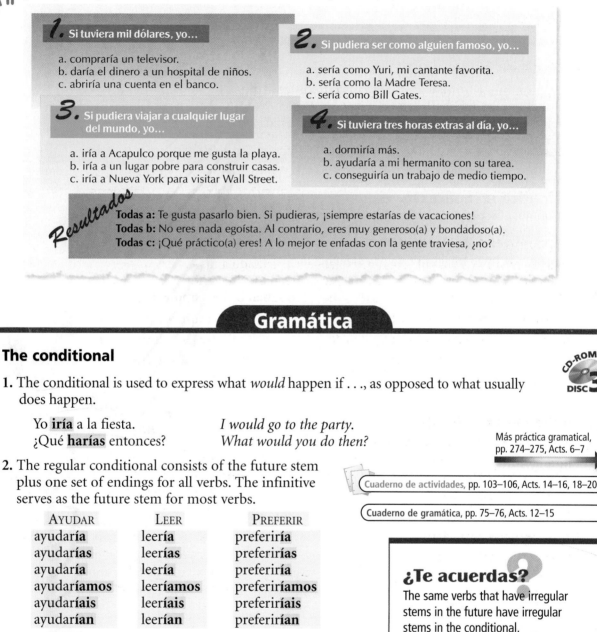

**1.** Si tuviera mil dólares, yo...

    a. compraría un televisor.
    b. daría el dinero a un hospital de niños.
    c. abriría una cuenta en el banco.

**2.** Si pudiera ser como alguien famoso, yo...

    a. sería como Yuri, mi cantante favorita.
    b. sería como la Madre Teresa.
    c. sería como Bill Gates.

**3.** Si pudiera viajar a cualquier lugar del mundo, yo...

    a. iría a Acapulco porque me gusta la playa.
    b. iría a un lugar pobre para construir casas.
    c. iría a Nueva York para visitar Wall Street.

**4.** Si tuviera tres horas extras al día, yo...

    a. dormiría más.
    b. ayudaría a mi hermanito con su tarea.
    c. conseguiría un trabajo de medio tiempo.

*Resultados*

**Todas a:** Te gusta pasarlo bien. Si pudieras, ¡siempre estarías de vacaciones!
**Todas b:** No eres nada egoísta. Al contrario, eres muy generoso(a) y bondadoso(a).
**Todas c:** ¡Qué práctico(a) eres! A lo mejor te enfadas con la gente traviesa, ¿no?

## Gramática

### The conditional

**1.** The conditional is used to express what *would* happen if . . ., as opposed to what usually does happen.

| | |
|---|---|
| Yo **iría** a la fiesta. | *I would go to the party.* |
| ¿Qué **harías** entonces? | *What would you do then?* |

**2.** The regular conditional consists of the future stem plus one set of endings for all verbs. The infinitive serves as the future stem for most verbs.

| AYUDAR | LEER | PREFERIR |
|---|---|---|
| ayudar**ía** | leer**ía** | preferir**ía** |
| ayudar**ías** | leer**ías** | preferir**ías** |
| ayudar**ía** | leer**ía** | preferir**ía** |
| ayudar**íamos** | leer**íamos** | preferir**íamos** |
| ayudar**íais** | leer**íais** | preferir**íais** |
| ayudar**ían** | leer**ían** | preferir**ían** |

**3.** The conditional of **poder** is also used to soften a request.

| | |
|---|---|
| ¿**Podrías** hacerme un favor? | *Could you do me a favor?* |

Más práctica gramatical, pp. 274–275, Acts. 6–7

Cuaderno de actividades, pp. 103–106, Acts. 14–16, 18–20

Cuaderno de gramática, pp. 75–76, Acts. 12–15

**¿Te acuerdas?**

The same verbs that have irregular stems in the future have irregular stems in the conditional.

| | |
|---|---|
| caber: **cabr-** | poder: **podr-** |
| decir: **dir-** | salir: **saldr-** |
| hacer: **har-** | poner: **pondr-** |
| haber: **habr-** | venir: **vendr-** |
| querer: **querr-** | tener: **tendr-** |
| saber: **sabr-** | valer: **valdr-** |

## 25 Gramática en contexto

**Escuchemos/Hablemos** Vas a escuchar a Adela y Reynaldo hablar de una fiesta. Para cada verbo que sigue, indica si alguien ya **lo hizo** o si **lo haría**.

1. limpiar la casa
2. preparar comida
3. comprar un regalo
4. traer la música
5. bailar
6. comprar los refrescos
7. ir al supermercado
8. llegar a las ocho
9. jugar al tenis

## 26 Gramática en contexto

**Leamos/Escribamos** Hui Chun, el presidente del Club Internacional de su colegio, está haciendo planes para una fiesta internacional. Completa las oraciones con el condicional del verbo entre parentesis.

Si yo tuviera la oportunidad, yo ⹀ (organizar) una fiesta internacional para todo el colegio. Tranh ⹀ (preparar) comida vietnamita como la que prepara su mamá. Soledad y Mateo ⹀ (tocar) la guitarra y ⹀ (cantar) música típica de Colombia. Kumiko ⹀ (traer) instrumentos típicos de Japón. Misha y Dimitri ⹀ (bailar) bailes folklóricos de Rusia. Nabil y Amira ⹀ (llevar) ropa tradicional de Marruecos. Nosotros ⹀ (enseñarles) a los otros estudiantes un poco de la cultura de nuestros países.

## 27 Gramática en contexto

**Escribamos** Escribe dos oraciones para explicar lo que supones que harías de vacaciones en cada lugar.

MODELO    Me imagino que iría al lago...

a.    b.    c.    d.

## 28 Un viaje a Nueva York

**Escribamos/Hablemos** Imagina que vas a viajar a Nueva York con tres compañeros(as). Sólo tienen dos días para conocer la ciudad. Hagan un itinerario del viaje. Pueden incluir los siguientes lugares. Usen verbos como **comprar, comer, cruzar, ver, visitar, subir, escuchar** y **patinar.**

1. el Parque Central
2. Broadway
3. el edificio Empire State
4. la Quinta Avenida
5. el Centro Rockefeller
6. el Museo de Historia Natural
7. la Pequeña Italia
8. el puente de Brooklyn
9. la Estatua de la Libertad
10. el Teatro Metropolitano de la Ópera
11. Greenwich Village
12. Harlem

### Vocabulario

| | | | |
|---|---|---|---|
| **la actitud hacia** | *attitude toward* | **la ignorancia** | *ignorance* |
| **apreciar** | *to appreciate* | **juzgar** | *to judge* |
| **combatir** | *to combat* | **la minoría** | *minority* |
| **contra** | *against* | **respetar** | *to respect* |
| **darse cuenta de** | *to realize* | **el prejuicio** | *prejudice* |
| **la discriminación** | *discrimination* | **el respeto hacia** | *respect for* |
| **el estereotipo** | *stereotype* | **tratar** | *to treat* |
| **estereotipar** | *to stereotype* | | |
| **la falta (de)** | *lack (of)* | | |

CD-ROM DISC **3**

Más práctica gramatical, p. 275, Act. 8

Cuaderno de actividades, p. 105, Act. 17    Cuaderno de gramática, p. 77 , Acts. 16–17

## 29 En mi opinión

**Escribamos** Completa las siguientes oraciones con el **Vocabulario** de la página 266.

1. Para mí es importante apreciar...
2. Me enojo cuando hay discriminación contra...
3. Creo que debemos combatir...
4. Quiero que la gente me trate...
5. Antes pensaba que... pero un día me di cuenta de que...
6. En este mundo hay una falta de...

## 30

Del colegio al trabajo

**Leamos/Hablemos** Eres columnista y consejero de una revista para jóvenes. Lee las cartas de dos estudiantes que enfrentan algunos estereotipos de parte de sus compañeros de clase. Dales consejos sobre lo que tú harías en el lugar de cada uno.

> *Acabo de llegar del Ecuador y estoy asistiendo a un colegio en que soy el único hispano. ¡Me siento como una minoría de uno! Me enojo cuando oigo las ideas absurdas que tienen algunos estudiantes sobre mi país. Me preguntan si en el Ecuador tenemos teléfonos, si hay casas o si es jungla. Los estudiantes no son malos, me tratan muy bien; simplemente es una falta de información. Quiero que aprecien mi cultura. ¿Cómo combatirías la ignorancia?*
>
> *Un ecuatoriano mal entendido*

> *Soy buena estudiante. El problema es que mis compañeros de clase se burlan de mí porque piensan que me la paso estudiando y que soy aburrida. ¡No es cierto que sea aburrida! Al contrario, tengo muchos pasatiempos. Me encanta la fotografía y tengo una colección de fotos de gente famosa que he conocido. Nadie la ha visto. También me gusta la música y me gusta conversar, aunque soy un poco callada en clase. ¿Qué harías tú?*
>
> *Callada pero interesante*

## 31 En mi cuaderno

**Leamos/Escribamos** Lee la tira cómica de Susi, la amiga de Calvin. ¿Qué no te gusta del mundo en que vives? Si tuvieras una varita mágica *(magic wand)*, ¿qué harías? ¿Qué cosas del mundo cambiarías? ¿Estás de acuerdo con las maneras en que otros han tratado de resolver estos problemas?

## Nueva York

Vas a leer una descripción de una escena en la ciudad de Nueva York en un momento particular. Después hay una biografía de José Martí, que habla de la importancia mítica que tenía Nueva York para este autor cubano a fines del siglo XIX.

### Estrategia para leer

When you read literature, it's important to recognize literary devices. Writers use these to offer an original view of the world or the human experience. Two of these devices are the *simile* and *personification*. A simile is a figure of speech that compares two basically unlike things: "the child clung to his mother like a stamp". Personification gives human characteristics to animals or things, as in "the wind sang me to sleep". Recognizing these devices will help you understand nonliteral meaning in a reading.

### ¡A comenzar!

**A.** Sigue los siguientes pasos para ayudarte a leer y entender esta obra.

1. Pensando solamente en el título, ¿qué puedes decir de la lectura?

2. Ojea la lectura. ¿De qué crees que trata?

3. Según tu ojeada de la lectura y el título, ¿qué crees que vas a leer: un cuento con un argumento y personajes o un ensayo?

4. Las fotos te dan claves para adivinar de qué trata la obra. Prepara una lista de los elementos que ves en las fotos.

## Escena neoyorquina

JOSÉ MARTÍ

Es mañana de otoño, clara y alegre. El sol amable calienta y conforta. Agólpase la gente a la puerta del tranvía del puente de Brooklyn: que ya corre el tranvía y toda la ciudad quiere ir por él.

Suben a saltos la escalera de granito y repletan de masa humana los andenes. ¡Parece como que se ha entrado en casa de gigantes y que se ve ir y venir por todas partes a la dueña de la casa!

Bajo el amplio techado se canta este poema. La dama es una linda locomotora en traje negro. Avanza, recibe, saluda, lleva a su asiento al huésped, corre a buscar otro, déjalo en nuevo sitio, adelántase a saludar a aquel que llega. No pasa de los dinteles de la puerta. Gira: torna: entrega: va a diestra y a siniestra: no reposa un instante. Dan deseos, al verla venir, campaneando alegremente, de ir a darle la mano. Como que se la ve tan avisada y diligente, tan útil y animosa, tan pizpireta y gentil, se siente amistad humana por la linda locomotora. Viendo a tantas cabecillas menudas de hombres asomados al borde del ancho salón donde la dama colosal deja y toma carros y revolotea, como rabelaisiana mariposa, entre rieles, andenes y casillas — dijérase que los tiempos se han trocado y que los liliputienses han venido a hacer visita a Gulliver.

Los carros que atraviesan el puente de Brooklyn vienen de New York, traídos por la cuerda movible que entre los rieles se desliza velozmente por sobre ruedas de hierro, y, desde las seis de la mañana hasta la una de la madrugada del día siguiente, jamás para. Pero donde empieza la colosal estación, el carro suelta la cuerda que ha venido arrastrándolo, y se detiene. La locomotora, que va y viene como ardilla de hierro, parte a buscarlo. Como que mueve al andar su campana sonora,

The Granger Collection, New York

parece que habla. Llega al carro, lo unce a su zaga; arranca con él, estación adentro, hasta el vecino chucho; llévalo, ya sobre otros rieles, con gran son de campana vocinglera, hasta la salida de la estación, donde abordan el carro, ganosos de contar el nuevo viaje, centenares de pasajeros. Y allá va la coqueta de la casa en busca de otro carro, que del lado contiguo deja su carga de transeúntes neoyorquinos.

Abre el carro los grifos complicados que salen de debajo de su pavimento; muerde con ellos la cuerda rodante, y ésta lo arrebata a paso de tren, por entre ambas calzadas de carruajes del puente, por junto a millares de curiosos, que en el camino central de a pie miran absortos; por sobre las casas 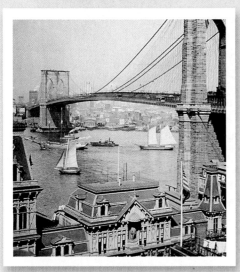 altas y vastos talleres, que como enormes juguetes se ven allá en lo hondo; arrastra la cuerda al carro por sobre el armazón del ferrocarril elevado, que parece fábrica de niños; por sobre los largos muelles, que parecen siempre abiertas fauces; por sobre los topes de los mástiles; por sobre el río turbio y solemne, que corre abajo, como por cauce abierto en un abismo; por entre las entrañas solitarias del puente magnífico, gran trenzado de hierro, bosque extenso de barras y puntales, suspendido en longitud de media legua, de borde a borde de las aguas. ¡Y el vapor, que parece botecillo! ¡Y el botecillo, que parece mosca! ¡Y el silencio, cual si entrase en celestial espacio! ¡Y la palabra humana, palpitante en los hilos numerosos de enredados telégrafos, serpeando, recodeando, hendiendo la acerada y colgante maleza, que sustenta por encima del agua vencida sus carros volantes!

Y cuando se sale al fin al nivel de las calzadas del puente, del lado de New York, no se siente que se llega, sino que se desciende.

Y se cierran involuntariamente los ojos, como si no quisiera dejarse de ver la maravilla.

**B.** Ojea la biografía de Martí. Busca información sobre la relación del autor con Nueva York. También busca información que ubique *(places)* a la lectura con respecto al tiempo. ¿Cuándo crees que el autor escribió la obra?

## Al grano

**C.** Lee **Escena neoyorquina.** Mientras lees busca los símiles en el texto. Recuerda que un símil es una comparación entre dos cosas con palabras como "igual que", "como", "más que" o "parecido". Ahora decide qué cosas compara el autor en los siguientes símiles. Busca las palabras claves en el diccionario si no las sabes.

**MODELO**    **los largos <u>muelles</u>, que parecen siempre abiertas <u>fauces</u>**
     muelles— *piers;*
     fauces— *mouths*

**1.** la locomotora, que va y viene como ardilla de hierro

**2.** el botecillo que parece mosca

**3.** el vapor que parece botecillo

**4.** sobre las casas altas y vastos talleres, que como enormes juguetes se ven allá en lo hondo

**D.** Trabaja con un(a) compañero(a) para interpretar el significado de cada símil en la Actividad C. Usen el contexto de las frases para explicar la imagen que el autor quiere proyectar. También pueden mirar las fotos para ver si hay algunas imágenes parecidas al símil.

**MODELO**    **La locomotora, que va y viene como ardilla de hierro.**
*The locomotive runs back and forth looking for people like a squirrel looks for food.*

**E.** Martí da características humanas a las cosas. Ésta es una técnica literaria que se llama personificación. Vuelve a leer **Escena neoyorquina** para contestar las preguntas.

1. ¿Qué máquina describe como una "dama" *(lady)*? ¿Cómo es la dama? Martí escribe que "se siente amistad humana" por esta cosa. ¿Por qué se siente así?

2. Martí escribe "como que mueve al andar su campana *(bell)* sonora, parece que habla". ¿A qué crees que se refiere?

3. ¿Por qué dice el autor que "los largos muelles *(piers)*, que parecen siempre abiertas fauces *(mouths)*"? Si los muelles son las bocas, ¿será la ciudad la cara? ¿Qué tipo de cara tendrá la ciudad para el autor?

**F.** Con un grupo imagina que un autor está describiendo la misma escena de Nueva York hoy en día. ¿Qué creen que ha cambiado desde el tiempo en que Martí escribió la lectura? ¿Qué cosas habría en una foto del siglo XXI del puente de Brooklyn? ¿Qué cosas son parecidas a lo que ves en las fotos del siglo XIX? ¿Qué cosas son diferentes? Usen la lectura, las fotos y sus conocimientos.

**G.** What do you think José Martí's feelings are about New York and the Brooklyn Bridge? Discuss with a partner how the literary devices he uses give you clues about his relationship to his subject. Also discuss clues in Martí's biography that help explain his use of similes and personification.

Cuaderno para hispanohablantes, pp. 41– 44

Cuaderno de actividades, p. 107, Acts. 21–23

The Granger Collection, New York

**José Martí** (1853–1895), el autor de "Escena neoyorquina", no sólo fue un periodista, ensayista y poeta de talento, sino también un patriota valiente que defendió la causa de la liberación cubana. A lo largo de su vida utilizó su don de la palabra para proclamar insistentemente que la humanidad era capaz de algo más que brutalidad y represión. Murió combatiendo por la libertad.

Hijo de españoles, José Martí nació en La Habana, Cuba. Durante su adolescencia, se dedicó a escribir y editar periódicos que proponían la independencia para Cuba. En aquellos días, Cuba era una colonia española. En 1869 sus actividades llamaron la atención de las autoridades y fue detenido y condenado a trabajos forzados en las canteras de San Lázaro, en La Habana. Como testimonio de esta experiencia escribió *El presidio político de Cuba* (1871), obra en la que proponía una reforma política. Conmutada su condena por el exilio en España, Martí consiguió licenciarse en derecho y filosofía por las universidades de Zaragoza y Madrid. Realizó numerosos viajes por toda Latinoamérica y residió en México, Guatemala y Venezuela, donde escribió constantemente poesía y ensayos. En 1879 regresó a La Habana, donde su fuerte oposición al gobierno lo llevó nuevamente al exilio en España.

De España se trasladó primero a Francia y luego a Nueva York, donde el editor Charles A. Dana le pidió que escribiera para el *New York Sun*. Nueva York ejercía sobre Martí una atracción especial. La gran ciudad le fascinaba y horrorizaba a la vez.

Martí escribió tres celebrados libros de poemas y una novela, además de dedicarse con pasión a la causa de la libertad cubana. Organizó y encabezó la rebelión de 1895, para la cual regresó a Cuba y perdió la vida combatiendo en ella. Se consideraba ciudadano de las Américas y es recordado como un magnífico escritor y como hombre dispuesto a morir por sus ideales.

# Vamos a escribir

Los estereotipos culturales nos influyen en la manera en que percibimos lo que vemos y oímos. Nos limitan la habilidad de apreciar a los individuos de diferentes razas y con diferentes estilos de vida. ¿Qué efectos tienen los estereotipos culturales? En esta actividad, escribirás un artículo para un periódico sobre los estereotipos culturales y aprenderás una manera fácil de escoger qué detalles incluir.

## ¿Cuál es tu opinión?

Imagina que eres escritor(a) para el periódico de tu escuela. Escribe una composición de cuatro o cinco párrafos sobre los efectos de los estereotipos en tu escuela o ciudad y lo que se puede hacer para mejorar la situación.

> ### Estrategia para escribir
> **Finding good details** Things you write don't make sense unless they include appropriate details. Interesting details add color and life to what you write and give it more substance. A good way to choose the right details to include is to ask these questions: Who? What? Where? Why? When? How?

### A. Preparación

1. Haz preguntas para encontrar buenos detalles y escribe las respuestas en una lista. Puedes hacerles preguntas a tus amigos(as) también. Algunas preguntas buenas son **¿Quiénes** sufren de los estereotipos?, ¿De **qué** estereotipos sufren?, **¿Cómo** sufren? y **¿Qué** podemos hacer para mejorar la situación?

2. Mira las respuestas y escoge los mejores detalles. Si necesitas más información, haz más preguntas.

3. Organiza los detalles en un orden lógico para presentarlos en tu composición.

### B. Redacción

1. Escribe una buena introducción. Puedes hacer una pregunta para llamar la atención de tu lector(a), o puedes mencionar algo interesante relacionado con el tema de los estereotipos.

2. Escribe tres o cuatro párrafos para hablar de los estereotipos, quiénes los tienen que soportar, cómo sufren estas personas, etc. Incluye detalles relevantes e interesantes de tu lista.

3. En tu conclusión, describe cómo se puede mejorar la situación.

### C. Evaluación

1. Lee bien tu composición. ¿Contiene toda la información necesaria? ¿Contiene detalles interesantes? Si no, añade más detalles.

2. Muestra tu composición a dos o tres compañeros(as) y pídeles su opinión. Considera sus opiniones y haz los cambios necesarios.

3. ¿Usaste buena puntuación? Consulta a tus compañeros(as) o a tu profesor(a) si necesitas ayuda.

4. ¿Escribiste bien todas las palabras? ¿Usaste bien todas las formas verbales? Si necesitas ayuda, consulta las páginas R34–R46 o mira un diccionario bilingüe. También puedes hablar con tus compañeros(as) o con tu profesor(a).

## Primer paso

**Objectives** Talking about emotional reactions; expressing disagreement

**1** Ya termina el año escolar. Usa el pretérito de los verbos entre paréntesis para explicar cómo reaccionaron todos durante la semana de los exámenes finales. **(p. 257)**

1. Micaela ══════ (alegrarse) porque las clases ya terminaron.

2. Yo ══════ (querer) llorar cuando me despedí de los profesores.

3. Yo ══════ (frustrarse) porque no tuve suficiente tiempo para estudiar.

4. Isa, tú ══════ (quejarse) antes del examen de computación, pero luego sacaste una nota excelente.

5. Alejandro y yo ══════ (enfadarse) porque los profesores nos hicieron preguntas muy difíciles.

6. Todos nosotros ══════ (sentirse) cansadísimos después del examen de inglés.

7. ¡Qué antipáticos son Federico y Araceli! Ellos ══════ (burlarse) y ══════ (reírse) de los compañeros que no salieron bien en los exámenes.

8. Marta y Fede son muy tímidos. Cuando la profesora les hizo una pregunta en clase, ══════ (ponerse) rojos y no pudieron contestar.

**2** ¡Qué sorpresa! La profesora de matemáticas tuvo trillizos. Explica cuándo supieron todos la noticia y cómo reaccionaron. Usa el pretérito de los verbos entre paréntesis. **(p. 258)**

1. Pues, yo ══════ (saber) las noticias el viernes. Claro que yo ══════ (ponerse) muy feliz.

2. La directora lo ══════ (saber) el jueves. Ella ══════ (estar) muy contenta.

3. Los padres de la profesora ══════ (saber) las noticias el miércoles. Ellos ══════ (estar) contentísimos.

4. Tina, ¿cuándo lo ══════ (saber) tú? Seguro que ══════ (ponerse) feliz también.

5. ¿Y el esposo de la profesora? Pues, él lo ══════ (saber) inmediatamente. ¡Y él ══════ (estar) más contento que nadie!

6. El viernes también Regina y yo ══════ (saber) que la profesora y sus tres hijos estaban todos muy bien. Nosotros ══════ (estar) muy contentos.

**3** ¡Qué emoción durante la ceremonia de graduación! Completa cada oración con el pretérito si trata de una reacción momentánea. Complétala con el imperfecto si trata de una situación ya en curso o una habitual. (p. 258)

1. Yo ya ========(estar) muy nervioso cuando llegué al coliseo.

2. Cuando a Yoli y a Mari les entregaron el diploma ======== (ponerse) tan emocionadas que ========(querer) llorar.

3. El director del colegio contó un chiste muy gracioso y todos ======== (reírse).

4. Mientras todos esperábamos recibir nuestros diplomas, ======== (estar) muy nerviosos.

5. Durante su discurso de despedida, Leticia ======== (ponerse) nerviosa. Pero todos lo esperaban porque en años pasados Leticia siempre ======== (ponerse) nerviosa frente al público.

6. Nadie ======== (saber) que había una fiesta de sorpresa después de la ceremonia, pero cuando lo ======== (saber), todos ======== (alegrarse).

**4** Completa el cuento de Mario con la forma correcta del pretérito o del imperfecto según el contexto. (p. 258)

Mi hermano y yo ___1___ (estar) muy tristes cuando ___2___ (saber) que teníamos que cambiar de escuela. Me acuerdo que nosotros no ___3___ (querer) cambiar porque ya ___4___ (tener) muchos amigos. Así que cuando comenzó el año en la nueva escuela, ___5___ (estar) un poco nerviosos. Al principio, no ___6___ (saber) qué hacer ni adónde ir porque no ___7___ (conocer) bien el lugar.

Pero todo cambió cuando conocí a Victoria, que ___8___ (estar) en mi clase de biología. Un día me caí delante de la clase durante mi presentación oral y todos ___9___ (reírse). Yo ___10___ (ponerse) tan rojo que ___11___ (querer) llorar. Pero Victoria se levantó y me ayudó. Después de la clase, comenzamos a hablar un poco. Ella me ___12___ (caer) muy bien y ahora es mi mejor amiga.

**5** Tomás y Fátima siempre tienen opiniones opuestas. Completa lo que dicen con el indicativo o subjuntivo de los verbos entre paréntesis. Recuerda que el subjuntivo se usa para indicar duda o para negar algo. **(p. 259)**

TOMÁS     Para mí, es cierto que los atletas ___1___ (ser) menos inteligentes y ___2___ (sacar) las peores notas. Y dudo que los profesores les ___3___ (hacer) tantas preguntas como a los demás.

FÁTIMA     ¡Qué va! Víctor es atleta y creo que ___4___ (sacar) las mejores notas de la clase de química. Y estoy segura que él ___5___ (contestar) más preguntas que tú.

TOMÁS     No creo que ___6___ (haber) mucha discriminación en este colegio. ¿Tú qué dices?

FÁTIMA     No estoy de acuerdo. Pienso que la discriminación ___7___ (seguir) siendo un problema aquí y en todas partes. Además, no creo que nadie aquí ___8___ (saber) resolver el problema.

TOMÁS     ¿Qué opinas del nuevo profesor? No me parece que nos ___9___ (dar) mucha tarea ni que ___10___ (ser) muy exigente con nosotros.

FÁTIMA     ¡Al contrario! Sé que él ___11___ (esperar) mucho de sus estudiantes, y estoy segura que nosotros ___12___ (aprender) mucho con él.

TOMÁS     ¿Conoces a la nueva estudiante? Pienso que te ___13___ (ir) a caer muy bien. Me parece que tú y ella ___14___ (tener) mucho en común.

FÁTIMA     Pues, ya la conocí, y dudo que ella y yo ___15___ (ser) muy amigas. ¡No creo que nosotras ___16___ (tener) nada en común!

## Segundo paso

**Objectives** Expressing an assumption; making hypothetical statements

**6** ¿Qué harían todos si pudieran realizar sus sueños? Usa el condicional. **(p. 265)**
1. (yo)/vivir en otro país
2. Felipe/ser atleta profesional
3. Sergio y Julia/asistir a una universidad grande
4. (tú)/comprar un carro italiano
5. mi hermano y yo/trabajar como locutores de televisión
6. papá/ir de vacaciones a Hawai
7. Nelson/salir con su actriz favorita

**7** Este año Laura se presenta como candidata para el Concejo Estudiantil *(Student Council)*. Ahora está hablando con Elena de sus planes. Completa lo que dice Laura con el condicional de los verbos entre paréntesis. **(p. 265)**

Imagínate, Elena... Si yo fuera presidenta del colegio, ___1___ (hacer) muchas cosas.

¿___2___ (Querer) tú ser la vice-presidenta? Así tú me ___3___ (ayudar) con todos los

cambios que hay que hacer. Por ejemplo, nosotras ___4___ (poner) computadoras en la

cafetería. Entonces los estudiantes ___5___ (poder) hacer la tarea o enviar cartas electrónicas durante el almuerzo. Claro, primero ___6___ (ser) necesario comprar las computadoras. Y yo ___7___ (tener) que hablar con la directora, pero creo que ella ___8___ (decir) que es una idea excelente.

**8** Sofía escribió una composición sobre la discriminación que sufre la gente mayor de edad *(senior citizens)*. Completa su composición con las palabras que faltan. Usa cada palabra sólo una vez. **(p. 266)**

> tratar  se burlan  respeto
>
> aprecio  actitud  falta
>
> me di cuenta de  estereotipo
>
> prejuicios  ignorancia  discriminación

Creo que existe una fuerte ___1___ negativa hacia las personas

mayores. En este país me parece que ellos son víctimas de la ___2___.

Por ejemplo, existe un ___3___ que los viejos ya no pueden hacer

nada. Hay muchas personas que cuentan chistes de los viejos y que

___4___ de ellos. Me parece que hay una ___5___ de contacto entre

los mayores de edad y los otros miembros de la sociedad. En realidad,

nosotros los jóvenes no sabemos ___6___ a los mayores de edad. El

año pasado, pasé todo el verano con mi abuela. Después de unas

semanas, yo ___7___ que era una mujer fuerte y valiente. Ahora la

___8___ y ___9___ mucho más. Creo que la solución al problema

de los ___10___ contra los viejos es pasar más tiempo con ellos.

# Repaso

internet

MARCAR: go.hrw.com
PALABRA CLAVE:
WV3 NEW YORK-9

**1** Mira los dibujos. Luego escucha lo que dice cada persona e indica qué dibujo corresponde a cada persona. Hay una oración que no corresponde a ningún dibujo.

a.

b.

c.

d.

**2** En una hoja de papel, escribe tres opiniones un poco polémicas. Dale tu hoja de papel a un(a) compañero(a), que usará las expresiones de **Así se dice** para negar lo que escribiste.

**MODELO**     —Los hombres siempre son arrogantes.
            —No estoy de acuerdo que todos los hombres sean
              arrogantes. Algunos son callados y tímidos.

**3** Indica si las siguientes frases son **ciertas** o **falsas**. Si son falsas, corrígelas.

**1.** Hay más de dos millones de hispanos en Nueva York.

**2.** Los hispanos forman un grupo minoritario bastante pequeño en Nueva York.

**3.** La mayoría de los hispanos en Nueva York vienen de Centroamérica.

**4.** Nueva York es un núcleo importante para la prensa y la televisión en español.

**5.** Los dos periódicos en español que se conocen mejor son **El Sol** y **El Heraldo.**

**6.** Hay colombianos y dominicanos en Nueva York.

**7.** Todavía no hay emisoras de radio en español en Nueva York.

**4** Escribe un párrafo para dar las impresiones que tienes o lo que supones sobre uno de los siguientes temas.

**1.** las costumbres de los indígenas yanomami del Amazonas

**2.** lo que dirían los animales, si pudieran hablar, de los seres humanos

**3.** la comida en las colonias de Estados Unidos en 1700

**5** Les preguntaron a tres jóvenes cuáles son los tres deseos que pedirían si tuvieran una lámpara maravillosa (*magic lamp*). ¿Cómo contestarías tú esa pregunta?

## Si tuvieras una lámpara maravillosa, ¿qué pedirías?

**ANTHONY:** Pediría más tiempo para tocar la guitarra, una buena nota en el examen de francés y un viaje por el mundo.

**AKUA:** Estaría feliz con buena salud, dinero y amor. ¿Qué más se puede pedir?

**MEGAN:** Me encantaría poder despertarme tarde todos los días, comprarme un avión y ser piloto.

**6** Usa las expresiones de **Así se dice** en la página 257 para describir cómo reaccionaron las personas en las siguientes situaciones. ¿Cómo se sintieron?

**1.** La señora Bermúdez vio a un chico burlándose de su hija Nancy.

**2.** Manuel oyó un chiste muy cómico.

**3.** Ayer cancelaron las clases para los estudiantes.

**4.** A Elena se le rompieron los zapatos.

**5.** Los abuelos de Sandra y Manuel llegaron de visita.

**7** ## Situación

Con unos(as) compañeros(as), imagina que ustedes son políticos(as) invitados(as) a un programa de televisión en el cual se discuten temas polémicos. Cada persona supone algo. Las otras personas responden y niegan lo que dijo esa persona.

Cuaderno para hispanohablantes, p. 45

# A ver si puedo...

**Can you talk about emotional reactions? p. 257**

**1** ¿Cómo se sintieron estas personas en las siguientes situaciones? Escribe oraciones completas.

1. Martín y Laura/la gente se burló de sus amigos
2. Fernanda/sus profesores le dieron mucha tarea
3. Cristóbal y yo/ la gente habló muy alto en el cine
4. tú/viste tu programa favorito de cómicos
5. tus amigos/no supieron la respuesta en clase
6. Gabriela/recibió flores en su cumpleaños

**Can you express disagreement? p. 259**

**2** Ana y Simón tienen opiniones muy diferentes sobre sus compañeros. Para cada descripción que sigue, indica cómo piensan Ana y Simón.

MODELO     **Elisa y Paco practican el piano todos los días.**
     ANA   **Es verdad que practican todos los días.**
     SIMÓN   **No es cierto que practiquen todos los días.**

1. Juan Carlos aprecia el arte y la música indígena.
2. Bárbara tiene una actitud muy positiva.
3. Gregorio nunca juzga a nadie.
4. Luis y Raquel son los únicos que nos comprenden.
5. Tatiana quiere combatir la discriminación.
6. Alejandro siempre ayuda a otros estudiantes con la tarea.

**Can you express an assumption? p. 264**

**3** Usa expresiones de **Así se dice** para expresar tus ideas sobre los siguientes temas.

1. la vida estudiantil en el año 2050
2. las clases en las universidades
3. la discriminación racial en el año 2075
4. el clima del Polo Norte en contraste con el clima de Nueva York

**Can you make hypothetical statements? p. 264**

**4** Crea oraciones con las siguientes frases. ¿Harías las siguientes cosas si tuvieras... o si pudieras...?

MODELO     **ir de compras**
     **—Iría de compras si tuviera tiempo.**

1. patinar en el parque
2. jugar al tenis
3. nadar en la piscina
4. montar a caballo
5. preparar una tortilla española
6. estudiar para el examen
7. pasear en velero
8. escuchar música

## Primer paso

### Talking about emotional reactions

| | |
|---|---|
| estuve contento(a)... | I was happy . . . |
| me enfadé | I got angry |
| me enojé | I got angry |
| me frustré | I got frustrated |
| presionados(as) por... | pressured to . . . |
| Quise... | I wanted (tried) |
| reaccionaron | they reacted |
| Se alegró mucho. | He (She) was very happy. |
| se burlaron de | they made fun of |
| Se pusieron rojos. | They blushed. |
| se rieron | they laughed |
| supe | I knew (found out) |
| supiste | you knew (found out) |

### Expressing disagreement

| | |
|---|---|
| ¡Al contrario! | On the contrary! |
| Niego haberme burlado de... | I deny having made fun of . . . |
| No es cierto que... | It's not true that . . . |
| No es verdad que... | It's not true that . . . |
| No estoy de acuerdo en que... | I don't agree that . . . |

### Adjectives that describe people

| | |
|---|---|
| amigable | friendly |
| arrogante | arrogant |
| bobo(a) | silly, dumb |
| callado(a) | quiet |
| chismoso(a) | gossipy |
| descortés | rude |
| egoísta | selfish |
| melancólico(a) | gloomy |
| perezoso(a) | lazy |
| presumido(a) | conceited |
| seco(a) | cold, curt |
| tímido(a) | shy |
| torpe | slow, dull, clumsy |
| travieso(a) | mischievous |

## Segundo paso

### Expressing an assumption

| | |
|---|---|
| Me imagino que... | I imagine that . . . |
| Supongo que... | I suppose that . . . |
| Tengo entendido que... | I understand that . . . |
| Tengo la impresión de que... | I'm under the impression that . . . |

### Making hypothetical statements

| | |
|---|---|
| Si fueras... ¿qué harías? | If you were . . . what would you do? |
| Si pudiera... viviría... | If I could . . . I would live . . . |
| Si pudieras... ¿adónde irías? | If you could . . . where would you go? |
| Si tuviera... compraría... | If I had . . . I would buy . . . |

### Talking about stereotypes

| | |
|---|---|
| la actitud hacia | attitude toward |
| apreciar | to appreciate |
| combatir | to combat |
| contra | against |
| darse cuenta de | to realize |
| la discriminación | discrimination |
| estereotipar | to stereotype |
| el estereotipo | stereotype |
| la falta (de) | lack (of) |
| la ignorancia | ignorance |
| juzgar | to judge |
| la minoría | minority |
| el prejuicio | prejudice |
| respetar | to respect |
| el respeto hacia | respect for |
| tratar | to treat |

# 10

# La riqueza cultural

## Objectives

**In this chapter you will learn to**

### Primer paso

• talk about accomplishments
• talk about future plans

### Segundo paso

• express cause and effect
• express intention and purpose

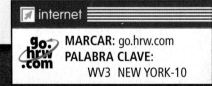

internet

**MARCAR:** go.hrw.com
**PALABRA CLAVE:**
WV3 NEW YORK-10

◀ **Los dominicanos de Nueva York se sienten muy orgullosos de su herencia cultural.**

# DE ANTEMANO · ¿Qué significa ser hispano?

Cuaderno de actividades, p. 109, Act. 1-2

## Estrategia para comprender

La palabra hispano en los Estados Unidos se refiere a gente de muchos países y diversos grupos étnicos, pero también significa mucho más. Antes de comenzar, piensa en lo que has aprendido de los hispanohablantes en tus estudios del español. Luego lee cómo explicaron la palabra hispano varios estudiantes de la Sra. Dora Villani del colegio John F. Kennedy en Nueva York.

Todos somos diferentes y tenemos diferentes opiniones sobre lo que significa ser hispano. Queremos saber lo que tú piensas y qué planes tienes para el futuro.

1. ¿Qué significa ser hispano para ti?
2. En tu opinión, ¿cómo te ve la gente de origen no hispano?
3. Si acabas de venir a los Estados Unidos, ¿has tenido que adaptarte o asimilarte a la cultura norteamericana? ¿Cómo?
4. ¿Has compartido tu cultura con la gente no hispana?
5. ¿De qué estás orgulloso(a)?
6. ¿Qué quieres lograr antes de graduarte de la escuela secundaria?
7. ¿Qué quieres hacer cuando seas mayor? ¿Por qué?

### 66 Los hispanos tenemos una gran cultura. 99
**Teany Hidalgo**

Me llamo Teany Hidalgo. Tengo dieciséis años y soy de la República Dominicana. Yo estoy muy orgullosa de ser hispana porque los hispanos tenemos una gran cultura. Somos un grupo étnico que tiene costumbres muy variadas y gentes de diferentes países. Quienes vivimos en los Estados Unidos hemos aprendido a superarnos y a tener buenas profesiones. Mi objetivo es llegar a ser ingeniera de computación, y con la ayuda de mi familia sé que lo voy a alcanzar. Mi intención es cambiar todos los estereotipos que la gente tiene de los hispanos para que todos podamos tener un futuro feliz.

Mi nombre es Jessica Jiménez y nací en el Bronx. Estoy en el equipo de esgrima. Gané un trofeo el año pasado. Yo he vivido en Puerto Rico y es muy distinto a vivir aquí en los Estados Unidos. Aquí hay algunas personas que discriminan a otras

### 66 Me siento orgullosa de ser hispana. 99
**Jessica Jiménez**

por el hecho de tener padres hispanos. Yo me siento orgullosa de ser hispana porque, además del inglés, sé hablar muy bien el español. Cuando sea mayor, quiero ser médica para ayudar a otras personas, especialmente a los hispanos que no saben expresarse en inglés.

> ## " Ser hispano aquí es para mí un desafío a ser mejor. "
> **Paul Bravo**

Me llamo Paul Bravo. Soy colombiano y vivo en el Bronx, Nueva York. Me interesa mucho el arte. Quiero llegar a ser arquitecto cuando sea mayor. Me siento parte de una colectividad que, sin perder su modo de ser, trata de asimilar la cultura esta dounidense. Ser hispano aquí es para mí un desafío a ser mejor, porque tengo que asimilar dos culturas. También es un compromiso porque tengo que llegar a ser igual o mejor que otros hispanos que han triunfado en todos los ámbitos de esta sociedad. Me siento muy orgulloso de ser hispano.

Me llamo Mayra Rivera y soy puerto rriqueña. Tengo catorce años. Para mí, ser hispana en los Estados Unidos es un orgullo y a la vez un reto. Es un orgullo porque puedo expresarme en dos idiomas y compartir mis costumbres y tradiciones con mis amigos no hispanos. Es un reto porque es una nueva sociedad, con diferentes costumbres a las cuales debemos adaptarnos, y un nuevo idioma que tenemos que aprender. Si no dominamos el idioma, las oportunidades de

> ## " Ser hispana en los Estados Unidos es un orgullo. "
> **Mayra Rivera**

triunfar en este país son pocas. Cuando uno no sabe el idioma la discriminación es mayor. Yo he puesto todo mi esfuerzo en aprender inglés y adaptarme. Pienso que todos los hispanos debemos sentirnos orgullosos de nuestra historia y no olvidar nunca nuestras raíces y costumbres.

Mi nombre es Ruth Cruz y soy nicaragüense. Ahora vivo en la ciudad de Nueva York. Tengo dieciséis años. Para mí, ser hispana es un orgullo. Este país me ha abierto las puertas para seguir adelante. Desde que vine a este país he estudiado mucho para así un día poder realizar mis metas. Aquí he podido conocer las diferentes culturas que existen y al mismo tiempo compartir la mía. Es muy importante tratar de superarnos en este país para que todos puedan tener en alto el nombre de los hispanos. Todos debemos hacer un esfuerzo,

> ## " Este país me ha abierto las puertas para seguir adelante. "
> **Ruth Cruz**

especialmente la juventud. Nosotros tenemos la mayor oportunidad ya que estamos estudiando. Lo tenemos que lograr para nuestro futuro. Estoy segura que poco a poco lo lograremos.

## 1 ¿A quién se refiere?

Indica a quién se refiere cada frase.

1. Quiere ser médico(a) porque quiere ayudar a los hispanos que no saben hablar el inglés.
2. Cuando sea mayor, va a cambiar todos los estereotipos que la gente tiene de los hispanos.
3. Quieren compartir su cultura con sus amigos no hispanos.
4. Según ella, la juventud tiene la mayor oportunidad de mejorarse.
5. Le gusta mucho el arte y quiere llegar a ser arquitecto(a).
6. Dice que el hispano no debe olvidar nunca sus costumbres cuando llegue a Estados Unidos.
7. Piensa que tiene que ser igual o mejor que los otros hispanos.

## 2 ¿Quién lo diría?

Indica quién diría las siguientes oraciones.

| Mayra | Paul | Teany | Jessica | Ruth |

1. Este país me ha dado muchas oportunidades para triunfar.
2. La cultura hispana es muy rica y tiene mucha diversidad.
3. Ser hispano me inspira a ser mejor.
4. Es una ventaja ser bilingüe; sé hablar muy bien el inglés y el español.
5. Para mí, los estudios y el trabajo son importantísimos para que siga adelante.
6. Me gusta compartir mis costumbres con gente no hispana.
7. Los hispanos asimilan la cultura de Estados Unidos pero sin perder su identidad.
8. No quiero que la gente estereotipe a los hispanos y espero cambiar esas actitudes.
9. Es importante adaptarse a la cultura.
10. Quiero ayudar a los hispanos que no son bilingües.

## 3 ¿Entendiste?

Contesta las preguntas según la información de las entrevistas.

1. ¿Qué opinan estos jóvenes del hecho de ser hispanos?
2. ¿Quieren conservar sus tradiciones estos jóvenes? ¿Por qué?
3. ¿Qué opinan ellos sobre el inglés? ¿Qué opinan sobre ser bilingües?

## 4 ¿Cómo lo dicen?

Busca las expresiones que usan estos jóvenes hispanohablantes para expresar su orgullo, sus opiniones, sus valores y sus esperanzas para el futuro.

## 5 Ahora te toca a ti

Prepara una lista de las cosas que te hacen sentir orgulloso(a) de tu propio grupo étnico, cultural o lingüístico.

## Así se dice

### Talking about accomplishments

Si quieres hablar de las cosas de las que estás orgulloso(a), puedes decir:

Yo **puse todo mi esfuerzo** en aprender el inglés.
. . . *I put a lot of effort into* . . .

Toshiro **domina el francés**. . . . *speaks French very well.*

Edmundo **se siente orgulloso de haber** ganado el premio.
. . . *feels proud of having* . . .

Alicia **logró superar muchos obstáculos** en su vida.
. . . *succeeded in overcoming many obstacles* . . .

**Alcancé éxito en** mi papel de Romeo. . . . *achieved success in* . . .

Birgitte **tuvo mucho éxito** este año; ganó todas las competencias de música.

Muchos hispanos **han triunfado** en los campos de ciencia y medicina.
. . . *have succeeded* . . .

Cuaderno de actividades, pp. 110, 112 Acts. 3, 9

---

### 6 Eso no es lógico

**Escuchemos/Escribamos** Escucha las siguientes conversaciones e indica si las respuestas son **lógicas** o **ilógicas**. Luego escucha otra vez y cambia las respuestas ilógicas para que sean lógicas.

### 7 El camino al éxito

**Leamos/Escribamos** Lee el siguiente artículo sobre Gloria Estefan, la cantante cubanoamericana. Después contesta las preguntas.

1. ¿Qué ha logrado Gloria Estefan?
2. ¿Qué obstáculos ha superado ella?
3. ¿Cómo los superó?
4. ¿Qué piensan de Gloria los hispanos?

# Gloria Estefan

## SUPERANDO OBSTÁCULOS, ALCANZANDO ÉXITO

Gloria Estefan ha alcanzado éxito en su profesión y ha logrado algo no muy común para los cantantes hispanos: ser artista "crossover". Es decir, tiene éxitos en el mercado anglo e hispano. Sin embargo, el camino hacia el éxito no ha sido fácil para esta cubanoamericana. Ha superado muchos obstáculos. Salió de Cuba con sus papás cuando era muy joven. Llegaron a Miami sin mucho dinero y sin hablar el inglés. Su papá murió cuando ella tenía 16 años. En el año 1990 se rompió la espalda en un terrible accidente de autobús. Los que pensaban que Gloria nunca volvería a caminar no la conocían. Es una mujer de mucha disciplina y puso todo su esfuerzo en recuperarse del accidente. La comunidad hispana se siente orgullosa de tener a Gloria como miembro de la familia.

**alcanzar** *to achieve, to attain*
**aportar** *to contribute*
**la aportación** *contribution*
**el esfuerzo** *effort*
**estar agradecido(a) por** *to be grateful for*
**el éxito** *success, hit song*
**el orgullo** *pride*
**el reto** *challenge*
**sentirse (ie, i) orgulloso(a) de** *to feel proud of*

**superar** *to overcome*
**superarse** *to better oneself*
**tener éxito** *to succeed*

Más práctica gramatical,
p. 302, Act. 1

Cuaderno de actividades,
p. 110, Acts. 4–5

Cuaderno de gramática,
pp. 78–79, Acts. 1–3

## 8 La aportación hispana

**Leamos/Hablemos** La aportación de los hispanos al mundo de la literatura, arte, cine y deportes es muy grande. Indica qué persona corresponde a las siguientes descripciones. ¿Sabes también de qué países son?

### También se puede decir...

Se puede decir **el aporte** por **la aportación**. También se dice **triunfar** por **tener éxito** y **desafío** por **reto**.

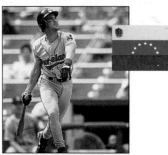
1. Nancy López

2. Andy García

3. Salvador Dalí

4. Omar Vizquel

5. Plácido Domingo

6. Giselle Fernández

**a.** Ha alcanzado mucho éxito en varias películas de Hollywood.

**b.** Se siente orgulloso(a) de haber ganado el premio del Guante de Oro.

**c.** Ha aportado mucho al campo deportivo así como a su familia.

**d.** Ha tenido mucho éxito como reportero(a).

**e.** Ha puesto mucho esfuerzo en superarse en el campo de la ópera.

**f.** Sus pinturas son el orgullo de su país.

## 9 Sus éxitos

**Hablemos** Con un(a) compañero(a), habla de las aportaciones que ustedes han hecho a sus familias, a su escuela o a su comunidad. ¿Qué obstáculos han superado para alcanzar el éxito? ¿De qué están más orgullosos(as) en sus vidas? Si quieren, pueden imaginar que su conversación tiene lugar 10 años en el futuro.

asimilarse   *to assimilate*
el compromiso   *commitment, obligation*
la costumbre   *custom*
criarse   *to grow up; to be raised*
encajar   *to fit in*

mantener   *to preserve, to keep*
el modo de ser   *nature, disposition*
las raíces   *roots*

Cuaderno de actividades, p. 111, Act. 6

Cuaderno de gramática, pp. 79–80, Acts. 4–5

Más práctica gramatical, p. 302, Act. 1

**10  ¿Qué palabra es mejor?**

**Leamos/Escribamos** Completa las oraciones con la forma correcta de la mejor palabra del **Vocabulario**.

1. **Responsabilidad** y **obligación** son sinónimos de ═══════.

2. El proceso de hacerse parte de otra cultura se llama ═══════.

3. El carácter y las costumbres de una persona definen su ═══════.

4. Muchos cubanoamericanos nacieron en Cuba y ═══════ allí también.

5. El término "las ═══════" se refiere al origen de una persona y su familia.

6. ═══════ quiere decir una tradición o algo que se ha hecho por muchas generaciones.

**11  Consejos para padres y jóvenes hispanos**

**Escuchemos/Hablemos** Escucha los consejos que Adriana y José Luis dan a padres y jóvenes hispanos. Luego indica quién diría cada frase: **Adriana, José Luis** o **los dos**.

1. Es necesario que nos asimilemos sin olvidar quiénes somos.

2. Los hispanos pueden aportar mucho a este país.

3. Los padres hispanos deben hacer el esfuerzo de aprender el inglés.

4. Es importante respetar el compromiso que uno tiene con su familia.

5. Es más fácil para los hijos encajar en la sociedad estadounidense.

**12  Costumbres y raíces**

**Escribamos/Hablemos** Contesta las siguientes preguntas con dos compañeros(as). Comparen y expliquen sus respuestas.

1. ¿Creen Uds. que los ciudadanos nuevos en nuestro país se asimilan fácilmente?

2. ¿Creen Uds. que es posible encajar en una nueva cultura y no olvidar sus raíces al mismo tiempo? ¿Cómo demuestran su orgullo los distintos grupos étnicos aquí en Estados Unidos?

3. ¿Siguen viviendo Uds. ahora en el mismo lugar en que se criaron? ¿Qué dificultades tiene alguien al mudarse *(upon moving)* a un lugar nuevo?

4. ¿Qué costumbres mantienen sus familias? ¿Cuál es el origen de esas costumbres? ¿Creen que es importante mantener las costumbres?

## Nota cultural

Hay una fuerte influencia puertorriqueña en Nueva York. Esta influencia se ve especialmente en el Barrio, una sección de East Harlem. El Barrio es famoso por sus deliciosas comidas, su música "salsa", sus cines y sus publicaciones en español. Una de las atracciones del Barrio es el Museo del Barrio, dedicado a las culturas de Latinoamérica y de Puerto Rico. Tiene una colección fascinante de objetos precolombinos y frecuentemente hay exhibiciones sobre la pintura, escultura y video latinoamericanos. ¿Qué influencias hispanas ves en tu comunidad?

## Así se dice

### Talking about future plans

Si quieres hablar de tus planes para el futuro, puedes decir:

Me gustaría ser doctora **cuando sea mayor** para ayudar a otras personas.

**Cuando cumpla los 18 años,** voy a registrarme para votar.

Ofelia quiere trabajar **antes de que empiecen las clases** en la universidad.

**Antes de terminar** el colegio quiero conseguir una beca *(scholarship)*.

**Después de graduarnos** vamos a tener una fiesta muy grande.

> Cuaderno de actividades, pp. 111, 113, Acts. 7, 11

## 13 Tus planes y tu modo de ser

**Leamos** Toma esta pequeña prueba para saber qué vínculo hay entre tus planes y tu modo de ser. Selecciona las respuestas que sean más parecidas a tus planes.

1. Cuando sea mayor yo
   - **a.** seré un(a) guía para safaris.
   - **b.** trabajaré en Wall Street.
   - **c.** escribiré un libro de poesía

2. Antes de que cumpla los 40 años me gustaría
   - **a.** viajar al Polo Sur.
   - **b.** formar mi propia compañía internacional de finanzas.
   - **c.** aprender a tocar la guitarra eléctrica.

3. Cuando tenga suficiente dinero pienso
   - **a.** comprarme un barco y navegar alrededor del mundo.
   - **b.** invertirlo en telecomunicaciones.
   - **c.** construir un nuevo museo de arte.

4. Después de graduarme en el colegio
   - **a.** voy a ir a Egipto para escalar las pirámides.
   - **b.** voy a tomar clases de administración de empresas.
   - **c.** voy a tomar clases de escultura.

**Resultados:** Tus respuestas a las preguntas de la prueba indican algo sobre tu modo de ser. Vamos a ver qué dicen sobre tu personalidad las respuestas que escogiste. Si escogiste **a** la mayoría de las veces, tu tendencia natural es de ser una persona aventurera. Si escogiste **b**, eres empresario(a) por instinto. Si preferiste **c**, lo normal para ti es ser creativo(a) y artístico(a).

## Gramática

### The subjunctive after certain conjunctions

**1.** These conjunctions always take the subjunctive:

**a menos (de) que** *unless*      **en caso de que** *in case*
**antes de que** *before*      **para que** *so, in order that*
**con tal (de) que** *provided*

**2.** The subjunctive follows some conjunctions when they refer to a future action.

**Cuando vayas** a Madrid, tienes que conocer los museos. *When you go . . .*
**En cuanto llegues** a casa llámame. *As soon as you get home . . .*

**3.** Here are some other conjunctions that take the subjunctive when they refer to the future. They often introduce a new subject.

**después de que** *after*      **tan pronto como** *as soon as*
**hasta que** *until*

**4.** Use the indicative if the action happens regularly or already happened.

**Cuando vamos** a Chicago, siempre vamos a los museos.
**En cuanto salimos,** empezó a llover.

Más práctica gramatical, p. 303, Acts. 2–3

Cuaderno de actividades, p. 112, Act. 8

Cuaderno de gramática, pp. 80–81, Acts. 6–9

---

**14** ### Gramática en contexto

**Leamos/Hablemos** Leonora va a tener una entrevista para un trabajo. Con un(a) compañero(a), dale consejos usando la siguiente información. Cambien los verbos si es necesario.

1. Cuando (tener) una entrevista,...
2. Antes de (ir),...
3. Tan pronto como (llegar),...
4. Cuando (hablar) con la jefa,...
5. Después de que Uds. (terminar) la entrevista,...

ponte ropa profesional

sé cortés

ve a la oficina de la jefa

agradécele su tiempo

debes seguir estos consejos

---

**15** ### Gramática en contexto

**Escribamos** Los siguientes jóvenes están pensando en lo que les gustaría hacer cuando sean mayores. Escribe unas frases que indiquen lo que quiere hacer cada persona según el dibujo. Usa las frases **Cuando sea mayor...**, **Antes de cumplir...** y **Después de que...**

el (la) carpintero(a)

el (la) médico(a)

el (la) programador(a)

a.      b.      c.      d.

# ¡Adelante! ▪ *La herencia cultural*

Lee lo que escribió Joaquín Veracruz sobre su herencia cultural. Sus palabras reflejan el orgullo que tiene por ser quién es. ¿Cómo describirías tu herencia cultural?

Cuaderno de actividades, p. 114, Acts. 12–14

## Cartas
### AL EDITOR

Estimado editor:

Me llamo Joaquín Veracruz y soy de Río Piedras, Puerto Rico. Desde hace cinco años vivo en Brooklyn, Nueva York. Me encanta su revista y la leo todos los meses. Quería escribirles para contarles un poco sobre mi experiencia aquí en Nueva York.

Por lo general, ha sido una experiencia muy buena y he conocido a gente maravillosa. Pero por el hecho de venir de Puerto Rico, hay algunas personas que opinan que no soy estadounidense. Me oyen hablar español y por consiguiente deciden, sin conocer los hechos, que soy inmigrante ilegal o que no tengo derecho a vivir aquí. Sin saber nada de mí, llegan a la conclusión de que soy inferior o incapaz de contribuir a la sociedad.

En mi opinión, en la mayoría de los casos esta actitud proviene de la ignorancia, no de la maldad. Por eso, la mejor forma de cambiar la opinión de esta gente es educarla, mostrarle que nosotros los hispanos tenemos mucho que ofrecer. Soy bilingüe; por lo tanto mis oportunidades para la comunicación se duplican.

Me esfuerzo en mis estudios por salir adelante. Respeto las diferentes culturas y costumbres de este país y creo que enriquecen a todo el mundo.

Es importante sentirse orgulloso del propio origen. Quiero pedirles a mis hermanos y hermanas hispanos que sigan luchando para que todo el mundo se dé cuenta de nuestras contribuciones. Les pido paciencia y amor para los que todavía no ven la realidad. La mejor manera de cambiar a una persona es hacerse su amigo.

Atentamente,
Joaquín Veracruz

NUESTRO TIEMPO                                   3

## 16 ¿Comprendiste?

Completa las frases con información de ¡Adelante!

1. Joaquín quería escribir una carta a la revista porque...

2. Algunas personas creen que Joaquín no es estadounidense porque...

3. Hay gente que cree erróneamente que Joaquín es un inmigrante ilegal porque...

4. En el nuevo programa del presidente, algunos estudiantes tendrán oportunidades de...

5. El grupo Juntos Avanzamos ha publicado una lista de sus objetivos porque quiere que...

## 17 Encuentra las expresiones con por

¿Qué expresión usa Joaquín para hablar de la ventaja de ser bilingüe? ¿Qué dice para expresar la reacción de algunas personas cuando lo oyen hablar español?

## El presidente: reunión con grupo Juntos Avanzamos

(NUEVA YORK) Hoy se reúne el presidente con el grupo Juntos Avanzamos, cuyas ambiciones incluyen leyes contra la discriminación y programas para combatir los estereotipos culturales. Este año el grupo ha publicado una lista de sus objetivos con la idea de difundirlos a nivel nacional. Se cree que el presidente viene a la reunión con la intención de anunciar su apoyo para esos objetivos y para dar a conocer un nuevo programa nacional para combatir los estereotipos. Se reporta que el programa incluye oportunidades para que jóvenes de distintos grupos étnicos y culturales de todas partes del país puedan conocerse y discutir la discriminación y los estereotipos.

---

**18** **¿Cuál es tu opinión?**

Contesta las preguntas con un(a) compañero(a). Comparen sus respuestas y expliquen las diferencias de opinión que tengan.

1. ¿Está abierto este país a personas de muchas culturas diferentes? Explica tu opinión.

2. ¿Cuál es la mejor manera de lograr (achieve) mayor tolerancia hacia otras culturas?

3. ¿Cuáles son las ventajas de conocer más de una cultura?

4. ¿Es importante que los diferentes grupos étnicos y culturales mantengan su identidad cultural? ¿Por qué sí o por qué no?

5. ¿Te sientes seguro(a) de tu identidad cultural? ¿De dónde viene ese sentido?

**19** **Ahora te toca a ti**

Escribe una composición de unas quince oraciones describiendo una experiencia con la intolerancia. Puede ser tu propia experiencia o una que observaste. Explica lo que pasó y cómo se sintieron los que tuvieron la experiencia y los que la observaron.

CD-ROM
DISC 3

## ¿Cómo te defines?

Estos estudiantes hispanos nos dijeron cómo se definen y por qué se definen así.

**Sergio**
Miami, Florida

"Hispano y latinoamericano también. Es lo mismo, son sinónimos... Les brindamos [a Estados Unidos] nuestra ética de trabajo, nuestros valores culturales y familiares, nuestra unión familiar, nuestras creencias en Dios y en la democracia, y también tenemos... muy amplio espíritu de superación".

**Ivette**
Ponce, Puerto Rico

"Soy puertorriqueña, soy latina, soy americana... Puertorriqueña, pues, el centro de mi corazón; latina, mi piel; americana, mi mente... Yo creo que pese a la opinión que tienen muchas personas, los hispanohablantes somos personas que tenemos nuestra propia mente, somos muy capaces para hacer cualquier cosa que queramos".

**Sally**
San Diego, California

"Yo me considero chicana porque soy nacida aquí y mis padres son de México y latino lo considero... son todas las personas mexicanas, de Cuba, de Argentina, de todo... En veces sí hay [discriminación]... En veces nos ponen abajo, nos dan menos oportunidades a nosotros que somos chicanos o latinos... Lo que deberían de hacer es tratarnos a todos igual, porque no somos diferentes, somos igual[es]".

## Para pensar y hablar...

**A.** ¿Cómo se siente Ivette en su corazón? Según Sally, ¿cuál es la diferencia entre chicano y latino? Según Sergio, ¿cuál es la diferencia entre hispano y latinoamericano? ¿Qué aportación han hecho los latinos a Estados Unidos, según Sergio?

**B.** ¿Por qué crees que les importa a estos estudiantes definir quiénes son? Escoge tres palabras para definirte a ti mismo(a).

## Así se dice

### Expressing cause and effect

Si quieres hablar de la relación entre causa y consecuencia, puedes decir:

> Cuaderno de actividades,
> pp. 115–116, Acts. 15–16

Mis éxitos en natación **se deben a** mis excelentes entrenadores.
*. . . are due to . . .*

Soy bilingüe; **por lo tanto**, tengo muchas oportunidades en el trabajo.
*. . . therefore . . .*

**Por tener** padres hispanos, me siento orgullosa de la cultura hispana.
*Because I have . . .*

No estudié, **así que** salí con malas notas.
*. . . so . . .*

Las leyes han cambiado **de tal forma que** hay menos discriminación.
*. . . in such a way that . . .*

Sé español y portugués; **en consecuencia**, puedo viajar fácilmente en
América Latina.

Discutimos el problema; **por consiguiente**, hay más tolerancia.
*. . . consequently . . .*

Las acciones de los líderes **resultaron
en** leyes contra la discriminación.

### Nota gramatical

Verbs are not conjugated after a preposition.
Infinitives are used instead, and no new
subject is introduced.

> Marisa consiguió varias becas **por
> ser** buena estudiante.

> Rubén llamó a sus padres **antes de salir.**

> Cuaderno de gramática,
> pp. 82–83, Acts. 10–12

> Más práctica gramatical,
> p. 304, Act. 4

### 20 Por lo tanto...

**Escuchemos/Hablemos** Escucha las siguientes
frases. Indica si cada frase expresa una relación
entre causa y efecto o no.

### 21 Gramática en contexto

**Leamos/Escribamos** ¿Cuáles son las consecuencias de estas acciones o hechos? Lee cada frase
y combínala con una de estas expresiones. Luego añade una conclusión propia.

MODELO       Ángel trabaja para una compañía internacional.
—Él necesita hablar con gente de otros lugares, así que estudia idiomas.

1. Tomás ha trabajado en la compañía por 35 años.
2. Alberto es un genio en matemáticas.
3. María Carlota se crió en Buenos Aires.
4. Mi hermano quiere comprar un carro.
5. Eva y Dalia empezaron a practicar la
natación desde muy jóvenes.
6. He estudiado español.

por lo tanto    así que

de tal forma que    en consecuencia

por consiguiente    resultar en

## 22 Causas y efectos

**Escribamos** Mira los dibujos. Luego, con un(a) compañero(a), escribe una frase para describir la causa y el efecto que ves en cada dibujo.

### Vocabulario

**la aspiración**  *aspiration, ambition*
**aspirar a**  *to aspire to*
**enfocarse en**  *to focus on*
**esforzarse (ue) por**  *to make an effort to*
**lograr**  *to achieve; to manage to*
**llevar a cabo**  *to carry out*
**la meta**  *goal*

**el objetivo**  *objective*
**realizar (un sueño)**  *to fulfill (a dream)*
**soñar (ue) con** + inf.  *to dream of (doing something)*
**tomar la iniciativa**  *to take the initiative*

 Cuaderno de actividades, p. 117, Acts. 17–18

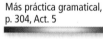 Cuaderno de gramática, p. 83, Acts. 13–14

Más práctica gramatical, p. 304, Act. 5

## 23 Las metas del grupo folklórico

**Escribamos/Hablemos**  El grupo Amigos de la República Dominicana está anunciando sus metas para este año. Completa cada frase con una expresión del **Vocabulario**. Luego escribe cinco oraciones similares e intercámbialas con un(a) compañero(a). Traten de adivinar las palabras que se necesitan para completar las oraciones del (de la) compañero(a).

1. Nuestra ====== es fomentar el aprecio del arte dominicano en Nueva York.

2. Este año vamos a ====== el arte que mejor refleja el espíritu y el alma de los dominicanos.

3. Tendremos un programa de clases especiales para jóvenes dominicanos que ====== aprender sobre la música tradicional de la República Dominicana.

4. Nuestro comité tiene que ====== en esta área porque ninguna otra organización está trabajando en ella.

5. Vamos a hacer todo lo posible para ====== nuestros planes.

### ¿Te acuerdas?

The reflexive pronoun you use varies according to the subject of the sentence.

Debes enfoca**rte** más en tus objetivos.
**Nos** esforzamos por lograr nuestras metas.

Cuaderno de gramática, pp. 84–85, Acts. 15–17

## 24 Por el bien de todos

**Escribamos**  Enumera ocho metas en las que tu comunidad debe enfocarse dentro de los próximos diez años. Completa las oraciones usando las frases de **Así se dice**.

**MODELO**    construir un estadio de béisbol
—**Queremos enfocarnos en los deportes; por lo tanto, nuestra meta es construir un estadio de béisbol.**

**25** **Propongamos una solución**

**Escribamos/Hablemos**  Con un(a) compañero(a), enumera los cinco problemas más graves que afectan tu ciudad. Luego escojan uno de los problemas y escriban una composición de 15 oraciones. Expliquen la causa del problema y sus consecuencias. Mencionen los objetivos que tienen para resolver el problema y cómo pueden lograrlos.

### Así se dice

**Expressing intention and purpose**

Si quieres hablar de tus intenciones y objetivos, puedes decir:

Cuaderno de actividades, p. 118, Act. 19

**Pienso** aprender un poco de la música hispana.
**Tengo la intención de** viajar a Puerto Rico.
Escribieron la carta **con la intención de** persuadirnos a visitarlos.

Fuimos allí **con la idea de** comprar libros sobre los hispanos famosos.
Pablo quiere ir a Chile **para** conocer a su gente.
Vamos a eliminar los estereotipos **para que** haya menos discriminación.

**26** **¿Quién es?**

**Escuchemos**  Mira los siguientes dibujos. Luego escucha cada descripción e indica a qué persona en los dibujos se refiere.

a.

b.

c.

d.

**27** **No pudo porque...**

**Leamos/Escribamos**  Usa las expresiones de **Así se dice** para explicar por qué cada persona no pudo hacer las siguientes cosas.

> **MODELO**  Mario / ir al Museo Guggenheim
> **Mario tenía la intención de ir al Museo Guggenheim pero tuvo que trabajar.**

1. Claudia / ir al desfile del Día de la Raza
2. Ignacio / conocer la Sociedad Hispánica de América
3. Kristin / asistir a un concierto en el Radio City Music Hall
4. Chen / escuchar una ópera en Carnegie Hall
5. Alishia / ir de compras a la Quinta Avenida

**28** **¡Qué generosidad!**

**Hablemos**  Tú y un(a) compañero(a) tienen 20.000 dólares para fomentar una conciencia cultural en su ciudad. Hablen de lo que deben hacer con el dinero y expliquen los objetivos.

> **MODELO**  **Debemos dar 5.000 dólares a la escuela para que pueda comprar libros.**

## Gramática de repaso

### The subjunctive with *para que*

The conjunction **para que** introduces a new subject and is always followed by the subjunctive. Any verbs that go after **para**, however, are left in the infinitive. No new subject is introduced.

Más práctica gramatical,
p. 305, Act. 6

Les escribo a mis representantes **para que sepan** mis opiniones.
Llamé a la senadora **para discutir** los programas multiculturales.

Cuaderno de gramática,
pp. 85–86, Acts. 18–20

---

 **29** **Gramática en contexto**

**Leamos/Escribamos** Completa cada frase con **para** o con **para que**.

1. Mis padres emigraron de América Latina. Estoy ahorrando dinero ▭ viajar allá algún día.

2. Mis abuelos no hablan inglés. Yo les hablo en español ▭ me entiendan.

3. Debemos enfocarnos en los detalles de la situación ▭ comprenderla.

4. Tendré que estudiar muchos años ▭ realizar mi sueño de ser médico.

5. Una persona anónima ha dado 1.000 dólares al programa ▭ compre obras de arte para la Sociedad Hispánica de América.

### Nota cultural

La Sociedad Hispánica de América, fundada en 1904 por Archer M. Huntington, se encuentra en la calle Broadway en un edificio impresionante de estilo renacentista *(Renaissance)* español. Tiene una colección exquisita de arte español y portugués, incluso pinturas de Velázquez, El Greco y Goya.

 **30**  **Del colegio al trabajo**

**Leamos/Escribamos** Trabajas para una agencia de empleos que ayuda a estudiantes a encontrar trabajos de verano en el extranjero. Necesitas obtener información sobre sus metas o planes para el futuro. Completa las oraciones de algunos de los candidatos.

**MODELO**  Pienso tomar clases de español…
Pienso tomar clases de español
para poder trabajar en Perú.

1. Tengo la intención de viajar a España…
2. Deseo superarme con la idea de…
3. Quiero aprender bien el español…
4. Pienso tomar clases de arte mexicano…
5. Tengo la intención de estudiar comercio internacional…
6. Quiero aprender literatura inglesa…

### SUGERENCIA

One way to make the task of writing easier is to make sure you know most of the words you will need to use. With a classmate, make a list of the words you will probably need to complete your task. Then look up the words you don't know in the dictionary. Always look up the Spanish word in the dictionary to be sure it fits the context.

 **31** **En mi cuaderno**

**Escribamos** Imagina que estás pidiendo una beca para asistir a tu universidad favorita. Escribe una carta a la universidad para contarle cuáles son tus planes para el futuro. Menciona también tus logros más notables, y explica cómo te ayudará la beca a realizar tus sueños.

## El Ballet Hispánico de Nueva York

Fundado en 1970 por la venezolana Tina Ramírez, el Ballet Hispánico de Nueva York ofrece toda una variedad de bailes y música al público por medio de funciones en Estados Unidos, Latinoamérica y Europa y por medio de su escuela de baile en Nueva York. ¿Qué elementos culturales ves en estas fotos? ¿Crees que estos elementos expresan algo típico o universal de la cultura hispana?

## Para discutir

¿Qué se expresa en un baile? ¿Cómo se puede usar el baile para expresar los sentimientos? ¿Cómo se puede usar para expresar el orgullo nacional o étnico y los sentimientos de un pueblo? Explica tus respuestas. ¿Qué tipos de baile hay en Estados Unidos? ¿Qué revelan esos bailes acerca de la gente de este país?

## Vamos a comprenderlo

El Ballet Hispánico de Nueva York combina ritmos y música del mundo hispano con elementos de la danza moderna para explorar temas de la historia y de la actualidad hispanas. Un bailarín, por ejemplo, demostró cómo un problema puede afectar todos los aspectos de la vida de una persona al bailar los pasos tradicionales del flamenco mientras balanceaba en la cabeza un cuenco *(bowl)* de agua. La escuela de baile del Ballet Hispánico tiene más de 900 estudiantes, el 70 por ciento de ellos hispanos, que aprenden el baile hispano y también ballet de instructores e instructoras profesionales. Muchos de los graduados de la escuela de baile hacen carreras en la danza, el teatro, el cine y la televisión.

## Dos poemas

Vas a leer dos selecciones de poesía. La primera, por Maia Chávez Dean (n. 1964), se llama "Gringa/Chicana"; la otra es un extracto de "Yo soy Joaquín", por Rodolfo "Corky" Gonzales (n. 1928). Maia Chávez Dean se crió en Nueva York, Nuevo México y Colorado e hizo sus estudios en el idioma y la cultura hispanos. Gonzales es hijo de obreros migratorios chicanos. Ahora es periodista y autor dedicado al movimiento chicano.

### Estrategia para leer

Paraphrasing is an easy way to help you understand the content of a text, especially when you encounter unfamiliar vocabulary. You paraphrase when you put a text's ideas into your own words. While summarizing involves only the main ideas, paraphrasing involves putting all or almost all of the text's ideas in your own words. You can paraphrase even if you do not understand every word of the text.

### ¡A comenzar!

**A.** Responde a las siguientes preguntas sobre "Gringa/Chicana".

1. ¿Qué quiere decir "gringa"?

2. ¿Qué quiere decir "chicana"?

3. ¿Qué implica la línea diagonal entre "Gringa" y "Chicana"?

### ¿Te acuerdas?

Make predictions about a text. Before you read, try to anticipate what's in the text by the way it's written and by whatever you know about the text already.

# Gringa/Chicana
## por Maia Chávez Dean

**I**
El sol brilla
caliente sobre el polvo negro
caliente sobre la tierra amarilla
caliente sobre las caras morenas
piel morena
calle de la ciudad
y el polvo negro en mis pies
en mis zapatos
y el calor sale del pavimento
a través del desierto
a través de las piedras
—pirámides
muy lejos
grandes templos de los dioses
subiendo
subiendo
y el cielo ancho y amarillo
color de la tierra
color de la sequía
y el polvo negro de la ciudad
en mis pies blancos—
cabello claro—
¡Güera!
sí,
aunque me dijeron allí donde nací
que era morena
niña morena
ojos latinos
chicana
bella

**II**
Sí pero eso fue en los Estados Unidos de América
"Home of the brave"
Los Estados Unidos
unidos
un gran magnífico "crisol"
unidos
"All for one and one for all"
herencia
raíces—

¿Pero no es esto mi herencia?
¿Aquí bajo el cielo amarillo?
cielo de sequía
tierra morena,
¿caras morenas?
y ¡Güera! ¡Güera!
piel blanca
cabello claro
¡No! —digo— ¡No!
soy una de ustedes
¡Mira!
Cómo mis pies caminan en el polvo negro.
¡Mira!
"my soul"
¡Mi alma! — grito.
Pero de pronto la lengua se me vuelve extraña
y no puedo hablar en su idioma
Lo sé
pero no puedo hablar
Lo siento
pero no puedo hablar
y todo está perdido en el gran crisol.

### III
Perdido
todo fundido
y mezclado con las lágrimas
los lamentos nostálgicos
lamentos, lágrimas
palabras habladas en voces dulces desde una tierra
    extranjera
una lengua extranjera
una canción extranjera
Lloro
Llorando
lágrimas por la tierra amarilla
por el polvo negro
por el hogar que nunca conocí
¿Qué es lo que soy?
chicana—gringa
media chicana, si tal caso.
Yo
Con mis manos contra la tierra
con las lágrimas cayendo
llenas
tan llenas de amor
¡Güera!—pero soy
¡Chicana!—pero soy
¡Gringa!—pero soy
¡Nada!—ay, no, pero ¡SOY!
Mis manos cogen la tierra morena,
y soy.

**B.** Responde a las siguientes preguntas del poema "Yo soy Joaquín" en la página 300.

1. Dado que "Yo soy Joaquín" es un poema, ¿qué predicciones puedes hacer acerca de la forma del texto?

2. Lee la última línea del poema junto con el título. ¿Qué puedes decir del poema basado en esta información?

3. Ahora compara este poema con "Gringa/Chicana". ¿Qué diferencias hay en la estructura de los dos poemas?

## Al grano

**C.** Lee las tres partes de "Gringa/Chicana" rápidamente y escoge la frase que mejor resume (*sums up*) cada parte.

1. Parte I
   **a.** En los desiertos de México hace calor y hay mucho polvo debido al sol.
   **b.** Bajo el sol, una chica piensa en la cultura y naturaleza mexicana, y en su verdadera identidad.

2. Parte II
   **a.** La chica vive en Estados Unidos. Va perdiendo su idioma y busca su identidad racial y cultural.
   **b.** La chica no habla inglés y sigue confiada en su identidad mexicana.

3. Parte III
   **a.** La chica echa de menos a México y nada puede hacerla dejar de llorar.
   **b.** La chica está llorando a causa de su confusión de identidad, pero al final decide que tiene una identidad como persona única.

# Vamos a leer

¿Te acuerdas?

Use your background knowledge. Think about what you already know about a topic before you read in depth.

**D.** "Yo soy Joaquín" trata de un chico que experimenta confusión entre la cultura chicana y la norteamericana. Con dos compañeros(as), habla de lo que sabes sobre el fenómeno de ser méxicoamericano. Pueden usar estas preguntas como guía.

1. ¿Qué quiere decir "méxicoamericano"?

2. ¿Dónde viven la mayoría de los méxicoamericanos en Estados Unidos?

3. ¿De qué aspectos de la cultura mexicana estaría orgulloso(a) un(a) méxicoamericano(a)?

4. ¿Qué problemas experimentan algunos méxicoamericanos?

**E.** Escribe una paráfrasis de "Yo soy Joaquín" o de "Gringa/Chicana" con un(a) compañero(a) de clase. Escríbanla en forma de un párrafo, no un poema. Recuerden que no necesitan entender cada palabra para hacer una buena paráfrasis.

**F.** Conversa con un(a) compañero(a), imaginando que uno(a) de Uds. es Joaquín y la otra persona es un(a) reportero(a) que escribe sobre los problemas de los inmigrantes.

**G.** Which of the two selections is your favorite? Why? Do you sympathize more with one character than the other?

Cuaderno para hispanohablantes, pp. 46–48

Cuaderno de actividades, p. 119, Acts. 21–23

## YO SOY JOAQUÍN

*por Rodolfo "Corky" Gonzales*

Yo soy Joaquín,
perdido en un mundo de confusión,
enganchado en el remolino de una
          sociedad gringa,
confundido por las reglas,
despreciado por las actitudes,
sofocado por manipulaciones,
y destrozado por la sociedad moderna.
Mis padres
          perdieron la batalla económica
y conquistaron
          la lucha de supervivencia cultural.
Y ¡ahora!
          yo tengo que escojer
                    en medio
          de la paradoja de
triunfo del espíritu,
a despecho de hambre física,
                    o
          existir en la empuñada
de la neurosis social americana,
esterilización del alma
          y un estómago repleto.
Sí,
vine de muy lejos a ninguna parte,
desinclinadamente arrastrado por ese
          gigante, monstruoso, técnico, e
          industrial llamado
                    Progreso
y éxito angloamericano...
Yo mismo me miro.
 Observo a mis hermanos.
  Lloro lágrimas de desgracia.
   Siembro semillas de odio.
Me retiro a la seguridad dentro del
círculo de vida-
          **MI RAZA.**

# Vamos a escribir

Todos somos parte de un mosaico cultural rico y variado. Nuestra singularidad e individualidad cultural se expresan de muchas maneras, incluyendo las tradiciones que mantenemos a través de las generaciones, la manera en que vestimos, el lenguaje que hablamos y los alimentos que comemos. ¿Se te ocurren otras maneras de expresar la diversidad cultural? En esta actividad, vas a describir algunas de las diversidades culturales que conoces y aprenderás a mejorar tu estilo de escritura mediante la combinación de oraciones.

## La diversidad cultural

Escribe una composición de cinco o seis párrafos sobre una persona o grupo que represente la diversidad cultural de tu comunidad o área.

### Estrategia para escribir

**Combining sentences** Your paragraphs may lose their impact if they are made up only of short, choppy sentences. One way to improve the flow of your paragraphs is to combine sentences with **y, o,** or **pero.** For example, **"Mi abuelo prefiere comidas tradicionales pero lleva ropa muy moderna,"** is more interesting than **"Mi abuelo prefiere comidas tradicionales. Lleva ropa muy moderna."** Likewise, **"Svetlana habla y escribe sólo en ruso,"** sounds better than **"Svetlana habla sólo en ruso. Svetlana escribe sólo en ruso."**

### A. Preparación

1. Piensa en la diversidad cultural que existe en tu comunidad o área. Haz una lista de personas o grupos interesantes.

2. Escoge la persona o grupo más interesante de tu lista. Haz preguntas para encontrar más detalles. Si puedes, habla con esa persona o con alguien que pertenezca al grupo.

3. Busca fotos que demuestren la individualidad de la persona o grupo que describes. Si quieres, puedes sacar las fotos tú mismo(a).

4. Organiza tu información en orden lógico.

### B. Redacción

1. Escribe una buena introducción con un hecho interesante sobre la persona o grupo o con una pregunta.

2. Escribe dos o tres párrafos sobre los detalles interesantes que encontraste. Usa palabras y frases descriptivas y coloridas. Incluye las fotos como ejemplos.

3. En tu conclusión, da tu opinión sobre la importancia de la diversidad cultural y menciona alguna cosa especial que aprendiste mientras trabajabas en este proyecto.

### C. Evaluación

1. ¿Contiene cada párrafo sólo una idea principal? Si un párrafo contiene más de una idea, sepáralas y colócalas en párrafos distintos. Si quieres, pídele ayuda a un(a) compañero(a).

2. Si hay muchas frases cortas y abruptas, busca maneras de combinarlas con **y, o, pero.**

3. ¿Está organizada lógicamente tu composición? Si no, pon los párrafos o los detalles en un orden más lógico.

4. Dales tu composición a unos(as) compañeros(as) para que busquen errores. Considera sus sugerencias e incorpora las mejores.

# Más práctica gramatical

CD-ROM
DISC 3

internet

go.
hrw
.com

MARCAR: go.hrw.com
PALABRA CLAVE:
WV3 NEW YORK-10

## Primer paso

**Objectives** Talking about accomplishments; talking about future plans

**1** Completa la descripción que escribió Ernesto de sus abuelos. Cada palabra se usará sólo una vez. (pp. 286–287)

| superarse | las costumbres | se asimilaron | | agradecidos | me crié |
|---|---|---|---|---|---|
| superado | raíces | éxito | aportación | esfuerzos | retos | orgulloso |

Mis abuelos se llaman Raimundo y Margarita Dávalos. Estoy muy ___1___ de ellos. ¿Por qué? Primero, porque ellos han ___2___ muchos obstáculos en la vida y han tenido ___3___. Mis abuelos se fueron de México y llegaron a este país en 1948. Al principio, enfrentaron muchos ___4___: el idioma, la cultura, el trabajo, todo. Fueron unos años difíciles para ellos pero sus ___5___ tuvieron buen resultado. Aprecio a mis abuelos porque ellos ___6___ a su cultura nueva, pero también mantuvieron ___7___ de su cultura mexicana. Nunca se han olvidado de sus ___8___. Yo soy estadounidense y ___9___ aquí, pero me considero mexicano también. Respeto a mis abuelos porque nunca han dejado de tratar de ___10___. Siguen trabajando y haciendo una gran ___11___ a nuestra comunidad. Todos estamos muy ___12___ por la ayuda y el ejemplo que nos han dado.

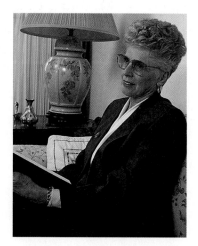

**2** Every year Señora Garza organizes a summer exchange program in Ecuador. Read the sentences from a conversation with one of her students. If the sentence refers to a habitual action, write (H) and complete the sentence with the present indicative form of the verb. If the sentence refers to a future action, write (F) and choose the present subjunctive form of the verb. **(p. 289)**

1. Cuando (llegas/llegues) a Quito, vas a tener mucho que aprender rápidamente.

2. Al principio siempre es difícil cuando (eres/seas) estudiante de intercambio.

3. Sí, profesora. Tan pronto como (aprendemos/aprendamos) palabras nuevas en clase, trato de estudiarlas todos los días.

4. Y pienso hablar sólo en español tan pronto como (salimos/salgamos).

5. Típicamente, después de que los estudiantes de intercambio (conocen/conozcan) al director, hay una pequeña fiesta.

6. Nunca sé cuántos estudiantes van hasta que todos (presentan/presenten) sus exámenes finales.

7. Y no sabremos qué clases vas a tomar hasta que (empieza/empiece) el semestre.

8. Después del viaje, siempre me siento cansada y generalmente me gusta descansar en cuanto (me bajo/me baje) del avión.

9. ¿Podré llamar a mis padres en cuanto (encontramos/encontremos) el hotel?

**3** Celia y Laura quieren visitar a un amigo enfermo. Completa su conversación con la forma correcta de los verbos entre paréntesis. Recuerda que siempre hay que usar el subjuntivo después de las expresiones **a menos (de) que, antes (de) que, con tal (de) que, en caso (de) que** y **para que. (p. 289)**

CELIA   Laura, ya sabes que Diego ___1___ (estar) enfermo. ¿Quieres ir a verlo esta tarde?

LAURA   Sí, me encantaría ir, a menos de que mamá ___2___ (necesitar) mi ayuda en casa. ¿A qué hora pensabas ir?

CELIA   A las cinco. Antes de que nosotras ___3___ (ir), quiero pasar por la florería. Comprémosle unas flores para que el pobre ___4___ (sentirse) mejor, ¿no te parece?

LAURA   Bueno... no sé. Creo que nosotras ___5___ (deber) comprarle unas revistas también, en caso de que no le ___6___ (gustar) las flores.

CELIA   Muy bien, le compramos flores y unas revistas. Voy a llamar a Diego esta mañana, y con tal de que él ___7___ (tener) ganas de vernos, vamos.

LAURA   Está bien. Entonces yo te ___8___ (llamar) a las cuatro. Y en caso de que mamá no me ___9___ (dejar) ir esta tarde, podemos ir mañana. Otra cosa... ¿Debemos llevarle unos libros para que ___10___ (poder) estudiar un poco en casa?

CELIA   Sí, buena idea.

# Más práctica gramatical

**4**  Todos están pensando en el verano. Completa los planes de cada uno con las palabras que faltan. Si no se necesita una palabra, escribe X. (**pp. 293–294**)

| por | | | | a |
|---|---|---|---|---|
| | que | con | de | |

1. Voy a aprender ———— patinar en línea.
2. Me parece que tengo ———— buscar un trabajo.
3. Este verano, sueño ———— visitar a mi amiga en California.
4. Pienso ———— bajar de peso. Tengo la intención ———— hacer ejercicio todos los días.
5. Voy a dejar ———— ver tanta televisión.
6. Mamá me dijo que este verano necesitaba ———— ayudar más en casa. No me voy a quejar ———— tener muchos quehaceres.
7. Tengo ganas ————tomar unas clases de tenis.
8. Me gustaría ———— hacer un viaje a las Montañas Rocosas con mi familia.

**5**  Lee las definiciones y escoge la palabra que corresponde a cada una. (**p. 294**)

1. un plan o sueño para el futuro
   **a.** la aspiración    **b.** la aspiradora
2. realizar algo
   **a.** lugar    **b.** lograr
3. el objetivo
   **a.** el martes    **b.** la meta
4. concentrarse en o dedicarse a algo
   **a.** enfocarse    **b.** enamorarse
5. trabajar mucho
   **a.** esforzarse    **b.** encajar
6. querer o esperar hacer algo
   **a.** aportar    **b.** aspirar
7. trabajar en algo hasta realizarlo
   **a.** llevar a cabo    **b.** llegar a tiempo
8. intentar con muchas ganas
   **a.** esforzarse    **b.** esperar

**6** Teresa está en Nueva York por primera vez, y su amiga Débora le hace sugerencias para la visita. Completa las sugerencias con **para** o **para que.** (p. 296)

1. Quiero que vayamos al Parque Central ———— veas lo lindo que es. Muchas veces voy allí ———— correr o leer.

2. Y mientras estemos allí, pasemos por el zoológico ———— ver todos los animales que tienen.

3. Esta tarde, llamemos a la taquilla ———— saber si todavía quedan entradas para alguna obra de teatro.

4. Luego te voy a llevar a mi restaurante favorito del Barrio Chino ———— pruebes unos platos realmente ricos.

5. Paseemos por la Quinta Avenida ———— puedas comprar unos regalos.

6. Hay que llamar al museo ———— preguntar a qué hora abren.

7. ¿Te gustaría ir al Museo del Barrio ———— ver la exposición de arte puertorriqueño?

8. Y tenemos que subirnos al último piso del edificio Empire State ———— saques unas fotos de toda la ciudad.

9. Y las excursiones a la Isla Ellis y a la Estatua de la Libertad son muy interesantes. Hay que ir en lancha ———— llegar allí.

10. ¿Te gustaría subir a la Estatua de la Libertad ———— ver toda la bahía?

11. No olvides usar zapatos cómodos ———— los pies no te duelan.

MÁS PRÁCTICA GRAMATICAL

**1** Escucha las siguientes oraciones e indica cuál corresponde a cada dibujo. Hay una oración que no corresponde a ningún dibujo.

a.

b.

c.

d.

**2** Imagina que eres el capitán o la capitana de un equipo deportivo. Con un(a) compañero(a), escribe un reportaje de ocho oraciones de los planes y metas del equipo para el año que viene. Explica cómo piensan lograr estas metas.

**MODELO** **Nuestro equipo aspira a ganar todos sus juegos el año que viene. Para mejorar, vamos a poner todo nuestro esfuerzo en...**

**3** Haz una lista de tres cosas que te hayan salido bien en la vida y otras tres que te hayan salido mal. Pueden ser cosas importantes o pequeñas frustraciones. Pueden estar relacionadas con el deporte o con la vida familiar o social. Escribe cuál fue la causa y su efecto en tu vida.

**MODELO** **He aumentado de peso estos últimos meses; por lo tanto, tengo que hacer ejercicio.**

**4** Contesta estas preguntas con información cultural de este capítulo.

**1.** ¿Por qué es notable el edificio en que se encuentra la Sociedad Hispánica de América?

**2.** ¿En qué parte de Nueva York se siente especialmente la influencia de Puerto Rico?

**3.** ¿Cuáles son algunas de las atracciones de El Barrio?

**4.** ¿Qué tipos de exhibiciones tiene El Museo del Barrio?

**5** Escribe en un párrafo los logros de los que estás orgulloso(a). Usa expresiones como las siguientes.

Puse todo mi esfuerzo en...
Me siento orgulloso(a) de...
Logré superar...

Alcancé éxito en...
He triunfado en...

**6** Con un(a) compañero(a), usa expresiones de **Así se dice** para hablar de sus planes para el futuro. Consideren estas posibilidades antes de escribir:

los pasatiempos
la familia
el trabajo
los carros
la casa
la educación
las amistades
los viajes

**7** Lee la carta y completa las frases con palabras o frases apropiadas.

1. Laura sabía hablar francés muy bien, ====== Constancia la invitó a acompañarla como intérprete.

2. Las dos muchachas fueron al museo del Louvre ====== ver la Mona Lisa y otras obras de arte.

3. No tenían suficiente dinero para cenar en el restaurante elegante; ======, fueron a un lugar más barato.

4. Fueron a la Torre Eiffel y al Palacio de Versalles ====== sacar fotografías.

5. El año que viene, Constancia ====== ir a Dinamarca.

> *Querida Felicia,*
> *¡Mi viaje a Francia estuvo estupendo! Sabías que Laura me acompañó, ¿no? Fue mi intérprete porque yo no sé ni jota de francés. Fuimos al museo del Louvre a ver la Mona Lisa y otras obras de arte. Íbamos a cenar en un restaurante elegante pero los precios eran muy altos, así que decidimos cenar en un restaurante más barato. Fuimos también a la Torre Eiffel y al Palacio de Versalles a sacar fotos. El año que viene, quiero ir a Dinamarca. ¡Ojalá que puedas acompañarme! Un abrazo,*
> *Constancia*

**8**

## Situación

Trabajen en parejas e imaginen que uno(a) de ustedes es un(a) nuevo(a) ciudadano(a) de Estados Unidos. Esta persona habla de las experiencias buenas y malas que ha tenido desde que llegó a este país. Las otras dos personas quieren saber más de su vida y su herencia cultural y le hacen algunas preguntas. También le ofrecen ayuda para que se acostumbre a su nueva situación.

# A ver si puedo...

**Can you talk about accomplishments?**
p. 285

**1** Escribe las siguientes oraciones usando frases que expresen logro y orgullo. Usa cada expresión de logro sólo una vez.

1. Elías trabajó mucho en su proyecto de ciencias.
2. Sabina y su hermana hablan perfectamente el griego.
3. Cecilia se siente muy bien porque sacó muy buenas notas.
4. Fue difícil al principio pero al fin Bao y Tranh pudieron asimilarse.
5. Le fue muy bien a Gerardo en su negocio.

**Can you talk about future plans?**
p. 288

**2** Usa la siguiente información para escribir oraciones completas.

1. Antes de / empezar un proyecto / (Uds.) deber enfocarse
2. Después de que / (tú) alcanzar tus objetivos / tus padres sentirse orgulloso(a)
3. El problema resolverse / cuando / alguien tomar la iniciativa
4. Antes de / poder superar los retos / (nosotros) deber esforzarse
5. Cuando / (yo) dominar el alemán / entender mejor la cultura alemana

**Can you express cause and effect?**
p. 293

**3** En estas frases, Roberto explica un poco sobre la historia de su ciudad. Completa cada frase con la expresión más apropiada.

1. Los nombres indígenas de las calles ═══════ a la influencia de la gente indígena que habitaba esta área hace 200 años.
2. ═══════ la influencia indígena, hay mucho arte indio en esta región.
3. Muchos franceses poblaron esta región en 1800; ═══════, mucha gente todavía habla un tipo de francés.
4. Las horribles batallas ═══════ muchas tragedias.
5. Hay mucha gente hispana aquí; ═══════ hay muchos hispanohablantes.

**Can you express intention and purpose?**
p. 295

**4** ¿Cómo expresaría sus intenciones cada persona en el dibujo?

## Primer paso

### Talking about accomplishments

| | |
|---|---|
| Alcancé éxito en... | I achieved success in ... |
| Domina el francés. | He (She) speaks French very well. |
| Han triunfado... | They have succeeded ... |
| Logró superar muchos obstáculos... | She (He) succeeded in overcoming many obstacles ... |
| Puse todo mi esfuerzo en... | I put a lot of effort into ... |
| Se siente orgulloso(a) de haber... | He (She) feels proud of having ... |
| Tuvo mucho éxito... | He (She) was very successful ... |

### El éxito

| | |
|---|---|
| alcanzar | to achieve, to attain |
| aportar | to contribute |
| la aportación | contribution |

| | |
|---|---|
| el esfuerzo | effort |
| estar agradecido(a) por | to be grateful for |
| el éxito | success; hit song |
| el orgullo | pride |
| el reto | challenge |
| sentirse (ie,i) orgulloso(a) de | to feel proud of |
| superar | to overcome |
| superarse | to better oneself |
| tener éxito | to succeed |

### Las raíces

| | |
|---|---|
| asimilarse | to assimilate |
| el compromiso | commitment, obligation |
| la costumbre | custom |
| criarse | to grow up; to be raised |

| | |
|---|---|
| encajar | to fit in |
| mantener | to preserve, to keep |
| el modo de ser | nature, disposition |
| las raíces | roots |

### Talking about future plans

| | |
|---|---|
| Antes de que empiecen las clases | Before classes begin ... |
| Antes de terminar... | Before finishing ... |
| Cuando cumpla los 18 años... | When I turn 18 ... |
| Cuando sea mayor... | When I'm older ... |
| Después de graduarnos... | After we graduate ... |

## Segundo paso

### Expressing cause and effect

| | |
|---|---|
| así que... | so ... |
| de tal forma que... | in such a way that ... |
| en consecuencia... | therefore ... |
| por lo tanto... | therefore ... |
| por consiguiente... | consequently ... |
| por tener... | because I have ... |
| resultaron en... | resulted in ... |
| se deben a... | are due to ... |

### Las metas

| | |
|---|---|
| la aspiración | aspiration, ambition |
| aspirar a | to aspire to |

| | |
|---|---|
| enfocarse en | to focus on |
| esforzarse (ue) por | to make an effort to |
| lograr | to achieve; to manage to |
| llevar a cabo | to carry out |
| la meta | goal |
| el objetivo | objective |
| realizar (un sueño) | to fulfill (a dream) |
| soñar (ue) con + inf. | to dream of (doing something) |
| tomar la iniciativa | to take the initiative |
| con la idea de... | in order to ... |

### Expressing intention and purpose

| | |
|---|---|
| con la intención de... | with the intention of ... |
| para | in order to |
| para que | so that |
| Pienso... | I intend to ... |
| Tengo la intención de... | I intend to ... |

# ¡Ven conmigo a Costa Rica!

**Población:** 3.468.000 (San José: 324.000)

**Área:** 51.100 km2; un poco más pequeño que West Virginia

**Clima:** temperatura promedio 26°–28°C (79°–82°F) anual

**Ciudades principales:** San José, Alajuela, Cartago, Limón, Puntarenas

**Productos agrícolas:** bananos, café, azúcar, arroz, maíz, ganado

**Industrias:** comestibles, turismo, ropa, materiales de construcción

**Personajes famosos:** Óscar Arias Sánchez (n. 1941), presidente de Costa Rica (1986–1990) y ganador del Premio Nóbel de la Paz en 1987; Sylvia Poll (n. 1971), nadadora olímpica; Franklin Chang-Díaz (n. 1950), astronauta del vehículo espacial Columbia

**Platos típicos:** gallo pinto, tamales, ceviche, picadillo de arracache, cajeta, gallina de palo, sopa negra

NICARAGUA

Lago de Nicaragua

COSTA RICA

Alajuela
Puntarenas
San José
Limón
Cartago

Mar Caribe

Canal de Panamá

N

PANAMÁ

0   50   100 Kilómetros
0        50        100 Millas

Océano Pacífico

go.
hrw
.com

???? ???

VIDEO

CD-ROM
DISC 2

Costa Rica se ha dedicado a conservar sus selvas tropicales, que tienen muchas especies de pájaros y animales. ▶

# Costa Rica

En realidad, Costa Rica tiene dos costas ricas: la costa del mar Caribe y la costa del océano Pacífico. Las dos costas estáin separados por apenas 125 km (75 millas) en la banda más estrecha del país. Aunque es pequeño, Costa Rica es un país variado con montañas y selvas. Hay también una meseta central donde se encuentra la zona de mayor población y agricultura. Situado como un puente entre los dos continentes americanos, Costa Rica se ha considerada una de las regiones climáticas más diversas, lo cual hace del país un destino preferido de los científicos y turistas.

internet

MARCAR: go.hrw.com
PALABRA CLAVE:
WV3 COSTA RICA

**1 El centro de la capital**
San José, la capital de Costa Rica, goza de un clima primaveral durante todo el año. Alrededor del 30 por ciento de la población del país vive en esta ciudad, que ofrece museos, parques y muchos eventos culturales.

**2 Una de los volcanes activos de Costa Rica**
Entre otras atracciones naturales, Costa Rica cuenta con unos 67 volcanes, siete de los cuales son activos. Varios parques nacionales ofrecen la posibilidad de ver el interior de un volcán.

**3 Más de mil especies de mariposas**
Muchas especies de mariposas viven en Costa Rica. Los meses de junio y julio son los mejores para verlas.

**En los capítulos 11 y 12,** vas a conocer Costa Rica. Conocerás a algunos costarricenses y verás un poco del magnífico paisaje por el cual este país es conocido por todo el mundo. Aprenderás un poco de la historia de Costa Rica y el carácter de la nación, y verás por qué Costa Rica es considerada una joya cuyo valor natural y cultural es inestimable.

**4 Diversidad étnica y cultural**
Los costarricenses, o "ticos", representan una gran mezcla de culturas y costumbres. Muchos de los habitantes de la costa del Atlántico son de ascendencia africana y hablan inglés además del español. Hay también muchos costarricenses de ascendencia alemana y china.

**5 La flor nacioinal de Costa Rica**
Costa Rica tiene una abundancia de especies de plantas. Una de las plantas más famosas del país es la orquídea, que crece principalmente en las selvas tropicales.

**6 Las famosas carretas costarricenses**
Alrededor de 1910, según cuenta una leyenda, se le ocurrió a un campesino pintar su carreta. Las carretas, que se usaban para transportar café y otros productos agrícolas, todavía se usan en los pueblos pequeños.

**7 Un "dinosaurio" pequeño**
Uno de los reptiles más famosos del país es la iguana. Algunos costarricenses usan la iguana como comida en un plato que se llama "gallina de palo".

# 11

# El mundo en que vivimos

## Objectives

**In this chapter you will learn to**

### Primer paso

- point out problems and their consequences
- talk about how you would solve a problem

### Segundo paso

- talk about hypothetical situations

🖅 internet ▬▬▬▬▬▬▬

**go. hrw .com**

MARCAR: go.hrw.com
PALABRA CLAVE:
    WV3  COSTA RICA-11

◀ **Si pudieras, ¿cómo cambiarías el mundo?**

# DE ANTEMANO · *El proyecto de Néstor*

Cuaderno de actividades, p. 121, Act. 1-2

### Estrategia **para comprender**

Néstor tiene que hacer un proyecto para su clase de ciencias sociales. La primera parte de su proyecto trata de los problemas de la sociedad moderna. Néstor ha buscado material para su proyecto en varios periódicos y revistas. Lee los artículos, las cartas al editor y los titulares que ha escogido. Si tú fueras Néstor, ¿escogerías materiales similares o diferentes? ¿Por qué?

Los alumnos del Colegio Los Altos celebraron el Día del Árbol con la siembra de 25 árboles

# Carreteras hechas un desastre

**Catalina Márquez de los Ríos**

Estoy harta de la basura que se ve a los lados de los caminos de nuestro hermoso país. Viajo mucho por las carreteras y me pongo triste al ver botellas plásticas y de vidrio y papeles desechados por todas partes. Si yo fuera policía, yo aplicaría una multa de cincuenta mil colones. Prestaría más atención a este delito.

Es mejor prevenir este problema y educar a la gente a usar basureros e implementar programas de limpieza de las carreteras. Sembremos flores, no basura!

# Gran desafío para próximo gobierno
■ Delincuencia y criminalidad aumentan 8 por ciento cada año

# La policía:
## en guerra contra la droga

"Si no realizamos programas contra la droga, lo lamentaremos después", dijo ayer el jefe de policía de esta ciudad. Indicó que el desempleo y la falta de apoyo social hacen difíciles las campañas preventivas contra las drogas. Dijo también: "Los programas que se han implementado en otras partes han tenido mucho éxito. Si fuera posible, haría obligatoria la asistencia a por lo menos un programa contra las drogas cada año."

# ¿Se frenará la inflación?

El Gobierno confesó que por el momento no tiene plan para luchar contra la inflación, que durante varios años no ha bajado del 15 por ciento. Dijo ayer la Secretaria de Comercio: "Si no hacemos nada para combatir la inflación, hará gran daño a la economía. Si pudiera imponer controles de precio, lo haría en seguida".

## SE NECESITAN TUTORES

Para enseñar a niños en primaria cuatro horas los fines de semana. Todas las materias. Estudiantes de escuela secundaria que quieren enseñar, llamar al Instituto Gabriela Mistral. Tel. 31-4000

# ASOCIACIÓN CONTRA LA VIOLENCIA

La Asociación Contra la Violencia suplica a todos los ciudadanos costarricenses que se den cuenta del gran peligro a que se enfrenta la juventud de hoy. Nos referimos a los programas de televisión, las películas y videocintas que presentan imágenes y temas cargados de violencia.

Nos preocupa muchísimo el efecto que esta violencia tiene sobre nuestros hijos. Tarde o temprano se va a manifestar en sus personalidades y modos de ser. No decimos que todos se vayan a convertir en ladrones o asesinos; el efecto es mucho más sutil. Poco a poco van a perder la sensibilidad y no les será motivo de alarma el oír de un asesinato en su barrio, pues ya habrán visto miles de asesinatos en la tele.

Queremos elevar nuestra voz e invitar a todos los costarricenses a luchar contra este mal. Queremos películas, videos y programas de televisión que promuevan el amor al vecino, la cooperación y una actitud positiva frente al mundo de hoy.

**1** **¿Comprendiste?**

Responde en español a las siguientes preguntas.

1. ¿Qué problema señala Catalina Márquez de los Ríos?
2. ¿Para qué se necesitan tutores en el Instituto Gabriela Mistral?
3. Según la Asociación Contra la Violencia, ¿qué representa una gran amenaza para los niños?
4. ¿Qué piensa hacer el gobierno para combatir la inflación?
5. ¿Qué dificultades han tenido las campañas preventivas contra las drogas?

**2** **Lo leí en el periódico**

Escucha seis comentarios e indica a cuál de los siguientes artículos, cartas o anuncios se refiere cada uno. Hay uno que se usa más de una vez.

a. Carreteras hechas un desastre
b. La policía: En guerra contra la droga
c. ¿Se frenará la inflación?
d. Se necesitan tutores
e. Asociación Contra la Violencia

**3** **¿Qué dicen?**

1. ¿Qué dice Catalina Márquez de los Ríos para indicar que hay un problema con la contaminación?
2. ¿Qué dice ella para sugerir una solución legal al problema de la contaminación?
3. ¿Cómo indica el jefe de policía que es importante enfrentarse con el problema de la droga?
4. ¿Qué dice el jefe de policía para sugerir una solución?
5. ¿Cómo indica la Secretaria de Comercio que la inflación es un problema grave?
6. ¿Qué dice la Secretaria para indicar su solución preferida?

**4** **Problemas de aquí y allí**

Con un(a) compañero(a), lee otra vez todos los materiales que Néstor ha acumulado. Discutan qué problemas son parecidos a los problemas de tu comunidad y cuáles les parecen diferentes.

**5** **Ahora te toca a ti**

Pon los problemas mencionados en **De antemano** en orden de importancia. Empieza por el más grave (número uno). Luego escribe las soluciones sugeridas en los artículos a los problemas. Al lado de cada solución escribe **F** (fácil) o **D** (difícil), según tu opinión de la dificultad de implementar esa solución.

### Nota cultural

Costa Rica es famosa por su larga tradición de democracia, paz y progresismo. En 1890 se llevaron a cabo elecciones democráticas, las primeras en todo Centroamérica. Costa Rica abolió su ejército en 1949 y una pequeña Guardia Nacional tomó su lugar. Desde 1949, la violencia política es casi desconocida. La asistencia a la escuela es obligatoria, y casi el 93 por ciento de los costarricenses saben leer y escribir. ¿Crees que son similares Costa Rica y Estados Unidos en estos aspectos?

## Así se dice

### Pointing out problems and their consequences

Para señalar un problema o hablar de sus consecuencias, puedes decir:

**Me he fijado en** la contaminación del río.     *I've noticed . . .*

**Se dice que** el hambre afecta a miles de personas cada día.

**Según el gobierno**, la criminalidad está aumentando.

**Si no actuamos ahora**, la situación **va a empeorarse.**     *If we don't act now . . .*

**Si no hacemos nada por** el medio ambiente, **temo que el deterioro continúe.**
     *. . . I'm afraid the deterioration will continue.*

**Si no realizamos** campañas preventivas contra las drogas, **lo lamentaremos** en el futuro.     *If we don't carry out . . . we'll regret it . . .*

> Cuaderno de actividades, pp. 122–123, Acts. 3, 5

## 6   Buenas noticias

**Escuchemos/Escribamos** Escucha el siguiente noticiero de radio. Si oyes una buena noticia, escribe **buena.** Si no, escribe **mala.**

## Vocabulario

CD-ROM DISC 3

Más práctica gramatical, p. 335, Act. 2

> Cuaderno de gramática, pp. 87–88, Acts. 1–3

> Cuaderno de actividades, pp. 122, 125, Acts. 4, 9

| | |
|---|---|
| **aumentar**   *to increase* | **el homicidio**   *homicide* |
| **bajar**   *to decrease* | **implementar**   *to implement* |
| **cometer**   *to commit* | **el ladrón**   *thief* |
| **el crimen**   *major crime* | **la ladrona**   *thief* |
| **la criminalidad**   *crime rate* | **promover (ue)**   *to promote* |
| **la delincuencia**   *crime* | **el robo**   *robbery* |
| **el delito**   *minor crime* | **la sensibilidad**   *sensitivity* |
| **el desempleo**   *unemployment* | |
| **la drogadicción**   *drug addiction* | |
| **la enfermedad**   *disease* | |
| **el hambre** (f.)   *hunger* | |

### ¿Te acuerdas?

The Spanish construction **se** + verb corresponds to impersonal subjects in English, such as *people, they, you, we, one.*

**Se dice que la inflación está peor.**
*People say inflation is worse.*

This construction also can be translated using the English passive voice.

**Se rompieron muchas ventanas durante el terremoto.**
*Many windows were broken during the earthquake.*

> Cuaderno de gramática, pp. 88–89, Acts. 4–6

Más práctica gramatical, pp. 334–335, Acts. 1, 3

### También se puede decir...

Se puede decir **asesinato** por **homicidio.** En España se dice **paro forzoso** por **desempleo.**

**7** **¿Qué palabra es mejor?**

**Leamos/Escribamos** Completa cada oración con la palabra más apropiada del **Vocabulario** de la página 319. Luego escribe algunas oraciones incompletas y pídele a un(a) compañero(a) que las complete con palabras apropiadas del **Vocabulario**.

1. La gente que depende de las drogas sufre de ══════.
2. Cuando no hay suficiente trabajo para todos, se dice que la tasa *(rate)* de ══════ está muy alta.
3. El acto de matar *(killing)* a alguien se llama ══════.
4. Se dice que el problema de las drogas en las escuelas ══════ la criminalidad.
5. El homicidio es un ══════.

**8** **Me he fijado en...**

**Hablemos** Trabaja con un(a) compañero(a). Usa frases de **Así se dice** para expresar las siguientes ideas en otras palabras.

> **MODELO** Veo mucha drogadicción en esta ciudad.
> —Me he fijado en el problema de la drogadicción en esta ciudad.

1. Hay que llevar a cabo el programa ahora o nos va a pesar.
2. El gobierno dice que hay mucha gente sin trabajo.
3. La gente dice que el número de crímenes ha aumentado.
4. He notado un aumento en la delincuencia en el colegio este año.
5. Parece que mucha gente no tiene suficiente comida.

**9** **¿Cuáles son los problemas?**

**Hablemos** Con un(a) compañero(a), mira el siguiente dibujo. Indiquen los problemas en el dibujo y sus posibles consecuencias.

**10** **Hablando de nuestra generación**

**Escribamos/Hablemos** Con dos o tres compañeros(as), escribe una lista de los ocho problemas más graves que afectan a los jóvenes de tu edad. Escriban la lista en orden de importancia y discutan por qué es importante cada cosa en su lista.

| **Vocabulario extra** |
| --- |
| **la corrupción** *corruption* |
| **la falta de oportunidades** *lack of opportunities* |
| **la guerra** *war* |
| **la violencia** *violence* |

### Talking about how you would solve a problem

Si quieres hablar de lo que harías para mejorar el mundo, puedes decir:

**Me dedicaría a** construir hospitales para los pobres.     *I would devote myself to . . .*
**Propongo** mejores sistemas de transporte público.     *I propose . . .*
**Habrá que** crear más trabajos.     *It will be necessary to . . .*
**Intentaría iniciar** un programa de limpieza de las calles.     *I would try to . . .*
**Yo empezaría por** mejorar el sistema de salud pública.
**La solución que planteo es** aumentar el reciclaje.     *The solution I propose is . . .*

Cuaderno de
actividades,
pp. 122–123,
Acts. 3, 6

## 11 Soluciones

**Escuchemos** Escucha las soluciones que propone un candidato para los problemas de su estado. Empareja cada solución con el problema más apropiado de la lista.

a. el desempleo

b. la corrupción en el gobierno

c. la criminalidad

d. los problemas de los colegios

e. la falta de turismo

f. el costo del tratamiento médico

¿Se te ha olvidado?
**the conditional**
Ver la página 265

Cuaderno de gramática,
p. 90, Acts. 7–8

## 12 Lo que planteo

**Hablemos** Imagina que tú y tus compañeros han decidido resolver algunos de los problemas de la juventud en su comunidad. Piensan desarrollar un centro de recreo. Ya han encontrado el lugar para el centro. ¿Qué problemas de los jóvenes pueden solucionar con el centro? Miren la foto del lugar y decidan con qué empezarían a crear el centro. ¿Qué ideas plantean para el centro?

**MODELO**          —Yo empezaría por...
          —Habrá que comprar...

## 13 ¿Qué harías tú?

**Leamos/Hablemos** Con un(a) compañero(a), discute los siguientes problemas y las mejores maneras de resolverlos.

**MODELO**　　**La banda no tiene suficiente dinero para comprar uniformes.**
　　　　　　**—Lo que yo propongo es vender dulces hasta que tengan suficiente dinero.**
　　　　　　**—La solución que planteo es compartir el dinero de los programas atléticos.**

1. Hay demasiados estudiantes en cada clase.
2. No hay bastantes libros en la biblioteca.
3. No hay igualdad entre los programas atléticos de las muchachas y los de los muchachos.
4. Se necesita un mayor interés en las actividades de la escuela por parte de los estudiantes y sus padres.
5. Los estudiantes quieren más variedad de comida en la cafetería.
6. El club de español quiere hacer un viaje a México.

## 14 La campaña

**Leamos/Hablemos** Imagina que tú y tres compañeros(as) trabajan en una campaña política. Respondan a las siguientes preguntas de un reportero sobre lo que haría su partido.

**MODELO**　　**—¿Qué harían con las fábricas que contaminan?**
　　　　　　**—Lo que nosotros proponemos es iniciar un programa de limpieza de las fábricas.**

1. Todavía hay muchas enfermedades que no tienen cura. ¿Tienen un plan para combatir eso?
2. ¿Qué harían para eliminar el desempleo en este estado?
3. ¿Qué van a hacer para ayudar a las personas que no tienen casa?
4. ¿Tienen planes para traer equipos profesionales de deportes a este estado?
5. ¿Qué van a hacer para mejorar el sistema de educación?
6. ¿Qué harían para disminuir el ruido en las ciudades?
7. ¿Qué proponen para las personas que sufren de enfermedades incurables?

## 15 Una carta en el periódico

**Leamos/Escribamos** Lee la carta que el señor Fonseca escribió a un periódico costarricense. Luego indica si las siguientes oraciones son **ciertas** o **falsas**. Si son falsas, corrígelas.

1. Hay varios buenos caminos hacia la ciudad.
2. Casi nadie sabe que existe la ciudad.
3. Hay pocos restaurantes de buena calidad.
4. Las playas son hermosísimas y están limpias.
5. Él no quiere que mucha gente conozca la ciudad.

> Estimado señor:
> Me parece que nuestra ciudad no aprovecha el turismo. Lo que es peor, nadie se da cuenta de que existe nuestra ciudad.
> No es fácil llegar aquí porque los caminos son pequeños y están en malas condiciones. Tampoco hay restaurantes buenos. Y las playas están que da pena verlas. Si no hacemos nada, tendremos pocos visitantes y no gozaremos de los beneficios económicos del turismo.
>
> -Alberto Fonseca Vargas

## 16 Un plan de acción

**Escribamos** Imagina que eres miembro del Comité Municipal para el Fomento del Turismo. Escribe un plan de dos o tres párrafos para resolver los problemas que mencionó el señor Fonseca.

## ¿Cuál es el mayor problema ambiental de tu comunidad?

Estos jóvenes están muy conscientes de cuáles son los problemas ambientales de sus comunidades. Escucha atentamente sus respuestas. ¿Tienes ideas parecidas?

### Julio
**San Diego, California**

"El drenaje que va a caer a las playas. Y el problema es que cuando uno quiere ir a bañar a la playa, no se puede, y cuando quiere ir a pescar no se puede o están contaminados los pescados".

### Alan
**San José, Costa Rica**

"En mi comunidad, el mayor problema ambiental es la bota de basura, ¿no? la basura que se produce en las casas... ahora, no se está recogiendo y esto produce contaminación".

### Mónica
**Ciudad de México, México**

"El mayor problema ambiental en el D.F. es definitivamente la contaminación. La contaminación viene de los coches o cualquier medio de transporte; bueno, a excepción del metro, claro".

## Para pensar y hablar...

**A.** ¿Cuáles de los problemas ambientales de arriba se encuentran sólo en los grandes centros urbanos y cuáles en un sitio cerca del mar? ¿Cuáles de los problemas ambientales mencionados por los entrevistados existen en tu comunidad?

**B.** ¿Por qué es importante proteger el medio ambiente? ¿Cómo podemos protegerlo mejor? ¿Qué puedes hacer tú para mejorar la situación? ¿Crees que hay un conflicto entre la protección del medio ambiente y los intereses del sector industrial? Explica.

Cuaderno para hispanohablantes, pp. 54–55

# ¡Adelante! ▪ *Algunas soluciones*

Cuaderno de actividades, p. 126, Acts. 12–14

Néstor ha trabajado mucho en su proyecto. La segunda parte trata de maneras de solucionar varios problemas de este mundo. Lee los recortes que Néstor ha preparado.

## El mundo sería tan bonito si recicláramos nuestros papeles y periódicos.

## ¡Juntos lo lograremos!

Campaña ecológica
El Club Amigos Pro Tierra les invita a todos los interesados a participar en una campaña para limpiar las carreteras. Reunión organizadora: viernes 9 de mayo, 20:00 h., Edificio Buganvilla

---

**17** **¿Comprendiste?**

1. ¿De qué trata la segunda parte del proyecto de Néstor?
2. ¿Dónde se reunirá el Club Amigos Pro Tierra?
3. ¿Qué programas han tenido efectos beneficiosos en la lucha contra las drogas?
4. ¿Quién es Omar Ruiz Díaz?
5. ¿Cuál es la meta de Omar?
6. ¿Qué quiere promover en las ciudades?

**18** **¿Sí o no?**

Escribe **sí** o **no** para indicar si las siguientes frases están de acuerdo o no con las ideas expresadas en **¡Adelante!** Si contestas **no**, explica por qué.

1. Es inútil tratar de solucionar los problemas del país.
2. Se puede participar en las campañas para limpiar las carreteras.
3. Los programas educativos no tienen ningún efecto en la lucha contra las drogas.
4. Es imposible usar la basura como un recurso.
5. Si más gente montara en bicicleta en vez de viajar en automóviles, habría menos contaminación.
6. Los municipios deben crear más vías para bicicletas.

## Los niños aprenden a defenderse contra las drogas

Poco a poco, la educación les está ganando a las drogas. Muchos colegios han desarrollado programas educativos y sistemas de apoyo para sus estudiantes. Todos soñamos con un mundo en que las drogas nunca tengan la oportunidad de hacer daño a los jóvenes. Según las nuevas investigaciones del gobierno, estos programas han tenido un efecto beneficioso.

## El mundo sería tan bonito si no contamináramos los lagos.

¡Juntos lo lograremos!

## Pedaleando por la vida

Tres bicicletas y 17.000 kilómetros a cuestas hacen de Omar Ruiz Díaz un experto de los pedales, pues ha recorrido buena parte del continente americano en su caballito de hierro.

En estos días, Omar se encuentra entre nosotros para iniciar la tercera etapa de su plan de viaje. Éste culminará en Alaska en algún momento, pero el tiempo no es lo importante.

Este singular visitante es enfático al destacar que para él sí importa ayudar a que la gente tome conciencia de las virtudes de la bicicleta contra la agitada vida de la ciudad, la contaminación atmosférica y el ruido.

Como parte de su llamado por llevar una vida más sana, en los distintos lugares por donde ha pasado, Omar resalta la importancia de que las municipalidades creen vías para bicicleta a fin de promover este medio de transporte en las ciudades.

Recalcó que esta idea ha demostrado tener excelentes resultados en otras partes, como la ciudad de Curitiba, Brasil, pues reduce los congestionamientos de tránsito y agiliza el movimiento de los habitantes de manera saludable.

*Andrés Formoso*

### 19 Un bello porvenir

Para que sea bonito el mundo, ¿qué hay que hacer? Usa los carteles que Néstor ha preparado para contestar.

### 20 Ahora te toca a ti

¿Qué opinas de las siguientes ideas? ¿Estás de acuerdo con ellas? Explica por qué.

1. En veinte años se habrá eliminado el problema de la drogadicción.
2. Muy pronto habrá más bicicletas que automóviles.
3. En un futuro cercano, el mar estará tan contaminado que nadie querrá nadar en él.
4. En diez años, habrá más tráfico pero menos contaminación, ya que los vehículos utilizarán un combustible especial.
5. Vemos tantos problemas del mundo en la televisión que ya no nos parecen importantes.

## Así se dice

### Talking about hypothetical situations

Si quieres hablar de situaciones hipotéticas, puedes decir:

Qué bonito sería **si hubiera paz** en el mundo.
*. . . if there were peace . . .*

¿Qué harías para proteger el medio ambiente **si tuvieras** tu propia compañía?
*. . . if you had . . .*

Sería maravilloso **si se encontrara una cura** para el cáncer.
*. . . if a cure were found . . .*

**Si yo fuera** presidente(a), hablaría más con la juventud de nuestro país.
*If I were . . .*

**Si yo viviera** en una ciudad grande, sólo usaría transporte público.
*If I lived . . .*

**Si tú pudieras** cambiar el mundo en un instante, ¿qué cambiarías?
*If you could . . .*

> Cuaderno de actividades,
> pp. 127, 130, Acts. 15, 20

> Cuaderno de gramática,
> p. 91, Acts. 9–10

### 21 ¡Qué bonito sería!

**Escuchemos/Hablemos** Escucha cada conversación e indica de quién hablan las personas. Hay una conversación que no corresponde a ningún dibujo.

a.          b.          c.

### 22 ¿Qué pasaría si...?

**Leamos/Escribamos** Completa las oraciones de forma lógica usando las frases de la segunda columna.

1. Qué bonito sería…
2. Si hablara con el presidente…
3. Qué difícil sería…
4. Si fuera gobernador(a) de este estado…
5. Si tuviera tiempo…

a. si en todo el mundo no hubiera compasión.
b. iniciaría programas de música para niños.
c. si no hubiera enfermedades.
d. ayudaría a la gente pobre.
e. le diría que se preocupe más por la educación.

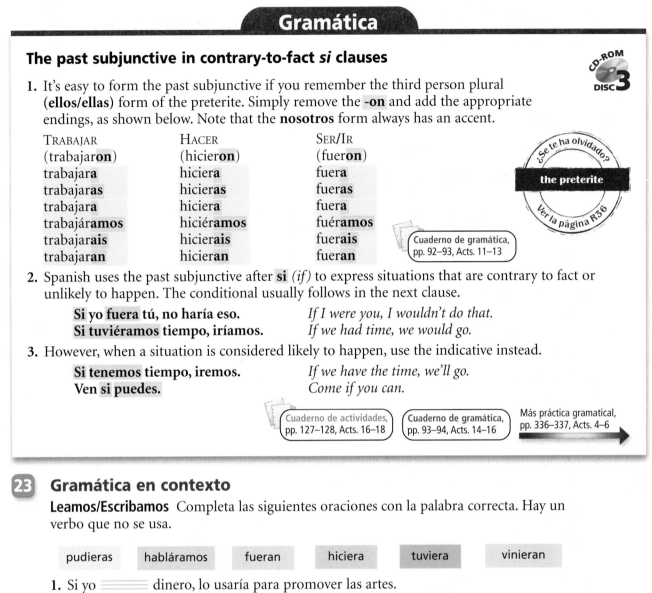

## Gramática

### The past subjunctive in contrary-to-fact *si* clauses

1. It's easy to form the past subjunctive if you remember the third person plural (**ellos/ellas**) form of the preterite. Simply remove the **-on** and add the appropriate endings, as shown below. Note that the **nosotros** form always has an accent.

| TRABAJAR (trabajar**on**) | HACER (hicier**on**) | SER/IR (fuer**on**) |
|---|---|---|
| trabajar**a** | hicier**a** | fuer**a** |
| trabajar**as** | hicier**as** | fuer**as** |
| trabajar**a** | hicier**a** | fuer**a** |
| trabajár**amos** | hiciér**amos** | fuér**amos** |
| trabajar**ais** | hicier**ais** | fuer**ais** |
| trabajar**an** | hicier**an** | fuer**an** |

¿Se te ha olvidado? the preterite — Ver la página R36

Cuaderno de gramática, pp. 92–93, Acts. 11–13

2. Spanish uses the past subjunctive after **si** *(if)* to express situations that are contrary to fact or unlikely to happen. The conditional usually follows in the next clause.

**Si yo fuera tú, no haría eso.** — *If I were you, I wouldn't do that.*
**Si tuviéramos tiempo, iríamos.** — *If we had time, we would go.*

3. However, when a situation is considered likely to happen, use the indicative instead.

**Si tenemos tiempo, iremos.** — *If we have the time, we'll go.*
**Ven si puedes.** — *Come if you can.*

Cuaderno de actividades, pp. 127–128, Acts. 16–18

Cuaderno de gramática, pp. 93–94, Acts. 14–16

Más práctica gramatical, pp. 336–337, Acts. 4–6

### 23 Gramática en contexto

**Leamos/Escribamos** Completa las siguientes oraciones con la palabra correcta. Hay un verbo que no se usa.

| pudieras | habláramos | fueran | hiciera | tuviera | vinieran |
|---|---|---|---|---|---|

1. Si yo _____ dinero, lo usaría para promover las artes.
2. Si _____ conocer a cualquier persona en el mundo, ¿a quién conocerías?
3. Miguel y Sara dicen que no trabajarían si _____ ricos.
4. Si no _____ frío, podríamos ir a la piscina.
5. Viajaríamos a Bélgica si _____ mejor el francés.

### 24 Gramática en contexto

**Leamos/Escribamos** Cambia cada frase para formar una oración que exprese una hipótesis.

**MODELO** Si tengo dinero, voy a donarlo a la campaña contra el cáncer.
—Si tuviera dinero, lo donaría a la campaña contra el cáncer.

1. Si hacemos de la basura un recurso, podemos eliminar mucha contaminación.
2. Si la gente utiliza menos pesticidas, el aire estará más limpio.
3. Nuestros hijos sufrirán las consecuencias si no protegemos el medio ambiente.
4. Si ellos saben algo de la ecología, no contaminarán los mares, lagos y ríos.
5. Puedes hacer mucho para proteger el medio ambiente si tienes recursos.

## 25 Sueños

**Leamos/Hablemos** ¿Qué están pensando las siguientes personas? Usa las expresiones de **Así se dice** de la página 326.

a.

b.

c.

d.

## 26 ¿Qué cambiarías?

**Escribamos** ¿Cómo quieres cambiar el mundo? Combina las siguientes palabras e ideas para formar seis oraciones que expliquen lo que harías.

**MODELO**    eliminar/el hambre
—Si yo pudiera, eliminaría
el hambre en nuestra ciudad.

1. promover
2. reducir
3. aumentar
4. desarrollar
5. descubrir
6. luchar por
7. iniciar

la educación   los parques
la paz   una cura para el cáncer
la guerra   la pobreza
el hambre   la violencia

### Nota cultural

Costa Rica es un tesoro ecológico. Su sistema de parques nacionales, que protege muchas especies de animales, plantas e insectos, ocupa más del 11 por ciento del territorio nacional. Debido al espíritu conservador del país, muchas organizaciones ecológicas van allí para hacer sus investigaciones. ¿Está interesada tu comunidad en la conservación?

## 27 Una entrevista

**Leamos/Hablemos** Usa estas preguntas para entrevistar a tu compañero(a). Después cuéntale a la clase lo que haría tu compañero(a) en estas circunstancias.

1. Si pudieras ser otra persona, ¿quién te gustaría ser? ¿Por qué?
2. Si tuvieras una máquina para viajar a través del tiempo, ¿a qué época irías? ¿Por qué?
3. Si fueras a una isla desierta, ¿qué llevarías contigo? ¿Por qué?
4. Si pudieras conocer a la persona más inteligente del mundo, ¿qué le preguntarías?
5. Si pudieras viajar a cualquier parte del mundo, ¿adónde irías? ¿Por qué?
6. Si tuvieras la oportunidad de cenar con cualquier persona, ¿a quién escogerías? ¿Por qué?

**Escribamos** Trabajas para una compañía que hace estudios sociales sobre personas de habla hispana. Tú has creado un cuestionario para saber cómo mejorar los problemas de la ciudad. Con dos compañeros completa las respuestas de los entrevistados para presentárselas a tu supervisor(a).

**MODELO** **Si tuviera dinero, …**
**Si tuviera dinero, regalaría una parte para programas de reciclaje.**

1. Si pudiera mejorar la situación de mi ciudad,…
2. Si hubiera más transporte público,…
3. Si fuera el alcalde,…
4. Si fuera el director de mi colegio,…
5. Si hubiera mucha contaminación,…
6. Si aumentara la violencia,…
7. Si tuviera más tiempo,...

It will be easier to decide what to write about if you brainstorm. Brainstorming means writing down all the ideas that come to mind without being critical of them. After you've listed all your ideas, write about the ones that appeal to you most.

**29** ## Por un buen porvenir

**Hablemos/Escribamos** Se dice que "querer es poder". ¿Estás de acuerdo con este dicho? Con un(a) compañero(a), escribe un plan de dos o tres párrafos para explicar qué harían para mejorar el mundo.

**30** ## El foro público

**Hablemos** Trabaja con tres compañeros(as) para presentar a la clase sus ideas de la Actividad 29. Escojan una o dos ideas para la presentación. Si quieren, pueden debatir las ideas con otro grupo de compañeros(as). Tomen en cuenta lo siguiente:

1. la importancia del problema
2. la lógica de la solución
3. las consecuencias de no resolver el problema
4. el beneficio del plan a la comunidad total

**31** ## En mi cuaderno

**Escribamos** ¿Cuáles son los sueños de tu vida? Haz una lista de estos sueños. Luego escribe tres o cuatro párrafos sobre tus sueños y cómo esperas realizarlos. Menciona los problemas u obstáculos que complican la realización de tus sueños. No te olvides de mencionar también las consecuencias de no superar esos obstáculos. Sugiere algunas maneras de resolver estos problemas. Incluye también unas hipótesis; por ejemplo, "Si yo tuviera tiempo y dinero, podría..." Considera los siguientes aspectos de tu vida antes de comenzar.

recreo    trabajo

casa    familia    educación

dinero    amigos(as)

viajes    amor

*Mis sueños*
1. Una casa en el campo
2. Quiero ser cantante
3. Vacaciones en otros países
4. Quiero escribir una novela
5. Quiero aprender a jugar al tenis

## Una fábula de la tecnología

Vas a leer una fábula titulada "Las abejas de bronce", por el argentino Marco Denevi. Una fábula es un cuento ficticio que trata de enseñar algo. ¿Conoces las fábulas de Esopo *(Aesop)*? ¿Conoces otras fábulas? ¿Cuáles?

### Estrategia para leer

Don't forget the strategy of guessing words through context. If you understand the context, sometimes there will be only one sensible guess as to the meaning of the word. Using context also helps you guess a word's "approximate" meaning, when you just can't pin down its exact meaning.

### ¡A comenzar!

En las fábulas casi siempre hay animales que hablan. En "Las abejas de bronce" los personajes son:

el Petirrojo — *Robin*
las Abejas — *Bees*
las Arañas — *Spiders*
los Pájaros — *Birds*
el Oso — *Bear*
el Cuervo — *Crow*
el Zorro — *Fox*
el Ruiseñor — *Nightingale*
la Gansa — *Goose*

### ¿Te acuerdas?

If you know of specific details you want to find, you can scan the text quickly, looking only for those details.

**A.** Revisa la fábula y contesta las preguntas de arriba para prepararte antes de leer.

# Las abejas de bronce

Desde el principio del tiempo el Zorro vivió de la venta de la miel. Nadie tenía la maña del Zorro para tratar a las Abejas y hacerles rendir al máximo. Esto por un lado. Por otro lado el Zorro sabía entenderse con el Oso, gran consumidor de miel y, por lo mismo, su mejor cliente. No resultaba fácil llevarse bien con el Oso. El Oso era un sujeto un poco brutal, un poco salvaje.

El Zorro sabía manejar a las Abejas y sabía manejar al Oso. Pero, ¿a quién no sabía manejar ese zorro del Zorro?

Hasta que un día se inventaron las Abejas artificiales.

Sí. Insectos de bronce, dirigidos electrónicamente, a control remoto, podían hacer el mismo trabajo que las Abejas vivas. Pero con enormes ventajas. No se fatigaban, no se perdían, no quedaban atrapadas en las redes de las Arañas,

no eran devoradas por los Pájaros, resultaban infinitamente superiores a las Abejas vivas.

El Zorro en seguida vio el negocio y no dudó. Mató todos sus enjambres, demolió las colmenas de cera, compró mil Abejas de bronce, mandó instalar el tablero de control, y una mañana los animales presenciaron, atónitos, cómo las Abejas de bronce atravesaban por primera vez el espacio.

Los insectos de bronce volaban a velocidades nunca vistas, sorbían rápidamente el néctar, regresaban a la colmena, y a los pocos instantes destilaban la miel, una miel pura, dorada, incontaminada, aséptica; y ya estaban en condiciones de recomenzar. Y así las veinticuatro horas del día. El Zorro no cabía en sí de contento.

La primera vez que el Oso probó la nueva miel puso los ojos en blanco, hizo chasquear la lengua y, no atreviéndose a opinar, le preguntó a su mujer:

"Vaya, ¿qué te parece?"

"No sé", dijo ella. "Le siento gusto a metal".

Pero sus hijos protestaron a coro: "Papá, mamá, qué disparate. Si se ve a la legua que esta miel es muy superior. ¿Cómo pueden preferir aquella otra, elaborada por unos bichos tan sucios? En cambio ésta es más limpia, más higiénica, más moderna y, en una palabra, más miel".

Y, con todo esto, las ganancias del Zorro crecían como un incendio en el bosque. Tuvo que tomar a su servicio un ayudante y eligió al Cuervo, sobre todo porque le aseguró que <u>aborrecía</u> la miel. Las mil Abejas fueron pronto cinco mil; las cinco, diez mil. El Zorro se sonreía y <u>se frotaba</u> las manos.

Y cuando ya el Zorro paladeaba su prosperidad, comenzaron a aparecer los inconvenientes.

La serie de desastres quedó inaugurada con el episodio de las rosas artificiales. Una tarde, al vaciar una colmena, el Zorro descubrió entre la miel rubia unos goterones grises, de un color nauseabundo y sabor acre. Tuvo que tirar toda la miel restante, que había quedado contaminada. Pronto supo el origen de aquellos goterones repugnantes. Había sucedido que las Abejas de bronce, desprovistas de instintos, confundieron un ramo de rosas artificiales de propiedad de la Gansa con rosas naturales, y les sorbieron la cera pintada de que estaban hechas y las dejaron convertidas en un guiñapo. El Zorro no solamente debió de sufrir la pérdida de la miel, sino indemnizar a la Gansa por daños y perjuicios.

"Malas Abejas", vociferaba mentalmente. "Las otras jamás habrían caído en semejante error. Tenían un instinto infalible. Pero quién piensa en las otras. En fin, nada es perfecto en este mundo".

Al cabo de unos días observó que los insectos tardaban cada vez más tiempo en regresar a las colmenas.

"¿Por qué tardan tanto?", decía el Zorro.

"Patrón", dijo el Cuervo. "Yo conozco un Pájaro que, si se le unta la mano, se ocuparía del caso".

VAMOS A LEER

1. ¿Cuáles son los animales más importantes de la fábula? (Son los dos que se mencionan más en el cuento.)

2. Según los dibujos, ¿qué animal es el protagonista de la fábula? ¿Qué cualidades asociamos con este animal en nuestros mitos, cuentos y leyendas?

## Al grano

**B.** En esta actividad vas a demostrar que entiendes el argumento básico del cuento. Primero lee las oraciones que siguen. Después comienza a leer el cuento. Luego pon las oraciones en orden cronológico. Cuando encuentres lo que pasó primero, escribe "1". Continúa con 2, 3, etc., hasta que termines el cuento y la actividad.

**a.** Los hijos del Oso insisten en que la nueva miel es mejor.

**b.** Se inventan las Abejas artificiales.

**c.** El Oso amenaza al Zorro.

**d.** Las Abejas vuelan al extranjero.

**e.** El Zorro contrata al Cuervo.

**f.** El Zorro cierra su negocio.

**g.** El Zorro se lleva bien con las Abejas y el Oso.

**h.** Las Abejas comienzan a regresar a sus colmenas muy tarde.

**i.** El Zorro inicia el negocio de las Abejas artificiales.

**j.** Los colores del Petirrojo palidecen.

**C.** Usa el contexto para adivinar el significado de estas palabras, que están subrayadas en el texto.

1. enjambres

2. chasquear

3. aborrecía

4. se frotaba

5. acre

6. desprovistas

7. comarca

8. mueca

**D.** Todas las fábulas tienen una moraleja. En un grupo de tres o cuatro personas, discutan el propósito y la técnica de esta fábula. Usen las preguntas de abajo como punto de partida para su discusión. Si pueden, hablen en español sobre las preguntas. Si prefieren prepararse un poco, pueden escribir sus respuestas primero y luego discutirlas con su grupo.

1. Las Abejas artificiales simbolizan un fenómeno de la vida moderna. ¿Cuál es?

2. ¿Cuál es la moraleja del cuento?

3. ¿Por qué se usan animales en las fábulas en vez de personas?

4. El autor habría podido (could have) expresar su opinión muy claramente en un ensayo. ¿Por qué crees que prefirió usar una fábula?

5. ¿Es válida para el mundo de hoy la preocupación del autor por el progreso?

**E.** ¿Crees que las cosas nuevas y modernas siempre son mejores que las cosas viejas y conocidas? ¿Por qué? ¿Puedes enumerar algunos adelantos que mejoraron las cosas? ¿Y otros adelantos que las empeoraron?

"¿Y quién es ese Pájaro?"

"Un servidor".

El Zorro optó por aceptar. Pues cualquier recurso era preferible a quedarse con los brazos cruzados, contemplando la progresiva e implacable disminución de las ganancias.

El Cuervo regresó muy tarde, jadeando como si hubiera vuelto volando desde la China. —Patrón—dijo—, no sé cómo decírselo. Pero las Abejas tardan, y tardarán cada vez más, porque no hay flores en la comarca y deben ir al extranjero.

"¿Cómo que no hay flores en la comarca? ¿Qué tontería es ésa?"

"Lo que oye, Patrón. Parece ser que las flores, después que las Abejas les han sorbido el néctar, se debilitan y se mueren".

"¡Se mueren! ¿Y por qué se mueren?"

"No resisten la trompa de metal de las Abejas. Y no termina ahí la cosa. La planta, después que las Abejas le mataron sus flores, se niega a florecer nuevamente. Consecuencia: en toda la comarca no hay más flores".

Se dice que ese día ocurrieron extraños acontecimientos. El Ruiseñor quedó afónico y los colores del Petirrojo palidecieron. Se dice que los ríos dejaron de correr, y las fuentes de cantar.

El Zorro se desesperó. Sus negocios se desmoronaron. Debió despedir al Cuervo, cerrar la tienda, perder la clientela.

El único que no se resignaba era el Oso.

"Zorro", vociferaba, "o me consigues miel o te levanto la tapa de los sesos".

Finalmente, una noche el Zorro desconectó los cables, destruyó el tablero de control, enterró en un pozo las Abejas de bronce, y huyó con rumbo desconocido.

Cuando iba a cruzar la frontera escuchó a sus espaldas unas risitas y unas vocecitas de vieja que lo llamaban.

"¡Zorro! ¡Zorro!"

Eran las Arañas, que a la luz de la luna tejían sus telas prehistóricas. El Zorro les hizo una mueca obscena y se alejó a grandes pasos. Desde entonces nadie volvió a verlo jamás.

Cuaderno para hispanohablantes, pp. 51–54

Cuaderno de actividades, p. 131, Acts. 22–24

# Vamos a escribir

¿Cómo es vivir en tu comunidad? ¿Cómo es la calidad del medio ambiente en tu área? ¿Cuál es la condición del agua y del aire? ¿Hay seguridad en las calles? ¿Existen actividades recreativas para jóvenes de tu edad? ¿Qué piensas que se puede hacer para mejorar tu comunidad? En esta actividad, vas a escribir un fax a un funcionario público sobre uno o algunos de los problemas de tu comunidad. Aprenderás una manera para formular y organizar los detalles que vas acumulando sobre el tema.

## Un fax

Escríbele un fax de cinco o seis párrafos a un funcionario público. Puede ser el (la) presidente(a), el (la) gobernador(a), un(a) senador(a) o un(a) representante. Descríbele las condiciones de tu comunidad. Menciona los problemas especiales y sus causas, y recomienda soluciones a estos problemas.

### Estrategia para escribir

**Using note cards** Keeping track of details written on lists can sometimes be a challenge. Note cards are a way to solve this problem. On each 4" x 6" card or piece of paper, write in your own words the information you found and where. You can store the cards in a filing box until you begin writing. At that point, take them out and rearrange them until they present the information in the most logical order. Then use that order as the structure for your writing.

### A. Preparación

1. Discute las condiciones de tu comunidad con tus amigos(as) y con tu familia. ¿Hay problemas especiales? ¿Cuáles son? Puede ser una calle con mucha basura o un parque sin flores y árboles, etc. ¿Qué causa estos problemas? ¿Qué se puede hacer para resolverlos? Anota esta información en fichas *(note cards)* y apunta qué dijo cada persona.

2. Busca más información en periódicos y revistas. Anota en fichas los detalles que descubras.

3. Pon las fichas en orden lógico y sigue este orden para escribir tu fax.

### B. Redacción

1. Comienza tu fax con **Estimado(a) Sr(a). Presidente(a)** u otro título apropiado.

2. Escribe un párrafo breve que explique por qué le estás escribiendo este fax.

3. Escribe dos o tres párrafos sobre los problemas de tu comunidad. Sigue el orden de tus fichas. Si descubres que el orden no es lógico, cámbialo.

4. Escribe en una conclusión tus impresiones generales de los problemas y tus sugerencias para resolverlos.

5. Termina el fax con **Cordialmente** y tu firma *(signature)*.

### C. Evaluación

1. Pídeles a varios(as) compañeros(as) que lean tu fax para buscar áreas que necesiten más detalles. Busca la información que necesitas e incorpórala.

2. ¿Omitiste algún detalle o idea que quisieras mencionar? Inclúyelo en el lugar lógico.

3. ¿Está bien organizado tu fax? Si no, cambia el orden de las ideas que presentas.

# Más práctica gramatical

CD-ROM
DISC 3

📶 internet
go.
hrw
.com   **MARCAR:** go.hrw.com
**PALABRA CLAVE:**
WV3  COSTA RICA-11

## Primer paso

**Objectives** Pointing out problems and their consequences;
talking about how you would solve a problem

**1** La clase de ciencias sociales hizo una lista de las medidas *(actions)* que se tomaron y que se van a tomar en la ciudad para resolver unos problemas ambientales. Escribe las frases de nuevo, usando el **se** impersonal. **(p. 319)**

**MODELO**    Antes <u>todos pensaban</u> que la contaminación no era muy grave.
             Antes <u>se pensaba</u> que la contaminación no era muy grave.

1. Luego, en la universidad <u>hicieron</u> un estudio de los niveles de contaminación.
2. <u>Descubrieron</u> que hubo *(there was)* un aumento muy grande en el nivel de smog.
3. Por eso, en el ayuntamiento <u>decidieron</u> no construir la carretera nueva.
4. En cambio, <u>establecieron</u> una zona peatonal en el centro.
5. <u>Algunos hablaban</u> de implementar un sistema de transporte público mejor y más eficiente.
6. También <u>trataron</u> de reducir el nivel de contaminación del río.
7. Por ejemplo, <u>destruyeron</u> la vieja fábrica cerca del río y <u>construyeron</u> un parque.
8. <u>Han logrado</u> realizar otras medidas también.
9. Por ejemplo, este verano <u>van a sembrar</u> un árbol en la plaza central.
10. La próxima semana, <u>discutirán</u> el plan para el nuevo centro de reciclaje.

**2** Indica qué palabra se asocia con las frases siguientes. **(p. 319)**

los ladrones    el hambre    el desempleo    aumentar

el homicidio    implementar    la enfermedad

1. lo contrario de la salud
2. una falta de comida suficiente
3. empezar algo o tomar la iniciativa
4. el que queda muerto de una manera violenta es víctima de este crimen
5. los que roban
6. subir o hacerse más grande
7. la falta de trabajo para todos

**3** Escuchas las noticias de un programa de radio en español. Vuelve a escribir cada frase para cada una de las oraciones usando el **se** impersonal. **(p. 319)**

**MODELO**     **La gente dice que se frenará la inflación.**
          **—Se dice que se frenará la inflación.**

1. La gente dice que el crimen ha aumentado.
2. La gente ha hecho mucho para reducir la delincuencia.
3. Hoy en día, muchas personas promueven campañas contra las drogas.
4. Muchos grupos ecologistas han implementado programas de reciclaje.
5. Los doctores saben que ahora hay más enfermedades.
6. La gente cree que la situación va a empeorarse.

## Segundo paso

**Objectives** Talking about hypothetical situations

**4** Completa las oraciones con el pretérito y con el pasado del subjuntivo del verbo entre paréntesis. Recuerda que las formas del imperfecto del subjuntivo se basan en el pretérito. (**p. 327**)

> **MODELO**
> El año pasado Jorge y sus padres ═══ a Costa Rica. Si tú ═══ a Centroamérica, ¿adónde irías? (ir)
> —**El año pasado Jorge y sus padres fueron a Costa Rica. Si tú fueras a Centroamérica, ¿adónde irías?**

1. Thomas Edison y Alexander Bell ═══ unos aparatos importantísimos. Si tú ═══ algo, ¿qué sería? (inventar)

2. Simón Bolívar y Benito Juárez ═══ presidentes y líderes revolucionarios. ¿Qué harías si tú ═══ presidente? (ser)

3. Miguel de Cervantes y William Shakespeare ═══ unas obras maestras. Si tú ═══ una novela o una obra de teatro, ¿de qué se trataría? (escribir)

4. Gabriela Mistral, Octavio Paz y Gabriel García Márquez ═══ el Premio Nobel de Literatura. Si tú ═══ un premio igual, ¿cómo te sentirías? (ganar)

5. Los astronautas Neil Armstrong, Buzz Aldrin y Michael Collins ═══ a la luna en 1969. ¿Te asustarías si ═══ a otra galaxia? (viajar)

6. Los artistas mexicanos Diego Rivera, David Alfonso Siqueiros y José Clemente Orozco ═══ unos murales mundialmente conocidos. Si tú ═══ un mural, ¿en dónde te gustaría hacerlo? (pintar)

7. Hernán Cortés y los soldados españoles ═══ al Valle de México en 1519. Si tú ═══ a un mundo nuevo, ¿qué te gustaría hacer allí? (llegar)

**5** Todos los de tu clase tienen aspiraciones distintas. Explica qué haría cada uno si pudiera. Usa las formas correctas del pasado del subjuntivo y del condicional. (p. 327)

**MODELO**     **Si Pablo ———— (tener) más dinero, ———— (viajar) a Chile.**
                          **—Si Pablo tuviera más dinero, viajaría a Chile.**

1. Si Fátima ———— (poder) estudiar música, ———— (ser) una cantante famosa.
2. Si Belén ———— (ser) presidenta, ———— (luchar) contra la discriminación.
3. Si Jorge y Tina ———— (tener) la oportunidad, ———— (conocer) al presidente.
4. Si Marisa ———— (poder) inventar cualquier cosa, ———— (inventar) un videojuego estupendo.
5. Si mis hermanos y yo ———— (vivir) en una casa más grande, no ———— (pelearse) tanto.
6. Si tú ———— (ser) explorador, ¿———— (ir) al Polo Norte?
7. Si Lucila y Julia ———— (vivir) en el campo, no ———— (estar) aburridas.
8. Si Daniel ———— (conocer) a su actriz favorita, ———— (invitarla) a salir.

**6** Iván likes to hypothesize about how his life could be different. Read each situation, and then restate it with a contrary-to-fact clause. Use the conditional and past subjunctive of the verbs in parentheses. (p. 327)

**MODELO**     ~~Me gustaría aprender a hacer~~ tabla de vela, ~~pero~~ las clases son muy caras.
                          (yo/tomar unas clases/no ser caras)
                          **—Tomaría unas clases de tabla de vela si las clases no fueran tan caras.**

1. Sería bueno tener un trabajo pero ahora con mis clases estoy muy ocupado.
   (yo/buscar un trabajo/no estar ocupado)
2. Necesito ayudar más en casa pero los profesores me dan mucha tarea.
   (yo/ayudar/ellos/no dar tanta tarea)
3. Me gustaría bajar de peso pero ¡hacer ejercicio es tan aburrido!
   (yo/estar en plena forma/hacer ejercicio/no ser tan aburrido)
4. Debería estudiar más en la clase de química pero no me interesa.
   (yo/sacar mejores notas/gustarme la materia)
5. Algún día quiero viajar a Miami a visitar a mis amigos, pero el viaje es muy caro.
   (yo/hacer un viaje/no costar tanto)
6. Me gustaría invitar a Maribel a salir, pero me siento nervioso cuando estoy con ella.
   (yo/hablarle/no sentirme nervioso)
7. Debería ser más paciente con mi hermana menor, pero ¡es tan pesada a veces!
   (nosotros/llevarnos bien/ella/no ser pesada)

# Repaso

CD-ROM DISC **3**

internet

go.hrw.com
**MARCAR:** go.hrw.com
**PALABRA CLAVE:**
WV3  COSTA RICA-11

**1** Escucha el siguiente debate entre dos candidatos, Juan Luis Benavides y Cecilia Reyes. Luego lee las siguientes frases y escribe **B** si representan opiniones de Benavides, **R** si representan opiniones de Reyes o **D** si son opiniones de los dos.

**1.** El problema de la criminalidad en nuestro país es de muchísima importancia.

**2.** Yo voy a enfocarme más en crear leyes más fuertes contra el crimen.

**3.** Yo propongo que usemos más dinero en los programas para informar a los jóvenes sobre las drogas.

**4.** La sensibilidad hacia los criminales es una pérdida de dinero y de tiempo.

**5.** La criminalidad de nuestro país es el resultado de una falta de programas que ofrezcan alternativas a la delincuencia.

**2** Con un(a) compañero(a), indica una alternativa positiva para cada una de las siguientes malas ideas.

**MODELO** **Tiremos los periódicos a la calle.**
—**Sería mejor si los tiráramos al basurero.**
—**Si pudiéramos reciclarlos, eliminaríamos mucha contaminación.**

**1.** Compremos carros grandes.

**2.** Todos debemos ir al trabajo todos los días en nuestros propios carros.

**3.** No prestemos atención al problema de la drogadicción.

**4.** Talemos todos los árboles.

**5.** No combatamos la delincuencia.

**6.** Usemos muchos productos que no se pueden reciclar.

**3** Con unos(as) compañeros(as), considera los siguientes problemas. Escojan tres de los problemas, indiquen sus consecuencias y hablen de cómo los resolverían.

**1.** la extinción de plantas y animales

**2.** las personas viejas que viven solas

**3.** los jóvenes que no terminan la secundaria

**4.** la gente que no tiene casa

**5.** la destrucción de edificios y barrios históricos

**6.** las personas que no saben leer ni escribir

**4** Contesta estas preguntas con la información cultural de las secciones culturales de este capítulo.

**1.** ¿Cuándo adoptó Costa Rica un sistema democrático de gobierno?

**2.** ¿Qué porcentaje de los habitantes de Costa Rica saben leer y escribir?

**3.** ¿Quién tomó el lugar del ejército de Costa Rica?

**4.** ¿Qué porcentaje del territorio nacional de Costa Rica está dedicado a parques nacionales?

**5.** ¿Por qué vienen muchas organizaciones ecológicas a Costa Rica para hacer sus investigaciones?

**5** Lee el siguiente artículo sobre las selvas tropicales. Luego identifica los problemas, beneficios y soluciones que menciona el artículo.

## ¿Podremos salvar las selvas tropicales?

Hoy en día se destruyen grandes secciones de las selvas tropicales. Parte del problema es que en muchas regiones, grandes empresas entran a talar los árboles por la madera. También existe el petróleo y otros recursos naturales. Al extraer estos recursos, se destruye la selva. De las selvas recibimos gran parte del oxígeno del mundo. Y cada año descubrimos plantas medicinales en la selva. Otro beneficio de la selva tropical es que produce gran cantidad de agua. Además de agua, la selva tropical produce otros elementos que afectan el clima de otras partes del mundo. Si destruyéramos estos elementos, cambiaríamos la atmósfera. Debemos comprar menos productos y animales que vienen de la selva. Tenemos que convencer a los gobiernos que tienen que limitar la destrucción de las selvas. También sería una buena idea iniciar una campaña de publicidad para crear conciencia de los beneficios medicinales y ambientales de la selva.

**6** Escribe una carta al director o a la directora de tu escuela para convencerlo(la) de iniciar un programa de reciclaje. Menciona los problemas que el reciclaje podría aliviar, las consecuencias de no hacer nada y los beneficios del programa.

**7** Imagina que tú y un(a) compañero(a) son miembros del club "Protejamos Nuestros Parques". Hablen sobre los problemas de los parques en este país y sobre lo que se puede hacer para protegerlos. Mencionen también las consecuencias de no resolver los problemas.

**8** ## Situación

Imagina que tú y unos(as) compañeros(as) son miembros del Comité Nacional Contra la Drogadicción. Discutan el problema del abuso de las drogas. Mencionen los problemas que ven, las soluciones que proponen y qué harían para resolver el problema si tuvieran fondos y recursos suficientes.

Cuaderno para hispanohablantes, p. 55

**Can you point out problems and their consequences? p. 319**

 **1** Mira los siguientes dibujos y usa expresiones de **Así se dice** para señalar problemas y consecuencias.

**Si los turistas botan basura...**

**Si los jóvenes no cuidan sus uniformes...**

**Can you talk about how you would solve a problem? p. 321**

**2** Indica cómo resolverías los siguientes problemas.

1. La cafetería de tu escuela sirve la misma comida todas las semanas.

2. Quieres hacer más ejercicio pero no puedes porque tienes que trabajar.

3. Tu clase de español desea viajar a España pero no tiene suficiente dinero.

4. Alguien de tu ciudad quiere destruir una hermosa casa histórica para construir una fábrica. Tú crees que la casa debe ser conservada.

**Can you talk about hypothetical situations? p. 326**

**3** Usa esta información para escribir frases sobre situaciones hipotéticas.

| **Situación hipotética** | **Consecuencia** |
| --- | --- |
| los carros / no contaminar el aire | el aire / estar limpio |
| haber leyes más fuertes | haber menos violencia |
| yo / ganar un millón de dólares | ayudar a los pobres |
| la gente / ver menos violencia en la tele | cometer menos crímenes |

## Primer paso

**Pointing out problems and their consequences**

| | |
|---|---|
| Lo lamentaremos. | *We'll regret it.* |
| Me he fijado en... | *I've noticed . . .* |
| Se dice que... | *They say that . . .* |
| Según el gobierno,... | *According to the government, . . .* |
| Si no actuamos ahora... | *If we don't act now . . .* |
| Si no hacemos nada por... | *If we don't do anything about . . .* |
| Si no realizamos... | *If we don't carry out . . .* |
| Temo que el deterioro continúe. | *I'm afraid the deterioration will continue.* |
| Va a empeorarse. | *It's going to get worse.* |

**Problemas sociales**

| | |
|---|---|
| aumentar | *to grow* |
| bajar | *to decrease* |
| cometer | *to commit* |
| el crimen | *major crime* |
| la criminalidad | *crime rate* |
| la delincuencia | *crime* |
| el delito | *minor crime* |
| el desempleo | *unemployment* |
| la drogadicción | *drug addiction* |
| la enfermedad | *disease* |
| el hambre (f.) | *hunger* |
| el homicidio | *homicide* |
| implementar | *to implement* |
| el ladrón, la ladrona | *thief* |
| promover (ue) | *to promote* |

| | |
|---|---|
| el robo | *robbery* |
| la sensibilidad | *sensitivity* |

**Talking about how you would solve a problem**

| | |
|---|---|
| Habrá que... | *It will be necessary to . . .* |
| iniciar | *to initiate* |
| Intentaría... | *I would try to . . .* |
| La solución que planteo es... | *The solution I propose is . . .* |
| Me dedicaría a... | *I would devote myself to . . .* |
| Propongo... | *I propose . . .* |
| Yo empezaría por... | *I would start by . . .* |

## Segundo paso

**Talking about hypothetical situations**

| | |
|---|---|
| Si hubiera paz... | *If there were peace . . .* |
| Si se encontrara una cura... | *If a cure were found . . .* |
| Si tuvieras... | *If you had . . .* |
| Si tú pudieras... | *If you could . . .* |
| Si yo fuera... | *If I were . . .* |
| Si yo viviera... | *If I lived . . .* |

# 12

# Mis planes para el futuro

## Objectives

In this chapter you will learn to

### Primer paso

- talk about former jobs and goals
- talk about future career plans

### Segundo paso

- give advice about job interviews

📡 internet

MARCAR: go.hrw.com
PALABRA CLAVE:
    WV3  COSTA RICA-12

◀ Cuando éramos niños, queríamos
llegar a ser médicos.

# DE ANTEMANO ▪ *¿Cuáles son tus planes?*

Cuaderno de actividades, p. 133 Act. 1-2

## Estrategia para comprender

¿Qué planes tienes para tu vida después de graduarte en el colegio? ¿Sabes qué carrera te interesa? ¿Son similares tus planes a los de Jennifer y Eliéser?

**R:** Bueno, yo me llamo Jennifer Gould, tengo quince años y vivo en Heredia.

**P:** ¿Qué planes tiene Ud. para su futuro?

**R:** Bueno, me gustaría llegar a ser sicóloga, me gustaría llegar a ser una muy buena modelo y terminar mis estudios.

**P:** ¿Qué trabajo le gustaría tener?

**R:** Me gustaría ser sicóloga.

**P:** ¿Qué le importa más, ganar mucho dinero o tener un trabajo que le guste?

**R:** Tener un trabajo que me guste porque me divertiría en mi trabajo.

**P:** ¿Cómo se imagina su vida en diez años? ¿Qué hará?

**R:** ¡Ay! Me gustaría cumplir todo lo que deseo, casarme con mi novio y ser muy feliz.

**P:** ¿Y sus padres tienen planes distintos para Ud.?

**R:** No, yo creo que ellos me apoyan en lo que yo deseo.

**Jennifer**

❝ **Hace dos años tomé un curso para aprender a ser salvavidas. No crean que era sólo agua, sol y playa. Tuve que entrenarme duro para aprobar el examen de aptitud física. El curso me ayudó a conseguir el trabajo de salvavidas de la ciudad el año pasado.** ❞

**Alan**

P: ¿Qué planes tiene Ud. para el futuro?

R: Pues… pienso estudiar para ser… pues para tener…una carrera.

P: ¿Cuál carrera?

R: Me gustaría ingeniería agrónoma.

P: ¿Qué le importa más, ganar mucho dinero o tener un trabajo que le guste?

R: Pues, lo importante es que me guste bastante, ¿no?

**Eliéser**

## Centro Universitario Calderón

LIC. EN DERECHO
LIC. EN CONTABILIDAD
LIC. EN SICOLOGÍA
LIC. EN ARQUITECTURA
LIC. EN INGENIERÍA MECÁNICA

LIC. EN INFORMÁTICA
LIC. EN FARMACOLOGÍA
LIC. EN ADMINISTRACIÓN HOTELERA
LIC. EN DISEÑO GRÁFICO

**El Centro Universitario Calderón significa:**
*¡Educación para el futuro!*

**66** De niña quería ser actriz. A los ocho años hice un papel en una obra de teatro en mi ciudad. Hace dos años estudié en el Taller Cultural distintas técnicas para expresar emociones como la tristeza, la alegría y el dolor. Me interesaría saber más sobre las artes dramáticas. **99**

**Caryn**

## 1 ¿Cierto o falso?

Indica si cada oración es **cierta** o **falsa**. Si es falsa, corrígela.

1. Jennifer quiere ser profesora.
2. Jennifer no quiere casarse.
3. Eliéser estudió para ser salvavidas.
4. Es probable que Jennifer vaya a asistir a la universidad.
5. Alan tuvo que trabajar muy duro para prepararse para su trabajo.
6. Caryn estudió en el Centro Universitario Calderón.

## 2 ¿Quién es?

Indica a quién o a quiénes se refieren estas frases.

1. Le interesan mucho las emociones humanas.
2. Quiere estudiar para una carrera que le guste mucho.
3. Su trabajo era vigilar a *(watch over)* la gente que nadaba.
4. Las artes dramáticas eran uno de sus intereses.
5. Sus padres no interfieren en sus planes para el futuro.
6. Le importa más gozar de su trabajo que ganar mucho dinero.

## 3 Busca las expresiones

1. ¿Qué dice Jennifer para indicar qué carrera le interesa?
2. ¿Qué dice Eliéser para hablar de sus planes para el futuro?
3. ¿Qué dice Caryn para hablar de la ambición que tenía cuando era niña?
4. ¿Cómo expresa Caryn su deseo de estudiar más las artes dramáticas?
5. ¿Qué dice Alan para indicar cuándo aprendió a ser salvavidas?

## 4 ¿Son similares?

Con dos o tres compañeros(as), habla de los intereses de Jennifer, Eliéser, Alan y Caryn. ¿Tienen Uds. los mismos intereses y planes que ellos? Expliquen sus respuestas.

## 5 Ahora te toca a ti

Imagina que una estudiante habla sobre sus planes para el futuro con un consejero en el colegio. Escribe un diálogo en que el consejero le pregunta qué clases y pasatiempos le gustan y la estudiante contesta.

### Nota cultural

El ecoturismo—viajes de aventura a lugares naturales—trata de proteger el medio ambiente mientras desarrolla un aprecio de la conservación. Es de gran beneficio a la economía de zonas rurales. El ecoturismo es muy popular en Costa Rica. Algunas compañías han construido senderos *(trails)* y otras estructuras que protegen especies frágiles y limitan la erosión. Otros promueven la idea de "ver y no tocar", lo cual protege plantas y animales. ¿Hay atracciones para ecoturistas en la parte de Estados Unidos donde tú vives?

Cuaderno de actividades, p. 144, Act. 25

## Vocabulario

| | | | |
|---|---|---|---|
| el (la) abogado(a) | *lawyer* | el (la) médico(a) | *doctor* |
| el (la) arquitecto(a) | *architect* | el (la) periodista | *journalist* |
| el (la) banquero(a) | *banker* | el (la) policía | *police officer* |
| el (la) carpintero(a) | *carpenter* | el (la) diseñador(a) | *designer* |
| el (la) científico(a) | *scientist* | el (la) programador(a) | *computer* |
| el (la) comerciante | *businessman (-woman)* | de computadoras | *programmer* |
| el (la) contador(a) | *accountant* | el (la) sicólogo(a) | *psychologist* |
| el (la) enfermero(a) | *nurse* | el (la) trabajador(a) social | *social worker* |
| el (la) escritor(a) | *writer* | el (la) vendedor(a) | *salesman (-woman)* |
| el (la) farmacéutico(a) | *pharmacist* | | |
| el (la) ingeniero(a) | *engineer* | | |
| el (la) mecánico(a) | *mechanic* | | |

Cuaderno de actividades, p. 134, Acts. 3–4

Cuaderno de gramática, p. 95, Acts. 1–2

Más práctica gramatical, p. 364, Act. 1

### 6 ¿Qué profesión es?

**Leamos/Escribamos** Completa las frases con palabras apropiadas del **Vocabulario**.

1. Mireya trabaja en una agencia que ayuda a los pobres. Mireya es ══════.
2. Fernando distribuye medicinas y llena recetas. Fernando es ══════.
3. Necesito un ══════ que me ayude a calcular cuánto debo de impuestos.
4. Héctor es ══════ de carros usados.
5. A Marisol le encanta ser ══════. Entrevista a muchos políticos para *El Heraldo*.
6. A Rubén siempre le ha gustado dibujar; por eso trabaja como ══════ en Nueva York.
7. Como es ══════, Paula va a trabajar con el estado para construir nuevas carreteras.

## Así se dice

### Talking about former jobs and goals

Si quieres hablar de un trabajo o una ambición que tenías antes, puedes decir:

**Hace diez años**, trabajé en una tienda de computadoras.

**Cuando tenía cinco años**, quería ser banquera.

**El año pasado**, trabajé de programador de computadoras.

**Cuando era joven**, quería ser bombero *(firefighter)*.

**De niña**, vendía periódicos.
*As a child, . . .*

Cuaderno de actividades, p. 135, Act. 5

### 7 ¿Cuándo fue?

**Escuchemos/Escribamos** Escucha lo que dicen Paola, Douglas, Kerri y Renato. Luego indica si las siguientes frases son **ciertas** o **falsas**. Si son falsas, corrígelas.

1. Actualmente, a Kerri le encanta su trabajo de diseñadora.
2. Después de graduarse, Kerri trabajó de profesora.
3. Renato siempre ha trabajado de banquero.
4. De niña, Paola pensaba hacerse médica.
5. Ahora, Paola trabaja felizmente de abogada.
6. Su trabajo de vendedor de computadoras fue el primero para Douglas.

## 8 En el pasado...

**Hablemos/Escribamos** Usa estas preguntas para entrevistar a un(a) compañero(a). Luego, presenta a la clase un resumen de lo que dijo tu compañero(a).

1. De niño(a), ¿qué soñabas?

2. Cuando eras joven, ¿qué querías ser?

3. ¿Has trabajado en el verano? ¿Dónde?

4. ¿Dónde trabajaste el año pasado?

5. ¿Qué metas tienes ahora? ¿Son las mismas metas que tenías cuando eras niño(a)?

---

## Gramática de repaso

### Preterite and imperfect

1. As you know, Spanish uses the preterite and the imperfect to talk about the past. Here is a review of their uses.

Use the preterite:

- to report completed past actions viewed as a whole.
  **Trabajé** de mesero el año pasado.
  **Estudié** un año en París.
  La película **estuvo** buena.
  **Conocí** (met) a su tío ayer.
- to report one-time emotional reactions in the past.
  **Estuve** muy triste cuando oí las noticias.
  **Quise** llorar cuando se burlaron de mí.
- to report instantaneous realizations in the past.
  Cuando lo vi, **supe** (knew, found out) la verdad.

Use the imperfect:

- to describe habitual, ongoing past actions.
  Eva **trabajaba** mucho de joven.
  No **salía** a menudo.
- to refer to mental or physical states in the past.
  Susana **era** alta y bonita.
- to tell time in the past.
  **Eran** las diez y cuarto.
- to give someone's age in the past.
  **Tenía** doce años en esta foto.
- to give background information to an event.
  **Estaba** nublado cuando ocurrió el accidente.

2. When the preterite and imperfect occur in the same sentence, the imperfect describes the background (what was going on) and the preterite points out completed actions within that setting.

**Había** mucha gente cuando **llegué**.
*There were a lot of people when I arrived.*

**Hacía** mal tiempo; por eso **fuimos** a casa.
*The weather was bad; that's why we went home.*

Cuaderno de actividades, p. 136, Act. 6

Más práctica gramatical, pp. 364–365, Acts. 2–4

Cuaderno de gramática, pp. 96–98, Acts. 3–7

---

## 9 Gramática en contexto

**Leamos/Escribamos** Para describir la vida de Miguel, completa las oraciones con la forma adecuada del verbo.

1. Cuando (**a.** tuvo, **b.** tenía) cinco años, (**a.** empezó, **b.** empezaba) a asistir a la escuela.

2. De niño (**a.** fue, **b.** era) alto y atlético y (**a.** quería, **b.** quiso) ser tenista profesional.

3. Cuando (**a.** conoció, **b.** conocía) a un tenista profesional, (**a.** supo, **b.** sabía) que no quería seguir esa carrera.

4. El año pasado (**a.** se graduaba, **b.** se graduó) del colegio y quería estudiar para una carrera de matemáticas.

5. Hace diez meses Miguel (**a.** comenzó, **b.** comenzaba) sus estudios en la universidad.

6. Cuando lo (**a.** aceptaron, **b.** aceptaban) en la universidad, (**a.** estuvo, **b.** estaba) muy contento.

## 10 Gramática en contexto

**Escribamos** Completa cada frase con el pretérito o el imperfecto de los verbos entre paréntesis.

1. Cuando yo ▬▬▬ (ser) niña, ▬▬▬ (querer) ser bombera.

2. Pero una vez me ▬▬▬ (decir) mi abuelo que las niñas no deben ser bomberas.

3. Después se me ▬▬▬ (ocurrir) hacer una carrera de ciencias.

4. Otra vez, mi abuelo ▬▬▬ (pedirme) estudiar una carrera menos difícil para una chica.

5. Cuando ▬▬▬ (tener) 18 años, ▬▬▬ (comenzar) a estudiar farmacología en la universidad, y a los 23 años, por fin ▬▬▬ (llegar) a ser farmacéutica. Ahora estoy segura de que la mejor carrera para mí es el trabajo que más me guste.

**SUGERENCIA**

Sometimes it may seem hard to remember how to use verb tenses in Spanish, especially the preterite and the imperfect. To make learning them easier:

1. Pay close attention to how the tenses are used in sample sentences in the textbook and in sentences your teacher gives you.

2. Find examples of the tenses in reading passages, magazines, or books. Identify how the tenses are used in each example. Then check the accuracy of your conclusions with your teacher.

3. Use the tenses to say or write sentences of your own. Then check them with your teacher.

## 11 ¿Qué aspiraciones tenías?

**Escribamos** Escribe una breve descripción de ti mismo(a). Incluye información sobre cuándo y dónde naciste, qué sueños tenías cuando eras niño(a) y qué aspiraciones tenías a los trece años. Incluye cosas interesantes que ocurrieron durante tu niñez y cómo reaccionaste a cada una.

## Así se dice

### Talking about future career plans

Si quieres hablar de tus planes para el futuro, puedes decir:

CD-ROM
DISC 3

**Me gustaría/Me encantaría ser** un cantante famoso.
**Buscaré** un trabajo en las ciencias.
**Voy a ser** contadora.
**Quiero ser** trabajador social.

**Pienso trabajar en** una farmacia.
**Me interesaría estudiar para** profesora.
  *I'd be interested in studying to be a . . .*
**Quiero llegar a ser** médica.
  *I want to become . . .*

### ¿Te acuerdas?

As you know, there's more than one way to talk about the future in Spanish. You can use the **ir a** + infinitive form: **Voy a trabajar este verano.** You can also use the future tense: **Irene se graduará en mayo.**

Más práctica gramatical, p. 366, Act. 5 →

Cuaderno de gramática, pp. 98–99, Acts. 8–11

## 12 ¿Pasado o futuro?

**Escuchemos/Escribamos** Escucha lo que dice cada persona. Si habla de trabajos o planes que tenía en el pasado, escribe **P.** Si habla de sus planes para el futuro, escribe **F.** Si habla de ambas cosas, escribe **A.**

**¿Qué te gustaría hacer?** **13**

**Hablemos** Usa las siguientes preguntas para entrevistar a un(a) compañero(a). ¿Están de acuerdo Uds. en todas sus respuestas?

1. ¿Te gustaría trabajar este verano? ¿Dónde?

2. ¿Te interesaría tomar clases en la universidad? Si decides asistir a una universidad, ¿qué clases vas a tomar?

3. ¿Qué carrera piensas seguir? ¿Por qué?

4. ¿Quieres llegar a ser rico(a) o famoso(a) algún día? Explica tu respuesta.

5. ¿Dónde vivirás en 10 años? ¿en 20? ¿en 30? Explica tus respuestas.

¿Se te ha olvidado?

**future tense**

Ver la página R37

## **14** Tus planes para el futuro

**Leamos/Escribamos** Lee estos anuncios de personas que están buscando empleo. Luego escribe una frase que indique los planes de cada persona en los anuncios.

> Estudiante, recién graduado de universidad, busca trabajo como contador. Buenas referencias. Llamar a Emilio Juárez, 379-54-69

> 5 años experiencia en computadoras. Técnico y programador. Solicito trabajo en compañía internacional. Buena presentación. Javier Mondragón Real. 949-77-83.

> Artista, 20 años de experiencia. Pintura y dibujo. Solicito trabajo como profesora de arte. Horas flexibles. Llame a Alfonsina James, 323-67-94

> CONSEJERA. Títulos en sicología y sociología. Deseo trabajo en programas para jóvenes. Jenny Benavides. 775-12-35.

> INGENIERA QUIMICA. Título universitario. Buenos antecedentes. Desea mudarse a esta ciudad. Llamar al 525-33-34.

## **15** Mi carrera ideal

**Escribamos** Prepara una descripción de tu carrera ideal. Incluye las características personales que requiere la carrera, lo que tendrás que hacer para seguir esa carrera y por qué te consideras perfecto(a) para ella.

## **Nota cultural**

En la mayoría de los países latinoamericanos, el primer título que se puede obtener de la universidad, generalmente después de cinco años de estudio, es la **licenciatura**. En contraste con el *bachelor's degree* en Estados Unidos, la **licenciatura** requiere un examen sobre todo lo que se ha estudiado. En muchos casos, hay que escribir una tesis también. ¿Se dan exámenes de este tipo en tu estado?

## **16** Sueños y planes

**Hablemos** Júntate con unos(as) compañeros(as). Hablen de los sueños que tenían cuando eran niños(as). Luego comparen esos sueños con los planes que tienen ahora para el futuro. ¿Tienen las mismas ambiciones que antes? ¿Creen que sus planes van a cambiar otra vez en el futuro? Expliquen sus respuestas.

Cuaderno de actividades, p. 144, Act. 27

## ¿Qué planes tienes para el futuro?

Las metas son importantes en la vida, pero llegar a ser una persona famosa no es siempre sinónimo a una vida feliz. Escucha los planes futuros de los siguientes jóvenes.

### Bárbara
**Sevilla, España**

"Me gustaría... ser sicóloga a lo mejor, algo que tenga que ver con la gente, con relacionarme con mucha gente y poder ayudar a quien sea y ganar dinero".

### Adelina
**Los Teques, Venezuela**

"Mi futuro sería graduarme en informática y trabajar... [en] una empresa, un banco".

### Gabriel
**Quito, Ecuador**

"Me gustaría ser cirujano plástico... porque me gusta mucho todo lo que tiene que ver con la cirugía plástica".

## Para pensar y hablar...

**A.** ¿Qué profesión va a estudiar cada uno de los entrevistados? ¿Por qué le gustaría a Bárbara estudiar sicología? ¿A quién le gustaría trabajar en un banco? ¿Estás interesado(a) en las mismas carreras que estos jóvenes? ¿Qué carreras te interesan más a ti?

**B.** En tu opinión, ¿es importante planear tu carrera ahora mismo? ¿Por qué? ¿Qué puedes hacer ahora para ayudar a planear tu carrera? ¿Qué recursos puedes usar que te ayuden con tus planes?

Cuaderno para hispanohablantes, p. 60

# ¡Adelante! ▪ *Cuando buscas un trabajo*

Cuaderno de actividades,
p.138, Acts. 9–11

¿Piensas trabajar algún día? ¿Qué tipo de empleo te gustaría
tener? Si tuvieras una entrevista mañana, ¿qué harías para
prepararte? Este artículo te puede ayudar.

**ESCUELA DE
IDIOMAS**
NECESITA
**PROFESORES
DE ESPAÑOL**

que tengan experiencia en
la enseñanza del español
como lengua extranjera.

**Enviar currículum al
Apdo. 498, Alajuela**

# Estrategias para triunfar
## *Prepárate para tu primera
entrevista de trabajo:*

- Imagen: como ya sabes, la primera impresión es fundamental. Cuida hasta
el más mínimo detalle… tus uñas, tu cabello, tu ropa. Lo ideal es ir
limpio(a), bien arreglado(a) y mantener una elegancia sobria.

- Lleva tu currículum vitae actualizado. Adjunta copias de tus certificados de
estudios, calificaciones y cartas de referencias de trabajos anteriores. Lleva
todo bien presentado en una carpeta organizada. No olvides que esto
hablará por ti.

- Es importante que seas espontáneo(a) y comunicativo(a) con la persona que
te entreviste. No respondas con monosílabos. Debes ser explícito(a) con tus
respuestas, pero procura no salirte del tema.

- Averigua todos los pormenores del empleo: horario, sueldo, etc. Pregunta
sobre los beneficios que ofrece la empresa: vacaciones, seguro médico, etc.

*Prestigiosa*
**EMPRESA**
*requiere*
**VENDEDOR(A)**

**Requisitos:**
- ✔ Dominio del inglés
- ✔ Buena presentación
- ✔ Experiencia en ventas
- ✔ Excelentes relaciones públicas
- ✔ Dinámico(a)

**Se ofrece:**
- ✔ Buen salario
- ✔ Agradable ambiente de trabajo
- ✔ Oportunidad de desarrollo
  profesional

*Interesados favor llamar al
teléfono 24-8776*

**17** **¿Se sabe?**

Indica si las siguientes oraciones son **ciertas, falsas** o si **no se sabe,** según la información en el artículo. Si son falsas, corrígelas.

1. Para conseguir un trabajo, no importa cómo estés vestido(a).

2. Durante una entrevista, no tienes que hacer preguntas, sólo contestar las que te hacen.

3. Debes llevar tu currículum vitae *(résumé)* actualizado en una forma organizada.

4. Debes escribirle una carta de agradecimiento al jefe o a la jefa después de tu entrevista.

5. Hay que llevar copias de certificados de estudios, calificaciones y cartas de referencia.

6. Antes de la entrevista, es preferible no saber mucho acerca del empleo.

**18** **¿Comprendes?**

Usa la información de **¡Adelante!** para contestar las siguientes preguntas.

1. Según lo que leíste, ¿qué es fundamental antes de una entrevista de trabajo?

2. ¿Qué se debe llevar en una carpeta?

3. ¿Cómo se debe responder a las preguntas que le hacen a uno(a) en una entrevista?

4. ¿Qué tipo de preguntas debes hacer durante tu entrevista de trabajo?

5. Compara los dos anuncios de trabajo en **¡Adelante!** ¿Cómo son parecidos? ¿En qué son diferentes?

**19** **¿Cuál es el (la) mejor?**

Los siguientes jóvenes están solicitando el trabajo de vendedor(a) que aparece en la página 352. Con un(a) compañero(a), lee las descripciones y luego indica cuál es la persona indicada para el trabajo. Expliquen por qué las otras personas no son apropiadas.

1. Silvia se vistió para la entrevista con mucho cuidado. Planchó su ropa y se arregló el pelo. Piensa ir a la entrevista después de su clase de inglés de primer semestre.

2. Guillermo siempre se ve muy bien arreglado. Quiere trabajar como vendedor porque domina el inglés y siempre ha querido trabajar en ventas.

3. Aunque mucha gente piensa que Víctor es bastante antipático, él cree que es perfecto para un trabajo de ventas. Habla inglés y tiene experiencia en ventas.

4. Verónica vivió cinco años en Inglaterra donde trabajó en una tienda. Es atractiva y se lleva bien con la gente. Tiene todo ya listo en su carpeta para la entrevista.

5. Alfredo ha enseñado inglés en clases particulares y le encanta tratar con el público. Tan pronto como se ponga sus zapatos de tenis y una camiseta, va a ir a la entrevista.

**20** **Busca las expresiones**

Busca en el artículo una sugerencia que trate de la apariencia, una sobre cómo organizarse para la entrevista y una que hable de la comunicación.

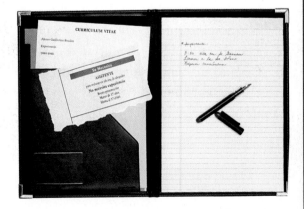

**21** **Ahora te toca a ti**

Si tuvieras una entrevista para un trabajo mañana, ¿tendrías listo tu currículum vitae? Prepara un currículum breve que contenga la siguiente información: trabajos que has tenido (dónde, cuándo, por cuánto tiempo, etc.), tus calificaciones y cualquier experiencia que tengas (voluntarismo, clubes, etc.).

## Así se dice

### Giving advice about job interviews

Si quieres dar consejos o recomendar algo, puedes decir:

Para conseguir un buen trabajo, **debes** vestirte bien.

**Te recomiendo que** llegues temprano a la entrevista.

**Te aconsejo** que no mastiques chicle. (*. . . you not to chew gum.*)

**Lo ideal es** preparar unas preguntas.

**No olvides que** las apariencias cuentan en las entrevistas.

**Es importante que** seas sincero y espontáneo.

> Cuaderno de actividades, p. 139, Acts. 12–13

## 22 Buenos consejos

**Escuchemos/Escribamos** Escucha los siguientes consejos. Si te parece un buen consejo para una persona que va a entrevistarse, escribe **lógico**. Si no es un buen consejo, escribe **¡Qué va!**

## Gramática de repaso

### The subjunctive with recommendations

1. Spanish uses the subjunctive to imply commands after verbs and expressions such as **aconsejar que, recomendar que**, and **es importante que.**

   **Es importante que tengas paciencia.**     **Te aconsejo que estudies más.**
   **Les recomiendo que no vuelvan tarde.**

   *Más práctica gramatical, p. 366, Act. 6*

2. Spanish also uses the subjunctive after verbs or expressions that convey hope or desire that someone do something.

   **Ojalá que Uds. vengan a la reunión.**     **¿Quieres que yo te ayude?**

   > Cuaderno de gramática, pp. 100–101, Acts. 12–13

## 23 Gramática en contexto

**Leamos/Escribamos** Completa cada recomendación para una entrevista con una de las siguientes expresiones.

1. Al entrar en la oficina es importante que...

2. Si no sabes dónde queda la oficina, te recomiendo que...

3. Si el (la) entrevistador(a) te pregunta algo de tus empleos anteriores, es importante que...

4. Por si te piden referencias, te aconsejo que...

5. Las apariencias importan mucho. Te recomiendo que...

6. Siempre buscan entusiasmo en un(a) empleado(a). Es necesario que...

| arreglarte lo mejor posible | salir de casa temprano | tener teléfonos y direcciones de referencias |

| llevar dos o tres cartas de referencia | mostrar confianza | darle la mano al (a la) entrevistador(a) |

**24** **Te damos un consejo**

 **Escribamos** Los jóvenes en las siguientes fotos están solicitando un empleo pero necesitan ayuda. Con un(a) compañero(a), escribe algunas oraciones con consejos y estrategias para mejorar sus posibilidades de triunfar en la entrevista.

a.

b.

c.

d.

---

## Gramática de repaso

### The subjunctive with the unknown or nonexistent

1. Spanish uses the subjunctive after phrases with negative words like **nada que, nadie que,** or **ninguno(a) que,** to imply nonexistence.

   **No hay nadie que diga eso.**
   **No conozco a ningún estudiante que se adapte mejor que él.**

2. Spanish also uses the subjunctive to describe people or things that aren't specified or known to exist. Remember that no personal **a** is used when there isn't a definite or specific person.

   **Busco un abogado que sepa hablar español.**
   **Necesitamos algo que cueste menos.**

3. When there's a specific person or thing in mind, however, use the indicative.

   **Busco al abogado que habla español.**
   **Tenemos algo aquí que cuesta menos.**

Cuaderno de actividades, pp. 140–141, Acts. 15, 17

Más práctica gramatical, p. 367, Act. 7

Cuaderno de gramática, pp. 101–102, Acts. 14–16

---

**25** **Gramática en contexto**

**Escuchemos/Hablemos** Escucha las siguientes oraciones e indica si la persona habla de alguien **específico** o **no específico.**

> **¿Te acuerdas?**
>
> **Alguien** and **nadie** take personal **a** when used as direct objects.
>
> ¿Conoces **a alguien** que pueda ayudarme?
> No, no conozco **a nadie.**

| | |
|---|---|
| **actualizar** *to update* | **el puesto (de trabajo)** *position, job* |
| **el ambiente de trabajo** *workplace environment* | **los requisitos** *requirements* |
| **los beneficios** *benefits* | **el salario** *salary* |
| **el currículum (vitae)** *résumé* | **el seguro** *insurance* |
| **el (la) empleado(a)** *employee* | **solicitar** *to apply for; to request* |
| **la empresa** *business, company* | **la solicitud** *application* |
| **el (la) gerente** *manager* | **tiempo completo** *full time* |
| **el horario** *work hours, schedule* | |
| **el jefe, la jefa** *boss* | |
| **medio tiempo** *part time, half time* | |

> Cuaderno de actividades,
> p. 140, Acts. 14, 16

> Cuaderno de gramática,
> pp. 102–103, Acts. 17–18

## 26 El mundo del empleo

**Leamos/Escribamos** Completa cada oración con la palabra más apropiada del **Vocabulario**, incluyendo el artículo cuando sea necesario. Usa la forma correcta de los verbos.

> ### También se puede decir...
> Se puede decir **sueldo** por **salario**. También se dice **trabajador(a)** por **empleado(a)**.

1. Con la nueva fábrica se espera que abran cinco ══════ de trabajo.

2. Antonio no va a ══════ el nuevo empleo con la compañía de computadoras. Dice que ══════ que ofrecen es muy bajo.

3. Tengo todo listo para la entrevista menos mi ══════. Lo tengo que ══════ con toda la información sobre mi último trabajo.

4. Voy a hablar con ══════ para ver si puedo trabajar ══════, preferiblemente de la una hasta las seis de la tarde.

5. La familia de Hernán tiene una ══════ muy grande. Tienen por lo menos 140 ══════ que trabajan para ellos.

## 27 Del colegio al trabajo

**Escribamos** Imagina que tú y un(a) compañero(a) escriben y diseñan anuncios de trabajo para compañías. Escriban un anuncio para cada puesto que sigue. Mencionen los requisitos (experiencia, etc.), beneficios y otra información sobre el trabajo.

1. farmacéutico(a); Farmacia González

2. programador(a) de computadoras; Compañía Nacional de Tecnología

3. trabajador(a) social; Agencia del Bienestar *(Welfare)* Público

4. ingeniero(a) civil; Ministerio de Obras Públicas

5. guía turística; Caribetours

> **INSTITUTO HUMBOLDT**
> Necesita sicólogo(a) bilingüe. Queremos a alguien que tenga mínimo cinco años de experiencia. Se ofrece buen salario y ambiente de trabajo. Presentar currículum y dos cartas de recomendación. **Llamar al 32-90-85.**

## 28 Las entrevistas

**Hablemos** Trabaja con tu compañero(a). Usen los anuncios que escribieron en Actividad 27. Tú decides qué puesto quieres solicitar. Tu compañero(a) te entrevista para el puesto, explicando los requisitos y el horario de trabajo. Tú respondes diciendo por qué serías buen empleado(a) y preguntando sobre el salario y los beneficios. Luego entrevista a tu compañero(a).

**29** Quiero un trabajo que...

**Hablemos** ¿Cuál es tu trabajo ideal? Entrevista a tres o cuatro compañeros para ver si tienen ideas similares sobre qué es un trabajo perfecto. Usen frases como **Quiero un trabajo que...**, **Busco un empleo que...**, **Prefiero un(a) jefe(a) que...**, etc. ¿Tienen ideas en común?

## Gramática de repaso

### The conditional and the past subjunctive

**1.** To talk about hypothetical situations, you use the conditional and **si** with the past subjunctive.

> **Si pudiera** conseguir una beca, **estudiaría** en España.
> **Empezaríamos** nuestra empresa si **tuviéramos** suficiente dinero.

**2.** The conditional is used to express what would happen or what someone would do. Like the future, the conditional consists of the future stem plus one set of endings for all verbs. The future stem is usually the infinitive of the verb.

| HABLAR | CORRER | PEDIR |
|---|---|---|
| hablaría | correría | pediría |
| hablarías | correrías | pedirías |
| hablaría | correría | pediría |
| hablaríamos | correríamos | pediríamos |
| hablaríais | correríais | pediríais |
| hablarían | correrían | pedirían |

¿Se te ha olvidado?
**irregular future stems**
Ver la página 265

**3.** To form the past subjunctive, start with the **ellos/ellas** form of the preterite. Remove the **-on** and add the following endings:

| HABER | VENDER | SER/IR |
|---|---|---|
| (hubier**on**) | (vendier**on**) | (fuer**on**) |
| hubiera | vendiera | fuera |
| hubieras | vendieras | fueras |
| hubiera | vendiera | fuera |
| hubiéramos | vendiéramos | fuéramos |
| hubierais | vendierais | fuerais |
| hubieran | vendieran | fueran |

Cuaderno de actividades, p. 141, Act. 19

Más práctica gramatical, p. 367, Act. 8

Cuaderno de gramática, pp. 103–104, Acts. 19–21

**30** Gramática en contexto

**Escribamos** Escribe oraciones completas con la siguiente información.

**MODELO**  A la jefa no (gustarle) / si los empleados (llegar) tarde al trabajo
—A la jefa no le gustaría si los empleados llegaran tarde al trabajo.

**1.** Si Eduardo (ser) bilingüe / (poder) trabajar con las aerolíneas

**2.** Nosotros (aceptar) los puestos / si la compañía (ofrecer) mejores beneficios

**3.** (Gustarme) el horario / si yo (poder) trabajar medio tiempo

**4.** Ellos (comprar) un carro / si sus jefes les (aumentar) el salario

**5.** Si el ambiente de trabajo (ser) más cómodo / yo no (buscar) otro puesto

**6.** Si tú (actualizar) tu currículum / (tener) más oportunidades de entrevistarte con compañías

**7.** Hisoka (solicitar) ese puesto / si no (haber) tantos requisitos

**8.** Si Rosa (saber) más sobre el puesto / te (decirlo)

## Después de la graduación

**Leamos/Hablemos** Los siguientes jóvenes hablan de lo que harían después de graduarse. Lee lo que dicen y luego indica con qué persona tienes más en común y explica por qué. ¿Conoces a alguien que tenga los mismos planes e ideas que alguno de ellos?

"Si pudiera trabajar en cualquier campo sería en medicina. Es un campo que siempre me ha gustado. Me interesa hacer investigación".

**Alfonso**

**Lourdes**

"Me gusta todo lo que tiene que ver con los negocios. Si pudiera, tendría mi propia empresa. Así tendría la libertad de trabajar en casa también. Después de graduarme estudiaré administración de empresas".

**Ana Lucía**

"Mis papás quieren que estudie ingeniería, pero eso no me interesa para nada. Si fuera ingeniera no sería feliz. A mí me interesa más la sicología. Quiero trabajar con niños".

"Iré a la capital para estudiar música clásica. Si hubiera un buen instituto de música en mi ciudad me quedaría aquí para estudiar".

**Daniel**

## 32

## Si fuera profesora...

**Escribamos/Hablemos** ¿Qué harías si fueras arquitecto(a)? ¿Cómo serías si fueras profesor(a)? ¿Serías estricto(a) con tus estudiantes? Di qué harías o cómo serías si te dedicaras a las siguientes profesiones. Luego compara tus respuestas con las de un(a) compañero(a).

**MODELO** Si fuera arquitecta, construiría casas grandes y bonitas de dos pisos.

1. arquitecto(a)
2. profesor(a)
3. trabajador(a) social

4. sicólogo(a)
5. médico(a)
6. abogado(a)

¿Se te ha olvidado?

**past subjunctive**

Ver la página 327

## En mi cuaderno

**Escribamos** Imagina que trabajas para la compañía **Imágenes, S.A.**, que ayuda a la gente a mejorar su presentación en las entrevistas. Escribe un intercambio de correo electrónico con una persona que se presenta muy mal en las entrevistas y te explica el problema y te pide consejos. Tú le respondes con recomendaciones para mejorar su presentación y para ser el tipo de empleado(a) que están buscando.

## La formalidad

Estas fotos son de una oficina en una empresa. Hay una cosa que no se debe hacer y dos cosas que no se deben decir. ¿Puedes encontrarlas?

¡Hola, Sra. Díaz! ¿Qué tal? ¿Cómo está tu familia?

## Para discutir

1. ¿Cómo está sentada la mujer en la primera foto? ¿Te sentarías así si tuvieras un trabajo en una oficina?
2. ¿Hablarías así con tu jefe(a)? ¿Cómo saludarías a tu jefe(a)? ¿Cómo saludas a tus profesores(as)?

## Vamos a comprenderlo

El hispanohablante tiende a ser más formal en su forma de hablar y sentarse. En la primera foto, la mujer tiene sus pies encima del escritorio y la mano detrás de la cabeza, lo cual se considera demasiado informal para una oficina. Sólo en las situaciones muy informales se pueden poner los pies encima de un escritorio o una mesa. En la segunda foto, el hombre es demasiado informal en su forma de hablar con la jefa también. No se debe tratar a la jefa (o al jefe) de **tú.** Tampoco se deben hacer preguntas personales (como preguntar por la familia) a menos que la persona sea un(a) amigo(a) o alguien que se conoce bien.

## Fantasía y realidad

En este cuento, la escritora española Ana María Matute combina el realismo con la fantasía para describir algo de su niñez. Se ven dos mundos en contraste: el mundo realista de la narradora y el mundo de la imaginación de un niño.

### Estrategia **para leer**

Utilize multiple reading strategies. Throughout this book you have learned about a number of strategies. Some are for the prereading stage, such as skimming and activating background knowledge. Others help you during your reading, both on a global level, such as summarizing and outlining, and on a specific level, such as guessing word meanings and scanning.

### ¡A comenzar!

### ¿Te acuerdas?

As you know, it's a good idea to skim before reading in detail, in order to get a general idea of what each section or paragraph is about.

**A.** Revisa el cuento. Identifica la introducción, la parte principal del cuento y la conclusión.

**B.** Vuelve a revisar el cuento. Identifica a todos los personajes. ¿Quién es el (la) narrador(a) del cuento? ¿Quiénes son los personajes que tienen diálogos?

# El árbol de oro

Asistí durante un otoño a la escuela de la señorita Leocadia, en la aldea, porque mi salud no andaba bien y el abuelo retrasó mi vuelta a la ciudad. Como era el tiempo frío y estaban los suelos embarrados y no se veía rastro de muchachos, me aburría dentro de la casa, y pedí al abuelo asistir a la escuela. El abuelo consintió, y acudí a aquella casita alargada y blanca de cal, a las afueras del pueblo.

La señorita Leocadia era alta y gruesa y tenía el carácter más bien áspero. Las clases en la escuela, con la lluvia rebotando en el tejado y los cristales, tenían su atractivo. Recuerdo especialmente a un muchacho de unos diez años, hijo de un aparcero muy pobre, llamado Ivo. Era un muchacho delgado, de ojos azules, que bizqueaba ligeramente al hablar. Todos los muchachos y muchachas de la escuela admiraban y envidiaban un poco a Ivo, por el don que poseía de atraer la atención sobre sí, en todo momento. No es que fuera ni inteligente ni gracioso, y, sin embargo, había algo en él, en su voz quizás, en las cosas que conseguía cautivar a quien le escuchase. También la señorita Leocadia se dejaba prender de aquella red de plata que Ivo tendía a cuantos atendían sus enrevesadas conversaciones, y —yo creo que muchas veces contra su voluntad—la señorita Leocadia le confiaba a Ivo tareas deseadas por todos, o distinciones que merecían alumnos más estudiosos y aplicados.

Quizá lo que más se envidiaba de Ivo era la posesión de la codiciada llave de la torrecita. Ésta era, en efecto, una pequeña torre situada en un ángulo de la escuela, en cuyo interior se guardaban los libros de lectura. Allí entraba Ivo a buscarlos, y allí volvía a dejarlos, al terminar la clase.

Ivo estaba muy orgulloso de esta distinción, y por nada del mundo la hubiera cedido. Un día, Mateo Heredia, el más aplicado y estudioso de la escuela, pidió encargarse de la tarea—a todos nos fascinaba el misterioso interior de la torrecita, donde no entramos nunca—, y la señorita Leocadia pareció acceder. Pero Ivo se levantó, y acercándose a la maestra empezó a hablarle en su voz baja, bizqueando los ojos y moviendo mucho las manos, como tenía por costumbre. La maestra dudó un poco, y al fin dijo:

—Quede todo como estaba. Que siga encargándose Ivo de la torrecita.

A la salida de la escuela le pregunté:

—¿Qué le has dicho a la maestra?

Ivo me miró de través y vi relampaguear sus ojos azules.

—Le hablé del árbol de oro.

Sentí una gran curiosidad.

—¿Qué árbol?

—Si no se lo cuentas a nadie...

—Te lo juro, que a nadie se lo diré.

Entonces Ivo me explicó:

—Veo un árbol de oro. Un árbol completamente de oro: ramas, tronco, hojas... ¿sabes? Las hojas no se caen nunca. En verano, en invierno, siempre. Resplandece mucho; tanto, que tengo que cerrar los ojos para que no me duelan.

—¡Qué embustero eres!—dije, aunque con algo de zozobra. Ivo me miró con desprecio.

—No te lo creas —contestó—. Me es completamente igual que te lo creas o no... ¡Nadie entrará nunca en la torrecita, y a nadie dejaré ver mi árbol de oro! ¡Es mío! La señorita Leocadia lo sabe, y no se atreve a darle la llave a Mateo Heredia, ni a nadie... ¡Mientras yo viva, nadie podrá entrar allí y ver mi árbol!

Lo dijo de tal forma que no pude evitar preguntarle:

—¿Y cómo lo ves... ?

—Ah, no es fácil —dijo, con aire misterioso—. Cualquiera no podría verlo. Yo sé la rendija exacta. Una que hay corriendo el cajón de la derecha: me agacho y me paso horas y horas... ¡Cómo brilla el árbol! Fíjate que si algún pájaro se le pone encima también se vuelve de oro. Eso me digo yo: si me subiera a una rama, ¿me volvería acaso de oro también?

No supe qué decirle, pero, desde aquel momento, mi deseo de ver el árbol creció de tal forma que me

### ¿Te acuerdas?

Predicting what will happen in a story is a helpful strategy. To make predictions while you read, pause after each main idea to think about what you have just read and what might happen.

**C.** Lee la introducción. Después, imagínate lo que va a pasar en la parte principal. Después de leer la parte principal, imagina cómo será la conclusión. Luego reúnete con un(a) compañero(a) para comparar lo que se ha imaginado cada uno.

### ¿Te acuerdas?

Summarize main points. After you come across an important idea, summarize that information briefly.

**D.** Ahora lee el texto otra vez, pero con mucho cuidado. Trata de entenderlo bien. Después de terminar cada sección, escribe un resumen de la sección. El resumen debe ser de una o dos oraciones en español. Será útil saber el significado de las siguientes palabras:

**aldea** *village*
**aparcero** *sharecropper*
**bizquear** *to squint*
**embustero** *liar*
**rendija** *crack*
**hucha** *piggy bank*
**estafar** *to swindle*

### ¿Te acuerdas?

Scan to find specific information. Locate specific information quickly by searching for key words.

# Vamos a leer

E. Vuelve a leer el texto para contestar estas preguntas específicas.

1. ¿Por qué asistió la narradora a la escuela de la señorita Leocadia?

2. ¿Cómo era Ivo? ¿Qué cualidad especial tenía?

3. ¿Por qué envidiaban (envied) los muchachos a Ivo?

4. ¿Qué veía Ivo por la rendija?

5. ¿Qué vio la narradora por la rendija?

## ¿Te acuerdas?

Use context to figure out meaning. Rely on the words and sentences around the unknown word.

F. Adivina el significado de estas palabras, con la ayuda del contexto.

1. don

2. relampaguear

3. resplandece

G. El cuento pone en contraste el mundo de la realidad y el de la fantasía. Con un(a) compañero(a), indica qué palabras y frases usa la narradora para describir a las personas, la naturaleza, etc. Indiquen qué palabras y frases usa Ivo para describir el árbol. ¿Cuál es la diferencia?

H. ¿Crees que Ivo era un embustero o que simplemente tenía una imaginación fantástica? ¿Alguna vez lo que soñaste se hizo realidad? ¿Crees que es importante tener imaginación? ¿Por qué sí o por qué no?

Cuaderno para hispanohablantes, pp. 56–59

Cuaderno de actividades, p. 143, Acts. 23–24

desasosegaba. Todos los días, al acabar la clase de lectura, Ivo se acercaba al cajón de la maestra, sacaba la llave y se dirigía a la torrecita. Cuando volvía, le preguntaba:

—¿Lo has visto?

—Sí —me contestaba. Y, a veces, explicaba alguna novedad:

—Le han salido unas flores raras. Mira: así de grandes, como mi mano lo menos, y con los pétalos alargados.

Ocurrió entonces algo que secretamente yo deseaba; me avergonzaba sentirlo, pero así era: Ivo enfermó, y la señorita Leocadia encargó a otro la llave de la torrecita. Primeramente, la disfrutó Mateo Heredia. Yo espié su regreso, el primer día, y le dije:

—¿Has visto un árbol de oro?

—¿Qué andas graznando? —me contestó de malos modos, porque no era simpático, y menos conmigo. Unos días después, me dijo:

—Si me das algo a cambio, te dejo un ratito la llave y vas durante el recreo. Nadie te verá...

Vacié mi hucha, y, por fin, conseguí la codiciada llave. Mis manos temblaban de emoción cuando entré en el cuartito de la torre. Allí estaba el cajón. Lo aparté y vi brillar la rendija en la oscuridad. Me agaché y miré.

Cuando la luz dejó de cegarme, mi ojo derecho sólo descubrió una cosa: la seca tierra de la llanura alargándose hacia el cielo. Nada más. Tuve una gran decepción y la seguridad de que me habían estafado.

Olvidé la llave y el árbol de oro. Antes de que llegaran las nieves regresé a la ciudad.

Dos veranos más tarde volví a las montañas. Un día, pasando por el cementerio—era ya tarde y se anunciaba la noche en el cielo: el sol, como una bola roja, caía a lo lejos— vi algo extraño. De la tierra pedregosa, entre las cruces caídas, nacía un árbol grande y hermoso, con las hojas anchas de oro: encendido y brillante todo él, cegador. Algo me vino a la memoria, como un sueño, y pensé: "Es un árbol de oro". Busqué al pie del árbol, y no tardé en dar con una crucecilla de hierro negro, mohosa por la lluvia. Mientras la enderezaba, leí IVO MÁRQUEZ, DE DIEZ AÑOS DE EDAD.

Y no daba tristeza alguna, sino, tal vez, una extraña y muy grande alegría.

CAPÍTULO 12    Mis planes para el futuro

# Vamos a escribir

En "El árbol de oro" leíste sobre un niño que tuvo una visión del futuro. Su visión llegó a ser real a pesar de las dudas de los demás. ¿Tienes alguna idea clara sobre lo que nos depara el futuro? En esta actividad vas a escribir tus ideas sobre el futuro y aprenderás algunas maneras de escribir buenas conclusiones.

## En el año 3000

¿Cómo será el mundo en el año 3000? ¿Será similar o distinto al mundo de hoy? ¿En qué aspectos será distinto y en cuáles será similar? Si vivieras en el mundo del año 3000, ¿qué querrías cambiar? En una composición de tres o cuatro párrafos, describe tu visión del mundo en el año 3000.

---

### Estrategia para escribir

**Good conclusions** It's always a good idea to end what you write with a good conclusion that draws your main ideas together. For example, your conclusion can review ideas you introduced earlier and give a few sentences that tie them together. Your conclusion can also summarize your main idea in other words, or it can close with an interesting comment that leaves your reader wanting to know more about your topic.

---

### A. Preparación

1. Antes de escribir, piensa en las cosas que podrían ser afectadas por el paso del tiempo. Considera estas categorías y agrega otras si es necesario.

   el transporte     las ciencias     la medicina     la tecnología

   las casas     la comida     el medio ambiente     el recreo     la geografía

2. Haz una lista de las cosas que podrían cambiar en cada categoría mencionada.

3. Organiza la información en orden lógico. Si quieres, usa fichas para organizarla.

### B. Redacción

1. Comienza tu composición con una introducción que llame la atención de tu lector(a). Puede ser una pregunta o una idea interesante sobre el futuro.

2. Luego escribe unos párrafos sobre cómo van a ser las cosas en el año 3000. Describe las cosas que serán similares y las que serán distintas al mundo de hoy. Si hay cosas que te gustaría cambiar, menciónalas y explica por qué las quieres cambiar.

3. Incluye detalles interesantes. Por ejemplo, si mencionas que la gente viajará en platillos voladores, explica cómo funcionarán, a qué velocidad volarán, etc.

4. Escribe una buena conclusión que resuma tus ideas.

### C. Evaluación

1. ¿Pusiste la información en orden lógico? Si no, organízala en un orden más apropiado.

2. Pídeles a unos(as) compañeros(as) que lean tu composición. ¿Qué opinan de tu introducción y de tu conclusión? Ten en cuenta sus comentarios e incorpóralos si es necesario.

3. Después de leer varias veces tu composición, ¿qué te parecen los detalles que incluiste? Si hay algunos que no te parecen interesantes o útiles, puedes cambiarlos u omitirlos.

# Más práctica gramatical

CD-ROM
DISC **3**

internet

go.
hrw
.com

**MARCAR:** go.hrw.com
**PALABRA CLAVE:**
WV3  COSTA RICA-12

## Primer paso

**Objectives** Talking about former jobs and goals; talking about future career plans

**1** De cada grupo de profesiones y oficios, indica la palabra que lógicamente no se asocia con las otras dos. **(p. 347)**

| MODELO | contador(a) | sicólogo(a) | banquero(a) |
|---|---|---|---|
| 1. | científico(a) | farmacéutico(a) | vendedor(a) |
| 2. | periodista | carpintero(a) | arquitecto(a) |
| 3. | enfermero(a) | escritor(a) | médico(a) |
| 4. | escritor(a) | periodista | programador(a) de computadoras |
| 5. | muralista | trabajador(a)social | escultor(a) |
| 6. | mecánico(a) | policía | abogado(a) |
| 7. | profesor(a) | vendedor(a) | comerciante |

**2** Read the interviews with Alan and Caryn at the bottom of pages 344–345. Based on what you read, do the sentences below probably refer to Alan or Caryn? Which of the uses on page 348 explains why the preterite or imperfect is called for in each sentence? **(p. 348)**

1. Le gustó tanto su curso que <u>quiso</u> ser salvavidas.

2. <u>Tuvo</u> un examen importante hace dos años.

3. Me imagino que <u>iba</u> al cine mucho de joven.

4. <u>Tuvo</u> que ponerse en forma para conseguir el trabajo que quería.

5. Cuando <u>tenía</u> ocho años actuó en una obra de teatro.

6. Hace dos años <u>hizo</u> un curso en el Taller Cultural.

7. El año pasado le <u>dieron</u> un puesto y ahora trabaja para la ciudad.

**3** Aitana le está haciendo una entrevista a Patricia Forment, una comerciante famosa y dueña *(owner)* de su propia empresa internacional. Completa estas preguntas y respuestas de la entrevista con el pretérito o el imperfecto. **(p. 348)**

1. Señora Forment, ¿cómo (supo/sabía) usted que quería hacerse comerciante?

2. Pues, cuando (fui/era) niña, mi abuelo y mi papá (trabajaron/trabajaban) en un banco.

3. Ellos (ayudaron/ayudaban) a las empresas a establecerse.

4. De niña, yo (fui/iba) a esas empresas con ellos, y (pensé/pensaba) que sería interesante tener mi propia empresa.

5. Así que cuando (fui/iba) a la universidad, (estudié/estudiaba) muchas materias: contabilidad, derecho, diseño, arte, idiomas...

6. Recuerdo que en aquel entonces (estuve/estaba) ocupadísima y (tuve/tenía) que estudiar mucho.

7. Cuando (encontré/encontraba) mi primer puesto en un banco internacional, (estuve/estaba) muy contenta.

8. El puesto (fue/era) interesante, pero a veces (me sentí/me sentía) frustrada porque (quise/quería) trabajar para mí misma.

9. Así que hace diez años, (abrí/abría) mi primera tienda.

**4** Jorge now works in Hollywood as a veterinarian and pet consultant to the stars, but he wasn't always so famous. Complete his explanation of how he got started in his career with the preterite or imperfect of the verbs in parentheses. **(p. 348)**

Recuerdo muy bien mi primer trabajo. Cuando yo ___1___ (tener) 14 años, ___2___ (empezar) a trabajar como paseaperros para los vecinos. En aquel entonces, mi familia y yo ___3___ (vivir) en un edificio de apartamentos, y muchas de las familias ___4___ (tener) perros. Todos los días, de mañana y de tarde, los perros y yo ___5___ (ir) al parque a pasear. Los perros siempre ___6___ (ponerse) muy felices al verme y casi siempre yo lo ___7___ (pasar) bien con mis clientes de cuatro patas. Pero una vez yo ___8___ (tener) un problema grave. Un día, yo ___9___ (estar) en el parque con cinco perros cuando de repente, uno de ellos ___10___ (ver) una gata. En seguida, el perro ___11___ (salir) corriendo, y todos los demás perros lo ___12___ (seguir). La pobre gata ___13___ (asustarse) tanto que ___14___ (querer) subirse a un árbol muy grande. Luego, yo ___15___ (tratar) de bajar a la gata, pero al final ___16___ (tener) que llamar a los bomberos. La dueña de la gata ___17___ (ponerse) furiosa conmigo y con los perros. ¡Qué horrible! Los perros y yo no ___18___ (volver) a ese parque durante mucho tiempo.

**5** Lee lo que todos van a hacer este verano. Cambia las expresiones con **ir a** + infinitivo al tiempo futuro. **(p. 349)**

MODELO     Efraín <u>va a buscar</u> un trabajo en el banco.
            Efraín **buscará** un trabajo en el banco.

1. En agosto, mi hermano y yo <u>vamos a hacer</u> un viaje en bicicleta por Vermont y Nueva York.

2. Creo que mi primo Esteban <u>va a venir</u> con nosotros.

3. Me parece que <u>vamos a salir</u> la segunda semana de agosto.

4. Esteban <u>va a tener</u> que volver a casa después de una semana.

5. Pero mi hermano y yo <u>vamos a ir</u> tres semanas enteras.

6. Todos <u>vamos a necesitar</u> dinero para poder hacer el viaje.

7. <u>Voy a trabajar</u> de mesera. <u>Voy a poner</u> todo mi salario y mis propinas en el banco.

8. Si trabajo mucho, <u>voy a poder</u> pagar el viaje sin tener que pedirles dinero a mis padres.

9. No sé qué <u>van a hacer</u> Esteban y mi hermano. Supongo que <u>van a encontrar</u> trabajo pronto.

10. ¿Y qué planes tienes para el verano? ¿<u>Te vas a quedar</u> en casa o <u>vas a viajar</u> a alguna parte?

## Segundo paso

**Objectives** Giving advice about job interviews

**6** Juan Luis quiere encontrar un trabajo. Su hermana mayor tiene unos consejos para él. Completa lo que Blanca le dice a Juan Luis con el subjuntivo de los verbos entre paréntesis. **(p. 354)**

Juan Luis, te recomiendo que ___1___ (empezar/tú) a buscar un trabajo pronto.

Conviene que primero ___2___ (hacer/tú) una lista de los trabajos que te interesen.

Después, sugiero que ___3___ (pedir/tú) una cita con la consejera de tu colegio, y

que luego ustedes dos ___4___ (preparar) un currículum. Luego, sugiero que tú y yo

___5___ (leer) tu currículum juntos y que ___6___ (hablar) de las posibilidades que

hay. Si quieres, te puedo buscar un puesto en el banco donde trabajo, pero es necesario

que ___7___ (tener/tú) paciencia. Mi jefa es una persona muy seca y callada. Si te dan

una entrevista con ella, sugiero que ___8___ (tratar/tú) de contestar sus preguntas de

la forma más breve posible. ¡Y no le gusta esperar! Su secretario siempre nos dice que

___9___ (llegar) con mucha anticipación a las citas. Y otra cosa: te recomiendo que

___10___ (comprar) una corbata y una chaqueta nuevas. Hay que vestirse bien para las

entrevistas.

**7** You work in the personnel department of a large company. Right now several departments are looking for employees with different skills. Explain if there are or are not people in your applicant pool with the following qualifications. Remember that the subjunctive is used in the **que** clause to describe someone or something unknown or nonexistent. **(p. 355)**

MODELO      **querer trabajar de noche (sí)**
                    <u>**Hay muchas personas que quieren trabajar de noche.**</u>
                    **querer trabajar los fines de semana (no)**
                    <u>**No hay nadie que quiera trabajar los fines de semana.**</u>

1. tener computadora en casa (sí)
2. tener 10 años de experiencia trabajando con computadoras (no)
3. ser ingeniero(a) (no)
4. ser contador(a) (sí)
5. saber algo de diseño (sí)
6. saber algo de carpintería (no)
7. hablar portugués y japonés (no)
8. hablar inglés y español (sí)
9. haber trabajado como técnico(a) (no)
10. haber trabajado como periodista (sí)

**8** Completa las frases de las aspiraciones de todos. Lee las frases con cuidado para decidir si debes usar el imperfecto del subjuntivo o el condicional. **(p. 357)**

MODELO      **Si Andrea ═══ (ser) arquitecta, ═══ (diseñar) casas para los pobres.**
                    **Si Andrea fuera arquitecta, diseñaría casas para los pobres.**

1. Si yo ═══ (poder) ser comerciante, creo que me ═══ (gustar) mucho.
2. ¿Uds. ═══ (viajar) mucho si ═══ (tener) su propia empresa?
3. Si Miguel ═══ (estudiar) medicina en la universidad, él ═══ (poder) ser un científico famoso algún día.
4. Él ═══ (descubrir) curas para muchas enfermedades si ═══ (trabajar) en un laboratorio.
5. ¿Raquel ═══ (dedicarse) a las artes si eso ═══ (ser) posible?
6. Pero si ella les ═══ (decir) a sus padres que quiere ser artista, ellos ═══ (estar) muy enfadados con ella.
7. Martín, creo que tú ═══ (ser) un maestro excelente si ═══ (enfocarse) más en los estudios.
8. Si tú ═══ (hacerse) maestro, ¿═══ (abrir) tu propia escuela?
9. Creo que si tú y yo no ═══ (hacer) un gran esfuerzo, no ═══ (lograr) graduarnos en la universidad en tres años.
10. Y si nosotros no ═══ (tener) que pagar un año más de clases en la universidad, entonces ═══ (poder) usar el dinero para otras cosas.

# Repaso

CD-ROM DISC 3

internet

go.hrw.com
MARCAR: go.hrw.com
PALABRA CLAVE:
WV3 COSTA RICA-12

**1** Escucha mientras habla Josefina de los sueños que tenía de ser arqueóloga. Luego lee las siguientes frases e indica si cada frase es **cierta, falsa** o si **no se sabe.** Si la frase es falsa, corrígela.

1. Josefina se graduó con un doctorado en computación.

2. De niña, Josefina fue a Egipto con su familia.

3. Oyó hablar de un programa de verano en Egipto.

4. A los veinte años fue a Argentina a ver unas ruinas.

5. Cuando era niña, le gustaban mucho las ruinas antiguas.

**2** Tu consejero te recomienda que escribas un párrafo sobre tus planes para el futuro. Escribe por lo menos cinco frases sobre lo que harás y lo que te gustaría hacer dentro de los próximos cinco años.

**3** Júntate con tres compañeros(as) y lean los planes para el futuro que prepararon en la Actividad 2. Dales a los compañeros algunos consejos y recomendaciones sobre cómo pueden realizar sus metas.

**4** Contesta las preguntas con información cultural de este capítulo.

1. ¿Cuál es el primer título que se puede obtener en una universidad latinoamericana?

2. ¿Cuál es la diferencia entre la licenciatura y el *bachelor's degree*?

3. ¿Qué es el ecoturismo?

4. ¿Qué esfuerzos han hecho las compañías turísticas para conservar el medio ambiente en Costa Rica?

5. ¿Cuál es el efecto del ecoturismo sobre la economía rural?

**5** Termina las siguientes oraciones de una manera original para dar consejos sobre las entrevistas de empleo.

1. El día de la entrevista, es importante que...

2. Al llegar a la entrevista, debes...

3. Es importante que...

4. Durante la entrevista, te aconsejo que...

5. Al preparar las cosas que vas a llevar a la entrevista, te recomiendo que...

6. Al terminar la entrevista, es importante...

**6** Lee los siguientes anuncios e indica qué puesto debe solicitar cada persona mencionada abajo.

**Se Requieren 2**
**Diseñadores de Videojuegos**
Requisitos: Licenciado en computación, 2 años de experiencia diseñando programas, creatividad. Ofrecemos: Beneficios de salud, 3 semanas de vacaciones, salario competitivo.
**AQUI EN JUEGOS SANTANDER**
**TRABAJAR ES JUGAR**
**Solicite una cita al 352-8790**

**TALLER SAN ESTEBAN**
**NECESITA MECÁNICOS**
Mínimo 2 años de experiencia. Especialista en coches japoneses. Entusiasmo y dedicación. Vehículo propio (preferible).
**BENEFICIOS Y SALARIO**
**COMPETITIVO**
Solicite una cita al teléfono: 352-1913

**BURGER REINA**
necesita
**GENTE TRABAJADORA**
Si tiene la motivación pero no tiene experiencia
**NO SE DESESPERE**
Gane un buen salario mientras gana experiencia.
**HORAS FLEXIBLES • MEDIO TIEMPO O TIEMPO**
**COMPLETO. LLAME AL 352-9975**

1. Ana se graduó de computación en la Universidad de Quito.

2. Hace tres años que Roberto trabaja con su padre. Sabe arreglar todo tipo de carros.

3. Laura es una persona muy creativa y muy entusiasta. Le encanta jugar a los videojuegos y salir con sus amigos pero nunca tiene dinero. Necesita un trabajo pero no tiene experiencia ni título.

4. Antonio busca un puesto con buenos beneficios y vacaciones. Estudió computación y es buen diseñador.

**7**  Escoge uno de los anuncios y escribe una carta para acompañar tu currículum. Escribe por lo menos tres párrafos para explicar por qué eres la mejor persona para el trabajo y por qué quieres trabajar allí.

**8** ### Situación

Con un(a) compañero(a), escoge uno de los anuncios de arriba. Dramaticen una entrevista entre tú y el (la) gerente para solicitar el puesto que escogiste. Luego presenten la entrevista a la clase.

Cuaderno para hispanohablantes, p. 60

# A ver si puedo...

**Can you talk about former jobs and goals? p. 347**

 **1** Imagina que es el año 2025. Juan Pablo está pensando en su juventud y los trabajos que tenía. Mira los siguientes dibujos y describe lo que pasa en cada dibujo. Usa expresiones de **Así se dice** para indicar cuándo ocurre cada cosa.

niñez

edad: 15 años

2015

2019

**Can you talk about future career plans? p. 349**

 **2** Indica los planes de cada persona para el futuro. Usa diferentes expresiones para cada persona. *Possible answers:*

1. Mónica: sicóloga
2. Rosana: escritora para una revista
3. Robert: arquitecto
4. Víctor Alejandro: banquero
5. Justina: diseñadora

**Can you give advice about job interviews? 354**

**3** Dales consejos a las siguientes personas para que tengan éxito en sus entrevistas de trabajo.

1. Scott no sabe qué ropa debe llevar para su entrevista.
2. Jim quiere causar buena impresión en su entrevista, pero a veces habla demasiado.
3. Raquel siempre parece estar mal preparada porque llega a las entrevistas sin su currículum.
4. Lily es buena gente y es trabajadora pero apenas habla durante una entrevista.
5. Rosalinda quiere un buen empleo pero no tiene cartas de referencia.

## Primer paso

### Professions

| | |
|---|---|
| el (la) abogado(a) | lawyer |
| el (la) arquitecto(a) | architect |
| el (la) banquero(a) | banker |
| el (la) carpintero(a) | carpenter |
| el (la) científico(a) | scientist |
| el (la) comerciante | businessman (-woman) |
| el (la) contador(a) | accountant |
| el (la) diseñador(a) | designer |
| el (la) enfermero(a) | nurse |
| el (la) escritor(a) | writer |
| el (la) farmacéutico(a) | pharmacist |
| el (la) ingeniero(a) | engineer |
| el (la) mecánico(a) | mechanic |
| el (la) médico(a) | doctor |

| Spanish | English |
|---|---|
| el (la) periodista | journalist |
| el (la) policía | police officer |
| el (la) programador(a) de computadoras | computer programmer |
| el (la) sicólogo(a) | psychologist |
| el (la) trabajador(a) social | social worker |
| el (la) vendedor(a) | salesman (-woman) |

### Talking about former jobs and goals

| Spanish | English |
|---|---|
| Cuando era joven,... | When I was young, . . . |
| Cuando tenía cinco años,.... | When I was five, . . |
| De niño(a),... | As a child, . . . |

| Spanish | English |
|---|---|
| El año pasado,... | Last year, . . . |
| Hace diez años,... | Ten years ago, . . . |

### Talking about future career plans

| Spanish | English |
|---|---|
| Buscaré... | I'll look for . . . |
| Me encantaría ser... | I'd love to be . . . |
| Me gustaría ser... | I'd like to be . . . |
| Me interesaría estudiar para... | I'd be interested in studying to be a . . . |
| Pienso trabajar en... | I intend to work in . . . |
| Quiero llegar a ser... | I want to become . . . |
| Quiero ser... | I want to be . . . |
| Voy a ser... | I'm going to be . . . |

## Segundo paso

### Giving advice about job interviews

| Spanish | English |
|---|---|
| Debes... | You should . . . |
| Es importante que... | It's important that . . . |
| Lo ideal es... | The best thing is . . . |
| No olvides que... | Don't forget that . . . |
| Te aconsejo que... | I advise you to . . . |
| Te recomiendo que... | I recommend that you . . . |

### Work

| Spanish | English |
|---|---|
| actualizar | to update |
| el ambiente de trabajo | workplace environment |

| Spanish | English |
|---|---|
| los beneficios | benefits |
| el currículum (vitae) | résumé |
| el (la) empleado(a) | employee |
| la empresa | business, company |
| el (la) gerente | manager |
| el horario | work hours, schedule |
| la jefa | boss |
| el jefe | boss |
| medio tiempo | part time, half time |
| el puesto (de trabajo) | position, job |

| Spanish | English |
|---|---|
| los requisitos | requirements |
| el salario | salary |
| el seguro | insurance |
| solicitar | to apply for; to request |
| la solicitud | application |
| tiempo completo | full time |

# Reference Section

# Summary of Functions

*Functions* are probably best defined as the ways in which you use a language for particular purposes. When you find yourself in specific situations, such as in a restaurant, in a grocery store, or at a school, you will want to communicate with those around you. In order to do that, you have to "function" in Spanish: you place an order, make a purchase, or talk about your class schedule.

Such functions form the core of this book. They are easily identified by the boxes in each chapter that are labeled **Así se dice**. These functional phrases are the building blocks you need to become a speaker of Spanish. All the other features in the chapter—the grammar, the vocabulary, even the culture notes—are there to support the functions you are learning.

Here is a list of the functions and the Spanish expressions you'll need in order to communicate in a wide range of situations. Following each function is a Roman numeral I, II, or III to indicate Levels 1, 2, or 3, along with the chapter and page where it was introduced.

## Socializing

### Saying hello
**I, Ch. 1, p. 21**

| | |
|---|---|
| Buenos días. | Buenas noches. |
| Buenas tardes. | Hola. |

### Saying goodbye
**I, Ch. 1, p. 21**

| | |
|---|---|
| Adiós. | Hasta luego. |
| Bueno, tengo clase. | Hasta mañana. |
| Chao. | Tengo que irme. |

### Introducing people and responding to an introduction
**I, Ch. 1, p. 22**

| | |
|---|---|
| Me llamo... | Se llama... |
| Soy... | ¡Mucho gusto! |
| ¿Cómo te llamas? | Encantado(a). |
| Éste es mi amigo... | Igualmente. |
| Ésta es mi amiga... | |

### Introducing yourself and others
**II, Ch. 1, p. 9**

| | |
|---|---|
| Éste es... | Soy... |
| Ésta es... | Tengo... años. |
| Me llamo... | Tiene... años. |
| Se llama... | |

### Introducing and changing a topic of conversation
**III, Ch. 6, p. 162**

¿Has leído algo de...?
Eso me recuerda...
Eso me hace pensar en...
Cambiando de tema, ¿qué me dices de...?
Hablando de..., ¿qué me cuentas de...?
A propósito, ¿qué has oído de...?

### Asking how someone is and saying how you are
**I, Ch. 1, p. 24**

| | |
|---|---|
| ¿Cómo estás? | Estupendo. |
| ¿Y tú? | Excelente. |
| ¿Qué tal? | Regular. |
| Estoy (bastante) | Más o menos. |
| bien, gracias. | (Muy) mal. |
| Yo también. | ¡Horrible! |

### Talking on the telephone
**I, Ch. 7, p. 207**

| | |
|---|---|
| Aló. | La línea está ocupada. |
| Diga. | ¿Puedo dejar un recado? |
| ¿Quién habla? | Un momento... |
| ¿Está..., por favor? | Llamo más tarde. |
| ¿De parte de quién? | |

### Extending and accepting invitations
**I, Ch. 7, p. 208**

| | |
|---|---|
| ¿Te gustaría...? | ¿Quieres...? |
| Sí, me gustaría... | Te invito. |
| Nos gustan... | ¡Claro que sí! |

### Making plans
**I, Ch. 7, p. 212**

| | |
|---|---|
| ¿Qué piensas | Pienso... |
| hacer hoy? | ¿Piensas...? |

**II, Ch. 4, p. 111**

| | |
|---|---|
| Pienso... | Sí, me encantaría. |
| De acuerdo. | Mejor... |
| Paso por ti... | Muy bien. Entonces |
| Si quieres... | quedamos en vernos... |

### Talking about getting ready
**I, Ch. 7, p. 214**

| | |
|---|---|
| ¿Estás listo(a)? | No, todavía necesito... |
| No, porque necesito... | |

### Turning down an invitation and explaining why
**I, Ch. 7, p. 217**

¡Qué lástima!
Ya tengo planes.
Tal vez otro día.

Lo siento, pero no.
Estoy ocupado(a).

Tengo una cita.
Tengo que...
Me gustaría, pero no
   puedo.
Estoy cansado(a) y un
   poco enfermo(a).

### Turning down an invitation
**III, Ch. 6, p. 172**

Gracias por invitarme, pero no puedo.
Lo siento, pero ya tengo otros planes.
Tengo muchas cosas que hacer.
Hagámoslo mañana.
La próxima vez iré.
¿Por qué no lo dejamos para...?
No tengo ganas de...

### Giving an explanation
**II, Ch. 5, p. 143**

Bueno, es que...
Iba a... pero no pude.
No me dieron permiso.

### Saying why you couldn't do something
**II, Ch. 8, p. 230**

Quería... pero no pude. Tenía que...
Esperaba... pero no pude.
Pensaba...

### Bargaining in a market
**II, Ch. 9, p. 269**

¿Qué precio tiene...?
¿Cuánto vale...?
¿Me puede rebajar el precio?
¿En cuánto lo deja?
Se lo regalo por 15 dólares pero es mi
   última oferta.
Aquí no se puede regatear; tenemos precios fijos.
A Ud. se lo doy por 20 dólares.

## EXCHANGING INFORMATION

### Asking and saying how old someone is
**I, Ch. 1, p. 27**

¿Cuántos años
   tienes?
Tengo... años.

¿Cuántos años tiene?
Tiene... años.

### Asking where someone is from and saying where you're from
**I, Ch. 1, p. 28**

¿De dónde eres?
Soy de...

¿De dónde es...?
Es de...

### Talking about what you want and need
**I, Ch. 2, p. 52**

¿Qué quieres?
Quiero...
Quiere...
¿Qué necesitas?
¿Qué necesita?

¿Necesitas...?
Necesito...
Necesita...
Ya tengo...

### Expressing what needs to be done
**III, Ch. 6, p. 164**

Hace falta que
   pintemos...
Es necesario que
   busquemos...

Es importante que
   reconozcas...

### Talking about accomplishments
**III, Ch. 10, p. 285**

Puse todo mi esfuerzo en...
Él domina el francés.
   ...se siente orgulloso(a) de haber...
   ...logró superar muchos obstáculos...
   ...tuvo mucho éxito...
Alcancé éxito en...
Ellas han triunfado en...

### Describing the contents of your room
**I, Ch. 2, p. 57**

¿Qué hay en tu cuarto?
(No) tengo... en mi cuarto.
¿Qué hay en el cuarto de...?
Hay... en su cuarto.
¿Tienes...?
¿Qué tiene... en su cuarto?
Tiene... en su cuarto.

### Talking about what you need and want to do
**I, Ch. 2, p. 60**

¿Qué necesitas
   hacer?
Necesito...
¿Qué necesita
   hacer...?
Necesita...

¿Qué quieres hacer?
Quiero hacer...
¿Qué quiere hacer...?
No sé, pero no quiero...
Quiere...

### Talking about classes and sequencing events
**I, Ch. 3, p. 84**

¿Qué clases tienes
   este semestre?
Tengo...
¿Qué clases tienes
   hoy?

Primero tengo..., después...
   y luego...
¿Y cuándo tienes un día
   libre?
Mañana, por fin...

### Telling time
**I, Ch. 3, p. 85**

¿Qué hora es?
Es la una.
Es la una y cuarto.

Son las... y cuarto.
Son las... y media.
¿Ya son las...?

Es la una y media.    Es tarde.
Son las...

### Telling at what time something happens
**I, Ch. 3, p. 88**

¿A qué hora es...?    ¡Es ahora!
(Es) a las... de la     Es a las... en punto.
tarde.

### Talking about being late or in a hurry
**I, Ch. 3, p. 90**

Estoy atrasado(a).    Tengo prisa.
Está atrasado(a).     ¡Date prisa!

### Describing people and things
**I, Ch. 3, p. 92**

¿Cómo es...?    ¿Cómo son...?
Es...           Son...
No es...        No son...

**I, Ch. 6, p. 178**

¿Cómo es...?    ¿De qué color es...?
Tiene...        ¿De qué color son...?

**II, Ch. 1, p. 10**

Mido...    Tengo ojos de color...
Mide...    Tiene pelo...

### Describing yourself and others
**III, Ch. 1, p. 17**

Tiene bigote y barba, y es calvo.
Es pelirrojo(a) y tiene el pelo rizado.
Es de estatura mediana y lleva gafas.
Es serio(a) pero es muy buena gente.
Es pesado(a).
Es un(a) tío(a) estupendo(a).
¡No hay quien lo (la) aguante!
Es muy abierto(a) y tiene un buen sentido del
humor.

### Talking about what you and others do during free time
**I, Ch. 4, p. 114**

¿Qué haces después de clases?
Antes de regresar a casa...
En el tiempo libre...
¡Descanso!
Toco la guitarra.
Jugamos al...

**I, Ch. 4, p. 123**

¿Adónde vas?     ¿Adónde va...?
Voy a...         Va a/al/a la...

**II, Ch. 1, p. 15**

¿Qué haces los fines de semana?
¿Adónde van?
¿A qué hora salen?

### Telling where people and things are
**I, Ch. 4, p. 118**

¿Dónde estás?    ¿No está en...?
Estoy en...      No, no está aquí. Está en...

### Discussing how often you do things
**I, Ch. 5, p. 145**

¿Con qué            ¿Todavía...?
frecuencia...?    Durante la semana...
Todos los días...   A veces...
Siempre...        Muchas veces...
Nunca...          Sólo cuando...

### Talking about your daily routine
**I, Ch. 5, p. 151**

¿Qué haces típicamente durante el día?
¿Qué hace... por la mañana?
¿Qué hacen... por la tarde?
¿Qué hacen... por la noche?

**II, Ch. 3, p. 73**

¿Cómo es un día típico?
¿Cuánto tiempo gastas en...?
¿...todos los días?
Por lo general,...
Normalmente, gasto mucho tiempo en...
Sí, siempre.
A veces.
Nunca.

### Giving today's date
**I, Ch. 5, p. 154**

¿Cuál es la fecha?    Hoy es el primero de...
Qué fecha es hoy?     Hoy es el... de...
El cuatro de este
mes hay...

### Talking about the weather
**I, Ch. 5, p. 156**

¿Qué tiempo hace?
Hace buen tiempo.
Hace muy mal tiempo hoy.

### Describing a family
**I, Ch. 6, p. 174**

¿Cuántas personas hay en tu familia?
Somos cinco.
Hay... en mi familia.
¿Cómo es tu familia?
Somos muy unidos.
Tenemos...

### Discussing things a family does together
**I, Ch. 6, p. 180**

¿Qué hacen Uds. los fines de semana?
¿Hacen Uds. algo durante el verano?

### Talking about meals and food
**I, Ch. 8, p. 235**

¿Qué tomas para el desayuno?
¿Qué tomas para el almuerzo?
A veces tomo...
No me gusta... para nada.
Tengo sed. ¿Qué hay para tomar?
¿Qué prefieres?

### Ordering dinner in a restaurant
**I, Ch. 8, p. 246**

¿Qué vas a pedir?       ¿Qué le puedo traer?
Voy a pedir...          Yo quisiera...

**II, Ch. 6, p. 172**

¿Ya sabe(n) qué va(n) a pedir?
Recomiendo la especialidad de la casa.
¿Qué le(s) traigo de tomar?
¿Qué desea(n) de postre?
¿Se le(s) ofrece algo más?
No. ¿Qué me recomienda?
Está bien, pero no está muy picante, ¿verdad?
Para mí,...
Por favor, me trae...
No, gracias, sólo la cuenta.

### Asking for and paying the bill in a restaurant
**I, Ch. 8, p. 246**

¿Nos puede traer la cuenta?
La cuenta, por favor.
¿Desean algo más?
¿Cuánto es?
¿Está incluida la propina?
No, no está incluida. Es aparte.

### Discussing gift suggestions
**I, Ch. 9, p. 269**

¿Qué piensas regalarle a...?
Le voy a dar...
¿Para quién es el regalo?
El regalo es para...
¿Qué tipo de regalo buscas?
Busco...

### Asking for and giving directions
**I, Ch. 9, p. 271**

Perdón, ¿dónde está...?
Está a... cuadras de aquí.
¿Me puede decir dónde queda...?
Queda al lado de...

**II, Ch. 9, p. 258**

Disculpe, ¿vamos bien para...?
No, van mal. Hay que seguir derecho hasta...
   No se puede perder.
Perdón, ¿dónde queda...?
Queda a la izquierda, junto al...

¿Cómo se va...?
Tome esta calle hasta llegar al... y doble a la
   derecha. Allí se encuentra...

### Making comparisons
**I, Ch. 9, p. 277**

¿Cuál es más barato?
El... cuesta menos.
El... es más caro.
¿Son los... tan caros como el...?
Son del mismo precio.

**II, Ch. 4, p. 107**

más... que...          ...mejor que...
menos... que...        ...menor que...
...mayor que...        ...peor que...

### Asking about prices and paying for something
**I, Ch. 9, p. 280**

¿Cuánto cuesta...?     ¿Cuánto cuestan...?
Cuesta...              Cuestan...

### Talking about what you are doing right now
**I, Ch. 10, p. 298**

¿Qué estás haciendo?
Estoy colgando las decoraciones.
Él está limpiando la sala.
¿Todos están decorando la casa?
Sí, estamos decorando la casa.

### Talking about past events
**I, Ch. 10, p. 307**

¿Qué hiciste anoche?
Bailé y hablé con...
¿Qué hizo... ayer?
¿Lo pasaron bien la semana pasada?
Sí, lo pasamos bien.

### Saying what you did
**I, Ch. 11, p. 340**

¿Qué hiciste anoche?
Jugué...
¿Ganaste?
Jugó...

### Talking about what has happened
**III, Ch. 3, p. 72**

Caracas ha cambiado...
Mucha gente ha venido...
La contaminación del aire ha empeorado...

### Talking about where you went and when
**I, Ch. 11, p. 342**

¿Adónde fuiste anteayer?
¿Adónde fuiste anteanoche?
Anoche fui...

### Talking about what you do and like to do every day
I, Ch. 12, p. 361

¿Qué haces todos los días?

Primero...

Después...

Y luego...

¿Con qué frecuencia...?

¿Qué te gusta hacer después de clases?

Me gusta...

### Making future plans
I, Ch. 12, p. 362

¿Adónde piensas viajar algún día?

¿Quieres viajar a...?

No, pero espero hacer un viaje a...

¿Qué vas a hacer este verano?

### Talking about future career plans
III, Ch. 12, p. 349

Me gustaría ser...

Buscaré...

Voy a ser...

Quiero ser...

Pienso trabajar en...

Me interesaría estudiar para...

Quiero llegar a ser...

Me encantaría ser...

### Talking about future events
III, Ch. 3, p. 78

El futuro va a ser...

Va a haber...

Todo va a estar...

Mañana recogemos...

La comunicación entre países mejorará...

Más gente va a usar...

Todo el mundo hablará...

### Talking about future plans
III, Ch. 10, p. 288

Cuando sea mayor...

Cuando cumpla los 18 años...

Antes de que empiecen las clases...

Antes de terminar...

Después de graduarnos...

### Saying where you went and what you did on vacation
I, Ch. 12, p. 371

¿Adónde viajaste el verano pasado?

No fui a ningún lugar.

¿Adónde fueron durante las vacaciones?

Fuimos a...

¿Qué hiciste cuando fuiste a...?

### Saying if something has already been done
II, Ch. 2, p. 42

¿Ya...?

Sí, ya...

No, todavía no.

### Describing your city or town
II, Ch. 2, p. 49

Mi ciudad es...

Está lejos del océano.

En el centro, hay...

Está cerca de las montañas.

En el invierno, hace...

### Talking about responsibilities
II, Ch. 3, p. 77

¿A quién le toca?

Le toca a...

Me toca a mí.

Te toca a ti.

III, Ch. 3, p. 81

Hay que...

Nos toca a nosotros...

Tanto los jóvenes como... deben...

Es nuestra responsabilidad...

Estamos obligados a...

Es nuestro deber...

### Talking about hobbies and pastimes
II, Ch. 3, p. 81

En tus ratos libres, ¿qué te gusta hacer?

¿Cuál es tu pasatiempo favorito?

Estoy loco(a) por...

Me interesan...

### Saying how long something has been going on
II, Ch. 3, p. 82

¿Cuánto tiempo hace que...?

Hace... que...

Empecé...

### Talking about things and people you know
II, Ch. 4, p. 106

¿Conoces a...?

¿Conoces...?

No, no los conozco.

### Talking about staying fit and healthy
II, Ch. 5, p. 134

¿Qué haces para estar en plena forma?

¿Duermes lo suficiente?

Es preciso...

Sigo una dieta sana y balanceada.

Dormí por ocho horas.

Sí, ya lo sé. También es importante...

### Talking about taking care of yourself
III, Ch. 2, p. 44

Le echo mucha sal a la comida.

Hago ejercicio (aeróbico)...

Me quedo frente a la tele.

Duermo lo suficiente.

Estoy a dieta.

Me peso...

Comparto mis problemas...

Me siento muy solo(a).

Tengo buenos hábitos de alimentación.
Como comida sana.
Para no broncearme, me pongo crema protectora.
Me mantengo en forma.

### Asking for and giving information
**II, Ch. 6, p. 164**

¿Sabe Ud...?
¿Me podría decir...?
¿Sabes...?
Disculpe,...
Sí, claro.
Por supuesto.
No estoy seguro(a). Lo puedes averiguar...
Lo siento, pero no tengo ni idea.

### Asking for information
**III, Ch. 1, p. 16**

| | |
|---|---|
| ¿Quién...? | ¿Qué...? |
| ¿Por qué...? | ¿Cuándo...? |
| ¿De dónde...? | ¿Dónde...? |
| ¿Cuántos...? | ¿Cómo? |

### Expressing cause and effect
**III, Ch. 10, p. 293**

Mis éxitos se deben a...
Soy bilingüe; por lo tanto...
Por tener padres hispanos...
No estudié, así que...
Las leyes han cambiado de tal forma que...
Sé español y portugués; en consecuencia...
Discutimos el problema; por consiguiente...
Las acciones de los líderes resultaron en...

### Expressing intention and purpose
**III, Ch. 10, p. 295**

Pienso...
Tengo la intención de...
Escribieron la carta con la intención de...
Fuimos allí con la idea de...
Quiere visitar Chile para...
Vamos a eliminar los estereotipos para que...

### Relating a series of events
**II, Ch. 6, p. 168**

| | |
|---|---|
| Para empezar... | Después... |
| Primero... | Luego... |
| A continuación... | Por último... |

### Using conversational fillers
**III, Ch. 3, p. 75**

| | |
|---|---|
| Bueno... | A ver... |
| Este... | Pues... |
| La verdad es que... | Eh... |

### Talking about what you used to do
**II, Ch. 7, p. 196**

Cuando era niño(a),...
De niño(a),...
De pequeño(a),...
De chiquito(a),...
Cuando era joven,...
Cuando tenía trece años,...

### Talking about former jobs and goals
**III, Ch. 12, p. 347**

Hace diez años, trabajé...
Cuando tenía cinco años, quería ser...
El año pasado, trabajé...
Cuando era joven, quería...
De niño(a), vendía...

### Describing what people and things were like
**II, Ch. 7, p. 202**

¿Cómo era... en aquel entonces?
¿Cómo era... en aquellos tiempos?
En aquella época... era...
En mis tiempos era...

### Using comparisons to describe people
**II, Ch. 7, p. 206**

Tan bueno(a) como un ángel.
Tan feliz como una lombriz.
Tan noble como un perro.
Tan fuerte como un toro.
Tan aburrido(a) como un pato.
Dormía tan bien como un lirón.

### Describing a past event
**II, Ch. 8, p. 225**

| | |
|---|---|
| ¿Qué tal lo pasaste? | Lo pasé de maravilla. |
| | De película. |
| ¿Qué tal estuvieron...? | Aburridísimo(a). |
| ¿Cómo estuvo...? | Más o menos bien. |
| ¿Cómo te fue? | |

### Talking about unintentional events
**III, Ch. 4, p. 103**

| | |
|---|---|
| Se me perdieron... | ¿Se te olvidaron...? |
| Se me acabó... | Se nos cayeron... |
| Se nos descompuso... | Se me rompió... |
| | Se les quedó... |

### Reporting what someone said
**II, Ch. 8, p. 235**

| | |
|---|---|
| ¿Qué dijo? | Dijo que... |
| ¿Qué te dijeron? | Me dijeron que... |

### Talking about how clothes look and fit
**II, Ch. 9, p. 265**

¿Cómo te queda...?
¿Cómo me veo...?

Me queda un poco estrecho(a).
Te ves guapísimo(a). ...está muy de moda.
De verdad, no hace juego con...

### Setting the scene for a story
**II, Ch. 10, p. 289**

Estaba soleado en el valle.
Eran... (with time)
...jugaban... cantaban... estaba enfermo(a).
Se sentía muy mal.
Érase una vez...
Hace mucho tiempo...
Se cuenta que...

### Continuing and ending a story
**II, Ch. 10, p. 295**

| | |
|---|---|
| En seguida... | Por eso... |
| De repente... | Al final... |
| Fue cuando... | Así que... |
| Entonces... | En fin... |

### Talking about the latest news
**II, Ch. 10, p. 299**

| | |
|---|---|
| Oye, ¿has oído hablar de...? | No, dime. |
| | ¡Qué va! |
| Fíjate, leí que... | No, cuéntamelo todo. |
| ¿Te enteraste de...? | |

### Describing a problem
**II, Ch. 11, p. 322**

Hay demasiado ruido.
Es uno de los problemas más graves.
Lo malo es que...
Cada vez hay más... y menos...
El sistema no funciona.
¿No podemos hacer nada para mejorar la situación?
Estoy preocupado(a) por...

### Pointing out problems and their consequences
**III, Ch. 11, p. 319**

Me he fijado en...
Se dice que...
Según el gobierno...
Si no actuamos ahora..., va a empeorarse.
Si no hacemos nada por..., temo que el deterioro continúe.
Si no realizamos campañas preventivas, lo lamentaremos.

### Talking about how you would solve a problem
**III, Ch. 11, p. 321**

| | |
|---|---|
| Me dedicaría a... | Intentaría iniciar... |
| Propongo... | Yo empezaría por... |
| Habrá que... | La solución que planteo es... |

### Exchanging the latest news
**II, Ch. 12, p. 351**

| | |
|---|---|
| ¿Sabes si...? | ¿Sigues trabajando tanto? |
| ¿Qué noticias tienes de...? | ¿Ya sabías que...? |
| | No lo vas a creer, pero... |

### Talking about where you went and what you did
**II, Ch. 12, p. 352**

| | |
|---|---|
| ¿Adónde fuiste el verano pasado? | Fui a la costa. |
| | No hice nada. |
| ¿Qué hiciste? | Me hice amigo(a) de... |

### Telling when something happened
**II, Ch. 12, p. 353**

| | |
|---|---|
| El viernes... | Dos días después... |
| Al día siguiente... | Una semana entera... |
| El día anterior... | |

### Describing places
**II, Ch. 12, p. 358**

Quedé muy impresionado(a) con...
Me pareció lindísimo(a)...
Está rodeado(a) de colinas.
El clima es muy seco y hace bastante calor.

### Saying when you're going to do something
**II, Ch. 12, p. 360**

| | |
|---|---|
| (La semana/El mes) que viene... | Algún día... |
| Para fines de... | Dentro de... |
| Pronto... | Cuando vuelva a... |
| | Inmediatamente. |

## EXPRESSING ATTITUDES AND OPINIONS

### Talking about likes and dislikes
**I, Ch. 1, p. 32**

| | |
|---|---|
| ¿Qué te gusta? | Me gusta (más)... |
| ¿Te gusta...? | No me gusta... |

**I, Ch. 3, p. 95**

| | |
|---|---|
| ¿Te gustan...? | Sí, a ella le gustan mucho. |
| Sí, me gustan. | ¿Por qué? |
| ¿Cuál es...? | Porque... |
| ¿A ella le gustan...? | |

**II, Ch. 1, p. 21**

Me fascina...
Sí, me encantan.
No me gustan para nada.
Me chocan...

### Expressing interest, indifference, and displeasure
**III, Ch. 1, p. 9**

| | |
|---|---|
| Estoy loco(a) por... | Me da lo mismo. |
| Me la paso... | No me importa. |

Soy un(a) gran
aficionado(a) a...
Soy un(a)
fanático(a) de...
Me da igual.

Como quieras.
¡Qué paliza!
Estoy harto(a) de...
Me parece un rollo.
No me interesa para nada.

### Talking about what you like to do
**I, Ch. 4, p. 113**

¿Qué te gusta hacer?
Me gusta...
¿A él le gusta...?
No, no le gusta..., pero le gusta...
¿A quién le gusta...?
A mí me gusta...
Por eso me gustan...

### Talking about what you and your friends like to do together
**I, Ch. 5, p. 148**

¿Qué les gusta
hacer?
Nos gusta...

¿Les gusta... juntos?
Especialmente durante las
vacaciones...

### Discussing problems and giving advice
**I, Ch. 6, p. 184**

Tengo un
problema.
Dice que... pero
no es cierto.

¿Qué debo hacer?
Debes... menos.
Debes... más.

**II, Ch. 4, p. 101**

Deberías...
Hay que...

Debes...
Es importante...

### Asking for and giving advice
**III, Ch. 2, p. 37**

¿Qué me aconsejas hacer?
Te aconsejo...
¿Qué me recomiendas hacer?
Te recomiendo...
¿Puedes darme algún consejo?
Deberías...
¿Qué debo hacer?
No debes...

### Giving advice about job interviews
**III, Ch. 12, p. 354**

Debes...
Te recomiendo
que...
Te aconsejo que...

Lo ideal es...
No olvides que...
Es importante que...

### Commenting on food
**I, Ch. 8, p. 240**

¿Cómo está...?
Está...

¿Cómo están...?
Están...

### Talking about how food tastes
**III, Ch. 4, p. 101**

Le falta sal/sabor/no sé que.
Tiene sabor a...
Lleva mucho(a)...
Está echado(a) a perder.
Me cae gordo.
¡Guácala!
¡Qué asco!
¡Qué bueno(a)/sabroso(a)!
Sabe riquísimo.
Está en su punto.

### Commenting on clothes
**I, Ch. 9, p. 274**

¿Qué ropa vas a llevar?
¡Lo de siempre!
¿No tienes algo más formal?
Prefiero llevar ropa cómoda.

### Expressing preferences
**I, Ch. 9, p. 279**

¿Cuál de estos... prefieres?
Prefiero el azul.
¿Qué camisa te gusta más? ¿La verde
o la amarilla?
La verde. Además, te queda muy bien.

### Asking for and giving an opinion
**I, Ch. 10, p. 300**

¿Crees que...?
Creo que sí.
¿Qué te parece si...?

Me parece bien.
Perfecto.
Buena idea.

**II, Ch. 4, p. 100**

¿Qué te parece...?
¿Te parece que...?
¿Crees que...?
¿En tu opinión...?

Me parece...
Sí, me parece que...
No, yo creo que...
Sí, para mí...

### Expressing an opinion
**III, Ch. 6, p. 165**

¿Qué opinas de...?
Lo encuentro...
Admiro mucho su arte.
¿Qué te parece...?
Para ser sincero(a), me parece que...
Me deja frío(a).
¿Qué piensas de...?
Para decir la verdad, me cae gordo.
No lo (la) soporto.

### Expressing an assumption
**III, Ch. 9, p. 264**

Me imagino que...
Supongo que...

Tengo entendido que...
Tengo la impresión de
que...

### Making hypothetical statements
**III, Ch. 9, p. 264**

Si pudieras..., ¿adónde irías?
Si pudiera, viviría en...
Si fueras..., ¿qué harías?
Si tuviera..., compraría...

### Talking about hypothetical situations
**III, Ch. 11, p. 326**

Qué bonito sería, si hubiera paz...
¿Qué harías..., si tuvieras...?
Sería maravilloso si se encontrara una
   cura para...
Si fuera..., hablaría...
Si yo viviera..., sólo usaría...
Si tú pudieras..., ¿qué cambiarías?

### Expressing and supporting a point of view
**III, Ch. 3, p. 74**

...ten en cuenta que...
Me imagino que...
Lo que noto es que...
Me parece que...
Se me hace que...
Lo que es importante es...
Creo que vale la pena...
Es cierto que..., pero por otro lado...

### Talking about hopes and wishes
**III, Ch. 5, p. 141**

Esperamos...
Espero que...
Ojalá que...
El sueño de mi
   vida...

Era una de mis grandes
   ambiciones.
Tenía muchas esperanzas
   de...
Los dioses quieren que...

### Expressing doubt and disbelief
**III, Ch. 8, p. 225**

Dudo que...
Parece mentira que...
No estoy seguro(a) que...
No creo que...
No puedo creer que...
Es increíble que...

### Expressing certainty
**III, Ch. 8, p. 227**

Es cierto que...
Estoy seguro(a) que...
Estoy convencido(a) que...
Sin duda alguna.
No cabe la menor duda.
Por cierto.
Por supuesto.
Claro que...
Todo el mundo sabe que...

Es evidente que...
Es obvio que...

### Talking about possibility and impossibility
**III, Ch. 8, p. 232**

Es posible que...
Posiblemente...
Puede ser que...
Quizás/Tal vez/
   A lo mejor...

Es fácil que...
Es difícil que...
Es probable que...
Es imposible que...

### Reporting what others say and think
**III, Ch. 5, p. 135**

Alguien me dijo
   que...
Cuentan que
   una mujer...
Dicen que...
Se dice que...

Se cree que...
Oí que...
Según (la leyenda),
   un hombre...
Supuestamente...

### Discussing what you would like to do on vacation
**I, Ch. 12, p. 367**

¿Qué te gustaría hacer este verano?
A mí me gustaría...
¿Adónde te gustaría ir este verano?
¿Qué tienes ganas de hacer?
Tengo ganas de...

### Saying what you used to like and dislike
**II, Ch. 7, p. 198**

¿Odiabas...?
¿Te molestaba...?
¿Te parecía
   pesado...?
¿Te caía bien...?

Lo encontraba genial.
Me fastidiaba.
No, me fascinaba.
No, me caía mal.

### Reacting to news
**II, Ch. 10, p. 300**

¡No me digas!
¿De veras?
¡No lo puedo creer!
¿Tú crees?
¡N'hombre!

Bueno, no me extraña.
Lo dudo.
No puede ser.
Y eso, ¿qué?

### Expressing surprise
**III, Ch. 8, p. 234**

¡No puede ser!
¡No me digas!
¡Qué sorpresa!

No me lo puedo creer.
No me lo esperaba.
¡No es posible!

### Expressing agreement and disagreement
**II, Ch. 11, p. 329**

Así es la cosa.
¡Claro que sí!
¡Eso es!
Estoy de acuerdo.
Hasta cierto punto...

Lo siento, pero no es así.
Me parece que no tienes
   razón.
Mira...
No estoy de acuerdo.

Sin duda (alguna).
Sí, tienes razón.
¡Al contrario!

No lo creo.
No me parece.
¡Te equivocas!

### *Expressing disagreement*
**III, Ch. 9, p. 259**

Niego haberme
  burlado...
No es cierto que...
No es verdad que...

No estoy de acuerdo
  en que...

### *Expressing qualified agreement and disagreement*
**III, Ch. 5, p. 133**

Estoy de acuerdo.
¡Claro que sí!
Por supuesto.
Eso es.
Así es.
¡Cómo no!
Desde luego.
Hasta cierto
  punto, sí, pero...
Pero hay que tener
  en cuenta que...
Depende de tu
  punto de vista.

¿Tú crees? No sé...
Es muy difícil de creer,
  pero es posible.
Bueno, puede ser, pero...
En efecto, parece ser así.
Al contrario.
¡Nada de eso!
¡Qué tontería!
¡Claro que no!
¡Qué va!
¡Eso es muy difícil!

### *Describing an ideal relationship*
**III, Ch. 7, p. 205**

¿Qué es un buen amigo?
Debe ser alguien que...
¿Qué buscas en un(a) novio(a)?
Busco a alguien a quien le...
Busco a alguien que...
No aguanto a nadie que sea descortés.

## EXPRESSING FEELINGS

### *Making suggestions and expressing feelings*
**I, Ch. 11, p. 331**

¿Qué tal si...?
Gracias, pero no quiero.
En realidad no tengo ganas.
¿Qué tienes? ¿Te sientes mal?
No me siento bien.
Estoy un poco cansado(a), nada más.
Entonces, ¿por qué no...?

**II, Ch. 2, p. 41**

¿Por qué no...?
¿Qué tal si...?

Buena idea.
Me gustaría, pero tengo
  que...

### *Talking about moods and physical condition*
**I, Ch. 11, p. 334**

¿Cómo estás?
Estoy...

Tengo gripe.
¿Qué le pasa a...?

¿Cómo te sientes?

Está preocupado(a) por
  algo.

### *Talking about how you're feeling*
**II, Ch. 2, p. 40**

¿Cómo estás?
Estoy contento(a).

¿Cómo te sientes?
Me siento enfermo(a).

### *Talking about emotional reactions*
**III, Ch. 9, p. 257**

¿Cómo te sentiste cuando...?
Estuve muy contento(a).
Quise...
¿Cómo se sintió cuando...?
Se alegró.
¿Se quejaron cuando...?
No, pero nos enojamos (frustramos/enfadamos).
¿Cómo se sintieron cuando...?
Se pusieron...
¿Cómo reaccionaron cuando...?
Se rieron.

### *Expressing happiness and unhappiness*
**III, Ch. 7, p. 195**

Estoy contento(a).
¡Estoy en la gloria!
Estoy de buen
  humor.
Me alegro que...
Me encanta que...
Estoy encantado(a)
  que...
Estoy orgulloso(a)
  de...

Estoy decepcionado(a).
Estoy desilusionado(a).
Me siento frustrado(a).
Me frustra que...
Me dan ganas de llorar.
Estoy dolido(a).
Me duele mucho que...
Temo que...

### *Complaining*
**II, Ch. 3, p. 78**

¡No es justo!
¡Ay, qué pesado!
¡Siempre me toca
  a mí!

Estoy harto(a) de...
Yo ya lo hice mil veces.

### *Making an apology*
**III, Ch. 7, p. 203**

Perdóname.
Discúlpame.
Lo siento mucho,
  es que no sabía.

No lo volveré a hacer.
No lo haré más.
Lo hice sin querer.

### *Saying how you feel about people*
**II, Ch. 12, p. 356**

Me cae muy bien.
Me cayó mal.

Es muy buena gente.
Me llevo muy bien con él.

### *Comforting someone*
**III, Ch. 7, p. 199**

Tranquilo(a).
No te preocupes.

No hay mal que por bien
  no venga.

Lo siento mucho.
¡Ánimo!
¿Qué puedo hacer por ti?
Esto pasará pronto.

Mi más sentido pésame.
Comparto tu pena.
No hay mal que cien años dure.

## PERSUADING

### Making polite requests
**I, Ch. 8, p. 244**

Camarero(a), ¿nos puede traer..., por favor?
¿Me puede traer..., por favor?

### Asking for and offering help
**I, Ch. 10, p. 302**

¿Me haces el favor de...?
Claro que sí.
¿Me ayudas a...?
Cómo no.
¿Me traes...?
¡Con mucho gusto!

Un momentito.
¿Me pasas...?
Lo siento, pero en este momento estoy ocupado(a).
Perdóname, pero...

**II, Ch. 2, p. 46**

¿Quieres ayudarme?
¿Puedes ayudarme a...?
Ayúdame, por favor.
¿Puedo ayudar?
¿Te ayudo a...?
¿Qué quieres que haga?

### Asking for help and requesting favors
**III, Ch. 4, p. 108**

Por favor, ayúdame con...
¿Se las (los) llevas?
Hazme/Hágame el favor de...
¿Podrías pasar por la panadería por...?
¿Sería Ud. tan amable de dármela?

### Telling a friend what to do
**I, Ch. 10, p. 304**

Prepara... y limpia..., ¿quieres?
De acuerdo.
Por favor, decora... y llama...
Está bien.

**II, Ch. 5, p. 138**

Ponte en forma.
Deja de fumar.
Ten cuidado.

No seas flojo(a).
No fumes más.
No añadas sal.

### Making suggestions and recommendations
**III, Ch. 6, p. 170**

Te aconsejo que...
Sugiero que...
Es mejor que...
No te conviene...

No te olvides de...
¿Has pensado en...?
Sería buena/mala idea...
Le recomiendo a... que...

### Asking for help in a store
**II, Ch. 9, p. 264**

¿Con permiso, me puede atender, por favor?
Uso el número 38...
Usa talla...
¿Me la puedo probar?
¿En qué le puedo servir?
No nos quedan.
La tenemos en...
Los probadores...

### Talking about consequences
**II, Ch. 11, p. 328**

Por lo tanto es urgente...
Por eso...
Por consiguiente...
Si no dejamos de desperdiciar los recursos, podemos enfrentar una crisis.

### Talking about obligations and solutions
**II, Ch. 11, p. 332**

Es importante conservar energía...
Es necesario cambiar nuestro estilo de vida.
Todos deberíamos...
Hay que...
No hay que desesperarse.
Podemos resolver...
¡A todos nos toca hacer algo!

This list includes additional vocabulary that you may want to use to personalize activities. If you can't find words you need here, try the Spanish-English and English-Spanish vocabulary sections beginning on page R47.

## Colores *(Colors)*

| | |
|---|---|
| amarillo(a) | *yellow* |
| anaranjado(a) | *orange* |
| azul | *blue* |
| blanco(a) | *white* |
| gris | *gray* |
| morado(a) | *purple* |
| negro(a) | *black* |
| pardo(a) | *brown* |
| rojo(a) | *red* |
| rosado(a) | *pink* |
| verde | *green* |

## En la Escuela *(At School)*

| | |
|---|---|
| el almuerzo | *lunch* |
| el arte | *art* |
| el bolígrafo | *ballpoint pen* |
| la calculadora | *calculator* |
| la carpeta | *folder* |
| las ciencias | *science* |
| las ciencias sociales | *social sciences* |
| el colegio | *high school* |
| la computación | *computer science* |

| | |
|---|---|
| el cuaderno | *notebook* |
| el descanso | *recess, break* |
| un día libre | *a free day* |
| el diccionario | *dictionary* |
| el(la) director(a) | *principal* |
| la educación física | *physical education* |
| el escritorio | *desk* |
| la escuela primaria | *primary school* |
| el español | *Spanish* |
| el francés | *French* |
| la geografía | *geography* |
| la goma de borrar | *eraser* |
| el inglés | *English* |
| la lámpara | *lamp* |
| el lápiz | *pencil* |
| la librería | *bookstore* |

| | |
|---|---|
| el libro | *book* |
| las matemáticas | *mathematics* |
| la materia | *subject* |
| la mochila | *book bag, backpack* |
| el papel | *paper* |
| la preparatoria | *high school* |
| la regla | *ruler* |
| el semestre | *semester* |
| la tarea | *homework* |

## Números *(Numbers)*

| | |
|---|---|
| cero | *zero* |
| uno | *one* |
| dos | *two* |
| tres | *three* |
| cuatro | *four* |
| cinco | *five* |
| seis | *six* |
| siete | *seven* |
| ocho | *eight* |
| nueve | *nine* |
| diez | *ten* |
| once | *eleven* |
| doce | *twelve* |
| trece | *thirteen* |
| catorce | *fourteen* |
| quince | *fifteen* |
| dieciséis | *sixteen* |
| diecisiete | *seventeen* |
| dieciocho | *eighteen* |
| diecinueve | *nineteen* |
| veinte | *twenty* |
| veintiuno | *twenty-one* |
| veintidós | *twenty-two* |
| treinta | *thirty* |
| treinta y uno | *thirty-one* |
| treinta y dos | *thirty-two* |
| cuarenta | *forty* |
| cincuenta | *fifty* |
| sesenta | *sixty* |
| setenta | *seventy* |
| ochenta | *eighty* |
| noventa | *ninety* |
| cien | *one hundred* |

| | |
|---|---|
| ciento uno | one hundred and one |
| ciento dos | one hundred and two |
| doscientos | two hundred |
| trescientos | three hundred |
| cuatrocientos | four hundred |
| quinientos | five hundred |
| seiscientos | six hundred |
| setecientos | seven hundred |
| ochocientos | eight hundred |
| novecientos | nine hundred |
| mil | one thousand |

## El Calendario (Calendar)

| | |
|---|---|
| los días de la semana | days of the week |
| el lunes | Monday |
| el martes | Tuesday |
| el miércoles | Wednesday |
| el jueves | Thursday |
| el viernes | Friday |
| el sábado | Saturday |
| el domingo | Sunday |
| los meses | months |
| enero | January |
| febrero | February |
| marzo | March |
| abril | April |
| mayo | May |
| junio | June |
| julio | July |
| agosto | August |
| septiembre | September |
| octubre | October |
| noviembre | November |
| diciembre | December |

| | |
|---|---|
| las estaciones | seasons |
| el invierno | winter |
| el otoño | fall |
| la primavera | spring |
| el verano | summer |

## La Hora (Telling Time)

| | |
|---|---|
| Es la una. | It's one o'clock. |
| ¿Qué hora es? | What time is it? |
| Son las dos. | It's two o'clock. |
| ¿Ya son las…? | Is it already …? |
| …y cuarto | quarter past (the hour) |
| …y media | half past (the hour) |
| …menos cuarto | quarter to (the hour) |

## Familia (Family)

| | |
|---|---|
| la abuela | grandmother |
| el abuelo | grandfather |
| los abuelos | grandparents |
| el gato | cat |
| la hermana | sister |
| el hermano | brother |
| los hermanos | brothers and sisters |
| la hija | daughter |
| el hijo | son |
| los hijos | children |
| la madrastra | stepmother |
| la madre | mother |
| la media hermana | half-sister |
| el medio hermano | half-brother |
| el padrastro | stepfather |
| el padre | father |
| los padres | parents |
| el perro | dog |
| la prima, el primo | cousin |
| la tía, el tío | aunt, uncle |

## Descripciones (Descriptions)

| | |
|---|---|
| cariñoso(a) | affectionate |
| de color café | brown |
| ¿De qué color es(son)…? | What color is(are)…? |
| delgado(a) | thin |
| listo(a) | smart |

| | |
|---|---|
| mayor | *older* |
| menor | *younger* |
| los ojos | *eyes* |
| pelirrojo(a) | *redheaded* |
| moreno(a) | *dark-haired, dark-skinned* |
| rubio(a) | *blond* |
| el pelo | *hair* |
| un poco gordo(a) | *a little overweight* |
| Se ve joven. | *He(She) looks young.* |
| Tiene canas. | *He(She) has gray hair.* |
| viejo(a) | *old* |
| feo(a) | *ugly* |
| grande | *big* |
| guapo(a) | *good-looking* |
| inteligente | *intelligent* |
| interesante | *interesting* |
| malo(a) | *bad* |
| pequeño(a) | *small* |
| simpático(a) | *nice* |
| antipático(a) | *disagreeable* |

## Deportes y Pasatiempos
*(Sports and Pastimes)*

| | |
|---|---|
| acampar | *to camp* |
| asistir a una clase de ejercicios aeróbicos | *to attend an aerobics class* |
| bajar el río en canoa | *to go canoeing* |
| el baloncesto | *basketball* |
| el béisbol | *baseball* |
| bucear | *to scuba dive* |
| correr | *to run* |
| escalar montañas | *to go mountain climbing* |
| escuchar música | *to listen to music* |
| esquiar | *to ski* |
| explorar | *to explore* |
| el fútbol | *soccer* |
| el fútbol norteamericano | *football* |
| hablar por teléfono | *to talk on the phone* |
| hacer ejercicio | *to exercise* |

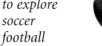

| | |
|---|---|
| mirar la televisión | *to watch television* |
| nadar | *to swim* |
| patinar | *to skate* |
| pescar | *to fish* |
| pintar | *to paint* |
| saltar en paracaídas | *to go skydiving* |
| el tenis | *tennis* |
| el videojuego | *videogame* |
| el voleibol | *volleyball* |

## Ropa  *(Clothing)*

| | |
|---|---|
| los bluejeans | *bluejeans* |
| la blusa | *blouse* |
| las botas | *boots* |
| la bufanda | *scarf* |
| los calcetines | *socks* |
| la camisa | *shirt* |
| la camiseta | *T-shirt* |
| el cinturón | *belt* |
| las chancletas | *sandals, slippers* |
| la chaqueta | *jacket* |
| la corbata | *necktie* |
| la falda | *skirt* |
| los pantalones | *pants* |
| los pantalones cortos | *shorts* |
| las sandalias | *sandals* |
| el suéter | *sweater* |
| el traje | *suit* |
| el traje de baño | *bathing suit* |
| el vestido | *dress* |
| las zapatillas de tenis | *tennis shoes* (Spain) |
| el zapato | *shoe* |

## Rutina Diaria  *(Daily Routine)*

| | |
|---|---|
| afeitarse | *to shave* |
| ducharse | *to take a shower* |
| lavarse | *to wash oneself* |
| lavarse los dientes | *to brush your teeth* |

| | |
|---|---|
| maquillarse | *to put on makeup* |
| peinarse | *to comb your hair* |

## En la Ciudad *(Places Around Town)*

| | |
|---|---|
| la biblioteca | *library* |
| el centro | *downtown* |
| el centro comercial | *shopping mall* |
| el cine | *movie theater* |
| el correo | *post office* |
| el museo | *museum* |
| el parque de atracciones | *amusement park* |
| el teatro | *theater* |
| el zoológico | *zoo* |

## Comida *(Food)*

| | |
|---|---|
| el agua mineral | *mineral water* |
| el aguacate | *avocado* |
| el almuerzo | *lunch* |

| | |
|---|---|
| el atún | *tuna* |
| el batido | *milkshake* |
| la bebida | *beverage* |
| el bistec | *steak* |
| el café con leche | *coffee with milk* |
| los camarones | *shrimp* |
| la carne de res | *beef* |
| la cebolla | *onion* |
| el cereal | *cereal* |
| el chocolate | *chocolate* |
| la comida mexicana/ italiana/china | *Mexican/Italian/Chinese food* |
| la crema de maní | *peanut butter* |
| los dulces | *candy* |
| la ensalada | *salad* |
| el flan | *custard* |
| los frijoles | *beans* |
| la fruta | *fruit* |
| la galleta | *cookie* |
| los huevos | *eggs* |
| el jamón | *ham* |
| el jugo de naranja | *orange juice* |
| la leche | *milk* |
| la lechuga | *lettuce* |
| las legumbres | *vegetables* |
| la limonada | *lemonade* |
| el maíz | *corn* |
| el mango | *mango* |
| la manzana | *apple* |
| el pan dulce | *sweet rolls* |
| el pan tostado | *toast* |
| la papa | *potato* |
| las papas fritas | *French fries* |
| la papaya | *papaya* |
| las papitas | *potato chips* |
| el pastel | *cake* |
| el perro caliente | *hot dog* |
| el pescado | *fish* |
| la piña | *pineapple* |
| la pizza | *pizza* |
| el plátano | *banana* |
| el pollo | *chicken* |
| el queso | *cheese* |
| el refresco | *soft drink* |
| el sándwich | *sandwich* |
| la sopa | *soup* |
| el tocino | *bacon* |
| el tomate | *tomato* |
| la toronja | *grapefruit* |
| las uvas | *grapes* |
| las verduras | *vegetables* |
| la zanahoria | *carrot* |

This list includes additional vocabulary that you may want to use to personalize activities. If you can't find words you need here, try the Spanish-English and English-Spanish vocabulary sections beginning on page R47.

## Artes

| | |
|---|---|
| la acuarela | *watercolor* |
| el bronce | *bronze* |
| la cerámica | *pottery* |
| el (la) coreógrafo(a) | *choreographer* |
| el coro | *choir* |
| el cuadro | *painting* |
| el decorado | *stage scenery* |
| el dibujo al pastel | *pastel drawing* |
| el (la) director(a) (de la orquesta) | *(orchestra) conductor* |
| el ensayo | *rehearsal* |
| el escenario | *stage* |
| el instrumento de cobre | *brass instrument* |
| el instrumento de cuerda | *string instrument* |
| el instrumento electrónico | *electronic instrument* |
| el instrumento de percusión | *percussion instrument* |
| el instrumento de viento | *wind instrument* |
| el mármol | *marble* |
| el pincel | *paintbrush* |
| la pintura al óleo | *oil painting* |

## Cocina

| | |
|---|---|
| la albahaca | *basil* |
| asar | *to roast* |
| la batidora | *mixer* |
| batir | *to beat* |
| la canela | *cinnamon* |
| congelar | *to freeze* |
| correoso(a) | *chewy* |
| crudo(a) | *raw* |
| crujiente | *crunchy* |
| la cucharada | *tablespoon* |
| la cucharadita | *teaspoon* |
| dorar | *to brown* |
| la especia | *spice* |
| freír (i, i) | *to fry* |
| la harina | *flour* |
| hervir (ie, i) a fuego lento | *to simmer* |
| la licuadora | *blender* |
| la masa | *dough* |
| medir (i, i) | *to measure* |
| mezclar | *to mix* |
| la nuez | *nut* |
| la olla | *pot* |
| el perejil | *parsley* |
| rayado(a) | *grated* |
| la receta | *recipe* |
| el romero | *rosemary* |
| la sartén | *frying pan* |
| la taza de medir | *measuring cup* |
| el trozo | *piece* |
| verter (ie) | *to pour* |

| | |
|---|---|
| el maratón | *marathon* |
| el palo | *golf club* |
| la pelota | *ball* |
| la plataforma, la tabla | *diving board* |
| la raqueta | *racket* |
| rebotar | *to bounce* |
| la red | *net* |
| servir, sacar la pelota | *to serve the ball* |
| zambullirse | *to dive* |

## Deportes

| | |
|---|---|
| el (la) árbitro | *umpire, referee* |
| el (la) arquero(a) | *goalie* |
| el bate | *bat* |
| el (la) bateador(a) | *batter* |
| el (la) boxeador(a) | *boxer* |
| boxear | *to box* |
| el cesto | *basket* |
| disparar el balón (al gol, ...) | *to shoot the ball (at the goal, . . .)* |
| el (la) entrenador(a) | *coach, trainer* |
| el hoyo | *(golf) hole* |
| ir de cacería | *to go hunting* |
| ir de pesca | *to go fishing* |
| ir en balsa en aguas blancas | *white water rafting* |
| el jonrón | *homerun* |
| el kayac | *kayak* |
| la liga | *league* |
| la lucha libre | *wrestling* |
| el (la) luchador(a) | *wrestler* |

## Descripciones

| | |
|---|---|
| apestoso(a) | *smelly* |
| asombroso(a) | *surprising* |
| áspero(a) | *rough* |
| breve | *brief* |
| chato(a) | *flat* |
| claro(a) | *light* |
| cuadrado(a) | *square* |
| decaído(a) | *weak, discouraged* |
| dorado(a) | *golden* |
| gruñón(ona) | *grouchy, grumpy* |
| lento(a) | *slow* |
| liso(a) | *smooth* |
| llorón(ona) | *whining* |
| manso(a) | *tame* |
| oloroso(a) | *fragrant* |
| oscuro(a) | *dark* |
| redondo(a) | *round* |
| reluciente | *shining* |
| ruidoso(a) | *noisy* |
| salvaje | *wild* |
| veloz | *fast* |

## La Ecología

| | |
|---|---|
| la capa de ozono | *ozone layer* |
| los combustibles fósiles | *fossil fuels* |
| consumir | *to consume* |
| la desforestación | *deforestation* |
| deforestar | *to deforest* |
| el (la) ecólogo(a) | *ecologist* |
| el efecto invernadero | *greenhouse effect* |
| la erosión | *erosion* |
| extinto(a) | *extinct* |
| los fertilizantes orgánicos (químicos) | *organic (chemical) fertilizers* |
| industrializado(a) | *industrialized* |
| el insecticida | *insecticide* |
| malgastar los recursos naturales | *to waste natural resources* |
| los productos orgánicos | *organic produce* |
| la superpoblación | *overpopulation* |

## Empleos

| | |
|---|---|
| el (la) agente de viajes | *travel agent* |
| el (la) agricultor(a) | *farmer* |
| el (la) albañil | *mason; bricklayer* |
| el (la) aprendiz | *apprentice* |
| el (la) camionero(a) | *truck driver* |
| el (la) chofer | *driver* |
| el (la) constructor(a) | *construction worker, builder* |

| | |
|---|---|
| la costurera | *seamstress* |
| el (la) electricista | *electrician* |
| el (la) entrenador(a) | *coach, trainer* |
| el (la) físico(a) | *physicist* |
| el (la) fisioterapeuta | *physical therapist* |
| el (la) intérprete | *interpreter* |
| el (la) investigador(a) | *researcher* |
| el (la) modista | *dressmaker, designer* |
| el (la) plomero(a) | *plumber* |
| el (la) repostero(a) | *baker* |
| el sastre, la sastra | *tailor* |
| el (la) técnico(a) | *technician* |
| el (la) traductor(a) | *translator* |
| el (la) veterinario(a) | *veterinarian* |

## En La Ciudad

| | |
|---|---|
| la acera | *sidewalk* |
| el aeropuerto | *airport* |
| las afueras | *the outskirts* |
| el anuncio luminoso de neón | *neon sign* |
| el barrio | *neighborhood* |

| | |
|---|---|
| el callejón | alley |
| la cartelera | billboard |
| la caseta de baño | public bathroom |
| la comisaría de policía | police station |
| el farol | street light |
| la zona industrial | industrial zone |
| la urbanización | development neighborhood (Mexico) |
| el zócalo | main square (Mexico) |

## Enlaces

| | |
|---|---|
| a causa de (que) | due to |
| a consecuencia de | as a consequence of |
| a fin de cuentas | after all |
| a pesar de que | in spite of |
| aunque | although |
| de ninguna manera | in no way |
| en breve (pocas palabras) | in a few words |
| en primer lugar | in the first place |
| en todo caso | in any case |
| mientras (que) | while |
| no obstante | nonetheless |
| (no) tiene que ver con | it does (not) have to do with |
| para resumir | to summarize |
| por adelantado | in advance |
| por un lado... por otro | on one hand . . . on the other |

## Eventos Importantes

| | |
|---|---|
| el bautizo | baptism |
| el bar mitzvah | bar mitzvah |
| el bas mitzvah | bat mitzvah |
| la confirmación | confirmation |

| | |
|---|---|
| el embarazo | pregnancy |
| el entierro | burial |
| los funerales | funeral |
| la graduación | graduation |
| el matrimonio | marriage |
| la muerte | death |
| el nacimiento | birth |
| el noviazgo | engagement |
| la primera comunión | first communion |
| la reunión familiar | family reunion |
| el velorio | wake |

## Expresiones de Cortesía

| | |
|---|---|
| (Nombre), a sus órdenes. | (Name), at your service. |
| (Nombre), para servirle. | (Name), at your service. |
| (Nombre), servidor(a). | (Name), your humble servant. |
| Con el permiso de Ud... | May I . . . |
| De nada. | You're welcome. |
| Gracias por todo. | Thanks for everything. |
| Me gustaría... | I would like to . . . |
| ¿Me podría...? | Could (Would) you . . .? |
| Mil gracias. | Many thanks. |
| Muchísimas gracias. | Thank you so much. |
| No hay de qué. | You're welcome. Don't mention it. |
| Por favor... | Please . . . |
| ¿Sería Ud. tan amable de...? | Would you be so kind as to . . .? |

| | |
|---|---|
| Si no es molestia... | *If it isn't a bother . . .* |
| Tenga Ud. la bondad de... | *If you would be so kind as to . . .* |

## Geografía

| | |
|---|---|
| el arroyo | *stream* |
| la bahía | *bay* |
| la cima de la montaña | *top of a mountain* |
| la cueva | *cave* |
| el hemisferio | *hemisphere* |
| la laguna | *lagoon* |
| la meseta | *plateau* |
| la orilla | *bank* |
| el pantano | *swamp, marsh* |
| la península | *peninsula* |
| la vega | *fertile plain* |

## El Hogar

| | |
|---|---|
| el abrelatas | *can opener* |
| la alfombra | *rug, carpet* |
| el armario con cajones | *chest of drawers* |
| el ascensor | *elevator* |
| las cortinas | *curtains* |
| el desván | *attic* |
| el domicilio | *home* |
| el espejo | *mirror* |
| el fregadero | *kitchen sink* |

| | |
|---|---|
| el gabinete | *cabinet* |
| el garaje | *garage* |
| el hogar | *home* |
| la lavadora | *washing machine* |
| el lavaplatos | *dishwasher* |
| la mecedora | *rocking chair* |
| la secadora | *(clothes) dryer* |
| el sofá | *couch* |
| el sótano | *basement* |

## Leyendas

| | |
|---|---|
| el calabozo | *dungeon* |
| el castillo | *castle* |
| convertirse (ie, i) en (animal) | *to turn into (an animal)* |
| el dragón | *dragon* |
| envenenar | *to poison* |
| el (la) gigante | *giant* |
| el hada madrina | *fairy godmother* |
| hechizar | *to cast a spell* |
| la magia | *magic* |
| el (la) pobre | *poor person, pauper* |
| el reino | *kingdom* |
| rescatar | *to rescue* |
| secuestrar | *to kidnap* |
| el veneno | *poison* |

## Las Fuerzas Armadas

| | |
|---|---|
| el (la) almirante | *admiral* |
| la batalla | *battle* |
| el capitán, la capitana | *captain* |
| el (la) coronel(a) | *colonel* |
| la fuerza aérea | *air force* |

| las fuerzas armadas | armed forces |
|---|---|
| el (la) general(a) | general |
| la marina | navy |
| el (la) oficial | officer |
| el (la) recluta | enlisted man (woman) |
| reclutar | to draft, to recruit |

## Política y Economía

| el alcalde, la alcaldesa | mayor |
|---|---|
| las cámaras | the houses (of congress) |
| el (la) capitalista | capitalist |
| el (la) comunista | communist |
| el congreso | congress |
| el (la) derechista | rightist, right-wing |
| el (la) dictador(a) | dictator |
| en vías de desarrollo | developing |
| la inflación | inflation |
| el (la) izquierdista | leftist, left-wing |
| el liderazgo | leadership |
| el mercado libre | free market |
| los ministerios | ministries |
| los partidos políticos | political parties |
| la política exterior | foreign policy |
| la regulación | regulation |
| las relaciones internacionales | international relations |
| el sector privado | private sector |
| el sector público | public sector |
| el senado | senate |
| el sistema bicameral | bicameral system (of legislature) |
| el sistema parlamentario | parliamentary system |
| el (la) socialista | socialist |

| el subdesarrollo | underdevelopment |
|---|---|
| la tasa | rate |

## Quehaceres

| arrancar las hierbas | to pull the weeds |
|---|---|
| atornillar | to screw in |
| el clavo | nail |
| colgar (ue) un cuadro | to hang a picture |
| el destornillador | screwdriver |
| la escoba | broom |
| el gancho | hook, clothes pin, hanger |
| martillar | to hammer |
| el martillo | hammer |
| la pala | shovel |
| podar los árboles | to prune the trees |
| recoger con el rastrillo | to rake |
| regar (ie) con la manguera | to water with the hose |
| el tendero | clothesline |

## Sociedad

| los derechos civiles | civil rights |
|---|---|
| el (la) desamparado(a) | homeless person |
| la huelga | strike |
| la igualdad | equality |
| la inmigración | immigration |
| la liberación femenina | women's liberation |

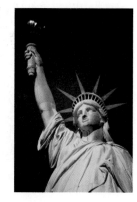

| la libertad | freedom |
|---|---|
| la manifestación | march; protest |
| los obreros migratorios | migrant workers |
| la pobreza | poverty |
| el racismo | racism |
| el (la) refugiado(a) | refugee |
| la riqueza | wealth |
| el SIDA | AIDS |
| tener derecho a | to have the right to |

## Tecnología

| el archivo | file |
|---|---|
| arrastrar y soltar (ue) | to drag and drop |
| los audífonos | headphones |
| bajar archivos | to download files |
| las bocinas | speakers |
| la búsqueda | search |
| el canal de chat | chat room |
| charlar | to chat |
| la computadora portátil | laptop computer |

| la conexión de banda ancha | broad band connection |
|---|---|
| la contraseña, el código | password |
| la copia de respaldo | backup |
| el correo de voz | voice mail |
| el DVD | DVD |
| el diskette | floppy disk, diskette |
| el doble pulso | double click |
| las gráficas | graphics |
| la guía | prompt |
| el ícono | icon |
| el indicador, el puntero | pointer, cursor |
| el menú de cortina | pull-down menu |
| la página inicial | homepage |
| el procesamiento de textos | word processing |
| pulsar | to click |
| el ratón | mouse |
| la realidad virtual | virtual reality |
| la tecla de aceptación | return key, enter key |
| la tecla de borrar | delete key |
| la tecla de mayúsculas | shift key |
| la ventana | window |
| el vínculo | link |

la computadora, el ordenador

la unidad de CD-ROM

el CD-ROM

el teclado

el ratón

ADDITIONAL VOCABULARY

# Grammar Summary

# Grammar Summary

## NOUNS AND ARTICLES

### GENDER OF NOUNS

In Spanish, nouns (words that name a person, place, or thing) are grouped into two classes or genders: masculine and feminine. All nouns, both persons and objects, fall into one of these groups. Most nouns that end in **-o** are masculine and most that end in **-a**, **-ción**, **-tad**, and **-dad** are feminine.

| Masculine Nouns | | Feminine Nouns | |
|---|---|---|---|
| libro | bolígrafo | universidad | mesa |
| cuaderno | vestido | situación | libertad |

Some nouns ending in -**o** are feminine:

**la mano**
**la modelo**

Some nouns ending in -**a** are masculine:

**el clima**   **el mapa**
**el día**   **el planeta**

Nouns ending in -**e** or -**ista**, such as **estudiante** and **artista**, can either be masculine or feminine:

**el (la) estudiante**
**el (la) artista**

Some words ending in the same consonant may have a different gender:

**el disfraz**
**la nariz**

Feminine nouns that begin with a stressed **a**- or **ha**- take the definite article **el** in the singular:

**el agua**
**el hambre**

### FORMATION OF PLURAL NOUNS

| Add -**s** to nouns that end in a vowel. | | Add -**es** to nouns that end in a consonant. | | With nouns that end in -**z**, the -**z** changes to a -**c**. | |
|---|---|---|---|---|---|
| **SINGULAR** | **PLURAL** | **SINGULAR** | **PLURAL** | **SINGULAR** | **PLURAL** |
| libro | libros | profesor | profesores | vez | veces |
| casa | casas | papel | papeles | lápiz | lápices |

### DEFINITE ARTICLES

There are words that signal the class of the noun. One of these is the *definite article*. In English there is one definite article: *the*. In Spanish, there are four: **el, la, los, las.**

#### SUMMARY OF DEFINITE ARTICLES

| | Masculine | Feminine |
|---|---|---|
| *Singular* | **el** gato | **la** gata |
| *Plural* | **los** gatos | **las** gatas |

#### CONTRACTIONS

a + el ⟶ **al**
de + el ⟶ **del**

# INDEFINITE ARTICLES

Another group of words used with nouns is the indefinite article: **un, una** *(a or an)*, and **unos, unas** *(some).*

### SUMMARY OF INDEFINITE ARTICLES

|  | **Masculine** | **Feminine** |
|---|---|---|
| *Singular* | **un** gato | **una** gata |
| *Plural* | **unos** gatos | **unas** gatas |

# PRONOUNS

| Subject Pronouns | Direct Object Pronouns | Indirect Object Pronouns | Reflexive Pronouns | Objects of Prepositions |
|---|---|---|---|---|
| yo | me | me | me | mí |
| tú | te | te | te | ti |
| él, ella, Ud. | lo, la | le (se) | se | él, ella, Ud. |
| nosotros, nosotras | nos | nos | nos | nosotros, nosotras |
| vosotros, vosotras | os | os | os | vosotros, vosotras |
| ellos, ellas, Uds. | los, las | les (se) | se | ellos, ellas, Uds. |

### Double object pronouns

When used together, the indirect object pronoun always comes before the direct object pronoun.

> **¿Me la puedes traer?**

**Se** replaces **le** and **les** before the direct object pronouns **lo, la, los,** and **las.**

> **Se lo di al director.**

### Reflexives

Reflexive pronouns indicate that the subject both performs and receives the action of the verb.

> **Carlos se levantó temprano.**

Reflexive pronouns are used with some verbs to indicate inner processes or emotional reactions:

> **Amanda se enojó cuando oyó las noticias.**

The reflexive pronouns **nos, os,** and **se** can be used to express reciprocal actions:

> **Él y su abuelo se abrazaron.**

### Uses of se

**Se** can be combined with an indirect object pronoun and a verb to express an unintentional event:

> **Se me olvidó el libro.**

**Se** can also be used to express an indefinite subject:

> **Se habla español.**

**Se** can also be used to express the passive voice:

> **Se construyeron muchas casas.**

**Lo que**

The neuter relative pronoun **lo que** can be translated as *what*, *whatever*, or *which*.

**Eso es lo que dijo Susana.**

## ADJECTIVES

Adjectives are words that describe nouns. The adjective must agree in gender (masculine or feminine) and number (singular or plural) with the noun it modifies. Adjectives that end in **-e** or a consonant only agree in number. Descriptive adjectives are usually placed after the noun they modify.

### ADJECTIVE AGREEMENT

| Adjectives ending... | | Masculine | Feminine |
|---|---|---|---|
| with an **-o(a)** | *Singular* | el gato simpátic**o** | la gata simpátic**a** |
| | *Plural* | los gatos simpátic**os** | las gatas simpátic**as** |
| with an **-e** | *Singular* | el amigo inteligent**e** | la amiga inteligent**e** |
| | *Plural* | los amigos inteligent**es** | las amigas inteligent**es** |
| with a consonant | *Singular* | el traje azul | la blusa azul |
| | *Plural* | los trajes azul**es** | las blusas azul**es** |

## DEMONSTRATIVE ADJECTIVES

Demonstrative adjectives are used to point things out with their relationship to the speaker. They correspond to the English demonstrative adjectives *this*, *that*, *these*, and *those*.

| | Masculine | Feminine |
|---|---|---|
| *Singular* | **este** chico | **esta** chica |
| *Plural* | **estos** chicos | **estas** chicas |

| | Masculine | Feminine |
|---|---|---|
| *Singular* | **ese** chico | **esa** chica |
| *Plural* | **esos** chicos | **esas** chicas |

| | Masculine | Feminine |
|---|---|---|
| *Singular* | **aquel** chico | **aquella** chica |
| *Plural* | **aquellos** chicos | **aquellas** chicas |

## POSSESSIVE ADJECTIVES

Possessive adjectives tell you *whose* object or person is being referred to (*my* car, *his* book, *her* mother).

| Singular | | Plural | |
|---|---|---|---|
| **Masculine** | **Feminine** | **Masculine** | **Feminine** |
| **mi** libro | **mi** casa | **mis** libros | **mis** casas |
| **tu** libro | **tu** casa | **tus** libros | **tus** casas |
| **su** libro | **su** casa | **sus** libros | **sus** casas |
| **nuestro** libro | **nuestra** casa | **nuestros** libros | **nuestras** casas |
| **vuestro** libro | **vuestra** casa | **vuestros** libros | **vuestras** casas |

Note: Possession can also be expressed with the preposition **de: Es la casa** de **Fernando** instead of **Es su casa.**

## STRESSED POSSESSIVE ADJECTIVES

Stressed possessive adjectives are used for emphasis and always follow the noun they modify: **Ellos son amigos míos.** Stressed possessive adjectives may be used as pronouns by using the definite article and the adjective and simply dropping the noun: **Los zapatos tuyos son más caros que los míos.**

| Singular | | Plural | |
|---|---|---|---|
| **Masculine** | **Feminine** | **Masculine** | **Feminine** |
| mío | mía | míos | mías |
| tuyo | tuya | tuyos | tuyas |
| suyo | suya | suyos | suyas |
| nuestro | nuestra | nuestros | nuestras |
| vuestro | vuestra | vuestros | vuestras |
| suyo | suya | suyos | suyas |

## AFFIRMATIVE AND NEGATIVE EXPRESSIONS

| Affirmative | | | Negative | | |
|---|---|---|---|---|---|
| sí | algún, alguno(a) | también | no | ningún, ninguno(a) | tampoco |
| algo | algunos, algunas | o...o | nada | ningunos, ningunas | ni...ni |
| alguien | siempre | ya | nadie | nunca | todavía no |

# INTERROGATIVE WORDS

| | | |
|---|---|---|
| ¿Adónde? | ¿Cuánto(a)? | ¿Por qué? |
| ¿Cómo? | ¿Cuántos(as)? | ¿Qué? |
| ¿Cuál(es)? | ¿De dónde? | ¿Quién(es)? |
| ¿Cuándo? | ¿Dónde? | |

# COMPARATIVES

Comparatives are used to compare people or things. With comparisons of inequality, the same structure is used with adjectives, adverbs, or nouns. With comparisons of equality, **tan** is used with adjectives and adverbs, and **tanto/a/os/as** with nouns.

### COMPARATIVE OF INEQUALITY

$$\left.\begin{matrix} \textbf{más} \\ \textbf{menos} \end{matrix}\right\} + \left\{\begin{matrix} \text{adjective} \\ \text{adverb} \\ \text{noun} \end{matrix}\right\} + \textbf{que} \qquad \left.\begin{matrix} \textbf{más} \\ \textbf{menos} \end{matrix}\right\} + \textbf{de} + \text{number}$$

### COMPARATIVE OF EQUALITY

**tan** + adjective or adverb + **como**
**tanto/a/os/as** + noun + **como**

# SUPERLATIVES

To single out something as *the most* or *the least*, use **el/la/los/las** + (noun) + **más/menos** + adjective (+ **de**): **Es la película más divertida del año.**

### IRREGULAR FORMS OF COMPARATIVES AND SUPERLATIVES

| Adjectives | Regular | Irregular |
|---|---|---|
| bueno(a) | | mejor |
| malo(a) | | peor |
| grande | más grande | mayor |
| viejo(a) | más viejo(a) | |
| pequeño(a) | más pequeño(a) | menor |
| joven | más joven | |

The suffix **-ísimo** added to the stem of the adjective is another form of the superlative in Spanish: **grande: grandísimo, guapa: guapísima.**

# ADVERBS

Adverbs modify the action of a verb. They can be formed by adding **-mente** to the feminine singular form of adjectives. This is the equivalent of adding *-ly* to an adjective in English.

| | |
|---|---|
| Adjectives ending with an **-o** change **o** to **a** and add **-mente: claro→claramente** | |
| Adjectives ending with an **-a,** an **-e,** or with a consonant, just add **-mente:** | **general: generalmente** **horrible: horriblemente** **feliz: felizmente** |

# PREPOSITIONS

Prepositions define relationships in space and time between two or more elements in a sentence. These are common prepositions in Spanish:

| | | | |
|---|---|---|---|
| **a** | *to* | **detrás** | *behind* |
| **al lado** | *next to* | **en** | *in, on* |
| **arriba** | *over, above* | **encima** | *over, on top of* |
| **con** | *with* | **hacia** | *toward* |
| **de** | *of, from* | **hasta** | *until* |
| **debajo** | *under* | **para** | *for, in order to* |
| **delante** | *before* | **por** | *for, by* |
| **desde (que)** | *from, since* | **sin** | *without* |

A number of Spanish verbs require a preposition:

| | | | |
|---|---|---|---|
| **abusar de** | *to abuse* | **contar con** | *to count on* |
| **acabar de** | *to have just finished* | **dejar de** | *to stop* |
| **acordarse de** | *to remember* | **depender de** | *to depend on* |
| **aprender a** | *to learn to* | **fijarse en** | *to notice* |
| **asistir a** | *to attend* | **insistir en** | *to insist on* |
| **ayudar a** | *to help* | **pasar por** | *to go by* |
| **casarse con** | *to get married to* | **pensar en** | *to think of* |
| **comenzar a** | *to begin to* | **soñar con** | *to dream of* |

# POR VS. PARA

Even though the English preposition *for* translates into Spanish as both **por** and **para**, they cannot be used interchangeably:

| PARA | POR |
|---|---|
| Expresses purpose:<br>**Estudio para aprender.** | Expresses "through" or "by":<br>**Caminamos por el parque.** |
| Indicates a recipient:<br>**El regalo es para papá.** | Expresses mode of transportation:<br>**Carlos fue por autobús.** |
| Indicates destination:<br>**Salieron para Perú.** | Indicates a period of time:<br>**Estudié por tres horas.** |
| Indicates employment:<br>**Trabajo para el señor López.** | Expresses "in exchange for":<br>**Pagué $20.000 por mi carro.** |
| Indicates a deadline:<br>**Completen la tarea para mañana.** | Expresses "per":<br>**La gasolina cuesta $1,45 por galón.** |
| Indicates a person's opinion:<br>**Para mí, esa novela es exelente.** | Indicates the agent of an action:<br>**Fue construido por los romanos.** |

# USE OF *E* INSTEAD OF *Y*, *U* INSTEAD OF *O*

Use **e** instead of **y** before words beginning with **i-** or **hi-**:
guapo **e** inteligente
madres **e** hijas
This rule does not apply to words beginning with **hie-**:
agua y hielo

Use **u** instead of **o** before words beginning with **o-** or **ho-**:
camarones **u** ostras
mujer **u** hombre

# ORDINAL NUMBERS

Ordinal numbers are used to express ordered sequences. They agree in number and gender with the noun they modify. The ordinal numbers **primero** and **tercero,** just like **bueno,** drop the final **o** before a singular masculine noun.

| | |
|---|---|
| 1st | primero(a) |
| 2nd | segundo(a) |
| 3rd | tercero(a) |
| 4th | cuarto(a) |
| 5th | quinto(a) |
| 6th | sexto(a) |
| 7th | séptimo(a) |
| 8th | octavo(a) |
| 9th | noveno(a) |
| 10th | décimo(a) |

# COMMON EXPRESSIONS

## EXPRESSIONS WITH *TENER*

| | | | |
|---|---|---|---|
| **tener... años** | *to be ... years old* | **tener (mucha) prisa** | *to be in a (big) hurry* |
| **tener (mucho) calor** | *to be (very) hot* | **tener que** | *to have to* |
| **tener ganas de** | *to feel like* | **tener (la) razón** | *to be right* |
| **tener (mucho) frío** | *to be (very) cold* | **tener (mucha) sed** | *to be (very) thirsty* |
| **tener (mucha) hambre** | *to be (very) hungry* | **tener (mucho) sueño** | *to be (very) sleepy* |
| **tener (mucho) miedo** | *to be (very) afraid* | **tener (mucha) suerte** | *to be (very) lucky* |

## EXPRESSIONS OF TIME

To ask how long someone has been doing something, use
**¿Cuánto tiempo hace que** + present tense?

To say how long someone has been doing something, use
**Hace** + quantity of time + **que** + present tense.
　　Hace **seis meses** que **vivo** en Los Ángeles.
You can also use present tense + **desde hace** + quantity
of time.
　　**Vivo** en Los Ángeles **desde hace seis meses.**

## WEATHER EXPRESSIONS

| | |
|---|---|
| **Hace muy buen tiempo.** | *The weather is very nice.* |
| **Hace (mucho) calor.** | *It's (very) hot.* |
| **Hace fresco.** | *It's cool.* |
| **Hace (mucho) frío.** | *It's (very) cold.* |
| **Hace (muy) mal tiempo.** | *The weather is (very) bad.* |
| **Hace (mucho) sol.** | *It's (very) sunny.* |
| **Hace (mucho) viento.** | *It's (very) windy.* |
| But: | |
| **Está lloviendo (mucho).** | *It's raining (a lot).* |
| **Hay (mucha) neblina.** | *It's (very) foggy.* |
| **Está nevando.** | *It's snowing.* |
| **Está nublado.** | *It's overcast.* |

# VERBS

Verbs are the basic elements of a sentence. They tell us about the subject, the attitude of the speaker, the type of action, and when the action took place. Much of this information is found in the verb ending. For example, **llegarás** tells us that the subject is *you* (singular, familiar), that the action is *to arrive*, and that the speaker is referring to an action that will take place in the future.

## PERSON, NUMBER, TENSE, AND MOOD

Spanish assigns an ending to each verb according to person, number, tense, and mood.

There are three PERSONS: first, second, and third. For each person, there are two NUMBERS: singular and plural.

| Singular | Plural |
| --- | --- |
| yo<br>tú<br>usted, él, ella | nosotros/as<br>vosotros/as<br>ustedes, ellos, ellas |

There are three basic TENSES:

past
present
future

Moods express the attitude of a speaker toward an action. The speaker may report (indicative); request, express doubt, disbelief, or denial (subjunctive); or give an order (imperative). The three MOODS are called:

indicative
subjunctive
imperative

There are other forms of the verbs that do not reflect the subject or the attitude of the speaker. One of the forms is the infinitive. Dictionaries list verbs as infinitives, which end in **-ar, -er,** or **-ir.** The other two forms, present and past participles, often appear in dictionaries as well.

| Infinitive | | Present Participle | | Past Participle | |
| --- | --- | --- | --- | --- | --- |
| hablar<br>comer<br>vivir | *to speak*<br>*to eat*<br>*to live* | hablando<br>comiendo<br>viviendo | *speaking*<br>*eating*<br>*living* | hablado<br>comido<br>vivido | *spoken*<br>*eaten*<br>*lived* |

Some verbs have irregular past participles:

| | | | | |
|---|---|---|---|---|
| abrir | **abierto** | | morir | **muerto** |
| decir | **dicho** | | poner | **puesto** |
| describir | **descrito** | | resolver | **resuelto** |
| descubrir | **descubierto** | | romper | **roto** |
| escribir | **escrito** | | satisfacer | **satisfecho** |
| freír | **frito** | | ver | **visto** |
| hacer | **hecho** | | volver | **vuelto** |

## REGULAR VERBS

All verbs have a tense and mood, and agree with the person or thing which is the subject. We call this "conjugation." To conjugate a regular verb, drop the (-**ar**, -**er**, -**ir**) and add the endings in the following charts.

### INDICATIVE MOOD

### Present

The present tense is used for action taking place now or in general.

| -ar | -er | -ir |
|---|---|---|
| hablo | como | vivo |
| hablas | comes | vives |
| habla | come | vive |
| hablamos | comemos | vivimos |
| habláis | coméis | vivís |
| hablan | comen | viven |

### Present Progressive

If you want to emphasize that the action is in progress, use the present progressive. To do this, use the auxiliary verb **estar** (**estoy, estás, está, estamos, estáis, están**) with the present participle of the main verb: **hablando, comiendo, viviendo.**

### Present Perfect

If the action has been completed, but still affects the present, use the present perfect. Form the present perfect by using the auxiliary form **haber** (**he, has, ha, hemos, habéis, han**) with the past participle of the main verb: **hablado, comido, vivido.**

## Imperfect

The imperfect is used for ongoing or habitual actions in the past. It also describes the way things were, what used to happen or was going on, and mental and physical states in the past including age, clock time, and the way people felt in general. The verbs **ir, ser,** and **ver** are irregular in the imperfect.

| -ar | -er | -ir |
|---|---|---|
| hablaba | comía | vivía |
| hablabas | comías | vivías |
| hablaba | comía | vivía |
| hablábamos | comíamos | vivíamos |
| hablabais | comíais | vivíais |
| hablaban | comían | vivían |

| IR | SER | VER |
|---|---|---|
| iba | era | veía |
| ibas | eras | veías |
| iba | era | veía |
| íbamos | éramos | veíamos |
| íbais | érais | veíais |
| iban | eran | veían |

## Preterite

The preterite is used for actions that were completed in the past and to describe past actions viewed as a completed whole. It also describes how a person reacted emotionally to a particular event.

| -ar | -er | -ir |
|---|---|---|
| hablé | comí | viví |
| hablaste | comiste | viviste |
| habló | comió | vivió |
| hablamos | comimos | vivimos |
| hablasteis | comisteis | vivisteis |
| hablaron | comieron | vivieron |

The preterite also gives special meaning to certain verbs:

| conocer | Lo **conocí** ayer. *I met him yesterday.* |
|---|---|
| saber | Lo **supe** ayer. *I found out about it yesterday.* |

| querer | **Quiso** llamar. *He tried to call.* |
|---|---|
| no querer | **No quise** hacerlo. *I refused to do it.* |

The following verbs are irregular in the preterite:

| estar | estuv- | |
|---|---|---|
| poder | pud- | |
| poner | pus- | -e, -iste, -o |
| querer | quis- | -imos, -isteis |
| saber | sup- | -ieron |
| tener | tuv- | |
| venir | vin- | |

| decir | dij- | -e, -iste, -o |
|---|---|---|
| traer | traj- | -imos, -isteis |
| | | -eron |

**Dar, hacer, ser,** and **ir** are also irregular in the preterite

| DAR | HACER | SER/IR |
|---|---|---|
| di | hice | fui |
| diste | hiciste | fuiste |
| dio | hizo | fue |
| dimos | hicimos | fuimos |
| disteis | hicisteis | fuisteis |
| dieron | hicieron | fueron |

## Future

The future tense is used to describe what will take place. It can also be used to indicate probability about the present. It is formed by adding the following endings to the future stem of the verb. The infinitive serves as the future stem for most verbs.

| REGULAR | | |
|---|---|---|
| **-ar** | **-er** | **-ir** |
| hablar**é** | comer**é** | vivir**é** |
| hablar**ás** | comer**ás** | vivir**ás** |
| hablar**á** | comer**á** | vivir**á** |
| hablar**emos** | comer**emos** | vivir**emos** |
| hablar**éis** | comer**éis** | vivir**éis** |
| hablar**án** | comer**án** | vivir**án** |

Some verbs have irregular stems in the future tense:

| | | |
|---|---|---|
| **caber** | **cabr-** | |
| **haber** | **habr-** | |
| **poder** | **podr-** | |
| **querer** | **querr-** | |
| **saber** | **sabr-** | **-é, -ás, -á** |
| **poner** | **pondr-** | **-emos, -éis,** |
| **salir** | **saldr-** | **-án** |
| **tener** | **tendr-** | |
| **valer** | **valdr-** | |
| **venir** | **vendr-** | |
| **decir** | **dir-** | |
| **hacer** | **har-** | |

The future can also be expressed with **ir a** + infinitive: **Voy a hablar con mi jefa.**

## Conditional

The conditional expresses what would happen under certain circumstances. It is also used after if-clauses and to express probability about the past. The verbs that have irregular stems in the future tense have the same stems in the conditional.

| **-ar** | **-er** | **-ir** |
|---|---|---|
| hablar**ía** | comer**ía** | vivir**ía** |
| hablar**ías** | comer**ías** | vivir**ías** |
| hablar**ía** | comer**ía** | vivir**ía** |
| hablar**íamos** | comer**íamos** | vivir**íamos** |
| hablar**íais** | comer**íais** | vivir**íais** |
| hablar**ían** | comer**ían** | vivir**ían** |

### SUBJUNCTIVE MOOD

### Present Subjunctive

The subjunctive is required in all dependent clauses in which the verb of the main clause indicates request, intention, wish, or preference. Typical verbs of this type are: **querer, desear, prohibir, sugerir, preferir,** and **aconsejar: Mamá quiere que yo compre pan.**

The subjunctive is also used with expressions of emotion, such as **espero que** *(I hope that)*, **¡ojalá!** *(hopefully)*, **siento que** *(I'm sorry that)*, **me alegro que** *(I'm happy that)*, **es triste que** *(it's sad that)*, and **me sorprende que** *(it surprises me that)*:

**¡Ojalá que lleguemos a tiempo!**

You must use the subjunctive if the verb in the main clause expresses doubt, disbelief, uncertainty, disagreement, or denial:

**Dudo que podamos salir temprano.**

The subjunctive can be used to refer to something or someone whose existence is indefinite or that doesn't exist.

**Busco una casa que tenga tres cuartos.**
**No hay nadie aquí que conozca Italia.**

The subjunctive is used after all impersonal expressions that do NOT express certainty or truth:

**Es importante que estudies otro idioma.**
                  but:
**Es verdad que ese restaurante es malo.**

The subjunctive must be used after certain conjunctions such as: **antes (de) que** *(before)*, **para que** *(so that, in order that)*, **a fin de que** *(so that, in order that)*, **a menos que** *(unless)*, **con tal (de) que** *(provided that)*, **en caso (de) que** *(in case)*, and **sin que** *(without)*;

**Siempre entra sin que yo lo vea.**

The conjunctions **cuando, después de que, en cuanto, hasta que,** and **tan pronto como** require the subjunctive when they refer to actions that have not yet taken place:

**No comeremos hasta que llegue Felipe.**

When there is not a change of subject, the infinitive is often used:

**Espero graduarme en cuatro años.**

| -ar | -er | -ir |
|-----|-----|-----|
| hable | coma | viva |
| hables | comas | vivas |
| hable | coma | viva |
| hablemos | comamos | vivamos |
| habléis | comáis | viváis |
| hablen | coman | vivan |

The following verbs are irregular in the subjunctive:

**dar: dé, des, dé, demos, deis, den**
**estar: esté, estés, esté, estemos, estéis, estén**
**haber: haya, hayas, haya, hayamos, hayáis, hayan**
**ir: vaya, vayas, vaya, vayamos, vayáis, vayan**
**saber: sepa, sepas, sepa, sepamos, sepáis, sepan**
**ser: sea, seas, sea, seamos, seáis, sean**

## Present Perfect Subjunctive

The present perfect subjunctive is formed with the present subjunctive of **haber** (**haya, hayas, haya, hayamos, hayáis, hayan**) and a past participle. It is used like the present perfect indicative but only after verbs and expressions that require the subjunctive:

**Me alegro de que hayas venido.**

## Past Subjunctive

The past subjunctive is formed by removing **-on** from the **ellos/ellas/Uds.** form of the preterite and adding the following endings:

| -ar | -er | -ir |
|---|---|---|
| hablara | pudiera | durmiera |
| hablaras | pudieras | durmieras |
| hablara | pudiera | durmiera |
| hablaramos | pudiéramos | durmiéramos |
| hablarais | pudierais | durmierais |
| hablaran | pudieran | durmieran |

The past subjunctive is used in the contrary to fact if-clauses:

**Si pudiera, iría.**

## IMPERATIVE MOOD

The imperative is used to get people to do things. Its forms are sometimes called *commands:*

| | -ar | -er | -ir |
|---|---|---|---|
| tú | habla (no hables) | come (no comas) | vive (no vivas) |
| Ud. | hable (no hable) | coma (no coma) | viva (no viva) |
| nosotros | hablemos (no hablemos) | comamos (no comamos) | vivamos (no vivamos) |
| vosotros | hablad (no habléis) | comed (no comáis) | vivid (no viváis) |
| Uds. | hablen (no hablen) | coman (no coman) | vivan (no vivan) |

Several verbs have irregular **tú** imperative forms:

| | | | | | | |
|---|---|---|---|---|---|---|
| decir | **di** | (no digas) | | salir | **sal** | (no salgas) |
| hacer | **haz** | (no hagas) | | ser | **sé** | (no seas) |
| ir | **ve** | (no vayas) | | tener | **ten** | (no tengas) |
| poner | **pon** | (no pongas) | | venir | **ven** | (no vengas) |

Negative **tú** and **vosotros(as)** commands are formed with the present subjunctive:

**No compres ese carro.** **No salgáis sin abrigo.**

Affirmative **nosotros(as)** commands can also be formed using **vamos a** + infinitive:

**¡Vamos a jugar!**

Pronouns are always connected to affirmative commands. When attaching pronouns to an affirmative command, regular rules of accentuation may call for written accents over the stressed syllable. Pronouns always come right before the verb in negative commands.

**¡Tráemelo!** **No me lo traigas.**

# STEM-CHANGING VERBS

Stem-changing verbs have a spelling change in the stem.

## THE -AR AND -ER STEM-CHANGING VERBS

Some verbs ending in -ar and -er change from **e** to **ie** and **o** to **ue**. These changes occur in all persons except the **nosotros** and **vosotros** forms.

| Infinitive | Present Indicative | Imperative | Present Subjunctive |
|---|---|---|---|
| **querer (ie)** *(to want)* | quiero quieres quiere queremos queréis quieren | quiere (no quieras) quiera (no quiera) queramos (no queramos) quered (no queráis) quieran (no quieran) | quiera quieras quiera queramos queráis quieran |
| **pensar (ie)** *(to think)* | pienso piensas piensa pensamos pensáis piensan | piensa (no pienses) piense (no piense) pensemos (no pensemos) pensad (no penséis) piensen (no piensen) | piense pienses piense pensemos penséis piensen |
| **probar (ue)** *(to try)* | pruebo pruebas prueba probamos probáis prueban | prueba (no pruebes) pruebe (no pruebe) probemos (no probemos) probad (no probéis) prueben (no prueben) | pruebe pruebes pruebe probemos probéis prueben |
| **volver (ue)** *(to return)* | vuelvo vuelves vuelve volvemos volvéis vuelven | vuelve (no vuelvas) vuelva (no vuelva) volvamos (no volvamos) volved (no volváis) vuelvan (no vuelvan) | vuelva vuelvas vuelva volvamos volváis vuelvan |

Verbs that follow the same pattern:

| | | |
|---|---|---|
| acordar(se) | despertarse | poder |
| acostarse | doler | preferir |
| almorzar | empezar | querer |
| comenzar | llover | sentar |
| costar | pensar | soñar |

## THE -IR STEM-CHANGING VERBS

Stem-changing verbs ending in -**ir** may change from **e** to **ie**, from **e** to **i**, or from **o** to **ue** or **u**.

**e→ie, e→i**

**o→ue, o→u**

Such verbs also undergo a stem change in the preterite for the third persons singular and plural. The same stem change occurs in the -**ndo** form. For example: **pedir→pidió, pidieron, pidiendo; dormir→durmió, durmieron, durmiendo.**

| Infinitive | Indicative | | Imperative | Subjunctive |
|---|---|---|---|---|
| | **Present** | **Preterite** | | **Present** |
| **sentir (ie)** *(to feel)* <br><br> **-ndo** FORM <br> sintiendo | siento <br> sientes <br> siente <br> sentimos <br> sentís <br> sienten | sentí <br> sentiste <br> sintió <br> sentimos <br> sentisteis <br> sintieron | <br> siente (no sientas) <br> sienta (no sienta) <br> sintamos (no sintamos) <br> sentid (no sintáis) <br> sientan (no sientan) | sienta <br> sientas <br> sienta <br> sintamos <br> sintáis <br> sientan |
| **dormir (ue)** *(to sleep)* <br><br> **-ndo** FORM <br> durmiendo | duermo <br> duermes <br> duerme <br> dormimos <br> dormís <br> duermen | dormí <br> dormiste <br> durmió <br> dormimos <br> dormisteis <br> durmieron | <br> duerme (no duermas) <br> duerma (no duerma) <br> durmamos (no durmamos) <br> dormid (no durmáis) <br> duerman (no duerman) | duerma <br> duermas <br> duerma <br> durmamos <br> durmáis <br> duerman |

Verbs that follow this pattern:
**mentir, morir**
**e→i**
The verbs in this category are irregular in the same tenses as those of the first type. The only difference is that they only have one change: **e→i.**

| Infinitive | Indicative | | Imperative | Subjunctive |
|---|---|---|---|---|
| | **Present** | **Preterite** | | **Present** |
| **pedir (i)** *(to ask for, request)* <br><br> **-ndo** FORM <br> pidiendo | pido <br> pides <br> pide <br> pedimos <br> pedís <br> piden | pedí <br> pediste <br> pidió <br> pedimos <br> pedisteis <br> pidieron | <br> pide (no pidas) <br> pida (no pida) <br> pidamos (no pidamos) <br> pedid (no pidáis) <br> pidan (no pidan) | pida <br> pidas <br> pida <br> pidamos <br> pidáis <br> pidan |

Verbs that follow this pattern:
**seguir, servir, vestir, repetir, reír**

## VERBS WITH SPELLING CHANGES

Some verbs have a change in the spelling in some tenses in order to maintain the sound of the final consonant of the stem. The most common ones are those with the consonants **g** and **c**. Remember that **g** and **c** have a soft sound in front of **e** or **i**, but a hard sound in front of **a**, **o**, or **u**. In order to maintain the soft sound in front of **a, o,** or **u**, the letters **g** and **c** change to **j** and **z**, respectively. In order to maintain the hard sound of **g** or **c** in front of **e** and **i, u** is added to the **g** (**gu**) and the **c** changes to **qu**. The following verbs appear in the textbook.

1. Verbs ending in -**gar** change from **g** to **gu** before **e** in the first person of the preterite, in all persons of the present subjunctive, and in some persons of the imperative. Some verbs that follow the same pattern are **entregar, llegar,** and **jugar.**

   **pagar** *to pay*
   Preterite: pa**gu**é, pagaste, pagó, etc.
   Pres. Subj.: pa**gu**e, pa**gu**es, pa**gu**e, pa**gu**emos, pa**gu**éis, pa**gu**en
   Imperative: paga (no pa**gu**es), pa**gu**e, pa**gu**emos, pagad (no pa**gu**éis), pa**gu**en

2. Verbs ending in -**ger** or -**gir** change from **g** to **j** before **o** and **a** in the first person of the present indicative, in all the persons of the present subjunctive, and in some persons of the imperative. Some verbs that follow the same pattern: **recoger, escoger, elegir.**

> **proteger**  *to protect*
> Pres. Ind.:  protejo, proteges, protege, etc.
> Pres. Subj.:  proteja, protejas, proteja, protejamos, protejáis, protejan
> Imperative:  protege (no protejas), proteja, protejamos, proteged (no protejáis), protejan

3. Verbs ending in -**guir** change from **gu** to **g** before **o** and **a** in the first person of the present indicative, in all persons of the present subjunctive, and in some persons of the imperative.

> **seguir**  *to follow*
> Pres. Ind.:  sigo, sigues, sigue, etc.
> Pres. Subj.:  siga, sigas, siga, sigamos, sigáis, sigan
> Imperative:  sigue (no sigas), siga, sigamos, seguid (no sigáis), sigan

4. Verbs ending in -**car** change from **c** to **qu** before **e** in the first person of the preterite, in all persons of the present subjunctive, and in some persons in the imperative. Some verbs that follow the same pattern: **buscar, practicar, sacar, tocar.**

> **explicar**  *to explain*
> Preterite:  expliqué, explicaste, explicó, etc.
> Pres. Subj.:  explique, expliques, explique, expliquemos, expliquéis, expliquen
> Imperative:  explica (no expliques), explique, expliquemos, explicad (no expliquéis),
>     expliquen

5. Verbs that end in -**cer** or -**cir** and are preceded by a consonant change from **c** to **zc** before **o** and **a.** This change occurs in the first person of the present indicative and in all persons of the present subjunctive. Some verbs that follow the same pattern: **parecer, pertenecer, producir.**

> **conocer**  *to know, be acquainted with*
> Pres. Ind.:  conozco, conoces, conoce, etc.
> Pres. Subj.:  conozca, conozcas, conozca, conozcamos, conozcáis, conozcan

6. Verbs ending in -**zar** change from **z** to **c** before **e** in the first person of the preterite and in all persons of the present subjunctive. Verbs that follow the same pattern: **almorzar, empezar.**

> **comenzar**  *to start*
> Preterite:  comencé, comenzaste, comenzó, etc.
> Pres. Subj.:  comience, comiences, comience, comencemos, comencéis, comiencen

7. Verbs ending in -**aer** or -**eer** change from the unstressed **i** to **y** between vowels in the preterite third persons singular and plural, in all persons of the past subjunctive, and in the -**ndo** form. Note the accent marks over **i** in the **tú, nosotros** and **vosotros** forms in the preterite. Other verbs that follow the same pattern are **leer** and **caer.**

> **creer**  *to believe*
> Preterite:  creí, creíste, creyó, creímos, creísteis, creyeron
> Past Subj.:  creyera, creyeras, creyera, creyéramos, creyerais, creyeran
> -**ndo** form: creyendo
> Past Part.: creído

8. Verbs ending in -**uir** (except -**guir** and -**quir**) change from the unstressed **i** to **y** between vowels.

> **construir**  *to build*
> Pres. Part.:  construyendo
> Pres. Ind.:  construyo, construyes, construye, construimos, construís, construyen
> Preterite: construí, construiste, construyó, construimos, construisteis, construyeron
> Pres. Subj.:  construya, construyas, construya, construyamos, construyais, construyan
> Past. Subj.:  construyera, construyeras, construyera, construyéramos, construyerais, construyeran
> Imperative:  construye (no construyas), construya, construyamos, construid
>     (no construyáis), construyan

9. Some verbs stems ending in **i-** or **u-** change to **í** or **ú** respectively in the present indicative and present subjunctive in all persons except **nosotros** and **vosotros**. Some verbs that follow this pattern are **actuar, confiar, graduarse,** and **continuar.**

> **enviar**  *to send*
> Pres. Ind.:  **envío, envías, envía, enviamos, enviáis, envían**
> Pres. Subj.:  **envíe, envíes, envíe, enviemos, enviéis, envíen**

## IRREGULAR VERBS

These tenses are irregular in some tenses. Only those tenses included in this book are shown.

**abrir**  *to open*
> Past. Part.:  abierto

**dar**  *to give*
> Pres. Ind.:  doy, das, da, damos, dais, dan
> Preterite:  di, diste, dio, dimos, disteis, dieron
> Imperative:  da (no des), dé, demos, dad (no deis), den
> Pres. Subj.:  dé, des, dé, demos, deis, den
> Past Subj.:  diera, dieras, diera, diéramos, dierais, dieran

**decir**  *to say, tell*
> Pres. Ind.:  digo, dices, dice, decimos, decís, dicen
> Preterite:  dije, dijiste, dijo, dijimos, dijisteis, dijeron
> Future:  diré, dirás, dirá, diremos, diréis, dirán
> Conditional:  diría, dirías, diría, diríamos, diríais, dirían
> Imperative:  di (no digas), diga, digamos, decid (no digáis), digan
> Pres. Subj.:  diga, digas, diga, digamos, digáis, digan
> Past Subj.:  dijera, dijeras, dijera, dijéramos, dijerais, dijeran
> Past Part.:  dicho
> -**ndo** Form:  diciendo

**escribir**  *to write*
> Past Part.:  escrito

**estar**  *to be*
> Pres. Ind.:  estoy, estás, está, estamos, estáis, están
> Preterite:  estuve, estuviste, estuvo, estuvimos, estuvisteis, estuvieron
> Imperative:  está (no estés), esté, estemos, estad (no estéis), estén
> Pres. Subj.:  esté, estés, esté, estemos, estéis, estén
> Past Subj.:  estuviera, estuvieras, estuviera, estuviéramos, estuvierais, estuvieran

**haber**  *to have*
> Pres. Ind.:  he, has, ha, hemos, habéis, han
> Preterite:  hube, hubiste, hubo, hubimos, hubisteis, hubieron
> Future:  habré, habrás, habrá, habremos, habréis, habrán
> Conditional:  habría, habrías, habría, habríamos, habríais, habrían
> Pres. Subj.:  haya, hayas, haya, hayamos, hayáis, hayan
> Past Subj.:  hubiera, hubieras, hubiera, hubiéramos, hubierais, hubieran

**hacer**  *to do, make*
> Pres. Ind.:  hago, haces, hace, hacemos, hacéis, hacen
> Preterite:  hice, hiciste, hizo, hicimos, hicisteis, hicieron
> Future:  haré, harás, hará, haremos, haréis, harán
> Conditional:  haría, harías, haría, haríamos, haríais, harían
> Imperative:  haz (no hagas), haga, hagamos, haced (no hagáis), hagan
> Pres. Subj.:  haga, hagas, haga, hagamos, hagáis, hagan
> Past Part.:  hecho

**ir** *to go*
Pres. Ind.: voy, vas, va, vamos, vais, van
Imp. Ind.: iba, ibas, iba, íbamos, ibais, iban
Preterite: fui, fuiste, fue, fuimos, fuisteis, fueron
Imperative: ve (no vayas), vaya, vamos, id (no vayáis), vayan
Pres. Subj.: vaya, vayas, vaya, vayamos, vayáis, vayan
Past Subj.: fuera, fueras, fuera, fuéramos, fuerais, fueran
-**ndo** Form: yendo

**mantener** *to maintain, to keep*
(See **tener** for pattern to follow.)

**poder** *to be able to, can*
Pres. Ind.: puedo, puedes, puede, podemos, podéis, pueden
Preterite: pude, pudiste, pudo, pudimos, pudisteis, pudieron
Future: podré, podrás, podrá, podremos, podréis, podrán
Conditional: podría, podrías, podría, podríamos, podríais, podrían
Pres. Subj.: pueda, puedas, pueda, podamos, podáis, puedan
Past Subj.: pudiera, pudieras, pudiera, pudiéramos, pudierais, pudieran

**poner** *to place, put*
Pres. Ind.: pongo, pones, pone, ponemos, ponéis, ponen
Preterite: puse, pusiste, puso, pusimos, pusisteis, pusieron
Future: pondré, pondrás, pondrá, pondremos, pondréis, pondrán
Conditional: pondría, pondrías, pondría, pondríamos, pondríais, pondrían
Imperative: pon (no pongas), ponga, pongamos, poned (no pongáis), pongan
Pres. Subj.: ponga, pongas, ponga, pongamos, pongáis, pongan
Past Part.: puesto

**romper(se)** *to break*
Past Part.: roto

**saber** *to know*
Pres. Ind.: sé, sabes, sabe, sabemos, sabéis, saben
Preterite: supe, supiste, supo, supimos, supisteis, supieron
Future: sabré, sabrás, sabrá, sabremos, sabréis, sabrán
Conditional: sabría, sabrías, sabría, sabríamos, sabríais, sabrían
Imperative: sabe (no sepas), sepa, sepamos, sabed (no sepáis), sepan
Pres. Subj.: sepa, sepas, sepa, sepamos, sepáis, sepan
Past Subj.: supiera, supieras, supiera, supiéramos, supierais, supieran

**salir** *to leave, go out*
Pres. Ind.: salgo, sales, sale, salimos, salís, salen
Future: saldré, saldrás, saldrá, saldremos, saldréis, saldrán
Conditional: saldría, saldrías, saldría, saldríamos, saldríais, saldrían
Imperative: sal (no salgas), salga, salgamos, salid (no salgáis), salgan
Pres. Subj.: salga, salgas, salga, salgamos, salgáis, salgan

**ser** *to be*
Pres. Ind.: soy, eres, es, somos, sois, son
Imp. Ind.: era, eras, era, éramos, erais, eran
Preterite: fui, fuiste, fue, fuimos, fuisteis, fueron
Imperative: sé (no seas), sea, seamos, sed (no seáis), sean
Pres. Subj.: sea, seas, sea, seamos, seáis, sean
Past Subj.: fuera, fueras, fuera, fuéramos, fuerais, fueran

**tener** *to have*
 Pres. Ind.: tengo, tienes, tiene, tenemos, tenéis, tienen
 Preterite: tuve, tuviste, tuvo, tuvimos, tuvisteis, tuvieron
 Future: tendré, tendrás, tendrá, tendremos, tendréis, tendrán
 Conditional: tendría, tendrías, tendría, tendríamos, tendríais, tendrían
 Imperative: ten (no tengas), tenga, tengamos, tened (no tengáis), tengan
 Pres. Subj.: tenga, tengas, tenga, tengamos, tengáis, tengan
 Past Subj.: tuviera, tuvieras, tuviera, tuviéramos, tuvierais, tuvieran

**traer** *to bring*
 Pres. Ind.: traigo, traes, trae, traemos, traéis, traen
 Preterite: traje, trajiste, trajo, trajimos, trajisteis, trajeron
 Imperative: trae (no traigas), traiga, traigamos, traed (no traigáis), traigan
 Pres. Subj.: traiga, traigas, traiga, traigamos, traigáis, traigan
 Past Subj.: trajera, trajeras, trajera, trajéramos, trajerais, trajeran
 Past Part.: traído
 -**ndo** Form: trayendo

**valer** *to be worth*
 Pres. Ind.: valgo, vales, vale, valemos, valéis, valen
 Future: valdré, valdrás, valdrá, valdremos, valdréis, valdrán
 Conditional: valdría, valdrías, valdría, valdríamos, valdríais, valdrían
 Pres. Subj.: valga, valgas, valga, valgamos, valgáis, valgan

**venir** *to come*
 Pres. Ind.: vengo, vienes, viene, venimos, venís, vienen
 Preterite: vine, viniste, vino, vinimos, vinisteis, vinieron
 Future: vendré, vendrás, vendrá, vendremos, vendréis, vendrán
 Conditional: vendría, vendrías, vendría, vendríamos, vendríais, vendrían
 Imperative: ven (no vengas), venga, vengamos, venid (no vengáis), vengan
 Pres. Subj.: venga, vengas, venga, vengamos, vengáis, vengan
 Past Subj.: viniera, vinieras, viniera, viniéramos, vinierais, vinieran
 -**ndo** Form: viniendo

**ver** *to see*
 Pres. Ind.: veo, ves, ve, vemos, veis, ven
 Imp. Ind.: veía, veías, veía, veíamos, veíais, veían
 Preterite: vi, viste, vio, vimos, visteis, vieron
 Imperative: ve (no veas), vea, veamos, ved (no veáis), vean
 Pres. Subj.: vea, veas, vea, veamos, veáis, vean
 Past Subj.: viera, vieras, viera, viéramos, vierais, vieran
 Past Part.: visto

## *GUSTAR* AND VERBS LIKE IT

**Gustar, encantar, fascinar, chocar, interesar,** and **faltar** are used to talk about things you like, love, dislike, are interested in, or lack. The verb endings for **gustar** and verbs like it always agree with what is liked or disliked. The indirect object pronouns always precede the verb forms.

| If one thing is liked: | If more than one thing is liked: |
|---|---|
| me te le nos os les } gusta | me te le nos os les } gustan |

## SABER AND CONOCER

For the English verb *to know*, there are two verbs in Spanish, **saber** and **conocer**.

**Saber** means *to know* something or *to know how to* do something.
    **¿Sabes que mañana no hay clase?** *Do you know that there is no school tomorrow?*
    **¿Sabes chino?** *Do you know Chinese?*
    **¿Sabes patinar?** *Do you know how to skate?*

**Conocer** means *to be acquainted with* somebody or something:
    **¿Conoces a Alicia?** *Do you know Alicia?*
    **¿Conoces Madrid?** *Do you know Madrid?*
**Conocer** is followed by the personal **a** when it takes a person as an object.

## THE VERBS SER AND ESTAR

Both **ser** and **estar** mean *to be*, but they differ in their uses.

Use **ser**:
1. with nouns to identify and define the subject
    **La mejor estudiante de la clase es Katia.**
2. with **de** to indicate place of origin, ownership, or what something is made of
    **Carmen es de Venezuela.**
    **Este libro es de mi abuela.**
    **La blusa es de algodón.**
3. to give characteristics, such as physical and personality traits, nationality, religion, and profession
    **Mi tío es profesor. Es simpático e inteligente.**
4. to express the time, date, season and location of an event
    **Hoy es sábado y la fiesta es a las ocho.**
5. with the past participle to form the passive voice
    **El libro fue escrito por Octavio Paz.**

Use **estar**:
1. to indicate location or position of the subject
    **Lima está en Perú.**
2. to describe a condition that is subject to change
    **Maricarmen está enfadada.**
3. with the present participle (**-ndo** form) to describe an action in progress
    **Marion está escribiendo un poema.**
4. to convey the idea of *to look, to feel, to seem, to taste*
    **Tu hermano está muy guapo hoy.**
    **La sopa está sabrosa.**
5. with the past participle to refer to a condition which is the result of a previous action
    **La cama está tendida. La tendió Carlos.**

# Spanish-English Vocabulary

This vocabulary includes almost all words in the textbook, both active (for production) and passive (for recognition only). Active words and phrases are practiced in the chapter and are listed on the **Vocabulario** page at the end of each chapter. You are expected to know and be able to use active vocabulary. An entry in **boldface** type indicates that the word or phrase is active.

All other words are for recognition only. These are found in **De antemano**, in the **Pasos**, in realia (authentic Spanish-language documents), in **Panorama cultural, Encuentro cultural, Vamos a leer**, and in the Location Openers (travelogue sections). The meanings of these words and phrases can usually be understood from the context or may be looked up in this vocabulary. Many words have more than one definition; the definitions given here correspond to the way the words are used in the book.

Nouns are listed with definite article and plural form, when applicable. The numbers after each entry refer to Level 1, Level 2, or Level 3 and the chapter where the word or phrase first appears or where it becomes an active vocabulary word.

Although the **Real Academia** has deleted the letters **ch** and **ll** from the alphabet, many dictionaries still have separate entries for these letters. This end-of-book vocabulary follows the new rules, with **ch** and **ll** in the same sequence as in English.

Stem changes are indicated in parentheses after the verb: **poder (ue).**

**a** *to, at, in order to,* I; a cargo *in charge,* 1; a causa de *because of, due to,* 7; a condición de que *on condition that,* 3; **a continuación** *next,* II; a la larga *in the long run,* 8; **a la vez** *at the same time,* III3; a lo largo *along,* 9; a lo lejos *in the distance,* 12; **A lo mejor...** *Perhaps...,* III8; **a menos (de) que** *unless,* III10; a menudo *often,* 4; a nivel (nacional) *at the (national) level,* 10; a pesar de *in spite of,* 5; **A propósito...** *By the way...,* III6; **...a quien le guste(n)...,** *... who likes...,* III7; a solas *alone,* 7; a través *through, throughout,* 5; **A ver...** *Let's see...,* III3
abajo *down,* 10
**las abdominales** *sit-ups,* II
la abeja *bee,* 11
**abierto(a)** (past participle of **abrir**) *opened, open,* III1
el abismo *abyss,* 9
**el abogado, la abogada** *lawyer,* III12
abolir *to abolish,* 11
abordar *to board,* 9
aborrecer (zc) *to abhor,* 11
**el abrazo** *hug,* III7; **darle un abrazo** *to give someone a hug,* III7
**abril** (m.) *April,* I

**abrir** *to open,* I
abrumado(a) *overwhelmed,* 2
absorto(a) *engrossed,* 9
absurdo(a) *absurd,* 8
**la abuela** *grandmother,* I
**el abuelo** *grandfather,* I
**los abuelos** *grandparents,* I
la abundancia *abundance,* 11
**aburrido(a)** (with **ser**) *boring,* I; (with **estar**) *bored, boring,* II
el aburrimiento *boredom,* 7
acabar *to finish,* 1; acabar de *to have just,* 10
**acabarse** *to run out of,* III4; **Se me acabó (acabaron)...** *I ran out of...,* III4
**acampar** *to camp,* I
acceder *to agree,* 3
el acceso *access,* 3
el accidente *accident,* 6
la acción *action,* 10
el aceite *oil,* 2
la aceituna *olive,* 1
acentuar *to increase,* 7
acerado(a) *steely,* 9
acerca de *concerning,* 4
el acero *steel*
acoger *to take in; to welcome,* 6
**acompañar (a)** *to go with,* II
**aconsejar** *to advise,* III2; **Te aconsejo** + inf. *I advise you to...,* III2; **Te aconsejo que...** *I recommend that you...,* III6
el acontecimiento *happening, event,* 5
**acordar (ue) la paz** *to make peace,*

III5; **Los dioses quieren que los guerreros acuerden la paz.** *The gods want the warriors to make peace.,* III5
**acordarse (ue) de** *to remember,* II
**acostarse (ue)** *to go to bed,* II
acostumbrado(a) *used to,* 1
acostumbrarse *to get used to,* 10
acre *acrid,* 11
**la actitud** *attitude,* III9
la actividad *activity,* 3
los actores *actors,* 5
la actriz (pl. las actrices) *actress,* 8
la actualidad *present time,* 8
**actualizar** *to update,* III12
**actuar** *to act,* III11; **Si no actuamos ahora...** *If we don't act now...,* III11
la acuarela *watercolor,* 6
el acuarelista, la acuarelista *water-color painter,* 6
**el acuario** *aquarium,* I
acudir *to go,* 6
el acuerdo *agreement;* **De acuerdo.** *Agreed.,* I; *All right.,* II
acumulado(a) *accumulated,* 11
acusar *to accuse,* 5
**adaptarse** *to adapt, to adjust,* III3
adecuado(a) *appropriate,* 3
**los adelantos** *advances,* III3
**además** *besides,* I
adentro *inside,* 4
**el adhesivo** *sticker,* III1; **coleccionar adhesivos** *to collect stickers,* III1
**Adiós.** *Goodbye.,* I

adivinar *to guess*, 1

el adivino, la adivina *fortune teller*, 5

adjuntar *to attach*, 12

la administración de empresas *business administration*, 10

la administración hotelera *hotel administration*, 12

**admirar** *to admire*, 5; **Admiro mucho...** *I admire . . . very much*, III6

**admitir un error** *to admit a mistake*, III7

**¿adónde?** *to where?*, I

adorar *to adore*, 4

adquirir (ie) *to acquire*, 6

la aerolínea *airline*, 12

el aeropuerto *airport*

afectar *to affect*, 3

**afeitarse** *to shave*, I

aficionado(a) *enthusiastic*, 6

**el aficionado, la aficionada** *fan*, III1; **Soy un(a) gran aficionado(a) a...** *I'm a big fan of . . .*, III1

afirmar *to affirm*, 8

afónico(a) *silent*, 11

afortunado(a) *fortunate*, 6

agacharse *to bend down, to duck*, 12

la agencia de publicidad *ad agency*, 4

agilizar *to make active or quick, to facilitate*, 3

agitado(a) *upset, agitated*, 7

**agobiado(a)** *worn out, overwhelmed*, III2

agolparse *to crowd in*, 9

**agosto** (m.) *August*, I

**agotado(a)** *exhausted*, III2

el agotamiento *exhaustion*, 2

agradable *pleasant*

agradecer (zc) *to be grateful for*, 7

**agradecido(a)** *grateful*, III10

agregar *to add*, 2

agrícola (m./f.) *agricultural*

los agricultores *farmers*, 4

**el agua** (f.) *water*, I

**el aguacate** *avocado*, III4; **la ensalada de aguacate** *avocado salad*, III4

**el aguacero** *downpour*, II

**aguantar** *to bear, to put up with, to stand*, III7; **No aguanto a nadie que sea descortés.** *I can't stand anyone who's rude.*, III7; **No hay quien lo (la) aguante.** *Nobody can stand him (her).*, III1

agudo(a) *sharp*, 5

**el águila** (f.) *eagle*, II

el agujero *hole*, 7

**ahora** *now*, I

ahorrar *to save (money)*, 2

**el aire** *air*; **el aire acondicionado** *air conditioning*, II; **el aire libre** *open air*, II; **el aire puro** *fresh air*, II

el ají (dulce) *sweet pepper*, 4

el ají (picante) *hot pepper*, 4

**el ajo** *garlic*, III4; **Tiene sabor a ajo.** *It tastes like garlic.*, III4

el ajuar *trousseau*, 7

ajustar *to adjust, to fit*

**al** (**a + el**) *to the*, I; al + inf. *upon (doing)*, 1; **Al contrario.** *On the contrary.*, III5; **Al final...** *Finally . . .*, II; al gusto *to taste*, 4; **al lado de** *next to*, I; *alongside*, II; al respecto *on the matter*, 7; **al ... siguiente** *on the next (day, year, . . .)*, II

alargado(a) *elongated*, 12

alargar *to lengthen*, 2

**el albergue juvenil** *youth hostel*, II

el alcalde, la alcaldesa *mayor*, 1

**alcanzar** *to achieve, to attain*, III10; **Alcancé éxito en...** *I achieved success in . . .*, III10; no les alcanza para vivir *they don't have enough to live on*, 3

la aldea *village*, 4

**alegrarse** *to be glad*, III7; **Me alegro que...** *I'm glad that . . .*, III7; **Se alegró mucho.** *He (She) was very happy.*, III9

alegre *happy*, 3

la alegría *happiness*, 2

alejarse *to distance oneself*, 11

el alemán *German (language)*, 7

**Alemania** (f.) *Germany*, I

los alfajores *snack consisting of two or three cookies layered with chocolate or caramel and covered with chocolate*

el alfiler *pin*, 7

**algo** *something, anything*, I

**el algodón** *cotton*, I

algodonoso(a) *downy*, 4

**alguien** *somebody*, III5; **Alguien me dijo que...** *Somebody told me that . . .*, III5; **Bueno, debe ser alguien...** *Well, it's someone . . .*, III7; **Busco a alguien...** *I look for someone . . .*, III7

**algún día** *someday*, II

alhajado(a) *decked with jewels*, 6

el aliado, la aliada *ally*, 5

**la alimentación** *nutrition*, III2; **tener buenos hábitos de alimentación** *to have good eating habits*, III2

**alimentarse bien (mal)** *to eat well (poorly)*, III2

el alimento *nourishment, food*, 10

**aliviar el estrés** *to relieve stress*, III2

**allá** *there*, I

el alma *soul*, 6

**el almacén** (pl. **los almacenes**) *department store*, I

**las almejas** *clams*, III4

**almorzar** (**ue**) *to eat lunch*, I

**el almuerzo** *lunch*, I

**Aló.** *Hello. (telephone greeting)*, I

el alpinismo *mountain climbing*, 1

alquilar *to rent*, 4

alrededor *around*, 10; los alrededores *surroundings*, 5

los altibajos *ups and downs*, 7

**alto(a)** *tall*, III1

la altura *height*

**el aluminio** *aluminum*, II

**amable** *nice, kind*, III4; **¿Serías tan amable de dármela?** *Would you be so kind as to give it to me?*, III4

el amado, la amada *loved one*, 5

el amante, la amante *lover*, 5

amar *to love*, 1

**amarillo(a)** *yellow*, I

amazónico(a) *relating to the Amazon region*

ambarino(a) *relating to amber*, 1

**la ambición** (pl. **las ambiciones**) *ambition*, III5; **Era una de mis grandes ambiciones.** *It was one of my great ambitions.*, III5

ambiental *environmental*, 11

**el ambiente** *environment*, 5; **el ambiente de trabajo** *workplace environment*, III12

ambiguo(a) *ambiguous*, 8

el ámbito de... *the field of . . .*, 10

ambos(as) *both*, 6

la ambulancia *ambulance*, 4

la amenaza *threat*, 6

amenazar *to threaten*, 8

**amigable** *friendly*, III9

**el amigo, la amiga** *friend*, I; **hacerse amigo(a) de** *to make friends with*, II

**la amistad** *friendship*, III7

el amor *love*, 10

amplio(a) *broad*, 9

el amuleto *amulet*, 5

el ananás *pineapple*, 4

**anaranjado(a)** *orange*, I

**ancho(a)** *loose (clothes)*, II

anciano(a) *old*, 5

los ancianos *elderly people*, 5

andar *to go, to walk, to move*, 2; andar (bien) *to be going (well)*, 12; andar con *to hang around with*, 7

**el andén** (pl. **los andenes**) *platform*, II

el andinismo *mountain climbing*, 1

andino(a) *Andean, relating to the Andes mountains*

anduvo (pret. of andar) *he (she/it) went*, 1

el anfitrión, la anfitriona *host, hostess*, 4

el ángel *angel*; **tan bueno(a) como un ángel** *(as good as) a saint*, II

la anguila *eel*, 1

el ángulo *angle*, 12

la angustia *anguish*, 6

el anillo *ring*, 4

animar *to liven up*, 9

**¡Ánimo!** *Cheer up!*, III7

animoso(a) *brave, determined*, 9

**anoche** *last night*, I

anónimo(a) *anonymous*, 10

anotar *to write down*, 2

**ansioso**(a) *anxious*, III2

**anteanoche** *the night before last*, I

**anteayer** *the day before yesterday*, I

los antecedentes *background*, 12

**la antena parabólica** *satellite dish*, III3

los anteojos *glasses*, 1

**anterior** *previous, before*, II; **el día anterior** *the day before*, II

**antes de** *before*, I; **Antes de terminar...** *Before finishing . . .*, III10

**Antes que empiecen las clases...** *Before classes begin . . .*, III10

anticuado(a) *out-of-date*, 3

**antiguo(a)** *old, ancient*, III6

**antipático(a)** *disagreeable*, I

antipatiquísimo(a) *not at all nice*, 2

**la antropología** *anthropology*, I

el anuario *yearbook*, 3

**anunciar** *to announce*, III8

**el anuncio** *commercial, advertisement*, III8; **los anuncios clasificados** *classified ads*, III8

**añadir** *to add*, II

**el año** *year*, I; **el Año Nuevo** *New Year's Day*, I; **tener... años** *to be . . . years old*, I

**el aparato eléctrico** *electrical appliance*, III3

aparecer (zc) *to appear*, 3

el aparcero, la aparcera *sharecropper*, 12

la apariencia *physical appearance*, 2; las apariencias *appearances*, 9

**aparte** *separate*, I

el apellido *last name*, 9

apenas *scarcely, barely*, 1

la apertura *opening*, 3

el apetito *appetite*, 4

aplacar *to pacify*, 2

aplanado(a) *flattened*, 4

aplazar *to put off*, 2

**aplicado(a)** *studious*, II

**la aportación** *contribution*, III10

**aportar** *to contribute*, III10

el aporte *contribution*, 10

el apóstol *apostle*

**apoyar** *to support*, III7; **que me apoye** *that supports me*, III7

el apoyo *support*, 2

**apreciar** *to appreciate*, III9

el aprecio *appreciation*, 10

**aprender a** + inf. *to learn (to do something)*, III6

**aprender de memoria** *to memorize*, II

el aprendizaje *learning*, 5

**aprobar (ue)** *to pass (an exam)*, II

apropiado(a) *appropriate*, 1

aprovechar *to take advantage of, to use*, 1

aproximadamente *approximately*, 3

la aptitud física *physical fitness*, 12

**apuntar** *to make a note of, to write down*, II

**los apuntes** *notes;* **tomar apuntes** *to take notes*, II

el apuro *difficult situation*, trouble, 4

aquel *that;* **en aquel entonces** *at that point in time*, II

**aquí** *here*, I

árabe *Arabic*

la araña *spider*, 11

**el árbol** *tree*, II

el arco *bow*, 5

el arco iris *rainbow*, 4

la ardilla *squirrel*, 9

la arepa *flattened, round bread made of fried or baked cornmeal*

**el arete** *earring*, I

**argentino(a)** *Argentine*, II

el argumento *plot*, 8

armar *to arm*, 5

**el armario** *closet*, I

el armazón *framework*, 9

el aro *hoop*, 5

el arqueólogo, la arqueóloga *archeologist*, 3

**el arquitecto, la arquitecta** *architect*, III12

la arquitectura *architecture*, 12

arrancar *to tear off*, 3

arrastrar *to drag*, 9

arrear *to urge on*, 5

arrebatar *to wrench*, 9

arreglar *to fix*, 3

arreglarse bien *to dress well*, 12

el arreglo de flores *flower arrangement*, 7

arremetieron contra *attacked*, 5

arriba *above*, 6

arrepentir (ie, i) *to regret*, 11

**arrogante** *arrogant*, III9

arrojar *to throw down*, 5

**el arroz** *rice*, I

**el arte** (m./f.) (pl. las artes) *art*, I; las artes dramáticas *drama*, 6; **las artes marciales** *martial arts*, II

la artesanía *crafts*

el artesano, la artesana *craftsman*, 5

**el artículo** *article*, III8

**el artista, la artista** *artist*, III6

**artístico(a)** *artistic*, II

el asado *roast*

asado(a) *roast*, III4; **el puerco asado** *roast pork*, III4

la ascendencia *ancestry*, 9

la ascensión *ascension*, 1

asco: **¡Qué asco!** *How disgusting!*, III4

asegurar *to ensure, to reassure*, 5

aséptico(a) *clean*, 11

asesinar *to murder, to assassinate*, 4

el asesinato *murder, assassination*, 11

el asesino, la asesina *murderer, assassin*, 11

**así** *so, thus, here's how*, II; **Así es.** *That's right.*, III5; **así que** *so*, III10

asiático(a) *Asian*, 9

el asiento *seat*, 5

**asimilarse** *to assimilate*, III10

**asistir a** *to attend*, I

asomarse *to lean out*, 9

asombrar *to amaze*, 5

áspero(a) *rough, rude*, 12

**la aspiración** (pl. **las aspiraciones**) *aspiration, ambition*, III10

**la aspiradora** *vacuum cleaner*, I; **pasar la aspiradora** *to vacuum*, I

**aspirar a** *to aspire to*, III10

asqueroso(a) *disgusting*, 2

el asunto *subject, matter*, 4

**asustarse** *to be frightened*, II

atar *to tie*, 3

**atender (ie)** *to help, to be of help, to assist*, II

Atentamente *Yours truly*, 10; *attentively*, 11

el aterrizaje *landing*, 5

el atleta, la atleta *athlete*, 8

**el atletismo** *track and field*, II

la atmósfera *atmosphere*, 11

atmosférico(a) *atmospheric*, 11

atónito(a) *astonished*, 11

la atracción (pl. las atracciones) *attraction*, 10

atraer *to attract*, 8

atrapado(a) *trapped, entrapped*, 3

**atrasado(a)** *late*, I

atravesar (ie) *to go through, to cross*, 9

atreverse *to dare*, 11

**el atún** *tuna*, I

la audiencia *audience*, 8

**aumentar** *to grow*, III11; *to increase*, 12; **aumentar de peso** *to put on weight*, II

aunque *although*, 12

**el autobús** (pl. los autobuses) *bus*, I

el automercado *supermarket*, 4

el automóvil *automobile*, 3

**la autopista** *freeway, highway*, III3

el autor, la autora *author*, 3

las autoridades *authorities*, 6

el autorretrato *self-portrait*, 6

¡Auxilio! *Help!*, 4

el avance *advance*, 3

avanzado(a) *advanced*, 3

avanzar *to move forward, to advance*, 3

la avaricia *greed*, 5

**el ave** (f.) *bird*, II

la avenida *avenue*

**aventurero(a)** *adventurous*, II

avergonzarse (üe) *to be embarrassed*, 12

**averiguar** *to find out*, II

la aversión *dislike*, 1

el avión (pl. los aviones) *airplane*, 11

avisado(a) *wise*, 9

**¡Ay!** *Oh!*, II

ayer *yesterday*, I

el ayudante, la ayudante *helper*, 11

**ayudar** *to help*, I; **ayudar a** + inf. *to help (do something)*, I; **¿Me podrías ayudar a...?** *Could you help me (to) . . .?*, III4; **Por favor, ayúdame con...** *Please help me with . . .*, III4

**el ayuntamiento** *town hall*, III3

**el azúcar** *sugar*, I

**azul** *blue*, I

baboso(a) *runny*, 3

**el bacalao** *cod*, III4

el bachaco *big ant*, 4

la bahía *bay*
**bailar** *to dance,* I
**el bailarín, la bailarina** *dancer,* III6
**el baile** *dance,* I
**bajar** *to decrease,* III11; **bajar de peso** *to lose weight,* II; **bajar el río en canoa** *to go canoeing,* I; **bajar por** *to go down (a street or road),* II; **bajarse del autobús** *to get off the bus,* II
**bajo(a)** *short, low,* I
**balanceado(a)** *balanced,* II
balancear *to balance,* 10
el balcón *balcony,* 1
**la ballena** *whale,* II
**el baloncesto** *basketball,* I
la balsa *float, raft,* 5
**el banco** *bank,* II
**la banda** *band,* II
la bandera *flag,* 7
**el banquero, la banquera** *banker,* III12
**bañarse** *to take a bath,* II; *to go swimming,* 1
**barato(a)** *cheap,* I; **en barata** *on sale,* II
**la barba** *beard,* III1
el barco *boat*
la barra *pole,* 9
**barrer** *to sweep,* II
el barril *barrel,* 3
el barrio *neighborhood,* 2
el barro *clay,* 6
basarse *to base,* 4
**bastante** *enough, pretty, quite,* I
bastar *to be enough,* 2; me basta *it's enough for me,* 2
**la basura** *garbage, trash,* II
**el basurero** *trash can,* III3
la batalla *battle,* 5
la batata *sweet potato,* 4
**la batería** *drum set,* III1
la batida *milkshake (Puerto Rico)*
**el batido** *milkshake,* I
**beber** *to drink,* I
**la bebida** *beverage,* I
la beca *scholarship,* 7
**el béisbol** *baseball,* I
la belleza *beauty*
bello(a) *beautiful,* 6
**los beneficios** *benefits,* III12
beneficioso(a) *beneficial,* 11
el beso *kiss,* 2
**la biblioteca** *library,* I
el bicho *insect,* 11
**la bicicleta** *bike,* I; **montar en bicicleta** *to ride a bike,* I
**bien** *well, good, all right, O.K.,* I; bien hecho(a) *well made,* 8
los bienes *possessions,* 8
**el bienestar** *well-being,* II
**el bigote** *moustache,* III1
bilingüe *bilingual,* 10
el billonario, la billonaria *billionaire,* 8
la bioquímica *biochemistry*
Birmania *Burma (Myanmar),* 1

la birria *pork stew with red chile sauce*
**el bistec** *steak,* I; **el bistec a la parrilla** *grilled steak,* III4
bizquear *to squint,* 12
**blanco(a)** *white,* I
blindado(a) *iron-clad, armored,* 1
**el bloqueador** *sunscreen,* I
los bloques *row housing,* 3
**los bluejeans** *bluejeans,* I
**la blusa** *blouse,* I
**bobo(a)** *silly, dumb,* III9
**la boca** *mouth,* I
**la boda** *wedding,* III5; **celebrar la boda** *to celebrate the wedding,* III5
**la bodega** *grocery store,* III4
la bola *ball,* 12
**el boleto** *ticket,* I
**el bolígrafo** *ballpoint pen,* I
**boliviano(a)** *Bolivian,* II
la bolsa *bag,* 4
el bolsillo *pocket,* 3
el bolso *purse, moneybag,* 5
el bombero, la bombera *firefighter,* 4
**bondadoso(a)** *kind,* II
**bonito(a)** *pretty, nice,* I
el borde *edge,* 9
**el bosque** *forest,* I
la bota *throwing (colloquial),* 11
**botánico(a)** *botanical,* II
**botar** *to throw out,* III3
**las botas** *boots,* I
el botecillo *small boat,* 9
la botella *bottle,* 11
el boyero, la boyera *ox driver,* 5
**el brazo** *arm,* I
breve *brief,* 4
brillar *to shine,* 12
brindar *to offer,* 7
la broma *joke, prank,* 6
el bronce *bronze,* 11
**broncearse** *to suntan,* III2
brutal *rough,* 11
la brutalidad *brutality,* 5
**bucear** *to go scuba diving,* III1
**el buceo** *scuba diving,* III1
buen consejo *good advice,* 2
**el buen humor** *good mood,* III7; **Estoy de buen humor.** *I'm in a good mood.,* III7
**buena gente** *nice (person, people),* III1
**bueno(a)** *good,* I
**Bueno...** *Well...,* III3; **Bueno, puede ser, pero...** *Well, that may be, but...,* III5
el buey *ox,* 5
**la bufanda** *scarf,* I
el buitre *vulture,* 5
la bujía *spark plug,* 4
**burlarse de** *to make fun of,* III9; **Niego haberme burlado de...** *I deny having made fun of...,* III9; **se burlaron de** *they made fun of,* III9
**buscar** *to look for,* I; **Buscaré...** *I'll look for...,* III12; Busco a

alguien... *I look for someone...,* III7; **Es necesario que busquemos...** *It's necessary for us to look for...,* III6
la búsqueda *search,* 2

## C

el caballero *gentleman,* 7
**el caballo** *horse,* I; **montar a caballo** *to ride a horse,* I
la cabecilla *head,* 9
el cabello *hair,* 2
caber: **No cabe la menor duda.** *There's absolutely no doubt.,* III8; no cabía en sí *couldn't contain himself (herself),* 11
**la cabeza** *head,* I
**el cable** *cable,* III8; **por cable** *on cable,* III8
la cachapa *fresh-corn pancake*
el cacique *Indian chief,* 5
**cada** *each, every,* I; **cada vez hay más... y menos...** *there are more and more... and less and less...,* II
**la cadena** *(broadcast) network,* III8; *chain,* 7
**caer bien (mal): Me (Te,...) cae bien (mal)** *I (You,...) really like (don't like) someone,* II
**caerse** *to fall down,* II; **Se nos cayó (cayeron)...** *We dropped...,* III4
**el café** *coffee,* I; **de color café** *brown,* I
**la cafetería** *cafeteria,* I
**la caja** *cash register,* II
**el cajero, la cajera** *cashier,* II
la cajeta *caramelized milk*
el cajón *drawer,* 12; el cajón de palma y corona *casket,* 7
la cal *lime,* 12
la calabaza *pumpkin,* 4
los calamares *squid,* 1; los calamares en su tinta *squid cooked in its ink,* 1
**el calambre** *cramp,* II
**los calcetines** *socks,* I
la calcomanía *sticker,* 1
**la calculadora** *calculator,* I
calcular *to calculate,* 3
el caldo gallego *soup made with greens, potatoes, sausage, pork, and beef*
**la calefacción** *heat,* II
el calendario *calendar,* 5
calentar (ie) *to heat,* 9
**la calidad** *quality,* 4; **la calidad del aire** *air quality,* III3
**caliente** *hot,* I
la calificación *grade (on an assignment),* 2
**callado(a)** *quiet,* III9
la calle *street*
la calma: **tomar las cosas con calma** *to take things calmly,* III2
la caloría *calorie,* 4

**calvo(a)** *bald,* II
la **calzada** *roadway,* 9; las calzadas *footings, foundation,* 9
la **cama** *bed,* I
la **cámara** *camera,* I
el **camarada,** la camarada *comrade,* 6
la **camarera** *waitress,* I
el **camarero** *waiter,* I
los **camarones** *shrimp,* I
**cambiar** *to change,* II; **Cambiando de tema, ¿qué me dices de...?** *Changing subjects, what can you tell me about . . .?,* III6; **ha cambiado mucho** *has changed a lot,* III3
la **camilla** *stretcher,* 6
**caminar** *to walk,* I; **caminar con el perro** *to walk the dog,* I
la **caminata** *hike, stroll, walk,* I
el **camino** *path, road,* 3
el **camión** *bus (Mexico),* 6
la **camisa** *shirt,* I
la **camiseta** *T-shirt,* I
el **campamento** *camp,* 9
la **campana** *bell,* 9
**campanear** *to ring bells,* 9
la **campaña** *campaign,* 11; la campaña publicitaria *advertising campaign,* 8
el **campeonato** *championship,* 7
el **campesino,** la campesina *peasant,* 11
el **campo** *country,* I; *field,* 10; el campo deportivo *playing field,* 10
el **canal** *channel,* III8
las **canas** *gray hair,* I
**cancelar** *to cancel,* 8
la **cancha de (fútbol, tenis)** *(soccer) field, (tennis) court,* I
la **canción** (pl. las canciones) *song,* 8
la **canoa** *canoe,* I
**canoso(a)** *white-haired,* II
**cansado(a)** *tired,* I
**cansarse** *to get tired,* II
el **cantante,** la cantante *singer,* III6
**cantar** *to sing,* I
la **cantera** *quarry,* 9
la **cantidad** *quantity,* 4
la **caña de azúcar** *sugarcane*
la **capa** *cape,* 5; **la capa de ozono** *ozone layer,* II
la **capacidad** *ability,* 6
**capaz** (pl. capaces) *capable,* 9
el **capitán,** la capitana *captain,* 10
la **cápsula de información** *time capsule,* 3
**captar** *to capture,* 7
la **cara** *face,* 10
el **carácter** *character,* 10
**¡Caramba!** *My goodness!,* 4
las **caraotas** *beans (Venezuela),* III4
el **caraqueño,** la caraqueña *resident of Caracas*
el **carbohidrato** *carbohydrate,* 4
la **carbonada criolla** *barbecued meat*
la **carcajada** *loud laughter,* 2
la **cárcel** *jail,* 5
**cardinal** *cardinal (adj.),* 1
la **carga** *load,* 9

**cargado(a)** *heavy, loaded,* 3
**caribeño(a)** *Caribbean (adj.)*
el **cariño** *affection,* II; **con cariño** *affectionately,* II
**cariñoso(a)** *affectionate,* I
la **carne** *meat,* I; **la carne de res** *beef,* I
la **carnicería** *butcher shop,* III4
las **carnitas** *fried or roast pork bits*
**caro(a)** *expensive,* I
la **carpeta** *folder,* I
el **carpintero,** la carpintera *carpenter,* III12
la **carrera** *race,* 10; *career,* 10
la **carreta** *cart,* 5
la **carretera** *road,* 11
el **carro** *car,* I; **los carros chocone**s *bumper cars,* II; **el carro eléctrico** *electric car,* III3
la **carroza** *(parade) float,* II
el **carruaje** *carriage,* 9
la **carta** *letter,* I; **la carta electrónica** *e-mail,* III3; **enviar una carta electrónica** *to send an e-mail,* III3
las **cartas** *(playing) cards,* II
el **cartel** *poster,* I
la **cartera** *wallet,* I
la **casa** *house, home,* I; **en casa** *at home,* I
el **casamiento** *marriage,* 5
**casarse** *to get married,* II
**casero(a)** *homemade,* 4
**casi** *almost,* I; **casi siempre** *almost always,* I
la **casilla** *ticket office,* 9
el **caso** *instance,* 5; **en caso de que** *in case,* III10; **hacer caso** *to pay attention,* 2
el **castillo** *castle,* 5
**casualidad: por casualidad** *by coincidence,* 5
el **cataclismo** *major disaster, cataclysm,* 5
el **catalán** *Catalan (language of Catalonia),* 2
la **catarata** *waterfall*
**catedral** *cathedral*
**catorce** *fourteen,* I
el **cauce** *bed (of a river),* 9
el **caudillo** *leader, chief*
la **causa** *cause,* 8
**causar el estrés** *to cause stress,* III2
**cauteloso(a)** *cautious,* 2
**cautivar** *to captivate,* 7
**cazar** *to hunt,* 5
el **cazón** *shark,* 4
la **cebolla** *onion,* I
**ceder** *to give up, to yield,* 3
**cegador(a)** *blinding,* 12
**celebrar** *to celebrate,* III5; **celebrar la boda** *to celebrate the wedding,* III5
**celestial** *heavenly,* 9
los **celos: que no tenga celos** *who won't be jealous,* III7; **tener celos de** *to be jealous of,* III7
**céltico(a)** *Celtic*
el **cementerio** *cemetery,* 12

el **cemento** *cement,* 4
la **cena** *dinner,* I
**cenar** *to eat dinner,* I
la **ceniza** *ash,* 3
**censurado(a)** *censored*
el **centavo** *cent,* 7
**centenares** *hundreds,* 9
el **centollo** *crab,* 1
el **centro** *downtown,* II
el **centro comercial** *shopping mall,* I
**cepillarse** *to brush (one's hair, teeth, etc.),* II
el **cepillo de dientes** *toothbrush,* II
la **cera** *wax,* 11
la **cerámica** *pottery,* 6
**cerca de** *near,* I; *close to,* II
el **cerdo** *pork, pig,* III4; **las chuletas de cerdo** *pork chops,* III4
el **cereal** *cereal,* I
el **cerebro** *brain,* 2
la **ceremonia de graduación** *graduation ceremony,* 9
el **cerezo** *cherry tree,* 5
**cero** *zero,* I
**cerrar** (ie) *to close,* 1
la **certeza** *certainty,* 7
el **césped** *the grass,* I
el **ceviche** *fish or shellfish marinated in lemon and spices*
la **chacra** *farm (Andean countries),* 4
el **champú** *shampoo,* II
el **chancho** *pork (Andean countries),* 4
las **chancletas** s*andals, slippers,* I
**Chao.** *'Bye.,* I
la **chaqueta** *jacket,* I
el **charango** *Andean stringed instrument,* 6
la **charcutería** *store that sells prepared meats,* 4
la **charla** *talk, conversation,* 4
la **charrería** *rodeo-like horseback riding*
**chasquear** *to snap, to click,* 11
**chévere** *terrific (Venezuela),* 3
la **chica** *girl,* I
el **chicano,** la chicana *Mexican that has emigrated to the United States,* 10
el **chicharrón** *fried pork rind*
el **chicle** *chewing gum,* 12
**chico(a)** *small,* 5
el **chico** *boy,* I
**chileno(a)** *Chilean,* II
el **chimichurri** *pesto-like sauce served with meat*
**China** (f.) *China,* I
el **chino** *Chinese (language);* **Me suena a chino.** *It's Greek to me.,* III8
**chino(a)** *Chinese,* I
el **chiquito,** la chiquita s*mall child,* II
el **chisme** *gossip,* II
**chismear** *to gossip,* III7
**chismoso(a)** *gossipy,* III9
el **chismoso,** la chismosa *gossip (person),* II
el **chiste** *joke,* II
**chocar: Me (Te,...) choca(n)...** *I (You, . . .) dislike strongly,* II
**chocones: los carros chocones**

*bumper cars*, II
**el chocolate** *chocolate*, I
**el chorizo** *sausage*, III4
el chucho *electric switch*, 9
**las chuletas de cerdo** *pork chops*, III4
el chuño *potato starch*, 4
los churros *sugar-coated fritters*, 4
el chuzo *whip*, 5
**el ciclismo** *cycling*, III1; **practicar ciclismo** *to practice cycling*, III1
el cielo *sky*, 1; el cielo raso *ceiling*, 6
**cien, ciento** *one hundred*, I; **por ciento** *percent*, II
**la ciencia ficción** *science fiction*, II
**las ciencias** *science*, I; **las ciencias sociales** *social studies*, I
**el científico, la científica** *scientist*, III12
**cierto(a)** *sure, certain, true*, I; *specific*, 5; **Por cierto.** *Certainly.*, III8
**cinco** *five*, I
**cincuenta** *fifty*, I
**el cine** *movie theater*, I
la cinematografía *filmmaking*, 6
cinético(a) *kinetic, pertaining to motion*
**el cinturón** *belt*, I
**el circo** *circus*, I
el círculo *circle*, 10
la cirugía *surgery*, 12
el cirujano, la cirujana *surgeon*, 12
**la cita** *date, appointment*, I
**la ciudad** *city*, II
el ciudadano, la ciudadana *citizen*, 9
la claridad *clarity*, 2
**el clarinete** *clarinet*, III1
el claro *clearing*, 5
claro(a) *light (color)*, 10
**Claro que...** *Of course . . .*, III8; **¡Claro que no!** *Of course not!*, III5; **¡Claro que sí!** *Of course!*, III5
**la clase** *class, classroom*; **la clase de ejercicios aeróbicos** *aerobics class*, I; la clase particular *individual instruction*, 6
**clásico(a)** *classical*, I
clavado(a) *nailed*, 5
las claves *clues*, 4
**el cliente, la cliente** *customer*, II
la clientela *customers*, 11
**el clima** *climate*, II; el clima templado *temperate or moderate climate*
el cobrador, la cobradora *bill collector*, 3
el cobre *copper*, 5
el coche *car*, 2
el cochino *pork, pig*, 4
**la cocina** *kitchen*, I; *stove* (Venezuela), 3; *cooking*, III8; **la sección de cocina** *food (cooking) section*, III8
**cocinar** *to cook*, III3; **cocinar en el horno de microondas** *to cook in the microwave oven*, III3
el cocinero, la cocinera *cook*, 4
**el cocodrilo** *crocodile*, II
codiciado(a) *much desired*, 12

codicioso(a) *greedy*, 2
**el codo** *elbow*, II
coger *to take*, 10
cohibido(a) *shy, inhibited*, 9
coincidir *to coincide*, 8
**la cola** *tail, line*, II; **hacer cola** *to stand in line*, II
**coleccionar** *to collect*, II; **coleccionar adhesivos** *to collect stickers*, III1; **coleccionar sellos** *to collect stamps*, III1
la colectividad *community*, 10
colectivo(a) *collective*, 6
**el colegio** *high school*, I
colgante *hanging*, 9
**colgar (ue)** *to hang*, I
el colibrí *hummingbird*, 5
el coliseo *coliseum*, 9
**el collar** *necklace*, I
la colmena *beehive*, 11
el colmo *high point*, 8; para colmo *to top things off*, 8
colocar *to place*, 4
**colombiano(a)** *Colombian*, II
el colón *Costa Rican monetary unit*, 11
**el color** *color*, I; **el color café** *brown*, I
los colores vivos *bright colors*, 6
colorido(a) *colorful*, 10
colosal *fantastic*, 9
la comarca *area, region*, 11
**combatir** *to combat*, III9
**el combustible** *fuel*, II
**el comedor** *dining room*, II
comentario *comment*, 4
**el comentarista, la comentarista** *commentator*, III8
**comenzar (ie)** *to start, to begin*, II
comer *to eat*, I; **comer comida sana** *to eat healthy food*, III2
**el comerciante, la comerciante** *businessman, businesswoman*, III12
el comercio *commerce, shop*, 9
**cometer** *to commit*, III11; **cometer un error** *to make a mistake*, III7
**cómico(a)** *funny*, I
**la comida** *food, meal, lunch* (Mexico), I
el comino *cumin (spice)*, 4
el comité *committee*, 10
**como** *like, as*, I; **¡Cómo no!** *Of course!*, III5; **Como quieras.** *Whatever (you want).*, III1
**¿Cómo?** *How?*, III1; *What?*, I
**cómodo(a)** *comfortable*, I
**el compañero, la compañera** *friend, pal, classmate*, I
la compañía *company*, 11
la comparación (pl. las comparaciones) *comparison*, 3
**compartir** *to share*, II; **compartir con alguien** *to share with someone*, III2; **Comparto tu pena.** *I share your grief.*, III7
compatible *compatible*, 5
compendiar *to summarize*, 6
**la competencia** *competition*, II
complacer (zc) *to please*, 5
el complejo *complex*, 4

complejo(a) *complex*, 4
completar *to complete*, 4
**completo(a)** *complete*, III12; **tiempo completo** *full time*, III12
complicado(a) *complicated*, 9
el cómplice, la cómplice *accomplice*, 8
componer *to put together*
la composición (pl. las composiciones) *composition, essay*, 3
el compositor, la compositora *composer*
**comprar** *to buy*, I; **comprarle un regalo** *to buy someone a gift*, III7
comprender *to understand, to comprehend*, 9
comprimir *to compress*, 6
comprometido(a) *committed*, 3
**el compromiso** *commitment, obligation*, III10; *engagement*, 4
compuesto(a) *made up of*
**la computación** *computer science*, I
**la computadora** *computer*, III3
comunicativo(a) *communicative*, 12
común: tener(ie) en común *to have in common*, 1
**con** *with*, I; **con la idea de...** *in order to . . .*, III10; **con la intención de...** *with the intention of . . .*, III10; **con sí mismo(a)** *with himself (herself)*, 2; **con tal (de) que** *provided that*, III10; **conmigo** *with me*, I; **contigo** *with you*, I
el concentrado *concentrate*, 6
el concesionario, la concesionaria *owner or operator of a concession*, 3
la concha *shell*, 6
la conciencia cultural *cultural awareness*, 10
**el concierto** *concert*, I
la concordia *harmony*, 5
el concurso *contest, game show*, 1
la condena *sentence*, 9
condenar *to condemn*, 5
la condición física *physical condition*, 6
condimentado(a) *seasoned*, 4
**el cóndor** *condor*, II
**el conductor, la conductora** *driver*, II
confesar (ie) *to confess*, 5
la confianza *trust, confidence*, 3
**confiar en** *to trust*, III7
la confitería *confectionery, coffee shop* (Argentina), 7
conflictivo(a) *conflicting*, 6
el conflicto *conflict*, 7
el congelador *freezer*, 3
el congestionamiento *overcrowding*, 11
conmemorar *to commemorate*, 7
conmutar *to commute* (a sentence), 9
**conocer (zc)** *to know (a person), to meet (for the first time), to be familiar with (something)*, I
el conocido, la conocida *acquaintance*, 7
el conocimiento *knowledge, familiarity*, 5
la conquista *conquest*, 5
el conquistador, la conquistadora

conqueror, 5
consagrar *to consecrate, to dedicate one's life*, 1
consecuencia: **en consecuencia** *therefore*, III10
conseguir (i, i) *to get*, 2
el consejero, la consejera *counselor, advisor*, 2
el consejo *advice*, 2
**consentido(a)** *spoiled (person)*, II
consentir (ie, i) *to consent*, 7
conservador(a) *conservationist*, 11
**conservar** *to conserve*, II
consiguiente: **por consiguiente** *consequently*, III10
consolar (ue) *to offer comfort*, 7
la constancia *evidence*, 4
constituir *to set up, to make up, to constitute*, 3
el constructor, la constructora *builder*, 5
**construir** *to build*, II
el consuelo *comfort*, 7
el consumidor, la consumidora *consumer*, 11
la contabilidad *accounting*, 12
**el contador, la contadora** *accountant*, III12
**la contaminación** *pollution*, II
contar (ue) *to count, to tell*, II; **contar con** *to count on*, III7; **Cuentan que...** *They say that . . .*, III5; **¿Qué me cuentas de...?** *What can you tell me about . . . ?*, III6
contemplar *to view, to contemplate*, 2
**contemporáneo(a)** *contemporary*, III6
el contenido *content*, 7
**contento(a)** *happy*, II
**el contestador** *answering machine*, III3
la contestadora *answering machine*, 3
contestar *to answer*, 7
contiguo(a) *adjoining*, 9
el continente *continent*, 4
**continuar** *to go on, to continue*, III11; **Temo que el deterioro continúe.** *I'm afraid the deterioration will continue.*, III11
**contra** *against*, III9
contradecir (i) *to contradict*, 7
contrario(a) *opposite*, 5; de lo contrario *otherwise*, 3
el contraste *contrast*
la contribución (pl. las contribuciones) *contribution*, 4
**contribuir** *to contribute*, III2
el control remoto *remote control*, 11
controvertido(a) *controversial*, 5
convencer *to convince*, 4
**convencido(a): Estoy convencido(a) que...** *I'm convinced that . . .*, III8
**convencional** *conventional*, III6
convendrás *you will arrange*, 3
**convenir (ie)** *to be convenient*, III6; **No te conviene...** *It's not advisable that you . . .*, III6
la conversación (pl. las conversaciones)

conversation, 1
**conversador(a)** *talkative*, II
convertirse (ie, i) en *to turn into*, 2
la convivencia *living together*, 6
convocar *to call together*, 7
la convulsión (pl. las convulsiones) *convulsion*, 7
**copiar** *to copy*, II
la coqueta *flirt*, 9
coquetear *to flirt*, 6
el corazón (pl. los corazones) *heart*, 4
**la corbata** *tie*, I
el cordoncillo *small cord*, 7
coreano(a) *Korean*, 9
el coro *choir, chorus*, 6
la corrección (pl. las correcciones) *correction*, 2
correcto(a) *correct*, 4
corregir (i, i) *to correct*, 1
**el correo** *post office*, I; **el correo electrónico** *e-mail*, II
**correr** *to run*, II
el corresponsal *correspondent*, 8
la corriente *current*
corriente: **el agua (f.) corriente** *running water*, II
la corrupción *corruption*, 11
**cortar** *to cut*, I; cortar con *to break up with someone*, 7
la corte *court*, 7
cortés *polite, courteous*, 4
la cortesía *courtesy, respect*, 4
cortésmente *politely*, 7
**la cosa** *thing*, I; **tomar las cosas con calma** *to take things calmly*, III2
cosechar *to harvest*, 4
cosmopolita *cosmopolitan*
**la costa** *coast*, II
**costar (ue)** *to cost*, I; **¿Cuánto cuesta(n)?** *How much does it (do they) cost?*, I; cuesta un ojo de la cara *costs an arm and a leg*, 4
**costarricense** (m./f.) *Costa Rican*, II
**la costumbre** *custom*, III10
la costurera *seamstress*, 7
el costurero *tailor*, 7
cotidiano(a) *daily*, 1
el cráneo *skull*, 7
el cráter *crater*, 5
crear *to create*, 3; crear conciencia *to create awareness*, 11
**creativo(a)** *creative*, III6
**crecer (zc)** *to grow*, III3
el crecimiento *growth*, 9
el crédito *credit*, 3
la creencia *belief*, 5
**creer** *to believe, to think*, I; **Creo que vale la pena...** *I think it's worth it . . .*, III3; **Es muy difícil de creer, pero es posible.** *That's very hard to believe, but it's possible.*, III5; **se cree que** *it is believed that*, III5
creído(a) *conceited*, 9
la crema *cream*, 4; **la crema de maní** *peanut butter*, I
**criarse** *to grow up, to be raised*, III10
**el crimen** *crime*, III11

la criminalidad *crime rate*, III11
la crisis *crisis*, II
el crisol *melting pot*, 10
los cristales *windows*, 12
la crítica *critique*, 5
criticar *to criticize*, 1
crocante *crunchy*, 4
cronológico(a) *chronological*, 4
**el cruce** *intersection, crossroad*, II
la crucecilla *cross*, 12
el crucigrama *crossword puzzle*, 2
crujiente *crunchy*, 4
**cruzar (en...)** *to cross (at . . .)*, II
**el cuaderno** *notebook*, I
**la cuadra** *city block*, I
cuadrado(a) squared (measurement), 1
**el cuadro** *square*; **de cuadros** *plaid*, I
**¿Cuál?** *Which? What?*, I
la cualidad *quality*, 12
cualquiera *anybody*, 12
cuando *when*, I; **Cuando cumpla los 18 años...** *When I turn 18 . . .*, III10; **Cuando era joven...** *When I was young . . .*, III12; **Cuando sea mayor** *When I'm older . . .*, III10; **Cuando tenía cinco años...** *When I was five . . .*, III12
**¿Cuándo?** *When?*, III1
cuanto: **en cuanto** *as soon as*, III10
**¿Cuánto(a)?** *How much?*, III1
**¿Cuántos(as)?** *How many?*, III1
**cuarenta** *forty*, I
**el cuarto** *room*, I; **el cuarto de baño** *bathroom*, II
cuarto: ... **menos cuarto** *quarter to . . .*, I; ... **y cuarto** *quarter past . . .*, I
**cuatro** *four*, I
**cuatrocientos(as)** *four hundred*, I
**cubano(a)** *Cuban*, II
**la cuchara** *spoon*, I
la cucharada *tablespoon*, 4
la cucharadita *teaspoon*, 4
**el cuchillo** *knife*, I
**el cuello** *neck*, I
el cuenco *earthenware bowl*, 10
**la cuenta** *check*, II; *bill*, I; **la cuenta (de banco)** *(bank) account*, 9
**el cuento** *story, tale*, II; **el cuento de hadas** *fairy tale*, II
**la cuerda** *rope, string*, II; **saltar a la cuerda** *to jump rope*, II
**el cuero** *leather*, I
**el cuerpo** *body*, I; **el cuerpo celestial** *heavenly body*, 5
el cuervo *crow*, 11
la cuesta *hill*, 11
el cuestionario *questionaire*, 11
la cueva *cave*, 5
**el cuidado** *care*, 3; **Ten cuidado.** *Be careful.*, II
**cuidar** *to take care of*, I
**cuidarse el peso** *to watch one's weight*, III2
la culebra *snake*, 5
culinario(a) *having to do with cooking*, 4

culminar *to culminate,* 11

la **culpa** *fault,* III7; **echarle la culpa a otro(a)** *to blame someone else,* III7

cultivar *to cultivate, to grow,* 4

culto(a) *cultured,* 6

la **cumbre** *peak,* 5

el **cumplido** *compliment,* III7; **hacerle un cumplido a alguien** *to compliment someone,* III7

**cumplir** *to accomplish, to carry out,* 3; *to turn (a specific age);* **Cuando cumpla los 18 años...** *When I turn 18 . . .,* III10

la **cúpula** *dome, cupola*

el **curandero, la curandera** *healer,* 7

el **currículum (vitae)** *résumé,* III12

el **curso** *course,* 1

cuyo(a) *whose, of which,* 1

la **dama** *lady,* 9

la **danza** *dance (as an art form),* III6

danzar *to dance,* 4

el **daño** *damage, harm,* 8; **hacerse daño** *to hurt oneself,* II

dañoso(a) *damaging, harmful,* 8

**dar** *to give,* I; dar la mano *to shake hands,* 12; dar películas *to show movies,* 7 **dar una caminata** *to go hiking,* I; **darle un abrazo** *to give someone a hug,* III7; **Me da igual.** *It's all the same to me.,* III1; **Me da lo mismo.** *It's all the same to me.,* III1; **Me dan ganas de llorar.** *It makes me feel like crying.,* III7; **¿Serías tan amable de dármela?** *Would you be so kind as to give it to me?,* III4

**darse: darse cuenta (de)** *to realize,* III9; **darse tiempo para pensar** *to give oneself time to think,* III7

datar *to date,* 6

**de** *of, from, made of, in, as,* I; **¿de dónde?** *from where?,* III1; **de estatura mediana** *of medium height,* III1; de (malos) modos *in a (bad) way,* 12; **de muy mal gusto** *in very bad taste,* III6; de ningún modo *no way,* 8; **De niño(a),...** *As a child . . .,* III12; **de repente** *all of a sudden,* II; **de tal forma que...** *in such a way that . . .,* III10

**debajo de** *under, beneath,* I

debatir *to debate,* 3

**deber** *should, ought to,* I; **Deben...** *They should . . .,* III3; **Deberías +** inf. *You should . . .,* III2; **Debes...** *You should . . .,* III2; **¿Qué debo hacer?** *What should I do?,* III2; **se deben a** *are due to,* III10

el **deber** *duty,* III3; **Es nuestro deber...** *It's our duty . . .,* III3

la **debilidad** *weakness,* 2

debilitar *to weaken,* 11

la **década** *decade,* 3

la **decepción** *disappointment,* 12

decepcionado(a) *disappointed,* III7; **Estoy decepcionado(a).** *I'm disappointed.,* III7

decidir *to decide,* 4

**decir** *to say, to tell,* I; **Alguien me dijo que...** *Somebody told me that . . .,* III5; **Cambiando de tema, ¿qué me dices de...?** *Changing subjects, what can you tell me about . . .?,* III6; **Dicen que...** *They say that . . .,* III5; **¡No me digas!** *You don't say!,* III8; **Para decir la verdad...** *To tell the truth . . .,* III6; **...que siempre me diga...** *. . . who always tells me . . .,* III7; **Se dice que** *They say that,* III5

declarar *to declare,* III5

las **decoraciones** (sing. la **decoración**) *decorations,* I

**decorar** *to decorate,* I

**dedicar** *to dedicate,* II

**dedicarse** *to devote oneself,* III11; **Me dedicaría a...** *I would devote myself to . . .,* III11

el **dedo** *finger, toe,* I

el **defecto humano** *human failing,* 8

defender (ie) *to defend,* 11

definir *to define,* 4

**dejar** *to leave (behind), to let go,* II; **dejar plantado(a) a alguien** *to stand someone up,* III7; **¿En cuánto lo deja?** *How much will you let it go for?,* II; **¿Por qué no lo dejamos para...?** *Why don't we leave it for (another time)?,* III6

**dejar de +** inf. *to stop (doing something),* II; **dejar de hablarse** *to stop speaking to each other,* III7

**del (de + el)** *of the, from the,* I

**delante de** *in front of,* II

deletrear *to spell,* 3

el **delfín** (pl. **los delfines**) *dolphin,* II

**delgado(a)** *thin,* I

**delicioso(a)** *delicious,* I

la **delincuencia** *crime,* III11

el **delito** *minor crime,* III11

**demasiado(a)** *too much,* I

la **democracia** *democracy,* 10

demoler (ue) *to demolish,* 11

demostrar (ue) *to show, to demonstrate,* 2

denominar *to name,* 6

denso(a) *dense,* 4

**dentro de...** *within (a day, month, . . .),* II

deparar *to present,* 12

**depender** *to depend,* III5; **Depende de tu punto de vista.** *It depends on your point of view.,* III5

el **dependiente, la dependiente** *store clerk,* II

los **deportes** *sports,* I

**deportivo(a)** *sports (adj.),* III8; **la sección deportiva** *sports section,* III8

**deprimido(a)** *depressed, sad,* II

el **derecho** *right, law (field of study),* 9

**derecho** *straight,* II

**derecho(a)** *right;* **a la derecha** *to the right,* II

derivar *to derive, to descend*

la **derrota** *defeat,* III5

derrumbar *to knock down,* 6

el **desacuerdo** *disagreement,* 5

desafiar *to defy, to challenge,* 1

el **desafío** *challenge,* 10

desafortunadamente *unfortunately,* 5

desaparecer (zc) *disappear,* 5

**desarrollar** *to develop,* III3

el **desarrollo** *development,* 4

desasosegar (ie) *to make uneasy,* 12

el **desastre** *disaster,* 4

**desayunar** *to eat breakfast,* I

el **desayuno** *breakfast,* I

descansar *to rest,* I

el **descanso** *recess, break,* I

descender (ie) *to descend,* 9

**descomponerse** *to break down,* III4; **Se nos descompuso (descompusieron)...** *. . . broke down on us.,* III4

desconectar *to disconnect,* 11

desconocer *to be unfamiliar with,* 1

desconocido(a) *unknown, unfamiliar,* 11

descontrolado(a) *out of control,* 2

**descortés** *rude,* III8; **No aguanto a nadie que sea descortés.** *I can't stand anyone who's rude.,* III7

describir *to describe,* 6

**descubierto(a)** (past participle of **descubrir**) *discovered,* 3

el **descubrimiento** *discovery,* 7

**descubrir** *to discover,* III3

el **descuento** *discount,* II

descuidar *to neglect,* 2

**desde** *since,* 3; **Desde luego.** *Of course.,* III5

**desear** *to wish,* 12; *to desire,* 12; *to want (formal);* **¿Desean algo más?** *Would you like anything else?,* I

desechable *disposable,* 3

desechado(a) *thrown out,* 11

desempeñar *to carry out,* 6

el **desempleo** *unemployment,* III11

el **desenvolvimiento** *development,* 4

el **deseo** *wish, desire,* 5

**desesperarse** *to lose hope,* II

**desfilar** *to march, to parade,* II

el **desfile** *parade,* II

la **desgracia** *misfortune,* 10

el **desierto** *desert,* 5

la **desilusión** *disappointment,* 7

**desilusionado(a)** *disappointed,* III7; **Estoy desilusionado(a).** *I'm disappointed.,* III7

desilusionar *to destroy an illusion*
desinclinadamente *unwillingly*, 10
**desleal** *disloyal*, III7
el desliz (pl. los deslices) *slip, slide*, 1
deslizar *to slide*, 9
desmoronar *to crumble*, 11
el despecho *despair*, 10
**despedirse (i, i) de** *to say goodbye to*, II
**despejado(a)** *clear*, II
la despensa *pantry*, 4
**desperdiciar** *to waste*, II
**el desperdicio** *waste*, II
**el despertador** *alarm clock*, II
**despertarse (ie)** *to wake up*, II
despreciado(a) *belittled*, 10
el desprecio *contempt*, 12
desprovisto(a) *lacking*, 11
**después (de)** *after*, I; *afterward*, II;
    **Después de graduarnos...** *After
    we graduate . . .*, III10; **después de
    que** *after* (conj.), III10
destacar *to point out*, 11
destilar *to distill*, 11
el destino *destiny, destination*, 5
destrozado(a) *destroyed*, 6
destrozar *to destroy*, 10
**la destrucción** *destruction*, II
**destruir** *to destroy*, III3
desvelarse *to stay up late*, 2
**la desventaja** *disadvantage*, III3
el detalle *detail*, 1
detener (ie) *to stop*, 9
**el deterioro** *deterioration*, III11; **Temo
    que el deterioro continúe** *I'm
    afraid the deterioration will
    continue*, III11
**detrás de** *behind*, II
el deudor, la deudora *debtor*, 3
devolver (ue) *to give back*, 5
**el día** *day*, I; **el Día de Acción de
    Gracias** *Thanksgiving Day*, I; **el
    Día de la Independencia**
    *Independence Day*, I; **el Día de la
    Raza** *Columbus Day*, 10; **el Día de
    las Madres** *Mother's Day*, I; **el Día
    de los Enamorados** *Valentine's
    Day*, I; **el Día del Padre** *Father's
    Day*, I; **hoy (en) día** *nowadays*, III3
el diablo *devil*, 7
**diario(a)** *daily*, III3; **la vida diaria**
    *daily life*, III3
**dibujar** *to draw*, I
**el dibujo** *drawing*, III6
**el diccionario** *dictionary*, I
    **Dicen que...** *They say that . . .*, III5
el dicho *saying, proverb*, 5
    **dicho** (past participle of **decir**) *said*,
    III3
    **diciembre** (m.) *December*, I
    **diecinueve** *nineteen*, I
    **dieciocho** *eighteen*, I
    **dieciséis** *sixteen*, I
    **diecisiete** *seventeen*, I
**el diente** *tooth*, I; **los dientes** *teeth*, I
    diestra: a diestra y a siniestra *right
    and left*, 9

la **dieta** *diet*, II
    **diez** *ten*, I
    diezmar *to decimate*, 4
    **difícil** *difficult, unlikely*, I; **Es difícil
    que** *It's unlikely that,* III8; **Es muy
    difícil de creer, pero es posible.**
    *That's very hard to believe, but it's
    possible.,* III5
la dificultad *difficulty*, 10
    difundir *to spread, to broadcast*, 9
    **Diga.** *Hello.* (telephone greeting), I
    *diligente* *diligent, speedy*, 9
la dinamita *dynamite*, 7
    **el dinero** *money*, I
    el dinosaurio *dinosaur*, 11
    el dintel *threshold*, 9
    **el dios** *god*, III5; **Los dioses quieren
    que los guerreros acuerden la
    paz.** *The gods want the warriors to
    make peace.,* III5
la **diosa** *goddess*, III5
    el diploma *diploma*, 9
    dirigir *to direct*, 8
    la disciplina *discipline*, 10
    **el disco compacto** *compact disc*, I
    **la discriminación** *discrimination*, III9
    disculpar *to excuse, to forgive*, III7;
    **Discúlpame.** (informal) *Forgive
    me.,* III7; **Disculpe.** (formal)
    *Excuse me.,* II
    el discurso *speech*, 3; el discurso de
    despedida *farewell speech*, 9
    **discutir el problema** *to discuss the
    problem*, III7
    **el diseñador, la diseñadora** *designer*,
    III12
    **diseñar** *to design*, III6
    el diseño *design*; el diseño gráfico
    *graphic design*, 12; el diseño por
    computadora *computer-assisted
    design*, 6
    **el disfraz** (pl. **los disfraces**) *costume*, II
    **disfrutar** *to enjoy*, II
    disgregar *to disintegrate*, 4
    la disminución *reduction*, 11
    disminuir *to lessen*, 2
    el disparate *foolish act*, 11
    disponer *to arrange*, 4
    dispuesto(a) *ready, willing*, 5
    disputar *to dispute*, 4
    distinto(a) *different*, 6
    **distraído(a)** *absent-minded*, II
    el distrito *district*
    la diversidad *diversity*, 10
    diverso(a) *varied*, 6
    **divertido(a)** *fun, amusing*, I
    **divertirse (ie, i)** *to have fun*, II
    divorciarse *to get divorced*, 7
    divulgación *publication*, 3
    **doblar** *to turn*, II
    el doble *double*, 3
    **doce** *twelve*, I
    **el documental** *documentary*, III8
    **el dólar** *dollar*, I
    doler (ue) *to hurt, to ache*, I; **Estoy
    dolido(a).** *I'm hurt.,* III7; **Me
    duele mucho que...** *It really hurts*

me that . . ., III7
el dolor *pain*, 12
    doloroso(a) *painful*, 6
    **doméstico(a)** *household* (adj.), I; **los
    quehaceres domésticos** *household
    chores*, I
el domicilio *home*, 4
    **dominar** *to dominate*, 4; **Domina el
    francés.** *He (She) speaks French
    very well.,* III10
**el domingo** *Sunday*, I
    dominical *Sunday* (adj.), 8
    **dominicano(a)** *Dominican* (from
    the Dominican Republic), II
    el dominio *mastery*, 12; *domination,
    control*
    **el don** *gift, talent*, 9
    donar *to donate*, 11
    **donde** *where*, I
    **¿Dónde?** *Where?,* III1
    dorado(a) *golden*, 5
    **dormir (ue, u)** *to sleep*, II; **dormir lo
    suficiente** *to get enough sleep*, III2
    **dormirse (ue, u)** *to fall asleep*, III2
    **dos** *two*, I; **dos por uno** *two for one*,
    II
    **doscientos(as)** *two hundred*, I
    el dosel *canopy, curtain*, 6
    la dote *dowry*, 7
    dramatizar *to act out, to dramatize*, 4
    el drenaje *drainage*, 11
    la droga *drug*, 11
    **la drogadicción** *drug addiction*, III11
    **ducharse** *to take a shower*, III2
    **la duda** *doubt*, II; **No cabe la menor
    duda.** *There's absolutely no doubt.,*
    III8; **Sin duda (alguna).** *Without a
    doubt.,* II
    **dudar** *to doubt*, II; **Dudo que...** *I
    doubt that . . .,* III8
    el dueño, la dueña *owner*, 5
    el dueto *duet*, 6
    **dulce** *sweet*, I
    **la dulcería** *candy store*, I
los **dulces** *candy*, I
    duplicar *to double*, 10
    **durante** *during*, I
    durar *to last*, 1
    el durazno *peach*, 4
    el duro *five-peseta coin*, 7
    duro(a) *hard*, 1; *difficult*, 6
    el DVD *DVD (Digital Versatile
    Disc)*, 3

**E**

    e *and* (before words beginning with
    **i** or **hi**), II
el **e-mail** *e-mail*, II
    echado(a): **Está echado(a) a perder.**
    *It's spoiled (ruined).,* III4
    echar *to throw, to toss*, II; **echar
    (a alguien) de menos** *to miss*

*(someone)*, II; **echarle flores** *to compliment someone*, 7; **echarle la culpa a otro(a)** *to blame someone else*, III7; echar la siesta *to take a nap*, 2; **echarle mucha sal a la comida** *to put a lot of salt on food*, III2

el ecólogo, la ecóloga *ecologist*, 3

**ecuatoriano(a)** *Ecuadorean*, II

ecuestre *equestrian*, 1

la edad *age*, 2

**el edificio** *building*, II

la editorial *publisher*

los **editoriales** *editorials*, III8

**la educación** *education*, I

educar *to educate*, 3

el efecto *effect*, II; **los efectos especiales** *special effects*, II; **En efecto, parece ser así.** *Actually, it seems to be that way.*, III5

eficaz (pl. eficaces) *effective*, 8

**Egipto** (m.) *Egypt*, I

**egoísta** *selfish*, III9

**Eh...** *Uh . . .*, III3

el ejemplar *example*, 6

ejercer *to exert*, 9

**el ejercicio** *exercise*, I

**el ejército** *army*, III5

**el** (article) *the*, I; **el... ** *on the (date)*, I; **El año pasado...** *Last year . . .*, III12

**el/la ... que viene** *next (year, week, . . .)*, II

**él** (pron.) *he, him* (after preposition), I

elaborar *to produce, to manufacture*, 4

la elección *choice*, 8

**la electricidad** *electricity*, II

electrónicamente *electronically*

**elegante** *elegant*, II

elegir (i, i) *to elect, to select*, 3

elevar *to raise*, 11

eliminar *to eliminate*, 10

**ella** *she; her* (after preposition), I

**ellas** *they; them* (after preposition), I

**ellos** *they, them* (after preposition), I

embargo: sin embargo *nevertheless*, 5

embarrado(a) *muddy*, 12

embellecer (zc) *to beautify*, 6

el embustero, la embustera *liar*, 12

emigrar *to emigrate*, 10

**la emisora** *radio or TV station*, III8

emitir *to emit, to send out*, 3

la emoción *emotion*, 9

**emocionado(a)** *excited*, II

**emocionante** *moving, exciting*, 9

**empacado(a)** *packaged*, II

la empanada *turnover filled with meat, fish, cheese, or fruit*, 1

empapar *to soak, to drench*, 4

emparejar *to match*, 11

emparentarse (ie) *to become related by marriage*, 7

**empeorar** *to get worse*, III3; **ha empeorado bastante** *has*

*gotten quite a bit worse*, III3; **La situación va a empeorarse.** *The situation will get worse.*, III11

el emperador, la emperadora *emperor, empress*, 5

**empezar(ie)** *to begin*, I; **Antes que empiecen las clases...** *Before classes begin . . .*, III10; **Yo empezaría por** *I'd start by*, III11

**el empleado, la empleada** *employee*, III12

**el empleo** *job*, II

emprender *to start*, 5

**la empresa** *business, company*, III12

el empresario, la empresaria *entrepreneur*, 10

la empuñada *hold, grip*, 10

**en** *in, on, at*, I; en absoluto *absolutely not*, 5; en caso *in case*, 4; en común *in common*, 1; **en consecuencia** *therefore*, III10; en contra *against*, 8; **en cuanto** *as soon as*, III10; **En efecto, parece ser así.** *Actually, it seems to be that way.*, III5; **en fin** *in short*, II; **en línea** *online*, III8; en mi vida *never in my life*, 5; **en seguida** *right away, immediately*, III3; en su lugar *in his (her) place*, 9; en vez *instead of*, 5; en voz alta *out loud*, 5

enamoradizo(a) *amorous*, 2

**enamorarse de** *to fall in love with*, II

**el enano, la enana** *dwarf*, II

encabezar *to lead*, 9

**encajar** *to fit in*, III10

el encaje *lace*, 7

encaminarse *to set out*, 7

**Encantado(a).** *Delighted to meet you.*, I

encantador(a) *enchanting*, 7

**encantar** *to delight*, III7; **Estoy encantado(a) que...** *I'm delighted that . . .*, III7; **Me (Te,...) encanta(n)...** *I (You, . . .) love . . .*, II; **Me encanta que...** *I'm delighted that . . .*, III7; **Me encantaría ser...** *I'd love to be . . .*, III12

encargar *to put in charge of*, 6

encargarse de *to take charge of*, 3

encender (ie) *to turn on, to light*, 3

encendido(a) *lit*, 12

encerrar(ie) *to enclose, to shut in*, 2

**encima de** *on top of*, I

**encontrar (ue)** *to find*, I; **Si se encontrara una cura...** *If a cure were found . . .*, III11

**encontrarse (ue)** *to be located*, II; **encontrarse (con)** *to meet up (with)*, II

la encuesta *survey, poll*, 8

enderezar *to straighten*, 12

**el enemigo, la enemiga** *enemy*, III5

**la energía** *energy*, II; la energía geotérmica *geothermal energy*, 3; **la energía nuclear** *nuclear energy*,

III3; **la energía solar** *solar energy*, III3

**enero** (m.) *January*, I

**enfadado(a)** *angry*, II

**enfadarse** *to get angry*, III9; **me enfadé** *I got angry*, III9

enfático(a) *emphatic*, 11

**enfermarse** *to become ill*, II

**la enfermedad** *disease*, III11

**el enfermero, la enfermera** *nurse*, III12

**enfermo(a)** *sick*, I

**enfocarse en** *to focus on*, III10

el enfoque *focus*, 8

**enfrentar** *to face*, II; *to confront*, 4

engañar *to fool*, 9

enganchar *to hang up*, 10

engreído(a) *conceited, arrogant*, 2

el enjambre *swarm*, 11

los enlaces *connections, links*, 1

**enojado(a)** *angry*, I

**enojarse** *to get angry*, III9; **me enojé** *I got angry*, III9

enorme *enormous*, 2

enredado(a) *tangled*, 9

enrevesado(a) *complicated*, 12

enriquecer (zc) *to enrich*, 8

**la ensalada** *salad*, I; **la ensalada de aguacate** *avocado salad*, III4; **la ensalada mixta** *tossed salad*, III4

ensayar *to rehearse*, 6

el ensayista, la ensayista *essayist*, 9

el ensayo *essay*, 9; *rehearsal*, 6

la enseñanza *teaching*, 1

enseñar *to show, to teach*, 6

entender (ie) *to understand*, 2; **Tengo entendido que...** *I understand that . . .*, III9

**enterarse (de)** *to find out (about)*, II

**entero(a)** *whole, entire*, II

enterrar (ie) *to bury*, 3

**entonces** *then*, II; **en aquel entonces** *back then*, II; **Entonces... So, then . . .**, II

la entrada *ticket*, 6

las entrañas *bowels*, 9

entrar *to enter, to go in*, 9

**entregar** *to hand in*, II

el entrenador, la entrenadora *trainer*, 1

el entrenamiento *training*, 1

**entrenarse** *to train*, II

**entretenido(a)** *entertaining*, III6

el entrevistado, la entrevistada *interviewee*, 11

entrevistar *to interview*, 1

**entusiasta** *enthusiastic*, II

enumerar *to number, to list*, 10

**enviar** *to send, to mail*, III3; **enviar una carta electrónica** *to send an e-mail*, III3

envidiar *to envy*, 12

envolverse (ue) en *to get wrapped up in*, 2

la época: **en aquella época** *in those days*, II

equilibrado(a) *balanced*, 2

el equipo *team*, 2

**la equitación** *horseback riding*, III1

el equivalente *equivalent*, 5

equivocado(a) *mistaken, wrong*, 8

**equivocarse** *to be wrong*, II

**Era una de mis grandes ambiciones.** *It was one of my great ambitions.*, III5

**Érase una vez…** *Once upon a time . . .*, II

erróneamente *incorrectly*, 10

erróneo(a) *incorrect*, 9

el **error** *mistake*, III7; **admitir un error** *to admit a mistake*, III7; **cometer un error** *to make a mistake*, III7

**es** *he (she/it) is*, I; **Es cierto que…** *It's true that . . .*, III3; **Es difícil que…** *It's unlikely that . . .*, III8; **Es evidente que…** *It's evident that . . .*, III8; **Es fácil que…** *It's likely that . . .*, III8; **Es importante que + subj.** *It's important that . . .*, III6; **Es imposible que…** *It's impossible that . . .*, III8; **Es increíble que…** *It's unbelievable that . . .*, III8; **Es mejor que…** *It's better for . . . to . . .*, III6; **Es muy difícil de creer, pero es posible.** *That's very hard to believe, but it's possible.*, III5; **Es necesario que + subj.** *It's necessary for . . . to . . .*, III6; **Es nuestra responsabilidad…** *It's our responsibility . . .*, III3; **Es nuestro deber…** *It's our duty . . .*, III3; **Es obvio que…** *It's obvious that . . .*, III8; **Es posible que…** *It's possible that . . .*, III8; **Es probable que…** *It's probable that . . .*, III8; **es que** *it's just that*, II

**esa, ese** *that* (adj.), I

**esas, esos** *those* (adj.), I

**la escalada deportiva** *rock climbing*, III1

**escalar** *to climb*, I; **escalar montañas** *to go mountain climbing*, III1

la escalera *stairs*, 9

escapar *to escape*, 3

**el escaparate** *show window, display case*, II

la escena *scene*, 8

el escenario *stage*, 4

escoger *to choose*, 3

escojer *see* escoger

la esclavización *enslavement*, 4

el esclavo *slave*, 4

escribamos *let's write*, 1

**escribir** *to write*, I

escrito (past participle of **escribir**) *written*, III3

**el escritor, la escritora** *writer*, III12

**el escritorio** *desk*, I

la escritura *writing*, 1

la escritura pictográfica *pictographs*, 5

**escuchar** *to listen*, I; **escuchar música** *to listen to music*, III1

escuchemos *let's listen*, 1

el escudo nacional de armas *national shield*, 5

la escuela preparatoria *high school*, 6

la escuela secundaria *high school*, 11

**el escultor, la escultora** *sculptor*, III6

**la escultura** *sculpture*, III6

**ese, esa** *that* (adj.), I

**esforzarse (ue) por** *to make an effort to*, III10

**el esfuerzo** *effort*, III10; **Puse todo mi esfuerzo en…** *I put a lot of effort into . . .*, III10

la esgrima *fencing*, 10

esmerar *to take great pains*, 2

el esnob *snob*, 9

**eso, ésos** *that, those* (pron.), I; **Eso es.** *That's right.*, III5; **¡Eso es muy difícil!** *That's very unlikely!*, III5; **Eso me hace pensar en…** *That brings to mind . . .*, III6; **Eso me recuerda…** *That reminds me of . . .*, III6; **Y eso, ¿qué?** *So what?*, II

el espacio *space*, 3

los espaguetis *spaghetti*, 4

**la espalda** *back*, I

el español *Spanish (language)*, I

**español(a)** *Spanish (nationality)*, II

esparcir *to spread*, 4

**especial** *special*, II

**la especialidad** *specialty*, II

**especialmente** *especially*, I

**las especies** *species*, II

espectacular(m./f.) *spectacular*

**el espejo** *mirror*, II

los espejuelos *glasses*, 1

**la esperanza** *hope*, III5; **Tenía muchas esperanzas de…** *I had high hopes of . . .*, III5

**esperar** *to wait, to expect*, 8; **esperar + inf.** *to hope to . . .*, III5; **esperar que + subj.** *to hope (that) . . .*, III5; **Espero que la guerra termine pronto.** *I hope the war ends soon.*, III5; **No me lo esperaba.** *It caught me by surprise.*, III8

espiar *to spy*, 12

la espiga *ear (of a plant)*, 4

el espíritu *spirit*, 2

el esplendor *splendor*, 4

espontáneo(a) *spontaneous*, 12

**la esposa** *wife*, I

**el esposo** *husband*, I

el esqueleto *skeleton*, 7

el esquema *outline*, 2

**el esquí acuático** *water skiing*, III1; **hacer el esquí acuático** *to go water skiing*, III1

**esquiar** *to ski*, I

**la esquina** *corner*, II

los esquís *skis*, I

**esta, este** *this* (adj.), I

**ésta, éste** *this* (pron.), I

**establecer (zc)** *to set up, to establish*, III3; **establecer una zona peatonal** *to set up a pedestrian zone*, III3

**la estación** (pl. **las estaciones**) *season (of the year)*, I

**la estación** (pl. **las estaciones**) **de tren** *train station*, II

**el estacionamiento** *parking (area)*, II

**el estadio** *stadium*, I

el estado *state*

**estadounidense** *from the United States*, II

estafar *to swindle*, 12

estallar *to burst, to explode*, 1

**Estamos obligados a…** *We're obligated to . . .*, III3

**la estampilla** *stamp*, II

la estancia *stay*, 6

**estar** *to be*, I; **Está echado a perder.** *It's spoiled (ruined).*, III4; **Está en su punto.** *It's just right.*, III4; **estar a dieta** *to be on a diet*, III2; **estar agradecido(a) por** *to be grateful for*, III10; **estar al tanto de…** *to be up to date on . . .*, III8; **estar bien informado(a) sobre…** *to be well informed about . . .*, III8; estar hecho(a) polvo *to be worn out*, 2; **estar rendido(a)** *to be worn out*, III2; **Estoy contento(a).** *I'm happy.*, III7; **Estoy convencido(a) que…** *I'm convinced that . . .*, III8; **Estoy de acuerdo.** *I agree.*, III5; **Estoy de buen humor.** *I'm in a good mood.*, III7; **Estoy decepcionado(a).** *I'm disappointed.*, III7; **Estoy desilusionado(a).** *I'm disappointed.*, III7; **Estoy dolido(a).** *I'm hurt.*, III7; **¡Estoy en la gloria!** *I'm in heaven!*, III7; **Estoy encantado(a) que…** *I'm delighted that . . .*, III7; **Estoy harto(a) de…** *I'm fed up with . . .*, III1; **Estoy loco(a) por…** *I'm crazy about . . .*, III1; **Estoy orgulloso(a) de…** *I'm proud of . . .*, III7; **Estoy seguro(a) que…** *I'm certain that . . .*, III8; **Estuve muy contento(a).** *I was very happy.*, III9

estas, estos *these* (adj.), I

**éstas, éstos** *these* (pron.), I

estatal *state* (adj.), 5

**la estatua** *statue*, III6

**la estatura** *height*, III1; **de estatura mediana** *of medium height*, III1

el **este** *east*, II

**Este…** *Umm . . .*, III3

**este, esta** *this* (adj.), I

**éste, ésta** *this* (pron.), I

la estera *mat*, 5

**estereotipar** *to stereotype*, III9

**el estereotipo** *stereotype*, III9

el estero *mat*, 4

el estilista, la estilista *stylist*, 2

**el estilo** *style*, II; **el estilo de vida** *lifestyle*, II

**estirarse** *to stretch*, I

**esto** *this* (pron.), I; **Esto pasará pronto.** *This will soon pass.*, III7

el **estómago** *stomach*, I

**estos** *these* (adj.), I
**éstos** *these* (pron.), I
**estrecho(a)** *tight-fitting*, II; *narrow*, 5
**la estrella** *star*, II; **la estrella de cine** *movie star*, II
**el estreno** *premiere*, II
estrepitoso(a) *noisy, deafening*, 5
**el estrés** *stress*, III2; **aliviar el estrés** *to relieve stress*, III2; **causar el estrés** *to cause stress*, III2
**estricto(a)** *strict*, I
la estructura *structure*, 4
el estudiante, la estudiante *student*, 4
**estudiar** *to study*, I; **Me interesaría estudiar para...** *I'd be interested in studying to be a...*, III12
**la estufa** *stove*, II
**Estupendo(a).** *Great., Marvelous.*, I
estúpido(a) *stupid*, 9
**estuve** (pret. of **estar**) *I was*, III9
**la etapa** *phase, stage*, 4
eternamente *eternally*, 5
la ética *ethic*, 10
**la etiqueta** *price tag*, II
étnico(a) *ethnic*, 10
europeo(a) *European*, 8
el euskera *Basque (language)*, 2
**el evento** *event*, I
evitar *to avoid*, II
exacto(a) *exact*, 5
la exageración *exaggeration*, 3
exagerado(a) *exaggerated*, 5
exagerar *to exaggerate*, 7
**el examen** (pl. **los exámenes**) *exam*, I
la excavación (pl. las excavaciones) *(archeological) dig*, 7
**Excelente.** *Great., Excellent.*, I
el exceso *excess, too much*, 2
exclusivo(a) *exclusive*, 3
**la excursión** (pl. **las excursiones**) *outing*, 1
**la exhibición** (pl. **las exhibiciones**) *exhibition*, III6
**exigente** *demanding*, II
el exilio *exile*, 9
**el éxito** *success*, III10; **tener éxito** *to succeed*, III10
exitoso(a) *successful*
exorcizar *to exorcise*, 6
experimentado(a) *experienced*, 8
experimentar *to experience*, 10
explicar *to explain*, 5
explícito(a) *explicit*, 12
**explorar** *to explore*, I
la explotación *exploitation*, 3
explotar *to explode*, 6
exportar *to export*
la exposición (pl. las exposiciones) *exhibit*, 6
expresar *to express*, 1
exprimir *to squeeze*, 4
exquisito(a) *exquisite*, 4
extenuante *exhausting*, 2
el extracto *excerpt*, 10
extraer *to extract*, 4
el extranjero *foreigner*, 4;

*abroad*, 11
extranjero(a) *foreign*, 3
extrañar: **Bueno, no me extraña.** *Well, I'm not surprised.*, II
extraño(a) *strange*, 10
extrovertido(a) *extroverted, outgoing*, 2

**F**

**la fábrica** *factory*, III3
fabricar *to manufacture, to make*, 3
la fábula *fable*, 5
la faceta *side*, 9
la fachada *façade*, 2
**fácil** *easy*, I; **es fácil que...** *it's likely that...*, III8; **fácil de tratar** *easy to get along with*, 9
facilitar *to make easy*, 3
la facultad de (arquitectura,...) *college of (architecture, ...)*, 6
**la falda** *skirt*, I; la falda de res *skirt steak*, 4
**la falta** *lack*, III9; *mistake*, 7; **hace falta que busquemos** *we need to look for*, III6
**faltar** *to need, to lack*, III4; **Le falta no sé qué.** *It needs something (I don't know what).*, III4; **Le falta sabor.** *It doesn't have enough flavor.*, III4; **Le falta sal.** *It needs (lacks/doesn't have enough) salt.*, III4
la fama *fame*, 7
**la familia** *family*, I
los familiares *family members*, 6
famoso(a) *famous*, 6
**el fanático, la fanática** *fan*, III1; **Soy un(a) fanático(a) de...** *I'm a big fan of...*, III1
la fantasía *fantasy*, 12
**el farmacéutico, la farmacéutica** *pharmacist*, III12
**la farmacia** *pharmacy*, II
la farmacología *pharmacology*, 12
el faro *lighthouse*
fascinante *fascinating*, 10
**fascinar: A mí me (A ti te) fascina(n)...** *I (You) love...*, II
**fastidiar** *to annoy*, II
fatigar *to tire*, 11
las fauces *mouth*, 9
**el favor** *favor*, 5; a favor de *on behalf of*, 1; **Hágame (Hazme) el favor de...** *Do me the favor of...*, III4; **por favor** *please*, I
**favorito(a)** *favorite*, I
**el fax** *fax, fax machine*, III3
**febrero** (m.) *February*, I
**la fecha** *date* (on a calendar), I; **¿Cuál es la fecha?** *What is today's date?*, I
la felicidad *happiness*, 7

**feliz** (pl. **felices**) *happy*, II
**fenomenal** *great*, III1
**feo(a)** *ugly*, I
feroz (pl. feroces) *fierce*, 5
**la ferretería** *hardware store*, III4
**el festival** *festival*, II
**festivo(a)** *festive*, I; **el día festivo** *holiday*, I
la fibra óptica *fiber optic*, 3
la ficha *notecard*, 11
ficticio(a) *fictitious*, 11
**la fiebre** *fever*, I
la fiereza *fierceness*, 4
**la fiesta** *party*, I; **la fiesta de aniversario** *anniversary party*, I; **la fiesta de cumpleaños** *birthday party*, I; **la fiesta de graduación** *graduation party*, I; **la fiesta de sorpresa** *surprise party*, I
la figura *shape, form*, 5
**fijarse** *to notice, take notice*, II; **¡Fíjate!** *Imagine!*, II; **Me he fijado en...** *I've noticed...*, III11
**fijo(a)** *fixed*, II
**el fin** *end*, II; **el fin de semana** *weekend*, I; **en fin** *in short*, II; **para fines de** *by the end of*, II; **por fin** *at last*, I
**financiero(a)** *financial*, III8; **la sección financiera** *financial section*, III8
las finanzas *finance*, 10
la finca *farm, ranch*, 2
el fiordo *fjord*
la firma *signature*, 11
**físico(a)** *physical*, I
el fisicoculturismo *body building*, 2
**el flan** *custard*, I
**la flauta** *flute*, III1
la flecha *arrow*, 5
flechar *to shoot with an arrow*, 7
**flojo(a)** *lazy*, II
florecer (zc) *to flower*, 11
**la florería** *flower shop*, I
**las flores** *flowers*, I
fluir *to flow*, 3
el folleto *brochure*, 6
fomentar *to encourage, to promote*, 7
los fondos *funds*, 11
**la forma** *shape, form, way*, II
**formal** *formal*, I
**formidable** *tremendous*, III6
formular *to formulate*, 11
el formulario *form*, 8
fortalecer (zc) *to strengthen*, 2
forzado(a) *forced*, 3
**la fotocopiadora (a colores)** *(color) photocopier*, III3
**la fotografía** *photography*, III1
el fraile *monk*, 5
francamente *frankly*, 2
**el francés** *French (language)*, I
**Francia** (f.) *France*, I
la frecuencia: **con frecuencia** *often*, I; **¿Con qué frecuencia?** *How often?*, I
frenar *to brake*, 11

frenético(a) *frantic*, 3
frente a *in the face of*, 11
**la fresa** *strawberry*, I
**los frijoles** *beans*, I
**frío(a)** *cold*, I; **Me deja frío(a).** *It doesn't do anything for me.*, III6
**frito** (past participle of **freír**) *fried*, III4; **el pollo frito** *fried chicken*, III4
la frontera *frontier*, 11
fronterizo(a) *border* (adj.), 1
frotar *to rub*, 11
la frustración *frustration*, 6
frustrado(a) *frustrated*, 1
frustrante *frustrating*, 7
**frustrarse** *to be frustrated*, III7; **Me frustra que...** *It frustrates me that...*, III7; **me frustré** *I got angry*, III9
**la fruta** *fruit*, I
**la frutería** *fruit shop*, III4
**Fue cuando...** *It was when...*, II
el fuego *fire*, 5
la fuente *source, fountain*, 8
**fuera** *outside*, III3; **Mucha gente ha venido de fuera.** *Many people have come from outside.*, III3
**fuera** (past subjunctive of **ser**): **Si fueras rico(a)...** *If you were rich...*, III9; **Si yo fuera presidente(a)...** *If I were president...*, III11
**fuerte** *strong, heavy*, I
la fuerza vital *vital force*, 6
**fumar** *to smoke*, II
la fumarola *hole in volcano from which gases emerge*, 5
la función (pl. las funciones) *performance*, 3
el funcionario público *public official*, 11
las funciones *duties*, 8
la fundación (pl. las fundaciones) *foundation*, 6
fundar *to found*, 10
fundir *to merge*, 10
la furia *rage*, 2
furioso(a) *furious*, 8
la fusión nuclear *nuclear fusion*, 3
**el fútbol** *soccer*, I; **el fútbol norteamericano** *football*, I

**G**

**las gafas** *glasses*, III1
la gaita *bagpipe*
el galán (pl. los galanes) *suitor*, 7
**la galaxia** *galaxy*, II
el gallego *Galician (language)*, 2
gallego(a) *Galician*
**la galleta** *cookie*, I
la gallina de palo *iguana meat*
el gallo pinto *rice and black beans*

la gana: **Me dan ganas de llorar.** *It makes me feel like crying.*, III7; **tener ganas de** + inf. *to feel like (doing something)*, I
el ganado *cattle*, 5
el ganador, la ganadora *winner*, 11
las ganancias *earnings*, 11
**ganar** *to win, to earn*, I; *to gain*, 3
**la ganga** *bargain*, I
ganoso(a) *wanting*, 9
la gansa *goose*, 11
la garantía *guarantee*, 3
garantizado(a) *guaranteed*, 3
**la garganta** *throat*, I
el gas natural *natural gas*, 3
**la gasolina** *gasoline*, II; la gasolina sin plomo *unleaded gasoline*, 3
**la gasolinera** *gas station*, II
**gastar** *to spend, to waste*, II
**el gato, la gata** *cat*, I
la generación (pl. las generaciones) *generation*, 10
general: **por lo general** *usually*, I
la generosidad *generosity*, 7
**generoso(a)** *generous*, II
**genial** *great*, III6
el genio *genius*, 8
**la gente** *people*, III3; **Mucha gente ha venido de fuera.** *Many people have come from outside.*, III3
la gente mayor de edad *senior citizens*, 9
gentil *charming*, 9
**la geografía** *geography*, I
**el gerente, la gerente** *manager*, III12
el gigante *giant*, 9
gigante *giant* (adj.), 10
**gigantesco(a)** *gigantic*, II
**el gimnasio** *gym*, I
girar *to turn around*, 9
**el globo** *balloon*, I
la gloria: **¡Estoy en la gloria!** *I'm in heaven!*, III7
el gobernador, la gobernadora *governor*, 11
la golosina *piece of candy*, 4
**la goma de borrar** *eraser*, I
**gordo(a)** *fat, overweight*, I; **Me cae gordo.** *It disagrees with me.*, *I hate it.*, III4
la gota *drop* (of liquid), 7
el goterón (pl. los goterones) *big drop* (of liquid), 11
gozar *to enjoy*, 6
la grabación (pl. las grabaciones) *recording*, 9
el grabado *engraving*, 6
el grabador *tape recorder*, 8
**Gracias.** *Thanks.*, I; **gracias por** *thank you for*, II; **Gracias por invitarme, pero no puedo.** *Thanks for inviting me, but I can't.*, III6
gracioso(a) *funny*, 8
el grado *degree*, 5
el graduado, la graduada *graduate (student)*, 10
**graduarse** *to graduate*, III10;

**Después de graduarnos...** *After we graduate...*, III10
gran: **una gran persona** *a great person*, III1; **un gran tipo** *a great guy*, III1
**grande** *big*, I
el granito *granite*, 9
el grano *grain, seed*, 4; los granos germinados *sprouted grains*, 2
**la grasa** *fat (in food)*, III4; **Lleva mucha grasa.** *It has too much fat.*, III4
**gratis** *free*, II
**grave** *serious*, II
graznar *to squawk*, 12
el griego *Greek (language)*, 10
el grifo *faucet*, 9
el gringo, la gringa *United States citizen (impolite)*, 10
**la gripe** *flu*, I
**gris** *gray*, I
gritar *to shout*, 5
la grúa *derrick*, 3
grueso(a) *thick*, 12
**¡Guácala!** *Yuck!*, III4
el guacamole *dip made from mashed avocados*
el guante *glove*, 10
**guapo(a)** *good-looking*, III1
**guardar** *to keep*, III7; **no guardar los secretos** *not to keep secrets*, III7
guardarse *to protect oneself*, 5
el guardia *guard*, 5
**guatemalteco(a)** *Guatemalan*, II
Guatire *small city in Venezuela*, 8
el güero, la güera *blond or fair-skinned person*, 10
**la guerra** *war*, III5; **Espero que la guerra termine pronto.** *I hope the war ends soon.*, III5
**el guerrero, la guerrera** *warrior*, III5
**el guía, la guía** *guide*, II
guijarro *pebble*, 4
el guiñapo *rag, tatter*, 11
el güiro *Caribbean percussive instrument*, 6
el guisado *stew*, 4
guisado(a) *stewed*, 4
**la guitarra** *guitar*, I
el gusano *worm*, 4
**gustar: A mí me (A ti te,...) gusta(n)** + inf. *I (You,...) like (to)...*, I; **a quien le guste(n)** *who likes*, **Me (Te,...) gusta...** *I (You,...) like...*, I
el gusto *pleasure*, I; *taste*, III6; **¡Con mucho gusto!** *Gladly!*, I; **de muy mal gusto** *in very bad taste*, III6

**H**

**ha** (inf. **haber**) *has (auxiliary verb)*
**haber** *to have (auxiliary verb)*; **...ha**

**cambiado mucho** . . . *has changed a lot,* III3; **...ha empeorado bastante** . . . *has gotten quite a bit worse,* III3; **¿Has leído algo de?** *Have you read anything about . . .?,* III6; **¿Has oído hablar de…?** *Have you heard about . . .,* II; **¿Has pensado en?** *Have you thought of . . .?,* III6; **Han triunfado...** *They have succeeded . . .,* III10; **Mucha gente ha venido de fuera.** *Many people have come from outside.,* III3

**haber que** + inf. *to be necessary to +* verb, II; **Habrá que...** *It will be necessary to . . .,* III11; Hay que... *It's necessary to . . .,* III3

las **habichuelas** *beans*

la **habitación** (pl. las habitaciones) *room,* 3

el **habitante,** la **habitante** *inhabitant* **habitar** *to live (in),* 10

el **hábito** *habit,* III2; **tener buenos hábitos de alimentación** *to have good eating habits,* III2

**habitual** *habitual,* 9

el **habla** (f.) *speech;* de habla hispana *Spanish-speaking,* 11

**hablar** *to speak, to talk,* I; **dejar de hablarse** *to stop speaking to each other,* III7; **Hablando de...** *Speaking of . . .,* III6; **hablará** *will speak,* III3; hablemos *let's talk,* 1

**Habrá que...** *It will be necessary to . . .,* III11

**hacer** *to make, to do;* **¿Cuánto tiempo hace que...?** *How long have (has) . . . (been doing something)?,* II; **Hace diez años...** *Ten years ago . . .,* III2; **hace falta que busquemos** *we need to look for,* III6; **hace mucho frío (sol/calor/viento/fresco/buen tiempo/mal tiempo)** *it's very cold (sunny/hot/windy/cool/nice weather/bad weather),* I; **Hace mucho tiempo...** *A long time ago . . .,* II; hacer ejercicio *to exercise,* III2; **hacer esquí acuático** *to water-ski,* III1; hacer falta *to be necessary,* 9; hacer las paces *to make up with,* II; **hacer trabajos con la computadora** *to write papers on the computer,* III3; **hacerle un cumplido a alguien** *to compliment someone,* III7; **Hágame (Hazme) el favor de...** *Do me the favor of . . .,* III4; **Hagámoslo mañana.** *Let's do it tomorrow.,* III6; **Lo hice sin querer.** *I didn't mean to do it.,* III7; **No lo haré más.** *I won't do it anymore.,* III7; **No lo volveré a hacer.** *I won't do it again.,* III7; **Si no hacemos nada por...** *If we don't do anything about . . .,* III11

**hacerse amigo(a) de alguien** *to make friends with someone,* II

**hacerse daño** *to hurt oneself,* II

**hacia** *toward,* III9

el **hada** (f.) **madrina** *fairy godmother,* II

**Hágame el favor de...** *Do me the favor of . . .,* III4

**Hagámoslo mañana.** *Let's do it tomorrow.,* III6

la **hallaca** *tamale-like dish made of cornmeal stuffed with seasoned meat and vegetables, cooked in banana leaves*

el **hallazgo** *finding,* 2

el **hambre** (f.) *hunger,* III11; **tener (mucha) hambre** *to be (really) hungry,* I

la **hamburguesa** *hamburger,* I

**Han triunfado...** *They have succeeded . . .,* III10

**harto(a)** *fed up, sick and tired,* II

**has** (inf. **haber**) *you have* (auxiliary verb), III3; **¿Has leído algo de...?** *Have you read anything about . . .?,* III6; **¿Has pensado en...?** *Have you thought of . . .?,* III6

**hasta** *until, up to,* II; **Hasta cierto punto, sí, pero...** *Up to a point, yes, but . . .,* III5; **hasta que** *until (conj.),* III10

**hay** (special present tense of **haber**) *there is (there are),* I; **Hay que...** *It's necessary . . .,* III3; **No hay quien lo (la) aguante.** *Nobody can stand him (her).,* III1

la **hazaña** *deed,* 5

**Hazme el favor de...** *Do me the favor of . . .,* III4

el **hecho** *fact,* 10

**hecho** (past participle of **hacer**) *made, done,* III3

la **heladería** *ice cream store,* III4

el **helado** *ice cream,* I

**helado(a)** *freezing cold,* 6

**hender** (ie) *to split,* 9

**heredar** *to inherit,* 3

el **heredero,** la **heredera** *heir,* 8

la **herencia** *inheritance, heredity, heritage,* 6

**herir** (ie, i) *to wound,* 5

la **hermana** *sister,* I; **la media hermana** *half-sister,* I

la **hermanastra** *stepsister,* I

el **hermanastro** *stepbrother,* I

el **hermano** *brother,* I; **el medio hermano** *half-brother,* I

los **hermanos** *brothers, brothers and sisters,* I

**hermoso(a)** *beautiful,* III6

el **héroe** *hero,* III5

la **heroína** *heroine,* III5

**hervir** (ie, i) *to boil,* 4

el **hielo** *ice,* **patinar sobre hielo** *to ice-skate,* III1

la **hierba** *grass,* 5

el **hierro** *iron, steel,* 5

**higiénico(a)** *hygienic,* 11

la **hija** *daughter,* I

el **hijo** *son,* I

**¡Híjole!** *Oh my goodness!,* 4

los **hijos** *children,* I

el **hilo** *thread,* 9

la **hipertensión** *high blood pressure,* 2

la **hipótesis** *hypothesis,* 11

el **hispanohablante,** la **hispanohablante** *Spanish speaker,* 4

**histérico(a)** *stressed out,* III2

el **hogar** *home,* 10

la **hoja** *leaf,* 4; **la hoja de papel** *sheet of paper,* 2

**¡Hola!** *Hello!,* I

el **hombre** *man,* III5; **¡N'hombre!** *No way!*

el **hombro** *shoulder,* II

el **homicidio** *homicide,* III11

el **hondo** *depth,* 9

**hondureño(a)** *Honduran,* II

**honesto(a)** *honest,* II

**honrado(a)** *honest,* 5

**honrar** *to honor,* 1

la **hora** *hour, time (of day);* **¿A qué hora...?** *At what time . . .?,* I; **¿Qué hora es?** *What time is it?,* I

el **horario** *work hours, schedule,* III12

la **hormiga** *ant,* 4

el **horno** *oven,* III3; **cocinar en el horno de microondas** *to cook in the microwave oven,* III3; **el horno de microondas** *microwave oven,* III3

**horrible** *horrible,* I

**hoy** *today,* I; **hoy (en) día** *nowadays,* III3

el **huachinango** *red snapper (Mexico),* 4

**hubiera** (past subj. of **haber**): **Si hubiera paz...** *If there were peace . . .,* III11

la **hucha** *piggybank,* 12

**hueco(a)** *hollow,* 6

la **huella** *footprint,* 5

el **huésped,** la **huésped** *guest,* 9

los **huevos** *eggs,* I

la **huida** *escape,* 6

**huir** *to escape,* 5

**humeante** *smoky,* 5

la **humedad** *moisture,* 4

**húmedo(a)** *humid,* II

**humilde** *humble,* 5

el **humo** *smoke,* 2

el **humor** *mood, humor,* III1; **de buen (mal) humor** *in a good (bad) mood;* **tener un buen sentido del humor** *to have a good sense of humor,* III1

**humorístico(a)** *humorous,* 3

# I

**ida y vuelta** *round trip*, II
**la idea** *idea*, I; **no tener la menor idea**
*not to have the slightest idea*, III8;
**No tengo ni idea** *I've no idea.*, II
**ideal** *ideal, best*, III12; **Lo ideal es...**
*The best thing is . . .*, III12
idealizar *to idealize*, 5
idéntico(a) *identical*, 8
la identidad *identity*, 10
el idioma *language*, 1
**la iglesia** *church*, II
**la ignorancia** *ignorance*, III9
**igual** *the same*, III1; **Me da igual.** *It's
all the same to me.*, III1
**Igualmente.** *Same here.*, I
ilegal *illegal*, 10
ilógico(a) *illogical*, 1
la imagen *image*, 9
**imaginativo(a)** *imaginative*, III6
**impaciente** *impatient*, II
el impacto *impact*, 8
impecablemente *impeccably*, 6
imperdonable *unforgivable*, 7
el imperio *empire*, 4
implacable *relentless*, 11
**implementar** *to implement*, III11
implicar *to imply*, 4
la importación *importing*, 4
la importancia *importance*, 5
**importante** *important*, II; **Lo que es
importante es...** *What's important
is . . .*, III3
**importar** *to matter*, III1; **No me
importa.** *It doesn't matter to me.*,
III1
imposibilitar *to make impossible*, 6
**la impresión** (pl. **las impresiones**)
*impression*, III9; **Tengo la
impresión de que...** *I'm under the
impression that . . .*, III9
**impresionado(a)** *impressed*, II
impresionante *impressive*
el impuesto *tax*, 12
impuesto (past participle of
imponer) *imposed*, 6
inaceptable *unacceptable*, 3
inagotable *inexhaustible*, 5
la inauguración *unveiling*, 6
inaugurar *to inaugurate*, 11
incapaz (pl. incapaces) *incapable*, 10
incautarse *to confiscate*, 8
el incendio *fire*, 11
incinerar *to incinerate*, 3
incisivo(a) *biting* (adj.), 6
**incluir** *to include*; **¿Está incluida?** *Is
it included?*, I
inclusive *inclusively*, 4
incluso *included*, 3
**incomprensible** *incomprehensible*,
III6
incontaminado(a) *uncontaminated*,
11

el inconveniente *obstacle*, 11
incorporar *to incorporate*, 10
incurable *incurable*, 11
indemnizar *to indemnify*, 11
la independencia *independence*
indetenible *unstoppable*, 3
indicar *to show, to point out, to
indicate*, 1
el indígena, la indígena *native,
Indian*, 5
la indiferencia *indifference*, 1
el indio, la india *Indian*, 5
indispensable *indispensable*, 3
individualidad *individuality*, 10
indomable *untamable*, 6
inducir (zc) *to bring about*, 3
indudable *undoubtable*, 5
la industria petrolera *petroleum
industry*, 3
inesperadamente *unexpectedly*, 4
inesperado(a) *unexpected*, 4
inestimable *priceless*, 11
inexperto(a) *inexperienced*, 5
infalible *infallible*, 11
inferido(a) *inferred*, 7
**infiel** *unfaithful*, III7
infinitamente *infinitely*, 11
la inflación *inflation*, 8
inflar *to blow up, to inflate*, I
la influencia *influence*
influenciar *to influence*, 8
influir *to influence*, 9
la información *information*, 2
**informar** *to inform*, III3
la informática *computer science*, 12
el informe *report*, 3
la ingeniería (agrónoma)
*(agricultural) engineering*, 12
**el ingeniero, la ingeniera** *engineer*,
III12
**Inglaterra** (f.) *England*, I
**el inglés** *English (language)*, I
inhóspito(a) *inhospitable*, 3
**iniciar** *to start, to initiate*, III11
**la iniciativa** *initiative*, III10; **tomar la
iniciativa** *to take the initiative*,
III10
**inmediatamente** *immediately*, II
inmenso(a) *huge*, 3
la inmigración *immigration*, 4
el inmigrante, la inmigrante
*immigrant*, 10
inolvidable *unforgettable*
inquieto(a) *restless*, 8
**inscribirse** *to sign up, to enroll*, II
**los insectos** *insects*, II
**insignificante** *trivial*, III6
insistentemente *insistently*, 9
la insolencia *insolence*, 7
**insoportable** *unbearable*, III6
inspirar *to inspire*, 10
instalado(a) *installed*, 3
el instinto *instinct*, 11
**las instrucciones** *directions*, II
**el instrumento** *instrument*, I
**insultar** *to insult*, III7
el insulto *insult*, 3

intacto(a) *whole*, 7
**inteligente** *intelligent*, I
**la intención** (pl. **las intenciones**) *plan,
intention*, III10; **con la intención
de** *with the intention of*, III10;
**Tengo la intención de...** *I intend
to . . .*, III10
intenso(a) *intense*, 6
**intentar** *to try*, III6; **Intentaría...** *I
would try to . . .*, III11
intercambiar *to exchange*, 2
**interesante** *interesting*, I
`**interesar** *to interest*; **Me interesaría
estudiar para...** *I'd be interested in
studying to be a . . .*, III12; **No me
interesa para nada.** *It doesn't
interest me at all.*, III1
interferir (ie, i) *to interfere*, 12
internacionalmente *internationally*
**Internet** *the Internet*, II
intimidar *to intimidate*, 4
íntimo(a) *intimate*, 6
la intolerancia *intolerance*, 10
inútil *useless*, 3
el invento *invention*, 3
la inversión (pl. las inversiones)
*investment*, 3
invertir (ie, i) *to invest*, 10
la investigación (pl. las investigaciones)
*research*, 12
el investigador, la investigadora
*researcher*, 2
investigar *to investigate*, 4
**el invierno** *winter*, I
**las invitaciones** (sing. **la invitación**)
*invitations*, I
**los invitados** *guests*, I
**invitar** *to invite; to offer to pay*, I;
**Gracias por invitarme, pero no
puedo.** *Thanks for inviting me, but
I can't.*, III6
involuntariamente *involuntarily*, 9
**ir** *to go*, I; *to get to*, II; **¿Cómo se va
a...?** *How do you get to . . .?*, II; **ir a
la playa** *to go to the beach*, III1; **ir
bien (mal)** *to be going the right
way (the wrong way)*, II; **¡Qué va!**
*No way!*, III5; **Voy a ser...** *I'm
going to be . . .*, III12
**ir** + inf. *to be going to (do
something)*, I
la ironía *irony*, 3
irremediable *incurable*, 3
irrigar *to irrigate*, 4
**irse** *to go away*, II
**la isla** *island*, I; la isla desierta *desert
island*, 11
**Italia** (f.) *Italy*, I
**italiano(a)** *Italian*, I
**izquierda: a la izquierda** *to the
left*, II

## J

**el jabón** *soap*, II
jadear *to pant*, 11
jamás *never*, 6
**el jamón** *ham*, I
**el jardín** *garden*, I
**el jazz** *jazz*, I
**el jefe, la jefa** *boss, chief*, III12
joven (pl. jóvenes) *young*, I; **Cuando era joven...** *When I was young . . .*, III12
los jóvenes *young people*, 6
la joya *jewel*, 11
**la joyería** *jewelry store*, I
**el juego** *game, match;* **hacer juego con** *to match with*, II; **el juego de mesa** *(board) game*, I
**el jueves** *Thursday*, I
el juez, la juez (pl. los jueces) *judge*, 8
**jugar (ue)** *to play*, II; **jugar a las cartas** *to play cards*, III1; **jugar a los videojuegos** *to play videogames*, III1
**el jugo** *juice*, I; **el jugo de naranja** *orange juice*, I
**la juguetería** *toy store*, I
**los juguetes** *toys*, I
el juicio crítico *critical judgment*, 7
**julio** (m.) *July*, I
**junio** (m.) *June*, I
**junto a** *next to*, II
**juntos(as)** *together*, I
el juramento *oath*, 7
jurar *to swear*, 7
la justicia *justice*, 5
**justo(a)** *fair*, II
la juventud *youth*, 10
**juzgar** *to judge*, III9
juzgar mal *to misjudge*, 9

## K

el kilómetro *kilometer*, 2; kilómetro cuadrado *kilometer²*, 1
el kiosco *newsstand*, 8

## L

**la** (f. sing. article) *the*, I
**la** (f. sing. direct object pron.) *her (it)*, I; **Lo (la) encuentro...** *I find him (her/it) . . .*, III6
**La situación va a empeorarse.** *The situation will get worse.*, III11

**La solución que planteo es...** *The solution I propose is . . .*, III11
**La verdad es que...** *The truth is that . . .*, III3
la labor *work*, 2
la ladera *hillside*, 4
**el ladrón, la ladrona** *thief*, III11
la lagartija *lizard*, 1
**el lago** *lake*, I
la lágrima *tear*, 10
la laguna *lagoon*, 6
**lamentar** *to mourn, to lament*, III5; **Lo lamentaremos.** *We'll regret it.*, III11
**la lámpara** *lamp*, I; **la lámpara de la calle** *streetlight*, II; la lámpara maravillosa *magic lamp*, 9
la lana *wool*, I
la lancha *boat*, II
**el lápiz** (pl. **los lápices**) *pencil*, I
**largo(a)** *long*, II
**las** (f. pl. article) *the*, I
**las** (f. pl. direct object pron.) *them*, I
**la lástima** *shame;* **¡Qué lástima!** *What a shame!*, I
**lastimarse** *to injure (oneself)*, II
**la lata** *can*, II; **¡Qué lata!** *What a pain!*, 1
el latín *Latin (language)*
el latino, la latina *Latin American person*, 10
latinoamericano(a) *Latin American*, 8
los laureles *crown of laurel leaves given as reward*, 2
**lavar** *to wash*, I
**lavarse los dientes** *to brush your teeth*, II
**le** *to, for her/him/it/you (sing. formal)*, I; **Le falta no sé qué.** *It needs something (I don't know what).*, III4; **Le falta sabor.** *It doesn't have enough flavor.*, III4; **Le falta sal.** *It needs (lacks, doesn't have enough) salt.*, III4
leamos *let's read*, 1
**la leche** *milk*, I
**la lechería** *dairy store*, III4
el lecho *bed*, 5
**la lechuga** *lettuce*, I
el lector, la lectora *reader*, 2
**leer** *to read*, I; **leer tiras cómicas** *to read comics*, III1
la legua *league, 5572 meters*, 9; a la legua *far away*, 11
**las legumbres** *vegetables*, I
lejano(a) *faraway, distant*, 8; el Lejano Oriente *Far East*, 1
**lejos de** *far from*, I
el lema *slogan*, 3
la lengua *tongue*, 10
el lenguaje *language*, 10
lentamente *slowly*, 5
**los lentes** *glasses*, I; **los lentes de sol** *sunglasses*, I
**la leña** *firewood*, II
**les** *to, for them/you* (pl.), I

**el letrero** *sign*, II
**levantar** *to lift*, I
**levantarse** *to get up*, II
la ley *law*, 10
la leyenda *legend*, 5
liberar *to free*
la libertad *liberty*, 9
el libertador *liberator*
la libra *pound*, 4
**libre** *free*, I; **un día libre** *a day off*, I
**la librería** *bookstore*, I
**el libro** *book*, I; **el libro de texto** *textbook*, 6
licenciarse *to get a degree*, 9
la licenciatura *bachelor's degree*, 12
la liga *league*
el líder, la líder *leader*, 10
ligeramente *quickly*, 12
**ligero(a)** *light*, I
los liliputienses *Lilliputians*, 9
limitar *to limit*, 9
**la limonada** *lemonade*, I
**limpiar** *to clean*, I
la limpieza *cleanliness*, 11
**limpio(a)** *clean*, I; **mantener limpio(a)** *to keep clean*, II
**lindísimo(a)** *really beautiful*, II
**la línea** *line*, I; **en línea** *online*, III8; **patinar en línea** *to in-line skate*, III1
lingüístico(a) *linguistic*, 10
el líquido *liquid*, 3
el lirón *dormouse;* **dormir tan bien como un lirón** *to sleep like a baby*, II
**listo(a)** (with **ser**) *clever, smart*, I; (with **estar**) *ready*, I
la litera *stretcher*, 5
el litro *liter*, 4
la llamada *telephone call*, 2
**llamar** *to call, to phone*, I
**llamarse** *to be named*, I; **Me llamo...** *My name is . . .*, I
los llaneros *people who live in the plains region*, 5
los llanos *plains*, 5
la llave *key*, 4
**llegar** *to arrive*, II; **llegar a su meta** *to achieve one's goal*, 3
llenar *to fill*, 6
lleno(a) *full*, 10
**llevar** *to take, to carry, to wear, to lead*, I; *to have*, III4; **Lleva mucha grasa.** *It has too much fat.*, III4; **llevar a cabo** *to carry out*, III10; **llevar gafas** *to wear glasses*, III1; **llevar una vida agitada** *to lead a hectic life*, III2; **¿Se las llevas?** *Will you take them to him (her)?*, III4
**llevarse** *to get along*, II
**llorar** *to cry*, III5; **Me dan ganas de llorar.** *It makes me feel like crying.*, III7
el llorón, la llorona *crybaby*, 5
**llover (ue)** *to rain*, I
la lluvia *rain*, 5
**lo: lo de siempre** *the usual*, I; **lo**

**ideal** *the best thing,* III12; **lo que** *what, that which,* III3; **por lo general** *generally,* I

**lo** (m. sing. direct object pron.) *it/him/you* (formal), I; **Lo (la) encuentro...** *I find him (her/it)...,* III6; **Lo hice sin querer.** *I didn't mean to do it.,* III7; **Lo lamentaremos.** *We'll regret it.,* III11; **Lo siento mucho, es que no sabía.** *I'm very sorry, I just didn't know.,* III7; **Lo siento, pero ya tengo otros planes.** *I'm sorry, but I already have other plans.,* III6

**lo** + adj. *the (adj.) thing,* II; **lo cual** *which,* 12; **Lo ideal es...** *The best thing is...,* III12; **lo menos** *at least,* 12; **lo suficiente** *enough,* II

**lo que** *what,* III3; **Lo que es importante es...** *What's important is...,* III3; **Lo que noto es que...** *What I notice is that...,* III3

localizar *to locate,* 7

**loco(a)** *crazy;* **estar loco(a) por** *to be crazy about,* II; **Estoy loco(a) por...** *I'm crazy about,* III1

la locomotora *locomotive,* 9

la locura *craziness,* 7

**el locutor, la locutora** *anchorperson,* III8

el lodo *mud,* 3

lógico(a) *logical,* 1

**lograr** *to achieve, to manage to,* III10; **Logró superar muchos obstáculos.** *He (She) succeeded in overcoming many obstacles.,* III10

el logro *accomplishment,* 1

la loma *hill,* 3

la lombriz (pl. las lombrices) *worm;* **tan feliz como una lombriz** *as happy as a lark,* II

la longitud *length,* 9

**el loro** *parrot,* II

**los** (m. pl. article) *the,* I

**los** (m. pl. direct object pron.) *them,* II

la lucha *struggle, fight,* 1

**luchar** *to struggle, to fight,* III5

**luego** *then, later,* I

el lugar *place;* **ningún lugar** *nowhere, not anywhere,* I

luminoso(a) *luminous,* 8

la luna *moon,* 1

el lunar *mole,* 1

**el lunes** *Monday,* I

**la luz** (pl. **las luces**) *light,* II

la madera *wood,* 5

**la madrastra** *stepmother,* I

**la madre** *mother,* I

la madrugada *early morning hours,* 9

el madrugador, la madrugadora *early riser,* 2

madrugar *to get up early,* 2

maduro(a) *ripe,* 4

el maestro, la maestra *teacher,* 2

**magnífico(a)** *great,* I; *magnificent,* III6

**el maíz** *corn,* I

majo(a) *nice* (Spain), III1

el mal *evil,* 11; **No hay mal que cien años dure.** *It won't last forever.,* III7; **No hay mal que por bien no venga.** *Every cloud has a silver lining.,* III7

**mal** *bad, badly,* I; **estar mal** *to feel poorly,* I

la maldad *evil,* 10

maldito(a) *darned,* 3

**el malentendido** *misunderstanding,* III7; **tener un malentendido** *to have a misunderstanding,* III7

**la maleta** *suitcase,* I

**el maletero, la maletera** *baggage carrier,* II

la maleza *weeds,* 9

el malgenio *bad temper,* 2

malhablado(a) *foul-mouthed,* 6

**malo(a)** *bad,* I

maltratar *mistreat,* 3

**el malvado, la malvada** *villain,* III5

**la mamá** *mom,* I

el mancebo *bachelor,* 7

la mancha *stain,* 7

**el mandado** *errand;* **hacer un mandado** *to run an errand,* II

**mandar** *to send,* I

la mandioca *Brazilian name for yucca, a root vegetable,* 3

**manejar** *to drive,* III3; *to manage,* 11; **manejar por la autopista** *to drive on the freeway,* III3

la manera *way, manner,* 10

**el mango** *mango,* I

la manía *oddity,* 6

la manipulación *manipulation,* 10

**la mano** *hand,* I

**mantener (ie)** *to preserve, to keep,* III10

**mantenerse (ie) en forma** *to stay in shape,* III2

**la manzana** *apple,* I

la maña *skill,* 11

**mañana** (adv.) *tomorrow,* I; **Hagámoslo mañana.** *Let's do it tomorrow.,* III6

**la mañana** *morning,* I; **por la mañana** *in the morning,* I

**maquillarse** *to put on makeup,* I

la máquina *machine,* 3; **la máquina de contestar** *answering machine,* 3

**el mar** *sea,* II

el maratón *marathon,* 2

la maravilla *wonder, marvel;* **de maravilla** *great,* II

**maravilloso(a)** *marvelous,* III6

marchar *to march,* 9

**marcial** *martial,* II; **practicar las artes marciales** *to practice the martial arts,* II

el mariachi *popular music originating in the Mexican state of Jalisco*

el marido *husband,* 7

la mariposa *butterfly,* 9

**los mariscos** *shellfish,* III4

Marruecos *Morocco,* 9

**el martes** *Tuesday,* I

**marzo** (m.) *March,* I

**más** *more,* I; **más allá de** *beyond,* 9; **más o menos** *so-so,* I; **más... que** *more... than,* I

la masa *dough,* 4

la masa humana *mass of humanity,* 9

**la máscara** *mask,* II

masticar *to chew,* 12

el mástil *pole, mast,* 9

matar *to kill,* 7

el mate *Argentine and Paraguayan tea*

**las matemáticas** *mathematics,* I

**la materia** *school subject,* I

la maternidad *maternity,* 4

**mayo** (m.) *May,* I

**mayor** *greater, older,* I; **Cuando sea mayor** *When I'm older...,* III10; **mayor que** *older than,* II

el mayordomo *butler,* 5

la mayoría de edad *adulthood,* 5

la mazmorra *dungeon,* 5

**me** *(to, for) me,* I; **Me alegro que...** *I'm glad that...,* III7; **Me cae gordo.** *It disagrees with me.,* III4, *I hate it.,* III6; **Me da igual.** *It's all the same to me.,* III1; **Me da lo mismo.** *It's all the same to me.,* III1; **Me dan ganas de llorar.** *It makes me feel like crying.,* III7; **Me dedicaría a...** *I would devote myself to...,* III11; **Me deja frío(a).** *It doesn't do anything for me.,* III6; **Me duele mucho que...** *It really hurts me that...,* III7; **Me encanta que...** *I'm delighted that...,* III7; **Me encantaría ser...** *I'd love to be...,* III12; **Me es indiferente.** *I don't care one way or the other.,* 6; **Me gustaría ser...** *I'd like to be...,* III12; **Me he fijado en...** *I've noticed...,* III11; **Me imagino que...** *I imagine that...,* III3; **Me interesaría estudiar para...** *I'd be interested in studying to be a...,* III12; **Me la paso...** *I spend my time...,* III1; **Me parece que...** *It seems to me that...,* III3; **Me parece un rollo.** *It seems really boring to me.,* III1; **Me siento frustrado(a).** *I'm frustrated.,* III7; **Me suena a chino.** *It's Greek to me.,* III8

**la mecánica** *mechanics;* **trabajar en mecánica** *to fix cars,* II

**el mecánico, la mecánica** *mechanic,* III12

mecanizado(a) *mechanical,* 3

**la media hermana** *half-sister,* I
mediados: **a mediados de** *half way through,* 1
**mediano(a)** *medium,* II; **de estatura mediana** *of medium height,* III1
**la medianoche** *midnight,* 2
**mediante** *by means of, through,* 10
**la medicina** *medicine,* 5
medicinal *medicinal,* 11
**el médico, la médica** *doctor,* III12
**la medida** *moderation,* 2; *action,* 11; **en cierta medida** *in a certain way,* 3
**medio(a)** *medium, half* (adj.), I; **el medio hermano** *half-brother,* I; **medio tiempo** *part time, half time,* III12
**el medio** *middle*
**el medio ambiente** *environment,* II
los **medios de comunicación** *means of communication,* 8
**medir (i, i)** *to be . . . tall, to measure,* II
**el mejillón** (pl. los mejillones) *mussel,* 1
**el mejor, la mejor** *best,* II
**Mejor...** *Better . . . ,* II; **mejor que** *better than,* II
**mejorar** *to improve,* II; **mejorará** *will improve,* III3
**melancólico(a)** *gloomy,* III9
**el melocotón** (pl. **los melocotones**) *peach,* III4
mencionar *to mention,* 4
**el mendigo, la mendiga** *beggar,* 8
**menor** *younger,* I; **menor que** *younger than,* II; **no tener la menor idea** *not to have the slightest idea,* III8
**menos** *less,* I; **... menos cuarto** *quarter to (the hour),* I; **menos... que** *less . . . than,* I
**el mensaje** *message,* 5
**la mente** *mind,* 2
**mentir (ie, i)** *to lie,* III7; **...que nunca me mienta** *. . . who never lies to me,* III7
mentira: **Parece mentira...** *It's hard to believe . . . ,* III8
**el menú** *menu,* I
menudo(a) *small,* 9
**el mercado** *market,* II
merecer (zc) *to deserve,* 1
**merendar (ie)** *to snack,* II
la merluza *hake*
**el mes** *month,* I
**la mesa** *table,* I
**el mesero, la mesera** *food server,* II
la meseta *plateau,* 4
**la meta** *goal,* III10
meter *to place, to put in,* 2
**el metiche, la metiche** *busybody,* II
**el metro** *subway,* II
**mexicano(a)** *Mexican,* I
méxicoamericano(a) *Mexican American,* 10
la mezcla *mixture,* 4

**mi(s)** *my,* I; **Mi más sentido pésame.** *My most heartfelt condolences.,* III7
**mí** (object of preposition) *me,* II
el miedo *fear,* 5
la miel *honey,* 11
**mientras** *while,* II
**el miércoles** *Wednesday,* I
migratorio(a) *migrant,* 10
**mil** *one thousand,* I
el milagro *miracle,* 6
**la milla** *mile,* I
millares *thousands,* 9
mimado(a) *pampered,* 7
**mineral** *mineral* (adj.), **el agua mineral** *mineral water,* I
el ministro, la ministra *minister,* 2
**la minoría** *minority,* III9
minoritario(a) *minority* (adj.), 9
**mirar** *to watch, to look at,* I
**mirarse** *to look at oneself,* II
el mirasol *hot pepper,* 4
la misa *mass* (church service), 7
la miscelánea *miscellany,* 8
**mismo(a)** *same,* I; **Me da lo mismo.** *It's all the same to me.,* III1; él mismo (ella misma) *he himself (she herself),* 6
misterioso(a) *mysterious,* 3
mítico(a) *mythical,* 9
el mito *myth,* 5
el mobiliario *furniture,* 3
**la mochila** *book bag, backpack,* I
**la moda** *fashion, style;* **de moda** *in style,* II; **la sección de moda** *fashion section,* III8
los modales *manners,* 9
el modelo, la modelo *model,* 6
moderno(a) *modern,* 5
**el modo** *manner, way,* II; **de todos modos** *anyway,* II; **el modo de ser** *nature, disposition,* III10
mohoso(a) *rusty,* 12
**molestar** *to bother,* II
el molino (generador) de viento *windmill, wind generator,* 3
momentáneo(a) *momentary,* 9
**momentito: Un momentito.** *Just a second.,* I
**el momento** *moment,* I
**la moneda** *coin,* II
**el mono** *monkey,* II
**el monopatín** *skateboard,* II
el monopolio *monopoly,* 3
monosílabo(a) *one-syllable* (adj.), 12
monstruoso(a) *monstrous,* 10
**la montaña** *mountain,* I; **escalar montañas** *to go mountain climbing,* III1; **la montaña rusa** *roller coaster,* II
la montañera *mountain bike,* 1
**el montañismo** *mountain climbing,* III1
**montar** *to ride,* I; **montar a caballo** *to go horseback riding,* III1; **montar en bicicleta** *to ride a bike,* I
el monte *mountain,* 1

el monumento *monument*
**morado(a)** *purple,* I
la moraleja *moral (of a story or fable),* 5
morder (ue) *to bite,* 9
**moreno(a)** *dark-haired, dark-skinned,* III1
**morir (ue, u)** *to die,* III3
el mosaico *mosaic*
la mosca *fly,* 9
mostrar (ue) *to show,* 2
el motivo *reason,* 1
**moverse (ue)** *to move,* II
movible *moveable,* 9
el movimiento *movement,* 5; el movimiento nacionalista *nationalist movement,* 6
**mucho(a)** *a lot (of),* I
**muchos(as)** *many, a lot of,* I
mudar *to move (something),* 2
mudarse *to move (to change addresses),* 7
los muebles *furniture,* 7
la mueca *grimace,* 11
la muerte *death,* 6
el muelle *pier,* 9
**muerto** (past participle of **morir**) *died,* III3; **quedar muerto(a)** *to be left dead,* III5
**la mujer** *woman, wife,* III5; **la mujer soldado** *soldier (f.),* III5
la multa *fine,* 11
multitudinarios(as) *multitudinous,* 6
mundial *worldwide,* 4
el mundo *world;* el mundo comercial *business world,* 8; **Todo el mundo sabe que...** *Everyone knows that . . . ,* III8;
el municipio *municipality,* 11
**la muñeca** *wrist,* II
la muñeira *popular dance of Galicia*
el mural *mural,* 6
el muralismo mexicano *school of Mexican mural art,* 6
el muralista, la muralista *mural painter*
**el murciélago** *bat* (animal), II
**el museo** *museum,* I
**la música** *music,* I; **la música clásica/pop/rock** *classical/pop/rock music,* I
**el músico, la música** *musician,* III6
**el muslo** *thigh,* II

**Ⓝ**

el nacatamal *cornmeal dough stuffed with meat, rice, potatoes, and tomatoes and cooked in plantain leaves,* 4
nacer (zc) *to be born,* 3
la nación (pl. las naciones) *country,* 9
la nacionalidad *nationality,* 8
nacionalizar *to nationalize,* 3

**nada** *nothing,* I; **¡Nada de eso!** *Of course not!,* III5; **nada más** *that's all,* I; **para nada** *at all,* I
**nadar** *to swim,* I
**nadie** *nobody, no one,* I; **No aguanto a nadie que sea descortés.** *I can't stand anyone who's rude.,* III7
**la naranja** *orange,* I; **el jugo de naranja** *orange juice,* I
**la nariz** (pl. **las narices**) *nose,* I
el narrador, la narradora *narrator,* 3
**la natación** *swimming,* I
nativo(a) *native,* 5
**natural** *natural,* II
**la naturaleza** *nature,* II
nauseabundo(a) *nauseating,* 11
náutico(a) *nautical*
la nave *nave (of a church)*
**la nave espacial** *spaceship,* II
**el navegador** *Web browser,* III8
el navegante, la navegante *sailor,* 5
navegar *to sail,* II; **navegar por Internet** *to surf the Internet,* III3; **navegar por la Red** *to surf the Net,* II
**la Navidad** *Christmas,* I
**necesario(a)** *necessary,* II
**necesitar** *to need,* I
el néctar *nectar,* 11
**negar (ie)** *to reject, to deny, to refuse,* III5
el negocio *business,* 2
**negro(a)** *black,* I
neoyorquino(a) *New York* (adj.), 9
el neoyorquino, la neoyorquina *New Yorker,* 9
los nervios *nerves,* 7
**nervioso(a)** *nervous,* I
neutro *neutral,* 4
nevado(a) *snow-capped*
**nevar (ie)** *to snow,* I
la nevera *refrigerator,* 3
la nevería *ice cream store* (Mexico), 4
**¡N'hombre!** *No way!,* II
**ni** *nor,* II; **no saber ni jota de** *to know absolutely nothing about,* III8; **no tener ni idea** *not to have the slightest idea,* II
**nicaragüense** (m./f.) *Nicaraguan,* II
**la niebla** *fog,* II
**Niego haberme burlado...** (inf. **negar**) *I deny having made fun of . . .,* III9
los nietos *grandchildren,* 2
la nieve *snow,* 5
**ninguno(a)** *none, no,* I; **ningún lugar** *nowhere, not anywhere,* I
la niñera *babysitter,* 5
la niñez *childhood,* 2
**el niño, la niña** *child,* II; **De niño, ... (De niña, ...)** *As a child . . .,* III12
el nivel *level, grade,* 2
**no** *no, not,* I; **¿no?** *isn't it?, right?,* I; **no aguanto...** *I can't stand . . .,* III7; **No cabe la menor duda.**

*There's absolutely no doubt.,* III8; **no cabía en sí** *couldn't contain himself (herself),* 11; **No creo que...** *I don't believe that . . .,* III8; **No debes** + inf. *You shouldn't . . .,* III2; **No es cierto que...** *It's not true that . . .,* III9; **No es ni fu ni fa.** *It's neither fish nor fowl.,* 6; **No es posible.** *It's not possible.,* III8; **No es verdad que...** *It's not true that . . .,* III9; **No estoy de acuerdo en que...** *I don't agree that . . .,* III9; **No estoy seguro(a) que...** *I'm not sure that . . .,* III8; **no guardar secretos** *not to keep secrets,* III7; **No hay mal que cien años dure.** *It won't last forever.,* III7; **No hay mal que por bien no venga.** *Every cloud has a silver lining.,* III7; **No hay quien lo (la) aguante.** *Nobody can stand him (her).,* III1; **No lo haré más.** *I won't do it anymore.,* III7; **No lo (la) soporto.** *I can't stand it (him/her),* III6; **No lo volveré a hacer.** *I won't do it again.,* III7; **¡No me digas!** *You don't say!,* III8; **No me importa.** *It doesn't matter to me.,* III1; **No me interesa para nada.** *It doesn't interest me at all.,* III1; **No me lo esperaba.** *It caught me by surprise.,* III8; **No me lo puedo creer.** *I can't believe it.,* III8; **No olvides que...** *Don't forget that . . .,* III12; **¡No puede ser!** *It can't be!,* III8; **No puedo creer que...** *I can't believe that . . .,* III8; **no saber ni jota de** *to know absolutely nothing about,* III8; **No te conviene...** *It's not advisable that you . . .,* III6; **No te olvides de...** *Don't forget to . . .,* III6; **No te preocupes.** *Don't worry.,* III7; **no tener la menor idea** *not to have the slightest idea,* III8; no tener nada que ver con *to have nothing to do with,* 5; **No tengo ganas de** + inf. *I don't feel like . . .,* III6
**la noche** *night, evening,* I; **la Nochebuena** *Christmas Eve,* I; **la Nochevieja** *New Year's Eve,* I; **por la noche** *at night,* I
nombrar *to nominate,* 1
el nombre *name,* 6
**normalmente** *normally,* II
**el norte** *north,* II
**nos** *(to/for) us,* I; **Nos toca a nosotros...** *It's up to us . . .,* III3
nosotros mismos *we ourselves* 7
**nosotros(as)** *we; us* (after preposition), I
nostálgico(a) *nostalgic,* 10
**la nota** *grade,* II
notable *remarkable,* 10
**notar** *to observe, to note,* III3; **Lo que noto es que...** *What I notice is that*

*. . .,* III3
**las noticias** *news,* II
**el noticiero** *news program,* III8
notorio(a) *notorious,* 6
**novecientos(as)** *nine hundred,* I
**la novela** *novel,* I; *soap opera,* 8
**noventa** *ninety,* I
**la novia** *girlfriend,* III7; *fiancée,* 5; *bride,* 5
**noviembre** (m.) *November,* I
**el novio** *boyfriend,* III7; *fiancé,* 5; *groom,* 5
la nube *cloud,* 2
**nublado(a)** *cloudy,* I
**el núcleo** *nucleus,* 4
**nuestro(a)** *our, ours,* I
**nueve** *nine,* I
**nuevo(a)** *new,* I
**el número** *number,* I; *(shoe) size,* II; *issue (of a magazine),* 8
**nunca** *never, not ever,* I
nupcial *wedding* (adj.), 7
nutrir *nourish,* 2

## O

**o** *or,* I
obedecer (zc) *to obey,* 5
**los obituarios** *obituaries,* III8
**el objetivo** *goal, objective,* III10
la obligación *commitment,* 10
obligatorio(a) *obligatory,* 11
la obra: *work;* la obra de teatro *play* (theater), 6; **la obra maestra** *masterpiece,* III6; las obras públicas *public works,* 12
el obrero, la obrera *worker,* 10
obsceno(a) *obscene,* 11
la obsolencia *being or becoming out of date,* 3
**el obstáculo** *obstacle,* III10; **Logró superar muchos obstáculos.** *He (She) succeeded in overcoming many obstacles.,* III10
obstinado(a) *obstinate,* 7
obtener (ie) *to get,* 9
occidental *western*
**el océano** *ocean,* II
**ochenta** *eighty,* I
**ocho** *eight,* I
**ochocientos(as)** *eight hundred,* I
el ocio *leisure,* 8; **la sección de ocio** *entertainment section,* III8
**octubre** (m.) *October,* I
**ocupado(a)** *busy,* I
ocupar *to occupy,* 11
ocuparse de *to look after,* 11
ocurrir *to happen,* 2; *to occur,* 12
**odiar** *to hate,* II
el odio *hatred,* 10

el **oeste** *west*, II
ofender (ie) *to offend*, 3
el **ofendido**, la ofendida *offended person*, 7
la **oferta** *offer, sale*, II
**ofrecer (zc)** *to offer*, II
el **oído** *(inner) ear*, I
**oír** *to hear, to listen*, II; **Oí que...**, *I heard that . . .*, III5; **¿Qué has oído de...?** *What have you heard about . . .?*, III6
**ojalá que** + subj. *hopefully . . .*, III5
la **ojeada** *brief survey*, 6
ojear *to skim*, 9
el **ojo** *eye*, I; **¡Ojo!** *Heads up!*, 2
la **ola** *wave*, 1
la **olla** *pot*, 1
**olvidar** *to forget*, II
**olvidarse (de)** *to forget (about), to forget (to)*, II; **No te olvides de...** *Don't forget to . . .*, III6; **¿Se te olvidó (olvidaron)...?** *Did you forget . . .?*, III4
omitir *to leave out, to omit*, 5
**once** *eleven*, I
el **onoto** *annatto (red food coloring)*, 4
**opinar** *to have an opinion*, III6; **¿Qué opinas de...?** *What's your opinion of . . .?*, III6
la **opinión** (pl. **las opiniones**) *opinion*, II
el **optimista**, la optimista *optimist*, 3
opuesto(a) *opposite*, 3
la **oración** *sentence*, 4
el **orden** *order, sequence*, 9
el **ordenador** *computer* (Spain), 3
**ordenar** *to tidy up*, II
la **oreja** *(outer) ear*, I
el **orfanato** *orphanage*
**organizar** *to organize*, I
el **orgullo** *pride*, III10
**orgulloso(a)** *proud*, III7; **Estoy orgulloso(a) de...** *I'm proud of . . .*, III7
el **oriente** *east*
el **origen** *origin*, 5
**original** *original*, III6
originar *to originate*, 4
el **oro** *gold*, 5
la **orquesta** *orchestra*, III6
oscuro(a) *dark*, 6
el **oso** *bear*, 11
las **ostras** *oysters*, III4
el **otoño** *fall (season)*, I
**otro(a)** *another*, I
**otros(as)** *other, others*, I
el **OVNI (Objeto Volante No Identificado)** *UFO (Unidentified Flying Object)*, II
el **oxígeno** *oxygen*, 11

# P

el **pabellón criollo** *Venezuelan dish with shredded beef, black beans, rice, and fried plantains*
la **paciencia** *patience*, 7
pacífico(a) *peaceful*, 7
pactar *to agree upon*, 7
el **padrastro** *stepfather*, I
el **padre** *father*, I
los **padres** *parents*, I
pagar *to pay*, 6
la **página en blanco** *blank page*
la **página Web** *Web page*, II
el **país** *country*, 10
el **paisaje** *landscape*
el **pájaro** *bird*, 11
la **palabra** *word*, 9
el **palacio** *palace*, 5
paladear *to relish*, 11
palidecer (zc) *to pale*, 11
la **paliza** *beating*; **¡Qué paliza!** *What a drag!*, III1
el **palo** *stick*, 6
las **palomitas** *popcorn*, 8
palpitante *throbbing*, 9
la **palta** *avocado (southern cone of South America)*, 4
el **pan** *bread*; pan de jamón *loaf of bread baked with ham, olives, and spices*, 4; **el pan dulce** *sweet rolls*, I; **el pan tostado** *toast*, I
la **panadería** *bakery*, III4
**panameño(a)** *Panamanian*, II
el **pánico** *panic*, 3
la **pantalla** *screen*, 3
los **pantalones** *pants*; **los pantalones cortos** *shorts*, I
la **pantorrilla** *calf (of the leg)*, II
la **papa** *potato*, I; **las papas fritas** *french fries*, I
el **papá** *dad*, I
la **papaya** *papaya*, I
el **papel** *paper*, I; *dramatic role*, 3
las **papitas** *potato chips*, I
el **paquete** *package*, 3
el **par de** *pair of*, II
**para** *for, to, in order to, by*; **para** + inf. *in order to*, III10; para colmo *to top things off*, 8; **Para decir la verdad...** *To tell the truth . . .*, III6; **para que** *so that, in order that*, III10; **Para ser sincero(a)...** *To be honest . . .*, III6
el **paracaídas** *parachute*; **saltar en paracaídas** *to go skydiving*, I
la **parada** *stop*, II; **la parada del autobús** *bus stop*, II
la **paradoja** *paradox*, 10
la **paráfrasis** *paraphrasing*, 10
**paraguayo(a)** *Paraguayan*, II
el **paraíso** *paradise*, I
parar *to stop*, 2
parcial *partial*, 5

**pardo(a)** *brown*, I
**parecer (zc)** *to seem, to think*, I; **En efecto, parece ser así.** *Actually, it seems to be that way.*, III5; **Me parece que...** *It seems to me that . . .*, III3; **Me parece un rollo.** *It seems really boring to me.*, III1; **Parece mentira...** *It's hard to believe . . .*, III8; **¿Qué te parece?** *What do you think?*, III6
parecido(a) *like, alike*, 6
la **pared** *wall*, 2
la **pareja** *pair*, 4
el **paréntesis** *parenthesis*, 6
el **pargo** *red snapper*, III4
los **parientes** *relatives*, II
el **paro forzoso** *unemployment*, 11
el **parque** *park*, I; **el parque de atracciones** *amusement park*, I
el **párrafo** *paragraph*, 1
la **parrillada** *assortment of grilled meats*
la **parte** *part, behalf*; *de mi parte from me, on my behalf*, II; **¿De parte de quién?** *Who's calling?*, I
el **partido de...** *game of (sport)*, I
partir *to set out, to leave*, 5
pasado(a) de moda *out of style*, 3
**pasado(a)** *past, last (with time)*, I
pasajero(a) *passing, temporary*, 8
el **pasajero**, la pasajera *passenger*, II
**pasar** *to happen, to pass*, I; **Esto pasará pronto** *This will soon pass*, III7; **Me la paso...** *I spend my time . . .*, III1; **pasar el rato** *to spend time*, I; **pasar por** *to drop by*, II; **pasarlo bien** *to have a good time*, I
el **pasatiempo** *pastime, hobby*, II
las **Pascuas** *Easter*, I
el **paseaperros**, la paseaperros *dog-walker*, 12
**pasear en velero** *to go sailing*, III1
el **paseo** *(social) walk, stroll*, I; **dar un paseo** *to take a walk*, I
el **pasillo** *hall*, 6
la **pasión** *passion*, 8
el **paso** *step*, 5
la **pasta de dientes** *toothpaste*, II
el **pastel** *cake*, I
la **pastelería** *pastry shop*, III4
la **pata** *paw*, 12
la **patata** *potato (Spain)*
la **patilla** *watermelon (Venezuela)*, III4
el **patinaje** *skating*, III1
**patinar** *to skate*, I; **patinar en línea** *to go inline skating*, III1; **patinar sobre hielo** *to ice-skate*, III1; **patinar sobre ruedas** *to roller-skate*, III1
el **pato** *duck*; **tan aburrido como un pato** *a terrible bore*, II
el **patrocinador**, la patrocinadora *sponsor*, 1
**patrocinar** *to sponsor*, III6
el **patrón**, la patrona *boss*, 11
el **pavimento** *flooring, pavement*, 9
el **pavor** *terror*, 3

**la paz** (pl. **las paces**) *peace;* **acordar
(ue) la paz** *to make peace,* III5;
**hacer las paces** *to make up* (after a
quarrel), III5

**peatonal** *pedestrian* (adj.), III3;
**establecer una zona peatonal** *to
set up a pedestrian zone,* III3

el **pecho** *chest,* 5

pedalear *to pedal,* 11

los **pedales** *pedals,* 11

el pediatra, la pediatra *pediatrician,* 12

el **pedido** *request,* 4

**pedir (i, i)** *to order, to ask
for,* I

pedregoso(a) *stony,* 12

el **pegamento** *glue,* 4; el pegamento
casero *homemade glue,* 4

**peinarse** *to comb your hair,* I

el **peine** *comb,* II

pelar *to peel,* 4

**pelear** *to fight,* II

**pelearse** *to have a fight,* III7

la **película** *movie, film,* I; **de película**
*great* (colloquial), II

el **peligro** *danger,* III2; en peligro de
extinción *endangered,* 3

**peligroso(a)** *dangerous,* II

**pelirrojo(a)** *red-headed,* III1

el **pelo** *hair,* I

la **pelusa** *fluff,* 5

la **pena** *sorrow, grief,* III7; **Comparto
tu pena.** *I share your grief.,* III7;
**Creo que vale la pena...** *I think it's
worth it...,* III3; están que da pena
*are such that it's painful,* 11

los **pensamientos** *thoughts,* 8

**pensar (ie)** *to think, to plan, to
intend,* I; **Eso me hace pensar en...**
*That brings to mind...,* III6; **¿Has
pensado en...?** *Have you thought
of...?,* III6; **¿Qué piensas de...?**
*What do you think about...?,* III6

el **peor, la peor** *worst,* II

**peor que** *worse than,* II

**pequeño(a)** *small,* I

el **pequeño, la pequeña** *child;*
**de pequeño(a)** *as a child,* II

los **percebes** *barnacles,* 1

la **percepción** *perception,* 8

percibir *to perceive,* 9

percusivo(a) *percussive,* 6

**perder (ie)** *to lose, to miss
(a class, an exam, and so on),* II;
**echado(a) a perder** *spoiled,* III4

**perderse (ie)** *to get lost,* II;
**Se me perdió (perdieron)...**
*I lost...,* III4

la **pérdida** *loss, waste,* 11

perdidamente *desperately,* 5

**Perdón.** *Excuse me.,* I

**perdonar** *to forgive, to excuse,* I;
**Perdóname.** *Forgive me.,* III7

el **peregrino, la peregrina** *religious
pilgrim*

**perezoso(a)** *lazy,* III9

perfectamente *perfectly,* 10

**perfecto(a)** *perfect,* I

el **periódico** *newspaper,* I

el periodismo *journalism,* 8

el **periodista, la periodista** *journalist,*
III8

el perjuicio *injury,* 11

la **perla** *pearl*

la **permanente** *permanent wave,* 2

el **permiso** *permission;* **con permiso**
*excuse me,* II

permitir *to allow,* 2

**pero** *but,* I; **Pero hay que tener en
cuenta que...** *But you have to take
into account that...,* III5; **pero por
otro lado...** *but on the other
hand...,* III3

perpetuo(a) *forever,
perpetual,* 3

perplejo(a) *perplexed,* 5

el **perro** *dog,* I; **el perro caliente** *hot
dog,* I; **tan noble como un perro**
*as noble as a lion,* II

perseguir (i, i) *to chase,* 5

persistente *permanent, persistent,* 1

la **persona** *person,* I

el **personaje** *character,* 5

persuadir *to persuade,* 10

pertenecer (zc) *to belong,* 5

**peruano(a)** *Peruvian,* II

la **pesa** *(free)weight,* II

**pesado(a)** *annoying,* III1; *boring,* II

el **pésame** *condolences,* III7; **Mi más
sentido pésame.** *My most heartfelt
condolences.,* III7

pesar: a pesar de *in spite of,* 5

**pesarse** *to weigh oneself,* III2

la **pescadería** *fish market,* III4

el **pescado** *fish* (after being caught), I

**pescar** *to fish,* I

pese a *in spite of,* 10

el pesimista, la pesimista *pessimist,* 3

**pésimo(a)** *awful,* III6

el **peso** *weight,* III2; **cuidarse el peso**
*to watch one's weight,* III2

la **petición** (pl. las peticiones) *request,*
7

el **petirrojo** *robin,* 11

el **petróleo** *petroleum,* II

petrolero(a) *petroleum*

el **pez** (pl. **los peces**) *fish* (before being
caught), II

el **piano** *piano,* I

el **picadillo de arracache** *casserole with
meat and vegetables*

**picante** *spicy,* I

el **pie** *foot,* I; al pie de la letra *to the
letter, exactly,* 7

la **piedra** *stone,* 1

la **piel** *skin,* III2

**Pienso** + inf. *I intend to* + verb,
III10

la **pierna** *leg,* I

la **pieza** *part,* 8

la **pimienta** *(black) pepper,* 4

el **pimiento** *pepper* (vegetable), 4

el **pincel** *paintbrush,* 6

**pintar** *to paint,* I; **Hace falta que
pintemos...** *We need to paint...,*
III6

pintoresco(a) *picturesque,* 3

la **pintura** *painting,* III6

la **piña** *pineapple,* III4

la **pirámide** *pyramid,* 10

la **piraña** *piranha,* 4

pisar *to step on,* 4

la **piscina** *swimming pool,* I

el **piso** *floor,* II

la **pista** *track,* I; **la pista de correr**
*running track,* I; *runway,* 5

la pistola *gun,* 8

la pizarra *chalkboard,* 8

la pizca *pinch,* 4

pizpireta *cheerful,* 9

la **pizza** *pizza,* I

la **pizzería** *pizzeria,* I

el placer *pleasure,* 6

la plana: **la primera plana** *front page,*
III8

la plancha *iron* (for ironing clothes), 1

**planchar** *to iron,* I

los **planes** *plans,* II

el **planeta** *planet,* II

plano(a) *smooth,* 6

la **planta** *plant,* I

plantado(a): **dejar plantado(a) a
alguien** *to stand someone up,* III7

**plantear** *to state,* III11; **La solución
que planteo es...** *The solution I
propose is...,* III11

plasmar su pena *to capture her grief,*
6

el **plástico** *plastic,* II

la plata *silver, money,* 2

el **plátano** *banana,* I

plateado(a) *silver-plated,* 1

**platicar** *to chat,* II

el platillo volador *flying saucer,* 12

el **plato** *plate,* I; **el plato hondo** *bowl,*
I; el plato principal *main dish,* 4

la **playa** *beach,* I

pleno(a) *full; en plena forma* in
good shape, II

la pluma *feather,* 5

la **población** *population*

poblar *to populate,* 1

pobre *poor,* 5

el pobretón, la pobretona *poor thing,* 7

la **pobreza** *poverty,* 7

poco: un poco *a little,* 4

**poco(a)** *a little,* I

**pocos(as)** *few,* II

**poder (ue)** *to be able to, can,* I;
**¿Podrías...?** *Could you...?,* III4;
**¿Puedes darme algún consejo?**
*Can you give me any advice?,* III2;
**¿Qué puedo hacer por ti?** *What
can I do for you?,* III7; **Si pudiera...
viviría...** *If I could...I would
live...,* III9; **Si pudieras... ¿adónde
irías?** *If you could...where would
you go?,* III9

**poderoso(a)** *mighty, powerful,* 5

**¿Podrías...?** *Could you . . .?*, III4
la **poesía** *poetry*, 1
el **poeta**, la **poeta** *poet*, 1
**polémico(a)** *controversial*, 9
la **policía** *police*, 4; la policía de tránsito *traffic police*, 4
el **policía,** la **policía** *police officer*, III12
el **pollo** *chicken*, I; **el pollo frito** *fried chicken*, III4
el **polvo** *dust*, 10; **sacudir el polvo** *to dust*, II
**ponderar** *to mull over*, 7
**poner** *to put, to place, to set*, I; **Puse todo mi esfuerzo en...** *I put a lot of effort into . . .*, III10
**ponerse** *to put on*, I; *to become, to get*, II; ponerse ansioso(a) *to get anxious*, 2; **ponerse crema protectora** *to put on sunscreen*, III2; **ponerse en forma** *to get in shape*, II; **ponerse nervioso(a)** *to get nervous*, III2; **Se pusieron rojos.** *They blushed.*, III9
la **popularidad** *popularity*
**por** *at, along, by, for, in, through*, I; **por cable** *on cable*, III8; por casualidad *by coincidence*, 5; **por ciento** *percent*, II; **Por cierto.** *Certainly.*, III8; *by the way*, 6; **por consiguiente...** *consequently . . .*, III10; por dentro *on the inside*, 2; por el hecho que *due to the fact that*, 10; **por eso** *that's why*, I; **por favor** *please*, I; **Por favor, ayúdame con...** *Please help me with . . .*, III4; **por la mañana, tarde, noche** *in the morning, afternoon, night*, I; **por lo general** *in general*, I; **por lo tanto...** *therefore . . .*, III10; por medio de *by means of*, 10; **por otro lado** *on the other hand*, III3; **¿Por qué?** *Why?*, III1; **¿Por qué no...?** *Why don't . . .?*, I; **¿Por qué no lo dejamos para...?** *Why don't we leave it for (another time)?*, III6; **Por supuesto.** *Of course.*, III5; **por tener...** *because I (you, . . .) have . . .*, III10; **por último** *finally*, II
el **pormenor** *detail*, 12
**porque** *because*, I
la **portada** *book or magazine cover*, 7
**portarse** *to behave*, 9
el **porteño,** la **porteña** *person from Buenos Aires*
el **porvenir** *future*, III3
**posar** *to pose*, 5
**poseer** *to possess*, 4
**Posiblemente...** *Possibly . . .*, III8
**positivo(a)** *positive*, 6
**postal: la tarjeta postal** *postcard*, I
**postrado(a)** *prostrate*, 6
el **postre** *dessert*, I
el **pozo** *(water) well*, II
el **pozole** *soup with hominy, meat, and chile*
**prácticamente** *practically*, 3

**practicar** *to practice, to participate in*; **practicar ciclismo** *to practice cycling*, III1
**práctico(a)** *practical*, 9
la **precaución** *precaution*, 1
el **precio** *price*, I
**precioso(a)** *lovely*
**precisamente** *precisely*, 6
**preciso(a)** *necessary*, II
**precolombino(a)** *pre-Columbian*, 10
**predecir (i)** *to foretell, to predict*, 3
la **predestinación** *predestination*, 5
la **predicción** (pl. las predicciones) *prediction*, 3
**predilecto(a)** *favorite*, 2
**predominar** *to predominate*, 4
las **preferencias** *preferences*, 6
**preferir (ie, i)** *to prefer*, I
la **pregunta** *question*; **hacer preguntas** *to ask questions*, II
**preguntar** *to ask*, 1
el **prejuicio** *prejudice*, III9
**prejuzgar** *to prejudge*, 9
**preliminar** *preliminary*, 3
el **premio** *prize, award*, 1
**prender** *to capture*, 12
la **prensa** *press*, III8
**preocupado(a)** *worried*, I
**preocuparse** *to worry*, I
**preparar** *to prepare*, I
la **presencia** *presence*, 7
**presenciar** *to watch, to witness*, 6
la **presentación oral** *oral presentation*, 9
**presentar** *to present, to introduce*, 1; **presentar un examen** *to take an exam*, 10
**prestarse** *to lend itself*, 7
la **presión** *pressure*, III2; **sufrir de presiones** *to be under pressure*, III2
**presionados(as) por...** *pressured to . . .*, III9
**prestar** *to lend*, 7; **prestar atención** *to pay attention*, II
el **prestigio** *prestige*, 8
**presumido(a)** *conceited*, III9
el **pretendiente** *suitor*, 5
el **pretérito** *preterite (tense)*, 4
**prevenir (ie)** *to warn*, 5
**preventivo(a)** *preventive*, 11
**prever** *to foresee*, 3
**previo(a)** *previous*, 8
la **primaria** *elementary school*, 11
la **primavera** *spring*, I
**primaveral** *spring-like*, 11
el **primero** *the first (of the month)*, I
**primero(a)** *first*, I; primera categoría *first class*; **la primera plana** *front page*, III8
el **primo,** la **prima** *cousin*, I
la **princesa** *princess*, II
el **príncipe** *prince*, II
**principiar** *to begin*, 6
el **principio** *the beginning*, 7
la **prisa** *hurry*, I; **darse prisa** *to hurry up*, I; **tener prisa** *to be in a hurry*, I

la **privacidad** *privacy*, 5
el **probador** *dressing room*, II
**probar (ue)** *to try, to taste*, 4
**probarse (ue)** *to try on*, II
el **problema** *problem*, I
**procesar** *to process*, 3
**proclamar** *to proclaim*, 9
**procurar** *to try*, 12
la **producción propia** *production for one's own use*, 4
el **producto** *product*, II; **los productos** *goods*, II; los productos petroquímicos *petrochemical products*
la **profecía** *prophecy*, 5
el **profesor,** la **profesora** *teacher, professor*, I
**profundamente** *deeply*, II
**profundo(a)** *deep*, 1
**profusamente** *profusely*, 7
el **programa** *program*, III8; el programa de intercambio *exchange program*, 1
el **programador,** la **programadora de computadoras** *computer programmer*, III12
**programar** *to program*, 4
el **progresismo** *progressivism*, 11
el **promedio** *average*, 9
**promover (ue)** *to promote*, III11
el **pronombre** *pronoun*; el pronombre de complemento directo/indirecto *direct/indirect object pronoun*, 4
el **pronóstico** *forecast, prediction*, 3
**pronto** *soon*, II; **tan pronto como** *as soon as*, III10
la **propiedad** *property*, 11
la **propina** *tip, gratuity*, I
**propio(a)** *own*, 7
**Propongo...**(inf. **proponer**) *I propose . . .*, III11
el **propósito** *purpose*, 3; **A propósito, ¿qué has oído de...?** *By the way, what have you heard about . . .?*, III6
la **prosa** *prose*, 1
**prosperar** *to thrive, to prosper*, 3
la **prosperidad** *prosperity*, 11
**proteger** *to protect*, II
**provenir (ie) de** *to come from*, 10
**proyectar** *to project*, 9
el **proyecto** *project*, 2
la **prueba** *quiz, test*, 5
la **publicación** (pl. las publicaciones) *publication*, 10
**publicar** *to publish*, 1
el **público** *audience*, 8
**público(a)** *public*, 11
el **puchero** *stew of meat, cabbage, carrots, and onions*
el **pueblo** *town*, 1; *people*, 10
**Puede ser que...** *It's possible that . . .*, III8
**¿Puedes darme algún consejo?** *Can you give me any advice?*, III2
el **puente** *bridge*, II
el **puerco asado** *roast pork*, III4

**la puerta** *door*, I

el **puerto** *port*

**puertorriqueño(a)** *Puerto Rican*, II

**Pues...** *Well . . .*, III3

**el puesto (de trabajo)** *position, job*, III12; **el puesto** *market stall*, 8

**puesto** (past participle of **poner**) *put*, III3

**pulido(a)** *polished*, 4

el **pulmón** *lung*, 9

el **pulpo** *octopus*, 1

la **punta** *tip, end*, 5

el **puntal** *pillar*, 9

**el punto** *point, dot*; **Depende de tu punto de vista.** *It depends on your point of view.*, III5; **en punto** *on the dot*, I; **Está en su punto.** *It's just right.*, III4; **Hasta cierto punto, sí, pero...** *Up to a point, yes, but . . .*, III5

**puntuar** *to punctuate*, 8

el **puré (de papas)** *mashed potatoes*, 4

**Puse todo mi esfuerzo en...** *I put a lot of effort into . . .*, III10

**que** *that, which, who, than;* **...que me apoye ...** *that supports me*, III7; **...que nunca me mienta ...** *who never lies to me*, III7; **...que respete mis sentimientos ...** *that respects my feelings*, III7; **...que sea descortés ...** *who is rude*, III7; **...que sepa ...** *who knows*, III7; **que sí** *of course*, 7; **...que siempre me diga... ...** *who always tells me . . .*, III7; **Que yo sepa...** *As far as I know . . .*, III8

**¡Qué...!** *How . . .!, What . . .!,* I; **¡Qué asco!** *How disgusting!*, III4; **¡Qué bueno (sabroso)!** *How good (tasty)!*, III4; **¡Qué paliza!** *What a drag!*, III1; **¡Qué sorpresa!** *What a surprise!*, III8; **¡Qué tontería!** *How silly!*, III5; **¡Qué va!** *No way!*, III5

**¿Qué?** *What? Which?;* **¿Qué debo hacer?** *What should I do?*, III2; **¿Qué has oído de...?** *What have you heard about . . .?*, III6; **¿Qué me aconsejas hacer?** *What do you advise me to do?*, III2; **¿Qué me cuentas de...?** *What can you tell me about . . .?*, III6; **¿Qué me recomiendas hacer?** *What do you recommend that I do?*, III2; **¿Qué opinas de...?** *What's your opinion of . . .?*, III6; **¿Qué piensas de...?** *What do you think about . . .?*, III6; **¿Qué puedo hacer por ti?** *What can I do for you?*, III7; **¿Qué sé yo?** *How should I know?*, III8; **¿Qué tal...?** *How is . . .?*, 4 **¿Qué te**

**parece...?** *What do you think of . . .?*, III6

el **quebranto** *breaking*, 6

los **quechua** *Quechuans, Indian people of Central Peru*, 4

**quedar** *to be left, to fit, to be located*, II; **quedar en** + inf. *to arrange to (do something)*, II; **quedar impresionado(a) con** *to think (something) is great*, II; **quedar muerto(a)** *to be left dead*, III5; **Te queda muy bien.** *It fits you very well.*, II

**quedarse** *to stay, to remain*, I; **quedarse frente a la tele** *to stay in front of the TV*, III2; **Se les quedó (quedaron)...,** *They left . . . behind.*, III4

los **quehaceres** *chores*, II

la **queja** *complaint*, 4

**quejarse (de)** *to complain*, II

**quemar** *to burn*, 5

**quemarse** *to get a sunburn, to get burned*, III2

la **quena** *Andean flute*, 6

**querer (ie)** *to want*, I; **Lo hice sin querer.** *I didn't mean to do it.*, III7; **Los dioses quieren que los guerreros acuerden la paz.** *The gods want the warriors to make peace.*, III5; **Quiero llegar a ser...** *I want to become . . .*, III12; **Quiero ser...** *I want to be . . .*, III12; **Quise...** *I wanted (tried) . . .*, III9

**querido(a)** *dear*, II

el **quesillo** *custard (Venezuela)*, III4

el **queso** *cheese*, I

**quien(es)** *who, whom*, I; **a quien le guste(n)...** *who likes . . .*, III7

**¿Quién(es)?** *Who?, Whom?*, III1

el **químico, la química** *chemist*, 8

los **químicos** *chemicals*, II

**quince** *fifteen*, I

**quinientos(as)** *five hundred*, I

**quinto(a)** *fifth*

**Quise...** *I wanted (tried) . . .*, III9

**quitar** *to take away, to clear off*, II

**quitarse** *to take off (clothes)*, 2

**Quizás...** *Maybe . . .*, III8

**rabelaisiano(a)** *Rabelaisian*, 9

**rabioso(a)** *infuriated*, 7

**la radio** *radio*, I

las **raíces** (sing. **la raíz**) *roots*, III10

la **rama** *branch*, 12

el **ramo (de rosas)** *bouquet (of roses)*, 11

el **rancho** *dwelling that can range from a shanty to a small house (Venezuela)*, 3

**rápidamente** *quickly*, II

**rápido(a)** *fast*, 3

**rapiña: ave de rapiña** *bird of prey*, 1

**raro(a)** *rare*, 2

el **rascacielos** *skyscraper*, III3

**raspar** *to scrape*, 6

el **rastro** *trace*, 12

**el rato** *while, time*, I; **el rato libre** *free time*, II

**rayas: de rayas** *striped*, I

**el rayo** *bolt of lightning*, II; *ray of light*, 1

la **raza** *race (of people)*, 9

la **razón** (pl. **las razones**) *reason*, 6; **(no) tener razón** *to be right (wrong)*, II

**reaccionar** *to react*, III9; **reaccionaron** *they reacted*, III9

**reacio(a)** *stubborn*, 4

la **realidad** *reality*, 11

el **realismo** *realism*, 12

**realista** (m./f.) *realistic*, III6

la **realización** *fulfillment*, 12

**realizar** *to carry out*, III11; **realizar (un sueño)** *to fulfill (a dream)*, III10; **Si no realizamos...** *If we don't carry out . . .*, III11

**rebajar el precio** *lower the price*, II

la **rebanada** *slice*, 2

**rebotar** *to bounce*, 12

el **recado** *message*, I

**recalcar** *to emphasize*, 11

la **recámara** *bedroom (Mexico)*, 6

la **receta** *recipe*, 4; *prescription*, 12

**recibir** *to receive*, I

el **reciclaje** *recycling*, II

**reciclar** *to recycle*, II

**recién** *recent, recently*, 7

**reclamar** *to reclaim, to complain*, 4

el **reclamo** *claim, complaint*, 4

**reclutar** *to recruit*, 5

la **recolección** (pl. **las recolecciones**) *harvest*, 3

**recodar** *to twist, to turn*, 9

**recoger** *to pick up*, III3; **recogemos** *we pick up*, III3

**recomendar (ie)** *to recommend*, II; **¿Qué me recomiendas hacer?** *What do you recommend that I do?*, III2; **Te recomiendo que...** *I recommend that you . . .*, III6

**recomenzar (ie)** *to begin again*, 11

la **recompensa** *reward*, 6

**reconciliarse** *to make up, to reconcile*, III7

**reconocer (zc)** *to recognize*, III6; **Es importante que reconozcas...** *It's important for you to recognize . . .*, III6

**recordar (ue)** *to remind, to remember*, III6; **Eso me recuerda...** *That reminds me of . . .*, III6

**recorrer** *to go through, to travel through*

el **recorrido** *journey*, II

**recrear** *recreate*, 8

**recreativo(a)** *recreative*, 11

el **recreo** *recreation*

**recubierto** (past participle

of **recubrir**) *covered*, 6
**recuerda** (inf. **recordar**) *reminds*, III6; **Eso me recuerda...** *That reminds me of . . .,* III6
el **recuerdo** *memory, souvenir*, 6
la **recuperación** *recovery*, 6
**recuperarse** *to recover*, 10
**recurioso(a)** *very curious*, 8
los **recursos** *resources*, II
la **red** *web, net*, II; *trap*, 12; **navegar por la Red** *to surf the Net*, II
**redondo(a)** *round*, 4
**reemplazar** *to replace*, 3
la **refacción: la tienda de refacciones** *parts store*, III4
la **referencia** *reference*, 12
**refinado(a)** *refined*, 4
**reflejar** *to reflect*, 10
el **reflejo** *reflection*, 6
**reflexionar** *to consider, to reflect*, 2
el **refrán** *saying, proverb*, 5
el **refresco** *soft drink*, I
**regalar** *to give (as a gift)*, I; **Se lo regalo por** *I'll let you have it for*, II
el **regalo** *gift, present*, I
**regar (ie)** *to water*, II
**regatear** *to bargain*, II
el **régimen** (pl. **los regímenes**) *diet*, II
**registrar** *to register, to check*, 3
**registrarse** *to register, to check in*, 10
la **regla** *ruler*, I; *rule*, 2
**regocijarse** *to rejoice*, III5
**regresar** *to return, to go back, to come back*, I
**Regular.** *Okay.*, I
**rehusar** *to refuse*, 3
**reírse (i, i)** *to laugh*, III2; **se rieron** *they laughed*, III9
**reivindicar** *to claim*, 4
**relajarse** *to relax*, III2
**relampaguear** *to flash (said of lightning)*, 12
el **relato** *story, account, narration*, 4
**rellenar** *to fill, to stuff*, 4
el **reloj** *clock, watch*, I
**remar** *to row*, III1
el **remedio** *solution, remedy, help*, 3
el **remo** *rowing*, III1
la **remolacha** *beet*, 4
el **remolino** *whirlwind*, 10
**remoto(a)** *remote*, 4
**renacentista** *Renaissance*; **estilo renacentista**, *Renaissance style*, 10
el **rencor** *resentment*, 7
**rendido(a)** *exhausted*, III2
la **rendija** *crack*, 12
**rendir (i, i)** *to yield*, 11
el **renglón** *line of writing*, 5
**renunciar** *to give up (something)*, 7
**reparar** *to fix*, 4
**repasar** *to review*, II
**repletar** *to cram full*, 9
**repleto(a)** *full*, 10
el **reportaje** *report*, III8
el **reportero, la reportera** *reporter*, III8
**reposar** *to rest*, 3
el **representante, la representante**

*representative*, 8
la **represión** *repression*, 9
**reprimir** *to repress*, 8
**repugnante** *disgusting*, 11
los **requisitos** *requirements*, III12
**res: la carne de res** *beef*, I; **la falda de res** *skirt steak*, 4
**resaltar** *to emphasize*, 11
**rescatar** *to rescue*, 6
la **reseña** *review*, 6
**reseñar** *to review*, 8
el **reseñista, la reseñista** *reviewer*, 4
la **reserva** *reserve*, 9
**reservado(a)** *reserved*, 2
**resfriado(a)** *sick with a cold*; **estar resfriado(a)** *to have a cold*, I
la **residencia** *dormitory*, 5
**residir** *to live*, 9
**resignar** *to resign*, 11
**resolver (ue)** *to solve*, II; **resolver un problema** *to solve a problem*, III2
**respecto a** *with regard to*, 2
**respetar** *to respect*, III9; **...que respete mis sentimientos** *. . . that respects my feelings*, III7; **respetar sus sentimientos** *to respect someone's feelings*, III7
el **respeto** *respect*, III9; **respeto hacia** *respect for*, III9
**respirar** *to breathe*, II
**resplandecer (zc)** *to shine*, 12
**responder** *to answer*, 3
**responsable** *responsible*, II
la **respuesta** *answer*, 2
**restante** *remaining*, 11
el **restaurante** *restaurant*, I
**restaurar** *to restore*, 4
**restringir** *to restrict*, 8
**resuelto** (past participle of **resolver**) *solved*, III7; **El problema está resuelto.** *The problem is solved.*, III7
el **resultado** *result*, 5
**resultar** *to result*, III10; **resultaron en** *resulted in*, III10
el **resumen** (pl. los **resúmenes**) *summary*, 1
**resumir** *to sum up, to summarize*, 1
**retirar** *to remove, to withdraw*, 4
**retirarse** *to withdraw*, 3
el **reto** *challenge*, III10
**retrasar** *to delay*, 12
el **retrato** *portrait, photograph*, 5
la **reunión** (pl. las **reuniones**) *meeting*, 11
**reunir** *to bring together*, 10
**reunirse** *to get together*, II
**revelar** *to reveal*, 10
**reventar** *to blow up, to burst*, 6
la **revista** *magazine*, I
**revolotear** *to flutter*, 9
el **rey** *king*, 1
la **ría** *mouth of a river*, 1
**rico(a)** *rich, delicious*, I
el **riego** *irrigation*, 4

los **rieles** *tracks*, 9
**rígido(a)** *rigid*, 1
el **río** *river*, II
**riquísimo(a)** *delicious*, III4; **Sabe riquísimo.** *It tastes delicious.*, III4
el **ritmo** *rhythm*, 10
**rizado(a)** *curly*, III1
**robar** *to steal*, 5
el **robo** *robbery*, III11; *rip-off*, I
la **roca** *rock*, 4
**rodante** *rolling*, 9
**rodeado(a) de** *surrounded by*, II
**rodear** *to surround*, 4
la **rodilla** *knee*, II
**rogar (ue)** *to plead*, 7
**rojo(a)** *red*, I
el **rollo: Me parece un rollo.** *It seems really boring to me.*, III1
**romántico(a)** *romantic*, 3
**romper con** *to break up with*, III7
**romperse** *to break*, II; **Se le rompió (rompieron)...** *He (She) broke . . .*, III4
la **ropa** *clothes, clothing*, I; **la ropa vieja** *shredded beef with seasoning*
**roto** (past participle of **romper**) *broken*, III3
el **rótulo** *label*, 9
**rubio(a)** *blond, fair*, I
el **rubro** *item*, 4
la **rueda** *wheel*; **patinar sobre ruedas** *to roller-skate*, III1; **la rueda de Chicago** *Ferris wheel*, II
el **ruido** *noise*, II
**ruidoso(a)** *noisy*, II
el **ruiseñor** *nightingale*, 11
el **rumbo** *direction, way*, 1
el **rumor** *rumor*, III7
**ruso(a)** *Russian*; **la montaña rusa** *roller coaster*, II
la **rutina** *routine*, 2

el **sábado** *Saturday*, I
**saber** *to know*, I; **Lo siento mucho, es que no sabía.** *I'm very sorry, I just didn't know.*, III7; **no saber ni jota de...** *to know absolutely nothing about . . .*, III8; **No sé.** *I don't know.*, III5; **¿Qué sé yo?** *How should I know?*, III8; **...que sepa** *. . . who knows*, III7; **Que yo sepa...** *As far as I know . . .*, III8; **Todo el mundo sabe que...** *Everyone knows that . . .*, III8; **Ya lo sé** *I know.*, III8
**saber** *to taste*, III4; **Sabe riquísimo.** *It tastes delicious.*, III4
**sabio(a)** *sage, wise*, 5
el **sabor** *flavor*, III4; **Le falta sabor.** *It doesn't have enough flavor.*, III4; **Tiene sabor a ajo.** *It tastes like*

garlic., III4

**sabroso(a)** *tasty*; **¡Qué bueno (sabroso)!** *How good (tasty)!*, III4

**sacar** *to take out*, I; **sacar buenas notas** *to get good grades*, II; **sacar fotos** *to take pictures*, III1; sacarle provecho *to benefit from*, 6

sacudir *to shake*; **sacudir el polvo** *to dust*, II

sagrado(a) *sacred*, 5

**la sal** *salt*, I; **echarle mucha sal a la comida** *to put a lot of salt on food*, III2; **Le falta sal.** *It needs (lacks, doesn't have enough) salt.*, III4

**la sala** *living room*, I

**salado(a)** *salty*, I

**el salario** *salary*, III12

la salida *exit*, 9

**salir** *to go out, to leave*, I; **salir bien (mal)** *to do well, to turn out well (badly)*, I

la salsa *musical style typical of the Caribbean*, 6

**saltar** *to jump*, II; **saltar a la cuerda** *to jump rope*, II; **saltar en paracaídas** *to go skydiving*, I

el salto *jump*, 9

el salto de agua *waterfall*

**la salud** *health*, II

saludar *to greet*, 7

**el saludo** *greeting, regards*; **dar un saludo a** *to give one's regards to*, II

**salvadoreño(a)** *Salvadoran*, II

salvaje *wild*, 11

salvar *to save*, 3

el salvavidas, la salvavidas *lifeguard*, 12

**las sandalias** *sandals*, I

la sandía *watermelon*, 4

**el sándwich** *sandwich*, I

la sangre *blood*, 5

**sano(a)** *healthy*, I

la sardina *sardine*

el sastre *tailor*, 8

la sátira *satire*, 3

satisfacer *satisfy*, 3

satisfecho(a) *satisfied*, 7

**el saxofón** *the saxophone*, III1

**se** *one, you, they, we*, III5; *self, selves*, I; *to him/her/it/you/them*, III4; **Se alegró mucho.** *He (She) was very happy.*, III9; **se burlaron** *they made fun of*, III9; se convirtieron en *they turned into*, 5; Se cree el rey de Roma. *He thinks he's a big shot.*, 9; Se cree la mamá de Tarzán. *She thinks she's a big shot.*, 9; **Se cree que...** *It's believed that . . .*, III5; **Se dice que...** *They say that . . .*, III5; **¿Se las llevas?** *Will you take them to him (her)?*, III4; Se le hizo tarde. *He (She) lost track of the time.*, 4; Se le nota que está enojado(a). *You can tell that he's (she's) angry.*, 4; **Se le rompió (rompieron)...** *He (She) broke . . .*, III4; **Se les quedó (quedaron)...**

*They forgot . . ., They left . . . behind*, III4; **Se me acabó (acabaron)...** *I ran out of . . .*, III4; **Se me hace que...** *It seems to me . . .*, III3; Se me hace un poco absurdo. *It seems a little absurd to me.*, 4; Se me pasó por alto. *It slipped my mind.*, 4; **Se me perdió (perdieron)...** *I lost . . .*, III4; **Se nos cayó (cayeron)...** *We dropped . . .*, III4; **Se nos descompuso (descompusieron)...** *. . . broke down on us.*, III4; Se nos fue el tren. *The train went off and left us.*, 4; **Se pusieron rojos.** *They blushed.*, III9; **se rieron** *they laughed*, III9; **Se siente orgulloso de haber...** *He (She) feels proud of having . . .*, III10; **¿Se te olvidó (olvidaron)...?** *Did you forget . . .?*, III4; **Si se encontrara una cura...** *If a cure were found . . .*, III11

**la secadora de pelo** *hair dryer*, II

**secarse** *to dry oneself*, II

**la sección** *section*, III8; **la sección de cocina** *food (cooking) section*, III8; **la sección de moda** *fashion section*, III8; **la sección de ocio** *entertainment section*, III8; **la sección de sociedad** *society section*, III8; **la sección deportiva** *sports section*, III8; **la sección financiera** *financial section*, III8

**seco(a)** *dry*, II; *cold, curt*, III9

secretamente *secretly*, 5

el sector industrial *industrial sector*, 11

secundario(a): estudios secundarios *high school*, 1

**la sed** *thirst*; **tener (mucha) sed** *to be (really) thirsty*, I

**la seda** *silk*, I

**seguir (i, i)** *to continue, to follow, to still be (doing something)*, II; seguir adelante *to carry on*, 10

**según** *according to*, III5; **Según el gobierno...** *According to the government . . .*, III11

la seguridad *security*, 6

**el seguro** *insurance*, III12

**seguro(a)** *sure*, II; **Estoy seguro(a) que...** *I'm certain that . . .*, III8

**seis** *six*, I

**seiscientos(as)** *six hundred*, I

seleccionar *to choose*

**el sello** *stamp*, III1; **coleccionar sellos** *to collect stamps*, III1

**la selva** *jungle*, I; **la selva tropical** *rain forest*, II

**el semáforo** *traffic light*, II

**la semana** *week*, I

la Semana Santa *Holy Week*, 4

**sembrar (ie)** *to plant*, III3

semejante *similar*, 2

la semejanza *similarity*, 6

**el semestre** *semester*, I

la semilla *seed*, 4

el senador, la senadora *senator*, 11

**sencillo(a)** *simple*, II

**el senderismo** *hiking*, II

el sendero *path*, 12

**la sensibilidad** *sensitivity*, III11

sentar (ie) *to seat*, 9

sentarse (ie) *to sit down*, 3

el sentido *sense, feeling*, 10; **un buen sentido del humor** *a good sense of humor*, III1; los sentidos *the senses*, 6

**sentido(a)** *heartfelt*, III7; **Mi más sentido pésame.** *My most heartfelt condolences.*, III7

el sentimiento *feeling*, 2

**sentir (ie, i)** *to regret, to be sorry*, III7; **Lo siento mucho, es que no sabía.** *I'm very sorry, I just didn't know.*, III7; **Lo siento, pero ya tengo otros planes.** *I'm sorry, but I already have other plans.*, III7

**sentirse (ie, i)** *to feel*, I; **Me siento frustrado(a).** *I'm frustrated.*, III7; **sentirse muy solo(a)** *to feel very lonely*, III2; **sentirse orgulloso(a) de** *to feel proud of*, III10

la seña *sign*, 5

la señal *sign*, 2

señalar *to set*, 7; *to point out*, 8

**el señor** *sir, Mr.*, I

**la señora** *ma'am, Mrs.*, I

**la señorita** *miss*, I

**septiembre** (m.) *September*, I

la sequía *drought*, 10

**ser** *to be*, I; **Es cierto que...** *It's true that . . .*, III3; **Es difícil que...** *It's unlikely that . . .*, III8; **Es evidente que...** *It's evident that . . .*, III8; **Es fácil que...** *It's likely that . . .*, III8; **Es importante que** + subj. *It's important that . . .*, III6; **Es imposible que...** *It's impossible that . . .*, III8; **Es increíble que...** *It's unbelievable that . . .*, III8; **Es mejor que...** *It's better for . . . to . . .*, III6; **Es muy difícil de creer, pero es posible.** *That's very hard to believe, but it's possible.*, III5; **Es necesario que** + subj. *It's necessary for . . . to . . .*, III6; **Es nuestra responsabilidad...** *It's our responsibility . . .*, III3; **Es nuestro deber...** *It's our duty . . .*, III3; **Es obvio que...** *It's obvious that . . .*, III8; **Es posible que...** *It's possible that . . .*, III8; **Es probable que...** *It's probable that . . .*, III8; **Me encantaría ser...** *I'd love to be . . .*, III12; **Me gustaría ser...** *I'd like to be . . .*, III12; **...que sea descortés** *. . . who's rude*, III7; **ser desleal** *to be disloyal*, III7; **ser infiel** *to be unfaithful*, III7; **Sería buena (mala) idea...** *It would be a good (bad) idea to . . .*, III6; **Sería bueno** + inf. *It would be a good idea to . . .*,

III2; **¿Serías tan amable de dármela?** *Would you be so kind as to give it to me?*, III4; **Si yo fuera...** *If I were...*, III11; **Soy un(a) fanático(a) de...** *I'm a big fan of...*, III1; **Soy un(a) gran aficionado(a) a...** *I'm a big fan of...*, III1

el ser del espacio *being from outer space*, 5

el ser humano *human being*, 5

serenar *to calm down*, 2

la serie *series*, 8

la serigrafía *silk-screening*, 6

**serio(a)** *serious*, III1

serpear *to move like a snake*, 9

**la serpiente** *snake*, II

el servicio *service*, 11

el servicio financiero *financial services*

el servicio publicitario *advertising services*

el servidor, la servidora *faithful servant*, 11

**la servilleta** *napkin*, I

**servir (i, i)** *to serve, to help, to be of use*, II

**sesenta** *sixty*, I

los sesos *brains*, 11

**setecientos(as)** *seven hundred*, I

**setenta** *seventy*, I

severo(a) *severe*, 1

**si** *if*, I; **Si fueras rico(a)** *If you were rich...*, III9; **Si hubiera paz...** *If there were peace...*, III11; **Si no actuamos ahora...** *If we don't act now...*, III11; **Si no hacemos nada por...** *If we don't do anything about...*, III11; **Si no realizamos...** *If we don't carry out...*, III11; **Si pudiera... viviría...** *If I could...I would live...*, III9; **Si pudieras... ¿adónde irías?** *If you could... where would you go?*, III9; **Si se encontrara una cura...** *If a cure were found...*, III11; **Si tú pudieras...** *If you could...*, III11; **Si tuviera... compraría** *If I had...I would buy...*, III9; **Si tuvieras... ¿qué harías?** *If you had... what would you do?*, III9; **Si yo fuera...** *If I were...*, III11; **Si yo viviera...** *If I lived...*, III11

**sí** *yes*, I

**siempre** *always*, I; **lo de siempre** *the usual*, I

**siete** *seven*, I

el siglo *century*, III3

significar *to mean*, 8

el signo de puntuación *punctuation mark*, 8

siguiente *following*, 1

el silbido *whistle*, 5

el silencio *silence*, 5

silencioso(a) *quiet, silent*, 5

**la silla** *chair*, I

la silueta *silhouette*

el símbolo *symbol*

el símil *simile*, 9

la simpatía *sympathy*, 6

**simpático(a)** *nice*, I

**sin** *without*, II; **Sin duda alguna.** *Without a doubt.*, III8; sin embargo *nevertheless*, 5

**sincero(a)** *honest, sincere*, III6; **Para ser sincero(a)...** *To be honest...*, III6

la sinfonía *symphony*, 6

singular *unique*, 11

singularidad *uniqueness*, 10

siniestro(a) *left*; a diestra y a siniestra *right and left*, 9

sinónimo(a) *synonymous*, 10

sinuosamente *sinuously*, 3

síquico(a) *psychic*, 2

Sírvase. *Help yourself.*, 8

**El sistema no funciona.** *The system isn't working (doesn't work).*, II

el sitio *place*, 6; el sitio recreativo *recreation area*; **el sitio Web** *Web site*, III8

**la situación** *situation*, III11; **La situación va a empeorarse.** *The situation will get worse.*, III11

situar *to locate*, 11

el smog *smog*, II

sobrante *leftover* (adj.), 4

sobre *on, about, above*, 1

sobre sí *upon himself (herself)*, 12

sobregirado(a) *overdrawn*, 3

la sobremesa *after-dinner conversation*, 4

la sobrina *niece*, 7

el sobrino *nephew*, 7

sobrio(a) *sober*, 12

**la sociedad** *society*, III8; **la sección de sociedad** *society section*, III8

¡Socorro! *Help!*, 2

sofocar *suffocate*, 10

la soja *soybean*

el sol *sun*; **Hace sol.** *It's sunny.*, I; **tomar el sol** *to sunbathe*, I

solamente *only*, 4

**el soldado, la mujer soldado** *soldier*, III5

**soleado(a)** *sunny*, II

solemne *solemn*, 9

**solicitar** *to apply for, to request*, III12

**la solicitud** *application*, III12

el solista, la solista *soloist*, 6

**solitario(a)** *lonely, alone*, II

**solo(a)** *alone*, III2; **sentirse (i, i) muy solo(a)** *to feel all alone*, III2

**sólo** *only, just*, II

soltar (ue) *to let go of*, 9

el solterón *old bachelor*, 7

la solterona *old maid*, 7

la soltura *ease*, 8

**la solución** (pl. **las soluciones**) *solution*, III11; **La solución que planteo es...** *The solution I propose is...*, III11

solucionar *to solve*, 7

la sombra *shade, shadow*, 3

sombreado(a) *shaded*, 3

el sombrero *hat*, 5

sombrío(a) *somber*, 3

el sonido *sound*, 1

sonoro(a) *resounding*, 9

sonreír *to smile*, 5

la sonrisa *smile*, 7

**soñar (ue) con** + inf. *to dream of (doing something)*, III10

**la sopa** *soup*, I; la sopa negra *black bean soup*

soplar *to blow*, 6

soportar *to tolerate*, **No lo (la) soporto.** *I can't stand it (him/her).*, III6

sorber *to suck*, 11

sorprendente *surprising*, 2

sorprender *to surprise*, 7

el sorprendido, la sorprendida *surprised person*, 7

**la sorpresa** *surprise*; **la fiesta de sorpresa** *surprise party*, I; **¡Qué sorpresa!** *What a surprise!*, III8

el sótano *basement*, 3

**su(s)** *his, her, its, their, your*, I

**subir** *to go up*, II; **subir de peso** *to gain weight*, III2; **subir por** *to go up (a street or road)*, II

**subirse** *to get on (a bus, train...)*, II

**súbito(a)** *sudden*, 5

sublevar *to upset*, 7

el submarinismo *scuba diving*, 1

subrayado(a) *underlined*, 5

subterráneo(a) *underground*, 3

el suburbio *suburb*

suceder *to happen*, 6

**sucio(a)** *dirty*, I

**sudar** *to sweat*, II

Suecia (f.) *Sweden*, 6

el suegro *father-in-law*, 7

el sueldo *salary, pay*, 3

los suelos *ground*, 12

suena (inf. sonar): **Me suena a chino.** *It's Greek to me.*, III8

la suerte *luck*, 4

**el suéter** *sweater*, I

**el sueño** *dream*, I; **el sueño de mi vida** *my lifelong dream*, III5; **tener sueño** *to be sleepy*, I

**suficiente** *enough*, II

el sufrimiento *suffering*, 6

**sufrir** *to suffer*, III2; **sufrir de presiones** *to be under pressure*, III2; **sufrir de tensiones** *to suffer from tension*, III2

**sugerir (ie, i)** *to suggest*, III6; **Sugiero que...** *I suggest that...*, III6

el sujeto *subject*, 11

la suma *sum, entirety*, 2

**supe** (preterite of **saber**) *I found out*, III9

la superación *overcoming, excelling*, 10

**superar** *to overcome*, III10; **Logró superar muchos obstáculos.** *He*

*(She) succeeded in overcoming many obstacles.*, III10
**superarse** *to better oneself*, III10
**superficial** *superficial*, III6
el **supermercado** *supermarket*, I
el supervisor, la supervisora *supervisor*, 11
la supervivencia *survival*, 10
**supiste** (preterite of **saber**) *you found out*, III9
la súplica *request*, 5
suplicar *to beg, to implore*, 11
**Supongo que...** (inf. **suponer**) *I suppose that . . .*, III9
la supremacía *supremacy*, 4
**supuestamente** *supposedly*, III5
el **sur** *south*, II
el sureste *southeast*
surgir *to spring up*, 5
**suspender** *to fail (a test/a class)*, II; *to suspend*, 9
sustentar *to hold up*, 9
sustituir *to substitute*, 4
el susto *fright*, 5
susurrar *to whisper*, 5
sutil *subtle*, 11
suyo(a) *yours*, 5

la **tabla de vela: montar en tabla de vela** *to go windsurfing*, II
el tablero de control *control panel*, 11
la tajada *slice*, 4
tal *such*; **¿Qué tal?** *How's it going?*, I; **¿Qué tal si...?** *How about if . . .?*, I; **tal vez** *perhaps*, I; **Tal vez...** *Maybe . . .*, III8; **tal vez otro día** *perhaps another day*, I
talar *to cut down trees*, 3
talentoso(a) *talented*, 4
la **talla: usar talla...** *to wear size . . .*, II
el tallado en madera *woodworking*, 6
el **taller** *shop, workshop*, III4
el tamal *stuffed cornmeal steamed in cornhusks*
**también** *too, also*, I
el tambor *drum*, 5
**tampoco** *neither*, II
**tan... como...** *as . . . as . . .*, I
**tan pronto como** *as soon as*, III10
**tanto(a)** *as much*, I; **estar al tanto de** *to be well informed about*, III8; **por lo tanto...** *therefore . . .*, III10
tanto... como *both . . . and*
**tantos(as)** *as many*, I
la tapa *top, lid, cover*, 8
los tapatíos *people from the Mexican state of Jalisco*
la **taquilla** *ticket booth*, II
tardar *to delay, to take*

*(time)*, 3
**tarde** (adv.) *late*, I
la **tarde** *afternoon*, I
la **tarea** *homework*, I
la **tarjeta** *greeting card*, I; la tarjeta de crédito *credit card*, 3; **la tarjeta postal** *postcard*, I
la tasa *rate*, 11
la taza *cup*, 4
el **tazón** *bowl*, I
**te** *(to, for) you*, I
el **té frío** *iced tea*, I
el **teatro** *theater*, I
el techado *roof*, 9
el techo *roof*, 3
la técnica *technique*, 1
el técnico, la técnica *technician, repair person*, 12
la **tecnología** *technology*, III3
tecnológico(a) *technological*, 3
el tejado *tile roof*, 12
tejer *to knit*, 11
el tejido *weaving, knitting*, 6
la tela *cloth*, 11
la **Telaraña Mundial** *World Wide Web*, II
las telecomunicaciones *telecommunications*, 10
el **teléfono** *phone*, I; **por teléfono** *on the phone*, I; **el teléfono celular** *cellular phone*, III3
el telégrafo *telegraph*, 9
el televidente, la televidente *television viewer*, 8
la **televisión** *television*, I
televisivo(a) *television* (adj.), 8
el **televisor** *TV set*, I
el **tema** *theme, topic, subject*, III6; **Cambiando de tema, ¿qué me dices de...?** *Changing subjects, what can you tell me about . . .?*, III6
temblar *to tremble*, 8
el temblor *earthquake*, 5
**temer** *to fear*, III7; **Temo que...** *I'm afraid that . . .*, III7; **Temo que el deterioro continúe.** *I'm afraid the deterioration will continue.*, III11
la tempestad *storm*, 3
el templo *temple*, 10
**Ten en cuenta que...** *Keep in mind that . . .*, III3
la tendencia *tendency*, 10
tender (ie) *to tend*, 12; **tender la cama** *to make the bed*, II
el tenedor *fork*, I
**tener (ie)** *to have*, I; **Cuando tenía cinco años...** *When I was five . . .*, III12; **Lo siento, pero ya tengo otros planes.** *I'm sorry, but I already have other plans.*, III7; **no tener la menor idea** *not to have the slightest idea*, III8; **No tengo ganas de** + inf. *I don't feel like . . .*, III8; **por tener...** *because I (you,...) have...*, III10; **Si tuviera... compraría** *If I had . . . I would*

buy . . ., III9; **Ten en cuenta que...** *Keep in mind that . . .*, III3; **tener... años** *to be . . . years old*, I; **tener buenos hábitos de alimentación** *to have good eating habits*, III2; **tener celos de** *to be jealous of*, III7; **tener éxito** *to succeed*, III10; **tener ganas de** + inf. *to feel like (doing something)*, I; **tener que** + inf. *to have to (do something)*, I; **tener que ver con** *to have to do with*, 3; **tener un buen sentido del humor** *to have a good sense of humor*, III1; **tener un malentendido** *to have a misunderstanding*, III7; **Tengo entendido que...** *I understand that . . .*, III9; **Tengo la impresión de que...** *I'm under the impression that . . .*, III9; **tengo la intención de...** *I intend to . . .*, III10; **Tengo mucho que hacer. La próxima vez iré.** *I have a lot to do. Next time I'll go.*, III6; **Tenía muchas esperanzas de...** *I had high hopes of . . .*, III5; **Tiene sabor a ajo.** *It tastes like garlic.*, III4
el **tenis** *tennis*, I
el tenista, la tenista *tennis player*, 12
la **tensión** *tension*, III2; **sufrir de tensiones** *to suffer from tension*, III2
el tequeño *appetizer made of fried dough stuffed with cheese*
tercer(a) *third*
terco(a) *stubborn*, 7
**terminar** *to finish, to complete*, II; **Antes de terminar...** *Before finishing . . .*, III10; **Espero que la guerra termine pronto.** *I hope the war ends soon.*, III5
el término *term*, 5
la **ternera** *veal*, III4
las terrazas *terraces*, 4
el terremoto *earthquake*, 11
el terreno *terrain*, 1
la tesis *thesis*, 12
el tesoro *treasure*, 7
el testamento *will*, 8
el testimonio *testimony*, 9
los textiles *textiles, cloth*
**ti** *you* (object of preposition), I
la **tía** *aunt*, I; **una tía estupenda** *great girl*, III1
el tico, la tica *colloquial name for Costa Ricans*, 11
el **tiempo** *(concept of) time; weather; (verb) tense*, 3; **a tiempo** *on time*, II; **darse tiempo para pensar** *to give oneself time to think*, III7; **en aquellos tiempos** *in those times*, II; **en mis tiempos** *in my time*, II; **medio tiempo** *part time*, III12; **tiempo completo** *full time*, III12
la **tienda** *store, tent*, II; la tienda de campaña *tent*, 1; **la tienda de camping** *camping tent*, I; **la tienda**

**de comestibles** *grocery store*, I; **la tienda de refacciones** *parts store*, III4

tierno(a) *tender*, 2

**la Tierra** *Earth*, II

**el tigre** *tiger*, II

tilín: en un tilín *in a flash, quickly*, 2

la timidez *shyness*, 9

**tímido(a)** *shy*, III9

el timón *steering rod*, 5

tingo: del tingo al tango *from here to there (Mexico)*, 8

**el tío** *uncle*, I; **un tío estupendo, una tía estupenda** *great guy (girl)*, III1, I

**típicamente** *typically*, I

**típico(a)** *typical, traditional*, II

**tirar** *to throw out*, I

las **tiras cómicas** *comics*, III8; **leer tiras cómicas** *to read comics*, III1

los **titulares** *headlines*, III8

el **título** *title, degree*, 3

la **tiza** *chalk*, 8

**la toalla** *towel*, I

**el tobillo** *ankle*, II

tocar *to touch*, 12; **A mí me (A ti te) toca** + inf. *It's my (your) turn to . . .*, II; **Nos toca a nosotros...** *It's up to us . . .*, III3; **tocar (un instrumento)** *to play (an instrument)*, III1

**el tocino** *bacon*, I

**todavía** *still, yet*, I

**todavía no** *not yet*, II

**todo(a)** *all, every*, I; **Todo el mundo sabe que...** *Everyone knows that . . .*, III8

la **tolerancia** *tolerance*, 10

tolerar *to tolerate*, 5

tomar *to drink, to take, to eat*, I; tomar el papel de *to play the role of*, 2; **tomar el sol** *to sunbathe*, I; tomar en cuenta *to take into account*, 1; **tomar la iniciativa** *to take the initiative*, III10; **tomar las cosas con calma** *to take things calmly*, III2

**el tomate** *tomato*, I

las **toneladas** *tons*, 2

el **tono** *tone*, 1

la **tontería** *foolishness*; **¡Qué tontería!** *How silly!*, III5

tonto(a) *silly, foolish*, 9

el **tope** *end*, 9

el **toque** *touch*, 8

**torcerse (ue)** *to sprain*, II

**la tormenta** *storm*, II

tornar *to turn around*, 9

el **torneo** *tournament*, 4

el **toro** *bull*; **tan fuerte como un toro** *as strong as an ox*, II

la **toronja** *grapefruit*, I

**torpe** *slow, dull, clumsy*, III9

**la torre** *tower*, II

**la torta** *cake*, III4

**la tortuga** *turtle*, II

**la tos** *cough*, I

**tostado(a)** *toasted*, I; **el pan tostado** *toast*, I

tostar (ue) *to roast, to toast*, 4

**el trabajador, la trabajadora** *worker*, III12; **el trabajador, la trabajadora social** *social worker*, III12

**trabajar** *to work*, I

**el trabajo** *work, job*, I; *paper* (written assignment), III3; **el ambiente de trabajo** *workplace environment*, III12; **hacer trabajos con la computadora** *to write papers on the computer*, III3

**traer** *to bring*, I

**el tráfico** *traffic*, III3

la **tragedia** *tragedy*, 10

**traicionar** *to betray*, III5

**el traje** *suit*, I; **el traje de baño** *bathing suit*, I

trampas: sin trampas *no cheating*, 2

**tranquilo(a)** *calm*, II; *Tranquilo(a). Calm down.*, III7

el **transeúnte, la transeúnte** *passerby, temporary resident*, 4

transformar en *to change into*, 5

**el tránsito** *traffic*, II

transmitir *to pass on*, 5

el **transporte público** *public transportation*, 3

el **tranvía** *streetcar*, 6

tras *after*, 1

trasladar *to move*, 9

trasnochar *to stay up late*, 5

trastornar *to disturb*, 5

**tratar** *to treat*, III9

tratar con *to deal with*, 12

tratar de *try to*, 5; *to be about*, 3

el **tratamiento** *treatment*, 5

la **travesura** *trick*; **hacer travesuras** *to play tricks*, II

**travieso(a)** *mischievous*, III9

**trece** *thirteen*, II

**treinta** *thirty*, I

tremendo(a) *magnificent, ill-mannered*, 6

**el tren** *train*, II; **la estación de tren** *train station*, II

el **trenzado** *braid*, 9

**trepar** *to climb*, II

**tres** *three*, I

**trescientos(as)** *three hundred*, I

la **tribu** *tribe*, 5

el **trigo** *wheat*, I

el **trillizo** *triplet*, 9

**triste** *sad*, I

la **tristeza** *sadness*, 2

**triunfar** *to win out, to be successful*; III10; **Han triunfado...** *They have succeeded . . .*, III10

trocar *to change, to exchange*, 9

el **trofeo** *trophy*, 10

la **trompa** *proboscis, insect body part used for extracting nectar from flowers*, 11

la **trompeta** *trumpet*, 6

el **tronco** *(tree) trunk*, 12

las **tropas** *troops*, 5

el **trozo** *piece*, 2

**la trucha** *trout*, III4

el **truco** *trick*, 8

**el trueno** *thunder*, II

**tu(s)** *your* (informal), I

**tú** *you* (informal), I; **¿Tú crees? No sé.** *Do you think so? I don't know.*, III5

el **tubérculo** *tuber*, 4

turbio(a) *muddy*, 9

**el turismo** *sightseeing*; **hacer turismo** *to go sightseeing*, I

**el turista, la turista** *tourist*, II

el **turno** *turn*, 1

**tuviera** (past subj. of **tener**): **Si tuviera... compraría...** *If I had . . ., I would buy . . .*, III9

**Tuvo mucho éxito...** *He (She) was very successful . . .*, III10

tuyo(a) *yours*, 3

**U**

**u** *or* (before words beginning with **o** or **ho**), II

la **ubicación** *location*, 1

ubicar *to orient*, 9

Ud. *abbreviation for* **usted**, *you*, 1

Uds. *abbreviation for* **ustedes**, *you*, 1

ufanarse *to be proud of*, 4

**últimamente** *recently*, 6

**último(a)** *final, last*, II; **el último modelo** *the latest style*, 6

**un(a)** *a, an*, I; **un poco** *a little*, I

**la una** *one o'clock*, I

uncir *to yoke, to tie together*, 9

**único(a)** *unique*, 10

**unido(a)** *close-knit*, I

unir *to unite*, 7

**uno** *one*, I

**unos(as)** *some, a few*, I

untarle la mano *to grease someone's palm*, 11

la **uña** *fingernail, toenail*, 12

la **urbanización** *neighborhood*, 4

urbano(a) *urban*

**urgente** *urgent*, II

**uruguayo(a)** *Uruguayan*, II

**usar** *to use, to wear*, II

**usted** *you* (formal), I

**ustedes** *you* (pl. formal), I

útil *useful*, 9

utilizar *to use*, 3

**las uvas** *grapes*, I

las **vacaciones** *vacation*, I
vaciar *to empty*, 12
vagar *to wander*, 5
la **vaina** *pod (of plant)*, 4
**valer** *to be worth*; **Creo que vale la pena...** *I think it's worth it . . .*, III3; **¿Cuánto vale?** *How much is it?*, II
**valiente** *brave*, III5
valioso(a) *valuable*
el **valle** *valley*, II
el valor *bravery*, 5; *value*, 5
el vampiro *vampire*, 6
el vapor *steamship*, 9
variar *to vary, to differ*, 4
la variedad *variety*, 4
varios(as) *some, several*, 2
la varita mágica *magic wand*, 9
el **vaso** *glass*, I
vasto(a) *huge*, 9
el vecino, la vecina *neighbor*, 4
**veinte** *twenty*, I
veinticincoavo *twenty-fifth*, 6
la vela: *sail*; **ir de vela** *to go sailing*, I; **montar en tabla de vela** *to go windsurfing*, II; la vela ligera *sailing*, 1
la velocidad *speed*, 11
velozmente *speedily*, 9
**vencer** *to defeat*, III5
el **vendedor, la vendedora** *salesperson*, III12
vender *to sell*, 8
**venezolano(a)** *Venezuelan*, II
**venir (ie)** *to come*, I; **el (la) ... que viene** *next (year, week, . . .)*, II
la **venta** *sale*, 11
la **ventaja** *advantage*, III3
la **ventana** *window*, I
**ver** *to see*, I
el **verano** *summer*, I
**veras: de veras** *really*, II
la **verdad** *truth*, II; **Para decir la verdad...** *To tell the truth . . .*, III6; **La verdad es que...** *The truth is that . . .*, III3; **de verdad** *to tell you the truth, really*, II; **¿verdad?** *don't you?, right?*
verdadero(a) *real, true*, 1
**verde** *green*, I
las **verduras** *vegetables*
la **vergüenza** *shame*, 4
verídico(a) *true*, 5

verificar *to verify*, 8
**verse** *to look, to appear*; **¿Cómo me veo?** *How do I look?*, II
verter (ie) *to pour out*, 4
el **vestido** *dress*, I
**vestirse (i, i)** *to get dressed*, II
el vestuario *wardrobe*, 3
la **vez** (pl. *las veces*) *time (repetition)*; **a la vez** *at the same time*, III3; **a veces** *sometimes*, I; **alguna vez** *ever*, III3; **Érase una vez...** *Once upon a time . . .*, II
la **vía** *rail*, II; *path*, 11
el viaducto *elevated roadway*, 4
el viaje *trip*; **hacer un viaje** *to take a trip*, I
la víctima *victim*, 5
la **victoria** *victory*, III5
la **vida** *life*, I; **llevar una vida agitada** *to lead a hectic life*, III2; la vida actual *present life, nowadays*, 2; **la vida diaria** *daily life*, III3; la vida real *real life*, 8
la **videocasetera** *videocassette player*, III3
la videocinta *videotape*, 11
el **videojuego** *videogame*, I
el **vidrio** *glass*, II
**viejo(a)** *old*, I
la viera *scallop*, 1
el **viernes** *Friday*, I
vietnamita (m./f.) *Vietnamese*, 9
vigilar *to watch, to guard*, 5
vincular *to link, to connect*, 5
el vínculo *link*, 10
el vino *wine*, 2
la violencia *violence*, 6
violento(a) *violent*, 3
el virrey *viceroy*, 5
la virtud *virtue*, 11
la visión *vision*, 12
**visitar** *to visit*, I
la vista *view*
**visto** (past participle of **ver**) *seen*, 3
la **vitrina** *store window*, II; **mirar las vitrinas** *to window-shop*, II
**vivir** *to live*, I; **Si yo viviera...** *If I lived . . .*, III11
vivo(a) *bright, vivid, intense*, 6
vociferar *to shout*, 11
vocinglero(a) *loud-mouthed*, 9
volante *flying*, 9
volar (ue) *to fly*, 6
el volcán (pl. los volcanes) *volcano*, 5
el **voleibol** *volleyball*, I
el volumen *volume*, 1
la voluntad *will*, 12

**volver (ue)** *to go back, to return*, II; **No lo volveré a hacer.** *I won't do it again.*, III7
vos *you* (used in Argentina and other Latin American countries), 7
vosotros(as) *you* (pl., informal, Spain), I
la voz (pl. las voces) *voice*, 5
el **vuelo** *flight*, 5
vuestro(a) **your** (pl., informal, Spain), I
**vuelto** (past participle of **volver**) *returned*, 3

el **Web** *World Wide Web*, II

**y** *and*; **y cuarto** *quarter past (the hour)*; **y media** *half past (the hour)*, I
**ya** *already*, I; **¡Ya lo sé!** *I know!*, III8, I
**yo** *I*, I
el **yoga** *yoga*, I

la zaga *rear (of car)*, 9
la **zanahoria** *carrot*, I
la **zapatería** *shoe store*, I
las **zapatillas de tenis** *tennis shoes* (Spain), I
los **zapatos** *shoes*, I
la **zona peatonal** *pedestrian zone*, III3; **establecer (zc) una zona peatonal** *to set up a pedestrian zone*, III3
el **zoológico** *zoo*, I
el zorro, la zorra *fox*, 11
la zozobra *anxiety*, 12

# English-Spanish Vocabulary

This vocabulary includes all of the words presented in the **Vocabulario** sections of the chapters. These words are considered active—you are expected to know them and be able to use them. Expressions are listed under the first word and in some cases under a keyword in the phrase.

Spanish nouns are listed with the definite article and plural forms, when applicable. If a Spanish verb is stem-changing, the change is indicated in the parentheses after the verb: **dormir (ue)**. The number after each Spanish word or phrase refers to the chapter in which it becomes active vocabulary. Entries followed by the Roman numeral I indicate that the word became active in Level 1; entries followed by the Roman numeral II indicate the word was introduced in Level 2; entries followed by the Roman numeral III indicate the word was introduced in Level 3.

To be sure you are using Spanish words and phrases in their correct context, refer to the chapter and book in which they appear. You may also want to look up Spanish phrases in the Summary of Functions, pp. R2–R12.

**a (an)** *un, una,* I; **a few** *unos, unas,* I; **a little overweight** *un poco gordo(a),* I; **A long time ago . . .** *Hace mucho tiempo...,* II; **a lot (of)** *mucho(a), muchos(as),* I; **a terrible bore** *tan aburrido(a) como un pato,* II

**absent-minded** *distraído(a),* II

**according to** *según,* III5

**accountant** *el contador, la contadora,* III12

to **ache** *doler (ue),* I

to **achieve** *alcanzar,* III10; *lograr,* III10

to **act** *actuar,* III11

**actually** *en efecto,* III5

to **adapt** *adaptarse,* III3

to **admire** *admirar,* III6

to **admit a mistake** *admitir un error,* III7

**advances** *los adelantos,* III3

**advantage** *la ventaja,* III3

**adventurous** *aventurero(a),* II

**advice** *el consejo,* III2

**advisable: It's not advisable that you . . .** *No te conviene...,* III6

to **advise** *aconsejar,* III2

**aerobics** *los ejercicios aeróbicos,* I

**affection** *el cariño,* II

**affectionate** *cariñoso(a),* I

**affectionately** *con cariño,* II

**afraid: I'm afraid that . . .** *Temo que...,* III7

**after** *después,* I; *después de,* I; *después de que,* III10; **After we graduate, we . . .** *Después de graduarnos...,* III10

**afternoon** *la tarde,* I; **in the afternoon** *de la tarde,* I; *por la tarde,* I

**afterwards** *después,* II

**again: I won't do it again.** *No lo volveré a hacer.,* III7

**against** *contra,* III9

**ago: a day (a week, a month, . . .) ago** *hace un día (una semana, un mes, ...),* II; **A long time ago . . .** *Hace mucho tiempo...,* II

to **agree** *estar de acuerdo,* III5; **to agree to** *quedar en,* II

**Agreed.** *De acuerdo.,* I

**air: air conditioning** *el aire acondicionado,* II; **air quality** *la calidad del aire,* III3

**alarm clock** *el despertador,* II

**all** *todo(a); todos(as),* I; **All of a sudden . . .** *De repente...,* II; **All right.** *Está bien.,* I; *De acuerdo.,* II

**almost** *casi,* I; **almost always** *casi siempre,* I

**alone** *solo(a),* III2

**along** *por,* I; **along the beach** *por la playa,* I

**alongside** *al lado de,* II

**already** *ya,* I

**also** *también,* I

**aluminum** *el aluminio,* II

**always** *siempre,* I

**ambition** *la ambición,* III5; *la aspiración,* III10

**American football** *el fútbol norteamericano,* I

**amusement park** *el parque de atracciones,* I

**amusing** *divertido(a),* I

**anchorperson** *el locutor, la locutora,* III8

**ancient** *antiguo(a),* III6

**and** *y, e,* I; **And you?** *¿Y tú?,* I

**angry** *enojado(a),* III9; *enfadado(a),* III9

**ankle** *el tobillo,* II

**anniversary party** *la fiesta de aniversario,* I

to **announce** *anunciar,* III8

**announcer** *el locutor, la locutora,* III8

to **annoy** *fastidiar,* II

**annoying** *pesado(a),* III1

**another** *otro(a),* I

**answering machine** *el contestador,* III3

**anthropology** *la antropología,* I

**anxious** *ansioso(a),* III2

**any** *alguno(a),* I

**anyway** *de todos modos,* II

**apple** *la manzana,* I

**application** *la solicitud,* III12

to **apply for** *solicitar,* III12

**appointment** *la cita,* II

to **appreciate** *apreciar,* III9

**April** *abril (m.),* I

**aquarium** *el acuario,* I

**architect** *el arquitecto, la arquitecta,* III12

**are: are due to** *se deben a,* III10; **(people) are going to use** *(la gente) va a usar,* III3; **Are we going the right way to . . .?** *¿Vamos bien para...?,* II; **Are you still working?** *¿Sigues trabajando?,* II

**Argentine** *argentino(a),* II

**arm (of the body)** *el brazo,* I

**army** *el ejército,* III5

to **arrange to (do something)** *quedar en,* II

to **arrive** *llegar,* II

**arrogant** *arrogante,* III9

**art** *el arte, (pl. las artes),* I

**article** *el artículo,* III8
**artist** *el artista, la artista,* III6
**artistic** *artístico(a),* II
**as** *tan,* II; **as a child** *de pequeño(a),* II; *de niño(a),* III12; **as a small child** *de chiquito(a),* II; **as . . . as . . .** *tan... como ...,* I; **As far as I know . . .** *Que yo sepa...,* III8; **(as good as) a saint** *tan bueno(a) como un ángel,* II; **as happy as a lark** *tan feliz como una lombriz,* II; **as noble as a lion** *tan noble como un perro,* II; **as strong as an ox** *tan fuerte como un toro,* II
to **ask for** *pedir (i, i),* I
to **ask questions** *hacer preguntas,* II
**aspiration** *la aspiración,* III10
to **aspire to** *aspirar a,* III10
to **assimilate** *asimilarse,* III10
**at** *a, por, en,* I; **at all** *para nada,* III7; **at home** *en casa,* II; **at last** *por fin,* I; **at night** *por la noche, en la noche,* I; **at the same time** *a la vez,* III3; **At what time?** *¿A qué hora?,* I
to **attain** *alcanzar,* III10
to **attend** *asistir a,* I
**attitude toward** *la actitud hacia,* III9
**August** *agosto (m.),* I
**aunt** *la tía,* I
**autumn** *el otoño,* II
**avocado salad** *la ensalada de aguacate,* III4
to **avoid** *evitar,* II
**awful** *pésimo(a),* III6

**B**

**back (of the body)** *la espalda,* I
**back then** *en aquel entonces,* II
**backpack** *la mochila,* I
**bacon** *el tocino,* I
**bad** *malo(a),* I; *mal,* I, **it would be a good (bad) idea** *sería buena (mala) idea,* III6
**baggage carrier** *el maletero, la maletera,* II
**bakery** *la panadería,* III4
**balanced** *balanceado(a),* II
**bald** *calvo(a),* II
**balloons** *los globos,* I
**ballpoint pen** *el bolígrafo,* I
**banana** *el plátano,* I
**band** *la banda,* II
**bank** *el banco,* II
**banker** *el banquero, la banquera,* III12
**bargain** *la ganga,* II
to **bargain** *regatear,* II
**baseball** *el béisbol,* I
**basketball** *el baloncesto,* I
**bat** (animal) *el murciélago,* II
**bathing suit** *el traje de baño,* I

**bathroom** *el cuarto de baño,* II
to **be** *ser; estar,* I; **Be careful.** *Ten cuidado.,* II; **to be a cyclist** *practicar el ciclismo,* III1; **to be able** *poder (ue),* I; **to be close to** *estar cerca de,* II; **to be crazy about** *estar loco(a) por,* II; **to be delighted** *encantarle,* III7; **to be disloyal** *ser desleal,* III7; **to be due to** *deberse a,* III10; **to be familiar with (something)** *conocer,* II; **to be far from** *estar lejos de,* II; **to be fed up (with)** *estar harto(a) (de),* II; **to be frustrated** *frustrarse,* III7; **to be furious** *estar furioso(a),* II; **to be glad** *alegrarse,* III7; **to be going to do something** *ir a + inf.,* I; **to be grateful for** *estar agradecido(a) por,* III10; **to be happy** *alegrarse,* III9; **To be honest . . .** *Para ser sincero(a)...,* III6; **to be hurt** *estar dolido(a),* III7; **to be in a good (bad) mood** *estar de buen (mal) humor,* III7; **to be in a hurry** *tener (ie) prisa,* I; **to be in good shape** *estar en plena forma,* II; **to be interested in** *interesar(le),* II; **to be jealous of** *tener (ie) celos de,* III7; **to be left dead** *quedar muerto(a),* III5; **to be located** *encontrarse (ue),* II; **to be named** *llamarse,* II; **to be near** *estar cerca de,* II; **to be on a diet** *hacer régimen,* II; *estar a dieta,* III2; **to be raised** *criarse,* III10; **to be ready** *estar listo(a),* I; **to be situated** *quedar,* I; **to be sleepy** *tener (ie) sueño,* I; **to be under pressure** *sufrir de presiones,* II; **to be unfaithful** *ser infiel,* III7; **to be up to date on . . .** *estar al tanto de...,* III8; **to be well informed about . . .** *estar bien informado(a) sobre...,* III8; **to be worth** *valer,* I
**beach** *la playa,* I
**beans** *los frijoles,* I; *las caraotas* (Venezuela), III4
**beard** *la barba,* III1
**beautiful** *hermoso(a),* III6
**because** *porque,* I; **Because I have . . ., I . . .,** *Por tener..., yo...,* III10
to **become: I want to become** *quiero llegar a ser,* III12; **to become ill** *enfermarse,* II
**bed** *la cama,* I; **to go to bed** *acostarse (ue),* II
**beef** *la carne de res,* I
**before** *antes de,* I; **Before classes begin . . .** *Antes de que empiecen las clases...,* III10; **Before finishing . . .** *Antes de terminar...,* III10
to **begin** *comenzar (ie),* II; *empezar (ie),* I; **to begin with** *para empezar,* II
**behind** *detrás de,* II
to **believe** *creer,* I; **I can't believe that . . .**

*No puedo creer que...,* III8; **I don't believe that . . .** *No creo que...,* III8; **It's very hard to believe, but it's possible.** *Es muy difícil de creer, pero es posible.,* III5; **It's hard to believe that . . .** *Parece mentira que...,* III8
**belt** *el cinturón,* I
**beneath** *debajo de,* I
**benefits** *los beneficios,* III12
**besides** *además,* I
**best** *el (la) mejor,* II; **the best thing is** *lo ideal es,* III12
to **betray** *traicionar,* III5
**Better . . .** *Mejor...,* II
to **better oneself** *superarse,* III10
**better than** *mejor que,* II
**beverage** *la bebida,* I
**bicycle** *la bicicleta,* I
**big** *grande,* I
**bill** *la cuenta,* I
**bird** *el ave, (pl. las aves),* II
**birthday party** *la fiesta de cumpleaños,* I
**black** *negro(a),* I
to **blame someone** *echarle la culpa,* III7
**block: city block** *la cuadra,* I
**blond** *rubio(a),* I
**blouse** *la blusa,* I
to **blow up balloons** *inflar los globos,* I
**blue** *azul,* I
**bluejeans** *los bluejeans,* I
to **blush** *ponerse rojo(a),* III9; **They blushed.** *Se pusieron rojos.,* III9
**board game** *el juego de mesa,* I
**boat** *la lancha,* II
**body** *el cuerpo,* I
**Bolivian** *Boliviano(a),* II
**book** *el libro,* I
**book** bag *la mochila,* I
to **bookmark** *apuntar,* II
**bookstore** *la librería,* I
**boots** *las botas,* I
**bore: a terrible** bore *tan aburrido (a) como un pato,* II
**bored** *aburrido(a),* II; *to be bored estar aburrido,* II
**boring** *aburrido(a),* I; *It seems really boring to me. Me parece un rollo.,* III1; **to be boring** *ser (estar) aburrido(a),* I
**boss** *el jefe, la jefa,* III12
**botanical garden** *el jardín botánico,* II
to **bother** *molestar,* II
**bowl** *el plato hondo,* I; *el tazón,* I
**boy** *el chico,* I
**boyfriend** *el novio,* III7
**brave** *valiente,* III5
**bread** *el pan,* I
**break** (rest period) *el descanso,* I
to **break** *romperse,* II; **He (She) broke . . .** *Se le rompió...,* III4
to **break down** *descomponer,* III4; **. . . broke down on us.** *Se nos descompuso (descompusieron).,* III4

**to break up with someone** *romper con,* III7

**breakfast** *el desayuno,* I; **to eat breakfast** *desayunar,* I

**to breathe** *respirar,* II

**bridge** *el puente,* II

**to bring** *traer,* I; **to bring the meal** *traer la comida,* II

**broadcast network** *la cadena,* III8

**broken** *roto(a),* III3

**brother** *el hermano,* I; **brothers and sisters** *los hermanos,* I

**brown** *de color café,* I; *pardo,* I

**brush** *el cepillo,* II

**to brush (one's hair, teeth, etc.)** *cepillarse (el pelo, los dientes, etc.),* II; **to brush your teeth** *lavarse los dientes,* I

**to build** *construir,* II

**building** *el edificio,* II

**bumper cars** *los carros chocones,* II

**bus** *el autobús,* I

**bus stop** *la parada del autobús,* II

**business (firm)** *la empresa,* III12

**businessman, businesswoman** *el (la) comerciante,* III12

**busy** *ocupado(a),* I; **The line is busy.** *La línea está ocupada.,* I

**busybody** *el (la) metiche,* II

**but** *pero,* I; **but on the other hand . . .** *pero por otro lado...,* III3; **But you have to take into account that . . .** *Pero hay que tener en cuenta que...,* III5

**butcher shop** *la carnicería,* III4

**to buy** *comprar,* III7; **to buy someone a gift** *comprarle un regalo,* III7

**by** *por,* I; **by the end of** *para fines de,* II; **By the way . . .** *A propósito...,* III6

**'Bye** *Chao,* I

**cable** *el cable,* III8; **on cable** *por cable,* III8

**cafeteria** *la cafetería,* I

**cake** *la torta,* III4; *el pastel,* I

**calculator** *la calculadora,* I

**calf (of the leg)** *la pantorrilla,* II

**to call** *llamar,* I; **to call the guests** *llamar a los invitados,* I

**calm** *tranquilo(a),* II

**Calm down.** *Tranquilo(a).,* III7

**calmly** *con calma,* III2

**camera** *la cámara,* I

**to camp** *acampar,* I

**camping tent** *la tienda de camping,* I

**can** *poder (ue),* I; **Can I help?** *¿Puedo ayudar?,* II; **Can I help you . . .?** *¿Te ayudo a...?,* II; **Can you bring me . . .?** *¿Me puedes traer...?,* I; *¿Me traes...?,* I; **Can you**

**bring us . . .?** *¿Nos puede traer...?,* I; **Can you do me the favor of . . .?** *¿Me haces el favor de...?,* I; **Can you give me . . .?** *¿Puedes darme...?,* III2; **Can you help me?** *¿Me puede atender?,* II; **Can you help me to . . .?** *¿Me ayudas a...?,* I; *¿Puedes ayudarme a...?,* II; **Can you lower the price for me?** *¿Me puede rebajar el precio?,* II; **Can you pass me . . .?** *¿Me pasas...?,* I; **Can you tell me . . .?** *¿Me puede decir...?,* I; *¿Me podría decir...?,* II; *I can't.* *No puedo.,* I; **What can I bring you?** *¿Qué le puedo traer?,* I

**candy** *los dulces,* I; **candy store** *la dulcería,* I

**canoe** *la canoa,* I

**cans** *las latas,* II

**car** *el carro,* I

**card** *la tarjeta,* I; **playing cards** *las cartas,* III1

**careful: to be careful** *tener (ie) cuidado,* II

**carpenter** *el carpintero, la carpintera,* III12

**carrot** *la zanahoria,* I

**to carry** *llevar,* I

**to carry out** *llevar a cabo,* III10; *realizar,* III11

**cash register** *la caja,* II

**cashier** *el (la) cajero(a),* II

**cat** *el gato,* I

**to cause** *causar,* III2

**to celebrate** *celebrar,* III5

**cellular phone** *el teléfono celular,* III3

**century** *el siglo,* III3

**cereal** *el cereal,* I

**certain** *seguro(a),* III8

**Certainly.** *Por cierto.,* III8

**chair** *la silla,* I

**challenge** *el reto,* III10

**to change** *cambiar,* II; **Changing subjects, what can you tell me about . . .?** *Cambiando de tema, ¿qué me dices de...?,* III6

**channel** *el canal,* III8

**to chat** *platicar,* II

**cheap (in price)** *barato(a),* I

**Cheer up!** *¡Ánimo!,* III7

**cheese** *el queso,* I

**chemicals** *los químicos,* II

**chicken** *el pollo,* I

**child** *el (la) niño(a),* II; **as a child** *de pequeño(a), de niño(a),* II; **as a small child** *de chiquito(a),* II

**children** *los hijos,* I

**Chilean** *chileno(a),* II

**China** *China* (f.), I

**Chinese food** *la comida china,* I

**chocolate** *el chocolate,* I

**chores** *los quehaceres,* II; **household chores** *los quehaceres domésticos,* I

**Christmas** *la Navidad,* I; **Christmas Eve** *la Nochebuena,* I

**church** *la iglesia,* II

**circus** *el circo,* I

**city** *la ciudad,* I

**city block** *la cuadra,* II

**clams** *las almejas,* III4

**clarinet** *el clarinete,* III1

**class** *la clase,* I

**classical music** *la música clásica,* I

**classified ads** *los anuncios clasificados,* III8

**classmate** *el compañero, la compañera,* I

**to clean** *limpiar,* II; **to clean the kitchen** *limpiar la cocina,* I

**clean** *limpio(a),* I

**clear** *despejado(a),* II

**to clear the table** *quitar la mesa,* II

**clever** *listo(a),* I

**climate** *el clima,* II

**to climb** *escalar,* I; **to climb trees** *trepar a los árboles,* II

**clock** *el reloj,* I

**close to** *cerca de,* II

**close-knit** *unido(a),* I

**closet** *el armario,* I

**clothing** *la ropa,* I

**cloud: Every cloud has a silver lining.** *No hay mal que por bien no venga.,* III7

**cloudy** *nublado(a),* I; **It's cloudy.** *Está nublado.,* I

**clumsy** *torpe,* III9

**coast** *la costa,* II

**cod** *el bacalao,* III4

**coffee with milk** *el café con leche,* I

**coin** *la moneda,* II

**cold (personality)** *seco(a),* III9

**cold (temperature)** *frío(a),* I; **It's cold (weather).** *Hace frío.,* I

**cold (illness): to have a cold** *estar resfriado(a),* I

**to collect** *coleccionar,* II; **to collect stickers (stamps)** *coleccionar adhesivos (sellos),* III1

**Colombian** *colombiano(a),* II

**color** *el color,* I; **What color?** *¿De qué color?,* I

**(color) photocopier** *la fotocopiadora (a colores),* III3

**comb** *el peine,* II

**to comb your hair** *peinarse,* I

**to combat** *combatir,* III9

**to come** *venir (ie),* I; **come (command)** *ven,* I; **Come along!** *¡Ven conmigo!,* I

**to come back** *regresar,* I

**comfortable** *cómodo(a),* I

**comical** *cómico(a),* I

**comics** *las tiras cómicas,* III8

**commentator** *el (la) comentarista,* III8

**commercial** *el anuncio,* III8

**to commit** *cometer,* III11

**commitment** *el compromiso,* III10

**compact disc** *el disco compacto,* I

**company (firm)** *la empresa,* III12

**competition** *la competencia,* II

**to complain (about)** *quejarse (de)*, II
**to compliment someone** *hacerle un cumplido a alguien*, III7
**computer** *la computadora*, III3
**computer programmer** *el (la) programador(a) de computadoras*, III12
**computer science** *la computación*, I
**conceited** *presumido(a)*, III9
**concert** *el concierto*, I
**condolences** *el pésame*, III7; **My most heartfelt condolences.** *Mi más sentido pésame.*, III7
**condor** *el cóndor*, II
**congested** *resfriado(a)*, I; **to be congested** *estar resfriado(a)*, I
**consequently** *por consiguiente*, III10
**to conserve** *conservar*, II
**contemporary** *contemporáneo (a)*, III6
**to continue** *seguir (i, i)*, II
**to contribute** *contribuir*, III2; *aportar*, III10
**contribution** *la aportación*, III10
**conventional** *convencional*, III6
**convinced: to be convinced** *estar convencido(a)*, III8
**to cook** *cocinar*, III3
**cookie** *la galleta*, I
**cooking section** *la sección de cocina*, III8
**to copy** *copiar*, II
**corn** *el maíz*, I
**corner** *la esquina*, II
**Costa Rican** *costarricense*, II
**costume** *el disfraz*, II
**cotton (made of)** *(de) algodón*, I
**cough** *la tos*, I
**Could you ...?** *¿Podrías...?*, III4
**to count on** *contar (ue) con*, III7
**country** *el campo*, I
**cousin** *el primo, la prima*, I
**crazy** *loco(a)*, III1; **to be crazy about** *estar loco(a) por*, III1
**creative** *creativo(a)*, III6
**crime** *la delincuencia*, III11; *el crimen*, III11; **minor crime** *el delito*, III11
**crime rate** *la criminalidad*, III11
**to cross (at ...)** *cruzar (en...)*, II
**to cry** *llorar*, III5
**Cuban** *cubano(a)*, II
**cure** *la cura*, III11
**curly** *rizado(a)*, III1
**curt** *seco(a)*, III9
**custard** *el flan*, I; *el quesillo (Venezuela)*, III4
**custom** *la costumbre*, III10
**customer** *el (la) cliente*, II
**to cut the grass** *cortar el césped*, I
**cycling** *el ciclismo*, II
**cyclist: to be a cyclist** *practicar el ciclismo*, III1

**D**

**dad** *el papá*, I
**daily life** *la vida diaria*, III3
**dairy store** *la lechería*, III4
**dance** (event) *el baile*, I
**to dance** *bailar*, I
**dance** (as an artform) *la danza*, III6
**dancer** *el bailarín, la bailarina*, III6
**danger** *el peligro*, III2
**dangerous** *peligroso(a)*, II
**dark-haired, dark-skinned** *moreno(a)*, III1
**date** (appointment) *la cita*, I
**date** (on calendar) *la fecha*, I
**daughter** *la hija*, I
**day** *el día*, I; **a free day** *un día libre*, I; **day before yesterday** *anteayer*, I; **every day** *todos los días*, I; **the day before** *el día anterior*, II; **(two, three, ...) days later** *(dos, tres,...) días después*, II
**dead** *muerto(a)*, III5
**dear** *querido(a)*, II
**December** *diciembre (m.)*, I
**to declare** *declarar*, III5
**to decorate** *decorar*, II
**decorations** *las decoraciones*, I
**to decrease** *bajar*, III11
**to dedicate** *dedicar*, II
**deeply** *profundamente*, II
**defeat** (n.) *la derrota*, III5
**to defeat** *vencer*, III5
**delicious** *delicioso(a)*, I; *rico(a)*, I; *riquísimo(a)*, III4
**delighted** *encantado(a)*, III7
**demanding** *exigente*, II
**to deny** *negar (ie)*, III9; **I deny having made fun of ...** *Niego haberme burlado de...*, III9
**department store** *el almacén*, I
**to depend** on *contar (ue) con*, III7; **It depends on your point of view.** *Depende de tu punto de vista.*, III5
**depressed** *deprimido(a)*, II
**to design** *diseñar*, III6
**designer** *el diseñador, la diseñadora*, III12
**desk** *el escritorio*, I
**to despair** *desesperarse*, II
**dessert** *el postre*, I
**to destroy** *destruir*, III3
**destruction** *la destrucción*, II
**deterioration** *el deterioro*, III11
**to develop** *desarrollar*, III3
**dictionary** *el diccionario*, I
**did: Did you find out about ...?** *¿Te enteraste de...?*, II; **Did you forget ...?** *¿Se te olvidó (olvidaron)...?*, III4; **Did you have a good time?** *¿Qué tal lo pasaste?*, II; **What did he (she/you) do?** *¿Qué hizo?*, I; **What did he (she)**

**say?** *¿Qué dijo?*, II; **What did they tell you?** *¿Qué te dijeron?*, II; **What did you do?** *¿Qué hiciste?*, I
**diet** *la dieta*, II; **to be on a diet** *hacer régimen*, II; *estar a dieta*, III2
**difficult** *difícil*, I
**dining room** *el comedor*, II
**dinner** *la cena*, I
**directions** *las instrucciones*, II
**dirty** *sucio(a)*, I
**disadvantage** *la desventaja*, III3
**to disagree: It disagrees with me.** *Me cae gordo.*, III4
**disagreeable** *antipático(a)*, I
**disappointed** *decepcionado(a)*, III7; *desilusionado(a)*, III7
**discount** *el descuento*, II
**to discover** *descubrir*, III3
**discovered** (past part.) *descubierto*, III3
**discrimination** *la discriminación*, III9
**to discuss** *discutir*, III7
**disgusting: How disgusting!** *¡Qué asco!*, III4
**disease** *la enfermedad*, III11
**to dislike strongly** *chocar(le)*, II
**disloyal** *desleal*, III7
**to do** *hacer*, I; **do** *haz (command)*, I; **do for you** *hacer por ti*, III7; **Do me the favor of ...** *Hágame (Hazme) el favor de...*, III4; **Do you know (formal) ...?** *¿Sabe Ud...?*, II; **Do you know (informal) ...?** *¿Sabes...?*, II; **Do you know what you're going to order?** *¿Ya sabe(n) qué va(n) a pedir?*, II; **Do you (informal) like ...?** *¿Te gusta(n)...?*, II; **Do you think so?** *¿Tú crees?*, III5; **Do you think that ...?** *¿Crees que...?*, II; *¿Te parece que...?*, II; **Do you want to ...?** *¿Quieres...?*, I; **Do you want to help me?** *¿Quieres ayudarme?*, II; **to do sit-ups** *hacer abdominales*, II; **to do something** *hacer algo*, II; **to do well** *salir bien*, II; **to do yoga** *hacer yoga*, I
**doctor** *el médico, la médica*, III12
**documentary** *el documental*, III8
**dog** *el perro*, I
**dollar** *el dólar*, I
**dolphin** *el delfín (pl. los delfines)*, II
**Dominican (from the Dominican Republic)** *dominicano(a)*, II
**don't: Don't add salt.** *No añadas sal.*, II; **Don't be ...** *No seas...*, II; **Don't forget that ...** *No olvides que...*, III12; **Don't forget to ...** *No te olvides de...*, III6; **Don't smoke anymore.** *No fumes más.*, II; **Don't worry.** *No te preocupes.*, I; **don't you?** *¿verdad?*, I
**door** *la puerta*, I
**doubt: There's absolutely no doubt.** *No cabe la menor duda.*, III8; **Without a doubt.** *Sin duda*

*alguna.*, III8
**to doubt** *dudar*, III8; **I doubt that . . .** *Dudo que…*, III8
**down: to go down (a street or road)** *bajar por*, II
**downpour** *el aguacero*, II
**downtown** *el centro*, I; **Downtown, there is (are)…** *En el centro, hay…*, II
**to draw** *dibujar*, I
**drawing** *el dibujo*, III6
**dream** *el sueño*, III5; **my lifelong dream** *el sueño de mi vida*, III5
**to dream of (doing something)** *soñar (ue) con + inf.*, III10
**dress** *el vestido*, I
**dressed: to get dressed** *vestirse (i, i)*, II
**dressing room** *el probador*, II
**to drink** *tomar, beber*, I; **to drink a soft drink** *tomar un refresco*, I
**to drive** *manejar*, III3
**driver** *el conductor, la conductora*, II
**to drop: We dropped . . .** *Se nos cayó (cayeron)…*, III4
**to drop by and pick someone up** *pasar por alguien*, **II**
**drug addiction** *la drogadicción*, III11
**drums** *la batería*, III1
**dry** *seco(a)*, II
**to dry one's hair** *secarse el pelo*, II
**to dry oneself** *secarse*, II
**due: are due to** *se deben a*, III10
**dull** *torpe*, III9
**dumb** *bobo(a)*, III9
**during** *durante*, I; **(during) free time** *(en) el tiempo libre*, I
**to dust** *sacudir el polvo*, II
**duty** *el deber*, III3
**dwarf** *el enano, la enana*, II

**e-mail** *la carta electrónica*, III3
**eagle** *el águila, (pl. las águilas)*, II
**ear: inner ear** *el oído*, I; **outer ear** *la oreja*, I
**to earn** *ganar*, I
**earring** *el arete*, I
**Earth** *la Tierra*, II
**east** *el este*, II
**Easter** *las Pascuas*, I
**easy** *fácil*, I; **easy to** *fácil de*, III8
**to eat** *comer*, I; **to eat breakfast** *desayunar*, I; **to eat dinner** *cenar*, I; **to eat healthy food** *comer comida sana*, III2; **to eat ice cream** *tomar helado*, I; **to eat lunch** *almorzar (ue)*, I; **to eat poorly** *alimentarse mal*, III2; **to eat well** *alimentarse bien*, III2
**Ecuadorean** *ecuatoriano(a)*, II
**editorials** *los editoriales*, III8

**education** *la educación*, I
**effects** *los efectos*, II
**effort** *el esfuerzo*, III10; **I put a lot of effort into . . .** *Puse todo mi esfuerzo en…*, III10
**eggs** *los huevos*, I
**Egypt** *Egipto (m.)*, I
**eight** *ocho*, I
**eight hundred** *ochocientos(as)*, I
**eighteen** *dieciocho*, I
**eighty** *ochenta*, I
**elbow** *el codo*, II
**electric appliance** *el aparato eléctrico*, III3; **electric car** *el carro eléctrico*, III3
**electricity** *la electricidad*, II
**electronic mail (e-mail)** *el correo electrónico, el e-mail*, II
**elegant** *elegante*, II
**eleven** *once*, I
**employee** *el empleado, la empleada*, III12
**end** *el fin*, I
**enemy** *enemigo(a)*, III5
**energy** *la energía*, II
**engineer** *el ingeniero, la ingeniera*, III12
**England** *Inglaterra (f.)*, I
**English (language)** *el inglés*, I
**to enjoy** *disfrutar*, II
**enough** *lo suficiente*, II
**to enroll** *inscribirse*, II
**entertaining** *entretenido(a)*, III6
**entertainment section** *la sección de ocio*, III8
**enthusiastic** *entusiasta*, II
**entire** *entero(a)*, II
**environment** *el medio ambiente*, II
**eraser** *la goma de borrar*, I
**errand** *el mandado*, II
**especially** *especialmente*, I
**evening** *la noche*, I
**event** *el evento*, I
**ever** *alguna vez*, III3
**every** *todo(a), todos(as)*, I; **Every cloud has a silver lining.** *No hay mal que por bien no venga.*, III7; **every day** *todos los días*, I
**Everyone knows that . . .** *Todo el mundo sabe que…*, III8
**Everything turned out well.** *Todo salió bien.*, II
**exam** *el examen, (pl. los exámenes)*, I
**excellent** *excelente*, I
**excited** *emocionado(a)*, II
**Excuse me.** *Perdón.*, I; *Perdóname.*, I; *Disculpe.*, II; *Con permiso.*, II
**exercise** *el ejercicio*, I
**to exercise** *hacer ejercicio*, III2
**exhausted** *agotado(a)*, III2
**exhibition** *la exhibición*, III6
**expensive** *caro(a)*, I
**to explore** *explorar*, I
**extraordinary** *de película*, II
**extremely boring** *aburridísimo(a) (with ser)*, II
**eyes** *los ojos*, I

**to face** *enfrentar*, II
**factory** *la fábrica*, III3
**to fail (a test, a class)** *suspender*, II
**fair** (adj.) *justo(a)*, II
**fairy godmother** *el hada (f.) madrina*, II
**fairy tale** *el cuento de hadas*, II
**fall** (season) *el otoño*, I
**to fall asleep** *dormirse (ue, u)*, III2
**to fall down** *caerse*, II
**to fall in love (with)** *enamorarse (de)*, II
**family** *la familia*, I
**fan** (enthusiast) *el fanático, la fanática*, III1; *el aficionado, la aficionada*, III1; **to be a fan of** *ser aficionado(a) a*, III1; *ser fanático(a) de*, III1
**far** *lejos*, II; **far away** *lejos*, II; **far from** *lejos de*, I
**fashion section** *la sección de moda*, III8
**fat** (in food) *la grasa*, III2
**father** *el padre*, I; **Father's Day** *el Día del Padre*, I
**favorite** *favorito(a)*, I
**to fear** *temer*, III7
**February** *febrero (m.)*, I
**fed up** *harto(a)*, II
**to feel** *sentirse (ie, i)*, I; **to feel hurt** *estar dolido(a)*, III7; **to feel like (doing something)** *tener (ie) ganas de + inf.*, I; **to feel like crying** *darle ganas de llorar*, III7; **to feel lonely** *sentirse solo(a)*, III2; **to feel poorly** *estar mal*, I; **to feel proud of** *sentirse orgulloso(a) de*, III10
**feelings** *los sentimientos*, III7
**Ferris wheel** *la rueda de Chicago*, II
**festival** *el festival*, II
**fever** *la fiebre*, I; **to have a fever** *tener (ie) fiebre*, I
**few** *pocos(as)*, II
**fifteen** *quince*, I
**fifty** *cincuenta*, I
**to fight** *luchar*, III5; *pelear*, II; **to have a fight** *pelearse*, III7
**film** *la película*, I
**finally** *por último*, II; **Finally . . .** *Al final…*, II
**financial section** *la sección financiera*, III8
**to find** *encontrar (ue)*, I; **If a cure were found . . .** *Si se encontrara una cura…*, III11 **to find a job** *encontrar (ue) un empleo*, II
**to find out** *averiguar*, II; **Did you find out about . . . ?** *¿Te enteraste de…?*, II; **I found out** *supe*, III9; **you found out** *supiste*, III9

**finger** *el dedo*, I
to **finish** *terminar*, III10
**firewood** *la leña*, II
**first** *primero(a)*, I; **the first (of the month)** *el primero*, I
**fish** *el pescado*, I; *el pez, (pl. los peces)*, II
to **fish** *pescar*, I
**fish market** *la pescadería*, III4
to **fit** *quedar*, I; **It fits you very well.** *Te queda muy bien.*, I
to **fit in** *encajar*, III10
**five** *cinco*, I
**five hundred** *quinientos(as)*, I
to **fix cars** *trabajar en mecánica*, II
**fixed prices** *los precios fijos*, II
**flavor** *el sabor*, III4
**float** *la carroza*, II
**floor** *el piso*, II
**flower shop** *la florería*, I
**flowers** *las flores*, I
**flu** *la gripe*, I
**flute** *la flauta*, III1
to **focus on** *enfocarse en*, III10
**fog** *la niebla*, II
**folder** *la carpeta*, I
to **follow directions** *seguir (i, i) las instrucciones*, II
**food** *la comida*, I; **Chinese food** *la comida china*, I; **Italian food** *la comida italiana*, I; **Mexican food** *la comida mexicana*, I
**food server** *el mesero, la mesera*, II
**food (cooking) section** *la sección de cocina*, III8
**foot** *el pie*, I
**football** *el fútbol norteamericano*, I
**for** *para, por*, I; **for (a period of time)** *por*, II; **for me** *para mí*, II; **for that reason** *por eso*, I; **For whom?** *¿Para quién?*, I; **(for) her, him, you (sing.)** *le*, I; **(for) me** *me*, I
**forest** *el bosque*, I
**forever: It won't last forever.** *No hay mal que cien años dure.*, III7
to **forget** *olvidar*, II; **Did you forget...?** *¿Se te olvidó (olvidaron)?*, III4; **Don't forget that...** *No te olvides que...*, III12; **They forgot...** *Se les quedó (quedaron)...*, III4; **to forget (about), to forget (to)** *olvidarse (de)*, II
**Forgive me.** *Discúlpame.*, III7; *Perdóname.*, III7
**fork** *el tenedor*, I
**formal** *formal*, I
**forty** *cuarenta*, I
**four** *cuatro*, I
**four hundred** *cuatrocientos(as)*, I
**fourteen** *catorce*, I
**France** *Francia (f.)*, I
**free** *gratis*, II; **free day** *un día libre*, I; **free time** *el rato libre*, II; **(during) free time** *(en) el tiempo libre*, I
**freeway** *la autopista*, III3
**French (language)** *el francés*, I

**French fries** *las papas fritas*, I
**fresh air** *el aire puro*, II
**Friday** *el viernes*, I
**fried chicken** *el pollo frito*, III4
**friend** *el amigo* (male), *la amiga* (female), I; *el compañero* (male), *la compañera* (female), I
**friendly** *amigable*, III9
**friendship** *la amistad*, III7
**from** *de*, I; **from me** *de mi parte*, II; **from the** *del, de la*, I; **from the United States** *estadounidense (m./f.)*, II
**front page** *la primera plana*, III8
**fruit** *la fruta*, I
**fruit shop** *la frutería*, III4
**frustrated** *frustrado(a)*, III7; **I'm frustrated.** *Me siento frustrado(a).*, III7; **We got frustrated.** *Nos frustramos.*, III9
**fuel** *el combustible*, II
to **fulfill (a dream)** *realizar (un sueño)*, III10
**full time** *tiempo completo*, III12
**fun** *divertido(a)*, I
**fun: to have fun** *divertirse (ie, i)*, II
**funny** *cómico(a)*, I
**future** *el porvenir*, III3

## G

to **gain weight** *aumentar de peso*, II; *subir de peso*, III2
**galaxy** *la galaxia*, II
**game** *el juego*, I; **board game** *el juego de mesa*, I
**game of... (sport)** *el partido de...*, I
**garbage** *la basura*, II
**garden** *el jardín*, I
**garlic** *el ajo*, III4
**gas** *la gasolina*, I
**gas station** *la gasolinera*, II
**generally** *por lo general*, II
**generous** *generoso(a)*, II
**geography** *la geografía*, I
**Germany** *Alemania (f.)*, I
to **get: Get into shape. (command)** *Ponte en forma.*, II; **to get a sunburn** *quemarse*, III2; **to get along** *llevarse bien*, II; **to get dressed** *vestirse (i, i)*, II; **to get enough sleep** *dormir (ue, u) lo suficiente*, III2; **to get good grades** *sacar buenas notas*, II; **to get lost** *perderse (ie)*, II; **to get married** *casarse*, II; **to get nervous** *ponerse nervioso(a)*, III2; **to get off the bus** *bajarse del autobús*, II; **to get on the bus** *subirse al autobús*, II; **to get (somewhere) on time** *llegar a tiempo*, II; **to get scared** *asustarse*, II; **to get tired** *cansarse*, II; **to get**

to **know someone** *conocer (zc)*, I; **to get together with friends** *reunirse con amigos*, II; **to get up** *levantarse*, II; **to get worse** *empeorar*, III3; *empeorarse*, III11
**gift** *el regalo*, III7; **to buy someone a gift** *comprarle un regalo*, III7; **to open gifts** *abrir los regalos*, I; **to receive gifts** *recibir regalos*, I
**gigantic** *gigantesco(a)*, II
**girl** *la chica*, I
**girlfriend** *la novia*, III7
to **give** *dar*, I; **to give (as a gift)** *regalar*, I; **to give one's regards to** *dar un saludo a*, II; **to give oneself** *darse*, III7; **to give permission** *dar permiso*, II; **to give someone a hug** *darle un abrazo*, III7
**glad, to be** *alegrarse*, III7
**glass** *el vidrio*, II; **glass of milk** *el vaso de leche*, I
**glasses** *las gafas*, III1
**gloomy** *melancólico(a)*, III9
to **go** *ir*, I; **go** *ve* (command), I; **go away** *vete* (command), I; **to go away** *irse*, II; **to go back** *regresar*, I; **to go by the bank** *pasar por el banco*, II; **to go by the pharmacy** *pasar por la farmacia*, II; **to go by the post office** *pasar por el correo*, II; **to go canoeing** *bajar el río en canoa*, I; **to go down (a street or road)** *bajar por*, II; **to go hiking** *dar una caminata*, I; **to go horseback riding** *montar a caballo*, III1; **to go inline skating** *patinar en línea*, III1; **to go mountain climbing** *escalar montañas*, III1; **to go out** *salir*, I; **to go sailing** *pasear en velero*, III1; **to go sightseeing** *hacer turismo*, I; **to go skydiving** *saltar en paracaídas*, I; **to go to bed** *acostarse (ue)*, II; **to go to the beach** *ir a la playa*, III1; **to go to the mall** *ir al centro comercial*, I; **to go up (a street or road)** *subir por*, II; **to go windsurfing** *montar en tabla de vela*, II; **to go with** *acompañar (a)*, II
**goal** *la meta*, III10
**god** *el dios*, III5
**goddess** *la diosa*, III5
**going: Are we going the right way to...?** *¿Vamos bien para...?*, II; **I'm going to be...** *Voy a ser...*, III12; **people are going to use** *la gente va a usar*, III3
**good** *bueno(a)*, I; **Good afternoon.** *Buenas tardes.*, I; **Good evening.** *Buenas noches.*, I; **Good idea.** *Buena idea.*, I; **good mood** *buen humor*, III7; **Good morning.** *Buenos días.*, I; **Good night.** *Buenas noches.*, I; **good-looking** *guapo(a)*, III1; **Goodbye.** *Adiós.*, I; **in good shape** *en plena forma*, II

**goods** *los productos*, II
to **gossip** *chismear*, III7
**gossip** *el chisme*, II
**gossip (person)** *el chismoso, la chismosa*, II
**gossipy** *chismoso(a)*, III9
**government** *el gobierno*, III11
**grades** *las notas*, II
to **graduate** *graduarse*, III10
**graduation party** *la fiesta de graduación*, I
**grandfather** *el abuelo*, I
**grandmother** *la abuela*, I
**grandparents** *los abuelos*, I
**grapefruit** *la toronja*, I
**grapes** *las uvas*, I
**grass** *el césped*, I
**grateful** *agradecido(a)*, III10
**gray** *gris*, I; **gray hair** *las canas*, I
**great** *de maravilla*, II; *estupendo(a)*, I; *excelente*, I; *fenomenal*, III1; *genial*, III6; *magnífico(a)*, I; *¡Qué bueno!*, III4; **great guy** *un gran tipo*, III1; **great guy (girl)** *un(a) tío(a) estupendo(a)*, III1; **great person** *una gran persona*, III1
**Greek: It's Greek to me.** *Me suena a chino.*, III8
**green** *verde*, I
**greeting** *el saludo*, II
**greeting card** *la tarjeta*, I
**grief** *la pena*, III7
**grilled** *a la parrilla*, III4
**grocery store** *la bodega*, III4; *la tienda de comestibles*, I
to **grow** *crecer (zc)*, III3; *aumentar*, III11
to **grow up** *criarse*, III10
**Guatemalan** *guatemalteco(a)*, II
**guests** *los invitados*, I
**guide** *el (la) guía*, II
**guitar** *la guitarra*, I
**gym** *el gimnasio*, I

**habit** *el hábito*, II
**hair** *el pelo*, I; **He (She) has gray hair.** *Tiene canas.*, I
**hair dryer** *la secadora de pelo*, II
**half past the hour** *la(s)… y media*, I
**half-brother** *el medio hermano*, I
**half-sister** *la media hermana*, I
**half time** *medio tiempo*, III12
**ham** *el jamón*, I
**hamburger** *la hamburguesa*, I
**hand** *la mano*, I; **on the other hand** *por otro lado*, III3
to **hand in homework** *entregar la tarea*, I
**handsome** *guapo*, I
to **hang decorations** *colgar (ue) las decoraciones*, I

**happy** *contento(a)*, III7; *feliz*, II; **as happy as a lark** *tan feliz como una lombriz*, II; **He (She) was happy.** *Se alegró.*, III9; **I was happy** *estuve contento(a)*, III9
**hard: It's hard to believe that…** *Parece mentira que…*, III8
**hardware shop** *la ferretería*, III4
**has** (auxiliary verb): **has changed a lot** *ha cambiado*, III3; **has gotten worse** *ha empeorado*, III3
to **hate** *odiar*, II; **I hate it.** *Me cae gordo.*, III6
to **have** *tener (ie)*, I; **to have a cough** *tener tos*, I; **to have a cramp** *tener calambre*, II; **to have a fever** *tener fiebre*, I; **to have a fight** *pelearse*, III7; **to have a good time** *pasarlo bien*, I; **to have a misunderstanding** *tener un malentendido*, III7; **to have been (doing something) for (amount of time)** *hace… que…*, II; **to have breakfast** *desayunar*, I; **to have dinner (supper)** *cenar*, II; **to have fun** *divertirse (ie, i)*, II; **to have good eating habits** *tener (ie) buenos hábitos de alimentación*, III2; **to have the flu** *tener gripe*, I; **to have to (do something)** *tener que + inf.*, I; **to have to go** *tener que irse*, I
**have** (auxiliary verb): **Many people have come from outside.** *Mucha gente ha venido de fuera.*, III3; **Have you read anything about…?** *¿Has leído algo de…?*, III6; **Have you thought of…?** *¿Has pensado en…?*, III6
**he** *él*, I; **He (She) broke…** *Se le rompió…*, III4; **He (She) feels proud of having…** *Se siente orgulloso(a) de haber…*, III10; **He (She) has gray hair.** *Tiene canas.*, I; **He (She) has green (blue) eyes.** *Tiene (los) ojos verdes (azules).*, I; **he is** *él es*, I; **He (She/It) is from…** *Es de…*, I; **He (She) is late.** *Está atrasado(a).*, I; **he (she) is…tall** *mide…*, II; **He (She) is… years old.** *Tiene… años.*, II; **He (She) needs…** *Él (Ella) necesita*, III4; **He (She/They) need(s) to…** *Hace falta que + subj.*, III6; **he (she) said that** *dijo que*, II; **He (She) speaks… very well.** *Domina…*, III10; **he (she) wants** *quiere*, I; **He (She) was very happy.** *Se alegró mucho.*, III9; **He (She) was very successful…** *Tuvo mucho éxito…*, III10
**head** *la cabeza*, I
**headlines** *los titulares*, III8
**health** *la salud*, II
**healthy** *sano(a)*, I
to **hear** *oír*, II; *A propósito, ¿qué has oído de…?* **By the way, what**

**have you heard about…?**, III6; **I heard that…** *Oí que…*, III5
**heat** *el calor*, I; *la calefacción*, II
**heaven: I'm in heaven!** *¡Estoy en la gloria!*, III7
**heavy** *fuerte*, I
**hectic life** *la vida agitada*, III2
**height** *la estatura*, II
**Hello.** *Aló.*(when answering the phone), I; *Diga…*(when answering the phone), I; *¡Hola!*, I
to **help** *ayudar*, I; **Please help me with…** *Por favor, ayúdame con…*, III4; **to help at home** *ayudar en casa*, I
**her** (direct object) *la*, (object of preposition) *ella*, I; **Her name is…** *Se llama…*, I; **to (for) her** *le*, (possessive adj.) *su(s)*, I
**here** *aquí*, I
**hero** *el héroe*, III5
**heroine** *la heroína*, III5
**high school** *el colegio*, I
**highway** *la autopista*, III3
**hiking** *el senderismo*, II
**him** (direct object) *lo*, (object of preposition) *él*, **to (for) him** *le*, I
**his** *su(s)*, I; **His name is…** *Se llama…*, I
**hobby** *el pasatiempo*, II
**holidays** *los días festivos*, I
**home** *la casa*, I
**homework** *la tarea*, I
**homicide** *el homicidio*, III11
**Honduran** *hondureño(a)*, II
**honest** *honesto(a)*, II; **to be honest (with you)** *para ser sincero(a)*, III6
**hope** *la esperanza*, III5
to **hope (that)…** *esperar que + subj.*, III5; **to hope to…** *esperar + inf.*, III5
**hopefully…** *ojalá que + subj.*, III5
**horrible** *horrible*, I
**horseback riding** *la equitación*, III1; **to go horseback riding** *montar a caballo*, III1
**hot** *caliente*, I; **to be hot (weather)** *hacer calor*, I
**hot dog** *el perro caliente*, I
**hour** *la hora*, I
**house** *la casa*, I
**household chores** *los quehaceres domésticos*, I
**How?** *¿Cómo?*, III1; **How about if…?** *¿Qué tal si…?*, II; **How are you?** *¿Cómo estás?*, I; **How are you feeling?** *¿Cómo te sientes?*, II; **How can I help you?** *¿En qué le puedo servir?*, II; **How did it go?** *¿Cómo te fue?*, II; **How do I look?** *¿Cómo me veo?*, II; **How do you feel about…?** *¿Qué te parece si…?*, III6; **How do you get to…?** *¿Cómo se va a…?*, II; **How does it fit you?** *¿Cómo te queda?*, II; **How long have (has)…?** *¿Cuánto tiempo hace que…?*, II; **How many?**

¿Cuántos(as)?, III1; **How many people are in your family?** *¿Cuántas personas hay en tu familia?*, I; **How much?** *¿Cuánto(a)?*, III1; **How much does (do) ... cost?** *¿Cuánto cuesta(n)...?*, I; **How much is it?** *¿Cuánto es?*, I; *¿Cuánto vale?*, II; **How much will you let it go for?** *¿En cuánto lo deja?*, II; **How often?** *¿Con qué frecuencia?*, I; **How old are you?** *¿Cuántos años tienes?*, I; **How old is he (she)?** *¿Cuántos años tiene?*, I; **How should I know?** *¿Qué sé yo?*, III8; **How was it (were they)?** *¿Cómo estuvo (estuvieron)?*, *¿Qué tal estuvo (estuvieron)?*, II; **How's it going?** *¿Qué?*, I **How...!** *¡Qué...!*, I; **How cheap!** *¡Qué barato(a)!*, I; **How disgusting!** *¡Qué asco!*, III4; **How expensive!** *¡Qué caro(a)!*, I; **How good!** *¡Qué bueno (sabroso)!*, III4; **How silly!** *¡Qué tontería!*, III5; **How tasty!** *¡Qué sabroso!*, III4

**hug** *el abrazo*, III7; **to give someone a hug** *darle un abrazo*, III7
**humid** *húmedo(a)*, II
**humor: sense of humor** *el sentido del humor*, III1
**hundred** *cien, ciento*, I
**hunger** *el hambre (f.)*, III11
**hungry, to be (very)** *tener (ie) (mucha) hambre*, I
**hurry: Hurry up!** *¡Date prisa!*, I; **I'm in a hurry.** *Tengo prisa.*, I
**to hurt** *doler (ue)*, I; **It really hurts me that ...** *Me duele mucho que...*, III7; **to be hurt** *estar dolido(a)*, III7; **to hurt (oneself)** *hacerse daño*, II
**husband** *el esposo*, I

**I** *yo*, I
**I (emphatic) like to ...** *A mí me gusta + inf.*, I
**I achieved success in ...** *Alcancé éxito en...*, III10
**I admire very much ...** *Admiro mucho...*, III6
**I advise you to ...** *Te aconsejo + inf.*, III2
**I agree.** *Estoy de acuerdo.*, III5
**I already have (other) plans.** *Ya tengo (otros) planes.*, III6
**I already know.** *Ya lo sé.*, I
**I always have to do it.** *Siempre me toca a mí.*, II
**I am ...** *Soy...*, I
**I am fed up with ...** *Estoy harto(a)*

de..., III1
**I can't.** *No puedo.*, III6
**I can't believe it.** *No me lo puedo creer.*, III8
**I can't believe that ...** *No puedo creer que...*, III8
**I can't stand anyone ...** *No aguanto a nadie...*, III7
**I can't stand it (him/her).** *No lo (la) soporto.*, III6
**I deny having made fun of ...** *Niego haberme burlado de…*, III9
**I didn't know.** *No sabía.*, III7
**I didn't mean to do it.** *Lo hice sin querer.*, III7
**I disagree.** *No estoy de acuerdo.*, II
**I don't agree that ...** *No estoy de acuerdo en que...*, III9
**I don't believe it.** *No lo creo.*, II
**I don't believe that ...** *No creo que...*, III8
**I don't feel like ...** *No tengo ganas de + inf.*, III6
**I don't know.** *No sé.*, III5
**I don't like ...** *No me gusta(n)...*, I
**I don't think so.** *Creo que no.*, I
**I doubt it.** *Lo dudo.*, II
**I doubt that ...** *Dudo que...*, III8
**I feel ...** *Me siento...*, II
**I find it ...** *Lo (La) encuentro...*, III6
**I found out** *supe*, III9
**I generally eat (drink) ...** *Por lo general tomo...*, I
**I get along very well with ...** *Me llevo muy bien con...*, II
**I got angry** *me enfadé*, III9; *me enojé*, III9
**I got frustrated** *me frustré*, III9
**I had high hopes of ...** *Tenía muchas esperanzas de...*, III5
**I had to ...** *Tenía que...*, II
**I hate it.** *Me cae gordo.*, III6
**I have a lot to do.** *Tengo mucho que hacer.*, III6
**I have the impression that ...** *Tengo la impresión que...*, III9
**I have to go.** *Tengo que irme.*, I
**I heard that ...** *Oí que...*, III5
**I hoped to ...** *Esperaba...*, II
**I imagine that ...** *Me imagino que...*, III9
**I intend to ...** *Pienso...*, III10; *Tengo la intención de...*, III10
**I intend to work in ...** *Pienso trabajar en...*, III12
**I know!** *¡Ya lo sé!*, III8
**I like ...** *Me gusta(n)...*, I
**I like ... more** *Me gusta más...*, I
**I look for someone ...** *Busco a alguien...*, III7
**I lost ...** *Se me perdió (perdieron)...*, III4
**I plan to ...** *Pienso...*, II
**I planned to ...** *Pensaba...*, II
**I propose ...** *Propongo...*, III11
**I put a lot of effort into ...** *Puse todo mi esfuerzo en...*, III10

**I ran out of ...** *Se me acabó (acabaron)...*, III4
**I read that ...** *Leí que...*, II
**I really (don't) like ...** *Me cae bien (mal)...*, III6
**I recommend ...** *Recomiendo...*, II
**I recommend that you ...** *Te recomiendo + inf.*, III2
**I spend my time ...** *Me la paso...*, III1
**I suggest that ...** *Sugiero que...*, III6
**I suppose that ...** *Supongo que...*, III9
**I think so.** *Creo que sí.*, I
**I think that ...** *Me parece que...*, II; *Yo creo que...*, II
**I think you're wrong.** *Me parece que no tienes razón.*, II
**I thought ... was great.** *Quedé muy impresionado(a) con...*, II
**I understand that ...** *Tengo entendido que...*, III9
**I want** *quiero*, I
**I want to be ...** *Quiero ser...*, III12
**I want to become ...** *Quiero llegar a ser...*, III12
**I wanted ...,** *Quise...*, III9
**I wanted to but couldn't.** *Quería pero no pude.*, II
**I was ...** *estuve...*, III9
**I was going to ... but I wasn't able.** *Iba a... pero no pude.*, II
**I wear size ...** *Uso talla...*, II
**I won't do it again.** *No lo volveré a hacer.*, III7
**I won't do it anymore.** *No lo haré más.*, III7
**I would devote myself to ...** *Me dedicaría a...*, III11
**I would like (to)** *quisiera*, I
**I would like ...** *Me gustaría...*, I
**I would start by ...** *Yo empezaría por...*, III11
**I would try to ...** *Intentaría...*, III11
**I'd be interested in studying to be a ...** *Me interesaría estudiar para...*, III12
**I'd like to be ...** *Me gustaría ser...*, III12
**I'd like to but I have to ...** *Me gustaría, pero tengo que...*, II
**I'd love to** *Me encantaría*, II
**I'd love to be ...** *Me encantaría ser...*, III12
**I'll call later.** *Llamo más tarde.*, I
**I'll give it to you for ...** *Se lo doy por...*, II
**I'll have ...** (ordering food) *Para mí...*, II
**I'll let you have it for ...** *Se lo regalo por...*, II
**I'll look for ...** *Buscaré...*, III12
**I'm afraid that** *temo que*, III11
**I'm certain that ...** *Estoy seguro(a) que...*, III8
**I'm convinced that ...** *Estoy*

*convencido(a) que...*, III8
**I'm delighted that ...** *Me encanta que...*, III7
**I'm from ...** *Soy de...*, I
**I'm going to be ...** *Voy a ser...*, III12
**I'm in a hurry.** *Tengo prisa.*, I
**I'm late.** *Estoy atrasado(a).*, I
**I'm not sure that ...** *No estoy seguro(a) que...*, III8
**I'm not sure.** *No estoy seguro(a).*, II
**I'm sick and tired of ...** *Estoy harto(a) de...*, II
**I'm sorry** *lo siento*, III6
**I'm sorry, but right now ...** *Lo siento, pero en este momento...*, I
**I'm sorry. I can't.** *Lo siento. No puedo.*, I
**I'm ... tall.** *Mido...*, II
**I'm ... years old.** *Tengo... años.*, I
**I'm (pretty) well, thanks.** *Estoy (bastante) bien, gracias.*, I
**I've already done it a thousand times.** *Yo ya lo hice mil veces.*, II
**I've no idea.** *No tengo ni idea.*, II
**I've noticed ...** *Me he fijado en...*, III11
**ice cream** *el helado*, I
**ice cream store** *la heladería*, III4
to **ice-skate** *patinar sobre hielo*, III1
**iced tea** *el té frío*, I
**idea** *la idea*, I; **not to have the slightest idea** *no tener (ie) la menor idea*, III8
**if** *si*, I; **If I could ... I would live ...** *Si pudiera... viviría...*, III9; **If I had ... I would buy ...** *Si tuviera... compraría...*, III9; **If I lived ...** *Si yo viviera...*, III11; **If I were ...** *Si yo fuera...*, III11; **If there were ...** *Si hubiera...*, III11; **if we don't** *si no*, III11; **If ... were found ...** *Si se encontrara...*, III11; **If you could ...** *Si tú pudieras...*, III11; **If you could ... where would you go?** *Si pudieras... ¿adónde irías?*, III9; **if you want** *si quieres*, II; **If you were rich, what would you do?** *Si fueras rico(a), ¿qué harías?*, III9
**ignorance** *la ignorancia*, III9
**ill** *enfermo(a)*, II
**imaginative** *imaginativo(a)*, III6
to **imagine** *imaginarse*, III3
**Imagine!** *¡Fíjate!*, II
**immediately** *en seguida*, III3; *inmediatamente*, II
**impatient** *impaciente*, II
to **implement** *implementar*, III11
**impression** *la impresión*, III9; **I'm under the impression that ...** *Tengo la impresión de que...*, III9
to **improve** *mejorar*, III3
**in** *en, por*, I; **in a bad mood** *de mal humor*, II; **in a good mood** *de buen humor*, II; **in front of** *delante de*, II; **in my time** *en mis tiempos*,

II; **in order to ...** *para...*, III10; **con la idea de...*, III10; **In short ...** *En fin...*, II; **in such a way that ...** *de tal forma que...*, III10; **in the afternoon (p.m.)** *de la tarde, por la tarde*, I; **in the evening (p.m.)** *de la noche, por la noche*, I; **in the morning (a.m.)** *de la mañana, por la mañana*, I; **in those days** *en aquella época*, II; **in those times** *en aquellos tiempos*, II; **in very bad taste** *de muy mal gusto*, III6; **In your opinion ...** *En tu opinión...*, II
**included** *incluido(a)*, I
**incomprehensible** *incomprensible*, III6
**Independence Day** *el Día de la Independencia*, I
to **inflate** *inflar*, I
to **inform** *informar*, III3
**informed: to be well informed about** *estar bien informado(a) sobre*, III8
to **initiate** *iniciar*, III11
**initiative: to take the initiative** *tomar la iniciativa*, III10
to **injure (oneself)** *lastimarse*, II
**insects** *los insectos*, II
to **insult** *insultar*, III7
**insurance** *el seguro*, III12
**intelligent** *inteligente*, I
to **intend** *pensar + inf.*, I
to **interest** *interesar*, III1; **It doesn't interest me at all.** *No me interesa para nada.*, III1
**interesting** *interesante*, I
**Internet** *Internet*, II
**intersection** *el cruce*, II
**intolerable** *insoportable*, III6
**invitation** *la invitación*, I
to **invite** *invitar*, I
to **iron** *planchar*, I
**is going to be ...** *va a estar...*, III3; *va a ser...*, III3
**Is it (the tip) included?** *¿Está incluida?*, I
**Isn't it?** *¿No?*, I
**it (direct object)** *lo, la*, II
**It can't be!** *¡No puede ser!*, III8
**It caught me by surprise.** *No me lo esperaba.*, III8
**It depends on your point of view.** *Depende de tu punto de vista.*, III5
**It disagrees with me.** *Me cae gordo.*, III4
**It doesn't do anything for me.** *Me deja frío(a).*, III6
**It doesn't have enough ...** *Le falta(n)...*, III4
**it doesn't interest me** *no me interesa*, III1
**It doesn't matter to me.** *No me importa.*, III1
**It doesn't seem right to me.** *No me parece.*, II
**It fits you very well.** *Te queda muy bien.*, I

**It frustrates me that ...** *Me frustra que...*, III7
**It has too much ...** *Lleva mucho(a)...*, III4
**It is believed that ...** *Se cree que...*, III5
**it is going to** *va a*, III11
**It is true.** *Es cierto.*, III3
**It isn't true.** *No es cierto.*, I
**It lacks ...** *Le falta(n)...*, III4
**It needs ...** *Le falta(n)...*, III4
**it rains** *llueve*, II
**it seems** *parece*, I; **It seems fine to me.** *Me parece bien.*, I; **It seems really boring to me.** *Me parece un rollo.*, III1; **it seems to be that way** *parece ser así*, III5; **It seems to me ...** *Se me hace que...*, III3; **It seems ... to me.** *Me parece...*, II; **It seems to me that ...** *Me parece que...*, III3
**it snows** *nieva*, II
**It tastes ...** *Sabe...*, III4
**It was ...** *Era*, III5
**It was when ...** *Fue cuando...*, II
**It will be necessary to ...** *Habrá que...*, III11
**It won't last forever.** *No hay mal que cien años dure.*, III7
**It would be a good idea for you to ...** *Sería bueno + inf.*, III2
**It would be a good (bad) idea to ...** *Sería buena (mala) idea...*, III6
**It's a rip-off!** *¡Es un robo!*, I
**It's all the same to me.** *Me da igual.*, III1; *Me da lo mismo.*, III1
**It's better for ... to ...** *Es mejor que...*, III6
**It's (very) cold (weather).** *Hace (mucho) frío.*, I
**It's cool.** *Hace fresco.*, I
**It's evident that ...** *Es evidente que...*, III8
**It's Greek to me.** *Me suena a chino.*, III8
**It's hard to believe that ...** *Parece mentira que...*, III8
**It's hot.** *Hace calor.*, I
**It's important ...** *Es importante...*, II
**It's important that ...** *Es importante que + subj.*, III6
**It's impossible that ...** *Es imposible que...*, III8
**It's just right.** *Está en su punto.*, III4
**It's just that ...** *Es que...*, II
**It's late.** *Es tarde.*, I
**It's my treat.** *Te invito.*, I
**It's my turn.** *Me toca a mí.*, II
**It's necessary ...** *Hay que...*, III3
**It's necessary ...** *Es necesario...*, II; *Es preciso...*, II
**It's necessary for ... to ...** *Es necesario que + subj.*, III6
**It's not advisable that you ...** *No te conviene...*, III6
**It's not fair.** *No es justo.*, II
**It's not possible.** *No es posible.*, III8
**It's not true that ...** *No es cierto*

que..., III9; *No es verdad que...*, III9
**It's obvious that ...** *Es obvio que...*, III8
**It's one o'clock.** *Es la una.*, I
**It's our duty ...** *Es nuestro deber...*, III3
**It's our responsibility ...** *Es nuestra responsabilidad...*, III3
**It's possible that ...** *Es posible que...*, III9; *Puede ser que...*, III8
**It's probable that ...** *Es probable que...*, III8
**It's raining.** *Está lloviendo.*, I; *Llueve.*, I
**It's ruined.** *Está echado(a) a perder.*, III4
**It's separate.** *Es aparte.*, I
**It's snowing.** *Está nevando.*, I; *Nieva.*, I
**It's spoiled.** *Está echado(a) a perder.*, III4
**It's stylish.** *Está de moda.*, II
**It's sunny.** *Hace sol.*, I
**It's the (date) of the (month).** *Es el ... de ...*, I
**It's true that ...** *Es cierto que...*, III8
**It's (someone's) turn.** *Le toca a...*, II
**It's unlikely that ...** *Es difícil que...*, III8
**It's up to ...** *Le toca a...*, II
**It's up to all of us.** *A todos nos toca.*, II
**It's up to me.** *Me toca a mí.*, II
**It's up to us ...** *Nos toca a nosotros...*, III3
**It's up to you.** *Te toca a ti.*, II
**It's urgent ...** *Es urgente...*, II
**It's (very) windy.** *Hace (mucho) viento.*, II
**It's your turn.** *Te toca a ti.*, II
**Italian** *italiano(a)*, I; **Italian food** *la comida italiana*, I
**Italy** *Italia (f.)*, I

**jacket** *la chaqueta*, I
**January** *enero (m.)*, I
**jazz** *el jazz*, I
**jealous: someone who won't be jealous of** *alguien que no tenga celos de*, III7; **to be jealous of** *tener celos de*, III7
**jewelry store** *la joyería*, I
**job** *el puesto (de trabajo)*, III12; *el trabajo*, I
**joke** *el chiste*, II
**journalist** *el (la) periodista*, III8
**journey** *el recorrido*, II
to **judge** *juzgar*, III9
**juice** *el jugo*, I
**July** *julio (m.)*, I
to **jump rope** *saltar a la cuerda*, II

**June** *junio (m.)*, I
**jungle** *la selva*, I
**just** *sólo*, II; **It's just right.** *Está en su punto.*, III4; **It's just that ...** *Es que...*, II; **Just a second.** *Un momentito.*, I; **No thanks, just the check.** *No gracias, sólo la cuenta.*, II

to **keep** *mantener (ie)*, III10; **Keep in mind that ...** *Ten en cuenta que...*, III3; **not to keep secrets** *no guardar los secretos*, III7
to **keep clean** *mantener (ie) limpio(a)*, II
**kind** *bondadoso(a)*, II; *amable*, III4
**kitchen** *la cocina*, I
**knee** *la rodilla*, II
**knife** *el cuchillo*, I
to **know (information)** *saber*, II; **to know (a person)** *conocer (zc) a*, II; **As far as I know ...** *Que yo sepa...*, III8; **I don't know.** *No sé.*, III5; **I know!** *¡Ya lo sé!*, III8; **I'm very sorry, I didn't know.** *Lo siento mucho, es que no sabía.*, III7; **someone who knows** *alguien que sepa*, III7; **to know absolutely nothing about ...** *no saber ni jota*

**lack (of)** *la falta (de)*, III9
to **lack: I (You, ...) lack** *Me (Te,...) falta(n)*, III4
**lake** *el lago*, I
to **lament** *lamentar*, III5
**lamp** *la lámpara*, I
**last night** *anoche*, I; **last Saturday** *el sábado pasado*, I; **last summer** *el verano pasado*, I; **last week** *la semana pasada*, I; **last year** *el año pasado*, III12
to **last: It won't last forever.** *No hay mal que cien años dure.*, III7
**late** *atrasado(a)*, I; *tarde*, I; **It's late.** *Es tarde.*, I; **to be late** *estar atrasado(a)*, I
**later** *más tarde*, I; *luego*, II
to **laugh** *reírse (i, i)*, III2
**lawyer** *el abogado, la abogada*, III12
**lazy** *flojo(a)*, II; *perezoso(a)*, III9
to **lead a healthy (hectic) life** *llevar una vida sana (agitada)*, I
to **learn (to do something)** *aprender a + inf.*, III6
**leather (made of)** *de cuero*, I
to **leave** *salir*, I; **They left ...** *Se les*

quedó..., III4; **to leave (behind)** *dejar*, II; **to leave a message** *dejar un recado*, II; **to leave the tip** *dejar la propina*, II
**left** *la izquierda*, II; **to the left** *a la izquierda*, II
**leg** *la pierna*, I
**lemonade** *la limonada*, I
**less** *menos*, I; **less ... than** *menos... que*, I
**Let's do it tomorrow.** *Hagámoslo mañana.*, III6
**Let's see ...** *A ver...*, III3; *Pues...*, III3
**letter** *la carta*, I
**lettuce** *la lechuga*, I
**library** *la biblioteca*, I
to **lie** *mentir (ie, i)*, III7; **someone who'll never lie to me** *alguien que nunca me mienta*, III7
**life** *la vida*, I
**lifestyle** *el estilo de vida*, II
to **lift weights** *levantar pesas*, I
**light** *la luz*, II
**light (adj.)** *ligero(a)*, I
**lightning** *el rayo*, II
to **like: I (You, ...) like ...** *Me (Te, ...) gusta(n)*, I; **I (You, ...) like (someone).** *Me (Te, ...) cae bien (alguien).*, II
to **listen to** *escuchar*, I; **Listen, have you heard about ...?** *Oye, ¿has oído hablar de...?*, II
to **listen to music** *escuchar música*, III1
to **live** *vivir*, I
**living room** *la sala*, I
**lonely** *solitario(a)*, II
**long** *largo(a)*, II; **A long time ago ...** *Hace mucho tiempo ...*, II
**Look ...** *Mira...*, II
to **look at oneself** *mirarse*, II
to **look for** *buscar*, I; **I'll look for ...** *Buscaré...*, III12
to **look young** *verse joven*, I
**loose (clothes)** *ancho(a)*, II
to **lose** *perder (ie)*, II
to **lose weight** *bajar de peso*, II
to **love: I (You, ...) love ...** *Me (Te,...) encanta(n)*, I; *Me (Te,...) fascina(n)*, II
to **lower the price** *rebajar el precio*, II
**lunch** *el almuerzo*, I

**ma'am** *señora*, I
**made (past part.)** *hecho*, III3
**made of** *de*, I
**magazine** *la revista*, I
**magnificent** *magnífico(a)*, III6
to **make** *hacer*, I; **make** *haz (command)*, I; **to make a mistake** *cometer un error*, III7; **to make a note of** *apuntar*, II; **to make an**

**effort to** *esforzarse (ue) por*, III10; **to make friends with someone** *hacerse amigo(a) de alguien*, II; **to make fun of** *burlarse de*, III9; **to make peace** *acordar (ue) la paz*, III5; **to make plans** *hacer planes*, II; **to make the bed** *hacer la cama*, I; *tender (ie) la cama*, II; **to make up** *hacer las paces*, II; *reconciliarse*, III7

**mall** *el centro comercial*, I
**man** *el hombre*, III5
to **manage to** *lograr*, III10
**manager** *el (la) gerente*, III12
**mango** *el mango*, I
**many** *muchos(as)*, I
to **march** *desfilar*, II
**March** (month) *marzo (m.)*, I
**market** *el mercado*, II
**martial arts** *las artes marciales*, II
**marvelous** *estupendo(a)*, I; *maravilloso(a)*, III6
**mask** *la máscara*, II
**masterpiece** *una obra maestra*, III6
to **match** *hacer juego con*, II
**mathematics** *las matemáticas*, I
to **matter** *importar*, III1
**May** (month) *mayo (m.)*, I
**May I leave a message?** *¿Puedo dejar un recado?*, I
**Maybe . . .** *Quizás...*, III8; *Tal vez...*, III8
**Me too.** *Yo también.*, I
**meal** *la comida*, I
**meat** *la carne*, I
**mechanic** *el mecánico, la mecánica*, III12
**medium** *mediano(a)*, II
**medium height** *de estatura mediana*, III1
to **meet (for the first time)** *conocer (zc) a*, I
to **meet up (with)** *encontrarse (ue) (con)*, II
to **memorize** *aprender de memoria*, II
**memory** *la memoria*, II
**menu** *el menú*, I
**message** *el recado*, I; **May I leave a message?** *¿Puedo dejar un recado?*, I
**Mexican** *mexicano(a)*, II
**Mexican food** *la comida mexicana*, I
**microwave oven** *el horno de microondas*, III3
**mile** *la milla*, I
**milk** *la leche*, I
**milk shake** *el batido*, I
**mineral water** *el agua (f.) mineral*, I
**minority** *la minoría*, III9
**mirror** *el espejo*, II
**mischievous** *travieso(a)*, III9
**miss** *la señorita*, I
to **miss (a class, an exam, etc.)** *perder (ie)*, II
to **miss (someone)** *echar (a alguien) de menos*, II
**mistake** *el error*, III7

**misunderstanding** *el malentendido*, III7
**moment** *el momento*, I; **one moment** *un momento*, I
**Monday** *el lunes*, I
**money** *el dinero*, I
**monkey** *el mono*, II
**month** *el mes*, I
**mood: in a good (bad) mood** *de buen (mal) humor*, III7
**more** *más*, I; **more . . . than** *más ... que*, I
**morning** *la mañana*, I
**mother (mom)** *la madre (mamá)*, I; **Mother's Day** *el Día de las Madres*, I
**mountain** *la montaña*, II; **mountain climbing** *el montañismo*, III1; **to go mountain climbing** *escalar montañas*, III1
to **mourn** *lamentar*, III5
**moustache** *el bigote*, III1
**mouth** *la boca*, I
to **move** *moverse (ue)*, II
**movie** *la película*, I
**movie star** *la estrella de cine*, II
**movie theater** *el cine*, I
**Mr.** *el señor*, I
**Mrs.** *la señora*, I
**museum** *el museo*, I
**music** *la música*, I; **classical music** *la música clásica*, I; **music by . . .** *la música de...*, I; **pop music** *la música pop*, I; **rock music** *la música rock*, I
**musician** *el músico*, **la música**, III6
**must** *deber*, II
**my** *mi*, I; *mis*, I
**My city is . . .** *Mi ciudad es...*, II
**my last offer** *mi última oferta*, II
**my lifelong dream** *el sueño de mi vida*, III5
**My name is . . .** *Me llamo...*, I

**named, to be** *llamarse*, I; **My name is . . .** *Me llamo...*, I
**napkin** *la servilleta*, I
**natural resources** *los recursos naturales*, II
**nature** *la naturaleza*, II
**nature** (disposition) *el modo de ser*, III10
**near** *cerca de*, I
**necessary: It will be necessary to . . .** *Habrá que...*, III11; **It's necessary to . . .** *Hay que...*, III3
**neck** *el cuello*, I
**necklace** *el collar*, I
to **need** *necesitar*, I; **He (She, . . .) needs to . . .** *Hace falta que ...*, III6
**neither** *tampoco*, II

**network: (broadcast) network** *la cadena*, III8
**never, not ever** *nunca*, I
**new** *nuevo(a)*, I; **new friends** *los nuevos amigos*, I; **New Year's Day** *el Año Nuevo*, I; **New Year's Eve** *la Nochevieja*, I
**news** *las noticias*, II
**news program** *el noticiero*, III8
**newspaper** *el periódico*, I
**next** *a continuación*, II; **next (day, year, . . .)** *al... siguiente*, II; *el (la)... que viene*, II; **Next time I'll go.** *La próxima vez iré.*, III6; **next to** *al lado de*, I; *junto a*, II
**Nicaraguan** *nicaragüense*, II
**nice** *buena gente*, III1; *majo(a)* (Spain), III1; *simpático(a)*, I
**Nice to meet you.** *Mucho gusto.*, I
**night** *la noche*, I; **Good night.** *Buenas noches.*, I; **last night** *anoche*, I; **the night before last** *anteanoche*, I
**nine** *nueve*, I
**nine hundred** *novecientos(as)*, I
**nineteen** *diecinueve*, I
**ninety** *noventa*, I
**no** *no*, I; *ninguno(a)* (adj.), I
**no one** *nadie*, I
**No thanks, just the check.** *No, gracias, sólo la cuenta.*, II
**No way!** *¡N'hombre!*, II; *¡Qué va!*, III5
**nobody** *nadie*, I
**Nobody can stand him (her/it).** *No hay quien lo (la) aguante.*, III1
**noise** *el ruido*, II
**noisy** *ruidoso(a)*, II
**none** *ninguno(a)*, II
**nor** *ni*, I
**normally** *normalmente*, II
**north** *el norte*, II; **to the north** *al norte*, II
**nose** *la nariz*, I
**not: not anywhere** *ningún lugar*, I; **not to have the slightest idea** *no tener (ie) la menor idea*, III8; **not to keep secrets** *no guardar los secretos*, III7; **not yet** *todavía no*, II
**notes** *los apuntes*, II
**notebook** *el cuaderno*, I
**nothing** *nada*, I
to **notice** *fijarse*, III11; **I've noticed . . .** *Me he fijado en...*, III11; **What I notice is that . . .** *Lo que noto es que...*, III3
**novel** *la novela* I
**November** *noviembre (m.)*, I
**now** *ahora*, I
**nowadays** *hoy (en) día*, III3
**nowhere** *ningún lugar*, I
**nuclear energy** *la energía nuclear*, III3
**number** *el número*, I
**nurse** *el enfermero, la enfermera*, III12
**nutrition** *la alimentación*, III2

## O

obituaries *los obituarios*, III8
objective *el objetivo*, III10
obligated *obligado(a)*, III3
obligation *el compromiso*, III10
obvious *obvio(a)*, III8
ocean *el océano*, II
October *octubre* (m.), I
of *de*, I
of course *claro*, III8; *por supuesto*, III8; **Of course!** *¡Claro que sí!*, III5; *¡Cómo no!*, III5; *Desde luego.*, III5; *¡Por supuesto!*, III5; **Of course...** *Claro que...*, III8; **Of course not!** *¡Claro que no!*, III5; *¡Nada de eso!*, III5
of the *del (de + el)*, I
offer (n.) *la oferta*, II
often *muchas veces, con frecuencia*, I
**Oh what a pain!** *¡Ay, qué pesado(a)!*, II
okay *regular*, I
old *antiguo(a)*, III6; *viejo(a)*, I
older *mayor*, I; **older than** *mayor que*, II
on *en*, I; **on cable** *por cable*, III8; **on my behalf** *de mi parte*, II; **on sale** *en barata*, II; **On the contrary.** *Al contrario.*, III5; **on the dot** *en punto*, I; **on the (date) of this month...** *el... de este mes...*, I; **on the other hand** *por otro lado*, III3; **on top of** *encima de*, I
**Once upon a time...** *Érase una vez...*, II
one *uno(a)*, I
one moment *un momento*, I
**One must...** *Hay que...*, II
onion *la cebolla*, I
online *en línea*, III8
only *sólo*, I; **only when** *sólo cuando*, I
open *abierto(a)*, III1
opened (past part.) *abierto*, III3
to open gifts *abrir los regalos*, I
open-air market *el mercado al aire libre*, II
orange (adj.) *anaranjado(a)*, I
orange juice *el jugo de naranja*, I
orchestra *la orquesta*, III6
order: in order to *para*, I
to order *pedir (i, i)*, I; **to order food** *pedir (i, i) la comida*, II
to organize *organizar*, I
original *original*, III6
other(s) *otros(as)*, I
ought to *deber*, I
our *nuestro(a)*, I
out: to find out *averiguar*, II; *enterarse*, II; *saber*, III9; **to go out** *salir*, I; **to run out of** *acabarse*, III4; **to take out** *sacar*, I
outside *fuera*, III3
to overcome *superar*, III10

overweight *gordo(a)*, I; **a little overweight** *un poco gordo(a)*, I
overwhelmed *agobiado(a)*, III2
oysters *las ostras*, III4
ozone layer *la capa de ozono*, II

## P

to pack a suitcase *hacer la maleta*, I
packaged goods *los productos empacados*, II
pain: **Oh what a pain!** *¡Ay, qué pesado!*, II
to paint *pintar*, I; **We need to paint...** *Hace falta que pintemos...*, III6
painting *la pintura*, III6
pair of *el par de*, II
pal *el compañero, la compañera*, I
Panamanian *panameño(a)*, II
pants *los pantalones*, I
papaya *la papaya*, I
paper *el papel*, I
parade *el desfile*, II
to parade *desfilar*, II
paradise *el paraíso*, I
Paraguayan *paraguayo(a)*, II
parents *los padres*, I
park *el parque*, I; **amusement park** *el parque de atracciones*, I
parking (space) *el estacionamiento*, II
parrot *el loro*, II
part time *medio tiempo*, III12
parts store *la tienda de refacciones*, III4
party *la fiesta*, I
to pass *pasar*, I; **to pass (an exam)** *aprobar (ue) (un examen)*, II
passenger *el pasajero, la pasajera*, II
pastime *el pasatiempo*, II
pastry shop *la pastelería*, III4
to pay attention *prestar atención*, II
peace *la paz*, III5; **if there were peace** *si hubiera paz*, III11; **to make peace** *acordar (ue) la paz*, III5
peach *el melocotón*, III4
peanut butter *la crema de maní*, I
pedestrian zone *la zona peatonal*, III3
pencil *el lápiz*, I
people *la gente*, III3
percent *por ciento*, II
perfect *perfecto(a)*, I
perhaps *tal vez*, I; **Perhaps...** *A lo mejor...*, III8; **perhaps another day** *tal vez otro día*, I
Peruvian *peruano(a)*, II
petroleum *el petróleo*, II
pharmacist *el farmacéutico, la farmacéutica*, III12
pharmacy *la farmacia*, II
phone *el teléfono*, I; **on the phone** *por teléfono*, I
photocopier: (color) photocopier

*la fotocopiadora (a colores)*, III3
photography *la fotografía*, III1
physical education *la educación física*, I
piano *el piano*, I
to pick up *pasar por*, II; *recoger*, III3
pineapple *la piña*, III4
pizza *la pizza*, I
pizzeria *la pizzería*, I
place *el lugar*, I
to place *poner*, I; **place** *pon* (command), I
plaid *de cuadros*, I
plan *el plan*, I; **I already have plans.** *Ya tengo planes.*, I
to plan *pensar + inf.*, I
planet *el planeta*, II
to plant *sembrar (ie)*, III3
plant *la planta*, I
plastic *el plástico*, II
plate *el plato*, I
platform (in train station) *el andén, (pl. los andenes)*, II
to play *jugar (ue)*, II; **to play a musical instrument** *tocar un instrumento*, III1; **to play cards** *jugar (ue) a las cartas*, III1; **to play sports** *practicar deportes*, I; **to play tricks** *hacer travesuras*, II; **to play videogames** *jugar a los videojuegos*, III1
please *por favor*, I; **Please bring me...** *Por favor, me trae...*, II; **Please help me.**, *Ayúdame, por favor.*, II; **Please help me with...** *Por favor, ayúdame con...*, III4
police officer *el (la) policía*, III12
pollution *la contaminación*, II
pop music *la música pop*, I
pork: **pork chops** *las chuletas de cerdo*, III4; **roast pork** *puerco asado*, III4
position (job) *el puesto (de trabajo)*, III12
**Possibly...** *Posiblemente...*, III8
post office *el correo*, I
postcards *las tarjetas postales*, I
poster *el cartel*, I
potato *la papa*, I
potato chips *las papitas*, I
to practice *practicar*, I
to prefer *preferir (ie, i)*, I
prejudice *la prejuicio*, III9
premiere *el estreno*, II
to prepare *preparar*, I; **to prepare dinner** *preparar la cena*, I
to preserve *mantener (ie)*, III10
press *la prensa*, III8
pressure: **to be under pressure** *sufrir de presiones*, III2
pressured to... *presionado(a) por...*, III9
pretty *bonito(a)*, I
price *el precio*, I
price tag *la etiqueta*, II
pride *el orgullo*, III10
prince *el príncipe*, II

**princess** *la princesa,* II
**probable** *probable,* III8
**problem** *el problema,* III7
**program** *el programa,* III8
to **promote** *promover (ue),* III11
to **propose** *plantear,* III11; *proponer,* III11
to **protect species** *proteger las especies,* II
**proud** *orgulloso(a),* III7
**psychologist** *el sicólogo, la sicóloga,* III12
**Puerto Rican** *puertorriqueño(a),* II
**purple** *morado(a),* I
**put** (past part.) *puesto,* III8
to **put** *poner,* I; **put** *pon (command),* I;
**to put a lot of salt on food** *echarle mucha sal a la comida,* III2; **to put gas in the car** *poner gasolina al carro,* II; **to put on clothes** *ponerse la ropa,* II; **to put on make-up** *maquillarse,* I; **to put on sunscreen** *ponerse crema protectora,* III2; **to put on weight** *aumentar de peso,* II; *subir de peso,* III2

**quality** *calidad,* III9
**quarter past (the hour)** *la(s)... y cuarto,* I
**quarter to (the hour)** *la(s)... menos cuarto,* I
**quickly** *rápidamente,* II
**quiet** *callado(a),* III9
**quite** *bastante,* I

**radio** *la radio,* I
**rail** *la vía,* II
to **rain** *llover (ue),* II
**rain forest** *la selva tropical,* II
**raised, to be** *criarse,* III10
to **react** *reaccionar,* III9
to **read** *leer,* I
**ready** *listo(a),* I
**realistic** *realista,* III6
to **realize** *darse cuenta de,* III2
**Really?** *¿De veras?,* II
**really beautiful** *lindísimo(a),* II
to **really like: I (You, ...) really like ...** *Me (Te,...) encanta(n),* I
**really nice (person)** *buena gente,* II
to **receive** *recibir,* I; **to receive gifts** *recibir regalos,* I
**recess** *el descanso,* I
to **recognize** *reconocer (zc),* III6; **It's important for you to recognize ...** *Es importante que reconozcas...,* III6

to **recommend** *recomendar (ie),* III2
to **reconcile** *reconciliarse,* III7
to **recycle** *reciclar,* II
**recycling** *el reciclaje,* II
**red** *rojo(a),* I
**red snapper** *el pargo,* III4
**red-headed** *pelirrojo(a),* III1
to **regret** *lamentar,* III11
to **rejoice** *regocijarse,* III5
**relatives** *los parientes,* II
to **relax** *relajarse,* III2
to **relieve** *aliviar,* III2
to **remain** *quedarse,* I
to **remember** *acordarse (ue) de,* II
**report: news report** *el reportaje,* III8
**reporter** *el reportero, la reportera,* III8
to **request** *solicitar,* III12
**requirements** *los requisitos,* III12
**resources** *los recursos,* II
to **respect** *respetar,* III7; **someone who'll respect ...** *alguien que respete...,* III7
**respect for** *el respeto hacia,* III9
**responsibility** *la responsabilidad,* III3
**responsible** *responsable,* II
to **rest in the park** *descansar en el parque,* I
**restaurant** *el restaurante,* I
**resulted in ...** *resultaron en...,* III10
**résumé** *el currículum (vitae),* III12
to **return** *regresar,* I; *volver (ue),* II
**returned** (past part.) *vuelto,* III3
to **review** *repasar,* II
**rice** *el arroz,* I
**rich** *rico(a),* I
to **ride a bike** *montar en bicicleta,* I; **to ride a horse** *montar a caballo,* I
**right** *la derecha,* II; **to the right** *a la derecha,* II
**right?** *¿verdad?,* I; *¿no?,* I
**right away** *en seguida,* III3
**rip-off** *el robo,* I
**river** *el río,* II
**roast pork** *puerco asado,* III4
**robbery** *el robo,* III11
**rock climbing** *la escalada deportiva,* III1
**rock music** *la música rock,* I
**roller coaster** *la montaña rusa,* II
to **roller-skate** *patinar sobre ruedas,* III1
**room** *el cuarto,* I
**roots** *las raíces,* III10
**round trip** *ida y vuelta,* II
to **row** *remar,* III1
**rowing** *el remo,* III1
**rude** *descortés,* III9
**ruined** *echado(a) a perder,* III4
**ruler** *la regla,* I
**rumor** *el rumor,* III7
to **run** *correr,* I; **to run an errand** *hacer un mandado,* II
to **run out: I ran out of ...** *Se me acabó (acabaron)...,* III4
**running track** *la pista de correr,* I
**running water** *el agua* (f.) *corriente,* II

**sad** *deprimido(a),* II; *triste,* I
**said** (past part.) *dicho,* III3
**sailing** *la vela,* III1; **to go sailing** *pasear en velero,* III1
**saint: (as good as) a saint** *tan bueno(a) como un ángel,* II
**salad** *la ensalada,* I; **avocado salad** *la ensalada de aguacate,* III4; **tossed salad** *la ensalada mixta,* III4
**salary** *el salario,* III12
**sale** *la oferta,* II
**salesman, saleswoman** *el vendedor, la vendedora,* III12
**salt** *la sal,* III4
**salty** *salado(a),* I
**Salvadoran** *salvadoreño(a),* II
**same** *mismo(a),* I; **at the same time** *a la vez,* III3
**Same here.** *Igualmente.,* I
**sandals** *las sandalias,* I; *las chancletas,* I
**sandwich** *el sándwich,* I
**satellite dish** *la antena parabólica,* III3
**Saturday** *el sábado,* I
**sausage** *el chorizo,* III4
**saxophone** *el saxofón,* III1
to **say** *decir,* I; **He (She) says ...** *Dice que...,* I; **to say goodbye (to)** *despedirse (i, i) (de),* II
**scared: to get scared** *asustarse,* II
**scarf** *la bufanda,* I
**schedule** *el horario,* III12
**science** *las ciencias,* I
**science fiction** *la ciencia ficción,* II
**scientist** *el científico, la científica,* III12
**scuba diving** *el buceo,* III1; **to go scuba diving** *bucear,* I
**sculptor** *el escultor, la escultora,* III6
**sculpture** *la escultura,* III6
**sea** *el mar,* II
**seasons (of the year)** *las estaciones,* I
**secrets** *los secretos,* III7
to **see** *ver,* II
**See you later.** *Hasta luego.,* I
**See you tomorrow.** *Hasta mañana.,* I
to **seem** *parecer (zc),* I; **It seems to me that ...** *Me parece que...,* III3; *Se me hace que...,* III3; **to seem boring** *parecer pesado(a),* II; *parecer un rollo,* III1
**seen** *visto,* III3
**selfish** *egoísta,* III9
**semester** *el semestre,* I
to **send** *enviar,* III3; **to send invitations** *mandar las invitaciones,* I
**sense of humor** *el sentido del humor,* III1
**sensitivity** *la sensibilidad,* III11

**separate** *aparte*, I
**September** *septiembre (m.)*, I
**serious** *grave*, II
to **serve** *servir (i, i)*, II; **to serve dessert** *servir (i, i) el postre*, II
to **set the table** *poner la mesa*, I
to **set up** *establecer (zc)*, III3
**seven** *siete*, I
**seven hundred** *setecientos(as)*, I
**seventeen** *diecisiete*, I
**seventy** *setenta*, I
**shampoo** *el champú*, II
**shape** *la forma*, II; **to be in good shape** *estar en plena forma*, II; **to stay in shape** *mantenerse (ie) en forma*, II
to **share with someone** *compartir con alguien*, III2
to **shave** *afeitarse*, I
**she** *ella*, I; **She is ...** *Ella es...*, I; **She (He) looks young.** *Se ve joven.*, I **She (He) succeeded in overcoming many obstacles ...** *Logró superar muchos obstáculos...*, III10
**shellfish** *los mariscos*, III4
**shirt** *la camisa*, I
**shoe** *el zapato*, I
**shoe size** *el número*, II
**shoe store** *la zapatería*, I
**shop** *el taller*, III4
to **shop: to window-shop** *mirar las vitrinas*, II
**shopping mall** *el centro comercial*, I
**short** (in height) *bajo(a)*, I; (in length) *corto(a)*, I
**shorts** *los pantalones cortos*, I
**should** *deber*, II
**shoulder** *el hombro*, II
**show window** *el escaparate*, II; *la vitrina*, II
**shower: to take a shower** *ducharse*, III2
**shrimp** *los camarones*, I
**shy** *tímido(a)*, III9
**sick** *enfermo(a)*, I
**sightseeing: to go sightseeing** *hacer turismo*, I
**sign** *el letrero*, II
**silk** (made of) *(de) seda*, I
**silly** *bobo(a)*, III9; **How silly!** *¡Qué tontería!*, III5
**simple** *sencillo(a)*, II
to **sing** *cantar*, I
**singer** *el cantante, la cantante*, III6
**sir** *señor*, I
**sister** *la hermana*, I
**sit-ups** *las abdominales*; **to do sit-ups** *hacer abdominales*, II
**situation** *la situación*, II
**six** *seis*, I
**six hundred** *seiscientos(as)*, I
**sixteen** *dieciséis*, I
**sixty** *sesenta*, I
**size** *la talla*, II; **shoe size** *el número*, II
to **skate** *patinar*, I; **to ice-skate** *patinar sobre hielo*, III1; **to roller-skate** *patinar sobre ruedas*, III1

to **skateboard** *hacer monopatín*, II
**skating** *el patinaje*, III1; **to go inline skating** *patinar en línea*, III1
to **ski** *esquiar*, I
**skin** *la piel*, III2
**skirt** *la falda*, I
**skis** *los esquís*, I
**skydiving: to go skydiving** *saltar en paracaídas*, I
**skyscraper** *el rascacielos (pl. los rascacielos)*, III3
to **sleep** *dormir (ue, u)*, II; **to get enough sleep** *dormir lo suficiente*, III2; **to sleep like a baby** *dormir tan bien como un lirón*, II
**sleepy, to be** *tener sueño*, I
**slightest: not to have the slightest idea** *no tener (ie) la menor idea*, III8
**slippers** *las chancletas*, I
**slow** *torpe*, III9
**small** *pequeño(a)*, I
**smart** *listo(a)*, I
**smog** *el smog*, II
to **smoke** *fumar*, II
to **snack** *merendar (ie)*, II
**snake** *la serpiente*, II
to **snow** *nevar (ie)*, II; **It's snowing.** *Nieva.*, I; *Está nevando.*, I
**so ...** *así que...*, III10; **so that ...** *para que...*, III10; **So that's how ...** *Así (fue) que...*, II; **So, then ...** *Entonces...*, II; **So what?** *Y eso, ¿qué?*, II
**so-so** *más o menos*, I; *más o menos bien*, II
**soap** *el jabón*, II
**soccer** *el fútbol*, I
**soccer field** *la cancha de fútbol*, I
**social studies** *las ciencias sociales*, I
**social worker** *el trabajador social, la trabajadora social*, III12
**society section** *la sección de sociedad*, III8
**socks** *los calcetines*, I
**soft drink** *el refresco*, I
**solar energy** *la energía solar*, III3
**soldier** *el soldado, la mujer soldado*, III5
**solution** *la solución*, III11
to **solve** *resolver (ue)*, II; **to solve a problem** *resolver (ue) un problema*, III2
**solved** (past part.) *resuelto*, III7
**some** *unos, unas*, I
**Somebody told me that ...** *Alguien me dijo que...*, III5
**someday** *algún día*, II
**someone (unknown) who('ll)** *alguien que + subj.*, III7
**something** *algo*, I; **something (I don't know what)** *no sé qué*, III4
**sometimes** *a veces*, I
**son** *el hijo*, I
**soon** *pronto*, II
**sorry, to be** *sentir (ie, i)*, I; **I'm very**

**sorry, I didn't know.** *Lo siento mucho, es que no sabía.*, III7
**soup** *la sopa*, I
**south** *el sur*, II; **to the south** *al sur*, II
**spaceship** *la nave espacial*, II
**Spanish** *el español*, I
**Spanish** *español(a)* (adj.), II
to **speak** *hablar*, I; **Speaking of ...** *Hablando de...*, III6; **to speak ... very well** *dominar...*, III10
**special effects** *los efectos especiales*, II
**specialty of the house** *la especialidad de la casa*, II
to **spend** *gastar*, II; **I spend my time ...** *Me la paso...*, III1; **to spend time with friends** *pasar el rato con amigos*, I
**spicy** *picante*, I
**spoiled** (person) *consentido(a)*, II; (food) *echado(a) a perder*, III4
to **sponsor** *patrocinar*, III6
**spoon** *la cuchara*, I
**sports** *los deportes*, I
**sports section** *la sección deportiva*, III8
to **sprain** *torcerse (ue)*, II
**spring** (season) *la primavera*, I
**stadium** *el estadio*, I
**stamp** *la estampilla*, II; *el sello*, III1
to **stand** *aguantar*, III7; **I can't stand anyone who ...** *No aguanto a nadie que...*, III7; **Nobody can stand him (her/it).** *No hay quien lo (la) aguante.*, III1
to **stand in line** *hacer cola*, II
to **stand someone up** *dejar plantado(a) a alguien*, III7
**star** *la estrella*, II
to **start** *comenzar (ie)*, II; *empezar (ie)*, II
**station** (radio, TV) *la emisora*, III8
**station** (train) *la estación*, II
**statue** *la estatua*, III6
to **stay** *quedarse*, I; **to stay in front of the TV** *quedarse frente a la tele*, III2; **to stay in shape** *mantenerse (ie) en forma*, III2
**steak** *el bistec*, III4
**stepbrother** *el hermanastro*, I
**stepfather** *el padrastro*, I
**stepmother** *la madrastra*, I
**stepsister** *la hermanastra*, I
**stereotype** *el estereotipo*, III9
to **stereotype** *estereotipar*, III9
**sticker** *el adhesivo*, III1
**still** *todavía*, I; **to still be (doing something)** *seguir (i, i)*, II
**stomach** *el estómago*, II
to **stop** *dejar de*, II; **Stop smoking.** *Deja de fumar.*, II; **to stop speaking to each other** *dejar de hablarse*, III7
**store** *la tienda*, I
**store clerk** *el dependiente, la dependiente*, II

**storm** *la tormenta*, II
**stove** *la estufa*, II
**straight** *derecho (adv.)*, II
**strawberry** *la fresa*, I
**streetlight** *la lámpara de la calle*, II
**stress** *el estrés*, III2
**stressed out** *histérico(a)*, III2
to **stretch** *estirarse*, I
**strict** *estricto(a)*, I
**striped** *de rayas*, I
**stroll** *la caminata*, I; *el paseo*, I
**strong** *fuerte*, I; **as strong as an ox** *tan fuerte como un toro*, II
to **struggle for** *luchar por*, III5
**studious** *aplicado(a)*, II
to **study** *estudiar*, I
**style** *la moda*, II
**subject** *la materia*, I
**subway** *el metro*, II
to **succeed** *tener (ie) éxito*, III10; *triunfar*, III10; **He (She) succeeded in overcoming many obstacles.** *Logró superar muchos obstáculos.*, III10
**success** *el éxito*, III10; **I achieved success in . . .** *Alcancé éxito en...*, III10
**sudden: All of a sudden . . .** *De repente...*, II
to **suffer from tension** *sufrir de tensiones*, III2
**sugar** *el azúcar*, I
to **suggest** *sugerir (ie, i)*, III6
**suit** *el traje*, I; **bathing suit** *el traje de baño*, I
**suitcase** *la maleta*, I; **to pack the suitcase** *hacer la maleta*, I
**summer** *el verano*, I
**sun** *el sol*, II
to **sunbathe** *tomar el sol*, I
**sunburn: to get a sunburn** *quemarse*, II2
**Sunday** *el domingo*, I
**sunglasses** *los lentes de sol*, I
**sunny** *soleado(a)*, II; **to be sunny** *hacer sol*, I
**sunscreen** *el bloqueador*, I
to **suntan** *broncearse*, III2
**superficial** *superficial*, III6
**supermarket** *el supermercado*, I
to **support** *apoyar*, III7; **someone who'll support me** *alguien que me apoye*, III7
to **suppose** *suponer*, III9; **I suppose** *supongo*, III9
**supposedly** *supuestamente*, III5
**sure** *seguro(a)*, II
**Sure!** *¡Con mucho gusto!*, I
to **surf the Internet** *navegar por Internet*, III3; **to surf the Web** *navegar por la Red*, II
**surprise** *la sorpresa*, III8; **It caught me by surprise.** *No me lo esperaba.*, III8; **surprise party** *la fiesta de sorpresa*, I
**surprised: Well, I'm not surprised.** *Bueno, no me extraña.*, II

**surrounded by** *rodeado(a) de*, II
to **sweat** *sudar*, II
**sweater** *el suéter*, I
to **sweep** *barrer*, II
**sweet** *dulce*, I
**sweet rolls** *el pan dulce*, I
**sweet shop** *la pastelería*, I
to **swim** *nadar*, I
**swimming** *la natación*, I
**swimming pool** *la piscina*, I
**system** *el sistema*, II

**T**

**T-shirt** *la camiseta*, I
**table** *la mesa*, I
**tag (price)** *la etiqueta*, II
to **take** *tomar*, I; *llevar*, II; **to take a bath** *bañarse*, II; **to take a shower** *ducharse*, III2; **to take a trip** *hacer un viaje*, I; **to take care of** *cuidar*, I; **to take care of oneself** *cuidarse*, III2; **to take care of the cat** *cuidar al gato*, I; **to take care of your brother (sister)** *cuidar a tu hermano(a)*, I; **to take into account** *tener en cuenta*, III5; **to take notes** *tomar apuntes*, II; **to take out the garbage** *sacar la basura*, I; **to take pictures** *sacar fotos*, III1; **to take the bus** *tomar el autobús*, I; **to take the car to the gas station** *llevar el carro a la gasolinera*, II; **to take the car to the shop** *llevar el carro al taller*, II; **to take the initiative** *tomar la iniciativa*, III10; **to take the subway** *tomar el metro*, II; **to take things calmly** *tomar las cosas con calma*, III2; **Will you take them to him (her)?** *¿Se las llevas?*, III4
to **talk on the phone** *hablar por teléfono*, I
**talkative** *conversador(a)*, II
**tall** *alto(a)*, III1; **I'm . . . tall.** *Mido...*, II
**taste** *el sabor*, III4
to **taste: It tastes delicious.** *Sabe riquísimo(a).*, III4; **It tastes like garlic.** *Tiene sabor a ajo.*, III4
**tasty** *sabroso(a)*, III4; **How tasty!** *¡Qué sabroso(a)!*, III4
**tea** *el té*, I; **iced tea** *el té frío*, I
**teacher** *el profesor, la profesora*, I
**technology** *la tecnología*, III3
**teeth** *los dientes*, I; **to brush your teeth** *lavarse los dientes*, I; *cepillarse los dientes*, II
**telephone** *el teléfono*, I
**television (medium)** *la televisión*, I; **television set** *el televisor*, I

to **tell** *decir (i)*, II; **someone who'll always tell me . . .** *alguien que siempre me diga...*, III7; **Tell me. Dime.**, II; **Tell me about it!** *¡Cuéntamelo!*, II; **to tell jokes** *contar (ue) chistes*, II; **To tell the truth . . .** *Para decir la verdad...*, III6; **to tell you the truth** *de verdad*, II
**ten** *diez*, I
**Ten years ago, . . .** *Hace diez años,...*, III12
**tennis** *el tenis*, I
**tennis court** *la cancha de tenis*, I
**tennis shoes** *las zapatillas de tenis (Spain)*, I
**thank you for** *gracias por*, II
**Thanks.** *Gracias.*, I; **Thanks for inviting me.** *Gracias por invitarme.*, III6
**Thanksgiving** *el Día de Acción de Gracias*, I
**that** *que*, I
**that** *esa, ese, eso*, I; **That brings to mind . . .** *Eso me hace pensar en...*, III6; **That reminds me of . . .** *Eso me recuerda...*, III6; **That's all.** *Nada más.*, I; **That's it!** *¡Eso es!*, II; *Así es la cosa.*, II; **That's not so.** *No es así.*, II; **That's right.** *Así es.*, III5; *Eso es.*, III5; **That's very hard to believe, but it's possible.** *Es muy difícil de creer, pero es posible.*, III5; **That's very unlikely!** *¡Eso es muy difícil!*, III5; **That's why . . .** *Por eso...*, II
**the** *el, la, los, las*, I; **The bad thing is that . . .** *Lo malo es que...*, II; **The best thing is . . .** *Lo ideal es...*, III12; **The situation will get worse.** *La situación va a empeorarse.*, III11; **The solution I propose is . . .** *La solución que planteo es...*, III11; **The story goes that . . .** *Se cuenta que...*, II; **The system isn't working (doesn't work).** *El sistema no funciona.*, II; **The truth is that . . .** *La verdad es que...*, III3; **The usual!** *¡Lo de siempre!*, I
**theater** *el teatro*, I
**their** *su(s)*, I
**them (direct object)** *los (las)*, **(after preposition)** *ellos, ellas*, **to (for) them** *les*, II
**then** *luego*, I
**there** *allá*, I; **there are (there is)** *hay*, I; **There are five of us.** *Somos cinco.*, I; **There are more and more . . . and less and less . . .** *Cada vez hay más... y menos...*, II; **There is absolutely no doubt.** *No cabe la menor duda.*, III8; **There's going to be . . .** *Va a haber...*, III3
**therefore** *en consecuencia*, III10; *por lo tanto...*, III10
**these** *estas (adj.), estos (adj.), éstas*

(pron.), **éstos** (pron.), I

**they** *ellas, ellos,* I; **They are . . .** *Ellos (Ellas) son...,* I; **They blushed.** *Se pusieron rojos.,* III9; **They forgot . . .** *Se les quedó...,* III4; **They have succeeded . . .** *Han triunfado...,* III10; **they laughed** *se rieron,* III9; **They (You) like . . .** *Les gusta...,* I; **they made fun of** *se burlaron,* III9; **they reacted** *reaccionaron,* III9; **They say that . . .** *Cuentan que...,* III5; *Dicen que...,* III5; *Se dice que...,* III5; **they told me that** *me dijeron que,* II; **They're the same price.** *Son del mismo precio.,* I

**thief** *el ladrón, la ladrona,* III11

**thigh** *el muslo,* II

**thin** *delgado(a),* I

**thing** *la cosa,* I; **the + adj. + thing** *lo + adj.,* II

to **think** *pensar (ie),* I; *creer,* II; **Have you thought of . . .?** *Has pensado en...?,* III6; **to give oneself time to think** *darse tiempo para pensar,* III7; **to think (something) was great** *encontrar (ue) genial,* II; *quedar muy impresionado(a) con,* II

**thirsty, to be (really)** *tener (ie) (mucha) sed,* I

**thirteen** *trece,* I

**thirty** *treinta,* I

**this** *esta, este, esto,* I; *ésta,* II; *éste,* I; **This is (my friend) . . .** (to introduce a female) *Ésta es (mi amiga)...,* II; **This is (my friend) . . .** (to introduce a male) *Éste es (mi amigo)...,* II; **this morning** *esta mañana,* II; **This will soon pass.** *Esto pasará pronto.,* III7

**those** (adj.) *esas, esos,* I

**thousand** *mil,* I

**three** *tres,* I

**three hundred** *trescientos(as),* I

**throat** *la garganta,* I

to **throw out** *botar,* III3; *tirar,* II

**thunder** *el trueno,* II

**Thursday** *el jueves,* I

**ticket** *el boleto,* I

**ticket booth** *la taquilla,* II

to **tidy up** *ordenar,* II

**tie** *la corbata,* I

**tiger** *el tigre,* II

**tight** (clothes) *estrecho(a),* II

**time** (of day) *la hora,* I; (concept of) *el tiempo,* I; (repetition) *la vez,* III3; **at the same time** *a la vez,* III3; **At what time . . .?** *¿A qué hora...,* I; **I spend my time . . .** *Me la paso...,* III1; **to have a good time** *pasarlo bien,* II; **time to think** *tiempo para pensar,* III7

**tip** *la propina,* I

**tired** *cansado(a),* II

**to** *a, al (a + el), a la, para,* I; **to (for)**

**her, (him/you)** *le,* I; **to (for) me** *me,* I; **to the coast** *a la costa,* II; **to the east** *al este,* II; **to the left** *a la izquierda,* II; **to the north** *al norte,* II; **to the right** *a la derecha,* II; **to the south** *al sur,* II; **to the west** *al oeste,* II; **to them** *a ellos, a ellas,* I; **to (for) them, you (pl.)** *les,* I; **to (for) us** *nos,* I; **to you** (formal) *a ustedes,* I; **to (for) you** *te,* I

**toast** *el pan tostado,* I

**today** *hoy,* I

**Today is the (date) of (month).** *Hoy es el... de...,* I

**toe** *el dedo,* I

**together** *juntos(as),* I

**tomato** *el tomate,* I

**tomorrow** *mañana,* I

**too** *también,* I

**too much** *demasiado(a),* I

**toothbrush** *el cepillo de dientes,* II

**toothpaste** *la pasta de dientes,* II

**tossed salad** *la ensalada mixta,* III4

**tourist** *el turista, la turista,* II

**toward** *hacia,* III10

**towel** *la toalla,* II

**tower** *la torre,* II

**town hall** *el ayuntamiento,* III3

**toy store** *la juguetería,* I

**toys** *los juguetes,* I

**track: running track** *la pista de correr,* I; **train track** *la vía,* II

**track and field** *el atletismo,* II

**traffic** *el tráfico,* III3; *el tránsito,* II

**traffic light** *el semáforo,* II

**train** *el tren,* II; **train station** *la estación de tren,* II

to **train** *entrenarse,* II

**trash** *la basura,* II

**trash can** *el basurero,* III3

**treat: It's my treat.** *Te invito.,* I

to **treat** *tratar,* III9

**tree** *el árbol,* II

**tremendous** *formidable,* III6

**trick** *la travesura,* II

**trivial** *insignificante,* III6

**trout** *la trucha,* III4

**true** *cierto(a),* III3; **It's true that . . .** *Es cierto que...,* III3

to **trust** *confiar en,* III7

**truth** *la verdad,* II

**truthfully** *de verdad,* II

to **try** *intentar,* III6

to **try on** *probarse (ue),* II

**Tuesday** *el martes,* I

**tuna** *el atún,* I

**turn: to be someone's turn** *tocarle a alguien,* II

to **turn** *doblar,* II

to **turn off** *apagar,* II

to **turn out well** *salir bien,* II

**turtle** *la tortuga,* II

**TV** (set) *el televisor,* I; (medium) *la televisión,* I

**twelve** *doce,* I

**twenty** *veinte,* I

**two** *dos,* I; **two for one** *dos por uno,* II

**two hundred** *doscientos(as),* I

**typical** *típico(a),* II

**typically** *típicamente,* I

**UFO (Unidentified Flying Object)** *el OVNI (Objeto Volador No Identificado),* II

**ugly** *feo(a),* I

**Uh . . .** *Eh...,* III3

**unbearable** *insoportable,* III6

**unbelievable** *increíble,* III8

**uncle** *el tío,* I

**under** *debajo de,* I

to **understand** *entender (ie),* III9; **I understand that . . .** *Tengo entendido que...,* III9

**unemployment** *el desempleo,* III11

**unfaithful** *infiel,* III7

**unlikely: It's unlikely that . . .** *Es difícil que...,* III8

**until** *hasta,* II

**up: to be up to someone** *tocarle a alguien,* II; **to go up (a street)** *subir por,* II; **up to a certain point** *hasta cierto punto,* III5; **up to date** *al tanto de,* III8

to **update** *actualizar,* III12

**urgent** *urgente,* II

**Uruguayan** *uruguayo(a),* II

**us (direct object)** *nos,* I; **(object of preposition)** *nosotros(as),* I; **to (for) us** *nos,* I

to **use the computer** *usar la computadora,* II

**usual: The usual!** *¡Lo de siempre!,* I

**vacation** *las vacaciones,* I

to **vacuum** *pasar la aspiradora,* I

**Valentine's Day** *el Día de los Enamorados,* I

**valley** *el valle,* II

**veal** *la ternera,* III4

**vegetables** *las legumbres,* I

**Venezuelan** *venezolano(a),* II

**very** *muy,* I; *mucho,* II; **very bad** *muy mal,* I

**victory** *la victoria,* III5

**videocassette player** *la videocasetera,* III3

**videogame** *el videojuego,* I

**villain** *el malvado, la malvada,* III5

to **visit** *visitar,* I

**volleyball** *el voleibol,* I

**W**

waiter *el camarero*, I; *el mesero*, II
waitress *la camarera*, I; *la mesera*, II
to wake up *despertarse (ie)*, II
walk *la caminata*, I; *el paseo*, I
to walk *caminar*, I; **to walk the dog** *caminar con el perro*, I
wallet *la cartera*, I
to want *querer (ie)*, I
war *la guerra*, III5
warrior *el guerrero, la guerrera*, III5
to wash oneself *lavarse*, I; **to wash clothes** *lavar la ropa*, I; **to wash the car** *lavar el carro*, I
to waste *gastar*, II; *desperdiciar*, II
waste *el desperdicio*, II
watch *el reloj*, I
to watch *mirar*, I; **to watch one's weight** *cuidarse el peso*, III2; **to watch TV** *mirar la televisión*, I
water *el agua (f.)*, I; **mineral water** *el agua mineral*, I
to water *regar (ie)*, II
watermelon *la patilla (Venezuela)*, III4
to water-ski *hacer esquí acuático*, III1
water skiing *el esquí acuático*, III1
way: No way! *¡N'hombre!*, II; *¡Qué va!*, II; **Actually, it seems to be that way.** *En efecto, parece ser así.*, III5; **to be going the right (wrong) way** *ir bien (mal)*, II
we *nosotros(as)*, I; **We don't have any more.** *No nos quedan.*, II; **We dropped ...** *Se nos cayó (cayeron)...*, III4; **We have it in (color, size, etc.) ...** *La tenemos en...*, II; **We like ...** *Nos gusta(n)...*, I; **we pick up ...** *recogemos...*, III3; **We should all ...** *Todos deberíamos...*, II; **We'll regret it.** *Lo lamentaremos.*, III11; **We're obligated to ...** *Estamos obligados a...*, III3
to wear *llevar*, I; **to wear (a size)** *usar*, II; **to wear glasses** *llevar gafas*, III1
weather *el tiempo*, I; **The weather is bad.** *Hace mal tiempo.*, I; **The weather is nice.** *Hace buen tiempo.*, I
Web page *la página Web*, II
Web site *el sitio Web*, III8
wedding *la boda*, III5
Wednesday *el miércoles*, I
week *la semana*, I
weekend *el fin de semana*, I
to weigh oneself *pesarse*, III2
weight *el peso*, II; **to gain weight** *aumentar de peso*, II; *subir de peso*, III2; **to lose weight** *bajar de peso*, III2
weights *las pesas*, I

well *el pozo*, II
Well ... *Pues...*, III3; *Bueno...*, I; **Well, I have class now.** *Bueno, tengo clase.*, I; **Well, I'm not surprised.** *Bueno, no me extraña.*, II; **Well, that may be, but ...** *Bueno, puede ser, pero...*, III5
well-being *el bienestar*, II
west *el oeste*, II; **to the west** *al oeste*, II
whale *la ballena*, II
what *lo que*, III3; **What I notice is ...** *Lo que noto es...*, III3; **what's important** *lo que es importante*, III3;
What! *¡Qué!*, I; **What a bargain!** *¡Qué ganga!*, I; **What a drag!** *¡Qué paliza!*, III1; **What a shame!** *¡Qué lástima!*, I; **What a surprise!** *¡Qué sorpresa!*, III8
What? *¿Qué?*, III1; *¿Cómo?*, III1; *¿Cuál?*, I; **What are ... like?** *¿Cómo son...?*, II; **What are you doing?** *¿Qué estás haciendo?*, I; **What can I bring you?** *¿Qué le puedo traer?*, I; **What can I do for you?** *¿Qué puedo hacer por ti?*, III7; **What can you tell me about ...?** *¿Qué me cuentas de...?*, III6; **What classes do you have?** *¿Qué clases tienes?*, I; **What color is it (are they)?** *¿De qué color es (son)?*, I; **What did he (she/you) do?** *¿Qué hizo?*, I; **What did he (she) say?** *¿Qué dijo?*, II; **What did they tell you?** *¿Qué te dijeron?*, II; **What did you do?** *¿Qué hiciste?*, I; **What do you advise me to do?** *¿Qué me aconsejas hacer?*, III2; **What do you do after school?** *¿Qué haces después de clases?*, I; **What do you do on weekends?** *¿Qué hacen ustedes los fines de semana?*, I; **What do you eat for ...?** *¿Qué tomas para...?*, I; **What do you like?** *¿Qué te gusta?*, I; **What do you like to do?** *¿Qué te gusta hacer?*, I; **What do you (emphatic) like to do?** *A ti, ¿qué te gusta hacer?*, I; **What do you prefer?** *¿Qué prefieres?*, I; **What do you recommend?** *¿Qué me recomienda?*, II; **What do you recommend that I do?** *¿Qué me recomiendas hacer?*, III2; **What do you think about ...?** *¿Qué te parece...?*, II; **What do you think of ...?** *¿Qué opinas de...?*, III6; *¿Qué piensas de...?*, III6; **What do you want me to do?** *¿Qué quieres que haga?*, II; **What have you heard about ...?** *¿Qué has oído de...?*, III6; **What if ...?** *¿Qué tal si...?*, I; **What is the price?** *¿Qué precio tiene?*, II; **What is today's date?** *¿Cuál es la fecha?*, I; *¿Qué fecha es hoy?*, I; **What is your city like?** *¿Cómo es tu ciudad?*, II;

What shall I bring you ...? *¿Qué le(s) traigo de...?*, II; **What should I do?** *¿Qué debo hacer?*, III2; **What time is it?** *¿Qué hora es?*, I; **What was ... like?** *¿Cómo era...?*, II; **What would you like for ...?** *¿Qué desea(n) de... ?*, II; **What's ... like?** *¿Cómo es...?*, I; **What's in ...?** *¿Qué hay en...?*, I; **What's the matter?** *¿Qué tienes?*, I; **What's the weather like?** *¿Qué tiempo hace?*, I; **What's there to drink?** *¿Qué hay para tomar?*, I; **What's wrong with ...?** *¿Qué le pasa a...?*, I; **What's your name?** *¿Cómo te llamas?*, I
Whatever (you want). *Como quieras.*, III1
when *cuando*, I; **when ... arrives** *cuando llegue...*, II; **when (I) finish classes** *cuando termine las clases*, II; **when (I) get a job** *cuando encuentre un empleo*, II; **when (I) get back to ...** *cuando vuelva a...*, II; **when (I) have more money** *cuando tenga más dinero*, II; **When I turn 18 ...** *Cuando cumpla los 18 años...*, III10; **when I was a child** *cuando era niño(a)*, II; **when I was five years old** *cuando tenía cinco años*, III12; **when I was young** *cuando era joven*, III12; **When I'm older ...** *Cuando sea mayor...*, III10
When? *¿Cuándo?*, III1
where *donde*, I
Where? *¿Dónde?*, III1; *¿Adónde?*, I; **Where (to)?** *¿Adónde?*, I; **Where are you from?** *¿De dónde eres?*, I; **Where are you going?** *¿Adónde vas?*, I; **Where did you go?** *¿Adónde fuiste?*, I; **Where is it?** *¿Dónde queda?*, II; **Where is she (he) from?** *¿De dónde es?*, I
which *que*, I
Which? *¿Cuál?*, I; **Which is your favorite class?** *¿Cuál es tu clase favorita?*, I
white *blanco(a)*, I
white-haired *canoso(a)*, II
who *que*, I; **...who's rude.** *...que sea descortés.*, III7
who? *¿quién(es)?* III1; **Who likes ...?** *¿A quién le gusta...?*, I; **Who's calling?** *¿De parte de quién?*, I
whole *entero(a)*, II
Whose turn is it? *¿A quién le toca?*, II
why: That's why ... *Por eso...*, II
Why? *¿Por qué?*, III1; **Why don't ...?** *¿Por qué no...*, I; **Why don't we leave it for ...?** *¿Por qué no lo dejamos para...?*, III6; **Why don't you ...?** *¿Por qué no...?*, II
wife *la esposa*, I
will: will continue *continuará*, III11; **will improve ...** *mejorará...*, III3; **will speak ...** *hablará...*, III3;

**Will you take them to him (her)?** *¿Se las llevas?*, III4
to **win** *ganar*, I
**window** *la ventana*, I
to **window-shop** *mirar las vitrinas*, II
**windsurfing** *la tabla de vela*, II; **to go windsurfing** *pasear en velero*, III1
**winter** *el invierno*, I
to **wish** *querer (ie)*, I
**with** *con*, I; **to go with** *acompañar (a)*, II; **with me** *conmigo*, I; **with the intention of** *con la intención de*, III10; **with you** *contigo*, I
**within (a day, month, . . .)** *dentro de (un día, un mes,...)*, II
**Without a doubt.** *Sin duda alguna.*, III8
**woman** *la mujer*, III5
**wool (made of)** *de lana*, I
**work** *el trabajo*, I
to **work** *trabajar*, I; **to work in the garden** *trabajar en el jardín*, I
**work hours** *el horario*, III12
**workplace environment** *el ambiente de trabajo*, III12
**workshop** *el taller*, III4
**World Wide Web** *el Web, la Telaraña Mundial*, II
**worn out** *agobiado(a)*, III2; *rendido(a)*, III2
**worried** *preocupado(a)*, II; **to be worried (about something)** *estar preocupado(a) (por algo)*, I
to **worry** *preocuparse*, III7; **Don't worry.** *No te preocupes.*, I
**worse** *peor*, II; **to get worse**

*empeorarse*, III3; **worse than** *peor que*, II
**worst** *el peor, la peor*, II
**worth it** *vale la pena*, III3
**would: Would you be so kind as to give it to me?** *¿Sería(s) tan amable de dármela?*, III4; **Would you care for anything else?** *¿Se le(s) ofrece algo más?*, II; **Would you like . . .?** *¿Te gustaría...?*, I; **Would you like anything else?** *¿Desean algo más?*, I
**wrist** *la muñeca*, II
to **write** *escribir*, I; **to write down** *apuntar*, II
to **write papers on the computer** *hacer trabajos con la computadora*, III3
**writer** *el escritor, la escritora*, III12
**written** *escrito*, III3
**wrong: You're wrong!** *¡Te equivocas!*, II

**year** *el año*, I; **last year** *el año pasado*, I; **New Year's Day** *El Día del Año Nuevo*, I; **New Year's Eve** *La Nochevieja*, I
**yellow** *amarillo(a)*, I
**yes** *sí*, I; **Yes, I like it.** *Sí, me gusta.*, I; **Yes, you're right.** *Sí, tienes razón.*, II
**yesterday** *ayer*, I

**yet** *todavía*, I
**yoga** *el yoga*, I
**you** *tú, vosotros(as)* **(informal)**, *usted, ustedes*, I; **you (informal) are** *eres*, I; **You are going the wrong way.** *Van mal.*, II; **You can't miss it.** *No se puede perder.*, II; **You don't say!** *¡No me digas!*, III8; **you found out** *supiste*, III9; **you have to** *hay que*, II; **you like** *te gusta(n)*, I; **You look very handsome (pretty).** *Te ves guapísimo(a).*, II; **You ought to . . .** *Debes...*, II; **You should . . .** *Debes...*, III12; *Deberías + inf.*, III2; **You shouldn't . . .** *No debes + inf.*, III2; **You think so?** *¿Tú crees?*, II; **you (informal) want** *quieres*, I; **You're wrong!** *¡Te equivocas!*, II
**young** *joven*, I
**younger** *menor*, I; **younger than** *menor que*, II
**your** *tu, tus, su, sus, vuestro(a)*, I
**youth hostel** *el albergue juvenil*, II
**Yuck!** *¡Guácala!*, III4

**zero** *cero*, I
**zone** *la zona*, III3; **pedestrian zone** *la zona peatonal*, III3
**zoo** *el zoológico*, II

# Grammar Index

# Grammar Index

This grammar index includes topics introduced in *¡Ven conmigo!* Levels 1, 2 and 3. The Roman numeral I preceding the page numbers indicates Level 1; the Roman numeral II indicates Level 2; the Roman numeral III indicates Level 3. Page numbers in boldface type refer to **Gramática** and **Nota gramatical** presentations. Other page numbers refer to grammar structures presented in the **Así se dice, Nota cultural, Vocabulario, ¿Te acuerdas?** and **A lo nuestro** sections. Page numbers beginning with R refer to the Grammar Summary in this reference section (pages R25–R46).

**a:** I: 149, 269, 275, 334; after **conocer** II: 106; verbs followed by II: **231**, R30; with **alguien** and **nadie** II: 332; III: **205**; see also prepositions
accent marks: I: 5, **23**
adjectives: agreement—masculine and feminine I: 93; II: 10, **11**; III: **17**, R24; singular and plural I: **58, 93**; II: 10, **11**; III: R24; demonstrative adjectives all forms I: 279; III: R24; possessive adjectives all forms I: **174**; III: R25; stressed possessive adjectives III: R25; with **-ísimo(a)** II: **225**; III: **101**, R26
**adónde:** I: **123**; see also question words
adverbs: adverbs ending in **-mente** II: **74**; III: R27; adverbs of frequency—**muchas veces, nunca, siempre, sólo cuando, todos los días** I: 145; **a menudo, cada día, de vez en cuando, todo el tiempo, una vez** I: 151; **a veces, normalmente, por lo general** II: 73; adverbs of place—**allí, aquí** II: **74**; adverbs of sequence—**después, luego, primero** I: 84, 361; **a continuación, para empezar, por último** II: 168; adverbs of time— **de la mañana, de la tarde, de la noche,** I: 88; **todavía** I: 145; **ya** I: 52, 85, 217; II: 42; **por la mañana, por la tarde, por la noche** I: 151; **anoche, ayer, la semana pasada** I: 307; **hoy, mañana** II: **74**
affirmative expressions: III: R25; **algo** I: 180, 246, 274, 334; **alguien** II: **332**; **algún** II: **350**; **alguna(s), o...o; sí** I: 32, 85; II: 21; **siempre** I: 145, 180; II: 73, 332; **también** I: 24; II: **134**
**al:** contraction of **a + el** I: 114, 119, 123; III: R22; see also prepositions
**algo:** I: 180, 246, 274, 334
**almorzar:** I: **238, 362**; II: **46** see also stem-changing verbs
**-ando:** I: **299**; III: R31
articles: see definite articles, indefinite articles

**caerse:** II: **291**
calendar expressions: dates I: 154; days of the week I: 124
commands (imperatives): I: **90, 92**; III: R35; formal command forms of verbs ending in **-gar, -car,** **-zar** II: **140, 260**; formal command forms of irregular verbs: **dar, estar, ir, saber, ser** II: **260**; formal command forms of reflexive verbs II: **260**; formal command forms of regular and irregular verbs II: **260**; informal commands, positive and negative: II: 138, **139**; III: **38**; introduction to informal commands I: **304**; irregular informal commands, positive: III: **38**; irregular informal commands, positive and negative: **decir, hacer, ir, poner, salir, ser, tener, venir** II: 138, **140**; III: 38, R35; **nosotros** commands II: **334**; III: **172**, R35
**cómo:** I: **30**, 92, 178; III: 16
comparisons: comparing quality using **mejor/peor...que** II: **107**; comparing age using **menor/mayor...que** II: **107**; of inequality using adjectives with **más...que, menos...que** I: **277**; II: **107**; III: **80**, R26; of equality using adjectives with **tan...como** I: **277**; II: 206, **207**; III: **80**, R26; of equality using nouns with **tanto(s)...como** or **tanta(s)...como** II: **207**; III: **80**, R26; see also superlatives
**con:** I: 104; see also prepositions
conditional: III: **265**, 357, R37; hypothetical statements III: 264, 325; irregular stems III: **265**; regular **-ar, -er, -ir** verbs III: **265**, 357, R37; uses III: **265**, 357; with the past subjunctive III: **327**, 357
conjunctions: **o** I: 132, 245, 247; II: **177**; use of **u** instead II: **177**; III: **18**; **pero** I: 32, 193; **porque** I: 87; **y** I: 193; II: **177**; use of **e** instead II: **177**; III: **18**; subordinating conjunction: see **que**
**conmigo:** I: **116**
**conocer:** present tense all forms II: **106**; preterite III: 257; vs. **saber** II: **165**; III: **18**, R42
**contigo:** I: **116**
contractions: see **al** and **del**
**creer:** preterite tense all forms II: **291**
**cuál(es):** I: 95, 154, 277, 279; see also question words
**cuando:** I: 145
**cuándo:** II: **29**; III: 16; see also question words
**cuánto(a):** agreement with nouns I: **58**, 174, 246, 280; see also question words
**cuántos(as):** I: **30**, **280**; see also question words

**dar:** preterite tense all forms II: **136**; III: R32; formal command forms II: 228
dates (calendar): I: **154**

**R100**

days of the week: I: **124**

**de:** used in showing possession I: **89**; used with color I: **178**; used with material or pattern I: **275**; verbs followed by II: **231**; when expressing superlatives II: **227**

**de dónde:** I: **30**; III: **16**; see also question words

**deber:** present tense all forms I: **184**; II: **101**

**deberías** vs. **debes:** II: **101**

**decir:** followed by the imperfect II: **236**; positive and negative **tú** commands II: **140**; preterite tense II: **236**; followed by the imperfect II: **236**; subjunctive III: 205

definite articles: all forms III: R22; **el, la** I: **33**; **los, las** I: **83** irregular use of III: **163**

**del:** contraction of **de** + **el** I: **89**; III: R22

demonstrative adjectives: all forms I: **279**; III: R24

demonstrative pronouns: see pronouns

diminutives: I: 187

direct object pronouns: see pronouns

**doler:** with parts of the body I: **336**; see also stem-changing verbs

**dónde:** I: **28, 30**, 118, 271; III: 16; see also question words

**dormir:** preterite tense all forms II: **134**; see also stem-changing verbs

**durante:** I: 145; see also prepositions

**e:** conjunction instead of **y:** II: 201; III: **18**

**e → i** stem-changing verbs: III: **11**, R37

**e → ie** stem-changing verbs: I: **209, 362**; II: **46**; III: **11**, R37; stem-changing verbs in the preterite: II: **174**; see also stem-changing verbs

**el:** I: **33**; see also definite articles

**empezar:** I: **209, 362**; II: **46**; III: **11**; see also stem-changing verbs

**en:** as "on" I: **88**; as "at" I: **145**; see also prepositions

**encantar:** I: **236**

**estar:** contrasted with **ser** I: **240, 369**; II: **105**; III: R42; **estar** + present participle I: **299**; present tense all forms I: **118**; II: **39**, to ask how someone is and say how you are I: 24, to talk about how things taste, look or feel I:**240**, to tell where people and things are located I: **118**; II: 49, **105**; preterite II: 225; III: 257, all forms III: **258**; see commands, formal command forms of irregular verbs

frequency: adverbs of—**muchas veces, nunca, siempre, sólo cuando, todavía, todos los días** I: **145**; **a menudo, cada día, de vez en cuando, todo el tiempo, una vez** I: **151**; **a veces, normalmente, por lo general** II: **73**; see also adverbs

future plans: expressions in the present tense I: **362**; III: 349

future tense: III: 78, **79**, 349, R33; irregular stems III: **79**, R33

gender of nouns: I: 33, **51, 53**; III: R22

giving the date: I: 154

**gustar:** all forms III: R41; likes and dislikes I: 32, 95, 113, 148; II: 21; telling what one would like I: 367

**haber:** future tense III: **79**; present subjunctive III: **198**; used with the present perfect tense III: **72**; see **hay**; see also imperfect tense

**hacer: hace** + amount of time + preterite III: 347; **hace** + amount of time + **que** + present tense to say how long someone has been doing something II: **82**; III: R29; **hacer** with weather I: 156, 157; III: R29; future tense III: **79**; past subjunctive III: **327**; present tense all forms (including irregular **yo** form) I: **180**; preterite I: 307, 340, 371

**hay:** I: 57, 174, 235; subjunctive III: **225**

**iendo:** I: **299**; III: R31

imperative mood: III: R35; see also commands

imperatives: see commands

imperfect tense: contrasted with the preterite II: **290**; III: **348**; introduction II: **196**; irregular verbs: **ir, ver** II: **196**; III: **47**; **ser** II: **202, 203**; III: **47** haber II: **204**; regular verbs II: **196, 198**; III: **47**, R27; to say how people were feeling III: **258**; uses III: **348**; used to set the scene for a story II: 289; with the preterite to express an action in progress or describe the conditions of a particular event II: **290**; with the preterite to tell a story II: 296

indefinite articles: all forms III: R23; **un, una** I: **51, 53**; unos, unas I: **53**

indicative mood: III: R31; after expressions of truth or certainty III: **232**, 259; in open-ended if clauses III: **327**

indirect object pronouns: see pronouns

infinitives: I: **61, 363**; III: R30; after expressions of need III: 164; after prepositions III: **293**; definition of I: **61**; with expressions of feeling III: **196**; with recommendations III: **170**

informal commands: see commands

interrogatives: see question words

**ir:** commands, irregular informal II: 138, **140**; formal II: **260**; imperfect tense all forms II: **197**; III: **47**; **ir** (in the imperfect) + **a** II: **232**; III: 81; present tense all forms I: **123**; ir a + infinitive I: 208, **212, 363**; II: 17; III: 349; past subjunctive III: **327**, 357; preterite tense all forms I: **342, 371**; II: 45; R32

irregular verbs: III: R39–R41

**-ísimo(a):** II: **225**; III: **101**; see also superlatives

**debajo de, encima de, lejos de** I: 119; **antes de, después de** I: 114; **con, conmigo, contigo** I: 116; **de** used in showing possession I: **89**; used with color I: 178; used with material or pattern I: **275**; using **de** to mean "in" or "of" II: **227**; verbs followed by II: **231**; when expressing superlatives II: **227**; **del:** contraction of **de + el** I: **89**; III: R22; **durante** I: 145; **en** as "on" I: **88**, as "at" I: 145; **para** as "for the purpose of" III: **108**, as "in order to" I: 123, as "intended for": III: **108**, as "for" I: 269; III: **108**; used with infinitive II: 103; **por:** III: R28, as "at" I: 88, 151, as "for" III: **108**, as "for the benefit of" III: **108**, as "in exchange for" III: **108**, as "in favor of" III: **108**, as "on" I: 148, as "in" I: 151; used with verbs II: **231**; III: R27

present participle: I: 299; III: R30

present perfect: of **-ar, -er,** and **-ir** verbs III: **72**, R31

present progressive: I: 299; III: 39, R31

present tense: I: **114, 150**; regular verbs II: 16; III: R31; regular **-ar** all forms I: **114**; regular **-er** and **-ir** all forms I: **150**; II: **16**; stem-changing verbs III: **11**; with irregular **yo** forms: **hacer** I: **180, 185; poner** I: **185; salir** I: **180, 185; conocer** II: **106**; used with infinitives I: **363**

preterite tense: III: R32; contrasted with the imperfect II: **290**; III: **348**; for emotional reactions III: **258**; irregular verbs III: R32; irregular verbs: **estar, ponerse, saber** II: **258**; irregular verbs all forms: **pedir, servir, traer** II: **174; decir** II: **236; oír, creer, leer, caerse** II: **291; jugar** I: **340; ir** I: 342, 371; II: 45; **poder** II: **144**; of **dormir** II: **134**; of **ir** I: 342, 371; of **jugar** I: 340; regular **-ar** verbs all forms I: **307, 371**; II: **43**; III: **12**; regular **-er** and **-ir** verbs all forms II: **136**; III: **12**; to relate a series of events II: **168**; uses III: **348**; used to continue and end a story II: **295**; with the imperfect to tell a story II: **296**

pronouns: agreement of reflexive pronouns and subject III: **294**; as objects of prepositions: **mí, ti, él, ella, usted, nosotros(as), ellos, ellas, ustedes** III: R23; for clarification I: **149**; demonstrative pronouns **ésta** and **éste** I: 22; direct object pronouns: all forms III: R23; **lo, la** I: **310**; II: **77; los, las** II: **77; me, te, lo, la, nos, os, los, las** II: **112**; double object pronouns III: **110**, R23; indirect object pronouns **me, te, le** I: **95, 270**; **les** I: 149, 270; all forms I: **236**; III: R23; reflexive pronouns II: **72**; III: R23; reflexive pronouns in affirmative and negative commands III: **45**; relative pronouns: see **que**; subject pronouns **tú** and **yo** I: **25**; II; **él, ella** I: **54, 310**; subject pronouns: all forms I: **121**; III: R23; lo, la, los, las II: **77**; uses of se III: R23, with indirect object pronoun III: **103**, impersonal construction with verb III: **135**, as the passive voice III: **319**; with decir II: **236**

punctuation marks: I: 23

**que:** as a relative pronoun I: **117**; see also comparisons, **que** as "than"; **que** as subordinating conjunction ...**dice que...** I: 184

**qué:** I: **32**; III: 16; see also question words

**querer:** present tense all forms II: **46**; to express wants and needs I: 52, 60; see also stem-changing verbs

question words (interrogatives): III: **16**, R26; **adónde** I: **123**; **cómo** I: 30, 92, 178; **cuál** I: 95, 154, 277, 279; **cuándo** II: 33; **por qué** I: 95; **cuánto(a)** I: 58, 158, 246, 280; **cuántos(as)** I: 30, 280; **de dónde** I: 30; **de qué** I: 178;

**dónde** I: 28, 30, 118, 271; **qué** I: **32**; **quién(es)** I: **146**

**quién(es):** I: **146**; III: **16**; see also question words

reflexive pronouns: II: **72**; III: 294, R23; see also reflexive verbs

reflexive verbs: I: **214**; all forms II: **72**; III: **45**; to express feelings II: **146**; to describe reciprocal actions III: **197**; see also pronouns, reflexive pronouns

**S**

**saber:** present tense all forms II: **164**; preterite III: 257, all forms III: **258**; subjunctive III: 205; vs. **conocer** II: **165**; III: **18**, R42

**salir:** present tense all forms including irregular yo form I: **180**; commands, irregular informal: II: 138, **140**

**se:** with indirect object pronoun III: **103**; impersonal construction with verbs III: **135**, 319; as the passive voice III: 319

**sentirse:** I: **331**; preterite III: 257; **258**; see also stem-changing verbs

Sequence: adverbs of—**después, luego, primero** I: 84, 361; **a continuación, para empezar, por último** II: 168; see also adverbs

**ser: soy, eres, es** I: **28**; contrasted with **estar** I: 240, 369; II: 105; III: R42; present tense all forms I: **92**; to talk about what something is like or the nature of things I: **240**; II: **105**; used with **de +** material or pattern I: **275**; imperfect tense all forms II: **203**; III: **47**; past subjunctive III: 327, **357**; preterite all forms III: R32; commands, irregular informal II: 138, **146**

**servir:** preterite tense II: **174**; see also stem-changing verbs

**si:** as conditional "if" II: **333**; clauses in the past subjunctive III: **327**; clauses in the present tense II: **333**

**siempre:** I: **145**; see also adverbs of frequency and affirmative expressions

spelling-change verbs: III: R37–R39; negative commands with verbs ending in **-car, -gar** II: **140**; subjunctive of verbs that end in **-car, -gar, -zar** III: **164**

stem-changing verbs: clarification of I: **362**; e → ie stem-changing verbs III: **R36; empezar** III: **11**, **querer, empezar, preferir, tener, venir** I: 209, 362; II: **46; pensar** I: 212; o→ ue stem-changing verbs III: **R36; almorzar, poder** I: 238, 362; II: **46; doler** I: 336; **poder** III: **11**; e → i stem-changing verbs III: **R36; vestirse** II: **73; o → u** stem-changing verbs: **dormir** II: **134**; all forms III: R36–R37; **-ir** verbs with vowel changes in the preterite III: R37; **pedir, servir** II: **174, pedir** III: **11**

subject pronouns: **tú** and **yo** I: **25; él, ella** I: **54,** 310; all forms I: **121**; III: R23

subjunctive mood: III: R33–R35; after certain conjunctions III: **289**; after expressions of doubt and disbelief III: **225, 232**; after expressions of need III: **164**; after impersonal expressions III: **232**; for talking about hopes and wishes III: 141, **142**; introduction of II: **360**; irregular verbs III: R34, **ir, estar, ser, dar** III: **143**; of **hay** III: **225**; of **tener, saber, decir, ser** III: **205**; past subjunctive III: R35, in

# ACKNOWLEDGMENTS & CREDITS

# Credits

## ACKNOWLEDGMENTS

**For permission to reprint copyrighted material, grateful acknowledgment is given to the following sources:**

*American Cancer Society, Inc.:* Adaptation of "Quémate ahora, paga después" from the title page of American Cancer Society brochure, 1986. Copyright © by American Cancer Society, Inc.

*Américas:* From "Una causa picante" by Jack Robertiello from *Américas*, vol. 46, no. 1, January/February 1994. Copyright © 1994 by Américas, a bimonthly magazine published by the General Secretariat of the Organization of American States in English and Spanish.

*Agencia Literaria Carmen Balcells, S.A.:* "La tortuga" from *Confieso que he vivido* by Pablo Neruda. Copyright © 1974 by Pablo Neruda and the Fundación Pablo Neruda.

*Bienestar:* Adaptation from "17 Claves para manejar el estrés" (retitled "Cómo aliviar el estrés: 10 cosas esenciales") from *Bienestar*, no. 9. Copyright © by Bienestar: Organización Sanitas Internacional.

*Maia A. Chávez:* "Gringa/Chicana" by Maia Chávez from *Imagine*, no. 1, edited by Tino Villanueva.

*Marco Denevi:* Adapted from "Las abejas de bronce" by Marco Denevi.

*Ediciones Destino, S.A.:* From "El árbol de oro" from *Historias de Artámila* by Ana María Matute.

*Editora Cinco, S.A.:* Adapted from "Reír es bueno" from "Medicina noticias" from *En Forma*, año 6, no. 60, January 1993. Copyright © 1993 by Editora Cinco. S.A.

*Editorial Armonía, S.A.:* From "Cómo mantener vivas las buenas amistades" from *Kena Tips*, año 15, no. 10, 1991. Copyright © 1991 by Editorial Armonía, S.A.

*Editorial Atlántida, S.A.:* From "Superniña alpinista" from *Billiken*, no. 3740, September 16, 1991. Copyright © 1991 by Editorial Atlántida, S.A. Text and photograph from "Maratón a los 80" from *Billiken*, no. 3753, December 16, 1991. Copyright © 1991 by Editorial Atlántida, S.A. From "Historia del siglo XX" from *Billiken*, no. 3755, December 30, 1991. Copyright © 1991 by Editorial Atlántida, S.A. From "La escuela en la tele" de *Billiken*, no. 3765, March 9, 1992. Copyright © 1992 by Editorial Atlántida, S.A. From "Los chicos periodistas" from *Billiken*, no. 3789, August 24, 1992. Copyright © 1992 by Editorial Atlántida, S.A. "Cada pueblo, un desarrollo" from *Billiken*, no. 3795, October 5, 1992. Copyright © 1992 by Editorial Atlántida, S.A.

*Editorial Atlántida, S.A.:* From "La electricidad que viene del cielo" from *Conozca más*, año 4, no. 12, December 1, 1993. Copyright © 1993 by Editorial Atlántida, S.A. From "La 'tele' que le cambiará la vida" from *Conozca más*, año 4, no. 12, December 1, 1993. Copyright © 1993 by Editorial Atlántida, S.A.

*Editorial Eres, S.A. de C.V.:* Adapted from "Luis Miguel: 5 Años con Eres!" from *Eres*, Special Edition, año 6, no. 126, September 16, 1993. Copyright © 1993 by Editorial Eres, S.A. de C.V. Adaptation of "Maná" from *Somos*, año 4, no. 87, December 16, 1993. Copyright © 1993 by Editorial Eres, S.A. de C.V.

*Editorial Televisa, S.A.:* Adapted from "Para hacer las paces" from *Tú Internacional*, año 11, no. 11, November 1990. Copyright © 1990 by Editorial Televisa, S.A. From "El ejercicio, los alimentos..." from *Tú Internacional*, año 13, no. 10, October 1992. Copyright © 1992 by Editorial Televisa, S.A. "Mi 'escape' favorito..." from *Tú Internacional*, año 13, no. 12, December 1992. Copyright © 1992 by Editorial Televisa, S.A. "Estrategias para triunfar" from *Tú internacional*, año 14, no. 1, January 1993. Copyright © 1993 by Editorial Televisa, S.A. Adapted from "Test: ¿Equilibrada o descontrolada? from *Tú Internacional*, año 14, no. 7, July 1993. Copyright © 1993 by Editorial Televisa, S.A. Adapted from "Él te tiene loca...pero dudas si es fiel..." (retitled "Un novio infiel") from *Tú Internacional*, año 14, no. 11, November 1993. Copyright © 1993 by Editorial Televisa, S.A.

*Espasa-Calpe, S.A., Madrid and Andrés Palma Michelson:* From "La camisa de Margarita" from *Tradiciones Peruanas*, Tomo III, by Ricardo Palma. Copyright 1946 by Ricardo Palma.

*G y J España Ediciones S.L., S. en C.:* From "Claves para ver mejor la televisión" and from "La tele recrea situaciones idénticas a las de la vida real" from *Muy Interesante*, no. 197, October 1997. Copyright © 1997 by G y J España Ediciones S.L., S. en C.

*Rodolfo Gonzales:* From *I am Joaquín/Yo soy Joaquín: An Epic Poem* by Rodolfo Gonzales. Copyright © 1967 by Rodolfo Gonzales.

*D.C. Heath and Company:* "Signos de puntuación" by M. Toledo y Benito from *Repaso y composición*. Copyright 1947 by D.C. Heath and Company.

*Seymour Menton:* "El monopolio de la moda" by Luis Britto García from *El Cuento Hispanoamericano: Antología Crítico-Histórica* by Seymour Menton. Copyright © 1964, 1986 by Fondo de Cultura Económica, S.A. de C.V.

**La Nación, San José, Costa Rica:** From "Pedaleando por la vida" by Andrés Formoso from *La Nación*, April 4, 1994. Copyright © 1994 by La Nación.

**National Textbook Co.:** "Quetzal no muere nunca" from *Leyendas Latinoamericanas* by Genevieve Barlow. Copyright © 1970 by National Textbook Co.

**Núcleo Radio Mil:** From Radio schedule for "Radio 1000 AM" from *Excelsior*, November 3, 1994.

**Sociedad Mixta de Turismo y Festejos de Gijón, S.A.:** From "Festival Internacional de Cine de Gijón," from brochure, *Gijón, Verano 88*.

**University of Oklahoma Press:** From "The Viceroy and the Indian" from *Of the Night Wind's Telling: Legends from the Valley of Mexico* by E. Adams Davis. Copyright © 1946 by the University of Oklahoma Press.

**Martha Zamora:** Adapted from "Por qué se pintaba Frida Kahlo" by Martha Zamora from *Imagine*, vol. II, no. 1, 1985. Copyright © 1985 by Martha Zamora.

## PHOTOGRAPHY CREDITS

**Abbreviations used: (t), top, (b), bottom, (c), center, (l), left, (r), right, (bkgd) background. All other locations are noted with descriptor.**

**All photographs belong to Holt, Rinehart and Winston by Martha Granger/Edge Video Productions except:**

vii (b), Sam Dudgeon/HRW; viii (t), Sam Dudgeon/HRW; ix (br), Daniel J. Schaefer; xii (bc), Sam Dudgeon/HRW; xv (tl), Michelle Bridwell/Frontera Fotos; 62-63 (bkgd), G. Martin/SuperStock; 64 (tr), Manley/SuperStock; 65 (tl), Luis Villota/Corbis Stock Market; 65 (tc), G. De Steinheil/SuperStock; 65 (cr), David J. Sams/Texas Inprint; 64 (bl), ©Robert Frerck/Odyssey/Chicago; viii (bc), Corbis Stock Market; ix (t), Stone/Jon Bradley; x (t), Manley/SuperStock; x (b), Michael Moody/D. Donne Bryant Photography; xii (cr), ©Robert Frerck/Odyssey/Chicago; xiii (cl), Francisco J. Rangel; xiv (t), S. Poulin/SuperStock; xiv (b), Chip & Rosa María de la Cueva Peterson; xv (t), ©Ricardo Carrasco-Stuparich; xvi (b), James Davis/International Stock Photography; xvii (t), Robert Brenner/PhotoEdit; xviii (t), Brenda Tharp/F-Stock, Inc.; xviii (b), NASA/GSFC/NOAA/USGS; xix (t), Leon Duque/Duque Múnera y Cia; xx (c), ©Robert Frerck/Odyssey/Chicago; xxii (c), David J. Sams/Texas Inprint; xvi (t), SuperStock; xvii (b), Bruce Laurance/Courtesy of Ballet Hispanico of New York; xxix (border), Joe Viesti/Viesti Collection, Inc.; 0-1 (bkgd), Robert Frerck/Corbis Stock Market; 2 (tr), ©Robert Frerck/Odyssey/Chicago; 2 (cr), Tibor Bognar/Corbis Stock Market; 2 (bl), P & G Bowater/The Image Bank; 2 (border), Joe Viesti/Viesti Collection, Inc.; 3 (tl), Tibor Bognar/Corbis Stock Market; 3 (tr), K. Gibson/SuperStock; 3 (bl), Charles Mahaux/Image Bank; 4-5 (bc), Stephen Frink/Corbis Stock Market; 5 (border), Joe Viesti/Viesti Collection, Inc.; 6 (bl), Compact disc cover from Puntos Cardiales by Ana Torroja © 1997 BMG Music, Spain, S.A., photos by Eddie Monsoon; 6 (tl), Michelle Bridwell/Frontera Fotos; 6 (cr), Tony Stone Images; 7 (br), Dennie Cody/FPG International; 7 (cr), Daniel J. Schaefer; 8 (c), Scott Markewitz/FPG International; 12 (tc), Kevin Syms/David R. Frazier Photolibrary; 14 (tr), R. Heinzen/SuperStock; 14 (bl), Robert Frerck/Corbis Stock Market; 14 (br), Kevin Syms/David R. Frazier Photolibrary; 17 (tl), Corbis Stock Market; 17 (l), Michelle Bridwell/Frontera Fotos; 17 (cl, r), Daniel J. Schaefer; 17 (cr), Michael Newman/Photo Edit; 22 (tr), N/S/Sovfoto/Eastfoto/PNI; 29 (tl), Tom Stewart/Corbis Stock Market; 29 (tc, tr), Michelle Bridwell/Frontera Fotos; 30 (br), Michelle Bridwell/Frontera Fotos; 32-33 (bkgd), Stone/Jon Bradley; 33 (border), Joe Viesti/Viesti Collection, Inc.; 35 (tl), Sam Dudgeon/HRW; 35 (tl), Tom and DeeAnn McCarthy/Corbis Stock Market; 35 (tr), Ronnie Kaufman/Corbis Stock Market; 35 (cr), Paul Barton/Corbis Stock Market; 35 (br, bl), Michael Heron/Corbis Stock Market; 35 (cl), P.R. Production/SuperStock; 37 (all), Michelle Bridwell/Frontera Fotos; 42 (all), John Langford/HRW; 46 (r), Bob Daemmrich Photo, Inc.; 46 (cl), Daniel J. Schaefer; 46 (cr), Michelle Bridwell/Frontera Fotos; 48 (tr), Michelle Bridwell/Frontera Fotos; 50 (tr, tl), Michelle Bridwell/Frontera Fotos; 50 (br), David R. Frazier Photolibrary; 51 (tl), Pictor Uniphoto; 56 (br), John Langford/HRW; 58 (all), Michelle Bridwell/Frontera Fotos; 60 (bl, br), Michelle Bridwell/Frontera Fotos; 60 (bc), David Madison; 62-63 (bkgd), Sam Dudgeon/HRW; 64 (border), Sam Dudgeon/HRW; 66-67 (all), Michael Moody/D. Donne Bryant Photography; 67 (border), Sam Dudgeon/HRW; 76 (cl), Robert Fried; 77 (tl), T. Rosenthal/SuperStock; 78 (tr), SuperStock; 78 (bl), Marty Granger/Edge Video Productions/HRW; 79 (all), Daniel J. Schaefer; 83 (bkgd), HRW Photo; 84 (br, tr), Sam Dudgeon/HRW; 84 (bl), Jeff Zaruba/Corbis Stock Market; 85 (mannequins), Bill Ross/Corbis; 85 (ties), Sam Dudgeon/HRW; 85 (phone), Digital imagery® copyright 2003 PhotoDisc, Inc.; 85 (women's shoes), Sam Dudgeon/HRW; 85 (blender), Digital imagery® copyright 2003 PhotoDisc, Inc.; 85 (car), Sam Dudgeon/HRW; 85 (athletic shoes, tv), Greg Geisler/HRW; 86 (diamonds), Index Stock Photography, Inc.; 86 (nail polish), Spencer Jones/FPG International; 86 (lipstick, watches), Sam Dudgeon/HRW; 86 (chairs), Ryo Konno/Photonica; 86 (toy 1, toy 2, toy 4), Ken Karp/HRW Photo; 86 (toy 3), J. Good/HRW Photo; 86 (table), Greg Geisler/HRW; 86 (cellular phone), Digital imagery® copyright 2003 PhotoDisc, Inc.; 91 (t), Sam Dudgeon/HRW; 94 (cl), Underwood & Underwood/Corbis-Bettmann; 94 (cr),

Photoworld/FPG International; 96-97 (bkgd), Sam Dudgeon/HRW; 97 (border), Sam Dudgeon/HRW; 102 (salad), HRW Photo; 102 (fish, trout, cake), ©Stockbyte; 102 (clams, carrot), Digital imagery® copyright 2003 PhotoDisc, Inc.; 102 (steak), Russell Dian/HRW; 102 (cantaloupe), Corbis Images; 104 (br), Bob Daemmrich/The Image Works; 105 (cr), Dirk Weisheit/D. Donne Bryant Photography; 105 (br), Branda J. Latvala/D. Donne Bryant Photography; 109 (pastelería), Arturo Salinas/HRW; 109 (la pescadería), Sam Dudgeon/HRW; 109 (el taller), Eric Beggs/HRW; 109 (all others), Digital imagery® copyright 2003 PhotoDisc, Inc.; 111 (c), M.L. Miller/Edge Video Productions/HRW; 111 (cl), Marty Granger/Edge Video Productions/HRW; 112 (c), G. Nieto/SuperStock; 114 (c), ©Robert Frerck/Odyssey/Chicago; 117 (br), Pictor Uniphoto; 119 (tr), David Phillips/Words & Images; 124 (border), ©Robert Frerck/Odyssey/Chicago; 124-125 (bkgd), John Mitchell/D. Donne Bryant Photography; 126 (tr), Tim Street-Porter; 126 (bl, br, border), ©Robert Frerck/Odyssey/Chicago; 127 (cr), Suzanne Murphy-Larronde/D. Donne Bryant Photography; 127 (tl), Rick Strange/Index Stock Imagery, Inc.; 127 (bl), Compact disc cover from Falta Amor by the group Maná, © Warner Music México S.A. de C.V.; 128-129 (bkgd), ©Robert Frerck/Odyssey/Chicago; 129 (border), ©Robert Frerck/Odyssey/Chicago; 132 (bl), ©Robert Frerck/Odyssey/Chicago; 135 (all), ©Robert Frerck/Odyssey/Chicago; 137 (bkgd), HRW Photo; 142 (b), John Neubauer/PhotoEdit; 150 (b), Sam Dudgeon/HRW; 152 (cl), Michelle Bridwell/Frontera Fotos; 156-157 (bkgd), Francisco J. Rangel; 157 (border), ©Robert Frerck/Odyssey/Chicago; 158 (tr), Porterfield/Chickering; 158 (br), ©Robert Frerck/Odyssey/Chicago; 158 (bl), Michelle Bridwell/Frontera Fotos; 159 (all), ©Robert Frerck/Odyssey/Chicago; 160 (bl), ©Robert Frerck/Odyssey/Chicago; 161 (bkgd), HRW Photo; 166 (tr), Alejandro Xul Solar, Uno, 1920, Watercolor and pencil on paper on card, 6-1/2 X 8-1/4 inches. Courtesy, Rachel Adler Gallery, New York.; 166 (cl), Fernando Botero, National Holiday, oil on canvas, 671/2 X 38 1/2 inches. Private Collection, Courtesy, Marlborough Gallery ; 166 (br), CORBIS/Christie's Images; 167 (c, cl), Suzanne Murphy-Larronde; 167 (tc), Sam Dudgeon/HRW; 167 (cr), James M. Mejuto; 167 (bkgd), HRW Photo; 168 (cl), Sam Dudgeon/HRW; 169 (tl), Larry Mulvehill; 171 (l), Nik Wheeler; 171 (cr, cl), ©Robert Frerck/Odyssey/Chicago; 171 (r), Porterfield/Chickering; 171 (br), Chuck Savage/Corbis Stock Market; 171 (bl, cl, cr), Michelle Bridwell/Frontera Fotos; 174 (br), Archive Photos; 175 (bl), Frida Kahlo. Frieda and Diego Rivera, 1931. San Francisco Museum of Modern Art/Albert M. Bender Collection. Gift of Albert M. Bender.; 176 (tc) Kahlo, Frida Fulang-Chang and I. 1937. Two-part ensemble (assembled after 1939) Part one: 1937, oil on composition board, 15 3/4 x 11" (39.9 x 27.9 cm), painted mirror frame (added after 1939), 22 1/4 x 17 3/8 x 1 3/4" (56.6 x 44.1 x 4.5 cm). Part two, (after 1939) mirror with

painted mirror frame. 25 1/4 x 19 1/8 x 1 3/4" (64.1 x 48.5 x 4.4 cm), including frame. The Museum of Modern Art, New York. Mary Sklar Bequest. Photograph ©2001 The Museum of Modern Art, New York; 176 (br), Sam Dudgeon/HRW; 178 (bl), James M. Mejuto; 178 (br), Sam Dudgeon/HRW; 180 (cl), Steve Allen/Liaison Agency; 182 (br), Rick Reinhard/Impact Visuals; 184 (cr), Tim Street-Porter; 186-187 (bkgd), SuperStock; 186 (border), Beryl Goldberg Photography; 188 (tr), W. Woodworth/SuperStock; 188 (b), Joe Viesti /Viesti Collection; 188 (border), Beryl Goldberg Photography; 189 (cr), P.L. Raotoa/SuperStock; 189 (bl), SuperStock; 189 (tl), S. Poulin/SuperStock; 189 (br), Alejandro Xul Solar, horoscopo, 1927, watercolor on paper laid down on card, 6-5/8 x 9 inches.  Courtesy Rachel Adler Gallery, New York.; 190-191 (bkgd), Chip & Rosa María de la Cueva Peterson; 191 (border), Beryl Goldberg Photography; 193 (tl), Jim Sparks/Tony Stone Images; 194 (c), Michael Newman/Photo Edit; 194 (cr), Joe Polillio/Liaison International; 200 (all), Michelle Bridwell/Frontera Fotos; 201 (tr), Michelle Bridwell/Frontera Fotos; 202 (cl), Lynn Sheldon Jr./D. Donne Bryant Photography; 202 (cr), D. Donne Bryant/D. Donne Bryant Photography; 215 (tr), Michelle Bridwell/Frontera Fotos; 215 (br), David Young-Wolff/PhotoEdit; 215 (bl), Josy Sturino/Allsport; 220-221 (bkgd), ©Ricardo Carrasco-Stuparich; 221 (border), Beryl Goldberg Photography; 222 (br), Michelle Bridwell/Frontera Fotos; 223 (tc), Bill Gallery/Stock Boston/PNI; 229 (bkgd), HRW Photo; 230 (tl), Nancy Humbach/HRW; 234 (l), Reuters/Enrique Marcarian/Archive Photos; 234 (cl), Steve Allen/Gamma Liaison; 234 (cr), Sichov/Sipa Press; 234 (r), V. Fernandez/Shooting Star International ; 235 (bl), Michelle Bridwell/Frontera Fotos; 235 (bc, br), Daniel J. Schaefer; 242 (bl), Michelle Bridwell/Frontera Fotos; 242 (br), Nancy Humbach/HRW; 243 (b), Michelle Bridwell/Frontera Fotos; 248-249 (bkgd), Corbis Images; 248 (girl), Suzanne Murphy-Larronde/D. Donne Bryant Photography; 248 (Statue of Liberty), Digital imagery® copyright 2003 PhotoDisc, Inc.; 248 (all others), Corbis Images; 250 (tr), Digital imagery copyright 2003 Photo Disc, Inc.; 250 (br), Charles Erickson/Courtesy of El Museo de Barrio; 250 (bl), Andrea Brizzi/Corbis Stock Market; 250 (girl), Suzanne Murphy-Larronde/D. Donne Bryant Photography; 250 (Statue of Liberty), Digital imagery® copyright 2003 PhotoDisc, Inc.; 250 (all others), Corbis Images; 251 (cl), E. Carle/SuperStock; 251 (tc), Sapinsky/Corbis Stock Market; 251 (cl), Alan Schein/Corbis Stock Market; 251 (br), David Hundley/Corbis Stock Market; 252-253 (bkgd), James Davis/International Stock Photography; 253 (girl), Suzanne Murphy-Larronde/D. Donne Bryant Photography; 253 (Statue of Liberty), Digital imagery® copyright 2003 PhotoDisc, Inc.; 253 (all others), Corbis Images; 254 (all), Nancy Humbach/HRW; 255 (all), Nancy Humbach/HRW; 261 (bkgd), HRW Photo; 269 (cr), Archive Photos; 273 (br), Sam Dudgeon/HRW; 277 (l),

Michael Newman/Photo Edit; 277 (c), Michelle Bridwell/
Frontera Fotos; 277 (r), Sam Dudgeon/HRW; 280-281
(bkgd), Robert Brenner/PhotoEdit; 281 (girl), Suzanne
Murphy-Larronde/D. Donne Bryant Photography; 281
(Statue of Liberty), Digital imagery® copyright 2003
PhotoDisc, Inc.; 281 (all others), Corbis Images; 282 (all),
Dora Villani/HRW; 283 (all), Dora Villani/HRW; 284
(Paul), Sam Dudgeon/HRW; 284 (all others), Dora
Villani/HRW; 285 (br), Scarborough/Shooting Star
International ; 286 (br), Albert Ortega Photography; 286
(tr), Wide World Photos; 286 (bl), Mitchell Layton/
Duomo Photography; 286 (bc), Steve Granitz/Retna, Ltd.;
286 (tc), Shooting Star International ; 286 (tl), Chris
Trotman/Duomo Photography; 287 (cl), Mary Kate
Denny/Photo Edit; 287 (cr), Bob Daemmrich/The Image
Works; 287 (br), Bill Aron/Tony Stone Images; 288 (tr),
Charles Erickson/Courtesy of El Museo del Barrio; 290
(tr), Michael Newman/PhotoEdit; 292 (border), HRW
Photo; 292 (bkgd), HRW Photo; 292 (c), M.L.Miller/Edge
Video Productions/HRW; 296 (cr), Richard Hutchings/
Photo Edit; 297 (l,r), Bruce Laurance/Courtesy of Ballet
Hispanico of New York; 297 (bkgd), HRW Photo; 298
(cr), Mary Altier; 300 (tc), K. Kummels/SuperStock; 302
(bl), Sam Dudgeon/HRW; 302 (br), Michelle Bridwell/
Frontera Fotos; 305 (tr), SuperStock; 305 (b), Alan
Schein/Corbis Stock Market; 310-311 (bkgd), Buddy
Mays/Travel Stock; 310 (border), Robert Fried; 312 (cl),
Buddy Mays/Travel Stock; 312 (tr), Max & Bea Hunn/D.
Donne Bryant Photography; 312 (br), Buddy Mays/Travel
Stock; 312 (border), Robert Fried; 313 (cr), Buddy Mays/
Travel Stock; 313 (tl), Trisha Buchhorn/Texas Inprint; 313
(cl), Brenda Tharp/F-Stock, Inc.; 313 (br), Roy Morsch/
Corbis Stock Market; 314-315 (bkgd), NASA/GSFC/
NOAA/USGS; 315 (border), Robert Fried; 316 (tr), Daniel
Schaefer/HRW; 316 (cl), Bob Daemmrich/Stock Boston;
317 (cr), Daniel Schaefer/HRW; 318 (br), HRW; 321 (b),
John Langford/HRW; 323 (bkgd), HRW Photo; 324 (tr),
David Young-Wolff/Photo Edit; 325 (tr), Jeff Greenberg/
Photo Edit; 334 (cr), Jacques Jangoux/Tony Stone Images;
334 (cl), Hal Garb/Zephyr Pictures; 334 (b), Doug Bryant/
D. Donne Bryant Photography; 336 (br), AP/Wide World
Photos; 336 (bl), SuperStock; 336 (bc), Culver Pictures,
Inc.; 339 (c), Felicia Martinez/Photo Edit; 342-343 (bkgd),
Leon Duque/Duque Múnera y Cia; 343 (border), Robert
Fried; 344 (br), Robert W. Ginn/PhotoEdit; 345 (br),
Michael Newman/Photo Edit; 346 (br), Robert Winslow;
352 (cr), Daniel J. Schaefer; 353 (br), Sam Dudgeon/
HRW; 358 (cl), ©Robert Frerck/Odyssey/Chicago; 358
(tl), David Young-Wolff/Photo Edit; 358 (tr), Tony
Freeman/Photo Edit; 358 (br), Michelle Bridwell/Frontera
Fotos; 359 (all), Sam Dudgeon/HRW; 366 (br), Sam
Dudgeon/HRW; 368 (cr), Buddy Mays/Travel Stock;
Backmatter images, Corbis Images, Digital imagery®
copyright 2003 PhotoDisc, Inc., and HRW Photos.

# ILLUSTRATION AND CARTOGRAPHY CREDITS

Abbreviated as follows: (t) top; (b) bottom; (l) left; (r)
right; (c) center.

All art, unless otherwise noted, by Holt, Rinehart &
Winston.

Front Matter: Page xxiii, MapQuest.com; xxiv,
MapQuest.com; xxv, MapQuest.com; xxvi,
MapQuest.com; xxvii, MapQuest.com; xxviii-xxix,
MapQuest.com.

UNIT ONE: Page 2, MapQuest.com. Chapter One: Page 9,
Edson Campos; 10, Meryl Henderson; 13, Meryl
Henderson; 20, Walter Stuart; 21, Walter Stuart; 28, Edson
Campos; 29, Bob McMahon. Chapter Two: Page 36,
Aletha Reppel; 38, Bob McMahon; 39, Meryl Henderson;
40, Bob McMahon; 45, Fian Arroyo; 46, Fian Arroyo; 48,
Edson Campos; 49, Eva Vagretti Cockrille.

UNIT TWO: Page 62, MapQuest.com. Chapter Three:
Page 70, Michele Vrentas; 71, Elizabeth Brandt; 75, Edson
Campos; 80, Edd Patton; 89, Edson Campos; 92, Bob
McMahon. Chapter Four: Page 98, Fian Arroyo; 99, Fian
Arroyo; 102, Fian Arroyo; 103, Edson Campos; 120, Eva
Vagretti Cockrille; 122, Bob McMahon.

UNIT THREE: Page 124, MapQuest.com. Chapter Five:
Page 130, Edson Campos; 131, Edson Campos; 138,
Antonio Castro; 139, Antonio Castro; 140, Antonio
Castro; 143, Meryl Henderson; 144, Catherine Huerta;
145, Catherine Huerta; 146, Catherine Huerta; 150, Eva
Vagretti Cockrille; 152, Eva Vagretti Cockrille; 154, Eva
Vagretti Cockrille. Chapter Six: Page 162, David Gothard;
163, Andrea Tachiera; 164, Meryl Henderson; 182, Edson
Campos.

UNIT FOUR: Page 186, MapQuest.com. Chapter Seven:
Page 201, Bob McMahon; 203 (t), Antonio Castro; 203
(b), Eva Vagretti Cockrille; 206, Fian Arroyo; 208, Edson
Campos; 209, Edson Campos; 216, Fian Arroyo; 218, Bob
McMahon. Chapter Eight: Page 222, Eva Vagretti
Cockrille; 226, Eva Vagretti Cockrille; 233, Fian Arroyo;
234, Bob McMahon; 236, Guy Maestracci; 237, Guy
Maestracci; 238, Guy Maestracci; 246, Edson Campos.

UNIT FIVE: Page 248, MapQuest.com. Chapter Nine: Page
257, Fian Arroyo; 260, Edson Campos; 266, Eva Vagretti
Cockrille; 276, Bob McMahon. Chapter Ten: Page 286,
MapQuest.com; 289, Edson Campos; 291, Meryl
Henderson; 294, Edson Campos; 295, Eva Vagretti
Cockrille; 306, Edson Campos; 308, Eva Vagretti Cockrille.

UNIT SIX: Page 310, MapQuest.com. Chapter Eleven: Page
319, Fian Arroyo; 320, Edson Campos; 326, Edson
Campos; 328, Meryl Henderson; 330, Fian Arroyo; 331,
Fian Arroyo; 332, Fian Arroyo; 335, Edson Campos.
Chapter Twelve: Page 355, Edson Campos; 370, Fian Arroyo.